NAPOLÉON

DU MÊME AUTEUR

Grand Prix de l'Académie française décerné pour l'ensemble de son œuvre

Chez le même éditeur

LOUIS XVII, 1948.
MADAME ROYALE, 1950.
PHILIPPE ÉGALITÉ, le Prince rouge. *Ouvrage couronné par l'Académie française*, 1951.
MARIE-ANTOINETTE. *Ouvrage couronné par l'Académie française*, 1953.
LE GRAND SIÈCLE DE PARIS, 1955.
LA DUCHESSE DE BERRY, 1957.
SARAH BERNHARDT, 1961.
L'ALMANACH DE L'HISTOIRE, 1962.
VERS L'EXIL..., 1962.
LES GRANDES HEURES DES CITÉS ET CHATEAUX DE LA LOIRE, 1959.
JOSÉPHINE, *Prix du Plaisir de lire*, 1965.
LA BELLE HISTOIRE DES VOYAGES, 1966.
LES BATTEMENTS DE CŒUR DE L'HISTOIRE, 1969.
L'AIGLON NAPOLÉON II. *Prix Richelieu* 1959 et *Prix des Mille lecteurs*, 1967.
BONAPARTE, 1967.
NAPOLÉON, 1968.
DRAMES ET TRAGÉDIES DE L'HISTOIRE, 1968.
LE CALENDRIER DE L'HISTOIRE, 1970.
DESTINS HORS SÉRIE DE L'HISTOIRE, 1971. *Grand Prix du Syndicat des écrivains et des journalistes, et pour l'ensemble de son œuvre*.
PRÉSENCE DE L'HISTOIRE, 1972.
L'HISTOIRE A TABLE, 1973.
NAPOLÉON III (deux volumes). *Prix des Ambassadeurs*, 1974.
BELLES ET TRAGIQUES AMOURS DE L'HISTOIRE, 1975.
HISTOIRE DE LA FRANCE ET DES FRANÇAIS AU JOUR LE JOUR (douze puis huit volumes en collaboration avec Alain Decaux, Marcel Jullian et Jacques Levron), 1976.
« MY FRIEND LA FAYETTE... MON AMI WASHINGTON », 1976.
LE RENDEZ-VOUS DE VARENNES, 1977.
MAXIMILIEN ET CHARLOTTE. *Prix du Cercle de l'Union*, 1978.
DE L'HISTOIRE ET DES HISTOIRES, 1978.
DICTIONNAIRE DE L'HISTOIRE DE FRANCE. Sous la direction d'André Castelot et d'Alain Decaux, 1979.
TAILLETRAND OU LE CYNISME, 1980.
AU FIL DE L'HISTOIRE, 1980.
L'HISTOIRE INSOLITE, 1982.
FRANÇOIS Ier, *Prix Agrippa-d'Aubigné*, 1984 et *Grand Prix de la Paulée de Meursault*, 1984.
L'ALMANACH DE CLIO, 1985.
LES NUITS DE L'HISTOIRE, 1985.
HENRI IV, *Le passionné*, 1986, *Grand Prix de la Ville de Paris* (Solia Cabiati), 1987.
CHARLES X. La fin d'un monde, 1988.
MADAME DU BARRY, 1989.

Théâtre

LA REINE GALANTE, comédie en deux actes et huit tableaux. *(Perrin)*, 1962.
NAPOLÉON III A LA BARRE DE L'HISTOIRE *(L'Avant-scène)*, 1976.
TALLEYRAND A LA BARRE DE L'HISTOIRE *(L'Avant scène)*, 1979.

Chez d'autres éditeurs

LE FILS DE L'EMPEREUR. *Prix de littérature 1963 de la Fédération des parents d'élèves des lycées et collèges français. (Presses de la Cité, G.P. et Presses Pockets.)*
LE LIVRE DE SAINTE-HÉLÈNE *(reportage photographique).(Solar.)*
LE NOËL DE CHARLEMAGNE *(G.P.)*.
L'HISTOIRE DE FRANCE EN IMAGES. *(France-Images. Figurine Panini.)*
48, OU L'INUTILE RÉVOLUTION. *(Presses Pocket.)*

Éditions de luxe

NAPOLÉON BONAPARTE. *(Perrin)*, (album illustré).
LES GRANDES HEURES DE NAPOLÉON (six volumes). *(Perrin.) Épuisé.*
LES QUATRE SAISONS DE L'HISTOIRE (quatre volumes). *(Perrin.) Épuisé.*
LE LIVRE DE LA FAMILLE IMPÉRIALE, en collaboration avec le général Kœnig et Alain Decaux. *(Perrin.)*
LE GRAND SIÈCLE DE LA PERSE *(Hors commerce). Épuisé.*
NAPOLÉON BONAPARTE (dix volumes). *(Tallandier.)*
ROMANS VRAIS DE L'HISTOIRE (six volumes). *(Tallandier.)*
NAPOLÉON III ET LE SECOND EMPIRE (six volumes). *(Tallandier.)*
L'AIGLON NAPOLÉON II (trois volumes). *(Tallandier.)*
LA RÉVOLUTION FRANÇAISE *(Perrin)*. 1987(album illustré).
MARIE-ANTOINETTE *(Perrin)*, 1989 (album illustré).
HISTOIRE ILLUSTRÉE DE NAPOLÉON (trois volumes). *(Bordas)*, 1989.

Textes

LE DRAME DE SAINTE-HÉLÈNE (Histoire de la Captivité vue par les témoins). *(Perrin.)*
SOUVENIRS INÉDITS du prince de Faucigny-Lucinge. *Ouvrage couronné par l'Académie française. (Perrin.)*
LA FÉERIE IMPÉRIALE (Le Second Empire vu par les témoins). *(Perrin.)*
CORRESPONDANCE de Mme de Genlis et d'Anatole de Montesquiou. *(Grasset.)*
L'ÉVASION DU MARÉCHAL BAZAINE DE L'ÎLE SAINTE-MARGUERITE, par le lieutenant-colonel Willette. *(Perrin.)*

ANDRÉ CASTELOT

NAPOLÉON

LIBRAIRIE ACADÉMIQUE PERRIN
PARIS

IL A ÉTÉ TIRÉ DE CET OUVRAGE 50 EXEMPLAIRES LUXE NUMÉROTÉS DE 1 A 50, CONSTITUANT L'ÉDITION ORIGINALE, 300 EXEMPLAIRES RÉSERVÉS SPÉCIALEMENT A LA LIBRAIRIE COIFFARD A NANTES, NUMÉROTÉS DE 1 LC A 300 LC, ET 500 EXEMPLAIRES RÉSERVÉS SPÉCIALEMENT AUX CLIENTS DES LIBRAIRIES DE LA CITÉ DE BREST, LANDERNEAU, RENNES, QUIMPER, NUMÉROTÉS DE 1 LDC À 500 LDC.

ISBN 2-262-00166-9

A M. l'amiral Cabanier grâce à qui j'ai pu me rendre à Sainte-Hélène.

A. C.

Le tome premier de cet ouvrage a paru sous le titre
de
BONAPARTE

Tome deuxième

NAPOLÉON

Une puissance supérieure me pousse à un but que j'ignore ; tant qu'il ne sera pas atteint, je serai invulnérable, inébranlable ; dès que je ne lui serai plus nécessaire, une mouche suffira pour me renverser.

NAPOLÉON.

Napoléon par David, 1808 (*Musée de Bayonne*).

(Photo Giraudon)

I

LA COURONNE DE FER

Un gouvernement nouveau-né doit éblouir.

NAPOLÉON.

NAPOLÉON est empereur.

A Notre-Dame, debout, revêtu de son éblouissant costume du Sacre, tournant le dos au pape et à l'autel, face à l'assistance, il sourit, attendri et glorieux. L'ancien arrière-cadet Buonaparte qui faisait « toujours manquer l'exercice », vient de se couronner lui-même. Il regarde Joséphine qui, émue, s'avance vers lui, la traîne de son somptueux manteau d'hermine soutenue par sa fille et ses deux belles-sœurs. Les larmes de l'Impératrice roulent sur ses mains jointes « qu'elle élevait bien plus vers son mari que vers Dieu », ainsi que l'a dit Laure d'Abrantès.

L'Empereur accomplit maintenant son premier geste de souverain. Il prend avec « une lenteur gracieuse » la couronne de sa femme, la place un instant sur sa tête, comme s'il voulait en quelque sorte l'*impérialiser,* puis la dispose « avec coquetterie » sur le front de sa chère créole.

Joséphine s'est relevée et tous deux, suivis par le Pape, se dirigent vers leurs trônes, curieusement perchés en haut d'un édifice élevé pour la circonstance au milieu de la nef. Le *Vivat* éclate. Le regard de Napoléon croise celui de Laure. Se souvient-il en cet instant du fou rire de la petite *Mademoiselle Loulou,* le matin du 28 octobre 1785, lorsqu'elle l'avait vu, tout jeune officier, planté dans ses hautes bottes ? Le « chat botté », comme elle l'avait surnommé alors en riant — et ce rire lui avait fait mal —, le « chat botté » devenait, ce 2 décembre 1804, l'Empereur des Français !

Laure se rappelait aussi cette voiture dans laquelle Napoléon disait, lorsque Mme Permon l'avait ramené de Saint-Cyr :

— Oh ! si j'étais le maître !...

« Ma figure seule rappelait le passé, racontera Laure, et cela sans parole, sans intention, comme un parfum, comme une harmonie nous rappellent des jours écoulés. »

Voici l'Empereur et l'Impératrice arrivés à leurs trônes, tout en haut de la disgracieuse estrade. Le pape les bénit en prononçant ces mots :

— Sur ce trône de l'Empire que vous affermisse et que, dans son royaume éternel, vous fasse régner avec lui, Jésus-Christ, Roi des Rois, Seigneur des Seigneurs, qui vit et règne avec Dieu le Père et le Saint-Esprit dans les siècles des siècles.

Puis le Saint-Père donne l'accolade au nouvel empereur et crie :

— *Vivat Imperator in aeternum !*

— Vive l'Empereur ! Vive l'Impératrice ! répond l'assistance en une longue clameur qui résonne sous les voûtes.

L'interminable messe achevée, le Pape se rend vers la sacristie. Il préfère ne pas entendre le serment civil que Napoléon, d'une voix forte, va prononcer la main sur l'Evangile — serment qu'il ne pourra d'ailleurs pas tenir :

— Je jure de maintenir l'intégrité du territoire de la République, de respecter et de faire respecter les lois du Concordat et la liberté des cultes ; de respecter et de faire respecter l'égalité des droits, la liberté politique et civile, l'irrévocabilité des ventes des biens nationaux, de ne lever aucun impôt, de n'établir aucune taxe qu'en vertu de la loi, de maintenir l'institution de la Légion d'honneur ; de gouverner dans la seule vue de l'intérêt, du bonheur et de la gloire du peuple français.

Puis le héraut d'armes proclame majestueusement :

— Le très glorieux et très auguste Napoléon, empereur des Français, est sacré et intronisé !

La veille, rappelons-le, le président de Neufchâteau avait félicité le nouvel empereur d'avoir « fait entrer au port le vaisseau de la République ». Napoléon l'a fait entrer pour le mettre en cale sèche. On ne parlera plus de république. Le mot subsistera encore trois années sur les monnaies, mais disparaîtra après Tilsit. En ce jour du couronnement la nation est redevenue « le peuple » — : *mon peuple*, dira l'Empereur — et les citoyens de « fidèles sujets ». On retrouve le vieil ordre. Au moins, c'est plus franc : le Sacre marque bien la fin d'une hypocrisie...

Tandis qu'à l'archevêché, Sa Sainteté « admet que le Clergé de Paris vienne lui baiser les pieds », Napoléon sort de Notre-Dame. Une salve de cent un coups de canon commence... Mais Napoléon fronce les sourcils en entendant une musique militaire, placée sur le parvis, interpréter un air à la mode que tout Paris fredonne alors :

Jamais je n't'ai vu comme ça
Faire des bamboches
Jamais je n't'ai vu comme ça
Faire des bamboches de ce goût-là.

S'agit-il d'un malheureux hasard, ou d'une mauvaise plaisanterie du chef de musique ? Quoi qu'il en soit, les Parisiens s'esclaffent.

La nuit commence à tomber. Sous un ciel bas et neigeux, le long cortège, encadré de cinq cents porteurs de torches, reprend le chemin des Tuileries par les boulevards et la place de la Concorde, brillamment éclairés de verres de couleur et de lampions. Comme à l'aller, des grappes de pages vert et or s'accrochent devant et derrière la voiture tirée par huit chevaux isabelle, une véritable châsse surchargée de branches d'olivier et de laurier, d'aigles, de palmes, d'armoiries, de couronnes, de figures allégoriques et d'abeilles. C'est « tout un monde qui roule » ! Les trompettes et les timbales des carabiniers précèdent les cuirassiers, les chasseurs à cheval, les mamelouks et l'interminable file des carrosses où ont pris place les membres de la famille impériale et les dignitaires. Mme Letizia boude toujours à Rome... ce qui n'empêchera pas David de la « plaquer comme une enseigne » sur son célèbre tableau qui représente d'ailleurs bien plus le couronnement de Joséphine que celui de Napoléon.

— Ce sera plus gentil comme cela, avait dit la créole au peintre.

Regagnant son appartement, l'Empereur passe devant les dames de la Cour, encore revêtues de leur tenue exigée par l'étiquette.

— C'est à moi, mesdames, dit-il en riant, que vous devez d'être si charmantes.

La plus « charmante » est, à ses yeux, Joséphine, et il lui demande de garder sa couronne pour dîner en tête à tête avec lui.

***

Durant tout ce mois de décembre, Paris est en fêtes et réjouissances. Seul, le ciel ne se met point de la partie : froid, neige, pluie et vent se succèdent. Le temps ne se calme même pas pour la distribution des Aigles trois jours après le Sacre : des rafales glacées transforment la fête en déroute ! On s'étonne et l'on paraît presque surpris en constatant que Napoléon ne parvienne pas à réglementer le temps... N'a-t-il pas, sur un simple geste, fait venir le successeur de saint Pierre à Paris ? Même les royalistes se taisent, éblouis, et, le 27 décembre, Napoléon pourra dire à juste titre, à l'ouverture de la session législative :

— Si la mort ne me surprend pas au milieu de mes travaux, j'espère laisser à la postérité un souvenir qui serve à jamais d'exemple ou de reproche à mes successeurs.

L'Empereur est parvenu à s'émerveiller et, au cours de la cérémonie du Sacre, on l'a entendu dire à son frère :

— Ah ! Joseph, si notre père nous voyait !

Quelques semaines plus tard, le Sénat inaugure la statue de *Napoléon premier, en empereur romain.* Il était sage de le préciser car le souverain était représenté nu comme un ver... Le 26 septembre 1791, le président de l'Assemblée législative, estimant que Louis XVI était seulement « le premier fonctionnaire de la Nation », avait ordonné d'enlever de la Salle des séances le trône désormais inutile... Aujourd'hui, le trône est revenu et l'on statufie vivant le nouvel empereur !

Mais l'enthousiasme ne dépasse pas les nouvelles frontières de l'Empire. Déjà, le 3 septembre 1804, le tsar écrit à son envoyé en Angleterre, le comte Novosiltsov : « Le premier objet de Sa Majesté impériale est de faire rentrer la France dans ses anciennes limites. » Par ailleurs, au début de novembre 1804, l'Autriche avait signé avec la Russie une *Convention intime* qui devait, malheureusement pour elle, la conduire jusqu'au champ de bataille d'Austerlitz...

Bref la coalition se formait. Cependant, un mois, jour pour jour, après le Sacre, le 2 janvier 1805, Napoléon, sans trop se faire d'illusions, offrit en ces termes la paix au roi d'Angleterre :

« Monsieur mon Frère, appelé au trône de France par la Providence et par les suffrages du Sénat, du peuple et de l'armée, mon premier sentiment est un vœu de paix. Je n'attache point de déshonneur à faire le premier pas. J'ai assez, je pense, prouvé au monde que je ne redoute aucune des chances de la guerre... La paix est le vœu de mon cœur, mais la guerre n'a jamais été contraire à ma gloire. Je conjure Votre Majesté de ne pas se refuser au bonheur de donner elle-même la paix au monde... Le monde est assez grand pour que nos deux nations puissent y vivre... »

On devine le ton vague de la réponse britannique. « Tant que la Gaule boira le Rhin », tant que Napoléon possédera Anvers, ce pistolet braqué sur le cœur de l'Angleterre, « Monsieur mon frère » refusera « le bonheur de donner la paix au monde » — d'autant plus que Napoléon s'apprêtait à partir pour Milan ceindre la couronne de fer d'Italie. Les alliés tenaient là le prétexte qui allait cimenter leur future coalition.

L'Italie demeurait encore une république, dont Napoléon était le président. L'empereur des Français considère cette situation comme une anomalie qu'il faut au plus tôt réviser... Il offre d'abord le trône italien à Joseph, en posant, comme condition formelle, pour le futur roi d'Italie, de renoncer à la couronne de France. Joseph, qui se prend pour le fils de « l'empereur Charles Bonaparte », refuse d'abdiquer ce qu'il appelle, sans rire, des droits « issus du vœu populaire »... Napoléon se tourne alors vers Louis et le convoque avec Hortense aux Tuileries.

— Ma politique, leur déclare-t-il, exige que j'adopte votre fils aîné pour le nommer roi d'Italie.

Aussitôt, le visage du lamentable Louis se rembrunit :

— Je ne consentirai jamais à ce que mon fils soit plus que moi !

Après s'être emporté devant une imbécillité aussi flagrante qu'incompréhensible, l'Empereur essaye de raisonner son frère :

— Votre fils restera en France jusqu'à sa majorité : il aura une maison française et une maison italienne... Votre fils, roi d'Italie, est l'unique moyen d'éviter la guerre avec l'Autriche et de conserver l'Italie.

Mais Louis demeure inébranlable. Alors l'Empereur s'abandonne à sa colère :

— Il est cruel pour moi d'avoir une famille qui partage si peu mes travaux et mes peines. Vous me faites sentir tous les jours le malheur de n'avoir pas d'enfant. J'aurais bien pu me passer de mes frères en mettant cette couronne sur ma tête, et, sans la crainte de la guerre, je l'aurais déjà fait !

Amer, il lance encore :

— Je serais heureux de n'avoir jamais rien à attendre et à espérer de vous !

Napoléon se tourne enfin vers Lucien, lui propose la couronne italienne sous réserve qu'il veuille bien divorcer. Dignement, celui qui, en Brumaire, a mis à son frère le pied à l'étrier, refuse... Napoléon, furieux de l'attitude du clan, sera obligé de coiffer lui-même la couronne et de faire du fidèle Eugène de Beauharnais un vice-roi. Bien sûr, le fils de Joséphine devra se considérer comme une manière de préfet et prendre le moins d'initiatives possibles.

« Je ne puis trop vous témoigner mon mécontentement de ce que vous prononcez sur des objets que je me suis réservés, lui écrira l'Empereur le 6 août 1805. Voilà trois fois dans un mois... Si vous tenez à mon estime et à mon amitié, vous ne devez, sous aucun prétexte, la lune menaçât-elle de tomber sur Milan, rien faire de ce qui est hors de votre autorité. Je crois avoir des droits à votre confiance pour que, sur des affaires importantes, même vous concernant, vous jugiez nécessaire d'attendre mes avis... »

Napoléon veut cependant s'offrir le luxe de mettre lui-même sur sa tête la couronne de fer, et il part avec Joséphine pour Milan. En passant par Troyes, il quitte l'Impératrice et le « gros du bagage impérial » pour se rendre à Brienne à la rencontre de ses souvenirs d'écolier. Il se donne ainsi deux jours de congé entre deux couronnes...

Mme de Brienne l'accueille au château et le conduit dans la « chambre du roi » — à ce lit devant lequel, petit cadet de l'Ecole, il avait bâillé d'admiration.

— Vendez-moi votre château, demande-t-il à la maîtresse de maison. Veuve et sans enfants, qu'est-ce que Brienne pour vous ? Pour moi, c'est beaucoup.

— Pour moi c'est tout, répond-elle.

Le lendemain, il flâne à travers le jardin et les bâtiments de l'ancienne école. Puis, attristé par l'abandon des lieux, il monte brusquement son cheval arabe et sort de Brienne par la route de Bar-sur-Aube. Il se jette à travers champs, au triple galop, « comme un élève ou un empereur en liberté ». Il veut revoir les lieux que « l'arrière-cadet de Buonaparte » avait si souvent sillonnés jadis. Il est bientôt hors de vue. Caulaincourt, Canisy et sa suite le cherchent pendant près de trois heures. Finalement un coup de pistolet, tiré en l'air par le grand écuyer, rallie Napoléon auprès de ses officiers. Il les retrouve en riant, « heureux qu'il avait été, lui le maître de quarante millions d'hommes, d'avoir été le sien pendant trois heures ! » Son cheval est couvert de sueur, du sang sort de ses naseaux et de sa bouche. L'ancien boursier du roi a dû parcourir au moins — Caulaincourt l'estime — une quinzaine de lieues. Où a-t-il été ? Il n'en sait rien lui-même ! Il a galopé à travers bois, parcouru des champs, traversé des villages. Il a entrevu dans le lointain la silhouette du château de Brienne, et cette image familière a « guidé son retour ».

On apprendra plus tard qu'il s'était arrêté devant la chaumière de la mère Marguerite, qui vendait autrefois des œufs et du lait aux enfants de l'Ecole. L'Histoire — en l'occurrence les *Mémoires* de Constant — prétend que Napoléon interpella la fermière :

— Bonjour la mère Marguerite, vous n'êtes donc pas curieuse de voir l'Empereur ?

— Si fait, mon bon monsieur, j'en serais bien curieuse ; et si bien que voilà un petit panier d'œufs frais que je vas porter à Madame, et puis je resterai au château pour tâcher d'apercevoir l'Empereur. Ce n'est pas l'embarras ; je ne le verrai pas si bien aujourd'hui qu'autrefois, quand il venait, avec ses camarades, boire du lait chez la mère Marguerite...

— Comment, mère Marguerite, vous n'avez pas oublié Bonaparte ?

— Oublié ? mon bon monsieur ! Vous croyez qu'on oublie un jeune homme comme ça, qui était sage, sérieux et même quelquefois triste, mais toujours bon pour les pauvres gens ? Je ne suis qu'une paysanne, mais j'aurais prédit que celui-là ferait son chemin.

— Il ne l'a pas trop mal fait, n'est-ce pas ?

— Ah ! dame ! non !

La mère Marguerite reconnut, paraît-il, *Napoléone* lorsqu'il lui demanda, en reprenant le ton d'autrefois :

— Allons, la mère Marguerite, du lait, des œufs frais, nous mourons de faim.

Bien entendu, après le frugal repas, l'inévitable bourse pleine de napoléons d'or tomba dans le tablier de la fermière...

Vers midi, avant de remonter en voiture, il regarde la plaine s'étendant vers la Rothière et murmure :

— Quel beau champ de bataille on ferait ici !

Pour retrouver ce champ de bataille, il lui faudra attendre neuf années — et il aura alors toute l'Europe lancée contre lui. Ce matin-là — le matin du 1er février 1814 — avant de prendre le chemin de la Rothière où il allait être battu, il évoquera encore ses souvenirs de boursier du roi — et on l'entendra soupirer :

— Pouvais-je croire alors que j'aurais à défendre Brienne contre les Russes (1).

***

A Lyon, durant quatre jours, il joue fort bien son rôle de souverain. Il se fait haranguer, encenser, et dédier des pièces de vers. Il inaugure, visite, préside, signe le décret accordant le titre de princes à ses beaux-frères Bacciochi et Borghèse — ce dernier l'était d'ailleurs déjà... — jette peut-être le mouchoir à la jolie petite Emilie Pellapra qu'il reçoit en « audience privée » — les descendants de la jeune femme l'ont affirmé sans preuves...

(1) Devant l'hôtel de ville de Brienne, on a élevé, voici un siècle, une statue de bronze. Le sculpteur — Rochet — a représenté l'élève Bonaparte tenant dans l'une de ses mains la *Vie des hommes illustres* de Plutarque. Une seule inscription orne le socle : « *Brienne est ma patrie et c'est là que j'ai ressenti les premières impressions de l'homme.* »

Et, toujours, comme aujourd'hui à Lyon et demain à Milan ou à Paris, entre deux fêtes, après une revue ou au soir d'une réception, ses ordres, sur les sujets les plus divers, partent dans toutes les directions :

« Sa Majesté n'est pas entrée dans la cour d'un seul lycée sans voir aussitôt un grand nombre de femmes aux fenêtres. Ce système est dangereux sous d'autres rapports encore que celui de l'économie... »

Le problème de l'enseignement est pour lui capital :

« Il n'y aura pas d'état politique fixe s'il n'y a pas un corps enseignant avec des principes fixes. Tant qu'on n'apprendra pas dès l'enfance s'il faut être républicain ou monarchique, catholique ou irréligieux... l'Etat ne formera point une nation... »

Il dicte encore :

« Je préfère voir les enfants d'un village entre les mains d'un moine qui ne sait rien que son catéchisme et dont je connais les principes, que d'un demi-savant qui n'a point de base pour sa morale et point d'idée fixe... Un frère ignorantin suffit à l'homme du peuple. »

Un autre problème plus personnel le préoccupe, celui des économies :

« Mon intention, écrit-il à Caulaincourt, est que désormais mes voyages ne soient pas à charge au trésor public. Tous les mouvements de chevaux et frais de tournée seront soldés par mon trésorier, sur les fonds qui vous sont accordés par le budget. Mon voyage et celui de l'Impératrice dans la Belgique m'a coûté quatre cent mille francs pour les mouvements de chevaux, les frais de poste non compris. Faites-moi un rapport sur les mouvements de chevaux nécessaires pour mon voyage de Milan... »

Les attaques plus ou moins perfides de la presse n'arrangent pas les choses ; elles le tourmentent. C'est là, pour lui, un perpétuel souci. Il écrit, le 22 avril, de Chambéry : « Monsieur Fouché, les journaux se plaisent, dans toutes les circonstances, à exagérer le luxe et les dépenses de la cour, ce qui porte le public à faire des calculs ridicules et insensés. Mon intention est donc que vous fassiez appeler les rédacteurs du *Journal des Débats,* du *Publiciste,* de la *Gazette de France,* qui sont, je crois, les journaux qui ont le plus de vogue, pour leur déclarer que, s'ils continuent à n'être que les truchements des journaux et des bulletins anglais, et à alarmer sans cesse l'opinion, en répétant bêtement les bulletins de Francfort et d'Augsbourg sans discernement et sans jugement, leur durée ne sera pas longue ; que le temps de la Révolution est fini, et qu'il n'y a plus en France qu'un parti... »

Quatre jours plus tard, il écrit encore : « La réforme des journaux aura bientôt lieu ; car il est par trop bête d'avoir des journaux qui n'ont que l'inconvénient de la liberté de la presse sans en avoir les avantages. »

Un mois après : « Les journaux sont une partie importante. On ne peut pas dire aujourd'hui qu'ils soient malveillants, mais ils sont trop bêtes ; ils écrivent sans but et les principaux ne montrent aucun zèle pour le gouvernement. D'ailleurs, *Journal des Débats, Lois du pouvoir exécutif, Actes du Gouvernement,* sont des titres qui rappellent trop la Révolution. *La Gazette de France* est le véritable mot. Le titre de *Journal de Paris* est aussi convenable ; le titre de *Bulletin de l'Europe* n'est pas mauvais aussi ; celui de *Courrier français* aussi ; car je ne suis point de l'opinion de n'avoir qu'un journal ; mais je voudrais une organisation sans censure, car je ne veux pas être responsable de tout ce qu'ils peuvent dire. Je voudrais, dis-je, que les rédacteurs des journaux conservés fussent des hommes attachés... Que l'esprit de ces journaux fût dirigé dans ce sens, d'attaquer l'Angleterre dans ses modes, ses usages, sa littérature, sa constitution. Geoffroi n'est recommandable que sous ce point de vue, et c'est le grand mal que nous a fait Voltaire de tant nous prêcher l'anglomanie.»

Il s'occupera aussi des réjouissances, — de quelles questions d'ailleurs ne s'occupe-t-il pas ? — et on le verra écrire à Champagny : « Plusieurs préfets ont écrit et imprimé des circulaires pour défendre de danser près des églises. Je ne sais où cela conduit. La danse n'est pas un mal. Veut-on nous ramener au temps où l'on défendait aux villageois de danser ? »

⁂

Du 24 au 29 avril, il réside à Turin. Le 1er mai, par une coquetterie de gloire, il revêt l'uniforme qu'il portait à Marengo — chapeau galonné, déjà noirci par le temps, et sabre républicain compris (1) et entraîne Joséphine vers le champ de bataille, où une division exécute rétrospectivement les mouvements accomplis par l'armée le 14 juin 1800. Un « frémissement de douleur » passe dans les rangs lorsque l'Empereur, dans le discours prononcé pour célébrer ce pèlerinage, prononce le nom de Desaix dont le corps sera bientôt transporté à l'hospice du Grand-Saint-Bernard (2).

Le 6 mai, à Alexandria, il se dispose à recevoir son frère Jérôme avec lequel il est au plus mal. Cette entrevue va se dérouler après dix jours de pourparlers.

Le plus jeune des Bonaparte — il a quinze ans de moins que Napoléon — est véritablement un plaisant personnage. Lorsqu'il avait atteint sa seizième année, son frère, alors Premier consul, l'avait fait nommer aspirant de marine. On l'embarqua avec cette qualité sur le *Foudroyant* qui mit le cap sur Saint-Domingue où il assista en spectateur paisible à la reprise de Port-au-Prince — ce qui lui valut le grade d'enseigne de vaisseau. Mais l'uniforme lui semblant trop discrètement chamarré, Jérôme, à la stupéfaction de son amiral, préféra arborer une superbe tenue d'officier des hussards de Berchény : culotte, dolman et pelisse bleu ciel sur gilet écarlate. Les femmes se pâmèrent d'admiration en le voyant ainsi déguisé... d'autant plus qu'il était loin d'être vilain garçon. Napoléon l'avait alors promu lieutenant de vaisseau.

(1) La tenue de Marengo — moins le manteau — sera ensuite donnée à David pour peindre le célèbre « Passage du Mont Saint-Bernard ».

(2) Je possède la pièce par laquelle Denon faisait savoir à l'Empereur, alors à Milan, que tout était prêt, à l'hospice, pour l'inhumation de Desaix. En marge même de la lettre, Napoléon traça quelques lignes ordonnant le transfert. (Voir chapitre *Sources*.)

A dix-huit ans — il se trouvait en rade de la Martinique — on avait pris le risque de lui confier le commandement d'un brick. Devenu « maître à bord », il s'empressa — la guerre ayant été déclarée entre la France et l'Angleterre — d'envoyer au feu son navire... après qu'il l'eut abandonné pour aller visiter les Etats-Unis, où il sema des dettes considérables sur son chemin.

Le frère du citoyen Premier consul était tout bonnement déserteur ! N'ayant pas pris la guerre au sérieux — c'est le moins que l'on puisse en dire — il devait prendre tout aussi légèrement son mariage. Sans l'autorisation de son frère ou de Madame Letizia — il n'était pas encore majeur — il épousa la *Belle de Baltimore,* la jolie Elisabeth Patterson et, tout en empruntant sans scrupule aux agents français des milliers de dollars, fila avec sa femme le parfait amour.

Napoléon, qui s'apprêtait alors à monter sur le trône, fut en proie à une colère indescriptible lorsqu'il apprit la nouvelle frasque de l'écervelé. Mais que faire ? L'Atlantique séparait les deux frères...

Alléchés par la pourpre impériale, M. et Mme Jérôme Bonaparte débarquent au printemps 1805 à Lisbonne. Suivant les instructions du maître, le chargé d'affaires de France leur annonce qu'il tient à la disposition du frère de « Sa Majesté impériale » un passeport, mais qu'il est rigoureusement interdit « à la femme avec laquelle il est » — tels sont les propres termes employés par l'Empereur — de pénétrer sur le territoire de l'Empire. « Il faut, avait encore précisé Napoléon, qu'on ne la laisse pas débarquer à Bordeaux, et qu'il lui soit signifié l'ordre de retourner en Amérique. L'appeler *Mademoiselle Patterson* dans la signification qu'on lui fera. Vous sentez combien cette affaire m'intéresse. »

Jérôme prend alors le parti d'aller se jeter aux pieds de son frère ; il est persuadé, assure-t-il à sa femme, d'obtenir son pardon et la reconnaissance de leur mariage. On s'embrasse, on se jure un amour éternel et les époux se séparent...

Ils ne devaient plus jamais se revoir !

Apprenant la prochaine arrivée du coupable en Italie, l'Empereur craint les indulgentes réactions de la Madre et lui écrit afin de lui dicter l'attitude qu'elle devra adopter à l'égard de Jérôme :

« Il faut traiter ce jeune homme sévèrement si, dans la seule entrevue que je lui accorderai, il se montre peu digne du nom qu'il porte et s'il persiste à vouloir continuer sa liaison. S'il n'est point disposé à laver le déshonneur imprimé à mon nom en abandonnant son drapeau et son pavillon pour une misérable femme, je l'abandonnerai à jamais. »

Avant que Jérôme ne le rejoigne, l'Empereur écrit d'Alexandria à son frère, lui précisant qu'il « n'y a point de faute qu'un véritable repentir » n'efface à ses yeux. Mais — et c'est la question primordiale, comment liquider ce stupide mariage ? Napoléon ne s'embarrasse pas pour autant : « Votre union avec Mlle Patterson est nulle aux yeux de la religion comme aux yeux de la loi. Ecrivez à Mlle Patterson de retourner en Amérique. Je lui accorderai une pension de soixante mille francs sa vie durant, à la condition que, dans aucun cas, elle ne portera mon nom. Vous-même faites-lui connaître que vous n'avez pu ni ne pourrez changer la nature des choses. Votre mariage ainsi annulé par votre propre volonté, je vous rendrai mon amitié, je reprendrai les sentiments que j'ai eus pour vous depuis votre enfance, espérant que vous vous en rendrez digne par les soins que vous porterez à acquérir ma reconnaissance et à vous distinguer dans mes armées. »

Mis au courant de la décision prise par le maître, le juriste Cambacérès est choqué par la désinvolture de son ancien collègue du Consulat. Le mariage du frère cadet de l'Empereur et de *Mademoiselle Patterson* lui semble parfaitement valable. « Je ne puis être de votre opinion sur Jérôme, lui répond Napoléon le 13 mai. S'il s'était marié en France, devant des officiers de l'état-civil, il faudrait un jugement pour l'annuler. Marié à l'étranger, son contrat n'étant inscrit sur aucun registre, mineur, sans aucune publication de bans, il n'y a pas plus de mariage qu'entre deux amants qui se marient dans un jardin, sur l'autel de l'amour, en face de la lune et des étoiles. Ils se disent mariés, mais, l'amour fini, ils s'aperçoivent qu'ils ne le sont pas... »

Durant dix jours, les deux frères négocient un arrangement sans se voir. Jérôme résiste — lutter dix jours contre Napoléon, c'est une performance !... — mais, le onzième jour, il cède et fait sa soumission. Il est enfin reçu et sort une heure plus tard du cabinet impérial « visiblement agité », nous dit un témoin. Résigné, Jérôme a abandonné tout espoir de retrouver sa femme — d'autant plus que la malheureuse, repoussée de tous les ports européens, ira se réfugier en Angleterre où elle mettra un fils au monde... vivante preuve, pour les ennemis de Napoléon, du despotisme impérial. En compensation — le 2 juin — Jérôme sera nommé capitaine de frégate et l'Empereur lui donnera le commandement d'une escadre, en lui écrivant le plus sérieusement du monde : « Ne vous fiez pas sur le nom que vous portez, il est glorieux de ne rien devoir qu'à son mérite. » Jérôme estima le dédommagement insuffisant. De sa propre autorité, il endossera — c'est décidément une habitude ! — un uniforme de capitaine de vaisseau et s'adjugera, en outre, le titre d'*Altesse impériale !* Il multipliera à un tel point ses dépenses que Napoléon, cette même année 1805, écrira : « Mon intention est de le laisser emprisonner pour dettes si cette pension ne lui suffit pas... Il est inconcevable ce que me coûte ce jeune homme pour ne me donner que des désagréments et n'être bon à rien à mon système. »

Après neuf mois de navigation qui le mèneront aux Antilles, Jérôme parviendra à capturer onze navires de commerce anglais. Son vaisseau — le *Vétéran* — ayant réussi à rejoindre Concarneau en dépit de la présence de quatre frégates britanniques, ces faits d'armes lui vaudront le grade de contre-amiral et le titre de prince français... Bien mieux, l'Empereur lui annoncera que, son mariage étant nul, il se trouvera fiancé avec la princesse Catherine, fille du roi de Wurtemberg. Mais, avant de convoler, il lui faudra se couvrir de gloire et l'Empereur le placera — nous serons alors à la veille de la campagne de 1806 — à la tête d'un corps d'armée ! Jérôme général sera aussi ahurissant que Jérôme amiral... Il se contentera d'entrer dans les villes que prendront ses sous-ordres, de distribuer des légions d'honneur à ses amis, de faire des dettes et de mener galante vie.

⁂

Le 26 mai 1805, le couronnement a lieu dans la cathédrale de Milan, tendue de gaze et de crêpe — le style gothique n'est pas plus apprécié dans la capitale de la Lombardie qu'à Paris. Joséphine, qui ne sera pas couronnée, regarde la cérémonie d'une tribune. L'Empereur emprunte la galerie qui a été construite afin de lui permettre de se rendre du palais à la cathédrale Saint-Ambroise. Le sol est recouvert de tapis multicolores. On était allé chercher à Monza la célèbre couronne de fer, et le nouveau roi d'Italie la tient à la main en pénétrant dans le *Duomo,* comme s'il s'agissait d'un chapeau. Suivent les dignitaires portant, comme à Notre-Dame, les honneurs dits de Charlemagne. La couronne lombarde déposée sur l'autel, Napoléon, après que l'archevêque de Milan l'eut bénite, « l'enfonce hardiment plutôt qu'il ne la pose sur sa tête », en prononçant les paroles sacramentelles :

— *Dio me l'ha data, guai a chi la tocchera !* — Dieu me l'a donnée, gare à qui la touchera !

« Ce que l'on ne saurait se figurer, nous dit un témoin, c'est l'expression de la physionomie de l'Empereur en ce moment : elle était rayonnante de joie. » Les diplomates de Prusse, d'Espagne, de Bavière, du Portugal, donnent ensuite à « S.M. le roi d'Italie » les ordres de leurs pays respectifs.

Ce même soir, dans la chambre de Joséphine dont les fenêtres donnent sur le *Duomo* qui brille de mille feux, l'Empereur est d'une « gaieté folle », se frotte les mains et répète en riant :

— Dieu me l'a donnée ; gare à qui la touchera !

Comme l'a écrit Chateaubriand, en parlant de ces journées de Milan : « Un grand peuple réveillé ouvrait un moment les yeux. L'Italie sortait de son sommeil et se souvenait de son génie comme d'un rêve divin. » Elle possède, pour la première fois depuis des siècles, un souverain étranger peut-être, mais d'une race cousine de la sienne et qui parle sa langue. Les grands seigneurs se bousculent pour lui baiser les mains, et l'on voit dans les rues de Milan, les Italiens se jeter à plat ventre sur le passage du *roi Napoleone,* espérant — du moins la foule le clame — avoir le bonheur d'être écrasés par sa voiture... Il n'y eut, fort heureusement, pas de victime.

Le cardinal Maury tremble à un tel point de crainte et d'admiration, en étant reçu par l'Empereur, que Napoléon condescend à le rassurer :

— Remettez-vous, monsieur le Cardinal.

— Sire, répond le prélat, je n'ai pas tremblé devant un grand peuple, mais je tremble devant un grand homme.

Quelques jours plus tard, le Sénat de la république de Gênes, à la demande de son doge, sollicite, par vingt voix sur vingt-deux, sa réunion à l'Empire. En apprenant ces nouvelles, le tsar s'exclamera :

— Cet homme est insatiable, son ambition ne connaît pas de bornes, il est un fléau pour le monde, il veut la guerre, il l'aura, et le plus tôt sera le mieux !

Déjà, avant le couronnement, les Alliés s'étaient concertés pour la formation d'une troisième coalition. La Russie, prenant la tête des opérations diplomatiques, avait envoyé des émissaires à Londres, à Berlin, à Stockholm et à Vienne. Hors la Prusse, désireuse de demeurer neutre — non par goût, bien sûr, mais par prudence — tous avaient promis des subsides ou des troupes afin de prendre le nouvel empire à la gorge. L'Autriche — le 6 novembre 1804 — avait signé une convention avec le tsar, promettant d'aligner deux cent trente-cinq mille hommes.

Napoléon couronné roi d'Italie, il y avait là de quoi alarmer l'empereur François, ancien maître d'une partie de la péninsule. La France et l'Autriche n'avaient-elles pas désormais une frontière commune ? Vienne avait intérêt, pour ne pas être dévorée, à pousser ses armements ! De son côté, l'Angleterre, le 11 avril 1805, se liait avec la Russie par un traité d'alliance, « pierre angulaire » de l'édifice qui, dans la pensée du tsar, s'élevait pour rendre la paix à l'Europe. Il s'agissait de construire un barrage — pour ne pas dire un garde-fou — qui s'opposerait aux débordements français. Le sage traité secret signé par les puissances acceptait de laisser à la France la frontière de la Moselle et du Rhin, — Londres semblait alors faire son deuil d'Anvers. Par contre, il était précisé que l'Italie, tout en étant un royaume gouverné par un *napoléonide,* ne devrait *jamais* être réunie à la France.

Pitt perd son flegme à la pensée que la France puisse avoir la prétention de transformer la Méditerranée en lac français, de conquérir l'empire ottoman et de chasser l'Angleterre des Indes ! Si Napoléon réussit à mener à bien ses projets, l'Angleterre sera définitivement ruinée ! Voilà pourquoi la Grande-Bretagne se trouve dans l'obligation de conserver Malte, que le traité d'Amiens lui avait arraché. Pitt le précise : « L'indépendance du Levant et de l'Egypte, la sûreté de l'Italie méridionale, des îles Ioniennes et de toutes les possessions de l'empire ottoman sont essentiellement liées à ce que Malte reste à l'Angleterre. »

Quel prétexte l'Europe invoquera-t-elle pour rompre la paix ?

Le 5 août 1805, Voronzov l'explique sans ambages : « Quant au motif et à la justice d'une coalition contre Bonaparte, elle ne peut être reconnue que comme juste et nécessaire par ses infractions des traités d'Amiens et de Lunéville, sa royauté de l'Italie, l'usurpation de Gênes, et enfin tout ce qu'on peut attendre de son audace et de la puissance énorme et gigantesque qu'il s'est formée et qui menace toute l'Europe. »

Pour l'instant, Napoléon ne s'inquiète pas outre mesure des bruits de bottes qui viennent de Russie ou d'Autriche. Abattre l'Angleterre lui semble son objectif principal et il attache, de ce fait, une importance capitale aux mouvements et aux buts assignés à ses armées navales : « Elles auront une grande influence sur les destinées du monde » affirme-t-il. Au début de l'année, il a envoyé à Villeneuve, commandant la flotte de Toulon, l'ordre de partir « dans le plus court délai », avec toute son escadre, pour la Martinique. L'amiral devait avoir quitté la Méditerranée avant le 15 mars. Avec douze vaisseaux de guerre, sept frégates et trois bricks, il a reçu l'ordre de rallier d'abord, devant Cadix, les six vaisseaux de l'amiral espagnol Gravina, puis, de mettre le cap sur la Martinique, d'y retrouver le contre-amiral Missiessy et son escadre en provenance de Rochefort. De son côté, l'amiral Ganteaume, alors à Brest, devait appareiller « dans le plus court délai possible » pour Fort-de-France, avec son escadre forte de vingt et un vaisseaux, de six frégates et de deux flûtes : « Vous devez au préalable, spécifiait l'Empereur, embarquer sur chaque vaisseau cent cinquante hommes et sur chaque frégate quatre-vingts hommes. Vous aurez soin, en outre, que vos équipages soient complets et que vos garnisons soient composées d'hommes bien portants et en bon état... »

Cependant, Ganteaume ne va pas pouvoir obtempérer : il se trouve bloqué dans le port de Brest par une escadre anglaise qui croise devant le goulet, et est plus puissante que ne l'imagine l'Empereur. Celui-ci communique, en effet, ses ordres avec entrain : « Vous tâcherez d'attaquer, et de prendre les sept ou huit vaisseaux de la croisière anglaise. Vous ferez au contre-amiral Gourdon, commandant notre escadre au Ferrol, composée de quatre vaisseaux et de deux frégates, et à l'escadre espagnole, le signal de vous joindre. Ayant ainsi rallié ces escadres, vous vous rendrez par le plus court chemin dans notre île de la Martinique. »

Au total, les escadres réunies « dans notre île de la Martinique » devraient former une armada de quarante à cinquante vaisseaux de ligne. Pourquoi les envoyer ainsi, chacune de leur côté, rallier la lointaine mer des Caraïbes ? L'Empereur pensait, de cette manière, dérouter les Anglais et essouffler Nelson parti à la poursuite de Villeneuve. La flotte française ainsi rassemblée, sous le commandement de Ganteaume reviendrait vers l'Europe, attaquerait les vaisseaux anglais qui pourraient se trouver au travers d'Ouessant, forcerait ensuite le passage de la Manche, et occuperait enfin le détroit du pas de Calais pour protéger le futur débarquement de l'armée impériale en Angleterre... Tel était le plan mûri par Napoléon durant les premiers mois de l'année 1805 — plan que les marins d'aujourd'hui considèrent comme moins extravagant que certains l'ont pensé.

Pour lui, traverser deux fois à la voile l'Atlantique paraissait aussi simple que d'ordonner à quelques brigades légères d'aller se cacher derrière un mamelon et de surprendre l'ennemi en surgissant le moment venu sur un champ de bataille... « En vous confiant le commandement d'une armée aussi importante, explique l'Empereur à Ganteaume, et dont les opérations auront tant d'influence sur les destinées du monde, nous comptons sur votre dévouement, sur vos talents et sur votre attachement à notre personne. »

Le dévouement, les talents et l'attachement vont se trouver mis en échec par les courants, le calme plat et les marées qui semblent dédaigner les plans impériaux et obéir aux ordres de l'Amirauté britannique : Villeneuve, retardé dans son voyage, ne rencontre pas à Cadix les renforts espagnols escomptés. Il ne découvre, dans le port ibérique, que quelques « misérables bâtiments » armés par une tout aussi « misérable racaille » de matelots. Missiessy ne se trouve pas au rendez-vous martiniquais de Fort-Royal ! Quant à Ganteaume, il demeure bloqué à Brest. La puissante escadre britannique monte toujours la garde devant la sortie du goulet. « Soyez certain que les Anglais vont faire des expéditions de troupes et de vaisseaux pour l'Amérique », lui affirme cependant l'Empereur pour le tranquilliser — alors qu'il n'en sait absolument rien —, et, précise-t-il avec optimisme, « qu'ils ne garderont pas plus de vingt et un ou vingt-deux vaisseaux devant Brest ». Il n'y a point pour Napoléon — qui donne ses ordres à cinq cents kilomètres de la Bretagne — un moment à perdre ! Il le demande à Ganteaume tout au long de ce mois d'avril

1805 : Pourquoi ne sort-il pas du goulet pendant la nuit ? Mais les semaines et les mois passent sans que Ganteaume se risque, ou parvienne à quitter son mouillage.

« Comment est-il possible, lui qui est au fait de tous mes projets, interroge Napoléon stupéfait, qu'il laisse paraître l'ennemi sans faire aucun mouvement ? » Une autre force anglaise se trouve peut-être en seconde ligne, stationnée derrière les frégates, au-delà d'Ouessant ? En ce cas, « comment Ganteaume, reprend l'Empereur, n'a-t-il pas chassé les croisières des frégates, afin de savoir ce qu'il y a derrière ? » Ce sont bien là des ordres de terrien pour qui vents et tempêtes ne doivent pas plus entraver la marche d'une escadre qu'une bonne averse empêcher un corps d'armée d'arriver au cantonnement à l'heure prévue. Cependant, Ganteaume, prudent mais point curieux, se garde bien de quitter le goulet où il se trouve si bien abrité...

Le 6 juillet, Napoléon quitte brusquement — et fébrilement — Gênes pour Paris. Tout en roulant vers la capitale, il demeure hanté par les mouvements que doivent exécuter ses escadres, obéissant aux ordres portés par des corvettes que l'Empereur est très étonné de ne pas voir bondir sur les flots... Puisqu'il lui faut faire son deuil de la concentration martiniquaise, le regroupement devra se faire au large des côtes françaises ! Aussi de Saint-Cloud, le 20 juillet, écrit-il à Ganteaume : « Lorsque vous recevrez cette lettre, nous serons déjà de notre personne, à Boulogne, et tout sera embarqué, embossé hors de rade, de sorte que, maître trois jours de la mer, dans le temps ordinaire de la saison, nous n'avons aucun doute sur la réussite... Si l'ennemi se dégarnit devant vous, c'est qu'il est persuadé que l'offensive doit venir de Villeneuve. Trompez vous-même ses calculs en prenant vous-même l'offensive. »

Quant à Villeneuve, qui doit être maintenant revenu du rendez-vous manqué de la Martinique, il lui indique son plan : dès que la flotte combinée aura fait sa jonction d'une part avec les quinze vaisseaux du contre-amiral Gourdon, stationnés au Ferrol, et d'autre part, à Brest, avec les vingt et un vaisseaux de Ganteaume, avec toutes ces forces réunies, il manœuvrera de manière à bousculer les soixante-dix bâtiments de la croisière britannique qui, dans le *Channel,* continue à monter la garde et à former une barrière qui, du camp de Boulogne, paraît infranchissable.

En résumé, il le répète, la flotte française devra se rendre maîtresse du pas de Calais, ne fût-ce que durant trois, quatre ou cinq jours... Ces quelques jours que Napoléon mendie presque à ses amiraux, et qui doivent lui permettre — du moins il le pense — d'envahir enfin la perfide Angleterre.

Esquisse de Gros nous montrant Napoléon recevant, à l'abbaye d'Elchingen, Mack venu lui apporter, avec son épée, la reddition d'Ulm.

(Collection Delestre — Photo Giraudon)

II

LA « PIROUETTE » DE BOULOGNE

Profitez des faveurs de la fortune lorsque ses caprices sont pour vous ; craignez qu'elle ne change, de dépit : elle est femme.

NAPOLÉON.

Lorsque, le 3 août, l'Empereur arrive au charmant petit château de Pont-de-Briques, tout semble prêt pour l'invasion des îles britanniques. Déjà les premières médailles commémoratives de la descente en Angleterre ont été frappées ! Déjà la troupe du Vaudeville a reçu l'ordre de se préparer à s'embarquer, elle aussi, afin de donner des représentations du répertoire français à Londres !... Vingt millions de cartouches attendent d'être réparties entre les hommes des « armées des côtes de l'Océan ». Les caisses que les chaloupes et les *prames* emporteront le jour « J » sont rassemblées. Napoléon l'a décidé : le débarquement — sur un front d'une largeur de deux cents bâtiments — se fera sur la côte à treize kilomètres de Douvres, à l'endroit même où Jules César avait pris terre autrefois. Point de direction : Londres, par Cantorbery et Chatham. Peut-être — car ceci est également prévu, nous apprend Albert Chatelle — les Anglais tenteront-ils « une dernière défense à dix kilomètres de Londres à Bleakheath où Cromwell avait jadis mis en déroute les troupes de Charles Ier. Les projets les plus extravagants sont agités. Un membre de l'Académie des sciences propose le plus sérieusement du monde au maréchal Davout la création d'un corps de marsouins montés. L'équipement prévoit selle, mors et brides. Si le marsouin, attiré par quelque sardine, désarçonnait son « cavalier », il était conseillé de doter celui-ci de deux vessies natatoires...

Boulogne a la fièvre, comme toute la France, une *fièvre de guerre,* ainsi que l'a baptisée le *Moniteur.* Le moral de la troupe est excellent et la discipline fait l'admiration de Maret qui écrit à Talleyrand : « Ce qui me surprend, c'est le silence profond qui règne : on ne voit pas un homme, mais un seul coup de tambour en fait apparaître dix mille... Chaque fois que le soleil se lève, tous les yeux se reportent sur la côte blanchissante de l'Angleterre, tous les cœurs maudissent la mer et menacent les Anglais... On calcule, on conjecture, on soupçonne un prompt embarquement... »

« J'ai ici de belles armées, annonce de son côté l'Empereur à sa « bonne petite Joséphine », de belles flottilles, et tout ce qui peut me faire passer le temps agréablement. Il y manquerait ma bonne Joséphine. Mais il ne faut pas lui dire cela. Pour être aimé, il faut que les femmes doutent et craignent sur l'étendue de leur empire. »

Napoléon s'étant plaint devant Murat de ne voir à Boulogne « que des figures à moustaches », celui-ci s'empresse de proposer à son beau-frère « une dame génoise belle et spirituelle » qui a « le plus grand désir de voir Sa Majesté ». L'Empereur accorde « en riant » un tête-à-tête à la postulante... et la jeune Génoise — peut-être une certaine dame Piatti, nous suggère Pierre-André Wimet — vient quatre ou cinq fois rejoindre Napoléon dans l'alcôve lambrissée de sa chambre, au premier étage du château.

Mais il ne s'agit là que d'un passe-temps de guerrier. L'Empereur n'en demeure pas moins tout à ses préparatifs. Il annonce au ministre Decrès : « Les Anglais ne savent pas ce qui leur pend à l'oreille! Tout est ici en bon train; si nous sommes maîtres douze heures de la traversée, l'Angleterre a vécu! »

A la condition — toujours! — que Villeneuve veuille bien arriver. Or, le surlendemain de son installation à Pont-de-Briques, Napoléon apprend que Villeneuve le 22 juillet, se portant vers Brest pour délivrer Ganteaume, s'est heurté, avec sa flotte franco-espagnole, aux voiles de l'amiral Calder. Bien que plus fort en nombre — en dépit de la perte de deux bâtiments espagnols — le malheureux chef de l'escadre combinée n'a pas osé poursuivre les Anglais, qui se sont dérobés. Puis, Villeneuve s'est retiré à Vigo. Napoléon présume que l'amiral a seulement touché barre au port afin d'y laisser ses blessés, et qu'il a pris ensuite le chemin de la Manche où toute l'armée d'invasion l'attend « avec anxiété » : « Si vous ne l'avez pas fait, faites-le, lui ordonne l'Empereur. Marchez hardiment à l'ennemi... » Toujours optimiste, il précise afin de tranquilliser l'amiral : « Les Anglais ne sont pas aussi nombreux que vous le pensez... ils sont tenus partout en haleine. Pour le grand objet de favoriser une descente chez cette puissance qui, depuis dix siècles, opprime la France, nous pouvons tous mourir sans regretter la vie. Tels sont les sentiments qui doivent animer tous mes soldats... »

A Boulogne, afin de maintenir l'ardeur de ses troupes en haleine, Napoléon décide de faire exécuter un exercice d'alerte, alors que la maréchale Ney donne justement un bal à Montreuil. « L'alerte fut générale, a raconté la reine Hortense, chacun de fuir et de se désespérer d'être au bal lorsqu'on passait en Angleterre. Une foule de jeunes officiers, présents à cette fête, se précipitaient sur la route de Boulogne que je parcourus comme eux avec la rapidité de l'éclair, escortée du général Defrance qui brûlait d'impatience de se retrouver auprès de l'Empereur... Enfin j'arrive ; je demande l'Empereur et j'apprends qu'il avait en effet présidé à l'embarquement de tous les camps pendant la nuit ; mais qu'il venait de rentrer... »

Napoléon semble enchanté du résultat. Ah ! si Villeneuve pouvait arriver ! Il se voyait déjà débarquant, entrant dans Londres puis, rapidement, après avoir organisé sa conquête, faisant volte-face vers l'Allemagne afin de se porter au-devant de la lente concentration des troupes austro-russes. Napoléon n'ignore rien en effet de ce qui se passe derrière l'Inn. Le 5 août, Laforest affirmait à Hardenberg :

— L'Empereur pénètre toutes les vues de ses ennemis et en embrasse d'un coup d'œil rapide les conséquences les plus éloignées.

Napoléon compte, en effet, prévenir l'attaque des nouveaux alliés et se trouver « à Vienne avant le mois de novembre prochain ». Pour l'instant, l'Empereur s'imagine toujours que le chef de la flotte combinée et Ganteaume ont pu se joindre et que leurs voiles arriveront ensemble, et à temps, devant Boulogne pour participer au grand projet. Malheureusement, le 25 août, il est informé que Villeneuve, après avoir croisé durant treize jours au large des côtes espagnoles, est revenu à Cadix. L'Empereur ne trouve pas de mots pour qualifier cette « conduite infâme ». Tout est désormais perdu ! Comment traverser le pas de Calais, ayant en face de soi l'importante et menaçante croisière britannique ? Sans parler des quarante vaisseaux de Nelson croisant à l'entrée de la Manche qui empêchent toujours Ganteaume de sortir de son triste goulet ! Napoléon établit un nouveau plan : « Dès ce moment, écrit-il à Talleyrand, je change mes batteries... Il s'agit de gagner vingt jours et d'empêcher les Autrichiens de passer l'Inn pendant que je passerai le Rhin... Ils ne s'attendent pas avec quelle rapidité je ferai pirouetter mes deux cent mille hommes. »

Il ne laissera, face à l'Angleterre, que vingt-cinq mille soldats — ce qui sera pleinement suffisant pour éviter toute velléité d'un débarquement britannique.

Bien entendu, l'Empereur ruse et fait répandre le bruit que seulement trente mille hommes de l'Armée des côtes de la Manche vont se diriger vers le Danube :

— Quand j'aurai donné une leçon à l'Autriche, je reviendrai à mes projets.

Et le formidable *demi-tour en avant marche* s'ordonne avec une précision mathématique. « Les camps de Boulogne, d'Ambleteuse, d'Amiens, de Saint-Omer, racontera le capitaine Aubry, s'ébranlent au son des tambours, des trompettes, des musiques. C'est un brouhaha, un vacarme, un enthousiasme qu'on ne peut imaginer. » Les troupes passent devant Napoléon en criant : *Vive l'Empereur!* et en hurlant le *Chant du départ* de Méhul :

La Victoire en chantant nous ouvre la carrière.
La Liberté guide nos pas!

Le 28 août la Garde se met en route en chantant un air de circonstance composé par le directeur de la troupe du Vaudeville :

Ne soyez pas si contents,
Messieurs de la Tamise.
Seulement pour quelques instants,
La partie est remise...

Et nuit et jour, les hommes marchent vers le Rhin. « Nous inondons les villes et les villages... la joie est sur tous les visages et dans les cœurs. »

L'armée de Boulogne traverse la France — en dormant... « On se tenait par rang les uns aux autres pour ne pas tomber, dira le capitaine Coignet, ceux qui tombaient, rien ne pouvait les réveiller. Il en tombait dans des fossés, les coups de plat de sabre n'y faisaient rien du tout. La musique jouait, les tambours battaient la charge, rien n'était maître du sommeil... »

L'Empereur a tout prévu, tout coordonné, tout

réglé, il dicte à Daru, « frappé d'admiration », l'itinéraire des sept torrents qui traverseront le nord de la France et marcheront au bruit « des lourds canons roulant vers Austerlitz ». Lorsque Napoléon, en cours de route, rencontre quelque petite unité égarée, sans consulter la moindre note, il lui indique son gîte d'étape.

De quelles forces au juste va-t-il pouvoir disposer, puisqu'il a dû laisser vingt-cinq mille hommes à Boulogne et cinquante mille en Italie, sous le commandement de Masséna ? La « grande armée » impériale d'Allemagne peut aligner cent quatre-vingt-six mille Français et trente-trois mille Bavarois, Badois ou Wurtembergeois, ses nouveaux alliés. En face, deux cent quarante-cinq mille Autrichiens et Russes, auxquels il faut ajouter cinquante mille Anglais, Suédois et Napolitains qui ont décidé de se mettre de la partie. La disproportion des forces n'effraie pas l'Empereur. Un seul point l'inquiète : la Prusse. Si elle se tourne contre lui Napoléon aura deux cent mille hommes de plus à combattre ! Fort heureusement, en dépit de la pression exercée par le tsar, Frédéric-Guillaume tergiverse. Il faut donc le gagner de vitesse :

— Le temps presse, déclare Napoléon, et les jours sont des années !

En passant par Saint-Cloud, ses ministres remarquent son air d'allégresse :

— Avant le 12 octobre, l'Autriche sera déchirée, prédit-il.

En attendant, les Autrichiens passent à l'offensive et attaquent l'Electeur de Bavière, allié de l'Empereur.

— Il y a peu de jours que j'espérais encore que la paix ne serait point troublée, déclare Napoléon au Sénat le 23 septembre, les menaces et les outrages m'avaient trouvé impassible; mais l'armée autrichienne a passé l'Inn; Munich est envahie; l'Electeur de Bavière est chassé de sa capitale; toutes mes espérances se sont évanouies... Je gémis du sang qui va en coûter à l'Europe ; mais le nom français en obtiendra un nouveau lustre.

Cependant, en revenant du Luxembourg aux Tuileries, l'Empereur n'est pas accueilli par les badauds comme il en a l'habitude. La reprise de la guerre sur le Continent — et de l'inévitable conscription — ne réjouit personne. La paix a été de si courte durée! Vienne attaque Munich? Mais Munich n'a jamais été occupée par la France ! Les stratèges des carrefours ne comprennent pas pourquoi l'agression autrichienne doit forcément déclencher un conflit national ! Et la presse, qui se fait trop ouvertement l'écho de l'opinion, s'entend reprocher par le maître de ne pas avoir le cœur assez français. La Bourse baisse, les faillites se multiplient. Napoléon le constate avec amertume : la Banque de France, elle-même, éprouve « de l'embarras ». On s'attroupe devant les guichets où il faut faire la queue durant plus d'une heure pour changer les billets contre de l'or. Napoléon a besoin d'argent et la Banque pour répondre aux demandes a dû recourir à l'inflation. Le billet se trouve déprécié de dix pour cent. Il s'agit de remplir les caisses ! Ainsi que le constate l'Empereur :

— Ce n'est pas ici que je puis y mettre ordre.

C'est au soir d'une bataille victorieuse ! Il en est de même pour le mécontentement général. De nouveau, comme à la veille de Marengo — et il en sera ainsi durant encore dix années — Napoléon ne peut être vaincu, sans voir s'écrouler son empire : il est condamné à vaincre toujours.

Il ne dédaigne aucun concours et, surtout pas, ceux des émigrés qui veulent prendre du service dans l'armée :

— Si vous voulez, a-t-il dit à Thiard, la veille du départ, je ne demande pas mieux que de vous emmener avec moi. « Et sans attendre ma réponse, qu'il lui était facile de deviner à la satisfaction qui se peignit sur mon visage », nous raconte Thiard, Napoléon poursuit :

— Je ne sais quel grade vous donner. Je ne suis pas maître de l'armée comme on le croit. J'ai de grands ménagements à garder avec elle. On sait que vous avez servi à l'armée de Condé! Je ne puis vous faire que capitaine...

« Je lui répondis que je sentais tout le prix de ce qu'il m'offrait, mais que s'il trouvait quelque inconvénient à m'accorder même ce grade, il y avait moyen d'y remédier : c'était de me permettre de mettre des trèfles sur mes épaules, et puis qu'après la première bataille il me donnerait devant l'armée le grade qui lui conviendrait.

« — Non, non, répond-il. Je ne veux pas aller si loin. Puisque cela vous convient, vous serez capitaine dans les grenadiers à cheval de ma Garde, et vous ne me quitterez pas.

« Ma figure se rembrunit sur-le-champ. »

« — Qu'avez-vous donc ?

« J'ai un peu de honte à l'avouer, comme j'en ai eu à le lui dire, mais c'est mon caractère, et je lui répondis que j'avais toujours servi dans les troupes légères, que, par conséquent, je ne savais pas si je pourrais m'accoutumer aux *gros talons*. Il sourit et me dit :

« — Qu'à cela ne tienne. Dans les chasseurs à cheval !

« C'est ainsi, conclut Thiard, que j'ouvris une porte de plus à l'émigration. »

⁂

L'Empereur a retrouvé l'armée à Strasbourg. Le 1er octobre, les divisions franchissent le Rhin. Les soldats portent de petites branches d'arbres fixées au revers de leurs uniformes, en guise de lauriers, et, sous une pluie battante, défilent devant leur dieu. Il est tellement trempé « que les gouttes qui découlent de ses habits se réunissent sous le ventre de son cheval et y forment une petite chute d'eau ». Son chapeau ressemble bientôt à ceux portés par les charbonniers de Paris. Les cris de *Vive l'Empereur* poussés par les troupes lui font chaud au cœur, mais il ne se laisse pas distraire de ses pensées. Mack, à la tête de quatre-vingt mille Autrichiens s'est avancé en Bavière et occupe Ulm, au bord du Danube. Le plan de l'Empereur consiste, le Rhin franchi, à opérer un vaste mouvement en éventail vers le sud, un

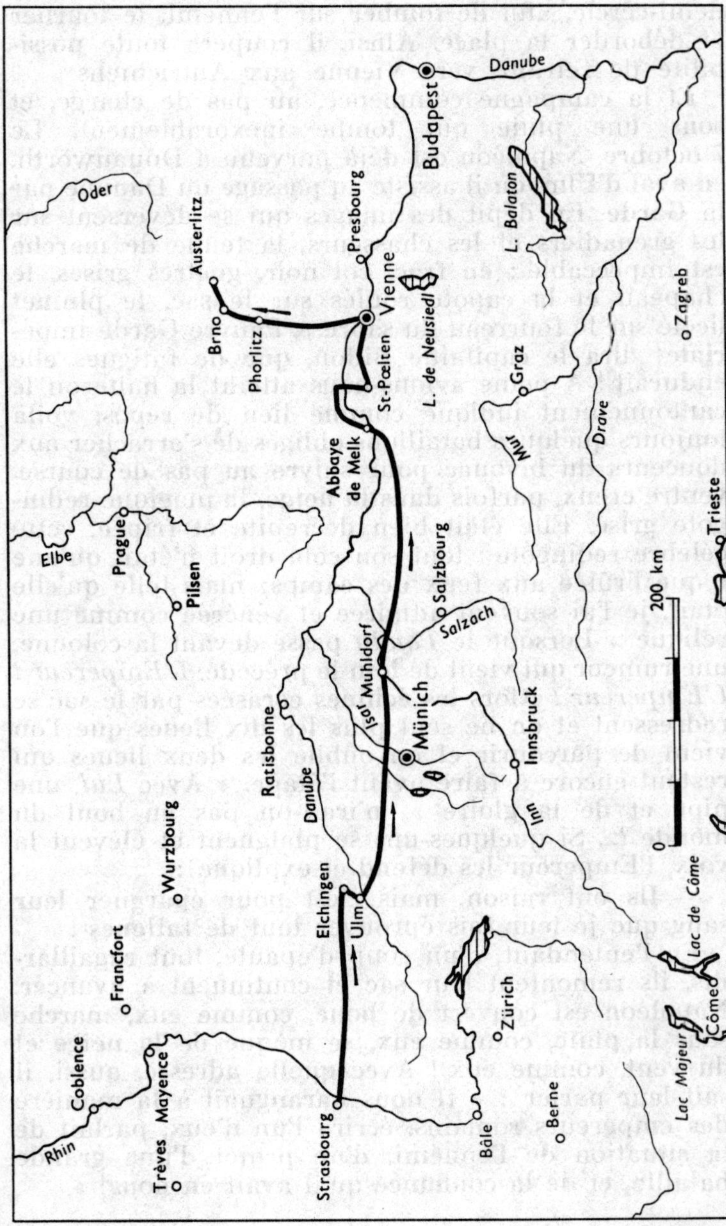
Oder
Elbe
Danube
Budapest
Presbourg
Austerlitz
Brno
Phorlitz
Vienne
St-Pœlten
L. Balaton
L. de Neusiedl
Zagreb
Graz
Mur
Drave
Abbaye de Melk
Prague
Pilsen
Salzbourg
Salzach
Muhldorf
Isar
Münich
Innsbruck
Inn
Ratisbonne
Danube
Trieste
200 km
0
Wurzbourg
Elchingen
Ulm
Francfort
Zürich
Lac de Côme
Côme
Lac Majeur
Coblence
Mayence
Rhin
Trèves
Strasbourg
Bâle
Berne

demi-cercle, afin de tomber sur l'ennemi, le tourner et déborder la place. Ainsi, il coupera toute possibilité de retraite vers Vienne aux Autrichiens.

Et la campagne commence, au pas de charge, et sous une pluie qui tombe inexorablement. Le 7 octobre, Napoléon est déjà parvenu à Donauwörth, en aval d'Ulm, où il assiste au passage du Danube par la Garde. En dépit des nuages qui se déversent sur les grenadiers et les chasseurs, la tenue de marche est impeccable : en frac, col noir, guêtres grises, le chapeau et la capote roulés sur le sac, le plumet ficelé sur le fourreau du sabre. « Pauvre Garde impériale! dira le capitaine Billon, que de fatigues elle endurait ! A peine avions-nous atteint la halte ou le cantonnement indiqué comme lieu de repos, voilà toujours quelques bataillons obligés de s'arracher aux douceurs du bivouac pour suivre au pas de course, ventre creux, parfois dans la neige, la magique redingote grise. Elle était bien décrépite et fripée, cette célèbre redingote : tout son côté droit n'était qu'une loque brûlée aux feux des camps; mais telle qu'elle était, je l'ai souvent admirée et vénérée comme une relique. » Lorsque le *Tondu* passe devant la colonne, une rumeur qui vient de loin le précède. *L'Empereur ! L'Empereur !* Alors les échines écrasées par le sac se redressent et on ne sent plus les dix lieues que l'on vient de parcourir et on oublie les deux lieues qui restent encore à faire avant l'étape. « Avec *Lui*, une pipe et de la gloire », n'irait-on pas au bout du monde ?... Si quelques-uns se plaignent et élèvent la voix, l'Empereur les défend et explique :

— Ils ont raison, mais c'est pour épargner leur sang que je leur fais éprouver tant de fatigues !

En l'entendant, d'un coup d'épaule, tout ragaillardis, ils remontent leur sac et continuent à avancer. Napoléon est couvert de boue, comme eux, marche sous la pluie, comme eux, se moque de la neige et du vent, comme eux ! Avec quelle adresse, aussi, il sait leur parler : « Il nous haranguait à la manière des empereurs romains, écrira l'un d'eux, parlait de la situation de l'ennemi, d'un projet d'une grande bataille, et de la confiance qu'il avait en nous! »

Mais les marches, les combats, n'interrompent pas le service de parade. En *station,* la Garde veille sur l'Empereur. Que Napoléon soit sous la tente, ou logé dans une masure ou, encore, qu'il ait placé sa résidence dans un château, l'endroit où il séjourne s'appelle « le palais ». Un bataillon de chasseurs ou de grenadiers fournit les services d'honneur et de police, un escadron et un piquet de cavalerie de la Garde qui ne quitteront pas l'Empereur, sont commandés chaque jour pour fournir les escortes. Les hommes qui vont veiller sur « Lui » revêtent alors la tenue dite « de palais ». On brosse à rebrousse-poil le bonnet et « en colonne par un, caporal en tête, nous a raconté comme personne le commandant Lachouque, chaque grenadier ou chasseur refait la coiffure de celui qui le précède, noue la queue à deux pouces de l'extrémité, pique l'épingle à l'aigle, fait tomber la poudre avec des vergettes ».

En cette première quinzaine d'octobre, les longues étapes se succèdent. « S'ils me laissent gagner quelques marches, écrit l'Empereur le 12 octobre à Talleyrand, j'espère les avoir tournés. » Mais il va parfois si vite qu'un jour, les services d'honneur et ceux de l'intendance ne sont point parvenus à suivre. Ce soir-là, couchant au presbytère protestant d'Oberfallheim, il remarque, en se mettant à table devant une omelette faite par l'un de ses aides de camp, et en buvant une bouteille de bière :

— Il est assez piquant de n'avoir que de la mauvaise bière dans une contrée de l'Europe si fertile, tandis que dans la Haute-Egypte, même dans la traversée du désert, j'ai toujours eu mon vin de Chambertin.

Les troupes que le général Karl Mack, « pelotonné » dans Ulm, vient d'appeler du Tyrol à son secours, ont été rencontrées par Murat à Wertingen, et dispersées ! Napoléon — le 10 — a couché à Augsbourg chez l'Electeur de Trèves ! Le général autrichien apprend avec ahurissement que les trois ponts qui enjambent le Danube entre Ulm et Donauwörth ont été pris. Et Ney est en train de forcer le fleuve, par un quatrième passage situé derrière Ulm!

« Le bandeau ainsi subitement déchiré, nous dit Ségur, aide de camp de l'Empereur, Mack tombe foudroyé de ses échasses. Il reconnaît que, sans appréciation des lieux, sans prévoyance du côté par lequel nos forces étaient accourues, et de ce qu'il avait le plus à craindre, notre nombre et le caractère de son adversaire, il vient de laisser deux cent mille hommes passer incognito près de lui; et qu'il ne s'en est aperçu que lorsqu'il en est environné... »

Le 13 — la veille de la bataille d'Elchingen — Napoléon s'adresse à l'armée : « Il n'y a pas quinze jours que nous avons passé le Rhin, et les Alpes wurtembergeoises, le Neckar, le Danube et le Lech, barrières si célèbres de l'Allemagne, n'ont pas retardé notre marche d'un jour, d'une heure, d'un instant... Vos neveux même, d'ici à cinq cents ans, viendront se ranger sous ces aigles qui vous rallient, sauront en détail tout ce que votre corps aura fait demain, et de quelle manière votre courage les aura à jamais illustrées. Ce sera l'objet perpétuel de leurs entretiens, et vous serez cités d'âge en âge à l'admiration des générations futures. »

Le lendemain, Napoléon ordonne à Ney de s'emparer du pont et des hauteurs d'Elchingen, situés à 7 kilomètres d'Ulm. L'opération offre quelques difficultés car il faut, sous le feu des Autrichiens, rétablir les travées d'un pont qui ont été enlevées. Quelques jours auparavant, Murat, fatigué par les longues explications stratégiques que Ney croyait utile de lui donner, avait haussé les épaules en remarquant :

— Je ne fais jamais de plan qu'en présence de l'ennemi.

Aussi Ney, ce matin-là, devant Elchingen où il va cueillir son duché, ne peut s'empêcher de dire à Murat :

— Prince, venez faire avec moi vos plans en présence de l'ennemi.

Et, en grand uniforme — un uniforme à faire

pâlir Murat de jalousie — « il se précipite au milieu du feu ».

L'archiduc Ferdinand parvient cependant à quitter Ulm à la tête de vingt mille hommes et à foncer vers la Bohême. Murat va se lancer à sa poursuite, le rattrapera et s'emparera de douze mille prisonniers, de sept généraux, et du trésor de l'armée.

Et Mack?

Il est resté dans Ulm avec trente mille hommes. Le 15 octobre, tandis que l'investissement de la ville s'achève, la pluie — toujours diluvienne — force Napoléon à se réfugier au petit village de Hasslach. Ségur le retrouve dans une ferme, « sommeillant assis à côté d'un poêle, dont un jeune tambour sommeillant de même occupait l'autre côté ». Ce spectacle inattendu surprend Ségur. On lui explique que, à l'arrivée de l'Empereur, on avait voulu renvoyer l'enfant qui avait résisté énergiquement en s'exclamant :

— Il y a place pour tout le monde; j'ai froid, je suis blessé, je suis bien là, et j'y reste.

Napoléon l'avait entendu, et s'était pris à rire, ordonnant « qu'on le laissât sur sa chaise puisqu'il y tenait si fort ». On vit alors l'Empereur et le tambour dormir assis en face l'un de l'autre, entourés d'un cercle de généraux et de grands dignitaires debout, attendant les ordres que le maître leur donnerait à son réveil.

Au matin, d'une hauteur exposée au feu de l'ennemi, Napoléon regarde le spectacle : Ulm est là, au-dessous de lui, comme une belle proie qu'il va pouvoir cueillir. La place — relativement petite — est en effet mal défendue. La garnison tente une ultime sortie. Les dragons de la Tour chargent, les chasseurs à cheval de la Garde et les mamelouks mettent le sabre à la main et, en quelques instants, la mêlée devient effroyable. « Les hommes, rapportera le capitaine Krettly, luttaient corps à corps sur leurs chevaux, enfoncés dans la boue jusqu'à l'étrier. Si près les uns des autres nous ne pouvions nous servir de la pointe de nos sabres, et nous frappions à la figure de notre lourde poignée. »

Les cavaliers ennemis se replient et l'Empereur ordonne de commencer le bombardement de la ville. Le soir venu, Ségur va demander à Mack de rendre la place. Le général autrichien espère l'arrivée des Russes. Les croyant à Dachau, occupé cependant par les troupes françaises, il exige huit jours de délai, persuadé que les alliés de l'Autriche viendront à son secours. La discussion se prolonge jusqu'à l'aube. Finalement le prince Maurice de Liechtenstein, envoyé par le maréchal Mack auprès de Napoléon, demande que l'armée d'Ulm, après la reddition, puisse retourner en Autriche.

— Si je vous laisse sortir, s'exclame l'Empereur, quelle garantie ai-je qu'on ne fera pas servir vos troupes, une fois qu'elles seront réunies aux Russes? Je me souviens de Marengo. Je laissai passer M. de Melas, et il fallut que Masséna combattît ses troupes au bout de deux mois, malgré les promesses les plus solennelles de traiter de la paix!

Finalement, Mack accepte de capituler sans conditions. Le 20 octobre, la garnison d'Ulm prisonnière, soit vingt-sept mille hommes, dix-huit généraux, quarante drapeaux et soixante canons attelés, défile devant Napoléon. Trois mille blessés sont restés dans la ville. Descendu de son cheval blanc, l'Empereur va se placer devant ses généraux. Il porte sa redingote grise et son « mauvais chapeau ». A droite et à gauche se rangent les corps de Ney et de Marmont dont les armes demeurent chargées. Le premier, le général vaincu s'avance et tend son épée à l'Empereur en s'exclamant :

— Voici le malheureux Mack!

En défilant, les prisonniers ralentissent leur marche. Beaucoup crient : *Vive l'Empereur!* « Un pareil spectacle ne peut se rendre, écrira le maréchal Marmont bien des années plus tard, et la sensation en est encore présente à mon souvenir. De quelle ivresse nos soldats n'étaient-ils pas transportés! »

Un colonel autrichien témoigne son étonnement de voir l'Empereur des Français trempé, couvert de boue, « autant et plus fatigué que le dernier tambour de l'armée ».

Napoléon a entendu.

— Votre maître, déclare-t-il, a voulu me faire ressouvenir que j'étais un soldat; j'espère qu'il conviendra que le trône et la pourpre impériale ne m'ont pas fait oublier mon premier métier...

Après le long défilé — il se prolongera durant cinq heures — l'Empereur fait appeler près de lui les généraux autrichiens.

— Messieurs, leur dit-il, votre maître me fait une guerre injuste : je vous le dis franchement, je ne sais point pourquoi je me bats; je ne sais ce qu'on veut de moi.

Que l'empereur François se hâte donc de faire la paix!

— C'est le moment de se rappeler, ajoute Napoléon, que tous les empires ont un terme; l'idée que la fin de la dynastie de la Maison de Lorraine serait arrivée doit l'effrayer.

— L'empereur d'Autriche n'a pas voulu la guerre, explique Mack, il y a été forcé par la Russie.

— En ce cas, déclare Napoléon, vous n'êtes donc plus une puissance?

Elle ne l'était plus, en effet...

Après être resté quelques jours en Bavière, Napoléon reprend la route vers Vienne. Le soir du 2 novembre, en arrivant à Haag, il trace ces lignes pour Joséphine : « Je suis en grande marche; le temps est froid, la terre couverte d'un pied de neige. Cela est un peu rude. Il ne manque heureusement pas de bois; nous sommes ici toujours dans les forêts. Je me porte assez bien. Mes affaires vont d'une manière satisfaisante; mes ennemis doivent avoir plus de soucis que moi... »

Plus de soucis, assurément ! La famille impériale quitte la capitale dans la neige et le froid, fuyant les soldats de « l'Ogre de France ». Une fausse nouvelle fait croire à la victoire des troupes autrichiennes. Et une petite archiduchesse nommée Marie-Louise écrit : « Nous avons appris avec joie que Napoléon était présent à la grande bataille qu'il a perdue. Puisse-t-il aussi perdre la tête! On fait ici beaucoup de prophéties sur sa fin prochaine et l'on dit que c'est à lui que s'applique l'Apocalypse. On affirme qu'il doit mourir cette année à Cologne, dans une auberge appelée « *A l'Ecrevisse rouge* ». Je n'attache pas grande importance à toutes ces prédictions, mais comme je serais heureuse de les voir se réaliser! »

Le dimanche 10 novembre, Napoléon arrive au monastère bénédictin de Melk, la plus belle abbaye peut-être du XVIIIe siècle, assurément la plus vaste. Et, aujourd'hui, lorsque, arrivant par le plateau, on découvre la longue façade *jaune Marie-Thérèse* et l'église baroque dominant la prenante vallée du Danube, on demeure le souffle coupé.

L'Empereur s'installe dans l'appartement impérial chauffé par de grands poêles de faïence blanche, trois vastes pièces que Marie-Antoinette, se rendant en France pour épouser le dauphin, avait occupées avant lui, pour passer sa première *Nachtstation*. L'avant-veille, à Linz, Napoléon avait d'ailleurs parlé de la pauvre reine à son chambellan Thiard qui venait d'avoir une conversation avec Gyulai. Pourquoi, avait suggéré le général hongrois, Napoléon ne répudierait-il pas la stérile Joséphine pour épouser une archiduchesse?

— Cela ne se peut pas, avait répondu l'Empereur, les archiduchesses ont toujours été fatales à la France. Le nom autrichien y a toujours déplu et Marie-Antoinette n'a pas contribué à diminuer cet éloignement. Son souvenir est trop récent.

Encore à Melk, le lendemain matin, il apprend que Murat, sans se préoccuper des Russes de Koutousov qui se trouvent à Krems, sur la rive droite du Danube, et des Autrichiens de Merveldt qui battent en retraite vers Leoben, a foncé vers Vienne « en flèche » et distancé Mortier. « Je ne puis approuver votre manière de marcher, lui écrit l'Empereur, vous allez comme un étourdi et vous ne pesez point les ordres que je vous fais donner. Les Russes, au lieu de couvrir Vienne, ont repassé le Danube à Krems... Sans savoir quels projets peut avoir l'ennemi, ni connaître quelles étaient mes volontés dans ce nouvel ordre de choses, vous allez enfourner mon armée sur Vienne... Je cherche en vain les raisons de votre conduite. »

Le futur roi de Naples veut tout simplement être le premier à occuper la capitale autrichienne. D'ailleurs son « enfournement » réussit, puisque, le 13 novembre, la ville se rend à Murat. « C'est un enivrement, raconte Thiébault, que d'entrer après cent lieues de victoires dans la capitale de l'ennemi, surtout quand cette capitale est celle des modernes Césars. On juge de notre exaltation quand nous prîmes possession de Vienne, que nous vîmes ses casernes devenir celles de nos soldats. » Les Viennois regardent, abasourdis, le spectacle. La garde nationale fait la haie et ses drapeaux s'inclinent devant les aigles.

— Je n'ai jamais été si fier d'être français, s'exclame un soldat.

Ce même mercredi soir, tandis que l'armée poursuit les Russes en direction du nord, Napoléon, « un peu fatigué », il l'avoue, arrive à Schoenbrunn. La noble façade — elle aussi « jaune Marie-Thérèse » — lui plaît. Il gravit rapidement l'escalier bleu et traverse les appartements d'apparat où s'épanouissent les enflures et les rotondités blanches et or du baroque. A-t-il jeté un coup d'œil sur le plafond de l'admirable galerie où, au milieu de nuées d'azur, trône Marie-Thérèse couronnée? En tous les cas, le souvenir de « la grande reine », ainsi qu'il l'appelle, demeure présent à son esprit, puisqu'il en parle dans le *Bulletin* du surlendemain. Il a choisi la vaste chambre dont les fenêtres donnent sur le parc qui s'achève par les arcades de la Gloriette se découpant sur le ciel. Entre ces murs ornés de tapisseries bruxelloises dues au talent de van der Borcht, son fils rendra le dernier soupir... Mais qui peut prévoir l'avenir? Le présent n'est-il pas déjà incroyable? Aujourd'hui, en six semaines, toute l'Autriche, du Danube à l'Italie, est conquise. L'armée de quatre-vingt mille hommes est anéantie! Trente mille prisonniers, quatre-vingt-six drapeaux partent pour la France. Enfin, pour la première fois, Napoléon loge dans le palais même d'un souverain qu'il a vaincu.

Tel est le résultat de la pirouette qui, en quelques semaines, a conduit l'Empereur du Pas-de-Calais au cœur de l'Europe.

***

Napoléon quitte Schoenbrunn le 16 novembre par la route de Prague. Le lendemain, près de Znaïm, — aujourd'hui Znojmo — une nouvelle tragique l'atteint : le désastre de Trafalgar.

L'Empereur avait fait transmettre à Villeneuve, toujours à l'abri dans le port de Cadix, un ordre qui équivalait à un suicide : « Sa Majesté veut éteindre cette circonspection qu'elle reproche à sa marine, ce système de défensive qui tue l'audace et qui double celle de l'ennemi. » Il avait encore ordonné d'attaquer Nelson « sans hésiter » et d'avoir avec lui « une affaire décisive ».

Décisive ! Elle se produira, en effet, mais pas dans le sens où l'Empereur l'entendait... Le ministre Decrès avait transmis à Villeneuve, les reproches sanglants de Napoléon en les édulcorant : « Sa Majesté veut que l'on épargne à son pavillon l'opprobre. » En réalité, l'Empereur, en apprenant que la flotte combinée ne remonterait définitivement pas vers la Manche, avait écrit au ministre de la Marine : « Villeneuve est un misérable qu'il faut chasser ignominieusement. Il sacrifierait tout pourvu qu'il sauve sa peau ! »

Villeneuve sacrifiera tout, mais n'en sauvera pas sa peau pour autant !

Lorsqu'il reçoit la lettre de Decrès lui communiquant les directives de Napoléon lui enjoignant de quitter son abri, Villeneuve réunit ses principaux officiers. Que pensent-ils de la situation ? Autrement dit : faut-il obéir aux ordres de l'Empereur qui séjourne à 2 500 kilomètres de là ? La réponse des amiraux français et espagnols est unanime : « La flotte ennemie se trouvant dans les parages est beaucoup plus forte que la nôtre. » Sortir de Cadix équivaudrait à un suicide.

Villeneuve hésite.

Soudain, le chef de l'escadre combinée est averti, non par un pli officiel, mais par « le bruit public », que Napoléon envoie l'amiral Rosily pour le relever. Déjà, paraît-il, son remplaçant galope sur la route de Madrid à Cadix! Ulcéré, Villeneuve écrit alors à Decrès : « Si le vent me permet de sortir, je partirai dès demain » — c'est-à-dire le 18 octobre. Ce jour-là, on lui annonce que Nelson n'a que vingt-huit vaisseaux dans les parages, aussi donne-t-il l'ordre d'appareiller. Vents et courants contrarient la manœuvre et, seuls les vaisseaux d'avant-garde quittent le port. Ils seront suivis, le lendemain, par Villeneuve. Derrière le vaisseau amiral, les derniers navires de la flotte combinée gagnent la haute mer. Il est alors 11 heures du matin.

A son tour, le 21 octobre, Nelson se met en route. Ainsi que l'a fort bien expliqué René Maine, « il se rendait parfaitement compte de l'importance exceptionnelle de la bataille qu'il allait livrer. Vaincre Villeneuve de façon définitive, c'était écarter des mers la France et l'Espagne pour un temps indéterminé; c'était permettre à l'Angleterre de consolider son hégémonie maritime, d'accroître sa puissance coloniale et, par là même, de gagner finalement la guerre. Bref, c'était changer la face du monde ». Le vainqueur d'Aboukir n'a pas attendu cette veille de bataille pour exposer sa tactique à ses capitaines. « Lorsque j'en vins à leur expliquer la *Nelson Touch*, racontera-t-il dans l'une de ses dernières lettres, ce fut comme une secousse électrique. Certains laissaient couler leurs larmes, tous approuvaient : « C'était nouveau, personnel et si simple! » Ce « coup de Nelson », autrement dit ce *coup de Trafalgar*, consisterait, au lieu de canonner la ligne ennemie, à foncer en une double flèche à la fois sur les vaisseaux de l'avant-garde et de l'arrière-garde de l'adversaire. Les deux ailes éloignées, dispersées, désagrégées en plusieurs tronçons, on se rabattrait sur le centre, un centre amputé de deux corps de bataille.

Ce plan fut rigoureusement suivi.

Les vingt-huit anglais — ils ont l'avantage d'être

au vent de leurs adversaires — après avoir emprunté en ordre dispersé, la même route que Villeneuve, se formèrent en deux colonnes dont l'une est commandée par Nelson, qui a mis sa marque sur le *Victory*, et l'autre par Collingwood, à bord du *Royal Sovereign*. Les deux files se dirigent vers la ligne alliée. L'irrégularité de la formation de la flotte combinée, son manque de cohésion, le flottement provoqué par l'attaque inattendue, permettent à Nelson de traverser facilement — et à deux endroits — la ligne franco-espagnole. Coupée en trois tronçons, l'escadre de Villeneuve ne pourrait en réchapper.

Mais la victoire coûtera la vie à Nelson.

Une heure après le début de la bataille, le *Victory* se trouve accroché, par son ancre de veille, au *Redoutable,* un vaisseau français commandé par le capitaine Lucas. Les deux navires, bord à bord, sont « tête-bêche ». Tandis que les soldats se livrent à un duel de mousqueterie tiré presque à bout portant, Nelson fait les « cent pas » sur la dunette, ces cent pas *maritimes* que les marins connaissent bien. Le capitaine Hardy, commandant le *Victory,* accompagne l'amiral dans « sa promenade habituelle ». Soudain, l'officier voit Nelson s'affaisser sur les genoux et s'appuyer sur son bras gauche — il a été amputé du bras droit à la suite d'une blessure reçue lors de l'attaque de Santa Cruz, en 1797.

— Cette fois, Hardy, murmure l'amiral, ils m'ont bien eu!

— J'espère que non...

— Si! J'ai reçu une balle dans la colonne vertébrale.

Trois heures plus tard, Nelson expirait. Son corps, placé debout dans une futaille remplie d'eau-de-vie, sera ramené en Angleterre et inhumé dans un morceau évidé du grand mât de l'*Orient,* vaisseau amiral français vaincu à Aboukir.

La flotte française n'en est pas moins anéantie. Villeneuve a dû amener son pavillon et ne sera plus désormais qu'un mort en sursis. L'année suivante, désespéré, ne parvenant pas à se justifier, il finira par se suicider en se donnant six coups de poignard dans une chambre d'un hôtel de Rennes...

Plus d'un siècle auparavant, Tourville avait suivi les instructions de Louis XIV, et ce fut la catastrophe de la Hougue. Villeneuve, insulté au surplus par Napoléon, a obéi aux ordres de l'Empereur, et ce fut la défaite de Trafalgar. Deux désastres dont la flotte française ne se relèvera jamais.

Napoléon à son arrivée au pied de la butte de Zuran d'où l'on domine le futur champ de bataille d'Austerlitz, reçoit des paysans moraves. Là va être établi le bivouac de l'Empereur.

(Peinture du baron-général Lejeune. Photo Bulloz)

Napoléon [illegible] de la Montagne de [illegible] [illegible] de [illegible] [illegible] [illegible] le [illegible] de l'[illegible].

[illegible] du baron-général Lejeune. (Photo Bulloz)

III

LE SOLEIL D'AUSTERLITZ

On ne fait bien que ce qu'on fait soi-même.
NAPOLÉON.

VENANT de Vienne, en entrant en Tchécoslovaquie, on rencontre tout d'abord le souvenir de Napoléon à l'humble presbytère de Pohorelice — hier Pohrlitz — un village qui n'a pas changé depuis 1805 et où l'on devine la pauvreté morave tapie derrière les petites maisons basses, autrefois peintes de couleurs vives. Le bourg est situé au débouché d'une magnifique forêt où dominent les acacias, sur la route de Vienne à Brünn, à 25 kilomètres du poste frontière tchécoslovaque de Mikalov où se déchaîne la paperasserie chère aux Etats qui n'ont point pignon de verre sur rue...

C'est là, le 20 novembre 1805, à 8 heures du matin que l'Empereur se penche sur la carte de la Moravie. « Il est ordonné au maréchal Soult de se rendre à Austerlitz », dicte-t-il. Et, pour la première fois, il prononce ainsi le nom de ce village qui se trouve à 20 kilomètres à l'est de Brünn, sur la route de Hongrie, un bourg portant de nos jours le nom de Slavkvov-u-Brno.

Deux heures plus tard, Napoléon s'arrête devant la cuvette de Brünn, au milieu de laquelle, sur un véritable piton, se dresse la citadelle où sera enfermé l'infortuné général Mack, le vaincu d'Ulm. Devant la porte de la ville s'étend un champ de boue dans laquelle pataugent l'évêque et le corps municipal venus offrir au vainqueur de Vienne les clefs de la vieille cité. Quels sentiments peuvent éprouver ceux dont le sol va servir de champ clos pour une cause qui leur est bien étrangère ? S'il faut en croire Napoléon, lorsqu'on demandait aux Moraves s'ils aimaient leur empereur, ils répondaient :

— Nous l'aimions, mais comment voulez-vous que nous l'aimions encore? Il a fait venir les Russes?... Nous aimons mieux, mille fois, voir les Français armés contre nous que des alliés tels que les Russes.

Napoléon ajoutait :

— Sans doute, c'est pour la dernière fois que les gouvernements européens appelleront de si funestes secours. S'ils étaient capables de le voir encore, ils auraient à payer ces alliés du soulèvement de leur propre nation.

Escorté par la Garde et par les mamelouks, Napoléon visite le logement qui lui a été réservé — l'hôtel du Gouverneur — inspecte les fortifications, monte jusqu'à la citadelle, puis gravit, à la sortie de la ville, la longue côte de la route d'Olmütz, actuellement Olomouc.

Il va choisir son champ de bataille.

Où se trouve l'ennemi? Sa grand-garde se tient vers Olmütz, exactement à Wischau — Vyskov, en tchèque. C'est donc bien, à mi-chemin, du côté d'Austerlitz que l'on se battra. La route monte et descend épousant les molles ondulations des collines — cette route dont le tracé n'a pas changé et qui va jouer un grand rôle dans l'histoire des journées qui vont suivre. Ce jour-là, l'artillerie et l'immense charroi l'empruntent afin d'aller prendre leurs positions.

Après avoir franchi une dizaine de kilomètres, l'Empereur remarque sur sa droite, en avant du

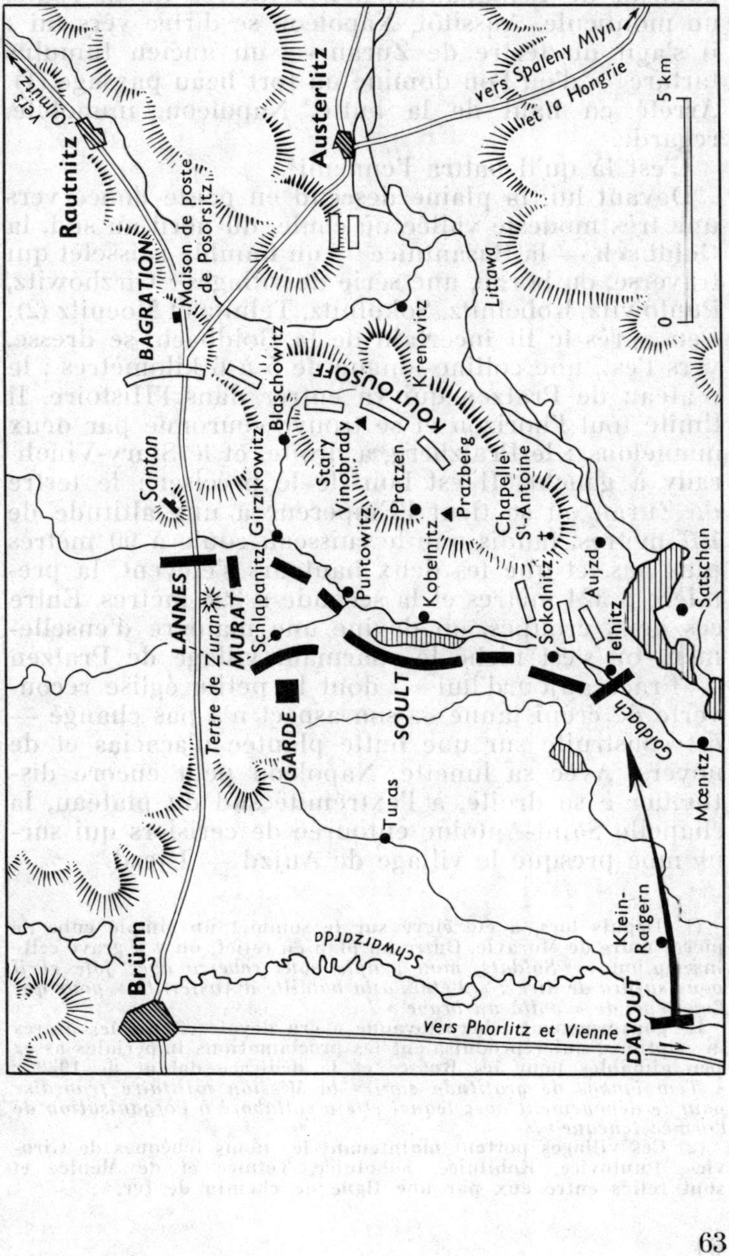
Rautnitz
vers Olmutz
BAGRATION
Maison de poste de Posorsitz
Austerlitz
vers Spaleny Mlyn
et la Hongrie
5 km
0
Littawa
Krenovitz
KOUTOUSOFF
Blaschowitz
Stary Vinobrady
Pratzen
Prazberg
Chapelle St-Antoine
Santon
Girzikowitz
Puntowitz
Kobelnitz
LANNES
MURAT
Tertre de Zuran
Schlapanitz
GARDE
SOULT
Sokolnitz
Aujzd
Telnitz
Satschan
Goldbach
Mœnitz
Turas
Klein-Raïgern
DAVOUT
Schwarzarda
Brünn
Vers Phorlitz et Vienne

hameau de Schlapanitz, à 200 mètres de la route, un monticule. Aussitôt, Napoléon se dirige vers lui : il s'agit du tertre de Zuran — un ancien tumulus tartare — d'où l'on domine un fort beau paysage (1). Arrêté en haut de la butte, Napoléon, immobile, regarde.

C'est là qu'il battra l'ennemi!

Devant lui, la plaine descend en pente douce vers une très modeste vallée où coule, du nord au sud, la Goldbach — la Basantnice — un humble ruisselet qui traverse, ou borde, une série de villages : Girzhowitz, Puntowitz, Kobelnitz, Sokolnitz, Telnitz et Moenitz (2). Peu après le lit incertain de la Goldbach, se dresse, vers l'est, une colline longue de 5 à 6 kilomètres : le plateau de Pratzen qui va entrer dans l'Histoire. Il limite tout l'horizon et se trouve couronné par deux mamelons : le Pratzberg, à droite, et le Stary-Vinohrady à gauche. Il est bon de le préciser : le tertre de Zuran où se tient l'Empereur a une altitude de 197 mètres, tandis que le ruisseau coule à 90 mètres plus bas, et que les deux hauteurs s'élèvent, la première à 324 mètres et la seconde à 298 mètres. Entre ces deux croupes, on devine une manière d'ensellement où s'est niché le charmant village de Pratzen — Prace aujourd'hui — dont la petite église recouverte de crépi jaune — son aspect n'a pas changé — est construite sur une butte plantée d'acacias et de noyers. Avec sa lunette, Napoléon peut encore distinguer à sa droite, à l'extrémité sud du plateau, la chapelle Saint-Antoine entourée de cerisiers qui surplombe presque le village de Aujzd — Ujezd.

(1) Depuis lors, a été élevé sur le sommet un simple cube de pierre noire de Moravie. Outre un plan en relief, on y a gravé cette inscription : « *Soldats, mon peuple vous reverra avec joie et il vous suffira de dire : « J'étais à la bataille d'Austerlitz » pour que l'on réponde « voilà un brave » !*

Le gouvernement tchécoslovaque a cru devoir effacer les autres inscriptions, qui reproduisaient les proclamations impériales assez peu aimables pour les Russes et la dédicace datant de 1930 : « *Témoignage de gratitude envers la Mission militaire française pour le dévouement avec lequel elle a collaboré à l'organisation de l'armée tchèque* ».

(2) Ces villages portent maintenant les noms tchèques de Girovice, Puntovice, Kobilnice, Sokolnice, Telnice et de Menice et sont reliés entre eux par une ligne de chemin de fer.

Pour l'instant, les troupes françaises occupent tous ces hameaux, campent sur les deux hauteurs couronnant le plateau et même, au-delà, derrière Pratzen, se sont installées au village de Krenowitz — Krenovice — et encore plus au loin, vers l'est, tiennent solidement le bourg plus important d'Austerlitz.

Durant une semaine, l'Empereur va parcourir le futur champ de bataille, dont il connaîtra bientôt le terrain « aussi bien que les environs de Paris », nous précise l'un de ses familiers. Toute la déclivité et les creux des petites carrières qui, lorsqu'on vient d'Olmütz, précèdent le tertre de Zuran serviront aux dépendances du Grand Quartier général. Durant dix jours, ce sera là un incessant va-et-vient de courriers d'estafettes, d'aides de camp, d'officiers d'ordonnance en uniformes dorés et multicolores, un perpétuel piétinement d'hommes et de chevaux. L'endroit est bien choisi. Il y a même là, en contre-bas du mamelon, à gauche de la route, juste avant la côte; une auberge, celle de Gandie — ou de Kandia — dont l'intérieur est de nos jours à moitié en ruine. Une des poutres a été transportée au petit musée d'Austerlitz et on peut y lire cette inscription : *Sa Majesté l'Empereur Napoléon fait ici (sic) les trois nuits qui ont précédé la bataille d'Austerlitz.* Indication fausse puisque l'Empereur préféra dormir dans sa berline ou dans une baraque élevée pour la circonstance, plutôt que dans cette masure qui servira seulement pour abriter les bureaux de l'état-major et où Napoléon ne prit que ses repas.

Minutieusement, au pas de son cheval, il étudie le terrain. A 1 500 mètres en avant du tertre de Zuran, la chaussée monte le flanc d'une colline surmontée, à gauche de la route, d'une véritable verrue sur laquelle s'élève une chapelle — la chapelle Sainte-Marie. C'est le Bosenitz-Berg que les anciens soldats d'Egypte ont vite surnommé le Santon, car cette hauteur leur rappelle les tertres de Palestine coiffés d'un marabout — autrement dit d'un *santon.* Un nom qui se trouvera bientôt, lui aussi, dans toutes les bouches, et a prévalu aujourd'hui sur son ancienne dénomination. Encore un peu plus loin, à près d'une lieue, une route se détache de la chaussée d'Olmütz et se dirige vers la Hongrie. Napoléon s'y engage, ce qui va lui permettre de passer derrière le plateau de Pratzen. Après une descente, il atteint Austerlitz occupé par les troupes de Soult. Du tertre de Zuran, il est impossible de voir le gros bourg et son château qui appartient aux Kaunitz : le plateau les cache. De même le Stare-Vinohrady dissimule le petit village de Krenowitz, blotti entre Austerlitz et le bas du plateau dont les bords sont, de ce côté, infiniment plus abrupts que vers la vallée de la Goldbach.

D'Austerlitz, Napoléon va d'ailleurs contourner la colline de Pratzen, pour se rendre d'abord à Aujzd — Ujezd-u-Brno — dont, rappelons-le, il a vu du tertre de Zuran, avec sa lunette, la chapelle Saint-Antoine. Il poursuit son chemin vers la Goldbach. Cette dernière est d'humeur paresseuse. Elle traîne tant — elle et ses modestes affluents — qu'elle a formé avec la Littawa, ce ruisseau qui longe le bord oriental du plateau, des marais et trois larges étangs recouverts de glace — on est en frimaire. Ils sont aujourd'hui asséchés, mais on en devine encore fort bien les berges entre les villages d'Aujzd, de Telnitz et de Mœnitz, et — surtout — devant Satschan, le village tchèque de Zatcany. Suivant le bord occidental du plateau, on imagine maintenant l'Empereur remontant vers le nord, traversant Sokolnitz, Kobelnitz et atteignant le bourg de Pratzen qui sera le cœur de la bataille.

Mais en attendant cette bataille, il lui faut cesser d'être général pour redevenir empereur. A Brünn — Brno —, le 28 novembre, il reçoit le comte d'Augwitz, ministre des Affaires étrangères de Prusse. A Potsdam, le roi Frédéric-Guillaume a conclu, le 3 novembre, avec le tsar un traité qui le lie à la Russie. Après avoir tant hésité — surtout après la reddition d'Ulm — la Prusse s'est rangée aux côtés des ennemis de la France. Cependant, avant d'entrer en campagne, le Roi a envoyé près de Napoléon son ministre — mais, afin de gagner du temps, Haugwitz a reçu l'ordre d'attendre pour présenter à l'Empereur son ultimatum. Napoléon, qui se doute des choses

— sans avoir aucune preuve entre les mains — s'apprête à jouer au ministre un tour de son cru, que nous raconte le futur général Marbot.

L'Empereur n'ignore pas que, chaque soir, le diplomate expédie un courrier vers Berlin et décide que ce sera par son ambassadeur même que la cour de Prusse apprendra la défaite et la prise du corps d'armée du feld-maréchal Jellachich qui a eu lieu le 24 novembre, mais dont la nouvelle — il en a la certitude — n'est pas encore connue du diplomate.

Duroc est chargé de prévenir Marbot et Massy, alors aides de camp, de ce qu'ils vont avoir à faire. Puis l'Empereur reçoit le ministre. Soudain, en entendant la musique dans la cour, il simule l'étonnement, s'avance vers les croisées suivi de Haugwitz et feint de voir pour la première fois les trophées portés par des sous-officiers. En *commediante* accompli, il interpelle l'officier de service :

— De quoi s'agit-il ?

— Sire, ce sont deux aides de camp du maréchal Augereau qui viennent apporter à Votre Majesté les drapeaux du corps autrichien de Jellachich, pris à Bregenz.

Napoléon fait appeler Marbot et Massy. Les deux hommes pénètrent dans la pièce. « Et là, sans sourciller, et comme s'il ne nous avait pas encore vus, racontera le futur général Marbot, Napoléon reçoit la lettre du maréchal Augereau qu'on avait recachetée, et la lut, bien qu'il en connût le contenu depuis quatre jours. » L'Empereur questionne les deux jeunes gens exigeant les plus grands détails. Duroc les avait prévenus qu'il leur fallait parler haut, l'envoyé prussien ayant l'oreille un peu dure... Massy atteint d'une extinction de voix, c'est donc Marbot qui répond à l'Empereur. Jouant le jeu, il dépeint — en criant — dans un style coloré et enlevé, « la défaite des Autrichiens, leur abattement et l'enthousiasme des troupes françaises ». Puis il présente à Napoléon les trophées les uns après les autres, nommant tous les régiments ennemis auxquels ils ont appartenu.

— Voici, annonce Marbot, le drapeau du régiment

d'infanterie de Sa Majesté l'empereur d'Autriche, et voilà l'étendard des Uhlans de l'archiduc Charles, son frère.

Le « numéro » terminé, l'Empereur congédie les deux officiers. Mais, avant de sortir, ils entendent Napoléon dire à l'ambassadeur — atterré :

— Vous le voyez, monsieur le comte, mes armées triomphent sur tous les points... l'armée autrichienne est anéantie, et bientôt il en sera de même de celle des Russes.

Cependant, Napoléon, tout en poussant ses préparatifs, espère encore faire la paix avec Alexandre. Ce même 28 novembre, il a envoyé Savary auprès du tsar afin de lui porter cette lettre : « J'envoie mon aide de camp, le général Savary, près de Votre Majesté pour le complimenter sur son arrivée à son armée. Je le charge de lui exprimer toute mon estime pour Elle, et mon désir de trouver des occasions qui lui prouvent combien j'ambitionne son amitié. Qu'Elle le reçoive avec cette bonté qui La distingue, et me tienne comme un des hommes les plus désireux de Lui être agréable. »

Alexandre s'imagine que Napoléon a peur. Assurément, plutôt que de se battre, « M. de Buonaparte » préférerait la paix ! Le tsar le prend de haut avec Savary ; Napoléon doit être mis à la raison :

— Cette disposition à diminuer la puissance de ses voisins et à augmenter la sienne, pontifie le tsar, inspire de la crainte à tout le monde, et lui suscite continuellement des guerres. Vous êtes déjà une nation si forte par vous-mêmes, par votre réunion sous les mêmes lois, par l'uniformité de vos habitudes et de votre langage que vous inspirez naturellement de l'effroi. Qu'avez-vous besoin de vous agrandir continuellement?

— Ce n'est pas nous, répond Savary, qui avons suscité ni commencé la guerre; elle nous a été heureuse, nous ne devons pas en supporter les frais, et je suis bien persuadé que l'Empereur n'y souscrira pas.

— Tant pis, s'exclame Alexandre, parce que malgré le cas particulier que je fais de son talent et le désir que j'ai de pouvoir bientôt me rapprocher de lui, il m'obligera d'ordonner à mes troupes de faire leur devoir.

Savary repart vers les avant-postes français, emportant une lettre du tsar adressée « au chef du gouvernement français ! » Bien entendu, le tsar s'est abstenu de donner les titres de *sire* ou de *majesté* à l'Empereur et se contente de l'assurer de sa « plus haute considération ».

Tout en pensant à cette lettre où le tsar affirmait lui aussi qu'il n'avait « d'autre désir que la paix », Napoléon, au soir de ce même 28 novembre, prend une nouvelle fois la route d'Olmütz. Il dépasse d'abord son quartier général, longe le Santon et va au-delà du croisement de la route de Hongrie. Il s'avance vers le quartier général de Murat installé dans la maison de poste de Posorsitz — *Pozoricza Posta*. Sa façade sans étage, aux huit fenêtres à petits carreaux grillés, borde toujours la chaussée en haut de la descente vers le hameau.

C'est là, en attendant l'Empereur, que se déroule une scène qui aura des répercussions infinies. Lannes vient d'arriver. Murat et Soult lui font un tableau bien noir de la situation. Selon les derniers renseignements reçus aux avant-postes, l'armée russe serait forte de quatre-vingt-treize mille hommes et posséderait deux cent soixante-dix-huit canons. L'Empereur ne peut leur opposer que soixante et onze mille hommes — si Davout et Bernadotte rejoignent en temps voulu! Et il n'a que cent trente-neuf pièces d'artillerie! Il faut se replier! Lannes approuve et, à la demande de ses deux camarades, commence une lettre destinée à l'Empereur.

Soudain, la porte s'ouvre. C'est Napoléon.

— Eh bien, messieurs, nous sommes bien ici? demande-t-il en s'approchant du feu.

— Ce n'est pas ce que nous pensons, s'exclame Lannes, et j'écrivais à Votre Majesté pour le lui dire.

Napoléon tend la main, lit la lettre et s'étonne :

— Comment, Lannes conseille la retraite! C'est la première fois que cela lui arrive. Et vous, maréchal Soult?

— De quelque manière, répond celui-ci, que Votre

Majesté emploie le 4e Corps, il lui fera raison de deux fois son nombre.

C'est là, pour Lannes, une traîtrise.

— Il n'y a pas un quart d'heure que je suis ici, lance-t-il avec colère. Je ne sais sur notre position que ce que ces messieurs m'en ont dit; c'est sur leur affirmation que s'est fondée mon opinion, comme c'est d'après leurs instances que je vous écrivais; la réponse du maréchal Soult est donc une *jeanfoutrerie,* à laquelle j'étais loin de m'attendre, que je tiens à offense et dont j'aurai raison!

L'Empereur a écouté sans mot dire.

Selon son accoutumée, les mains derrière le dos, il fait les cent pas d'un mur à l'autre de la pièce. Soudain, il s'arrête et annonce :

— Et moi aussi, je juge une retraite nécessaire...

Il ouvre la porte et fait appeler Berthier. Les maréchaux ont le sourire. En réalité, Napoléon est résolu à mettre le plus tôt possible son plan en action.

Un plan célèbre par sa hardiesse.

Ses troupes, rappelons-le, tiennent actuellement Austerlitz, et tout le plateau de Pratzen. Napoléon ordonne d'évacuer dès l'aube du lendemain ces deux positions-clefs qui seront, il le prévoit, aussitôt occupées par les Austro-Russes. Il décide de fortifier sa gauche. Sur le Santon même — le sommet, alors dégagé d'arbres dont il est maintenant recouvert, se présentait comme une vraie plateforme — on placera l'artillerie du général Claparède. Au centre, sur la rive gauche de la Goldbach, entre les villages et le bas du plateau, Napoléon concentrera le principal de ses forces. Sa droite, aux effectifs réduits, devra être placée en retrait — en échelon refusé en quelque sorte — et s'appuiera, vers le sud, aux villages de Sokolnitz, de Telnitz et de Mœnitz.

Napoléon dicte en somme là le plan de l'adversaire; il l'incite après avoir occupé le Pratzberg et le Stary Vinohrady, à quitter le plateau pour descendre vers Aujzd et à attaquer la droite française, cette droite volontairement dégarnie et faible. Dès que le plateau et ses deux mamelons seront en partie évacués, Napoléon attaquera au centre, occupera Pratzen et se rabattra à gauche et surtout à droite, sur l'ennemi.

Le lendemain, l'Empereur monte de nouveau sur le plateau et, s'avançant jusqu'au début de la descente vers Krenowitz — là même où se trouve aujourd'hui plantée la croix de pierre, dite de Koutousov — il s'assure que les Russes commencent à prendre possession d'Austerlitz, abandonné par lui depuis l'aube. Il sourit et Ségur l'entend s'exclamer :

— Si je voulais empêcher l'ennemi de passer, c'est ici que je me placerais; mais je n'aurais qu'une bataille ordinaire. Si, au contraire, je refuse ma droite, en la retirant vers Brünn et que les Russes abandonnent ces hauteurs, fussent-ils trois cent mille, ils sont pris en flagrant délit et perdus sans ressource.

Afin de duper encore plus sûrement l'adversaire Napoléon, le 29 novembre, délègue Savary auprès du tsar pour lui proposer une entrevue « demain à l'heure qui lui conviendra, entre les deux armées ». Alexandre est d'autant plus persuadé que Napoléon est anxieux, qu'il a appris à son réveil le repli des troupes impériales. Il le proclame : les Français refusent le combat et se replient sur Vienne! Il ne peut soupçonner la vérité, le repli stratégique de Napoléon ressemble tant à une retraite! Aussi se contente-t-il de faire raccompagner Savary par le prince Dolgorouki, son premier — et fort jeune — aide de camp. L'Empereur se trouve alors à son quartier général, derrière le tertre de Zuran. Dès qu'il apprend la présence du prince, il monte à cheval et galope, à sa rencontre, vers la grand-garde, avec tant de hâte que son piquet d'escorte a bien du mal à le suivre. Le prince — un blanc-bec prétentieux, un « polisson », selon l'expression même de l'Empereur — attend sur la chaussée de Brünn à Olmütz, non loin de la route se dirigeant vers Austerlitz, lorsqu'il voit surgir, racontera-t-il, « une petite figure fort sale et mal accoutrée »...

C'est Napoléon.

Vite, l'Empereur entraîne l'aide de camp sur la route et le laisse parler. Dolgorouki d'emblée prend un ton hautain qui déplaît à Napoléon. « J'eus avec ce freluquet, écrira l'Empereur au futur roi de Wurtemberg, une conversation dans laquelle il me parla comme il aurait pu parler à un bagnard qu'on voudrait envoyer en Sibérie. »

— Mon maître, poursuit le prince, ne combat que pour l'indépendance de l'Europe, pour la Hollande et pour le roi de Sardaigne.

— La Russie, répond Napoléon, doit suivre une tout autre politique, et ne se préoccuper que de ses propres intérêts.

Cependant, l'Empereur, déjà quelque peu agacé par les manières arrogantes du « freluquet », se contraint pour demander à quelles conditions le tsar accepterait de faire la paix. Le prince Dolgorouki, prend l'extrême modération de l'Empereur « pour une marque de grande terreur » — et Napoléon fera tout pour le laisser s'ancrer dans cette attitude — ne se départ point de son arrogance et laisse tomber de ses lèvres dédaigneuses les « conditions » de son maître : la couronne de fer sur la tête du roi de Sardaigne — avec Gênes et une partie des autres départements français d'Italie — la renonciation à la rive gauche du Rhin, l'abandon de la Belgique et de la Hollande données à un prince de Prusse ou d'Angleterre.

Abandonner même les conquêtes de la Révolution? Cette fois, l'Empereur explose :

— Quoi! Bruxelles aussi? Mais nous sommes en Moravie, et vous seriez sur les hauteurs de Montmartre que vous n'obtiendriez pas Bruxelles!

Dolgorouki, comme s'il n'avait pas entendu, offre à l'Empereur « de le laisser se retirer sain et sauf derrière le Danube, s'il promettait d'évacuer sur-le-champ Vienne et les Etats héréditaires ».

Napoléon, dont la colère monte et fait briller les yeux, s'écrie :

— Eh bien, nous nous battrons! Retirez-vous! Allez, monsieur, allez dire à votre maître que je n'ai point l'habitude de me laisser insulter ainsi, retirez-vous à l'instant même!

Le prince Dolgorouki raccompagné jusqu'aux avant-postes russes, la fureur de Napoléon ne s'apaise pas. Les officiers le voient fouetter la terre de sa cravache, tout en s'écriant :

— L'Italie!... Qu'eussent-ils donc fait de la France si j'eusse été battu? Mais puisqu'ils le veulent, je m'en lave les mains, et, s'il plaît à Dieu, dans les quarante-huit heures je leur donnerai une leçon sévère!

Un carabinier du 17e régiment léger se trouve à deux pas et l'Empereur s'aperçoit que le factionnaire l'écoute :

— Sais-tu, lui dit-il, que ces gens-là croient qu'ils vont nous avaler!

— Oh! que non! bougonne le soldat, qu'ils essayent, nous nous mettrons en travers!

L'Empereur se met à rire et sa colère tombe. Mais le « polisson » de Dolgorouki n'a rien compris. Il croit — il l'affirmera au tsar — que « Napoléon tremblait de peur ».

— L'avant-garde alliée suffira à le battre, ajoute-t-il en haussant les épaules.

Aussi, trois jours avant la bataille, au camp russe, l'euphorie — dangereuse — demeure totale! Quant à Napoléon, il sait maintenant que, en dépit de ses efforts sincères, il va falloir en venir aux mains. « Il y aura probablement demain une bataille fort sérieuse avec les Russes, écrit-il à Talleyrand le soir du 30 novembre, *au bivouac à deux lieues en avant de Brünn,* j'ai beaucoup fait pour l'éviter, car c'est du sang répandu inutilement. » Une fois de plus — et le répéter devient un leitmotiv — s'il est vaincu, Naples et la Prusse viendront l'achever — et ce sera la curée! Sans parler de la situation financière qui, à Paris, s'est, depuis son départ, considérablement aggravée ! La pénurie de numéraire « devient de plus en plus alarmante », annonce déjà le préfet de Police, le 3 novembre, et la banque Récamier suspend ses paiements une semaine plus tard. « Les queues autour des banques deviennent tumultueuses et ont été ensanglantées par l'intervention très vive de la police. » Les royalistes répètent le mot du préfet flagorneur La Chaise : « Dieu fit Bonaparte et se reposa » — et on ajoute : « Dieu eût mieux fait de se reposer un peu plus tôt »...

Trafalgar a effacé Ulm !

Napoléon se rend compte aussi que son armée est lasse. Pour un Berrichon, un Provençal ou un Girondin — sans parler du Parisien naturellement frondeur — se battre en Moravie sous la grêle, la neige et le vent glacial n'a rien d'exaltant. Aussi, le 1er décembre, tient-il à leur expliquer sa stratégie : « Pendant qu'ils marcheront pour tourner ma droite, ils me présenteront le flanc. » Pour lui, la victoire est certaine! « Cette victoire, ajoute-t-il, finira notre campagne, et nous pourrons reprendre nos quartiers d'hiver, où nous serons joints par les nouvelles armées qui se forment en France; et alors la paix que je ferai sera digne de mon peuple, de vous et de moi. »

Comme Napoléon connaît bien ses hommes! « Nous répondîmes par des cris de joie, racontera le futur maréchal Bugeaud, alors simple capitaine. Il semblait que chacun célébrait déjà son retour dans sa famille. »

L'Empereur n'oublie pas de les menacer :

— Je dirigerai moi-même vos bataillons. Je me tiendrai loin du feu, si, avec votre bravoure accoutumée, vous portez le désordre et la confusion dans les rangs ennemis. Mais si la victoire était un moment incertaine, vous verriez votre Empereur s'exposer aux premiers coups.

Ces derniers mots « électrisent » véritablement les troupes. Aussi, au moment où il passe, ce 1er décembre, devant le front du 28e de ligne, un soldat lui crie :

— Nous te promettons que demain tu n'auras à combattre que des yeux!

Poursuivant sa promenade, sans escorte, il passe devant la brigade Ferny et demande à ses soldats si leurs cartouches sont complètes.

— Non, répond l'un d'eux, mais les Russes nous ont appris dans les Grisons qu'il ne fallait contre eux que des baïonnettes, et nous te montrerons ça demain.

Ainsi que le remarquera le général Thiébault, « entre une armée exaltée à ce point et une autre composée de fanatiques, c'était une bataille décisive et sans merci qui devait commencer avant le jour du lendemain ». Ce lendemain qui était au surplus l'anniversaire de son sacre!

Suivi de quelques officiers, l'Empereur galope entre les nouvelles lignes où cosaques et vedettes françaises sont à portée de fusil. Des balles sifflent à ses oreilles. Un peu avant 4 heures, il retourne sur le tertre de Zuran et prend sa longue-vue — cette lunette qu'il emportera à Sainte-Hélène et qu'il léguera à son fils... Il dirige son regard vers Pratzen et devine le mouvement de l'ennemi — ce mouvement qu'il a inspiré. Certaines colonnes russes et autrichiennes abandonnent le plateau et commencent déjà leur descente vers Aujzd, Satschan et les étangs, afin de se lancer demain matin sur la droite française. Ségur entend l'Empereur s'exclamer :

— C'est un mouvement honteux! Ils donnent dans le piège! Ils se livrent! Avant demain soir cette armée sera à moi!

Il se tourne vers Murat qui reçoit l'ordre de se mettre à la tête de quelques cavaliers et de donner, par une marche hésitante l'apparence d'une vive inquiétude, puis de se replier délibérément dans le plus grand affolement, en constatant que le demi-cercle ennemi semble vouloir prendre les Français comme dans un étau et les couper de leur retraite, c'est-à-dire de la route de Vienne. Napoléon rit, détendu, en dépit d'un temps épouvantable — pluie et grêle — heureux de l'extraordinaire mise en scène qu'il est en train de monter, regagne son bivouac qui est à deux pas, derrière le tertre tartare. Les sapeurs de la Garde, en arrachant « quelques mauvais débris de portes et de volets » à des maisons abandonnées de Kritschen, ont fabriqué, non loin de l'auberge de Gandie, une baraque. Ils ont placé tout autour, nous rapporte Thiard, « des bancs fichés en terre comme on en voit dans nos fêtes de villages ».

Le souper est joyeux. Il y a là Murat, Caulaincourt,

Junot, Mouton, Rapp, Lemarois, Lebrun, Macon, Yvan, Ségur et Thiard qui nous raconte la scène. Ce ne sont pas des pentes du plateau de Pratzen ni de la stratégie impériale qu'il est question ce soir-là au bivouac de Moravie... mais — qui l'eût cru? — de critique dramatique. Julien Geoffroy venait d'éprouver le besoin, dans le *Journal des Débats,* d'injurier Talma et Mlle Duchesnois — ancienne maîtresse épisodique de l'Empereur. De là, Napoléon vient à parler de Voltaire, faisant ressortir « avec force tous les défauts et le manque de couleur locale de *Zaïre,* d'*Alzire* et de *Tancrède* ». Puis la conversation s'engage sur Corneille :

— Quelle force de conception! C'eût été un homme d'Etat!

Au tour maintenant de Racine. Ce que Napoléon préfère ? *Bajazet, Mithridate* et *Britannicus...*

— Et *Iphigénie?*

— C'est le chef-d'œuvre de l'art, le chef-d'œuvre de Racine que l'on accuse bien à tort de manquer de force ! C'est une erreur de croire les sujets tragiques épuisés ; il en existe une foule dans les nécessités de la politique ; il faut savoir sentir et toucher cette corde.

Le repas, si bref d'habitude, se prolonge. L'entretien porte maintenant sur la campagne de Syrie. Napoléon devient songeur :

— Oui, si je m'étais emparé d'Acre, je prenais le turban, je faisais mettre de grandes culottes à mon armée, je ne l'exposais plus qu'à la dernière extrémité, j'en faisais mon bataillon sacré, mes immortels! C'est par des Arabes, des Grecs, des Arméniens que j'eusse achevé la guerre contre les Turcs! Au lieu d'une bataille en Moravie, je gagnais une bataille d'Issus, je me faisais empereur d'Orient, et je revenais à Paris par Constantinople.

— Mais l'armée n'est-elle pas sur le chemin de Constantinople? hasarde Junot.

— Non, répond l'Empereur, je connais les Français, ils ne se croient bien qu'où ils ne sont pas. Avec eux les longues expéditions ne sont point faciles. Et tenez, rassemblez aujourd'hui les voix de l'armée, vous les entendrez toutes invoquer la France! Tels sont les Français! C'est leur caractère! La France est trop belle; ils n'aiment point à s'en éloigner autant, et à rester si longtemps séparés d'elle!

Après un dernier verre de vin de Tokay, l'Empereur, enroulé dans son manteau, s'étend dans sa baraque sur une botte de paille. Il s'endort, mais Savary le réveille : on échange des coups de feu à l'extrême-droite du dispositif — ce dispositif qui, demain, supportera le premier choc. L'avant-garde française a même dû céder un peu de terrain. Suivi de quelques officiers, Napoléon saute à cheval. Le voici en quelques secondes en haut du tertre — on l'appelle déjà la butte de l'Empereur. La lune éclaire le front de bandière. On lui confirme que dans la direction de Telnitz — là commande Davout — les Russes accumulent des troupes. Napoléon sourit, satisfait. Il peut entendre dans la nuit claire monter jusqu'à lui, descendant à leur tour le plateau, le pas des chevaux, et jusqu'au cliquetis des gourmettes et des sabres : les Russes continuent à occuper les emplacements prévus. L'Empereur tressaille de joie et quitte son observatoire.

Il se trouve maintenant au centre où, sous les ordres de Soult, les divisions Saint-Hilaire et Vandamme auront à occuper Pratzen et gravir le plateau demain matin.

C'est de ce côté que se trouve le lieutenant Dupin et ses hommes du 4e de Ligne qui viennent d'arriver et n'ont pas mangé depuis soixante-douze heures. Le jeune officier a fait allumer des feux « mais, nous raconte-t-il dans son texte inédit, il fallait que nous fussions toujours placés à vingt ou trente pas à droite ou à gauche de nos feux, parce que c'était le point de mire de l'ennemi. Hé bien, nous riions encore comme des bienheureux lorsque les balles des Russes faisaient sauter en l'air nos tisons »...

Napoléon vient de quitter Puntowitz et remonte vers son bivouac, lorsqu'il trébuche sur un tronc d'arbre renversé. Alors un grenadier tord un bouchon de paille, le fiche sur une branche et y met le feu pour éclairer la marche de son dieu. Les hommes du bivouac voisin croient qu'il s'agit là d'un signal. Ils allument à leur tour des torches et l'on crie :

— C'est l'anniversaire du Couronnement! Vive l'Empereur!

Napoléon a beau s'exclamer :

— Silence! A demain! Ne songez à présent qu'à aiguiser vos baïonnettes!

Les soldats des douze bivouacs de l'armée n'en mettent pas moins leurs abris à terre, allument des perches de feu tout en dansant la farandole, et, « en un instant, racontera le vélite Barrès, sur une ligne de deux lieues, des milliers de gerbes de flammes s'élèvent, aux cris mille fois répétés de *Vive l'Empereur !* C'était magnifique, prodigieux... » Tandis que l'Empereur galope sur le front de bandière, les hommes continuent à hurler : *Vive l'Empereur !* la musique joue, les tambours battent aux champs et les Russes peuvent voir de leurs positions les sept corps d'armée français, sept lignes de feu qui leur font face. Eux aussi sont joyeux, ils croient naïvement que les soldats de Napoléon s'apprêtent à se retirer et qu'ils brûlent leurs abris! Quant à l'Empereur, attendri, ému, il s'exclame en regagnant son bivouac :

— Cette soirée est la plus belle de ma vie!

Il a rejoint sa voiture et, avant de dormir durant trois heures, boit du punch que lui apporte Constant. Lorsque le jour se lève un brouillard épais couvre le champ de bataille — ce champ de bataille qui se présente comme un carré de 8 kilomètres sur 8. On n'y voit pas à dix pas. Il fait froid. Le silence est absolu. « On n'eût jamais pensé, rapportera Savary, qu'il y avait autant de monde et de foudre enveloppés dans ce petit espace. »

Après un léger repas, l'Empereur s'adresse à ses officiers :

— Maintenant, messieurs, allons commencer une grande journée!

Le brouillard vient seconder ses vues et dégage le sommet du plateau, tandis que la purée de pois continue à dissimuler aux yeux de l'ennemi les mouvements et l'emplacement des troupes françaises échelonnées dans la plaine, au bas de la colline et qui vont se tapir dans la ravine. Vers 7 h 30, Napoléon appelle au tertre de Zuran les chefs des corps d'armée, afin de leur donner ses dernières instructions et les modifications conçues à la suite de son inspection nocturne. Tous écoutent, formant autour de l'Empereur un cercle redoutable. « Il me semble les voir encore recevoir successivement son inspiration, racontera Ségur, et aussitôt, comme s'ils eussent emporté la foudre, s'élancer de toutes parts pour en aller briser les forces réunies des deux empires! Ma vie aurait la durée de celle du monde que jamais l'impression d'un tel spectacle ne s'effacerait de ma mémoire. »

Le maréchal Davout reçoit l'ordre d'arrêter tant bien que mal, à l'extrême droite, la violente progression de l'ennemi. Les Autrichiens de Kienmayer dépassent Aujzd, et les Russes de Buxhovden s'emparent de Telnitz et franchissent la Goldbach. Bientôt même, Langeron occupera Sokolnitz et son château avec douze bataillons russes. On les délogera, provisoirement, et tout sera à recommencer! De ce côté, durant la plus grande partie de la matinée, le combat sera dur, âpre, héroïque. L'empereur Alexandre s'étonnera de voir les choses ne pas avancer plus vite.

— Mikhaïl Ilarionovitch, dit-il à Koutousov, étrangement passif ce jour-là, pourquoi n'avancez-vous pas?

— Sire, répondit-il, j'attends que toutes les troupes de la colonne soient réunies.

— Mais, réplique Alexandre, nous ne sommes pas sur le Champ de Mars où l'on attend toutes les troupes pour commencer la parade.

— Sire, dit Koutousov, c'est justement parce que nous ne sommes pas sur le Champ de Mars que je ne commence pas l'offensive. D'ailleurs, ordonnez... avec l'aide de Dieu.

Les dragons descendent vers la fournaise, mais se heurtent aux troupes de Friant et d'Heudelet.

Pendant ce temps, à gauche du champ de bataille, se prépare un duel entre la cavalerie de Murat, l'infanterie de Lannes et, en face d'eux, les régiments du prince Bagration. La Garde impériale française se trouve à la droite de Napoléon, tandis que la Garde impériale russe — corps réputé invincible — massée derrière les empereurs François et Alexandre, attend l'ordre d'intervenir et semble protéger Austerlitz où les deux souverains ont passé les dernières nuits.

Soult, demeuré le dernier près de l'Empereur, paraît impatient et veut s'élancer à l'assaut du plateau de Pratzen. Napoléon le retient... Il est 8 heures du matin. Le brouillard, enfin, se dissipe. Le soleil d'Austerlitz se lève pur et radieux sur l'horizon de la Moravie. Une légère vapeur adoucit les lointains et l'Empereur peut voir les quatre-vingt-dix mille baïonnettes de Koutousov luire au soleil, et former un gigantesque croissant dont les deux pointes continuent à s'avancer vers l'armée française, tandis que le centre, sur le plateau de Pratzen, ne cesse de se dégarnir.

Vingt-cinq mille bonnets à poil — « et des gaillards », précise Coignet — l'arme au bras, sont descendus vers les bas-fonds et sont prêts à franchir le ruisseau.

Soult piaffe.

— Combien vous faut-il de temps pour couronner ce sommet? lui demande Napoléon.

— Dix minutes.

— Partez donc, mais vous attendrez encore un quart d'heure et alors il sera temps!

Un quart d'heure plus tard, les divisions Vandamme et Saint-Hilaire, prenant chacune comme objectif les deux mamelons du plateau, commencent à gravir les pentes. Le givre craque sous leurs bottes.

« Nos bataillons montent cette côte l'arme au bras, nous raconte Coignet et, arrivés à distance, ils souhaitent le bonjour à la première ligne par des feux de bataillon, puis la baïonnette croisée sur la première ligne des Russes, en battant la charge. » Les musiques, placées au centre de chaque bataillon jouent :

On va leur percer le flanc.
Que nous allons rire!

Les tambours répètent :

Rantanplan, tirelire en plan!

« C'était à entraîner un paralytique... »

A mon tour, j'ai gravi, mais à pas lents — chassant devant moi lièvres et perdreaux — la longue côte qui, de Pratzen, monte vers la déclivité séparant les deux mamelons. Il était midi, et des villages de la petite vallée me parvenait de la musique enregistrée, un peu criarde, que des haut-parleurs déversaient, durant une heure, sur les travailleurs enrégimentés de la coopérative — car toute la campagne appartient à l'Etat. A ma droite, le paysage est dominé aujourd'hui par le lourd et disgracieux monument pyramidal de la Paix, d'une hauteur de vingt-six mètres érigé là en 1812 à la mémoire « des soldats tombés à Slavkov » et où une dalle en syénite, sur laquelle se trouvent gravés les mots de *Paix et honneur*, recouvre l'ossuaire. Des milliers d'hommes sont tombés là, dans ces champs où, chaque année, le printemps étend à présent un magnifique manteau doré de fleurs de colza.

J'imaginai les soldats de Soult, de Saint-Hilaire, de Vandamme, de Nansouty, grimpant la pente en chantant... car certains hurlaient le *Réveil du Père Duchesne*, dont les paroles durent faire pâlir les quelques émigrés combattant dans les rangs ennemis :

Au noble, dans sa giberne,
Présentons la liberté
Que le bougre se prosterne
Au nom de l'égalité!
Sacrés mill'dieux, tous ensemble,
Tirons et brisons nos fers;
Que, dans le fracas, tout tremble
Pour affranchir l'univers!

Il me semblait les voir déboucher sur le plateau inondé de soleil; au grand effroi des dernières troupes austro-russes commandées par le général autrichien Kollowath et le général russe Kamenski, qui venaient de se mettre en route vers Sokolnitz et Telnitz. Kollowath, tout en prévenant Koutousov de l'attaque française, a fait aussitôt demi-tour, les troupes rétrogradent et se jettent sur les hommes de Vandamme. Mais les Français sont très vite maîtres du plateau. Napoléon — il est alors onze heures trente — peut s'installer sur le Stary-Vinohrady, à l'endroit même où se trouvait quelques heures auparavant Koutousov. De là, une vue d'ensemble de la bataille lui permet de se rendre compte que sur la gauche française, vers le Santon, Lannes et Murat sont arrivés à disloquer l'armée russe et à la couper du reste des forces ennemies. A sa droite, la situation, après avoir été périlleuse — Davout lutte à un contre trois — se rétablit. Dix mille Français sont parvenus à arrêter trente-cinq mille Russes et Autrichiens; les villages de Telnitz, de Sokolnitz ont été repris. La ligne de la Goldbach a tenu.

C'est au centre, sur le Pratzberg, que les choses vont, durant quelques instants, se gâter. Alexandre a fait donner sa garde pour reprendre le plateau. Les chevaliers-gardes — des hommes gigantesques, des célèbres régiments Préobrajenski et Séménovski — foncent « comme des furieux », nous raconte Dupin qui se trouve au cœur de cette fournaise. En quelques minutes le 4e de ligne est fauché. « Nous étions couchés par terre sous les pieds des chevaux, mais les Russes commirent une grande faute, ils descendirent de cheval pour nous tuer et prendre nos dépouilles. A l'instant nous sentîmes la terre trembler sous nous, c'étaient les chasseurs à cheval de la Garde qui arrivaient... »

L'Empereur avait, en effet, ordonné à Rapp de prendre avec lui deux escadrons de chasseurs, le corps des mamelouks, des grenadiers à cheval, et de partir au grand galop pour savoir où en étaient les choses. Rapp, arrivé à une portée de canon du Pratzberg a aperçu le désastre : la cavalerie ennemie se promène comme chez elle au milieu des carrés et sabre les fantassins. Voyant Rapp et ses escadrons, l'ennemi a fait face et quatre pièces d'artillerie de la Garde d'Alexandre sont mises en batterie. De tous les côtés, les boulets tombent. Rapp crie à ses troupes :

— Voyez-vous nos frères, nos amis, qu'on foule aux pieds, vengeons-les, vengeons nos drapeaux!

Le torrent d'hommes suit Rapp et renverse l'artillerie. « Cette fois, nous dit Dupin, le choc fut terrible et le carnage effroyable. » Le malheureux lieutenant se trouve toujours le nez plaqué au sol. « Quoique blessé et moulu, je me relève et crie : *Aux armes!* A ce cri mille fois répété, tous ceux qui peuvent se lever sautent sur leurs armes et secondent les grenadiers et les mamelouks, mais jamais on ne pourra se faire une idée de cette mêlée et de ce carnage. »

Arrivé de l'autre côté du Pratzberg, Rapp réunit ses escadrons et effectue une seconde charge.

— Faisons pleurer les dames de Saint-Pétersbourg! crient les cavaliers en sabrant les chevaliers-gardes du Tsar.

Les mamelouks font merveille. « Avec leur sabre recourbé, raconte Coignet, ils enlevaient une tête d'un seul coup, et avec leurs étriers tranchants ils coupaient les reins d'un soldat. L'un d'eux revint, à trois reprises différentes, apporter à l'Empereur un étendard russe. A la troisième, l'Empereur voulut le retenir, mais il s'élança de nouveau, et ne revint plus. Il resta sur le champ de bataille. »

Enfin Russes et Autrichiens se débandent. Le tsar et l'empereur d'Autriche assistent, abasourdis, à la défaite de la Garde russe qui, dans leur pensée, « devait fixer la victoire ».

Maintenant libérés, Dupin, Coignet et leurs camarades changent de cap et se dirigent vers la chapelle Saint-Antoine, à l'extrémité sud du plateau. L'aile gauche russe est prise entre deux feux. Bientôt, les Français dégringolent les pentes vers Aujzd et les étangs. Déjà, alors que la bataille n'est pas terminée, Berthier peut écrire à Talleyrand : « Je vous annonce avec plaisir, Monsieur, la plus célèbre bataille gagnée par l'empereur Napoléon; les empereurs d'Autriche, de Russie, de France, en présence; les armées russes et autrichiennes détruites. La Garde de l'empereur des Français a chargé la Garde de l'empereur de Russie, a pris le colonel, le tiers des officiers, toute son artillerie et taillé le reste en pièces. C'est sur le champ de bataille couvert de morts que je mets pied à terre pour vous annoncer cette éclatante victoire. Le canon gronde encore en poursuivant les débris des armées ennemies. L'Empereur qui a été présent partout, a ordonné lui-même les charges qui décidèrent de la victoire, se porte bien. Nous avons peu perdu. »

Napoléon a suivi la Garde et se trouve maintenant devant la chapelle Saint-Antoine — aujourd'hui reconstruite. Il mange une tranche de viande froide et un morceau de pain. De son observatoire, il domine Aujzd et voit les étangs de Satschan et de Melnitz. Il met pied à terre et ses officiers d'ordonnance l'entendent fredonner : « *Malborough s'en va-t-en guerre!... C'en est fait, je me marie!...* »

Le baron de Wimpfen, Français au service de la Russie, est prisonnier. Il s'est fait « un peu houspiller » quand on l'a pris. Ses cheveux dénoués sont épars, ses habits en désordre. Il est pâle et paraît très fatigué. Napoléon, tout en bavardant avec lui, fait apporter un verre de vin de Bourgogne :

— Buvez, buvez, monsieur le général, c'est du vin de France. C'est le seul bon celui-là.

« Il appuya sur ces derniers mots, rapporte un témoin, comme voulant reprocher à ce général d'avoir abandonné son pays et de se battre contre ses compatriotes ».

Au même moment, l'Empereur remarque une division de dragons français qui, chargée de pousser vigoureusement l'arrière-garde russe, ne s'engage pas franchement. Apercevant un officier d'état-major qui revient du combat, il ordonne :

— Retournez-y, et vous direz de ma part au général qui commande cette division qu'il n'est qu'un jean-foutre!

Pendant ce temps, l'ennemi en déroute est acculé

au bord des étangs gelés et n'a d'autre ressource que de s'y engager. Napoléon donne immédiatement l'ordre à l'artillerie de tirer à boulets sur la place... Des milliers d'hommes disparaissent, l'Empereur lui-même parle de vingt mille noyés. C'est faux : l'eau ne dépasse pas les poitrines, et il n'y eut même pas une centaine de morts — la plupart par le froid. Les malheureux sortent de l'eau glacée, claquent des dents et sont tout heureux d'être faits prisonniers. A ce spectacle, « toutes les troupes battaient des mains, rapporte le cher Coignet, et notre Napoléon se vengeait sur sa tabatière ; c'était la défaite totale ».

L'armée russe est maintenant en pleine débâcle. « L'Empereur parcourt le champ de bataille et fait relever les blessés qui l'ovationnent de tout le reste de leurs forces, nous raconte le porte-drapeau Putigny. Le voici avec son état-major sur le chemin le long des vignes, s'entretenant avec le général Friant et notre colonel. On m'appelle. De toute la journée je n'ai eu aussi peur ; voici le groupe qui s'ouvre devant moi, mon gosier se contracte.

— Approche.

« La voix de l'Empereur! Je distingue seulement son visage et le blanc du plastron éclairé par le feu; sa redingote grise et le petit chapeau se confondent avec l'ombre... » Putigny tremble. Pendant la bataille il a fait tomber le drapeau du régiment dans un fossé profond et n'est parvenu à le retrouver qu'en piteux état.

— Tu vas à la pêche avec ton drapeau, s'exclame l'Empereur. Allons, rassure-toi, il est encore plus beau qu'avant. Tu es un brave, je te donne l'étoile de ma Légion d'honneur!

La nuit tombe vite le 2 décembre et le brouillard — un brouillard glacé qui se transforme en pluie fine — voile les êtres et les choses. L'Empereur recommande le silence « afin de pouvoir entendre les gémissements de nos malheureux soldats mutilés ». Napoléon lui-même va les secourir, leur faisant donner par Yvan et son mamelouk Roustam de l'eau-de-vie de sa cantine. Le plateau et la plaine sont jonchés de morts, les villages pleins de traînards et de blessés. Il traverse tout le champ de bataille pour aller passer la nuit à la *Lecht-auberge,* deux ou trois bâtiments qui sont encore debout en contrebas de la chaussée, peu avant la route d'Austerlitz.

Le lendemain, il va coucher au très beau château baroque d'Austerlitz — deux corps de logis reliés par un bâtiment en retour aujourd'hui propriété de l'Etat. De ses fenêtres du rez-de-chaussée, il voit le dos du plateau de Pratzen qui lui a donné la victoire. C'est là, sur une table de style XVIIIe siècle précieusement conservée, qu'il trace sa proclamation célèbre : « Soldats!

« Je suis content de vous. Vous avez, à la journée d'Austerlitz, justifié tout ce que j'attendais de votre intrépidité; vous avez décoré vos aigles d'une immortelle gloire; une armée de cent mille hommes, commandée par les empereurs de Russie et d'Autriche, a été, en moins de quatre heures, ou coupée, ou dispersée. Quarante drapeaux, les étendards de la Garde impériale, de la Garde russe, cent vingt pièces de canon, vingt généraux, plus de trente mille prisonniers sont les résultats de cette journée à jamais célèbre!... Soldats, lorsque tout ce qui est nécessaire pour assurer le bonheur et la prospérité de notre patrie sera accompli, je vous ramènerai en France. Là, vous serez l'objet de mes tendres sollicitudes. Mon peuple vous reverra avec joie, et il vous suffira de dire : « J'étais à la bataille d'Austerlitz », pour qu'on vous réponde : *Voilà un brave!* »

Il date sa proclamation d'Austerlitz, ce petit bourg morave qui donne son nom à la bataille, alors que Pratzen eût davantage mérité cet honneur.

A Joséphine, il écrira ce même mardi : « L'armée russe est non seulement battue, mais détruite. » Le surlendemain il lui adressera ces nouvelles précisions : « La bataille d'Austerlitz est la plus belle de toutes celles que j'ai données : quarante-cinq drapeaux, plus de cent cinquante pièces de canon, les étendards de la garde de Russie, vingt généraux, trente mille prisonniers, plus de vingt mille tués : spectacle horrible! L'empereur Alexandre est au désespoir... Les Russes sont partis et fuient loin d'ici. Ils s'en retournent en Russie, bien battus et fort humiliés. »

Le 4 décembre, après avoir reçu le prince Jean de Liechtenstein venu demander l'armistice, Napoléon se dirige vers la Hongrie et s'arrête à quinze kilomètres d'Austerlitz, dans le val de Ziarochitz — Zarosice — au « Moulin brûlé » — Spaleny Mlyn — dont les bâtiments, non loin du croisement de la route de Damborice, existent toujours. C'est là — à « mon bivouac », dira fièrement Napoléon — qu'il doit rencontrer l'empereur d'Autriche. Le moulin ne plaît guère à l'Empereur, aussi préfère-t-il que la réunion se déroule en plein air. Il y a là, à mi-pente de la colline, sous un tilleul, « une espèce d'anse ». Les sapeurs y allument un feu, tandis que deux chasseurs installés sur la colline surplombent et surveillent la scène (1). Il est deux heures après-midi. Le vaincu d'Austerlitz se fait attendre assez longtemps, Napoléon commence à s'impatienter. Enfin, voici l'empereur François, escorté par une division des hussards de Kienmayer et par des uhlans de Schwarzenberg. Il est accompagné de plusieurs généraux, parmi lesquels le prince Jean de Liechtenstein. Les tambours de la Garde battent aux champs, les trompettes sonnent la marche. « Le spectacle était magnifique », nous dit un témoin. Napoléon s'avance sur la chaussée, aide François à descendre de sa voiture, et l'embrasse en lui adressant quelques paroles que les assistants ne peuvent saisir. « Mais il lui parla certainement des Anglais, racontera Thiard, car j'entendis l'empereur d'Autriche prononcer très distinctement ces mots :

— Les Anglais, ce sont des marchands de chair humaine. »

(1) Cette inscription en allemand et en tchèque a été placée sur le pignon du Spaleny Mlyn : « *Sous le tilleul d'en face, deux jours après la bataille de Slavkov, le 4 décembre* 1805, *les empereurs Franz et Napoléon se rencontrèrent pour terminer, après un entretien paisible de deux heures, la guerre sanglante qu'ils menaient.* » Une partie du tronc du tilleul, frappé par la foudre, a été transportée au musée d'Austerlitz.

Napoléon conduit alors l'empereur François vers l'endroit qu'il a choisi, où ils demeurent seuls, près d'un feu qui pétille. La masse impressionnante de la Garde demeure immobile, l'arme au pied et dans le plus profond silence. Un des officiers entend encore l'empereur d'Autriche dire à son vainqueur :

— Il n'y a point de doute, dans sa querelle avec l'Angleterre, la France a raison.

François demande alors une trêve pour l'armée russe.

— L'armée du tsar est cernée, pas un homme ne pourrait échapper, mais, ajoute Napoléon, je désire faire une chose agréable à l'empereur Alexandre; je laisserai passer l'armée russe, j'arrêterai la marche de mes colonnes; mais Votre Majesté me promet que l'armée russe retournera en Russie et évacuera l'Allemagne et la Pologne autrichienne et prussienne.

— C'est l'intention de l'empereur Alexandre, répond l'empereur d'Autriche; je puis vous l'assurer : d'ailleurs, dans la nuit, vous pourrez vous en convaincre par vos propres officiers.

A la fin de la longue conversation, François s'écrie :

— Allons! C'est donc une affaire arrangée! Ce n'est que depuis ce matin que je suis libre! J'ai dit à l'empereur de Russie que je voulais vous voir; il m'a répondu qu'il m'en laissait maître.

Napoléon lance encore :

— Ainsi, Votre Majesté me promet de ne plus recommencer la guerre?

— Je le jure et je tiendrai parole.

L'entretien terminé, Napoléon reconduit François d'Autriche jusqu'à sa voiture, l'embrasse puis s'incline tandis que l'équipage s'éloigne.

Comme il monte à cheval, il répète encore pour l'état-major :

— Messieurs, nous retournons à Paris. La paix est faite.

Au galop de son cheval arabe, il reprend le chemin d'Austerlitz. Les musiques jouent. La Garde « fait retentir les airs de cris mille fois répétés » de *Vive l'Empereur!*

En apprenant la nouvelle d'Austerlitz, la jeune archiduchesse Marie-Louise a éclaté en sanglots. « Il me paraît impossible que ces tristes nouvelles soient vraies, écrit-elle ; il me semble que je rêve ; je ne puis pas croire qu'une semblable calamité nous arrive, mais il le faut cependant. Je ne veux pas encore douter que Dieu ne nous accorde la victoire sur ce Napoléon abhorré et l'achève... »

La petite archiduchesse, pour se venger, appelle les punaises qui infestent les logis de rencontre de la famille impériale en fuite des *napoléons*, et laisse son frère François-Charles brûler l'une de ses poupées en déclarant « qu'il rôtit le *Corsicain* ». Tout cela n'a pas empêché l'empereur de la Révolution de mettre la vieille monarchie autrichienne à genoux et la pieuse Marie-Louise n'a d'autre recours que la prière : « Nous espérons beaucoup de Dieu, qui ne nous a sûrement pas oubliés et qui ne nous refusera pas sa protection. La victoire finira par revenir à papa et il arrivera certainement un moment où cet usurpateur sera abattu. Peut-être Dieu a-t-il permis qu'il aille aussi loin pour mieux lui couper toute retraite et le conduire à sa ruine... »

***

Voici Napoléon de retour à Schoenbrunn où — le 13 décembre — il écrit à Joseph : « Ce n'est pas en criant *Paix!* qu'on l'obtient... La paix est un mot vide de sens; c'est une paix glorieuse qu'il nous faut! » La paix signée à Presbourg sera glorieuse pour l'Empire, mais affreusement sévère pour l'Autriche. Le 27 décembre, l'empereur François doit abandonner le Tyrol et Venise. Il perd son influence sur la Suisse et l'Italie, tandis que la Bavière, Bade et le Wurtemberg se voient agrandis à ses dépens. Napoléon a seulement consenti à ramener de cent à cinquante millions l'indemnité que l'Autriche est contrainte de lui verser.

Le 28 décembre, l'Empereur quitte Schœnbrunn pour aller retrouver Joséphine à Munich, où doit être célébré le mariage d'Eugène avec la princesse Augusta de Bavière. L'Electeur Max-Joseph a fait des difficultés pour donner son consentement. Il aurait voulu — Napoléon le racontera plus tard — voir l'Empereur divorcer et épouser lui-même la princesse! Pour le faire céder, il faudra la promesse de faire de lui un roi de Bavière — ce sera chose faite le 1er janvier 1806 — et la menace, s'il continuait à jouer les récalcitrants, de donner en mariage au fils de Joséphine une archiduchesse, fille de l'empereur d'Autriche. La seule, d'ailleurs, en âge d'être mariée, se trouvait être la petite Marie-Louise qui allait avoir quinze ans...

Napoléon, par le mariage de son beau-fils, entre dans la famille des rois. La Révolution est bien terminée!... Aussi, le premier janvier 1806 — ce jour où Napoléon fait le premier roi d'une liste qui deviendra impressionnante — le calendrier révolutionnaire laisse-t-il la place au calendrier grégorien et le premier janvier redevient le jour de l'An.

Napoléon commande au temps...

Les Français approuvent et « plébiscitent » le nouvel état de choses. Sur tout le long du parcours, de Stuttgart à Paris, les arcs de triomphe, les villes illuminées, les inscriptions de toutes sortes, ne sont rien, nous dit l'un des vainqueurs d'Austerlitz, « auprès du délire de son peuple ». Des pétitions circulent pour que l'on accorde au vainqueur d'*Osterlitz* les « honneurs du triomphe », comme autrefois à Rome. Saint-Cloud a préparé un arc fleuri au bas de la rampe conduisant au château. On peut y lire ces mots : « *A son souverain chéri, la plus heureuse des communes* ». Afin que personne « n'y pût passer avant Sa Majesté », la municipalité pose une échelle au travers du « monument ». Mais le factionnaire s'endort. A l'arrivée des souverains, la voiture impériale passe à côté de l'obstacle... et de la sentinelle endormie. En riant, l'on baptisera alors Saint-Cloud « *la plus dormeuse des communes* ».

Les drapeaux pris à l'ennemi traversent la capitale

au milieu d'un enthousiasme indescriptible. A la Bourse, la rente monte de treize points.

Demeurent cependant l'Angleterre, victorieuse à Trafalgar, et la Prusse qui vient d'échapper à la guerre. Son roi n'attend qu'une occasion pour démontrer que son armée est toujours celle du grand Frédéric...

La quatrième coalition est déjà en route.

Le grenadier Pils a peint la rencontre de Napoléon et de l'empereur d'Autriche sur la route de Hongrie, à quinze kilomètres au sud d'Austerlitz.

(Photo L. Viguier)

IV

« LA GLOIRE DE MON REGNE »

Aux yeux des fondateurs d'empire, les hommes ne sont pas des hommes, mais des instruments.

NAPOLÉON.

Sous l'ancien Régime, tous les sept printemps, Limoges célébrait la fête de l'Ostension. En cette année 1806, la vieille coutume est reprise. Or, dans la procession, parmi les enfants « vêtus en saints », on voit un petit garçon et une petite fille, la couronne sur la tête, représenter l'Empereur et l'Impératrice. La garde — et ce fait révolte le général Dufour, commandant la région — présente les armes et raccompagne les deux enfants chez eux après la cérémonie. Par contre, le Préfet et la plupart des assistants trouvent la chose parfaitement naturelle, tout aussi naturelle que la demande adressée, ce même printemps, au ministre de l'Intérieur, par ce distillateur d'Orléans « tendant à ce qu'il lui soit permis de présenter à l'exposition du mois de mai prochain deux liqueurs de sa composition : *l'huile Napoléon* et *l'huile Joséphine* ». Tandis que la première est évidemment composée de laurier, la seconde est un délicat mélange de myrte et de rose.

La lecture des bulletins de Police écrits à cette époque est bien savoureuse. « Le vicaire général du diocèse de Metz, précise une note du printemps 1806, expose qu'il règne encore dans le clergé quelques doutes sur la légitimité du gouvernement de Sa Majesté. Une religieuse, qui ne manque pas d'esprit, lui a demandé si Bonaparte n'était pas l'Antéchrist... Il a pensé que cette idée pouvait lui avoir été suggérée par quelque partisan des Bourbons. »

Pour la fête de l'Empereur — le 15 août — un portique placé devant le théâtre de la Porte Saint-Martin montre la Victoire couronnant Napoléon, tandis que la Renommée proclame ses exploits en ces termes :

Gloire au vainqueur, honneur à ses guerriers,
Compter ses jours, c'est compter ses lauriers.

Napoléon est déifié. On entreprend de fondre les deux cent cinquante pièces de canon ou couleuvrines prises aux Russes et aux Autrichiens afin d'élever, place Vendôme, une colonne « exécutée sur les proportions de la colonne Trajane ». Elle devait primitivement supporter l'effigie de Charlemagne, enlevée d'Aix-la-Chapelle par les armées révolutionnaires, mais cette statue se présentait sous un aspect « si gothique », elle se trouvait « si grossièrement exécutée que placée à attirer les regards, elle provoquerait les ris et les sarcasmes mêmes du public. » Aussi, flagorne le ministre, quelle autre statue pourrait occuper la place laissée vacante par Charlemagne, si ce n'est celle du « prince chéri par toute la France » ? Et Napoléon consent à être représenté à quarante-cinq mètres de hauteur déguisé en empereur romain — habillé cette fois. Certes, il aurait préféré — et avec raison — comme il le fut plus tard, se voir figurer en tenue de campagne...

Oh! quand par un beau jour, sur la place Vendôme,
Homme dont tout un peuple adorait le fantôme,
Tu vins, grave et serein,
Et que tu découvris ton œuvre magnifique,
Tranquille, et contenant d'un geste pacifique
Tes quatre aigles d'airain.

En 1808 l'Empereur refusera d'être transformé en aurige, sceptre en main, conduisant un char juché sur le sommet de l'arc du Carrousel et tiré par quatre chevaux, trophées ramenés de Venise :

— Jamais je n'ai voulu ni ordonné que l'on fît de ma statue le sujet principal d'un monument élevé par mes soins et à mes dépens à la gloire de l'armée que j'ai eu l'honneur de commander.

Le char demeura vide — ce qui permit aux frondeurs de murmurer : *Le char l'attend* (1).

Sur ce petit arc commémorant la bataille de Marengo on placera, supportée par des colonnes de marbre rose prises au château vieux de Meudon, un chasseur à cheval, un dragon, un cuirassier et enfin un sapeur-grenadier pour lequel posa le soldat Mariole — ce fameux Mariole qui présenta un jour les armes à l'Empereur, non avec son fusil mais avec une « pièce de quatre », d'où l'expression : *Ne fais pas le mariole.* Sous la Restauration, il faudra rendre aux Vénitiens les quatre chevaux de cuivre qui, avant d'orner la place Saint-Marc, avaient été pris au IVe siècle, à Constantinople, par les Croisés — mais les Turcs ne réclamèrent rien; il y avait d'ailleurs prescription...

— Vous ne rentrerez dans vos foyers que sous des arcs de triomphe, avait promis Napoléon aux vainqueurs d'Austerlitz.

Aussi, dès le 18 février 1806, l'Empereur ordonne-t-il la construction d'une porte monumentale « près du lieu où était la Bastille ». Chalgrin préconise

(1) La statue, plus grande que nature, se dresse aujourd'hui sur un haut piédestal placé sur la pelouse, devant le château de Malmaison.

plutôt un autre emplacement : la croisée des chemins de Chaillot et des Ternes, l'ancien carrefour de chasse de l'Etoile, une butte que le frère de Mme de Pompadour — le marquis de Marigny — avait fait aplanir pour livrer passage aux Champs-Elysées, et dont les terres qu'on avait dû enlever avaient été rejetées sur le côté de l'avenue (1).

— Un arc de triomphe, approuve Champagny, fermerait de la manière la plus majestueuse et la plus pittoresque le superbe point de vue que l'on a du château impérial des Tuileries. Il frapperait d'admiration le voyageur entrant dans Paris. Il imprimerait à celui qui s'éloigne de la capitale un profond souvenir de son incomparable beauté... Quoique éloigné, il serait toujours en face du triomphateur. Votre Majesté le traverserait en se rendant à la Malmaison, à Saint-Germain, à Saint-Cloud et même à Versailles.

Napoléon écoute Chalgrin et Champagny. Et la première pierre de l'arc de triomphe de l'Etoile sera posée le 15 août 1806 pour la fête de l'Empereur.

Sans doute Napoléon n'aimait-il guère Paris. Selon lui la ville avait « toujours fait le malheur de la France ». Mais ce sentiment ne l'avait pas empêché de demander à Chaptal, dès 1801 :

— J'ai l'intention de faire de Paris la plus belle capitale du monde... Je veux faire quelque chose de grand et d'utile pour Paris. Quelles seraient vos idées à ce sujet?

— Donnez-lui de l'eau.

— Bah, de l'eau! Plusieurs fontaines et un grand fleuve coulent dans Paris.

— Il est vrai que des fontaines et un grand fleuve coulent dans Paris, mais il n'est pas moins vrai que l'eau s'y vend à la bouteille, et que c'est un impôt énorme que paie le peuple, car il faut une voie d'eau par quinzaine et par ménage, ce qui, à vingt-cinq sous la voie, fait plus de trente-six francs par an, et vous n'avez aujourd'hui ni fontaines publiques ni abreuvoirs, ni moyen de laver les rues.

(1) D'où nos rues Balzac et lord Byron, aux pentes brutales...

— Quels seraient vos moyens pour donner de l'eau à Paris?

— Je vous en proposerai deux : le premier serait de construire trois pompes à feu... Le second projet consisterait à amener la rivière de l'Ourcq à Paris : cette rivière, qui est à vingt-deux lieues, verse ses eaux dans la Marne; la Marne se vide dans la Seine; de sorte que l'Ourcq peut être aisément amené au haut de la Villette, d'où ses eaux se répandraient dans Paris.

Dès le mois de mai 1802, l'Ourcq était conduite à Paris par un canal de soixante kilomètres. En 1806 — au mois de mai — l'Empereur signait un décret qui allait doter Paris de quinze nouvelles fontaines. Mais, l'année suivante, il trouva bien faible leur débit.

— Nous donnons dix-huit mille muids d'eau, expliqua le préfet Frochot.

— Est-ce le maximum?

— On peut porter la distribution à vingt-quatre mille muids.

— Qu'en coûterait-il par jour?

— Deux cents francs.

— Je veux vingt-quatre mille muids.

— Votre Majesté fixe-t-elle, pour les donner, une date ?

— Ce soir.

Une fontaine faillit être édifiée entre l'arc du Carrousel et le Louvre. Les architectes avaient prévu une cohorte de naïades envoyant de l'eau par leurs seins.

— Otez-moi ces nourrices, s'exclama Napoléon; les naïades étaient vierges!

Et le projet en demeura là. Un jour, Bourrienne lui fit remarquer « le hideux aspect » des berges de la Seine.

— Vous avez raison, c'est bien laid, s'écria l'Empereur; c'est dégoûtant de voir laver le linge sale sous nos fenêtres!

Et trois kilomètres de nouveaux quais bornèrent le fleuve : du quai du Louvre à ceux de Passy et du quai des Célestins au quai baptisé Morland, en souvenir du colonel de la Garde tué à Austerlitz — c'est aujourd'hui un boulevard depuis que, sous Louis-Philippe, l'île Louviers a été rattachée à la rive.

La ville doit encore à Napoléon dix kilomètres d'égouts et ses premiers trottoirs et caniveaux, venus remplacer le ruisseau axial et stagnant.

Les transformations ne se limitèrent d'ailleurs pas à ces améliorations. Le pont d'Iéna, les ponts métalliques — nouveauté jusqu'alors réservée aux Anglais — d'Austerlitz et des Arts ; les rues de Rivoli, de la Paix et de Castiglione; la Bourse; la façade de la Chambre des Députés; la place Saint-Sulpice; les Catacombes — et enfin la continuation du Louvre. Tel est le bilan du Paris consulaire et impérial.

Que ferait-on, lorsqu'elle serait terminée, de l'église de la Madeleine dont la première pierre avait été posée le 3 avril 1764? Le 2 décembre 1806, l'Empereur décide que le bâtiment achevé deviendrait un Temple de la Gloire dédié à la Grande Armée :

— J'entends un monument tel qu'il y en avait à Athènes et qu'il n'y en a pas à Paris.

On le constate non sans étonnement et tristesse, si le général Bonaparte a donné son nom à une rue, il n'existe à Paris, aucune avenue, aucune place Napoléon. C'est une immense injustice qui devrait être réparée (1). Alors que Rome, Lucques, Ljubliana et Varsovie possèdent une *place Napoléon,* Milan un *Monte Napoleone,* et que sept villes américaines s'appellent *Napoléon* (2).

*
**

Durant les sept mois qui séparent les deux coalitions il séjourne à Paris et, de son cabinet de travail, organise ses armées. Tout converge vers sa table. Mais ici il faut laisser la parole à Méneval : « Il y

(1) Pourquoi ne pas maintenir à l'arc de Triomphe son nom de *l'Etoile,* et appeler *Napoléon* la place qui l'entoure et qui se trouve bordée par les anciens hôtels des maréchaux ?

(2) On trouve des villes portant le nom de l'Empereur dans les Etats d'Alabama, du Kentucky, de l'Indiana, du Michigan, du Missouri, du North-Dakota et de l'Ohio. Il y a également aux Etats-Unis deux villes *Bonaparte,* l'une dans l'Etat de New York et l'autre dans celui de l'Iowa.

avait sur son bureau des états de situation des armées de terre et de mer, couverts en maroquin rouge, fournis par les ministres de ces départements. Ces états, dont il avait donné le plan, étaient renouvelés le premier de chaque mois. Ils étaient divisés en colonnes indiquant le numéro des régiments d'infanterie et de cavalerie, le nom des colonels, le nombre d'hommes composant chaque bataillon, escadron et compagnie, les départements où ils se recrutaient et les quantités d'hommes qu'ils recevaient par les circonscriptions, le lieu où le régiment se trouvait réuni ou détaché, l'emplacement ou la force des dépôts, l'état de leur personnel et de leur matériel.

« C'était toujours avec une singulière satisfaction que l'Empereur recevait ces états de situation. Il les parcourait avec délices, et disait qu'aucun ouvrage de science et de littérature ne lui faisait autant de plaisir. Son étonnante mémoire s'emparait de tous ces détails; ils y restaient gravés, de sorte qu'il savait aussi bien, et même mieux que les bureaux du mouvement des ministres de la Guerre et de la Marine et que les états-majors eux-mêmes, quels étaient le personnel et le matériel des corps. L'orthographe et la prononciation des noms lui étaient moins familiers; il ne les retenait jamais correctement. Mais si les noms propres lui échappaient, leur mention suffisait pour lui représenter vivement l'image de l'individu ou de la localité qui le portait. »

Il n'y avait pas que l'armée. Les affaires civiles du trop vaste empire exigeaient les mêmes soins. « Ce ne sont pas des conquêtes qu'il projette, dicte-t-il en parlant de lui à la troisième personne, il a épuisé la gloire militaire... Perfectionner l'administration, en faire, pour son peuple, la source d'un bonheur durable et d'une prospérité croissante et, de ses actes, l'exemple d'une morale pure et élevée... telle est la gloire qu'il ambitionne! » Mais pour que cette « gloire » puisse s'exercer, pour que les ordres puissent atteindre les destinataires, il fallait avant tout créer des relais, des postes et des routes, rendre navigables fleuves et rivières et carrossables les cols entre la France, l'Italie et l'Allemagne.

Napoléon peut dire, le 27 mars 1806 :

— Plus l'Empire est vaste, plus on doit donner d'attention à ces grands moyens de communication. Je l'éprouve déjà pour Milan ; depuis que les estafettes sont établies, je gouverne Milan avec autant de facilités que Lyon.

Ainsi il lui sera aussi aisé de correspondre avec ses chefs d'armée qu'avec ses préfets.

— Comment, dira Pasquier, aurait-on pu se permettre la moindre négligence, se laisser aller au moindre relâchement, lorsque l'exemple d'une activité infatigable nous était donné de si haut?

Il travaille d'arrache-pied — et le travail rend le vainqueur d'Austerlitz si heureux qu'il engraisse. Les comptes de l'un de ses tailleurs — le sieur Chevalier — pour cette année 1806, sont particulièrement significatifs :

« *Avoir élargi l'habit du sacre, l'avoir redoublé, fourni six aunes satin pour doubler l'habit, à* 15 *francs l'aune* .... 90 F

« *Elargi six anciennes culottes casimir blanc* .... 18 F

« *Repris deux dos à deux vestes pour les élargir* .... 10 F

« *Elargi un habit de chasse par le devant.* 30 F

« *Elargi de toutes parts vingt-quatre anciennes culottes de casimir* .... 96 F

« *Elargi une veste et une culotte de casimir. Remis un dos* .... 7 F

Nous savons aussi que la célèbre redingote coûtait cent soixante francs et le non moins célèbre uniforme de chasseur ou de grenadier — plaques et épaulettes comprises : trois cent trente francs.

Il applique la même minutie, le même souci d'économie pour aménager les finances de l'Empire. Napoléon est sans doute arrivé à Paris auréolé par ses victoires, mais aussi par les cinquante millions que les Autrichiens ont dû verser à la France. Heureuse manne, car les finances, en dépit de la remontée de la rente, demeurent bien malades. La disette de numéraire est devenue grave. Les *Négociants réunis* qui ont à leur tête Ouvrard, ont « tripoté » dans le Trésor. La richesse de Gabriel Ouvrard déplaît à Napoléon : « Un homme qui possède trente millions, dit-il, est trop dangereux. » En réalité, Ouvrard possédait bien davantage — et l'Empereur semblait avoir oublié qu'il lui avait emprunté des sommes considérables : soixante-huit millions en 1805!

L'assainissement s'opère rapidement. « J'ai fait rendre gorge à une douzaine de fripons, annonce quelques jours plus tard Napoléon à son frère Joseph. J'étais bien résolu à les faire fusiller sans procès. Grâce à Dieu, je suis remboursé. » Les *Négociants réunis* devront verser quatre-vingt-sept millions au Trésor...

La place étant nette, il peut remettre sur pied les finances. Avant tout, ne pas imiter Louis XIV qui s'est ruiné parce qu'il ne savait pas compter « et faire un budget » :

— Le budget est ma loi, écrit l'Empereur, il faut s'y conformer parce que les finances, de toutes les branches de l'administration, sont la première de mes affaires.

Sans trop de grincements, le budget de six cent quatre-vingt-quatre millions, en 1806, sera peu à peu doublé. Sans doute de lourds tributs imposés aux vaincus viendront-ils sans cesse apporter de l'or au Trésor, mais encore Napoléon créera des contributions indirectes, que tous les régimes qui lui succéderont se garderont bien de supprimer :

— Je veux faire le bien de mon peuple, déclare-t-il, je ne serai point arrêté par les murmures des contribuables; je vis pour la postérité; il faut à la France de grandes contributions; elles seront établies... Je veux préparer à mes successeurs des ressources sûres qui puissent leur tenir lieu des moyens extraordinaires que j'ai su me créer.

Un an plus tard, on peut constater le résultat : le numéraire, abondant et même surabondant, encombre les caisses et on lui préfère les billets!

A quelle tâche ne s'attellera-t-il pas ? Le Code de procédure civile, le Code commercial, l'Université, l'Enseignement. Comme au temps du consulat, il préside toujours les séances du Conseil d'Etat avec un infini plaisir.

— Savez-vous pourquoi je laisse tant discuter au Conseil d'Etat? a-t-il demandé un jour à Roederer. C'est que je suis le plus fort du Conseil dans la discussion. Je me laisse attaquer parce que je sais me défendre.

« J'ai assisté à des séances du Conseil présidées pendant sept heures consécutives par l'Empereur, rapporte Trémont. Son influence stimulante, la prodigieuse pénétration de son esprit analytique, la lucidité avec laquelle il résumait les questions les plus compliquées, le soin qu'il apportait, non pas même à supporter, mais à provoquer la contradiction, l'art d'augmenter le dévouement par une familiarité qui savait traiter à propos des inférieurs comme des égaux, produisaient un entraînement égal à celui qu'il exerçait sur l'armée. On s'épuisait de travail, comme on mourait sur le champ de bataille. »

Il jauge impitoyablement ses interlocuteurs. « Il n'y avait pas moyen de déguiser le vide des idées sous l'éloquence des paroles, a dit l'un d'eux : il fallait posséder la matière et avoir dans l'esprit une abondante provision de faits. »

Parfois cependant il manifeste quelques signes de fatigue.

— C'est singulier, confie-t-il à Molé, comme la constitution se modifie en avançant en âge, sans que pour cela les forces diminuent, ni la santé s'altère. Nos aptitudes changent, et nos projets doivent s'en ressentir. Autrefois je disais à Montesquiou plusieurs fois dans la journée : « Montesquiou, apportez-moi un verre de limonade. » Maintenant, c'est une tasse de café, ou un verre de vin de Madère que je demande et dont je sens le besoin. Ah! croyez-moi, Monsieur Molé, à partir de trente ans on commence à être moins propre à faire la guerre. Alexandre est mort avant de pressentir le déclin.

Le déclin? Il n'y pense pas sérieusement... Et les membres du Conseil l'entendent dire au début de 1806 :

— Un beau matin, j'en suis persuadé, on verra ressusciter l'*Empire d'Occident* parce que les peuples fatigués se précipiteront sous le joug de la nation la mieux gouvernée.

***

La même semaine où parvenait à Paris la nouvelle de la victoire d'Austerlitz, une dépêche annonçait le débarquement à Naples d'un corps de troupes anglo-russes. Telle était la réponse de la reine Caroline — le roi *Nasone* ne comptait pas... — aux victoires napoléoniennes en Autriche. Un traité de neutralité liait pourtant Naples à la France. Aussitôt Napoléon prend des mesures et, le 25 décembre, annonce au public : « Le général Saint-Cyr marche à grandes journées sur Naples pour punir la trahison de la reine et précipiter du trône cette femme criminelle, qui, avec tant d'impudeur, a violé tout ce qui est sacré parmi les hommes. »

L'Empereur se rend le 24 février à l'Opéra. On applaudit longuement le vers :

Et quel temps fut jamais si fertile en miracles?

Quelques instants plus tard, la représentation est interrompue, et Talma vient annoncer sur la scène même que l'armée française est entrée à Naples. Aussitôt l'enthousiasme touche au délire. Le lendemain, tout Paris se porte à la parade du Carrousel. La foule acclame longuement les vainqueurs d'Austerlitz « qui viennent de fixer le sort de l'Europe ».

Et Caroline?

— La reine de Naples a cessé de régner, répond l'Empereur à quelqu'un venu lui demander quel serait le sort de la sœur de Marie-Antoinette.

Quant au royaume de Naples, il l'offre d'abord à Joseph :

— Je veux asseoir sur ce trône un prince de ma maison : vous d'abord, si cela vous convient, un autre si cela ne vous convient pas.

Joseph qui, l'année précédente, a refusé le royaume d'Italie pour ne pas devoir abandonner ses « droits » à l'empire français, accepte le trône du roi Nasone puisqu'il peut demeurer, cette fois, l'héritier de son frère. Par ailleurs Napoléon — hommage de l'arrière-cadet à l'aîné — donne l'ordre de continuer à lui verser son traitement de trois cent trente-trois mille trois cent trente-trois francs, attaché à la charge de Grand Electeur...

Joseph, parti rejoindre son poste, prend aussitôt son rôle de roi de Naples au sérieux. Il essaye de faire passer les intérêts financiers napolitains avant ceux de l'Empire français et, tant que faire se peut, exerce son droit de grâce. Sa tolérance et sa mansuétude lui valent même une mercuriale impériale : Pour Napoléon, dans un pays conquis « la bonté n'est pas de l'humanité ». Il le lui précise : « Mon frère, ce n'est pas en cajolant les peuples qu'on les gagne, et ce n'est pas avec ces mesures que vous donnerez les moyens d'accorder de justes récompenses à votre armée. Mettez trente millions de contributions sur le royaume de Naples. Je n'entends pas dire que vous ayez fait fusiller aucun *lazzarone.* » Et Joseph de répondre fort penaud :

« Votre Majesté ne doit pas être inquiète; on fait fusiller tout ce qui mérite de l'être. »

Le 14 mars, moins d'une semaine après la lettre de reproches adressés à Joseph, Napoléon, hanté par l'idée de « ressusciter l'Empire d'Occident » — ainsi qu'il l'avait déclaré au Conseil — fait savoir qu'il a décidé d'ériger la Hollande républicaine, actuellement « sans pouvoir exécutif », en royaume sur lequel régnerait son frère Louis. Cependant, l'amiral Verhuel, chargé par l'Empereur de prendre à La Haye le pouls de l'opinion, « doit au dévouement sans bornes qu'il porte à l'Empereur, précise-t-il sans ambages, de lui dire avec franchise que la première ouverture des intentions de Sa Majesté a fait naître une consternation générale ». Schimmelpenninck, Grand Pensionnaire qui occupe les fonctions de stathouder, sans en avoir le titre trop royal, fait savoir de son côté à Napoléon que « son projet est tout à fait inadmissible ». L'Empereur ne l'écoute pas plus que l'amiral Verhuel. Comment la Hollande pourrait-elle lutter ? Si elle ne veut pas être purement et simplement annexée, il n'est point question pour elle de refuser de se convertir en royaume. La République batave, créée sous le Directoire, ne se trouve-t-elle pas en pleine impasse budgétaire ? Elle doit en effet deux cent vingt-neuf millions à la France et son déficit annuel atteint quarante-cinq millions! Il faut donc se résigner! Mieux : l'Empereur exige que les Hollandais demandent eux-mêmes leur changement de régime. Napoléon « condescend » alors à accorder l'investiture au nouveau souverain *choisi* par les républicains bataves et on verra — le 5 juin 1806 — une malheureuse députation néerlandaise se prétendant « chargée d'exprimer le vœu des représentants du peuple hollandais », reçue aux Tuileries dans la salle du trône :

— Nous prions Votre Majesté, déclare Verhuel, de nous accorder comme chef suprême de notre République, comme roi de Hollande, le prince Louis, frère de Votre Majesté, auquel nous remettons avec une entière et respectueuse confiance la garde de nos lois, la défense de nos droits politiques et tous les intérêts de notre chère patrie.

L'Empereur qui, ce jour-là, doit assurément penser à Louis XIV offrant son petit-fils à l'ambassade espagnole venue lui demander un roi, répond, après un bref silence :

— Messieurs les représentants du peuple batave, j'ai toujours regardé comme le premier intérêt de ma couronne de protéger votre patrie... L'offre que vous faites de la couronne au prince Louis est conforme aux intérêts de votre patrie, aux miens, et propre à amener le repos général de l'Europe. La France a été assez généreuse pour renoncer à tous les droits que les événements de la guerre lui avaient donnés sur vous... J'adhère aux vœux de Leurs

Hautes Puissances : je proclame roi de Hollande le prince Louis.

Puis, se tournant vers son frère, Napoléon ajoute, pastichant le roi-soleil :

— Vous, Prince, régnez sur ces peuples; leurs pères n'acquirent leur indépendance que par le secours de la France. Depuis, la Hollande fut l'alliée de l'Angleterre. Elle fut conquise. Elle dut encore à la France son existence. Qu'elle lui doive donc les rois qui protègent ses libertés, ses lois, sa religion. Mais ne cessez jamais d'être Français... Entretenez dans vos sujets des sentiments d'union et d'amour pour la France. Soyez l'effroi des méchants et le père des bons, c'est le caractère des grands rois!

Les nouveaux souverains ne sont guère satisfaits. Louis, roi malgré lui, ne pense qu'à ses rhumatismes et trouve le climat de la Hollande infiniment trop humide et trop froid pour son perpétuel état de valétudinaire. Hortense, de son côté, accepterait à la rigueur de devenir reine de Hollande mais à la condition de ne point quitter Paris... Résignés — il le faut bien! — ils partent sans entrain pour leur royaume.

Dès la frontière, ils s'étonnent : l'accueil des Hollandais est plus que réservé. Se serait-on mépris sur les vœux « spontanés » du « peuple batave » ?

Louis — à l'instar de Joseph — veut se considérer comme un bon Hollandais et n'entend nullement voir son impérial frère régner à La Haye par son truchement. Pensant à la modicité du budget de son royaume, il décide avec sagesse de réduire son armée et sa marine. « Si la Hollande, lui écrit Napoléon le 8 août, ne peut entretenir une armée pour sa défense il lui arrivera infailliblement d'être conquise. »

« Qu'y puis-je puisque l'argent manque? » répond Louis.

« Imposez fortement les rentes, lui conseille l'Empereur, ce n'est pas vous qui pouvez sauver la Hollande, mais que les Hollandais eux-mêmes s'arrangent. »

A La Haye comme à Naples, les remontrances pleuvent :

« Vous allez comme un étourdi sans envisager les conséquences des choses. »

Napoléon se mêlera même bientôt de « l'intérieur » de son frère :

« Vos querelles avec la reine percent dans le public. Vous menez une jeune femme comme on mènerait un régiment. Vous avez la meilleure femme et la plus vertueuse, et vous la rendez malheureuse. »

L'Italie se transforme en une manière de fédération napoléonienne. La chère Paulette — « ma bien-aimée sœur Pauline » — reçoit elle aussi un beau hochet : la principauté de Guastalla. D'abord, Mme la princesse Borghèse semble ravie. De Guastalla émane un amusant parfum d'opérette... Mais, lorsqu'elle apprend qu'il s'agit seulement de dix kilomètres carrés peuplés de dix mille habitants, elle fait la moue. *Paganetta* ne va même pas prendre livraison de sa principauté et — l'argent lui semblant infiniment plus utile — se hâte de vendre un million cinq cent mille francs son nouvel Etat au royaume d'Italie — c'est-à-dire à son frère qui le lui avait donné...

Elisa — et accessoirement son mari — ont accepté de « régner » à Lucques et à Piombino. Au tour des Murat de réclamer une couronne! Caroline surtout pousse de hauts cris en voyant Elisa — cette Bacciochi! — devenue princesse régnante, alors qu'elle n'est « rien » qu'une Altesse Impériale! L'Empereur leur propose la principauté de Neuchâtel, mais ils refusent cette terre, prussienne à l'époque, comme étant indigne d'eux. Finalement — et en attendant mieux — ils reçoivent le duché de Berg cédé par la Bavière, auquel on adjoint le duché de Clèves. Le 21 mars 1806, deux divisions françaises occupent les Etats échus à « Joachim, prince et grand-amiral de France », devenu grand-duc de Berg et de Clèves. Le nouveau souverain fait, le 24 mars, une entrée à la Franconi — Napoléon dixit — dans sa capitale, Dusseldorf. Le matin, il revêt un grand uniforme de maréchal d'Empire, le soir il met un « costume espagnol des plus riches ». Le Fregoli de l'épopée n'échappe pas non plus au virus et joue au souverain ! Sans tarder, et sous le prétexte que les Westphaliens l'appellent à eux, Joachim fait occuper des territoires que la Prusse n'a pas encore évacués...

« Que voulez-vous que je vous dise? lui écrit, le 10 avril, son impérial beau-frère. Vous marchez tantôt avec étourderie, tantôt avec imprévoyance. Il ne fallait pas occuper Essen et Werden, puisque le commissaire prussien ne vous en avait pas mis en possession... J'ai écrit au roi de Prusse de retirer ses troupes; vous, retirez les vôtres. Cela est un petit affront que vous avez fait essuyer à mes armes. Je trouve ridicule que vous m'opposiez l'opinion du peuple de Westphalie.. »

Les Westphaliens n'ont nullement voix au chapitre! Napoléon ne l'a-t-il pas dit : « Bien analysée, la liberté politique est une fable convenue, imaginée par les gouvernants pour endormir les gouvernés. »

Point calmé, S.A.S. le grand-duc exige « des garanties pour ses enfants ».

— Vous êtes Français, lui répond l'Empereur agacé, le 30 juin, j'espère que vos enfants le seront ; tout autre sentiment serait si déshonorant que je vous prie de ne m'en jamais parler. Il serait fort extraordinaire qu'après les bienfaits dont le peuple français vous a comblé, vous pensiez donner à vos enfants les moyens de lui nuire!

L'empire d'Occident est en marche et Napoléon prenant goût à la création de ces marches-frontières formant un glacis autour de l'Empire Français, crée à côté des grands fiefs un certain nombre de duchés et de principautés. Bernadotte, le mari de Désirée, devient prince de Ponte-Corvo, localité située dans le royaume de Naples, Talleyrand reçoit la principauté de Bénévent, Cambacérès le duché de Parme; Lebrun celui de Plaisance. Berthier se verra offrir la principauté de Neuchâtel dédaignée par les Murat. Enfin, et c'est là le grand coup — puisque François Ier d'Autriche n'est plus l'empereur d'Allemagne François II et que le Saint-Empire est devenu une antiquité de musée — pourquoi ne pas réunir les Etats germaniques privés de chef suprême? Ne pourrait-on pas placer au sommet de l'édifice décapité l'empereur des Français? Napoléon n'est-il pas déjà le *médiateur* de la Confédération helvétique? Les Allemands de l'Ouest désirent-ils vraiment « se précipiter vers la nation française assurément mieux gouvernée », ainsi que l'a affirmé Napoléon, sans fausse modestie? La Bavière, le Wurtemberg et même Bade se sentent déjà suffisamment « protégés », mais treize autres princes, tels ceux de Hesse-Darmstadt et de Hohenzollern, ont besoin — l'Empereur l'affirmait — de se confédérer. Bien entendu, Murat, nouveau grand-duc de Berg et de Clèves, devra lui aussi entrer dans la nouvelle combinaison.

Cependant, Napoléon, bien que se considérant comme le successeur de Charlemagne, ne voyait pas encore de quelle manière il pourrait réaliser ses projets. Il appartenait à Charles de Dalberg, archevêque-électeur de Ratisbonne, de lui fournir les moyens de parvenir à ses fins. Le prélat gouvernait des débris de l'empire germanique, et, pour faire de ces débris une manière d'Etat — et conserver sa place — il choisit adroitement comme coadjuteur l'oncle de l'Empereur, le cardinal Fesch. Flagorneur à souhait, il écrit à Napoléon et supplie le maître de ne pas « se borner à créer le bonheur de la France ». « La Providence, précise-t-il, accorde l'homme supérieur à l'Univers. L'estimable nation germanique gémit dans les malheurs de l'anarchie politique et religieuse; soyez, Sire, le régénérateur de la Constitution... »

Requête « spontanée » qui amène Napoléon à accepter tout naturellement de devenir le chef de feu le Saint-Empire romain germanique. Il sera, non le *Régénérateur*, mais le *Protecteur* de la nouvelle agglomération baptisée *confédération*, à la tête de laquelle on placera nominativement Dalberg — il l'avait bien mérité — avec le titre de prince-primat et grand-duc de Francfort. En réalité, l'Empereur est le maître de la mosaïque allemande. Rois, princes et ducs allemands ne sont plus, dès lors, que des super-préfets d'un empire fédératif.

Un empire qui tend d'ailleurs à devenir familial!... Hier, c'était le mariage d'Eugène avec Auguste de Bavière; demain, celui de son frère Jérôme avec Catherine de Wurtemberg, puis, nous le verrons, celui de Stéphanie Tascher de la Pagerie — cousine de sa femme — qui convolera avec le prince d'Arenberg.

En attendant cette double union, le 7 avril 1806, la blonde et si jolie espiègle Stéphanie de Beauharnais — nièce d'Alexandre, premier mari de Joséphine — se marie avec le disgracieux prince de Bade, fils du margrave Charles-Frédéric, à qui Napoléon a accordé de l'avancement en le nommant grand-duc. On devine la grimace paternelle. Pour l'ex-margrave, les Beauharnais sont de petits hobereaux ! Et il ignore que, hors le marquis, père d'Alexandre, toute la famille s'est parée de titres de courtoisie. Aussi Napoléon couvre-t-il Stéphanie d'honneurs et l'adopte-t-il à la grande fureur du « clan ». L'orgueilleux Charles-Frédéric s'apaise : la princesse Stéphanie-Napoléon régnera et fera partie de l'échiquier impérial. Arrivée dans les Etats de son beau-père, elle ne sera guère heureuse. Son mari aura beau cesser de porter les cheveux longs « à l'ancienne », celle qui sera la mère de Gaspard Hauser — au destin tragique — ne pensait qu'à Paris. « Accommodez-vous du pays, lui ordonna Napoléon, et trouvez tout bien, car rien n'est plus impertinent que de parler toujours de Paris et des grandeurs qu'on sait qu'on ne peut avoir : c'est le défaut des Français; n'y tombez pas. Carlsruhe est un beau séjour... »

Elle aussi, bien que seulement Beauharnais, devra se plier au fameux « système ».

***

Certes, l'Empereur n'a nulle envie de faire la guerre, et la thèse de Napoléon pacifique ne peut être plus évidente qu'à la veille de la quatrième coalition. « M. de Buonaparte », ainsi que l'appellent ses ennemis, ne décide-t-il pas ce qu'il veut? — et sans prendre les armes, ne peut-il pas, presque à sa guise, déplacer les poteaux-frontières ? Mais toute l'Europe regarde, atterrée, cette France atteinte de boulimie, qui s'étend plus ou moins directement, et sous des noms divers, depuis les villes hanséatiques jusqu'à Naples, et de Brest aux rives de l'Elbe, en attendant d'atteindre l'Oder et, un jour, certains le prévoient déjà prochain — les bords de la Vistule et du Niémen... Passe encore pour l'Italie, primitivement morcelée en possessions autrichiennes, ou même quelque peu espagnoles, mais les Etats européens ne peuvent demeurer impassibles en voyant des terres allemandes cesser d'être prussiennes ou autrichiennes. Pour eux, point d'autre solution que la guerre, afin de regagner ce qui leur a été arraché par la force des armes — des armes brandies par la Révolution française, puis par celui qui est devenu son héritier. Par contre, que peut gagner Napoléon à livrer de nouvelles batailles? Sinon se faire de nouveaux ennemis puisque, prisonnier de ses conquêtes présentes et futures, il lui faut bien les garder!

Si ce n'est pour lui, du moins il doit en faire profiter le clan ou ses alliés et commensaux afin de les récompenser de l'aide qu'ils lui ont apportée. Pousser son pacifisme jusqu'à rendre les provinces conquises aux vaincus? Mettre volontairement des bornes aux territoires français et à l'influence française? Accorder aux Anglais une part du gâteau européen? Ou du moins les laisser librement commercer avec le Continent? C'était peut-être là une sagesse — mais une sagesse dangereuse! L'Empereur n'aurait pu l'acquérir que s'il avait connu — comme nous — la fin de l'extraordinaire aventure.

Les agrandissements successifs — volontaires ou involontaires — de la France impériale obligeront ses ennemis à lui déclarer la guerre. De même que ses perpétuelles victoires contraindront l'Empereur à multiplier dans l'avenir des *casus belli* qui, un jour, seront la cause de sa perte.

— Je ne puis avoir d'alliance réelle avec aucune des grandes puissances, soupirait l'Empereur.

Seule, l'Autriche semblait provisoirement muselée. Quant à la Prusse, espérant la désarmer et lui faire accepter la création de la Confédération du Rhin, Napoléon lui avait donné le Hanovre — possession anglaise sur le continent. En échange, le gouvernement de Berlin devait accepter une alliance offensive et défensive avec l'Empereur, et se trouvait dans l'obligation de fermer aux navires anglais ses ports et les embouchures de ses fleuves. Il lui fallait même rompre avec la Russie ! La reine Louise fulmina contre les exigences du « tyran français ». Frédéric-Guillaume pleura... mais, tremblant de peur, n'ayant le choix qu'entre la guerre et la ratification, le roi de Prusse signa le traité et fit savoir à l'Angleterre qu'il était *contraint,* à son corps défendant, d'occuper le Hanovre — alors qu'il guignait depuis longtemps cette proie voisine de ses frontières... Patelin, secrètement ravi, le ministre prussien Hardenberg dira aux Anglais, en soupirant :

— J'abhorre la manière infâme par laquelle nous faisons cette acquisition. Nous pouvions rester les amis de Bonaparte... sans devenir ses esclaves.

Bien entendu, Frédéric-Guillaume, maître en la matière du double jeu et de la duplicité, ne voulant maintenir, selon l'expression de son ministre Haugwitz, qu'un « simulacre de paix », avouait à l'Autriche que « s'il avait jamais existé une Puissance que la Prusse avait eu l'intention de tromper, c'était la France ». Et, en sous-main, le gouvernement de Berlin multipliait les manifestations d'amitié et de dévouement envers l'Angleterre et la Russie.

Napoléon avait cependant gardé, durant quelque temps, l'espoir de signer la paix avec l'Angleterre. William Pitt était mort le 23 janvier 1806 et Charles Fox, le chef du parti whig, semblait bien plus accommodant que son rival et prédécesseur. Le 20 février, il avait pris la peine d'écrire à Talleyrand pour le prévenir qu'un tueur était venu lui proposer d'assassiner « le chef des Français ». « Je reconnais là les principes d'honneur et de vertu qui ont toujours animé M. Fox », répondit l'Empereur, en ajoutant que cette démarche se présentait comme « le présage de ce qu'on peut attendre d'un cabinet dont je me plais à apprécier les principes d'après ceux de M. Fox ». Quelques jours plus tard — le 2 mars — Napoléon déclarait au Corps législatif :

— Je désire la paix avec l'Angleterre, je serai toujours prêt à la conclure en prenant pour base les stipulations du traité d'Amiens.

Mais, après des essais de réconciliation, après bien des tractations entre Yarmouth et Clarke, après tant d'espoir, tout s'écroula : Fox mourait à son tour.

— La mort de M. Fox, dira plus tard Napoléon, a été une des fatalités de ma carrière... S'il eût continué à vivre, la paix se serait effectuée.

Sans doute, en Russie, au lendemain d'Austerlitz, la colère contre « cet infâme Corse couvert du sang qu'il répandait pour plaire à Robespierre » avait-elle redoublé, cependant le temps avait, en partie, arrangé les choses et, au mois de juillet, le tsar s'était résigné à envoyer à Paris le baron d'Oubril afin de commencer des pourparlers en vue d'une paix prochaine. Napoléon crut même que les négociations avaient abouti, puisque, le 22 juillet, il annonçait à Decrès : « La paix a été signée entre la France et la Russie le 20 de ce mois... Notre intention est que vous fassiez publier dans tous nos ports que les vaisseaux russes doivent y être considérés comme amis, et que tous les commandants de nos ports, de nos escadres et de nos bâtiments doivent les traiter comme tels. » La paix avait été signée peut-être trop rapidement par Oubril, car le tsar, craignant de déplaire à l'Angleterre — Londres qualifiait le traité de « mortifiant » — refusait de ratifier les accords conclus cependant en son nom. Aussitôt, la Prusse ne se sentit plus de joie.

Le projet de rétrocession du Hanovre à l'Angleterre va mettre le feu aux poudres. Au cours des transactions avec l'Angleterre, Napoléon avait, en effet, proposé de rendre le Hanovre occupé par la Prusse à la maison royale anglaise, à la condition d'offrir une compensation à Berlin... mais lord Yarmouth, venu à Paris pour essayer de rapprocher les deux pays, éprouva le besoin de faire des confidences au ministre de Prusse en France, Lucchesini, tout en se gardant bien de parler de compensation — et la Prusse se crut jouée. Cette omission volontaire ou non permettra à Napoléon de croire que la « perfide Albion » avait agité devant les Prussiens un chiffon rouge destiné à les pousser à se battre pour l'Europe.

Aiguillonné également par sa femme, le sot et faible Frédéric-Guillaume prit aussitôt une attitude de matamore. A coups de fouet, on battrait Napoléon ! Inutile de dépenser de la poudre! Le général von Blücher se montrait plein d'illusions :

— Je ne crains pas de rencontrer les Français... Je préparerai le tombeau de tous ceux qui se trouvent le long du Rhin.

Il s'exclamait même :

— Avec ma seule cavalerie, je me charge d'aller à Paris!

En rompant avec son « alliée la France », Berlin va anéantir les espoirs de paix générale que Napoléon peut alors encore conserver, tant avec l'Angleterre qu'avec la Russie. L'attitude de la Prusse étonnait d'autant plus l'Empereur qu'il semblait jusqu'à présent avoir singulièrement ménagé les Hohenzollern. Ceux-ci, pourtant, n'avaient pas cessé d'accumuler vis-à-vis de la France des actes de tromperie, de duplicité et même de fourberie. Napoléon admirait, on le sait, le Grand Frédéric, mais son petit-neveu prenait l'émerveillement de l'Empereur pour la peur que *Buonaparte* devait ressentir à la seule pensée de devoir se battre pour la première fois contre les imbattables soldats de Frédéric II. Cependant, à la demande de Napoléon, Talleyrand, puisque la création de la Confédération du Rhin avait inquiété les diplomates prussiens et exaspéré le roi et la reine, conseillait à Berlin de « réunir sous une nouvelle loi fédérale des Etats qui appartenaient encore à l'Empire germanique et de faire entrer la couronne impériale dans la maison de Brandebourg ». Mais la Prusse, sourde à toute proposition, même aussi séduisante que celle-ci, se refusait à prendre en considération toute dépêche venue de Paris — les « commandements des Tuileries », disait-on. Certaine de vaincre, elle ne voulait rien entendre.

Un peu plus d'un mois plus tard — le 6 septembre 1806 — Frédéric-Guillaume, toujours persuadé que l'Empereur appréhendait la guerre, annonçait au tsar : « C'est donc moi, à ce qu'il paraît, qui devrai prendre l'initiative des ouvertures décisives. Mes troupes marchent de tous les côtés pour en hâter le moment. » On pouvait voir — image célèbre — les officiers prussiens aiguiser leurs sabres sur le perron de l'ambassade de France, tandis que leur colonel leur affirmait :

— Il n'y a pas besoin de sabres, des gourdins suffiront pour ces chiens de Français!

Cependant Napoléon, espérant encore l'impossible, écrivait le 12 septembre au roi de Prusse : « Si je suis contraint à prendre les armes pour me défendre, ce sera avec le plus grand regret que je les emploierai contre les troupes de Votre Majesté. Je considérerai cette guerre comme une guerre civile, tant les intérêts de nos deux Etats sont liés. Je ne veux rien d'elle; je ne lui ai rien demandé. »

Ces lignes n'empêchent nullement Frédéric-Guillaume d'envoyer à son ambassadeur Lucchesini ses lettres de rappel et, le 20 septembre, Napoléon annonce à Brune :

— La Prusse a levé le masque.

La revue de la Garde avec armes et bagages fait comprendre au public que la guerre est maintenant inévitable. « L'inquiétude a été générale », écrit Fouché dans son rapport secret. A la Bourse, « tous les cours éprouvent une baisse rapide ». L'Angleterre se frotte les mains. On répète à Londres la déclaration de lord Lauderdale, chargé de signer le traité de paix préparé — sans succès — par lord Yarmouth :

— Dans la circonstance d'un conflit avec la Prusse, la guerre poussée vigoureusement pourrait amener des résultats inespérés, les forces de la France étant disséminées depuis Emden jusqu'au fond de la botte de Naples.

Des résultats inespérés...

Le 24 septembre, à Saint-Cloud, Napoléon reçoit une lettre de Berthier lui annonçant que « les Prussiens ne dissimulent plus leurs intentions ». Déjà leurs forces approchent des avant-postes de la Grande Armée — et la nuit suivante, l'Empereur décide de partir pour Mayence, préfecture avancée de l'Empire. Aussitôt — comme à la veille d'Ulm — l'affolement redouble et l'on échange à perte les billets contre de l'or.

Napoléon part pour la guerre. Il lui faut lutter contre la quatrième coalition qu'il espère bien cette fois être la dernière. Mais la guerre se prolongera durant dix mois, une guerre qui, avant de lui permettre de revenir aux Tuileries le conduira d'Iéna à Berlin, de Varsovie à Eylau, de Friedland à Tilsit — et, à chaque étape il aura le droit de lancer à nouveau ces mots :

— Mes armées n'ont cessé de vaincre que quand je leur ai ordonné de ne plus combattre...

L'accueil enthousiaste des Berlinois stupéfie les vainqueurs — Les habitants semblaient « bien aises, nous dit le vélite Barrès, qu'on ait donné une bonne raclée à leur roi ». A droite on reconnaît l'Empereur et l'inévitable Roustam.

V

LA GUERRE IMPOSÉE

Celui qui ne voit pas d'un œil sec un champ de bataille fait tuer bien des hommes inutilement.

NAPOLÉON.

IL s'est fait confectionner une nouvelle redingote grise, celle qu'il portait jusqu'à présent a fait toute la campagne de 1805 et les soldats disaient alors plaisamment « que le major général lui retenait son prêt pour lui en acheter une neuve à Vienne ». La première fois qu'on le vit avec sa nouvelle acquisition il faisait un temps affreux. Un grenadier le voyant passer, s'exclama :

— Tiens, le camarade s'est f... une bonne capote sur le dos!

— C'est que le camarade en avait grand besoin, répondit l'Empereur en riant.

Le 3 octobre 1806, à Würtzbourg, il arrive à l'armée, forte de cent vingt-huit mille fantassins, vingt-huit mille cavaliers et dix mille canonniers servant

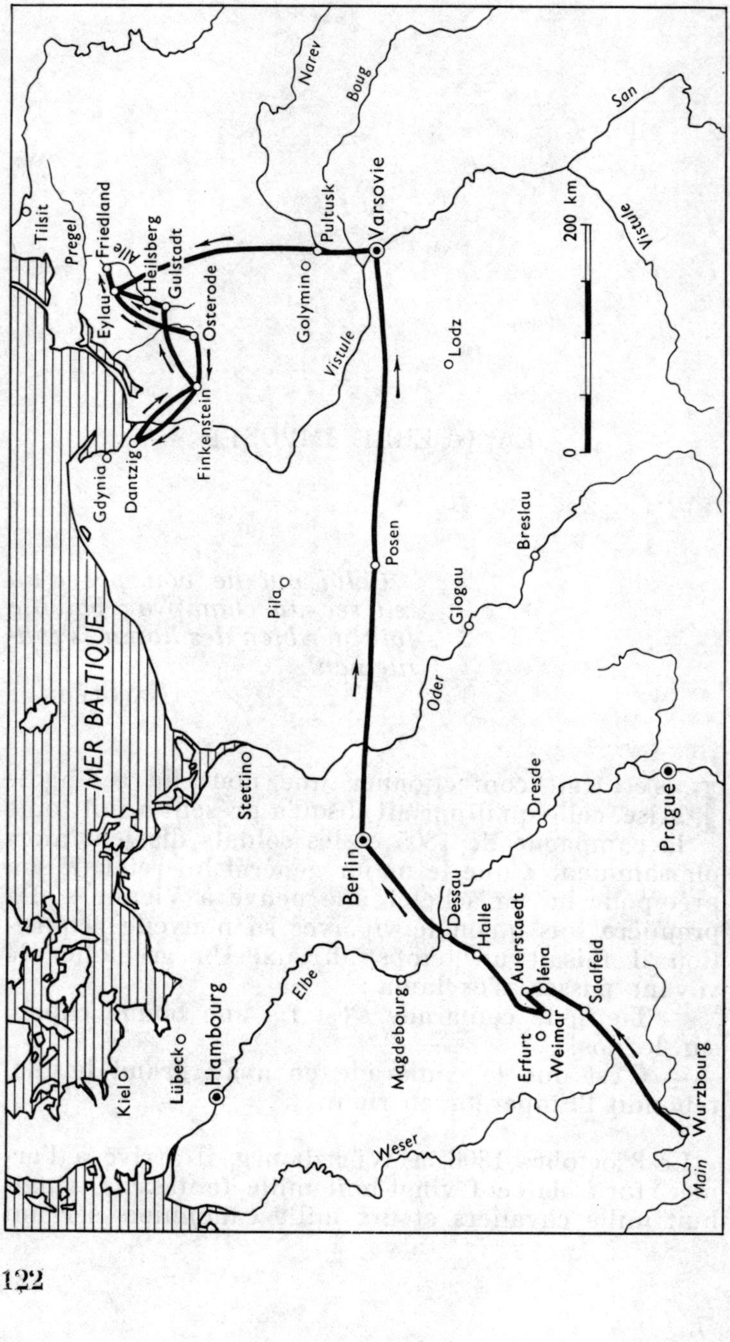
MER BALTIQUE
Tilsit
Pregel
Friedland
Alle
Heilsberg
Eylau
Gulstadt
Osterode
Finkenstein
Dantzig
Gdynia
Narev
Boug
San
Pultusk
Varsovie
Golymin
Vistule
Lodz
200 km
0
Posen
Pila
Breslau
Glogau
Oder
Stettin
Dresde
Prague
Berlin
Dessau
Halle
Auerstaedt
Iéna
Saalfeld
Weimar
Erfurt
Magdebourg
Elbe
Hambourg
Lübeck
Kiel
Weser
Wurzbourg
Main

deux cent cinquante-six pièces. En face, la Prusse a rassemblé cent cinquante-deux mille hommes.

L'Empereur multiplie revues et inspections. Il s'agit de ranimer l'enthousiasme qui faiblit un peu au cours de cette seconde guerre du règne, et a besoin d'être quelque peu exalté. On le sait, Napoléon possède des notes sur toutes les unités et en tire très habilement parti. Passant devant le 7e Léger, un régiment presque entièrement composé d'hommes du Bas-Languedoc et des Pyrénées, il s'exclame :

— Voilà les meilleurs marcheurs de l'armée, on n'en voit jamais un seul en arrière, surtout quand il faut joindre l'ennemi!

Puis il ajoute en riant :

— Mais pour vous rendre justice entière, je dois vous dire que vous êtes les plus criards et les plus maraudeurs de l'armée!

— C'est vrai, c'est vrai! répondent les soldats dont chacun porte une volaille ficelée sur le sac.

Le 6 octobre, avant de quitter Würtzbourg pour Bamberg, il s'adresse à l'Armée :

— Soldats! Il n'est aucun de vous qui veuille retourner en France par un autre chemin que celui de l'honneur, nous ne devons y rentrer que sous des arcs de triomphe. Eh, quoi ! aurions-nous donc bravé les saisons, les mers, les déserts, vaincu l'Europe plusieurs fois coalisée contre nous, porté notre gloire de l'Orient à l'Occident, pour retourner aujourd'hui dans notre patrie, comme des transfuges, après avoir abandonné nos alliés et pour entendre dire que l'Aigle française a fui épouvantée devant les armées prussiennes?...

Pas un chef n'avait su jusqu'alors s'adresser ainsi à ses hommes !

C'est à Bamberg que l'Empereur reçoit l'ultimatum prussien daté du 26 septembre et qui court après lui depuis Paris. L'ultimatum expire le lendemain, 8 octobre. Le texte — « un comble de déraison et de folie », déclare-t-il — exige le retrait de l'armée française jusque derrière le Rhin!

— Le roi de Prusse se croit-il en Champagne? s'écrie-t-il.

Et il ajoute :

— Vraiment, j'ai pitié de la Prusse, je plains Guillaume. Il ne sait pas quelles rapsodies on lui fait écrire. C'est par trop ridicule. Il ne le sait pas.

Puis se tournant vers son chef d'état-major :

— Berthier, on nous donne pour le 8 un rendez-vous d'honneur; une belle reine veut être spectatrice du combat : allons, marchons, soyons courtois, n'arrêtons pas que nous ne soyons en Saxe.

Et dans le premier Bulletin de la campagne, Napoléon reproduit cette dernière phrase en ajoutant : « L'Empereur avait raison de parler ainsi car la reine de Prusse est à l'armée, habillée en amazone, portant l'uniforme de son régiment de dragons, écrivant vingt lettres par jour pour exciter de toutes parts l'incendie. Il lui semble voir Armide dans son égarement mettant le feu à son propre palais. Après elle, le prince Louis de Prusse, plein de bravoure et de courage, excité par le parti, croit trouver une grande renommée dans les vicissitudes de la guerre. A l'exemple de ces deux grands personnages, toute la cour crie à la guerre. »

Louis de Prusse n'a d'ailleurs plus que deux jours à vivre. Le surlendemain se déroule, dans la vallée marécageuse du Saalfeld, le premier combat qui tourne vite au désavantage de l'avant-garde du prince de Hohenlohe, commandée par le prince Louis. Celui-ci est obligé de fuir, poursuivi par les hussards rouges français sous les ordres du maréchal des logis Guindey :

— Rendez-vous, Colonel!

Le prince refuse, lève son sabre, se défend. Le combat est bref, Guindey pointe... et Louis de Prusse tombe mortellement frappé.

— S'il me l'avait amené vivant, déclare Napoléon, je l'aurais fait officier.

— L'Empereur en a de bonnes, s'écrie Guindey, voyez dans quel état m'a mis cet enragé quand je lui ai crié de se rendre!

Le premier sang a coulé, mais Napoléon répond, le dimanche 12, à l'ultimatum prussien :

« Monsieur mon Frère, je n'ai reçu que le 7 la lettre de Votre Majesté... Elle m'a donné rendez-vous le 8. En bon chevalier, je lui ai tenu parole : je suis au milieu de la Saxe. Qu'Elle m'en croie, j'ai des forces telles que toutes ses forces ne peuvent balancer longtemps la victoire. Mais pourquoi répandre tant de sang? A quel but?... Je ne prise point une victoire qui sera achetée par la vie d'un bon nombre de mes enfants. Si j'étais à mon début dans la carrière militaire, et si je pouvais craindre les hasards des combats, ce langage serait tout à fait déplacé. Sire, Votre Majesté sera vaincue... Elle est aujourd'hui intacte et peut traiter avec moi d'une manière conforme à son rang; elle traitera, avant un mois, dans une situation différente... »

Le roi ne répondra pas tout de suite.

« Je suis aujourd'hui à Géra, ma bonne amie, écrit le lendemain Napoléon à Joséphine. Mes affaires vont fort bien et tout comme je pouvais l'espérer. Avec l'aide de Dieu, en peu de jours cela aura pris un caractère bien terrible, je crois, pour le pauvre roi de Prusse, que je plains personnellement parce qu'il est bon. La reine est à Erfurt avec le roi. Si elle veut voir une bataille, elle aura ce cruel plaisir. Je me porte à merveille. J'ai déjà engraissé depuis mon départ. Cependant, je fais de ma personne vingt et vingt-cinq lieues par jour, à cheval, en voiture, de toutes les manières. Je me couche à 8 heures et suis levé à minuit... je songe quelquefois que tu n'es pas encore couchée... »

Ce même jour, il atteint Iéna, au bord de la Saale.

Sitôt arrivé, il monte à travers les vignes par un sentier raide « comme le toit d'une maison », jusqu'au Landgrafenberg, une énorme butte qui existe toujours, surplombant la ville, dominant d'un côté la profonde vallée de la Saale, et de l'autre la plaine de Weimar. De là l'Empereur croit avoir devant lui toute l'armée prussienne — en réalité, il n'y a, l'attendant de pied ferme, que les cinquante mille soldats d'Hohenlohe. Il ordonne au tiers de ses forces, soit à vingt-sept mille hommes, de prendre position sur la hauteur. Ceux-ci s'y trouveront tassés, les dos du premier rang contre les poitrines du second. Napoléon revient ensuite vers la ville et, n'ayant pas entendu le *Qui vive ?* qu'une sentinelle française lui a lancé, ne répond pas et manque d'être tué...

— Comment, coquin, s'exclame-t-il, tu m'as donc pris pour un Prussien! Ce drôle-là ne jette pas sa poudre aux moineaux, il ne tire qu'aux empereurs.

— Pardon, mais c'était la consigne, si vous ne répondez pas, c'est pas ma faute. Fallait mettre dans la consigne que vous ne vouliez pas répondre.

— Mon brave, je ne te fais pas de reproche. C'était assez bien visé pour un coup tiré à tâtons, mais tout à l'heure il fera jour, tire plus juste et j'aurai soin de toi.

Puis il remonte de nouveau sur le plateau et se chauffe au cantonnement de la Garde. Afin de tromper l'ennemi dont les feux s'étendent en contre-bas dans la plaine et sur au moins six lieues, Napoléon a ordonné de n'allumer que deux ou trois bûches par compagnie. Un vélite, tremblant de froid, vient se chauffer au bivouac de l'Empereur :

— Jeune homme, lui dit-il, connaissez-vous la musique?

— Non, Sire.

— Demain, vous l'entendrez à grand orchestre.

Il autorise la Garde à aller chercher des vivres. « Le voyage ne fut pas long, nous dit Coignet. Toutes les maisons étaient désertes; ces pauvres habitants avaient tout abandonné. Nous trouvâmes tout ce dont nous avions besoin... Dans trois quarts d'heure nous étions en route pour remonter chargés de vin, sucre, chaudières, et des vivres de toutes espèces. » Il gèle et, pour lutter contre le froid, les soldats mettent du vin et du sucre dans leurs marmites. « Nous bûmes à la santé du roi de Prusse toute la nuit, et tout le vin cacheté fut partagé. Il y en avait en profusion; chaque grenadier avait trois bouteilles : deux dans le bonnet à poil et une dans sa poche... L'Empereur nous voyait si sages que cela le rendait joyeux. »

Napoléon quitte son bivouac — une borne, le *Napoleonstein,* ombragé d'un frêne, marque aujourd'hui son emplacement — et passe en souriant devant le front de bandière. Mais il s'étonne : douze canons de la division Suchet ne se trouvent pas aux positions désignées. Il part lui-même à la recherche des pièces et les découvre au bas du Landgrafenberg, engagées à un tel point dans une gorge qu'elles ne peuvent plus avancer ni reculer :

— Où sont vos officiers?

— Ils sont allés souper à Iéna.

Napoléon redevient le *capitaine Canon* d'autrefois. Il donne des ordres, fait chercher des pics, des pioches, des pelles, et, un falot à la main, dirige lui-même les travaux. Deux heures plus tard, une véritable route permet aux batteries attelées à douze chevaux de monter jusqu'à leurs positions. On voit ensuite l'Empereur, dans la nuit, « assis les deux coudes sur une mauvaise table couverte de cartes, la tête dans ses mains », étudier longuement son plan de bataille, puis rentrer sous sa tente et s'endormir.

Avant le jour, il est à cheval pour visiter son monde. La nuit est encore si épaisse qu'il est obligé de faire éclairer sa marche. Les Prussiens voyant des lumières qui vont et viennent en face de leurs lignes, ouvrent le feu, mais l'Empereur n'en poursuit pas moins sa course. Il fait maintenant prendre les armes et passe sur le front des régiments :

— Soldats, l'armée prussienne est coupée comme l'était celle de Mack à Ulm à pareille époque, elle ne combat plus que pour échapper... Le corps qui se laisserait percer serait déshonoré... Ne redoutez pas cette cavalerie tant vantée, opposez-lui des carrés fermes à la baïonnette!

Et ce fut la bataille d'Iéna.

Le petit jour ne paraît pas encore et la brume est à couper au couteau, comme au matin d'Austerlitz. « Les Prussiens nous souhaitent le bonjour par des coups de canon qui passent par-dessus nos têtes », raconte Coignet, et un vieux soldat d'Egypte explique :

— Les Prussiens sont enrhumés, les voilà qui toussent. Il faut leur donner du vin sucré.

« Toute l'armée se porta en avant sans y voir d'un pas, il fallait tâter comme des aveugles, nous heurtant les uns contre les autres... Le maudit brouillard nous gênait, mais nos colonnes avançaient toujours et nous avions du terrain pour nous reconnaître. Sur les dix heures, le soleil vient nous éclairer sur un beau plateau. Là, nous pûmes nous voir en face. Nous aperçûmes à notre droite un beau carrosse et des chevaux blancs, on nous dit que c'était la reine de Prusse qui se sauvait. Napoléon nous fit arrêter pendant une heure, et nous entendîmes sur notre gauche une fusillade épouvantable. L'Empereur envoie de suite un officier pour savoir ce qui se passait, il était en colère, il prenait des prises de tabac et il piétinait devant nous. »

— Sire, rapporte l'officier, c'est le maréchal Ney qui est aux prises avec ses grenadiers et ses voltigeurs contre une masse de cavalerie...

Ney dégagé, c'est au tour de Murat de foncer et de faire prisonnière une division entière de Saxons. « C'était pitié à voir, car le sang ruisselait sur la moitié de ces malheureux. »

« En moins d'une heure, raconte Napoléon dans le *Bulletin* d'Iéna, l'action devint générale : deux cent cinquante mille à trois cent mille hommes, avec sept cents ou huit cents pièces de canon, semaient partout la mort et offraient un de ces spectacles rares dans l'histoire. De part et d'autre on manœuvra constamment comme à une parade; parmi nos troupes, il n'y eut jamais le moindre désordre, la victoire ne fut pas un moment incertaine. »

Sans doute n'y eut-il pas « deux cent cinquante mille à trois cent mille » combattants, mais la Garde ne fut, en effet, pas engagée. Et voici le mot fameux qui fera la fortune des marchands d'estampes. Un vélite de la Garde, en voyant l'Empereur passer devant le front des troupes, osa crier : « En avant! »

— Qu'est-ce? dit Napoléon en se retournant. Il n'y a qu'un jeune homme sans barbe qui peut vouloir présager ce que je dois faire. Qu'il attende d'avoir commandé dans trente batailles rangées avant de prétendre me donner des avis.

Les Prussiens sont bientôt culbutés et en pleine retraite. « A deux heures de l'après-midi, racontera von der Goltz, l'armée ressemblait à un fleuve de fuyards. » Le champ de bataille est couvert de morts et la légende napoléonienne reprend son vol ! Un soldat, les deux cuisses brisées, s'écrie :

— Je n'ai presque rien, si je pouvais seulement me lever, je m'écrierais : Vive l'Empereur !

Napoléon est tellement accablé de fatigue que, penché sur ses cartes, dictant à Berthier les ordres concernant la poursuite de l'armée prussienne, il s'endort. Ses grenadiers s'en aperçoivent et, sur un signe du maréchal Lefebvre, raconta Ségur, « ils formèrent silencieusement le carré autour de lui, protégeant ainsi le sommeil de leur Empereur sur ce plateau où il venait de les faire jouir d'un si glorieux spectacle ». Il a beau affirmer à Joséphine qu'il se porte « à merveille » et que « la fatigue, le bivouac, les veilles l'ont engraissé », il est harassé...

Ce soir-là, l'Empereur croyait bien avoir vaincu toute l'armée prussienne. Il pensait aussi que Davout, chargé de couper la retraite de l'ennemi, avait réussi à poursuivre et à décimer les fuyards. Sa stupéfaction fut totale en apprenant que Davout avait eu brusquement devant lui soixante-dix mille hommes commandés par le roi de Prusse en personne et par le duc de Brunswick — et qu'il les avait battus à Auerstaedt avec seulement vingt-six mille hommes ! Et cela, alors que lui, Napoléon, avec quatre-vingt mille hommes, n'avait eu à combattre que les cinquante mille soldats de Hohenlohe chargés de contenir l'armée française.

Mais, ainsi que l'a écrit Marcel Dupont : « La politique a ses exigences dans la vie des Nations : le chef de la nation française doit sortir grandi de la journée d'Iéna... Le parti de Napoléon est pris : pour les Français, il n'y aura pas eu deux batailles le 14 octobre, il n'y en aura eu qu'une... » Et voici pourquoi le 14 octobre est l'anniversaire de la victoire d'Iéna, et — accessoirement — celui de la bataille d'Auerstaedt...

Mais Napoléon n'en écrit pas moins au maréchal Davout — futur duc d'Auerstaedt : « Mon cousin, je vous fais mon compliment de tout mon cœur sur votre belle conduite. Je regrette les braves que vous avez perdus; mais ils sont morts au champ d'honneur. Témoignez ma satisfaction à tout votre corps d'armée et à vos généraux. Ils ont acquis pour jamais des droits à mon estime et à ma reconnaissance. »

Tandis que Napoléon frappe la Prusse et ses alliés d'une imposition considérable de près de cent soixante millions de francs, tandis qu'il prend paisiblement la route qui va le conduire à Potsdam, puis à Berlin, les maréchaux donnent la chasse aux Prussiens. Ceux-ci sont en pleine panique. Vaincus d'Iéna et d'Auerstaedt refluent, la même peur les serrant à la gorge. D'étape en étape, l'Empereur suivra, par les billets de ses lieutenants, l'étonnante poursuite — une poursuite sans relâche, sans répit, sans trêve, une poursuite, l'épée dans les reins, qui mènera les maréchaux d'Iéna à Leipzig, du Brandebourg au Mecklembourg, pour s'achever, au nord de Hambourg, par la prise de Lübeck, non loin des rives de la Baltique et de la frontière du Danemark!

15 octobre : Vingt-cinq chasseurs de Bernadotte prennent deux cents cavaliers de la Garde prussienne.

15 octobre : Murat annonce à l'Empereur la prise d'Erfurt après quatre heures d'investissement. Bilan : six mille prisonniers.

16 octobre, Murat à l'Empereur : « Jamais on n'a vu une déroute semblable, jamais la terreur ne fut si générale; les officiers déclarent ouvertement qu'ils ne veulent plus servir, tous désertent leurs drapeaux et retournent chez eux. On m'assure que si je les joins, ils mettront bas les armes. »

18 octobre : Bernadotte enlève Halle, fait cinq mille prisonniers, prend quatre drapeaux et trente pièces de canon — alors qu'il n'en a que douze avec lui.

19 octobre, dix heures du soir : Murat à Napoléon : « Sire, jamais déroute ne fut semblable, le désordre et le découragement sont à leur comble; les troupes marchent sans ordre et sans aucune espèce d'organisation; cette armée est terrorisée; la vue d'un de nos hussards fait trembler tous les fuyards... »

19 octobre : Soult, après avoir pris seize cents hommes et trente pièces de canon, écrit à Napoléon : « Tout est désordre, confusion et déroute dans l'armée prussienne. Les soldats jettent leurs armes et les officiers se sauvent, il faut tous les jours faire des marches de dix lieues pour les atteindre et leur enlever quelque chose. »

19 octobre : la Saxe, la Westphalie, et toute la rive gauche de l'Elbe sont conquises.

Bulletin du *20 octobre :* « Rien ne ressemble, en effet, davantage, à l'état actuel de l'armée prussienne que les débris d'un naufrage... »

— En sept jours, déclare l'Empereur s'adressant à l'ennemi, vos projets ont été confondus. Vous vouliez attaquer la France sans courir aucun danger, et déjà vous avez cessé d'exister!

Et la « poursuite rayonnante » continue :

28 octobre : Le prince de Hohenlohe capitule à Prenzlau avec vingt mille hommes.

29 octobre, Lannes à l'Empereur : « L'armée prussienne est dans une telle terreur qu'il suffit qu'un Français se présente pour faire mettre bas les armes. »

29 octobre : Avec six cents cavaliers, le général Lasalle s'empare de six mille hommes et de deux mille chevaux.

30 octobre : Nouvel exploit de Lasalle qui, avec sept cents hussards, prend Stettin, place forte occupée par cinq mille cinq cents défenseurs et tenue par cinq cents bouches à feu.

31 octobre : Une poignée de dragons du général Milhaud fait trois mille prisonniers.

31 octobre, Murat : Quinze cents hommes, deux cents dragons, avec trente pièces d'artillerie se rendent, dans une rue de Passewalk, à un officier français. Ils en cherchaient un depuis vingt-quatre heures.

31 octobre, Napoléon : « Tout a été tué, ou erre entre l'Elbe et l'Oder, et sera pris avant quatre jours. »

1er novembre : Küstrin est occupé. Quatre mille Prussiens remettent la ville à un régiment français.

Bulletin du *3 novembre :* « Les résultats sont tels qu'il n'y en a aucun exemple dans l'histoire. Des cent cinquante mille hommes qui se sont présentés à la bataille d'Iéna, pas un ne s'est échappé pour en porter la nouvelle au delà de l'Oder. »

Blücher, à la tête de vingt-sept bataillons et de cinquante-deux escadrons, est venu se réfugier dans la ville libre de Lübeck, en dépit de la protestation des magistrats. Les Français viennent assiéger la vieille cité et le général prussien doit se rendre le 6 novembre. La ville après avoir été livrée au pillage est occupée. Elle deviendra, en 1810, le chef-lieu du département *français* des *Bouches de l'Elbe.*

9 novembre : Le dernier corps prussien, encore en campagne — seize mille hommes — capitule près de Schwartau, et défile devant Murat.

11 novembre : La garnison de Magdebourg — vingt-deux mille hommes, sept cents canons — se rend et, tambours battant, passe devant Ney avant de mettre bas les armes et d'être envoyée en France.

En trente-six jours de campagne, l'armée impériale a capturé cent dix mille prisonniers et deux cent cinquante drapeaux. Ainsi que l'avait écrit, avec superbe, Murat à son impérial beau-frère : « Sire, le combat finit faute de combattants. »

*
**

Le 18 octobre 1806, Napoléon quitte Weimar pour Naumbourg — ce même Weimar où, trois jours auparavant, la reine faisait souffler « le feu de la guerre ». Il traverse le champ de bataille de Rossbach où Frédéric II avait battu, le 5 novembre 1757, les troupes du piètre Charles de Rohan, maréchal de Soubise.

— Galopez dans cette direction, ordonne l'Empereur à Savary, vous devez trouver à une demi-lieue d'ici la colonne que les Prussiens ont élevée en mémoire de cet événement.

Si la moisson n'avait pas été faite, Savary n'eût certes pas découvert la colonne, placée au milieu d'une plaine immense et guère plus haute qu'une double borne. Lorsqu'il l'aperçoit, il agite son mouchoir pour indiquer la direction à l'Empereur. Napoléon, après avoir déchiffré avec peine les inscriptions déjà en partie effacées, ordonne aux sapeurs de la division Suchet d'enlever la colonne pour la transporter à Paris.

Le 15 octobre, le roi de Prusse demande à son vainqueur les conditions de l'armistice. C'est seulement le 19 que Napoléon — il se trouve alors à Halle — répond à Frédéric-Guillaume : « Toute suspension d'armes qui donnerait le temps d'arriver aux armées russes, serait trop contraire à mes intérêts pour que, quel que soit le désir que j'ai d'épargner des maux et des victimes à l'humanité, je puisse y souscrire... »

Un diplomate, le comte d'Hauterive, écrivait fort justement ce même jour à Talleyrand ces lignes prophétiques : « Il faut que l'une tue l'autre. Il faut ou que la France périsse ou qu'elle détrône assez de rois pour que ce qui reste ne puisse composer une coalition. La coalition aura détruit l'Empire français le jour où elle l'aura fait rétrograder; car, dans cette marche, on ne s'arrête pas... »

Napoléon ne pouvait s'offrir le luxe de ne pas mettre à genoux ses adversaires. Poussé par un étrange sentiment, il avait épargné le tsar au lendemain d'Austerlitz. Il agira de même, l'année suivante, au lendemain de Friedland — et c'est Alexandre qui aura un jour le dernier mot. Pour Frédéric-Guillaume, nulle pitié. Le 23 octobre, outre une lourde contribution de guerre, la Prusse doit céder tous les Etats prussiens situés entre le Rhin et l'Elbe. L'aigle française remplacera partout les aigles prussiennes, mais les deux pays n'en demeurent pas moins en guerre. Napoléon donne également l'ordre de prendre possession des Etats du prince d'Orange, de la province de Hanovre et d'Osnabrück. Le duc de Brunswick — l'auteur du fameux Manifeste qui, à la veille du 10 août 1792, avait détrôné la monarchie française — ose recommander le sort de son duché à Napoléon. Son envoyé s'attire cette réponse du « successeur » de Louis XVI :

— Si je faisais démolir la ville de Brunswick et si je n'y laissais pas pierre sur pierre, que dirait votre prince ? La loi du talion ne me permet-elle pas de faire à Brunswick ce qu'il voulait faire de ma capitale ?

Le 24 octobre, Napoléon — quelque peu ému — s'installe à Potsdam au château de Sans-Souci. On le sait, il porte à Frédéric II une profonde admiration :

— Son génie, son esprit et ses vœux étaient avec la France qu'il a tant estimée et dont il disait que, s'il en était roi, il ne se tirerait point un coup de canon en Europe sans sa permission.

L'Empereur visite l'appartement du Grand Frédéric, essaye sa lorgnette de bataille, ouvre ses livres préférés annotés de sa main, et — dépouilles de guerre — s'empare de la ceinture du roi, de ses grands cordons et de son épée.

— Je préfère ces trophées, s'exclame-t-il, à tous les trésors du roi Guillaume. Je les enverrai à mes vieux soldats du Hanovre ; je les donnerai au gouverneur des Invalides, qui les gardera comme témoignage des victoires de la Grande Armée et de la vengeance qu'elle a tirée des désastres de Rossbach.

Il prend également le réveille-matin du roi — une grosse montre d'argent qu'il emportera avec lui à Sainte-Hélène et qui sera accrochée là-bas, dans sa petite maison de bois, à gauche de la cheminée de sa chambre.

Le 26, il va visiter le tombeau de Frédéric. Il s'y rend à pied et y demeure dix minutes « immobile et silencieux et comme absorbé dans une méditation profonde ». Ce même jour, Davout a eu l'honneur — Napoléon devait bien cela au vainqueur d'Auerstaedt — d'entrer le premier dans la ville. Poursuivant sa tournée de touriste de la gloire, l'Empereur se rend au château de Charlottenbourg, pour visiter les appartements du roi et de la reine. Là, seul avec son aide de camp Ségur, il se met à rêver :

— Achèverai-je l'anéantissement de la Prusse ou profiterai-je des regrets de son roi ?

Pourquoi ne pas « s'attacher » Frédéric-Guillaume en le nommant roi de Prusse *et de Pologne ?* Mais les futurs combats avec le tsar vont orienter Napoléon vers d'autres projets.

Le 27 octobre, au son des tambours et de la musique de la Garde, l'Empereur fait son entrée à Berlin par la porte de Brandebourg, où attendent les notabilités ayant à leur tête le gouverneur, le prince de Hatzfeldt. Puis Napoléon monte à cheval — un cheval gris — et pénètre dans la ville précédé des mamelouks et des grenadiers coiffés de leur célèbre bonnet d'ourson. La foule se presse et les croisées sont garnies comme à Paris, « le jour de notre arrivée d'Austerlitz », nous dit Coignet.

Napoléon s'avance, seul, vêtu de son habit vert de colonel des chasseurs de la Garde, barré par le grand cordon de la Légion d'honneur, tandis que derrière lui, à dix pas, suivent les maréchaux, les généraux, les aides de camp, l'état-major, rutilants d'or, d'argent et de plumes. Mais on ne voit pourtant que lui, « avec son petit chapeau et sa cocarde d'un sou ». Dans ses yeux passent des éclairs. Il faut aux Berlinois — l'un d'eux le reconnaîtra, stupéfait — une rare énergie pour ne pas courber la tête sous ce regard. Après lui, marche encore la gendarmerie d'élite et la Garde, « en tenue aussi belle qu'aux Tuileries ». On les acclame et cet enthousiasme des Berlinois étonne les vainqueurs. Les habitants semblaient « bien aises, nous dit le vélite Barrès, qu'on ait donné une bonne raclée à leur roi ».

Arrivé devant la statue du Grand Frédéric, l'Empereur décrit autour d'elle un cercle au galop de son cheval et salue à la fois de l'épée et d'un large coup de chapeau. L'état-major est bien obligé de l'imiter et se découvre.

Napoléon va s'installer au palais royal, laissant

au prince de Hatzfeldt sa fonction de gouverneur de Berlin. Mais une lettre du prince au comte de Hohenlohe a été interceptée. Elle contient des renseignements sur la position des troupes et sur le nombre des caissons de munitions entrés dans la ville. L'Empereur, dont on devine la violente colère, ordonne à Rapp de faire arrêter immédiatement le gouverneur et — en dépit des remarques de Berthier et de Rapp — de le traduire devant une commission militaire. L'affaire va permettre à Napoléon de jouer une scène qui passera à la postérité. La princesse de Hatzfeldt, qui attend un enfant, vient se jeter aux pieds de Napoléon, ignorant que l'Empereur possède la preuve de la déloyauté du gouverneur. Elle proclame l'innocence de son mari. Sans dire un mot, Napoléon fait appeler l'aide de camp de service et demande qu'on lui apporte la malheureuse dépêche :

— Lisez, Madame.

La princesse, après avoir lu, s'effondre en sanglotant.

— Eh bien, Madame, reprend l'Empereur en montrant la cheminée, puisque vous tenez entre vos mains la preuve du crime, anéantissez-la et désarmez ainsi la sévérité de nos lois de guerre!

Une heure plus tard, Hatzfeldt, libéré, quitte Berlin pour ses terres... « Tu vois donc, ajoute Napoléon en contant la scène à Joséphine, que j'aime les femmes bonnes, naïves et douces; mais c'est que celles-là seules te ressemblent. »

***

Le 22 novembre, l'Empereur signe le fameux décret de Berlin ordonnant le blocus continental contre l'Angleterre, dont les « intrigues », selon son expression, ont poussé la Prusse et la Russie à la guerre.

— Je veux, déclare-t-il, conquérir la mer par la puissance de la terre.

Pour atteindre ce but, point d'autre solution que de pousser l'Angleterre à la ruine en la coupant de ses clients du continent. C'est par le commerce qu'on l'attaquera, à défaut de la fameuse « descente » aujourd'hui abandonnée. Désormais les îles Britanniques sont déclarées « en état de blocus ». Tout commerce et toute correspondance sont interdits à la France et à ses alliés — plus ou moins volontaires — avec celle que l'Empereur nomme « la perfide Albion ». On ferait ainsi le « siège » de l'Angleterre et on la réduirait à la famine, comme une place forte assiégée. Mais, pour mener à bien ce vaste projet, il fallait être le maître de *tout* le continent et lui imposer les privations découlant du décret — c'est-à-dire prier par exemple tous les Européens de prendre leur café sans sucre, en attendant que se développe la fabrication de la betterave sucrière...

La campagne contre la Russie va commencer, mais l'armée n'a pas encore eu le temps de refaire ses approvisionnements et manque de tout. Par ailleurs, la longueur des communications avec Paris oblige l'Empereur à occuper une grande partie de l'Allemagne. Aussi, de Posen — il séjournera dans la capitale de la Posnanie polonaise du 27 novembre au 15 décembre — l'Empereur lance-t-il de nombreux ordres.

D'abord, le 27 novembre, le principal : « Je demande, écrit-il à Cambacérès, quatre-vingt mille hommes; c'est pour assurer la paix. » Le même jour, il adresse ces lignes à Soult : « J'ai passé ici un marché avec un commerçant de Meseritz, qui vous fournira à votre passage cinq cents pièces de drap pour capotes. Ces cinq cents pièces font de huit mille à dix mille aunes. Vous profiterez du peu de moments que vous aurez pour les faire couper ; et les soldats les feront coudre comme ils pourront ». Le 3 décembre, il ordonne à Daru : « Ecrivez à l'ordonnateur du maréchal Ney, qui est à Bromberg, que Bromberg et Thorn sont des pays à ressources où l'on peut avoir des souliers, et si l'on ne peut avoir de souliers, qu'on prenne du cuir avec lequel nos soldats sont assez industrieux pour se raccommoder leurs vieux souliers. »

La Posnanie se considère comme libérée du joug

prussien et accueille les Français avec beaucoup de gentillesse. Quant à Varsovie, les Russes y sont si mal reçus que le tsar donne l'ordre à ses troupes de se replier. Décision qui permet à Murat, le 28 novembre, de faire dans la capitale polonaise une entrée à grand spectacle. Coiffé de plumes, ceinturé d'or, il a adopté le costume polonais le plus représentatif : chapska rouge doublée de martre. Il est acclamé. Grisé par cet accueil, le beau-frère de l'Empereur échangerait volontiers son grand-duché de Berg contre le titre de roi de Pologne. Napoléon, le 2 décembre, anniversaire du sacre, le rappelle à l'ordre avec superbe : « Faites sentir à la Pologne que je ne viens pas mendier un trône pour un des miens : je ne manque pas de trônes à donner à ma famille. » Puis il précise : « Les Polonais, qui nous montrent tant de circonspection, et demandent des garanties avant de se prononcer, sont des égoïstes que l'amour de la patrie n'enflamme pas. Je suis vieux dans le commerce des hommes. Ma grandeur n'est pas fondée sur le secours de quelques milliers de Polonais. C'est à eux de profiter avec enthousiasme de la circonstance, ce n'est pas à moi de faire le premier pas. »

Certes, l'Empereur ne demande pas mieux que de donner la liberté à la malheureuse Pologne, par trois fois dépecée, mais à certaines conditions qu'il énonce le 6 décembre à Murat :

« Je ne proclamerai l'indépendance de la Pologne que lorsque je reconnaîtrai qu'ils la veulent véritablement soutenir, et je verrai qu'ils la veulent et peuvent soutenir quand je verrai trente à quarante mille hommes sous les armes, organisés, et la noblesse à cheval, prête à payer de sa personne. »

Tandis que les Russes retraitent devant les troupes de Murat, de Davout et d'Augereau, Napoléon prend la décision de quitter Posen pour Varsovie. En roulant vers la Vistule, il découvre le terrible climat de l'hiver polonais : le brouillard, la pluie, la neige, le gel et le dégel se succèdent... Cette fois, c'est la boue qui recouvre les pistes baptisées chemins, des chemins sans chaussée et sans fossés, dans lesquels la voiture de Duroc se brise, un bourbier où les chasseurs de l'escorte s'enlisent jusqu'à mi-cuisse. On traverse les marais grâce à des troncs d'arbres jetés sur la vase.

Le 19 décembre, à Blonie, dernier relais avant Varsovie, Napoléon abandonne sa voiture, monte à cheval, distance son escorte et arrive seul au palais. L'armée va-t-elle hiverner au bord de la Vistule et reprendre les hostilités au printemps ?

Mais il faut s'élancer à la rencontre du général russe Bennigsen, qui se moque du froid et a formé le projet de déborder la Grande Armée par la gauche, coupant ainsi ses communications avec Berlin.

Napoléon suit l'armée dont le moral est détestable, mais qui remportera pourtant le dur combat de Pultusk.

Après quelques journées de froid intense, c'est de nouveau le dégel, sous une pluie diluvienne. Les communications sont quasi impossibles, les chemins affreux. Cavalerie, infanterie, artillerie se perdent dans les fondrières. « Il fallait prendre des cordes pour attacher nos souliers sur le cou-de-pied, racontera Coignet, et quand nous arrachions nos jambes de ce sable mouvant, les cordes cassaient et les souliers restaient dans la boue détrempée. Parfois, il fallait prendre la jambe de derrière pour l'arracher comme une carotte, et la porter en avant, puis aller rechercher l'autre avec ses deux mains et la rejeter aussi en avant, avec nos fusils en bandoulière pour pouvoir nous servir de nos mains. Et toujours la même manœuvre pendant deux jours. Non ! Jamais l'homme ne pourra peindre cette misère, toute notre artillerie était embourbée ; les pièces labouraient la terre ; la voiture de l'Empereur, avec lui dedans, ne put s'en tirer. Il fallut lui mener un cheval près de sa portière pour le sortir de ce mauvais pas pour se rendre à Pultusk, et c'est là qu'il vit la désolation dans les rangs de ses vieux soldats qui se faisaient sauter la cervelle. »

L'Empereur se trouve le matin de Noël au château gothique de Lopaczyn, lorsqu'on vient lui annoncer que l'on compte une centaine de suicides dans l'armée. Pour la première fois le soldat grogne — et c'est au cours de ces journées atroces que l'Empereur donne à ses hommes le surnom de *grognards*.

— Il faut que vous ayez un fameux coup dans la tête, lui lance l'un d'eux, pour nous mener sans pain par des chemins comme ça.

— Encore quatre jours de patience, répond Napoléon, et je ne vous demande plus rien, alors vous serez cantonnés.

— Allons, quatre jours encore! Mais souvenez-vous-en, parce que nous nous cantonnerons tout seuls après.

Au milieu des cris de *Vive l'Empereur!* le général de Saint-Chamans entend beaucoup de soldats crier : *Vive la paix!* D'autres enfin, scandent : *Du pain et la paix!* « Les officiers d'état-major ne se sont pas déshabillés depuis deux mois et quelques-uns depuis quatre, racontera Napoléon à Joseph : j'ai moi-même été quinze jours sans ôter mes bottes... Nous sommes au milieu de la neige et de la boue, sans vin, sans eau-de-vie, sans pain, mangeant des pommes de terre et de la viande, faisant de longues marches et contremarches, sans aucune espèce de douceurs et nous battant ordinairement à la baïonnette et sous la mitraille. Les blessés obligés de se retirer en traîneau, en plein air, pendant cinquante lieues... Après avoir détruit la monarchie prussienne, nous nous battons contre le reste de la Prusse, contre les Russes, les Kalmouks, les Cosaques et les peuplades du Nord, qui envahirent jadis l'empire romain. Nous faisons la guerre dans toute son énergie et son horreur... »

Le 29 décembre, Napoléon s'installe à Pultusk, dans une modeste petite maison — conservée aujourd'hui en pleine ville. Il dédaigne le château épiscopal qu'il utilise simplement comme observatoire pour épier la retraite de Bennigsen, de l'autre côté de la Narev, un affluent de la Vistule. « Le temps est affreux, écrit-il encore, nous avons de l'eau jusqu'au ventre. »

Enfin, le 31 décembre, il annonce, tout heureux, à Joséphine : « Je crois que tout est fini pour cette année. L'armée va entrer en quartiers d'hiver. »

Jolie, douce et tendre, voici Marie Walewska, la « femme polonaise » de Napoléon.

(Marie Walewska par Gérard — Musée de Versailles)

VI

L'ÉPOUSE POLONAISE

La vie privée d'un homme est un réflecteur où l'on peut lire et s'instruire fructueusement.

NAPOLÉON.

Le matin du jour de l'an 1807, sur la route gelée de Pultusk à Varsovie, tiré au grand galop par ses chevaux ferrés à glace, Napoléon chantait — faux.

La veille, encore à Pultusk, il avait appris qu'Eléonore Denuelle de la Plaigne, lectrice de sa sœur Caroline, avait mis au monde — le 13 décembre — un garçon qu'elle affirmait né de ses amours avec l'Empereur. Il pouvait donc procréer! C'était Joséphine qui était devenue stérile!

Mais Napoléon doutait encore... Il se souvenait sans déplaisir de ce joli visage d'Eléonore, aux beaux yeux noirs, de son corps mince et souple. Il ignorait cependant que cette petite coquette racontait partout que lorsque l'Empereur s'occupait d'elle, elle regardait le cartel suspendu au-dessus du lit et

« trouvait le moyen de pousser la grande aiguille et de l'avancer de trente minutes ».

— Déjà! s'exclamait Napoléon en levant les yeux. Et il quittait bien vite la place.

Il l'avait connue en 1805 au retour d'Austerlitz. Elle était âgée de dix-huit ans et déjà divorcée — ce qui lui avait été aisé, son mari, le capitaine Revel, ayant été emprisonné pour faux et vol. Eléonore avait tout fait pour se faire remarquer et y était fort bien parvenue puisque — en dépit de la pendule — le fruit de leurs amours venait de naître.

Tout en roulant vers Varsovie, le visage de l'Empereur, peu à peu, se rembrunissait. L'enfant — le futur comte Léon — était-il de lui? La mère le criait sur les toits, mais la petite rouée n'avait-elle pas eu également des bontés pour Murat ?

Napoléon doutait... — et de ce même doute découlait la lancinante question : pouvait-il donner la vie? Quant au reste, il s'en moquait. Ses amours d'antichambre comptaient si peu pour lui!

Il y avait eu, quelque temps avant le sacre, Elisabeth de Vaudey, une des dames de Joséphine qu'il recevait fort rapidement à Saint-Cloud — pour ne pas dire qu'il l'expédiait — dans un petit entresol situé au-dessus de son cabinet de travail. Il y accédait par un escalier dérobé. Un jour, Joséphine, qui flairait l'intrigue, avait frappé à la porte alors que l'Empereur se trouvait avec Elisabeth. Quand il ouvrit, l'Impératrice, en voyant le « désordre » qui régnait, ne se fit aucune illusion sur la nature de l'audience accordée à sa dame de compagnie. Tandis que Mme de Vaudey sanglotait, une scène terrible avait éclaté, et Napoléon faillit répudier sa femme :

— Il faut vous préparer à quitter Saint-Cloud, lui avait-il dit. Fatigué d'une surveillance jalouse, je suis décidé à secouer ce joug et à écouter désormais les conseils de la politique qui exigent que je prenne une femme capable de me donner des enfants!

Et puis les choses s'étaient arrangées, pour peu de temps il est vrai, car il y eut encore Mme Duchâtel. Elle était ravissante.

Brune de vingt-deux ans, à la taille moyenne, elle possédait de très jolies dents et les plus beaux yeux du monde, des yeux bleu foncé « à longue et soyeuse paupière ». Elle avait le pied petit, le sourire charmant, dansait et chantait fort agréablement et, telle quelle, avait plu à Napoléon. Elle se nommait Marie Antoinette-Adèle Papin, et avait épousé Charles Duchâtel alors directeur général de l'Enregistrement, qui offrait aux yeux de l'Empereur le principal mérite d'avoir trente ans de plus que son épouse...

Napoléon était, en effet, devenu presque amoureux de cette jeune femme désintéressée qui ne demandait rien, ni pour les siens, ni pour ses amis. Il la retrouvait dans une petite maison de l'Allée des Veuves. Un soir, à Malmaison, Joséphine surprit son mari qui, à travers les corridors carrelés et glacés, allait rejoindre la belle... Aussitôt les larmes de la créole s'étaient mises à couler, les plaintes avaient surgi! L'Empereur n'avait pourtant pas la moindre intention de créer une place de favorite :

— Je ne veux nullement à ma Cour de l'empire des femmes. Elles ont fait tort à Henri IV et à Louis XIV; mon métier à moi est bien plus grave que celui de ces princes, et les Français sont devenus trop sérieux pour pardonner à leur souverain des liaisons affichées et des maîtresses en titre.

Brusquement, un soir, Joséphine crut rêver. « Bonaparte » était seul auprès d'elle, il lui parlait avec une voix qu'elle connaissait bien, la voix de l'amoureux d'autrefois. Oui, il l'avouait, il avait aimé Adèle Duchâtel, mais la grande passion n'était plus...

— C'est maintenant fini, ajouta-t-il.

Joséphine sentit s'envoler le poids qui oppressait son cœur depuis plusieurs mois. Bien plus, l'Empereur, après avoir fait des confidences intimes sur ses amours, finit par demander à sa femme de l'aider à rompre sa liaison!

Joséphine s'y employa, on l'imagine, au mieux ! Mme Duchâtel étant l'intelligence et le désintéressement même, les choses se passèrent fort bien.

Napoléon ayant réclamé, par l'intermédiaire de Duroc, les lettres d'amour qu'il avait envoyées à la jeune femme, elle les lui remit sans se faire prier et refusa le collier de diamants qu'il lui offrait... Elle se contenta simplement d'accepter de recevoir parfois son impérial amant, lorsque les souvenirs le pousseront à reprendre le chemin de l'Allée des Veuves.

Mais Joséphine l'ignorait...

Napoléon avait été également attiré par la petite Stéphanie de Beauharnais, cette cousine du premier mari de Joséphine qu'il a donnée en mariage au prince de Bade. A dix-sept ans, elle était arrivée aux Tuileries. L'Empereur l'avait trouvée charmante. Cette petite fille — elle paraissait avoir quatorze ans — ayant deviné le charme qu'elle exerçait sur son « oncle » en abusait. Un soir que l'on attendait l'Empereur, Stéphanie s'était assise en présence des sœurs de Napoléon. Caroline lui ayant fait donner l'ordre de se lever, le maître avait trouvé Stéphanie en pleurs et lui avait demandé la raison de ses larmes.

— Ce n'est que cela! s'était-il exclamé, eh bien, assieds-toi sur mes genoux, tu ne gêneras personne.

Assurément, l'Empereur avait tout d'abord été amusé, puis troublé par cette femme-enfant, et la jalousie de l'Impératrice mise en alerte... Bien plus, Napoléon, s'il faut en croire Mme de Rémusat, « toujours le même, ne dissimula point à sa femme son penchant et, trop sûr de son pouvoir, il trouvait assez mauvais que le prince de Bade pût s'aviser de se blesser de ce qui se passait sous ses yeux ».

La voiture approche maintenant du dernier relais avant Varsovie.

Napoléon est las. La dernière campagne dans la neige et le vent glacial a été affreusement pénible. Il n'a guère eu le temps de songer à l'amour. Pourtant, à la guerre, son entourage s'évertuait à lui procurer le repos du soldat. C'est ainsi que cette même année 1806, à Berlin, il se souvenait de cette jeune fille qui, lors d'une revue, accompagnée d'une femme âgée, lui avait présenté une pétition :

— Constant, avait-il dit à son valet de chambre, après avoir pris connaissance de la pétition, lisez cette demande, vous y verrez la demeure des femmes qui me l'ont présentée. Vous irez chez elles pour savoir qui elles sont et ce qu'elles veulent.

« Je lus le placet, racontera le valet de chambre, et je vis que la jeune fille demandait pour toute grâce un entretien avec Napoléon. » Constant s'était rendu à l'adresse indiquée et y avait trouvé une demoiselle de quinze à seize ans, « d'une beauté admirable ». Malheureusement, il découvrit aussi, « en lui adressant la parole, qu'elle ne comprenait pas un seul mot de français ni d'italien. Et en songeant à *l'entretien* qu'elle sollicitait, ajoute-t-il, je ne pus m'empêcher de rire ».

Napoléon n'en accepta pas moins d'accorder l'audience demandée, et la jeune personne arriva au Palais en compagnie de sa mère — ou de celle qui se faisait passer pour telle. « J'engageai la mère, poursuit Constant, à rester dans un cabinet pendant que j'irais présenter la jeune fille à l'Empereur. Napoléon la retint et je me retirai. Quoique la conversation ne dût pas être fort intéressante entre deux personnes qui ne pouvaient se comprendre que par signes, elle ne laissa pas de se prolonger une partie de la nuit. »

Vers le matin, Napoléon appela Constant, lui demanda quatre mille francs qu'il remit lui-même à la jeune Prussienne. Elle avait paru fort contente et partit rejoindre sa « mère », qui n'avait pas eu l'air d'éprouver la moindre inquiétude sur la longue durée de l'*entretien*.

Napoléon se souvenait en souriant de cette brève aventure : au cours de la « conversation », il n'avait rien pu comprendre de ce que lui avait dit la petite, hors ces mots : *Das ist miserable, das ist gut*.

Il ne croit guère à l'amour. Rappelons-le, il avait dit autrefois :

— L'amour est une sottise faite à deux... Je crois en définitive, ajoutait-il, que l'amour fait plus de mal que de bien et que ce serait un bienfait d'une divinité protectrice que de nous en défaire et d'en délivrer les hommes.

C'est avant de connaître Joséphine qu'il s'était montré aussi désabusé! Cependant, c'est toujours vers la femme qu'il a le plus aimée — de son propre aveu — que Napoléon tournait les yeux lorsqu'il parlait des infidélités, des dettes et de la coquetterie des femmes. C'est l'image de la chère et frivole créole qui se présenta à lui lorsqu'il établit le Code civil. C'est ainsi, indirectement, à Joséphine, que les femmes doivent encore aujourd'hui — en dépit des modifications apportées au Code Napoléon — de n'être point les égales de l'homme.

— Ce qui n'est pas français, déclarait-il, c'est de donner de l'autorité aux femmes!

Et c'est pourquoi il avait énoncé ce qui devait être pour lui à la base même des lois :

— Il faut que la femme sache que sortant de la tutelle de la famille, elle passe sous celle de son mari!

Il aurait même voulu aller plus loin encore en suggérant :

— Ne devrait-on pas ajouter que la femme n'est point maîtresse de voir quelqu'un qui déplaît à son mari?

Toujours Joséphine ! Joséphine qui n'avait point hésité à recevoir des personnages de réputation équivoque et à tremper dans des affaires véreuses de fournitures militaires !

— Pour une qui nous inspire quelque chose de bien, il en est cent qui nous font faire des sottises!

Et il ajoutait un peu méchamment, comme s'il avait voulu se venger :

— Les femmes ont deux choses qui leur vont bien : le rouge et les larmes.

Les larmes l'attendriront toujours; c'est par ces éternelles armes féminines que ses deux épouses, ses maîtresses et ses sœurs auront barre sur lui. Si devant une femme bouleversée, les yeux noyés de pleurs, la voix étranglée par les sanglots, son cœur se met alors à battre un peu plus vite, c'est qu'elle lui apparaît alors « sensible et bonne, naïve et douce ».

Et Joséphine qui possède à la perfection le don de la comédie larmoyante est, de tous les visages féminins qui l'entourent, celui qui garde la plus grande influence sur Bonaparte, ainsi qu'elle le nomme toujours.

Certes la brûlante passion n'est plus qu'un souvenir. Le brasier qui a consumé le cœur du jeune général de la campagne d'Italie s'est éteint. Mais une flamme persiste encore. Il désire toujours sa chère créole. Entre deux amours sans importance, il aime revenir à ce corps souple comme une palme de son île natale, cette femme qui — fait rare à l'époque — parvenait, à force d'artifices, à paraître dix ans de moins que son âge. Plaire était pour elle une seconde nature !

Il éprouve aussi pour « l'incomparable Joséphine » une infinie tendresse. Cet être délicieux, merveilleux, insupportable, l'attendrit peut-être davantage par ses défauts si féminins — cette rouerie, ces mensonges venant naturellement à ses lèvres, ces dettes faites avec une désarmante inconscience — que par ses immenses qualités de cœur, cette bonté native, cette perpétuelle gentillesse, cette manière « d'accommoder ses bienfaits » qu'elle possède à la perfection.

— Les femmes sont toutes ou bien meilleures ou bien pires que les hommes, affirmait-il.

Joséphine, assurément, avait infiniment plus de cœur que Napoléon. Rappelons-le : elle n'avait « point d'ongles » avec lui, selon son expression, et c'est là sans doute une qualité majeure aux yeux d'un mari — surtout lorsque ce mari se prénomme Napoléon. Ce n'est certes pas en pensant à elle qu'il s'était exclamé un jour :

— On ne doit jamais s'emporter avec les femmes, c'est en silence qu'on doit les entendre déraisonner.

Elle « déraisonnait » peu. Intelligente, cette ancienne pensionnaire du couvent de Penthémont, cette ex-vicomtesse — ce n'était pourtant qu'un titre de courtoisie — savait tenir sa cour mieux que bien des souveraines! Elle connaissait l'art de recevoir, de mettre ses visiteurs à l'aise, de les accueillir comme si elle ne voyait et n'attendait qu'eux, elle savait se souvenir de leur visage et placer aussitôt un nom sur une physionomie. Et tout cela, à la fois avec ce charme créole irrésistible et l'élégance de l'Ancien Régime.

Joséphine!

Il l'aimait. Il le lui avait encore écrit de Posen au début du mois précédent, en précisant qu'il ne regardait point les Polonaises. Elles lui faisaient pourtant des avances... « Mais il n'y a qu'une femme pour moi, avait-il ajouté. La connaîtrais-tu? Je te ferais bien son portrait, mais il faudrait trop le flatter pour que tu te reconnusses; cependant, à dire vrai, mon cœur n'aurait que de bonnes choses à en dire. Ces nuits-ci sont longues tout seul... »

Il n'y a qu'une femme pour moi...

Soudain la voiture s'arrête. Où se trouve-t-on? Au relais de Bronie, dernière maison de poste avant Varsovie. Toute une foule est là qui se presse et se bouscule pour l'apercevoir. La Pologne l'accueille en libérateur. Son compagnon, le général Duroc, est descendu de la berline pour faire hâter le relayage. Soudain une toute jeune femme en costume de paysanne — une jeune fille peut-être ? — attrape gentiment l'officier par la manche et lui dit en français « d'une voix suppliante » :

— Ah! monsieur, tirez-moi d'ici et faites que je puisse entrevoir l'Empereur un instant, un seul instant !

La voix est chantante, l'accent charmant, la silhouette menue et gracile, les yeux si clairs, tendres et suppliants que Duroc se laisse apitoyer.

« Il me dégagea en souriant, racontera-t-elle dans son récit inédit (1). Me tenant par la main, il me conduisit à la portière de la voiture de l'Empereur auquel il me dit en me présentant :

— Sire, voyez celle qui a bravé les dangers de la foule pour vous !

(1) Ce texte, ainsi que les documents concernant les amours de Napoléon et de Marie Walewska et qui sont publiés plus loin, appartiennent à la famille Walewski. (Voir le chapitre *Sources* en fin de ce tome.)

« Napoléon ôta son chapeau, se pencha vers moi, et je ne sais ce qu'il me dit alors car j'étais trop pressée de lui exprimer ce dont j'étais pénétrée :

— Soyez le bienvenu, mille fois le bienvenu sur notre terre ! Rien de ce que nous ferons, ne rendra d'une manière assez énergique, ni les sentiments d'admiration que nous portons à votre personne, ni le plaisir que nous avons à vous voir fouler le sol de cette patrie qui vous attend pour se relever !

« J'étais dans une espèce de transport de délire en laissant échapper cette explosion tumultueuse des sentiments qui m'animaient alors ! Je ne sais même comment, avec ma timidité naturelle, j'ai pu le faire. Souvent ce moment revient à ma pensée, sans que je puisse m'expliquer et définir la force spontanée qui a poussé mes paroles. Napoléon me regardait attentivement, il prit un bouquet qui se trouvait dans la voiture et me le présentant, dit :

— Gardez-le comme garant de mes bonnes intentions, nous nous reverrons à Varsovie je l'espère et je réclamerai un baiser de votre belle bouche. »

Le relayage s'achève... Demeurée au milieu de la route, la petite Polonaise, serrant contre son cœur le bouquet que lui a offert Napoléon, regarde s'éloigner la voiture escortée de cavaliers de la Garde. Par la portière, l'Empereur agite son chapeau...

Qui est-elle?

Jolie, blonde et rose, elle se nommait la comtesse Walewska, Marie Walewska. Greuze était alors mort depuis plus d'une année, mais semblait être revenu parmi les hommes pour donner la vie à l'un de ses modèles. Son rire, était, paraît-il, un enchantement. Cependant, depuis trois années déjà, elle ne riait guère. Son père avait disparu lorsqu'elle n'était qu'une toute petite fille et, dès sa sortie du couvent — elle n'avait pas seize ans — sa mère avait exigé qu'elle choisisse entre deux prétendants également fortunés. L'un était jeune et charmant, mais fils d'un général russe... Dix années auparavant, la Pologne avait été, pour la troisième fois, dépecée. Les trois aigles noirs impériaux d'Autriche, de Prusse et de Russie s'étaient jetés sur elle avec tant de voracité que l'Etat polonais avait fini par disparaître de la carte de l'Europe. L'aigle blanc de Pologne n'était plus qu'un souvenir!... Epouser le fils de l'un de ces généraux du tsar qui oppriment son pays ? Marie eût préféré la mort! Aussi s'était-elle résignée à épouser le comte Athanase Colonna Walewski, chef d'une puissante maison, mais qui, deux fois veuf, était presque septuagénaire. Son mari, plein de prévenances pour elle, avait essayé de lui faire oublier la grande différence d'âge qu'il y avait entre eux en lui donnant un fils. Il y était parvenu... Et Marie adorait cet enfant. Elle n'avait qu'un seul but dans la vie : faire de lui un homme libre dans une Pologne libre. Combien de fois — comme tant de Polonais aux heures sombres de leur histoire — n'avait-elle pas pensé que la France pourrait un jour délivrer son pays !

Les victoires de Napoléon sur l'Autriche et la Russie en 1805, puis dernièrement sur la Prusse, l'avaient fait tressaillir d'espoir. Lorsque, tout à la fin de ce mois de décembre 1806, Marie sut que la première rencontre entre Napoléon et les Russes, à Pultusk, avait tourné à la faveur de l'armée française, elle avait senti son cœur battre à grands coups. Les morceaux de Pologne pris par les Autrichiens, les Russes et les Prussiens allaient-ils se ressouder? La vieille terre polonaise allait-elle renaître de ses cendres?

Elle le racontera dans ses *Souvenirs,* le matin du 1er janvier 1807, Marie apprit que Napoléon roulait vers Varsovie. Ne tenant plus en place, « tourmentée plus que les autres d'une fièvre d'impatience », elle avait formé le projet de se porter au-devant de lui. Elle s'était déguisée en paysanne — robe de drap bleu, bonnet carré de fourrure noire, voile noir — avait bondi dans sa voiture, entraînant avec elle sa cousine, et ordonné au cocher de prendre le chemin de Bronie...

La voiture impériale a depuis longtemps disparu, mais Marie est demeurée là, émue et éblouie, toujours plantée au milieu de la route, enfouissant son clair visage dans le bouquet de fleurs que l'Empereur lui avait offert en guise d'adieu... un adieu qui serait peut-être un au revoir.

Tout en roulant vers Varsovie, Napoléon est surpris de garder si présent à l'esprit le souvenir de la petite Polonaise. Cette paysanne qui parle le français l'étonne et l'intrigue... Et puis, quelle tendresse émane de tout son être!

— Duroc, je vous charge de la retrouver!

Aussitôt arrivé, le général se met en campagne. Minutieusement, il décrit celle que l'Empereur appelle « l'inconnue de Bronie » au prince Joseph Poniatowski, chef du gouvernement provisoire polonais. Grâce à l'indiscrétion de la cousine de Marie, qui a conté l'épisode du bouquet, Marie est identifiée. Aussitôt prévenu, Napoléon ordonne que la comtesse Walewska soit conviée à la réception donnée par Poniatowski en son honneur. A moins que ce ne soit le chef du gouvernement, poussé d'ailleurs par Talleyrand ravi de voir l'Empereur « occupé » par une aventure, qui ait proposé à l'Empereur d'inviter Mme Walewska. Quoi qu'il en soit, Poniatowski se rend lui-même au palais Walewski. Marie commence par refuser l'invitation : elle ne va à aucun bal.

— Votre présence est indispensable. Napoléon l'exige.

Elle refuse encore.

— Qui sait? murmure Poniatowski qui a deviné les sentiments de l'Empereur. Le Ciel se servira peut-être de vous pour rétablir la Patrie ?

Marie s'entête. Poniatowski appelle à la rescousse des « hommes d'Etat dont l'autorité repose sur la considération, l'estime publique et la déférence dues à leur conduite et à leurs lumières ». Démarche en pure perte. Il faudra l'insistance du comte Walewski lui-même — il ignore l'incident de Bronie — pour que Marie accepte enfin de se rendre au bal du palais Blacha. Pour qui l'a prise Napoléon ? Elle se révolte et revêt sa robe la plus modeste — un fourreau de satin blanc sous une tunique de tulle blanc. Pas un brillant, pas une perle, mais un simple diadème de feuillage orne ses cheveux d'or. Napoléon comprendra assurément ce que signifie ce refus de se parer en son honneur. Elle n'est pas prête au sacrifice !

Dès qu'elle apparaît dans la salle de bal, Poniatowski s'avance pour l'inviter. Elle l'arrête d'un geste :

— Vous savez que je ne danse pas et je n'ai nulle envie de danser.

— Comment! Mais l'Empereur a parlé de vous à plusieurs reprises et a dit qu'il serait heureux de vous voir danser.

— C'est possible, mais je m'en abstiendrai.

Avec le même petit air buté, elle refuse tous les danseurs qui viennent l'inviter. Louis de Périgord, aide de camp de l'Empereur, et le général Bertrand papillonnent autour d'elle. Napoléon qui voit leur manège appelle Berthier et lui ordonne d'expédier sur-le-champ Périgord au 6e Corps, sur la Passarge, et Bertrand au quartier général de Jérôme devant Breslau.

Tous se regardent avec inquiétude. Pour la première fois depuis les lointaines amours où Joséphine le trompait au vu et au su de tous avec ce freluquet d'Hippolyte Charles, Napoléon est jaloux. Et ici rien n'est encore commencé !...

Mais la danse s'arrête. L'heure de la « revue » traditionnelle des invités a sonné. Napoléon paraît fébrile. Arrivé devant Marie, il la regarde, fait semblant de ne pas la reconnaître, jauge la robe, admire son teint éclatant et, afin de montrer qu'il a compris la raison de cette simplicité, lance à voix haute :

— Le blanc sur le blanc ne va pas, Madame.

Puis il ajoute, plus bas et pour elle seule :

— Ce n'est pas l'accueil auquel j'avais le droit de m'attendre après...

Marie n'a évidemment pas répondu, mais ses joues nacrées se sont colorées de rouge... et son trouble augmente lorsque, l'Empereur passé, elle se trouve le point de mire de toute l'assistance. On chuchote derrière les éventails. Que lui a dit Napoléon à voix basse? Et les commentaires marchent leur train...

En rentrant au palais Walewski elle trouve un bouquet de fleurs avec ce billet : « Je n'ai vu que vous, je n'ai admiré que vous, je ne désire que vous. Une réponse bien prompte pour calmer l'impatiente ardeur de N. »

— Le messager attend, déclare la femme de chambre.

— Il n'y a pas de réponse, lance Marie profondément blessée.

Encore une fois, pour qui l'Empereur la prend-il? Mais la femme de chambre revient, annonçant que c'est Joseph Poniatowski lui-même qui a apporté le billet. Marie se révolte. Ainsi le chef du gouvernement se mue en entremetteur! Bien plus, Poniatowski vient maintenant parlementer à la porte de la chambre. Mais en pure perte! De même qu'elle a refusé de danser, elle ne répond pas et, après une demi-heure de palabres, le prince quitte la place — furieux.

Mais tout va pousser Marie dans les bras de l'Empereur.

Le lendemain, le comte Walewski annonce à sa femme qu'il a accepté pour eux deux une invitation à un grand dîner donné par Napoléon. La comtesse s'insurge, mais le mari appelle à la rescousse Duroc, le prince Joseph et les membres du gouvernement provisoire. Marie se déclare souffrante, s'étend sur sa chaise longue et refuse de paraître au salon. Walewski introduit de force les Polonais dans la chambre de sa femme. L'un d'eux ose lui déclarer :

— Tout doit céder, Madame, en vue de circonstances si hautes, si majeures pour toute une nation. Nous espérons donc que votre mal passera d'ici au dîner projeté, dont vous ne pouvez vous dispenser sans paraître mauvaise Polonaise.

De nouveau Marie s'incline, puisque la ville entière se ligue contre elle. Bien plus, le prince lui envoie Mme de Vauban, sa maîtresse, qui a été autrefois à Versailles et vit à Varsovie depuis la Révolution. Elle apprendra à Marie les secrets de l'étiquette des cours. Mme de Vauban n'a d'ailleurs ni scrupules, ni préjugés, ni pudeur. En femme du XVIIIe siècle, elle considère la fidélité conjugale comme un sentiment du dernier mauvais goût. Pour elle, « donner une maîtresse à un souverain, que ce souverain se nomme Louis XV ou Napoléon, est la mission la plus importante qu'il soit permis à un courtisan de remplir ». Sans relâche, ce personnage de comédie répète avec une inconscience désarmante :

— Tout, tout pour cette cause sacrée!

Dès les premières leçons, elle glisse à son élève ce billet de Napoléon : « Vous ai-je déplu, Madame? J'avais, cependant, le droit d'espérer le contraire. Me suis-je trompé? Votre empressement s'est ralenti tandis que le mien augmente. Vous m'ôtez le repos! Oh! donnez un peu de joie, de bonheur, à un pauvre cœur tout prêt à vous adorer... Une réponse est-elle si difficile à obtenir? Vous m'en devez deux. N. »

Marie refuse toujours de répondre et l'Empereur s'impatiente. Le complot devient alors assez écœurant. Des membres du Cabinet — Talleyrand dans l'ombre — la supplient de ne pas se montrer cruelle :

— Madame, les petites causes produisent souvent de grands effets. Les femmes, en tout temps, ont eu une grande influence sur la politique du monde. L'histoire des temps reculés comme celle des temps modernes nous certifie cette vérité. Tant que les passions domineront les hommes, vous serez, mesdames, une des puissances les plus redoutables.

Et on ose encore ajouter :

— Croyez-vous qu'Esther se soit donnée à Assuérus par un sentiment d'amour? L'effroi qu'il lui inspirait, jusqu'à tomber en défaillance devant son regard, n'était-il pas la preuve que la tendresse n'avait aucune part à cette union? Elle s'est sacrifiée pour sauver sa nation et elle a eu la gloire de la sauver. Puissions-nous en dire autant pour votre gloire et notre bonheur! N'êtes-vous pas fille, mère, sœur, épouse de zélés Polonais?

On croit rêver...

Marie cède encore — ses dix-neuf ans et ses nerfs sont à bout — et elle accepte de se rendre au fameux dîner. Dès son entrée au salon les invités se précipitent vers elle et semblent déjà solliciter sa protection. Pendant le repas, elle se trouve assise en face de l'Empereur qui ne cesse de la regarder. A un moment il désigne de la main le côté gauche de son habit. Duroc, qui s'est assis près de Marie, a compris et se tourne vers la jeune femme :

— Qu'avez-vous fait, Madame, du bouquet que l'Empereur vous a donné à Bronie? demande-t-il.

— Je le garde soigneusement en souvenir, pour mon fils, répond Marie.

— Ah! Madame, permettez qu'on vous en offre de plus dignes de vous.

Marie sent venir le confident de Napoléon. La croit-on intéressée? Elle en pleurerait! La gorge serrée, son joli nez baissé vers son assiette, elle lance :

— Je n'aime que les fleurs.

— Alors, nous allons cueillir des lauriers sur votre sol natal pour vous les offrir.

Pour tout arranger, le comte Walewski s'échappe à la fin du dîner. On prend le café au salon. Napoléon regarde Marie avec tendresse. Il n'a pas aimé ainsi depuis l'époque où Joséphine et ses baisers « brûlaient son sang ». Il s'approche de la jeune femme :

— Avec des yeux si doux, si tendres, avec cette expression de bonté, on se laisse fléchir, on ne se plaît pas à torturer, ou l'on est la plus coquette, la plus cruelle des femmes.

Il quitte le salon. Marie va-t-elle pouvoir rentrer chez elle? Non! Duroc l'entraîne chez Mme de Vauban. Là, les deux compères unissent leurs efforts. Mme de Vauban l'affirme :

— Il n'a vu que vous, il vous jetait des flammes.

Duroc s'assied près d'elle.

— Que vous êtes cruelle, déclare-t-il en lui prenant la main. Vous repoussez la demande de celui qui n'a jamais essuyé de refus. Croyez bien que sa gloire est teintée de tristesse. Il ne tiendrait qu'à vous de faire luire dans sa destinée un peu de bonheur. Il vous aime profondément : vous avez vu que, durant tout le repas, c'est vous seule qu'il a regardée. Quelle joie profonde vous pourriez lui causer!

Marie éclate en sanglots... Comment résister? Les mailles du filet se referment sur elle. La sentant faiblir, Mme de Vauban lui lit une nouvelle lettre de Napoléon :

« Il y a des moments où trop d'élévation pèse, et c'est ce que j'éprouve. Comment satisfaire le besoin d'un cœur épris qui voudrait s'élancer à vos pieds et qui se trouve arrêté... Oh! si vous le vouliez! Il n'y a que vous seule qui puissiez lever les obstacles qui nous séparent. Oh! venez! Venez! Tous vos désirs seront remplis. Votre patrie me sera plus chère quand vous aurez pitié de mon pauvre cœur. N. »

La fin de la lettre la bouleverse. Marie est vaincue, cette fois... et aux deux entremetteurs, elle murmure :

— Faites de moi ce que vous voudrez...

Cependant, la comtesse refuse de répondre à l'Empereur. Sans doute lui dira-t-elle de vive voix son admiration, l'espoir qu'elle met en lui pour sauver son pays et le tirer du néant, mais elle précisera aussi qu'il n'attende point d'elle de l'amour... Une victime ne pourrait en avoir pour son persécuteur. On la tranquillise... Bien sûr, elle pourra tout lui dire! Le principal pour ces mauvais conjurés est que l'oiselet se rende chez l'Aigle. A leur demande, pour ne pas dire sur leur ordre, durant toute la journée, elle ne bouge pas du palais et attend le moment où on viendra la chercher pour la conduire au supplice. Enfin, à dix heures trente du soir, on la fait monter dans une voiture qui prend le chemin du palais où réside l'Empereur. Là, après avoir gravi un petit escalier, traversé deux ou trois salons, elle se trouve soudain face à Napoléon... L'heure du sacrifice a sonné : Marie est de nouveau secouée par les sanglots et veut fuir. Tout d'abord Napoléon ne comprend pas. A-t-il devant lui une rouée? Une coquette? Il lui parle avec tendresse, mais trois mots malheureux lui échappent : « Ton vieux mari ». Cela n'arrange rien... Les pleurs redoublent. Il faudra pour calmer la jeune femme que l'Empereur l'interroge avec douceur, lui fasse avouer les raisons de ce mariage si disproportionné. Ainsi c'est sa mère qui a voulu cette union hors nature ? Et aujourd'hui, comment peut-elle avoir des remords ? Comment peut-elle résister à être à lui ?

— Ce qui a été noué sur la terre ne peut plus être dénoué que dans le ciel, explique-t-elle.

Il rit — à nouveau impitoyable. Les larmes se remettent à couler — et le désarment. Il a enfin pitié d'elle. Il n'exige plus rien que sa présence, lui parle avec bonté. Il a compris que cette femme avait une âme de jeune fille pure et droite. Abuser d'elle ce soir serait affreux. Il se résigne à n'être que tendre... Peu à peu les larmes de Marie s'apaisent. Elle lui laisse prendre ses lèvres. A l'instant de partir, il lui fait promettre de revenir le lendemain. A deux heures du matin, il l'aide à remettre son manteau et la raccompagne vers la porte en lui baisant les mains :

— Eh bien, ma douce et plaintive colombe, sèche tes larmes, va te reposer. Ne crains plus l'aigle, il n'a d'autres forces près de toi que celles d'un amour passionné, mais d'un amour qui veut ton cœur avant tout. Tu finiras par m'aimer car il sera tout pour toi, entends-tu bien?

Napoléon poursuit sa cour pressante et, nous le savons par les lettres qu'il adressera à Marie et qui sont reproduites ici pour la première fois (1). Craignant que son écriture soit parfaitement illisible, il dicte ces lignes qu'il se contentera de signer et de dater : *mercredi* 28 *à* 11 *heures du matin :*

« Madame,

« Vous étiez triste lundi au cercle, cela m'a peiné... Je vous ai écrit deux fois mais tout le monde est parti, et mes lettres ne vous sont pas arrivées... Je désire, Marie, vous voir ce soir à huit heures. Allez chez votre amie, celle dont vous m'avez parlé. Une voiture viendra vous y prendre...

« J'espère et j'ai besoin de vous dire ce soir tout ce que vous m'inspirez et toute la contrariété que j'ai éprouvée...

« Mille baisers sur les lèvres de ma Marie. »

(1) Voir le chapitre *Sources*, en fin de ce tome.

Le lendemain, il lui écrit encore (1) :

« Madame,

« La personne qui vous remettra cette lettre est celle dont je vous ai parlé. Elle vous dira tous les sentiments que j'ai pour vous, Marie, et me donnera de vos nouvelles... Votre lettre est charmante, je baise la belle main qui l'a écrite, le cœur qui l'a dictée, et les beaux yeux que j'aime à la folie. »

Nouvelle lettre (2), datée sans doute de cette semaine où il met tout en œuvre pour qu'elle lui cède :

« Madame,

« Vous étiez hier au soir ravissante à voir ; je vous ai trouvée un peu silencieuse. Où étaient vos pensées ?... Comment vous portez-vous ce matin ?.... Je vous verrai ce soir pour vous dire mille et mille fois *vi amo*. N'est-ce pas que votre cœur y répond ? Marie un baiser sur vos yeux, ils sont cependant bien méchants ! »

Mais, une fois de plus, au lendemain d'un nouveau tête-à-tête où rien ne s'est encore passé, à son réveil, on remet à Marie, de la part de l'Empereur, un bouquet de diamants accompagné de ces lignes :

« Marie, ma douce Marie, ma première pensée est pour toi, mon premier désir est de te revoir. Tu reviendras, n'est-ce pas? Tu me l'as promis. Sinon, l'aigle volerait vers toi! Je te verrai à dîner, l'ami le dit. Daigne donc accepter ce bouquet : qu'il devienne un lien mystérieux qui établisse entre nous un rapport secret au milieu de la foule qui nous environne. Exposés aux regards de la multitude, nous pourrons nous entendre. Quand ma main pressera mon cœur, tu sauras qu'il est tant occupé de toi, et pour répondre tu presseras ton bouquet! Aime-moi, ma gentille Marie, et que ta main ne quitte jamais ton bouquet! N. »

(1) et (2) Archives Walewski.

— Il n'y a pas de réponse, déclare-t-elle de nouveau.

Et elle jette à terre l'écrin de maroquin rouge où se trouve le bijou.

— Ces diamants! Je n'en veux pas! Me prend-il pour une fille!

Le soir même, au dîner, l'Empereur pâlit. Marie n'a pas mis à son corsage son présent. La jeune femme a peur de la scène qu'elle sent monter. Avec un pauvre sourire, elle met la main à l'emplacement où le bouquet devrait se trouver et Napoléon s'apaise. Il fait le même geste que Marie. L'orage est passé — momentanément. Dès le repas expédié, il se retire dans un petit salon et fait convoquer Mme Walewska par Duroc.

— Vous voilà enfin! Je n'espérais plus vous voir.

Mais laissons le soin à Marie Walewska de raconter la scène puisque nous pouvons publier ce texte pour la première fois :

« Il me débarrassa de mon manteau et du chapeau et me plaçant dans un fauteuil il me dit :

— Allons ! comment vous justifierez-vous des crimes que je vous impute ? Pourquoi avoir cherché à m'inspirer le sentiment que vous ne partagez pas ? Pourquoi avoir refusé jusqu'à mes lauriers ? Qu'en as-tu fait ? J'y attachais tant d'intéressants moments et tu m'en as privé. Ma main n'a pas quitté mon cœur et la tienne était immobile. Une seule fois seulement tu as répondu à mon signal. Oh Marie ! tu ne m'aimes pas ! et cependant je t'aime avec passion ! D'où cela vient-il !

« Et il se frappa le front avec un geste de rage. Après un moment de silence que je n'osais interrompre :

— Voilà bien une Polonaise ! C'est vous qui m'affermissez dans l'opinion que je porte sur cette nation.

« Je recouvrai la parole pour m'écrier :

— Ah ! de grâce ! Sire, dites-la-moi !

— Eh bien, Marie, je juge ce peuple passionné et léger. Je crois que tout se fait chez eux par fantaisie et rien par système. Leur enthousiasme est impétueux, tumultueux, instantané ! Mais ils ne savent le régler, le perpétuer. N'est-ce pas là votre portrait aussi ! Belle Polonaise ! N'avez-vous pas couru comme une folle au risque d'être étouffée, pour m'apercevoir, pour m'encenser ! Je me laisse prendre le cœur par ce regard si tendre, par les expressions passionnées, et puis vous disparaissez ! J'ai beau vous chercher, je ne vous trouve pas, et quand une des dernières vous arrivez enfin, je ne trouve plus en vous que glace tandis que je brûle ! Ecoutez, Marie, sachez que toutes les fois que j'ai cru une chose impossible ou difficile à obtenir je l'ai désirée avec ardeur. Rien ne me décourage. Le *On ne peut pas* me talonne, et j'avance toujours ! Habitué à voir céder avec empressement à mes désirs, ta résistance me subjugue, ta séduction m'a porté à la tête, elle me tient au cœur !... Je veux... Entends-tu bien ce mot : Je veux te forcer à m'aimer. Marie, j'ai fait revivre le nom de ta patrie, la souche existe grâce à moi. Je ferai plus encore ! Mais songe aussi que comme cette montre que je tiens en mes mains et que je brise à tes yeux...

« En effet, elle vola à mes pieds...

— C'est ainsi que son nom périra. Et toutes tes espérances, si tu me pousses à bout, en repoussant mon cœur et me refusant le tien.

« Je tombai roide à ses pieds, achève Marie. L'effroi m'avait abattue. Il était dans un état de violence indescriptible... »

La fureur de l'Empereur a mis le cœur de Marie à si rude épreuve qu'elle est tombée évanouie. Lorsqu'elle se réveille, elle comprend. Napoléon, éperdu, a profité de son malaise pour abuser d'elle. Il est là, à ses genoux, lui jurant qu'il l'aime à la folie — cette folie qui est sa seule excuse. Il trouve les mots qui touchent le cœur de la malheureuse jeune femme... et Marie ne s'enfuit pas.

« Celui qui voyait l'Univers à ses pieds, poursuit-elle, était aux miens et essuyait mes larmes. Il me releva avec tendresse.

— Tu peux être sûre, Marie, que la promesse que je te fis sera remplie (1). »

(1) Archives Walewski.

Elle lit tant de passion dans les yeux de Napoléon que, émue par la violence de cet amour — un peu éblouie peut-être aussi — elle pardonne. Bien plus, elle se met à l'aimer, témoin cette lettre (1) qu'il lui adresse, semble-t-il, dès le lendemain matin à 5 heures, et dans laquelle il lui dit tout son amour :

« Madame,

« J'ai un véritable désir que vous m'appreniez que vous n'êtes pas incommodée, et de quelle manière vous avez passé la nuit. Vous avez été à la même place toute la nuit dans mes idées. Je conserverai longtemps le souvenir de cette nuit... Je sens le besoin de vous dire combien vous m'êtes chère ; si vous en doutiez, vous m'affligeriez véritablement. Vous m'avez promis bien des choses, ne pourriez-vous pas m'envoyer ce qui peut être fait aujourd'hui ? Marie, songez que je vous aime, que vous m'avez flatté de partager tous mes sentiments. N'est-ce pas que vous serez constante ? Mille baisers sur vos mains, un sur ce cœur dont je voudrais troubler un peu la tranquillité. Vous voyez que c'est là l'esprit de vengeance. Adieu, mon amie, que je serai aise de vous voir ce soir ! »

Ce jour-là, Marie écrit à son époux. Elle a pris la décision de rompre avec lui. « Votre première idée, lui écrit-elle, sera de me reprocher ma conduite, mais vous n'accuserez que vous. J'ai tout fait pour vous ouvrir les yeux. Hélas ! vous étiez aveuglé par une vanité sans nom, et, je le reconnais, par votre patriotisme : vous n'avez pas voulu voir le danger. »

Le comte Walewski comprend enfin la situation et se retire à Walewice, tandis que les deux belles-sœurs de Marie servent de chaperons à celle qui est traitée par tous comme la maîtresse du maître. Personne ne s'en offusque à Varsovie. La morale n'existe pas lorsqu'il s'agit des amours royales ou impériales.

Mais l'Histoire peut-elle se montrer aussi compréhensive devant le comportement de Napoléon?

En admettant que l'Empereur ait été aveuglé par

(1) Archives Walewski.

son désir, que désabusé par ses précédentes et trop faciles conquêtes, il ait à ce point manqué de perspicacité sur la vraie nature de Marie, rien ne peut justifier qu'il se soit conduit plus en soudard qu'en souverain. Cette façon d'abuser de la faiblesse d'une femme est difficilement excusable. Cependant, une explication peut être fournie : Napoléon n'a jamais su parler aux femmes autrement que s'il avait affaire à des recrues. Elles le déconcertent, il se sent devant elles gauche, embarrassé et dissimule derrière une brusquerie sa timidité. Il est *naturellement* et *inconsciemment* impoli avec elles.

D'une étonnante maladresse, il a rarement quelque chose d'agréable à leur dire ; souvent même il leur fait de mauvais compliments :

— Ah! mon Dieu, comme vous avez les bras rouges!

Ou bien encore :

— Vous avez là une robe bien sale!... Est-ce que vous ne changez jamais de robe? Je vous ai déjà vue celle-là vingt fois.

Il ose, un soir, au cercle des Tuileries, demander assez grossièrement à la duchesse de Fleury :

— Alors, Madame, aimez-vous toujours autant les hommes?

— Oui, Sire, répondit l'interpellée, lorsqu'ils sont polis.

Dans sa jeunesse, au cours de sa formation d'homme, Napoléon a peu fréquenté les femmes, n'ayant pas été élevé par elles — et *pour elles* — et il ne saura jamais leur parler autrement. Ce que l'on pourrait appeler de la timidité chez un autre homme l'a conduit à commettre une vilenie.

Mais n'y a-t-il pas d'autre excuse à ce comportement qui nous surprend et nous gêne? Que pouvait penser l'Empereur? Une jeune Polonaise qui n'est plus une jeune fille, mais une mère de famille de dix-neuf ans — au surplus fort mal mariée — se jette littéralement à sa tête, se déguise pour l'approcher et lui parler. Napoléon peut parfaitement croire que Marie Walewska est prête à se donner à lui. Il ignore à peu près totalement les pressions abominables que va subir la jeune comtesse pour devenir sa maîtresse. Craignant avec raison de déplaire à Napoléon, le prince Poniatowski, pas plus que les membres du gouvernement provisoire polonais, ne l'ont mis au courant du véritable siège qu'ils ont été obligés d'accomplir pour parvenir à leurs fins : faire céder Marie et la conduire, pour le plus grand bien de la Pologne, dans le lit de l'Empereur. Ils lui ont caché le rôle d'entremetteuse joué par Mme de Vauban. Et lui n'a vu qu'une chose : une jeune femme, après quelques réticences, se rend en pleine connaissance de cause à des rendez-vous nocturnes. Il en conclut qu'elle accepte de devenir sa maîtresse.

Infiniment moins excusable est l'appel au patriotisme qu'a employé l'Empereur pour faire céder la vertu de Marie, le véritable chantage qu'il a exercé pour forcer Mme Walewska à venir à ces rendez-vous, cette reconstruction de l'Etat polonais présentée sans cesse comme un appât : « Votre patrie me sera plus chère quand vous aurez eu pitié de mon pauvre cœur. » Il a tracé ces lignes alors qu'il n'avait qu'une seule idée en tête : s'entendre avec le tsar dès qu'il l'aurait vaincu. Ne savait-il pas déjà — et fort bien — que c'était de nouveau le grand-duché de Varsovie qui paierait la note de cette réconciliation?

Sans doute Marie avait-elle refusé de lire les billets envoyés par l'Empereur? Sans doute n'avait-elle pas voulu porter le bijou qu'il lui avait envoyé, mais Napoléon était en droit de se méprendre et de penser que la résistance de la comtesse Walewska n'était, après tout, qu'un habile manège de coquette — slave de surcroît !

Marie n'a d'ailleurs jamais reproché à Napoléon sa violence et toute son attitude a toujours prouvé qu'elle ne lui en voulait point.

Elle lui écrit, en effet, et des lettres fort tendres s'il faut en croire cette réponse (1) :

« Madame,

« Votre lettre est comme vous, parfaite, elle m'a fait du bonheur... J'aurais bien voulu vous parler hier,

(1) Archives Walewski.

je sentais qu'un mouvement involontaire me conduisait toujours où vous étiez, souvent il fallait s'arrêter en chemin... J'ai, je ne sais pourquoi, trouvé votre ruban charmant, peut-être vous doutez-vous de la cause ? mais vos pendants d'oreilles, trois mots seulement, méchante, ai-je fait de même ? Méchante, non, non, bonne, belle et toute parfaite Marie... Vous dormez actuellement bien tranquillement... Je désire bien vous voir ce soir, ne serait-ce qu'un moment pour vous entendre me dire ce que vous m'avez écrit et ce qu'il me fait tant de bien d'entendre... Mon amie, ce cœur est-il un peu agité du mal que vous faites ? Je ne sais, il me paraissait hier voir un peu de douce mélancolie dans vos yeux ! Je les couvre de baisers pour l'augmenter encore, et je me mets à vos pieds. »

Quelques jours plus tard, il lui adresse encore ces lignes (1), où l'on entend les battements de son cœur :

« Vous étiez si belle et si bonne hier au soir que longtemps dans la nuit il me semblait vous voir encore. Il n'y a point de ténèbres qui empêchent que l'on ne vous voie, vous êtes comme un ange.

« Je suis fâché de vous avoir dit de venir à la parade, il fait si froid, et vous vous enrhumerez.

« Je me fais un bonheur de vous voir danser ce soir et de lire dans vos yeux les émotions de votre cœur... *mio dolce amore,* un délicieux baiser sur votre charmante bouche et mille bien respectueux sur vos mains. »

Mio dolce amore ! Comme autrefois lorsqu'il écrivait à Joséphine... Maintenant que Marie l'aime, tout en lui assurant qu'il ne perd pas de vue sa promesse de faire revivre la Pologne, il peut lui expliquer :

— J'ai déjà forcé la Prusse à lâcher la part qu'elle usurpait, le temps fera le reste. Ce n'est pas le moment de réaliser tout. Il faut patienter. La politique est une corde qui casse quand on la tend trop fort. En attendant, vos hommes politiques se forment. Car combien en avez-vous? Vous êtes riches en bons

(1) Archives Walewski.

patriotes; vous avez des bras, oui, j'en conviens : l'honneur et le courage sortent par tous les pores de vos braves, mais cela ne suffit pas : il faut une grande unanimité.

Et puis il y a aussi les intérêts de la France :

— Songe que de trop grandes distances nous séparent : ce que je puis établir aujourd'hui peut être détruit demain. Mes premiers devoirs sont pour la France, je ne puis faire couler le sang français pour une cause étrangère à ses intérêts et armer mon peuple pour courir à votre secours chaque fois qu'il sera nécessaire.

Marie est devenue pour lui sa « femme polonaise » comme il l'appelle. Il l'aime autant qu'on a le temps d'aimer lorsqu'on a toute l'Europe sur les bras. Il ne peut se passer d'elle. Lorsqu'il partira dans quelques jours à la tête de ses troupes il lui enverra chaque jour un courrier.

Il ne comprend pas cependant, que Joséphine lui écrive qu'elle ne peut se passer aussi longtemps de lui. Il rit — sans pitié pour sa chère créole — en lisant une lettre de sa femme lui confiant naïvement : « J'ai pris un mari pour être avec lui! » Et il répond, inconscient et glorieux : « Je pensais dans mon ignorance que la femme était faite pour le mari, le mari pour la patrie, la famille et la gloire; pardon de mon ignorance; l'on apprend toujours avec nos belles dames. » Joséphine a-t-elle deviné que pour sa « femme polonaise » Napoléon a retrouvé son cœur de Bonaparte? « Comme à l'ordinaire, écrira-t-il encore à l'Impératrice, ta petite tête de créole se monte et s'afflige. »

La « petite tête » ne s'apaise toujours pas et s'inquiète. « Je ne sais ce que tu me dis des dames en correspondance avec moi, répétera-t-il. Je n'aime que ma petite Joséphine, bonne, boudeuse et capricieuse, qui sait faire une querelle avec grâce, comme tout ce qu'elle fait; car elle est toujours aimable, hors cependant quand elle est jalouse : alors elle devient toute diablesse. Mais revenons à ces dames. Si je devais m'occuper de quelqu'une d'entre elles, je t'assure que je voudrais qu'elles fussent de jolis boutons de roses. Celles dont tu parles sont-elles dans ce cas ? »

Quelques jours plus tard, il écrira encore à Joséphine : « Tu me dis que ton bonheur fait ta gloire : cela n'est pas généreux ; il faut dire : Le bonheur des autres fait ma gloire ; cela n'est pas conjugal ; il faut dire : Le bonheur de mon mari fait ma gloire ; cela n'est pas maternel ; il faudrait dire : le bonheur de mes enfants fait ma gloire ; or, comme les peuples, ton mari, tes enfants, ne peuvent être heureux qu'avec un peu de gloire, il ne faut pas tant en faire fi ! Joséphine, votre cœur est excellent, et votre raison faible ; vous sentez à merveille, mais vous raisonnez moins bien. Voilà assez de querelle. Je veux que tu sois gaie, contente de ton sort, et que tu obéisses, non en grondant et en pleurant, mais de gaieté de cœur, et avec un peu de bonheur. »

Dans le domaine du cœur, il sera toujours l'inconscience même...

Après la sanglante journée d'Eylau, Napoléon parcourt l'affreux champ de bataille. Contrairement à ce que l'Empereur annonçait l'armée française avait 20.000 hommes hors de combat — sans parler de 5.000 prisonniers faits par les Russes. Les pertes de Benningsen se chiffraient à 27.000 hommes et à 3.000 prisonniers.

(Peinture d'Adolphe-Eugène Gabriel Rochm (1809)
Collection de Mme la Princesse de la Tour d'Auvergne
Château de Grosbois — Photo Hachette)

VII

DE « L'EMBARRAS » D'EYLAU A LA VICTOIRE DE FRIEDLAND

Le secret des grandes batailles est de pouvoir s'étendre et se concentrer à propos.

NAPOLÉON.

LORSQU'il cessait de geler et de neiger, la terre, gorgée d'eau jusqu'aux entrailles par le dégel, se transformait en marécages.

— Dieu, pouvait dire Napoléon, a créé pour la Pologne un cinquième élément : la boue.

Et, dans cette boue épaisse, effroyable, d'une profondeur inimaginable, le corps d'armée de Bernadotte, ne recevant qu'une demi-ration de vivres par jour, reculait devant les quatre-vingt mille hommes de Bennigsen, devenu général en chef de l'armée russe. L'Empereur espérait que personne ne bougerait avant le printemps.

Il s'était trompé.

Il s'était trompé également sur la valeur des soldats russes. Il les avait mésestimés. Cependant, avec ce génie qui lui permet de faire face à toutes les situations, Napoléon se réjouit de cette retraite. En avançant vers la basse Vistule, Bennigsen va prêter le flanc à la Grande Armée. Il sera pris comme dans un moule à gaufre — d'autant plus que le temps se met au froid et que les chemins deviennent « superbes », ainsi que l'annonce l'Empereur à Talleyrand, le 29 janvier 1807. Deux jours auparavant — par une dépêche du 27 — Napoléon a expliqué son plan à Bernadotte : qu'il poursuive son mouvement de recul et la victoire est certaine ! Malheureusement l'officier porteur du message a été fait prisonnier par les Cosaques. Voici Bennigsen averti ! « Cette dépêche, racontera le général russe, me découvrait les intentions et tout le plan d'opérations de l'ennemi. » Et il donne aussitôt l'ordre à ses quatre-vingt mille hommes, non seulement de suspendre la poursuite de Bernadotte, mais de se retirer vers Eylau où il installe son quartier général. L'Empereur ne peut lui opposer que soixante-cinq mille soldats affamés, trempés et transis — en comptant les vingt mille hommes de Ney. Mais ce dernier parviendra-t-il à rejoindre la Grande Armée ? Il pourchasse pour le moment — imprudemment d'ailleurs — en poursuivant les Prussiens de Lestocq, quelques débris de l'armée de Frédéric-Guillaume qui continuaient la lutte, pour éviter qu'ils ne se joignent aux Russes.

Nous sommes le 6 février 1807.

Le repli de l'armée du tsar, laissant en chemin pièces de canon, drapeaux et bagages — s'effectue dans le plus grand désordre. Napoléon l'écrit à Daru : l'ennemi « ne sait où il va ». Bennigsen le sait bien, lui ! Il veut empêcher l'Empereur d'occuper Landsberg, position-clef contrôlant le cirque de collines qui entoure Eylau. Et les Français talonnent toujours l'ennemi. Les hommes n'ont rien à manger. Ils ont tous appris le mot polonais : *Chleba ! :* du pain. Et tous connaissent aussi la réponse négative : *Nie Ma.*

Un jour, un grognard, voyant passer Napoléon dans sa petite voiture, « éclairée d'une lanterne dans l'intérieur et attelée de quatre chevaux à la Daumont », lui lance :

— Papa, *Kléba !*
— *Nie Ma !* répond en riant l'Empereur, en baissant la glace de sa voiture.

On rit dans les rangs, et titubant de sommeil, le ventre creux, claquant des dents, on se bat avec acharnement tout au long de la poursuite !

Les performances réalisées par les soldats de cette époque nous laissent pantois. Dupin, maintenant capitaine, racontera comme s'il s'agissait d'une chose toute naturelle : « Je me mis à la tête du détachement, j'arrivai au bord de l'eau et passai la rivière malgré le grand froid, ayant de l'eau jusqu'à la ceinture et étant obligé de rompre la glace pour nous frayer passage. Malgré une forte fusillade, je fis battre la charge et le pont fut enlevé. Je ne donne pas le temps de tirailler. Arrivé sur le flanc du moulin, je m'élance en avant des tirailleurs, le moulin fut forcé et les Russes mis en pleine déroute (1). »

Le 7 février, à Hol, l'arrière-garde russe fait face. L'Empereur fait intervenir les cuirassiers du général Joseph-Ange d'Hautpoul, qui enlèvent la position. Ce fait d'armes va rendre possible la prise d'Eylau, et permettre à Napoléon d'embrasser le vainqueur :

— Pour me montrer digne d'un tel honneur, s'exclame d'Hautpoul, il faut que je me fasse tuer pour Votre Majesté!

Il tiendra parole : le lendemain, il dira à l'Empereur :

— Sire, vous allez voir mes *gros talons :* ils entrent dans les carrés ennemis comme dans du beurre.

Puis, quelques instants plus tard, il tombera sur le champ de bataille.

Mais la cavalerie russe sort de la place et commence à charger « en poussant des hourras terribles ». « Voyant notre calme, poursuit Dupin, ils n'osent pousser leur charge à fond et se contentent de nous dire des bêtises... »

Les Français attaquent. On se bat avec acharnement. Le second bataillon du 4e de ligne parvient à

(1) Voir le chapitre *Sources.*

s'emparer du cimetière d'Eylau. Dupin est à sa tête. « Je m'aperçus que je me trouvais le seul capitaine debout. » Le feu des Russes est si meurtrier que Dupin est obligé d'ordonner le décrochement, compagnie par compagnie. Cependant, au début de la nuit, il parviendra grâce à des renforts — entre autres ceux conduits par le capitaine Hugo — à reprendre le cimetière « à la course », précise-t-il. Il est sain et sauf, mais semble avoir joué avec les balles : « J'ai reçu deux balles dans mon chapeau, une autre m'a enlevé mon épaulette et, enfin, une quatrième m'a coupé le fourreau de mon sabre et fait deux trous dans ma capote... »

On se bat encore dans le cimetière lorsque, à 11 heures du soir, Napoléon arrive à Eylau, accompagné de Murat et de Soult. La ville est encombrée de blessés, affamés et transis. Enfin, le gros de l'armée russe se retire en bon ordre et va occuper des positions situées derrière les mamelons qui, en demi-cercle, entourent la petite ville. Les Russes, à peine installés, se livrent à un vif barrage d'artillerie. Est-ce pour protéger leur retraite? Est-ce, au contraire, pour empêcher les Français de venir chasser les soldats du tsar de leurs bivouacs ? Napoléon, un instant, veut aller voir lui-même ce qui se passe sur les collines, mais l'état-major l'en dissuade ! On verra au jour ! Sa Majesté Impériale n'est-elle pas fatiguée, lasse, épuisée ? Voilà sept jours qu'Elle n'a pas retiré ses bottes ! Là-haut, les boulets « pleuvent » ! Pourquoi s'exposer inutilement ? Finalement, après avoir hésité, Napoléon consent à « faire l'empereur ». Sitôt arrivé à la maison de poste, il s'écroule tout d'une masse sur une chaise et s'endort. A 6 heures du matin — il fait encore nuit, une nuit noire comme l'encre — il est réveillé en sursaut par l'arrivée d'un officier :

— Sire, l'ennemi pénètre dans la ville, massacre les soldats endormis dans les maisons. Sire, vite, fuyez!

En quelques minutes, l'Empereur a rejoint le bivouac de la Garde. Il va falloir livrer bataille ! Il n'a que cinquante-quatre mille hommes et deux cents canons à opposer aux quatre-vingt mille soldats de Bennigsen, dont l'artillerie est forte de cinq cents bouches à feu.

Il ne fait pas excessivement froid, mais le vent du nord souffle en tempête. La neige tombe à gros flocons et aveugle les Français, tandis que les Russes ont la chance de recevoir la neige dans le dos. La nuit s'achève, et un jour gris et sale filtre à travers les nuages qui roulent bas.

— Les lâches iront mourir en Sibérie, crie Davout à ceux qui s'apprêtent à partir pour la mêlée ; les braves mourront ici, en gens d'honneur.

Et la tuerie commence.

Les Russes ont la supériorité ; leurs boulets pleuvent comme grêle sur les Français, « telle que de mémoire d'homme on n'en avait jamais vu », remarquera le général Marbot. Une « avalanche », dira Paulin. Les ravages sont épouvantables. Un boulet emporte la jambe du fourrier de la compagnie du brave Coignet.

— J'ai trois paires de bottes à Courbevoie, s'exclame-t-il, j'en ai pour longtemps.

Et prenant deux fusils en guise de béquilles, il se dirige seul vers l'ambulance. A la tête de ses hommes, le colonel Marcheï, qui tient à deux mains les rênes de son cheval, a les deux poignets enlevés par le même boulet. Un coup de *biscaïen* — une balle sphérique d'une boîte à mitraille qui vient d'éclater — transperce le bras droit du capitaine Hugo. « Je donnai une poignée de main à mon bras gauche, racontera-t-il, pour m'assurer que mon bras droit était encore là. Je vis seulement un grand trou dans ma manche. »

Les survivants de l'hécatombe s'apprêtent cependant à attaquer lorsque, les devançant, les Cosaques chargent, lances baissées. Sur le plateau d'Eylau, l'Empereur voit le 14e de ligne cerné par l'ennemi, et il envoie aussitôt Marbot leur commander de décrocher et de rejoindre le corps d'armée. Le colonel du 14e estime la manœuvre impossible. Pas un homme n'arrivera vivant dans la plaine ! De plus, une nouvelle colonne russe attaque le malheureux corps et n'est plus qu'à cent pas :

— Je ne vois aucun moyen de sauver le régiment, retournez vers l'Empereur, dit-il à Marbot, faites-lui les adieux du 14e de ligne, qui a fidèlement exécuté ses ordres, et portez-lui l'Aigle qu'il nous avait donnée et que nous ne pouvons plus défendre, il serait trop pénible en mourant de la voir tomber aux mains des ennemis !

« Le commandant, racontera Marbot, me remit alors son Aigle, que les soldats, glorieux débris de cet intrépide régiment, saluèrent pour la dernière fois des cris de : *Vive l'Empereur !...* Eux qui allaient mourir pour lui ! C'était le : *Caesar, morituri te salutant !* de Suétone; mais ce cri était ici poussé par des héros... »

Après plusieurs heures d'une bataille indécise et affreusement meurtrière, l'Empereur se rend compte que l'ennemi essaye de couper en deux la longue ligne de bataille française. Une colonne de quinze mille grenadiers russes, baïonnettes croisées, sans brûler une amorce, s'avance au pas de charge, vers le cimetière, ne se laissant nullement impressionner par le feu terrible de quarante pièces d'artillerie de la Garde, en position non loin de l'Empereur. Sans cesser de braquer sa lunette sur cette mouvante forêt d'acier, Napoléon ne peut s'empêcher de s'exclamer :

— Quelle audace ! Quelle audace !

— Oui, constate Berthier, mais Votre Majesté ne s'aperçoit pas qu'avec cette audace-là, elle est à cent pas des balles !

L'Empereur se soucie fort peu du danger.

— Murat, s'écrie-t-il, prenez tout ce que vous avez sous la main de cavalerie !

Le grand duc de Berg et de Clèves part ventre à terre, suivi de soixante-dix escadrons, dont vingt ont été détachés de la Garde impériale. La masse d'infanterie ennemie abandonne son pas de charge et se forme en carré pour soutenir l'avalanche. L'attaque russe est littéralement clouée au sol, couchée à terre « comme un champ de blé qui vient d'être dévasté par un terrible ouragan ». Mais, vers 15 heures, les huit mille Prussiens de Lestocq débouchent sur le champ de bataille et les Russes reprennent le dessus. A 16 heures, c'est au tour de Ney d'apparaître sur le terrain à la tête de six mille baïonnettes. Cette fois, l'ennemi semble vouloir amorcer le repli.

L'Empereur rentre alors dans Eylau où, depuis la veille, on n'a point cessé de se battre. En voyant l'horrible spectacle des morts et des blessés confondus, des larmes coulent de ses yeux. « Personne, racontera le général Billon, n'eût jamais cru possible attendrissement pareil de la part de ce grand homme de guerre, et pourtant je les ai vues, moi, ces larmes. J'étais debout, sur un banc de pierre, adossé au mur, quand il passa près de moi. L'Empereur faisait tous ses efforts pour éviter que son cheval ne foulât aux pieds tant de restes humains. Ne pouvant y parvenir, il abandonna les guides et c'est alors que je le vis pleurer... »

L'Empereur, encore à cheval et revêtu de sa pelisse, voit passer devant lui un régiment réduit à soixante hommes — officiers compris. On l'entend demander d'une voix triste :

— Colonel, est-ce là votre régiment?

Ce soir-là, il mange des pommes de terre qu'il a fait cuire lui-même dans les braises du feu d'un bivouac de la Vieille Garde. Il s'endort, tout habillé et botté, sur un matelas, à une demi-lieue en arrière d'Eylau. C'est là que Saint-Chamans le découvre, « l'air fatigué, inquiet et abattu ».

— Qu'y a-t-il de nouveau? demande-t-il d'une voix lasse.

L'officier lui répond en peu de mots que le maréchal Soult l'envoie près de Sa Majesté afin de lui rendre compte de la retraite de l'ennemi. Napoléon est radieux, son visage rayonne de plaisir. Eylau est bien une victoire ! Jusqu'à cet instant il en avait douté...

Bennigsen, en effet, a battu en retraite, mais son repli a été si bien ordonné qu'il pourra annoncer au tsar : « La bravoure et le courage inébranlable des Russes ont arraché une victoire disputée depuis longtemps. » Alexandre le félicite « d'avoir eu la glorieuse fortune de vaincre celui qui n'avait jamais été vaincu ». Et, sans vouloir être ironique, il ajoute :

« Je vous avoue que mon seul regret a été d'apprendre que vous avez reconnu nécessaire de vous replier. »

Dès l'aube, Napoléon, avec une barbe de deux jours — ce qui jusqu'à ce jour ne lui était jamais arrivé — sa culotte et son gilet blanc encore tout maculés de boue, ses gants de fine peau de daim noircis par la bride des chevaux successivement montés durant cette terrible journée du 8 février — Napoléon parcourt le champ de bataille. Il ne veut pas attendre une minute de plus. Il lui faut se faire voir dans le cirque d'Eylau, peut-être pour démontrer à tous qu'il est bien le vainqueur. Victoire quelque peu indécise, « chanceuse », selon son expression.

— Pour deux armées qui pendant une journée entière, se sont fait d'énormes blessures, explique-t-il, le champ de bataille appartient à celui qui, fort de sa constance, ne veut pas le quitter. Celui-là est incontestablement le plus fort.

Les rapports arrivent de toutes parts. Assurément, l'ennemi est déjà loin. Napoléon reprend, voulant convaincre ceux qui l'entourent :

— Eh! Ne voyez-vous pas que les Russes ont usé hier jusqu'à leur dernière ressource? Ils se retirent vaincus. Ils ont commencé leur mouvement rétrograde à l'entrée de la nuit pour être au jour hors de notre atteinte.

Autour de lui l'affreux, le cauchemardesque prolongement de la bataille s'offre au regard : douze mille morts russes, quatorze mille blessés, sont étendus, quatorze mille blessés qui mourront faute de soins. Du côté français vingt mille tués ou blessés. « Je n'ai jamais vu, rapportera Saint-Chamans, autant de morts réunis sur un aussi petit espace de terrain. » Des divisions entières, russes et françaises, ont été exterminées à la place qu'elles occupaient. Sur un quart de lieue, on ne voit que des monceaux de cadavres. Les corps des officiers du 14e léger et du 44e de ligne sont tous étendus les uns sur les autres. « Plusieurs, rapporte Dupin, se tenaient à bras-le-corps, ce qui semblait dire : « Il nous faut mourir ensemble plutôt que de reculer ! » L'énorme quantité de chevaux tués ajoutait encore à ce tableau d'horreur. On entend l'Empereur murmurer :

— Quel massacre! Et sans résultat! Spectacle bien fait pour inspirer aux princes l'amour de la paix et l'horreur de la guerre!

A-t-il dit aussi, en retournant avec le pied un cadavre :

— C'est de la petite espèce.

Certains prétendent l'avoir entendu. Mais peut-on l'affirmer ?

En revenant au quartier général, il dicte le bulletin de victoire reconnaissant l'effroyable hécatombe. Cette franchise étonne certains.

— Un père qui perd ses enfants, explique-t-il en soupirant, ne goûte aucun charme de la victoire. Quand le cœur parle, la gloire même n'a plus d'illusions.

A Joséphine, le 14 février, il écrit : « Mon amie, je suis toujours à Eylau. Ce pays est couvert de morts et de blessés. Ce n'est pas la plus belle partie de la guerre; l'on souffre, et l'âme est oppressée de voir tant de victimes. »

Tous ont faim et il est déchirant de voir les chevaux manger l'écorce des arbres. Les « vainqueurs », les visages noirs de crasse, sont en haillons, les uniformes en lambeaux. « Ceux qui pouvaient marcher, nous rapporte le capitaine Dupin, ne souffraient que de la faim, mais les pauvres blessés!... Leurs camarades leur avaient fait des « manivelles » à l'aide desquelles leurs amis les portaient, tant que cela leur en était possible, d'autres se faisaient traîner, mais nous avions trente lieues à faire ainsi, dans les chemins les plus affreux et que le dégel rendait impraticables; aussi ces malheureux, ne pouvant sortir des ornières, étaient pilés sous les pieds des chevaux de notre cavalerie ou écrasés par notre artillerie qui les enterrait tout vivants dans la boue. »

Mais lorsque l'Empereur dépasse cette armée en retraite, ces malheureux ont encore la force de l'acclamer et de présenter leurs armes, tandis que battent les tambours. Il faut que des renforts arrivent de France ! Que les combattants d'Eylau se refassent, mais en demeurant sur la rive droite de la Vistule! Il est indispensable de cacher à l'Allemagne ce qu'est devenue la Grande Armée. On restera donc en Pologne et en Prusse Orientale ! On continuera à tenir les Russes à distance et l'on aménagera, à Osterode, un camp pour la Garde — des baraques entourées de palissades. Napoléon s'installe avec ses grognards dans un bâtiment de briques élevé au centre du cantonnement.

C'est là, durant plus de cinq semaines, tandis que gel et dégel se succèdent, qu'il apprend les réactions de l'Europe au lendemain de la meurtrière journée d'Eylau. Assurément, « Buonaparte » a manqué être battu — certains parlent même de défaite. Il n'est donc pas invulnérable! Paris, bien sûr, se lamente. La Bourse descend. « Cette baisse, explique Savary, venait de la frayeur dont tout le monde était atteint chaque fois que l'on voyait les destinées de la France et de chaque famille soumises à un coup de canon. » Des échos de lassitude — déjà ! — arrivent jusqu'en Pologne. Napoléon, tout en admettant qu'une guerre de ce genre « use le personnel et le matériel », éprouve le besoin de répliquer en écrivant à Fouché : « Jamais la position de la France n'a été plus grande ni plus belle. Quant à Eylau, j'ai dit et redit que le Bulletin avait exagéré la perte, et qu'est-ce que c'est que vingt mille tués pour une grande bataille ?... Quand je ramènerai mon armée en France et sur le Rhin, on verra qu'il n'en manque pas beaucoup à l'appel. »

Une intense activité diplomatique commence. La Prusse considère Eylau comme une revanche d'Iéna. Elle essaye de louvoyer, se rapproche encore du tsar, tout en envoyant un émissaire — Kleist — au camp d'Osterode. Celui-ci trouve Napoléon « furieusement inquiet » — ce qui est d'ailleurs quelque peu excessif. Alexandre en apprenant l'inquiétude de Napoléon est affermi dans la conviction qu'il tient l'Empereur des Français. Il va l'abattre, enfin ! Il demande à l'Autriche de reprendre les armes.

— Battez-les encore une fois, répond prudemment le vaincu d'Austerlitz et d'Ulm.

Les Autrichiens ont tort d'hésiter. Napoléon le leur dira deux ans plus tard :

— Vous avez fait une sottise de ne pas m'attaquer après la bataille d'Eylau; j'étais dans un fier embarras.

L'empereur François ne doute point de l'importance de cet « embarras » et se contente de se proposer avec prudence et humilité aux belligérants comme médiateur afin de « conclure une paix assurée et solide ».

Alexandre préférait en découdre et Napoléon ne doutait pas de vaincre définitivement son ennemi. Aussi, dans l'unique pièce de son bâtiment de briques entouré tantôt par la boue, tantôt par la neige gelée, décide-t-il de faire venir, non seulement quatorze mille soldats en provenance des dépôts, mais d'appeler les quatre-vingt mille hommes de la conscription de 1808. Le principal est surtout de refaire le moral et la santé de son armée exsangue.

« Faites des miracles », écrit-il, le 12 mars, à Talleyrand. Il faut huit jours pour venir de Varsovie à Osterode ; faites des miracles, mais qu'on m'expédie par jour cinquante mille rations de biscuits. Tâchez aussi de me faire expédier par jour deux mille pintes d'eau-de-vie... Battre les Russes si j'ai du pain, c'est un enfantillage... L'importance de ce dont je vous charge là est plus considérable que toutes les négociations du monde... »

Le 1er avril, l'armée ayant retrouvé son âme — et presque sa force — le quartier général émigre vers le château de Finckenstein, construit au XVIIIe siècle et appartenant au comte de Dohna, grand-maître de la Maison du roi de Prusse. La demeure — aujourd'hui une carcasse brûlée par la guerre — lui plaît : c'est « un très beau château où j'ai beaucoup de cheminées, écrit-il à Talleyrand, ce qui m'est fort agréable, me levant la nuit. J'aime à voir le feu. » Il aime aussi avoir près de lui Marie Walewska.

Encore à Osterode, le 17 mars, il lui avait écrit cette lettre (1) :

« J'ai reçu de vous deux charmantes lettres, les sentiments qu'elles expriment sont ceux que vous m'inspirez, je n'ai pas été un jour sans désirer de vous le dire. Je voudrais vous voir ; cela dépend de vous...

« Ne doutez jamais, Marie, de mes sentiments, vous seriez injuste, c'est un défaut qui vous irait mal. Mille baisers sur vos mains, et un seul sur votre charmante bouche. »

Marie veut le retrouver à Finckenstein. Emu par sa proposition, il lui répond (2) :

« Votre lettre m'a fait grand plaisir. Vous êtes toujours la même et vous ne doutez pas des sentiments que je vous porte. Eh quoi ! vous voudriez affronter les fatigues de la route ? Je vous verrai avec un plaisir que vous pouvez concevoir. Mais au moins n'allez pas vous fatiguer et altérer votre santé. J'ai l'idée que je vous verrai bientôt, Marie. En attendant, un baiser sur votre belle main. A propos, l'on m'a dit que vous aviez bien des soupirants à Varsovie : on en nomme un très assidu, est-ce vrai ? »

Marie se met en chemin et, en roulant vers lui, elle reçoit cette nouvelle lettre datée du 23 avril (3) :

« Madame,

« Je reçois votre charmante lettre. Vous avez eu vilain temps, vous êtes bien fatiguée du mauvais chemin, mais vous vous portez bien, c'est le principal. Je compte sur votre promesse. Vous savez tout le plaisir que j'ai à vous voir. Mille choses aimables partout, et un tendre baiser sur votre charmante bouche, Marie ! »

Voici Marie maintenant près de lui. Son « épouse polonaise » s'attache chaque jour davantage à lui. Un jour il reçoit en cadeau de la part du shah de Perse une collection de châles destinés à l'Impératrice... Aussitôt il insiste pour que Marie fasse d'abord son choix. Qu'elle prenne les plus beaux ! Joséphine n'en

(1) (2) et (3) Archives Walewski.

est pas privée... Marie finit par accepter et choisit un petit châle bleu — le moins précieux de tous.

— J'ai une amie qui aime le bleu. A mon retour, je le lui offrirai.

— Vos hommes sont braves et dévoués, lui dit alors l'Empereur en souriant, et les femmes jolies et désintéressées. Cela fait une belle nation. Je vous promets tôt ou tard de rétablir la Pologne.

Il n'en faut pas plus pour que la jeune comtesse se jette aux genoux de l'Empereur pour le remercier avec effusion!

— Ah! ah! ce cadeau-là, vous l'accepteriez sans faire de façons!... Mais attendez, il faut de la patience, on ne fait pas de politique comme on gagne des batailles, ce n'est pas aussi facile et demande plus de temps.

Elle l'aime maintenant, ce grand homme qui lui faisait si peur, elle l'aime et comprend qu'en dépit de ses promesses, il ne peut encore créer le royaume polonais.

Ils prennent tous les jours leurs repas ensemble, servis par Constant. Lorsque l'Empereur n'est pas là, Marie passe son temps à lire, mais dès qu'elle l'entend dans la cour commander la parade ou passer une revue, bien vite elle abandonne son livre pour le regarder à travers les jalousies de la chambre. « Voilà quelle était sa vie, nous rapporte Constant, comme son humeur, toujours égale, toujours uniforme. Son caractère charmait l'Empereur, et la lui faisait chérir tous les jours davantage. »

Lorsque Napoléon partira pour la France, après Tilsit, il la suppliera de le suivre. Elle refusera, préférant se retirer à la campagne.

— Je sais, lui répondit-il, que tu peux vivre sans moi... Je sais que ton cœur n'est pas à moi... Mais tu es bonne, douce, ton cœur est si noble et si pur! Pourrais-tu me priver de quelques instants de félicité passés chaque jour près de toi? Je n'en puis avoir que par toi, et l'on me croit le plus heureux de la terre.

Et elle le suivra. Elle cède — car elle cédera toujours...

***

Dans son château, à six cents lieues des Tuileries, durant plus de deux mois, Napoléon gouverne l'Empire. Il a sous la main, non seulement les sacs de cuir contenant les plans, les cartes, les états, les rapports des corps d'armée — matière première pour établir ses fameux bulletins — mais encore les fourgons du « Cabinet », toute cette paperasserie concernant les affaires civiles, suivent l'Empereur en campagne. Sans cesse les courriers fourbus, endormis sur leur cheval, ayant cent fois changé de monture depuis Paris, arrivent au quartier général. Mais ce sont les dépêches portées par les estafettes qui atteignent le plus vite le maître. Le portefeuille en cuir portant gravés sur une plaque de cuivre ces mots : « *Dépêche de l'Empereur* » a été fermé à clef à Paris par les services de La Valette, et passe de main en main, de poste en poste, d'estafette en estafette jusqu'au « palais » où réside l'Empereur. Le secrétaire de Napoléon a la clef. Si l'Empereur est absent — comme cela se produit lorsqu'il livre bataille — on lui porte les dépêches. Même en plein combat, il se jette sur elles avec avidité, et dans sa hâte fébrile, afin d'en lire sans tarder le contenu, il lui arrive parfois de déchirer le portefeuille de cuir. L'un d'eux, mis ainsi en piètre état, a été pieusement conservé...

Au moins une fois chaque semaine, un auditeur au Conseil d'Etat quitte Paris, emportant les portefeuilles de tous les ministres, et rejoint l'Empereur là où il séjourne. Si, au début, les fonctionnaires furent épouvantés à la pensée de devoir, en plein hiver, courir la poste à toutes brides, peu à peu, ainsi que nous le dit Pasquier, ils finirent « par regarder comme la chose la plus simple du monde l'épouvantable fatigue de traverser d'un bout à l'autre, sans s'arrêter, l'Europe tout entière. Le gigantesque entrait dans les habitudes. »

Ce « gigantesque » est à la mesure de Napoléon surhomme. Du quartier général de Finckenstein, non loin des rives de la Baltique, partent les ordres que des courriers portent chaque jour vers Paris, Amsterdam ou Naples. Il est étonnant — et unique dans l'histoire des hommes — que l'Empereur, à des milliers de kilomètres de Paris, en dépit des préoccupations d'une guerre acharnée, puisse plier son esprit jusqu'à dicter quatre ordres à la fois sur des sujets divers. C'est ainsi que pour les semaines du printemps 1807, nous possédons plus de trois cents lettres :

4 avril. Napoléon à Fouché :

« Les journaux sont mal dirigés... L'esprit de parti étant mort, je ne puis voir que comme une calamité dix polissons, sans talent et sans génie, clabauder sans cesse contre les hommes les plus respectables, à tort et à travers. »

4 avril. Napoléon à son frère Louis, roi de Hollande :

« Vous gouvernez trop cette nation en capucin... Un roi ordonne et ne demande rien à personne... Ayez dans votre intérieur ce caractère paternel et efféminé que vous montrez dans le gouvernement, et ayez dans les affaires ce rigorisme que vous montrez dans votre ménage. »

Moins de deux mois auparavant — le 27 février — un accident s'était produit à l'Opéra de Paris lors d'une soirée à laquelle assistait l'Impératrice. La victime, la figurante Thérèse-Angélique Aubry, avait eu son heure de gloire sous la Terreur en incarnant la déesse Raison à Notre-Dame. Elle interprétait Minerve, tout en haut des cintres, lorsque, tout à coup, la *gloire* qui la supportait avait basculé. L'événement déclencha une querelle de coulisses entre les responsables. Le rapport de police parvint à Finckenstein et Napoléon répondit à Fouché :

13 avril. « Toutes ces intrigues de l'Opéra sont ridicules. L'affaire de Mlle Aubry est un accident qui serait arrivé au meilleur mécanicien du monde, et je ne veux pas que M. Boutron profite de cela pour intriguer... Qu'il vive bien avec son second; ne dirait-on pas que c'est la mer à boire que de faire mouvoir les machines de l'Opéra?... Les actrices monteront dans les nuages ou n'y monteront pas... On pousse trop loin l'indécence... »

19 avril. Napoléon à son frère Louis : « Un prince dont on dit : *c'est un bon homme,* est un roi perdu... »

19 avril. Napoléon à Junot, gouverneur de Paris : « Je vous ai déjà fait connaître que tous les jours, à midi, sur la place Vendôme, vous ayez une parade. C'est le devoir du gouverneur, surtout dans un moment comme celui-ci. »

19 avril. Napoléon au ministre de l'Intérieur : « Il manque quelque chose dans un grand Etat où un jeune homme studieux n'a aucun moyen de recevoir une bonne direction sur ce qu'il veut étudier, est obligé d'aller comme à tâtons et de perdre des mois, des années à chercher... On pourrait donc s'occuper de l'organisation d'une sorte d'université de littérature, puisque l'on comprend dans ce mot, non seulement les belles-lettres, mais l'histoire et nécessairement la géographie... Cette université pourrait être le Collège de France, puisqu'il existe... Je désire ces institutions : elles ont été depuis longtemps l'objet de mes méditations, parce qu'ayant beaucoup travaillé, j'en ai personnellement senti le besoin. »

20 avril. Napoléon à Regnault de Saint-Jean-d'Angély : « J'écris au ministre de la Police d'en finir avec cette folle de Mme de Staël, et de ne pas souffrir qu'elle sorte de Genève, à moins qu'elle ne veuille aller à l'étranger faire des libelles.

21 avril. Napoléon à Cambacérès : « Je pense qu'il est convenable de ne pas tarder plus longtemps à remettre aux Invalides l'épée et les décorations de Frédéric. »

2 mai. Napoléon à Duroc : « Sur les fonds de la caisse des théâtres, donner à M. Paër une boîte avec chiffre en or et la somme de 10 000 francs; à Mme Paër la somme de 6 000 francs. »

2 mai. Napoléon à Cambacérès : « Le poste de Saint-Cloud doit être fourni par la compagnie des vétérans de la Garde... Faites former de cette compagnie un détachement de soixante hommes, et faites-le caserner à la caserne de la Garde à cheval. »

6 mai. Napoléon au roi de Naples : « Mon frère.

si vous faites frapper de la monnaie, je désire que vous adoptiez les mêmes divisions de valeur que dans les monnaies de France... J'ai déjà fait la même chose pour mon royaume d'Italie. Les princes confédérés font la même chose. De cette manière, il y aura dans toute l'Europe uniformité de monnaie, ce qui sera d'un grand avantage pour le commerce. »

7 mai. Napoléon à Cambacérès : « Je n'approuve pas la résolution que vous avez prise relativement aux affaires de l'Opéra, parce que dans l'ordre général de service que j'ai arrêté pendant mon absence, je ne vous ai point donné le droit de prendre des résolutions... »

15 mai. Note sur la nouvelle maison d'éducation des jeunes filles de la Légion d'honneur, à Ecouen : « Qu'apprendra-t-on aux demoiselles qui seront élevées à Ecouen? Il faut commencer par la religion dans toute sa sévérité... Elevez-nous des croyantes et non pas des raisonneuses. Il faut ensuite apprendre aux élèves à chiffrer, à écrire, et les principes de leur langue afin qu'elles sachent l'orthographe. Il faut leur apprendre un peu de géographie et d'histoire, mais bien se garder de leur montrer ni le latin ni aucune langue étrangère... Mais, en général, il faut les occuper toutes, pendant les trois quarts de la journée, à des ouvrages manuels : elles doivent savoir faire des bas, des chemises, des broderies, enfin toute espèce d'ouvrages de femmes... Il serait bon aussi qu'elles eussent un peu de cette partie de la cuisine qu'on appelle l'office... L'habillement doit être uniforme. Il faut choisir des matières très communes et leur donner des formes agréables. Quant à la nourriture, elle ne saurait être trop simple : de la soupe, du bouilli et une petite entrée. Il ne faut rien de plus... La danse est nécessaire à la santé des élèves, mais il faut un genre de danse gaie et qui ne soit pas danse d'opéra. J'accorde aussi la musique, mais la musique vocale seulement... Je n'élève ni des marchandes de modes, ni des femmes de chambre, ni des femmes de charge, mais des femmes pour des ménages modestes. »

26 mai. A son frère Jérôme qui souffre d'hémorroïdes : « Le moyen le plus simple de les faire disparaître, c'est de vous faire appliquer trois ou quatre sangsues. Depuis que j'ai usé de ce remède, il y a dix ans, je n'en ai plus été tourmenté. »

Parallèlement aux affaires de l'intérieur, il lui faut aussi continuer son métier de chef d'armée — et, sans relâche, il va inspecter ses troupes. Outre la cohorte des officiers généraux, des membres de l'état-major, des aides de camp, des écuyers, des officiers d'ordonnance, des pages, le piquet de service — un officier et vingt chasseurs — attend toujours devant le « palais » car le départ impérial s'effectue avec la rapidité de l'éclair.

Une brigade — il y en avait dix — de chevaux de selle se tient prête à être enfourchée par l'Empereur et sa suite. Pour lui : deux chevaux de bataille et un cheval d'allure : trois montures dites « du rang de Sa Majesté ». Les autres chevaux sont réservés au grand écuyer, à l'écuyer de service, au mamelouk Ali, veillant sur une fiole d'eau-de-vie, le manteau et le frac de l'Empereur, au chirurgien véhiculant « un assortiment de tout ce qu'il faut pour panser », au piqueur, préposé à la cantine et au portemanteau d'effets, aux deux valets de chambre ayant avec eux charpie, sel, vin de madère, instruments de chirurgie, aux trois maîtres d'hôtel et à leur cantine — plus sérieuse celle-ci. Enfin des palefreniers transportent les portefeuilles et les cartes. Un page est chargé de « la lunette sur le devant de sa selle, des sacoches qui renferment un mouchoir et une paire de gants pour Sa Majesté et un petit assortiment de bureau contenant papier, plumes, encre, crayons, compas, cire d'Espagne, le tout conforme à l'*état B;* il porte sur le derrière de sa selle un petit portemanteau avec des armes à son usage ». Lorsque l'Empereur saute à cheval, tout ce monde s'élance, non à sa suite, mais à sa poursuite...

A la fin du mois de mai, le jour où il reçoit l'ambassadeur de Turquie, Napoléon apprend la prise de Dantzig — dernière place forte prussienne. Quatorze mille hommes se sont rendus et un considérable approvisionnement tombe entre les mains de l'armée impériale, à la veille même de sa nouvelle entrée en campagne. Aussitôt l'Empereur demande sa berline et prend la route de la Baltique.

Et la machine impériale s'ébranle derrière lui.

« Tous les officiers qui devaient ou pouvaient venir à la suite n'osaient pas devancer l'escorte, nous racontera l'Allemand Odeleben, les officiers de haut rang avaient seuls le droit d'avancer, soit derrière, soit des deux côtés de la voiture. On se précipitait ainsi, comme un orage, au grand trot, de jour ou de nuit, en parcourant plusieurs lieues; et celui qui était obligé de suivre ce tourbillon pendant la nuit était assez mal à son aise. Là où la route était étroite, on courait pour ainsi dire les uns sur les autres avec un zèle brutal. Ceux qui se trouvaient le moins gênés étaient les deux officiers d'ordonnance qui précédaient la voiture, ainsi que les deux chasseurs qui étaient encore plus en avant. Tous les autres risquaient de se casser le cou ou les jambes, car les domestiques qui conduisaient les chevaux de Napoléon se regardaient comme les chefs du cortège; le chasseur du portefeuille, les officiers d'ordonnance et les pages n'étaient pas plus modestes. Effectivement, chacun devenait important quand Bonaparte l'appelait : aussi tout le monde se pressait, se hâtait, se précipitait les uns sur les autres pendant la chaleur, au milieu de la poussière, du brouillard et dans l'obscurité de la nuit. »

Dans sa berline tirée à six chevaux, des compartiments ont été aménagés pour enfermer les papiers et les cartes. Napoléon dicte des lettres, des rapports, des notes pour Duroc et Berthier — les ordres seront expédiés dès le prochain relais. Quand il n'écrit pas, l'Empereur lit un livre de sa bibliothèque de voyage, un livre de petit format imprimé spécialement pour lui, qui, s'il ne l'intéresse pas, est jeté par la portière... Le bureau de campagne démontable — le musée de Malmaison possède l'un d'eux — un fauteuil, une table accompagnent Napoléon dans une voiture de suite. Puis viennent les fourgons-pourvoyeurs, les fourgons-cuisine dans une voiture en forme de coucou, la cave pourvue de vins fins pour l'état-major et du chambertin pour l'Empereur, vendu 6 francs la bouteille, marqué d'un *N,* et fourni par la maison Soupé et Pierrugues, 338, rue Saint-Honoré. Sous la bâche, on place la batterie de cuisine et un fourneau portatif. Quelquefois, l'Empereur fait une halte en plein champ, s'assied sous un arbre et demande son déjeuner. Roustam et les valets de pied sortent de leurs étuis de cuir la vaisselle et les petites casseroles d'argent couvertes où se trouvent des plats tout préparés. Chacun mange sur ses genoux. « On allumait du feu pour chauffer le café, nous explique Constant, et moins d'une demi-heure après tout avait disparu. Les voitures roulaient dans le même ordre qu'avant la halte. » L'effectif complet comptait cinquante-deux voitures et six cent trente chevaux et mulets !...

Arrivé à l'abbaye d'Oliva, près de Dantzig, Napoléon accueille le maréchal Lefebvre par ces mots :

— Monsieur le duc de Dantzig, l'empereur des Français vous salue et vous adresse ses chaleureuses félicitations.

Le mari de Mme Sans-Gêne semble ne pas comprendre. L'Empereur lui tend alors un petit paquet :

— Duc de Dantzig, acceptez ce chocolat; les petits cadeaux entretiennent l'amitié.

Le maréchal trouve à l'intérieur cent mille écus en billets de banque. Ainsi fut créé le premier duc d'Empire et, désormais, l'usage s'établit dans l'armée d'appeler, par euphémisme, l'argent du *chocolat de Dantzig*...

*
**

Tandis qu'à Paris les ministres espèrent voir la paix bientôt signée — « pour l'intérêt de l'Empereur, pour celui de la France, pour le nôtre » —, l'entourage de Napoléon aspire au repos. « Voilà six mois que nous avons quitté la France, soupire Caulaincourt, deux ont suffi pour conquérir la Prusse et mettre son roi sans armée et, en quatre mois, nous n'avons pu obtenir un résultat avec les Russes et Dieu sait quand on les joindra! »

En admettant que l'Empereur ait eu l'intention de céder à leurs souhaits, les Russes et même le corps prussien qui combat encore avec les troupes du tsar ne tiennent nullement à déposer les armes. Il est déjà loin le temps où Bennigsen recommandait « d'éviter les batailles ». Maintenant en parlant de Napoléon, il ose ajouter « le vaincu d'Eylau ». Alexandre, aveuglé par l'air de jactance de son général en chef, est persuadé que lors des prochains combats son armée va anéantir les troupes impériales. Et déjà, il prédit l'avenir : aidé par les Autrichiens, on reconduira l'envahisseur jusqu'au Rhin et aux Alpes et on le bouclera derrière ses frontières naturelles !

Sans tarder davantage, l'ennemi a repris l'offensive et fonce sur les troupes de Soult, de Bernadotte et de Ney. Ce dernier a été si violemment attaqué à l'aube du 5 juin par cinquante mille Russes que son corps, fort seulement de vingt-cinq mille hommes, a dû se replier vers Guttstadt.

Si l'état-major s'inquiète, Napoléon se réjouit. Le samedi 6 juin, de Finckenstein, il écrit à Fouché : « Huit jours après que vous aurez reçu cette lettre, tout sera fini. » Une semaine en effet après avoir tracé ces lignes, l'Empereur livrera bataille. Une fois de plus la victoire doit être totale, décisive ! Si, par malheur, elle ne l'était pas, les Autrichiens se joindraient aux Russes et ce serait la curée !

Où et comment se fera la rencontre?

Quatre jours plus tard, le matin du 10 juin, alors que par un soleil déjà chaud l'Empereur a quitté Guttstadt pour Heilsberg, il avise tout à coup un mamelon dominant la campagne. L'état-major et la Garde à cheval suivent. Arrivé au sommet, il arrête son cheval :

— Berthier, mes cartes!

« Aussitôt, racontera Norvins, le grand écuyer Caulaincourt fit signe à l'ordonnance chargée du portefeuille des cartes, l'ouvrit et le remit au major général qui, le chapeau bas ainsi que lui, déploya par terre une carte immense, sur laquelle l'Empereur se mit d'abord à genoux, puis se courba sur ses mains, puis enfin se coucha de tout son long, armé d'un petit crayon dont il la pointait. Il resta une grande demi-heure profondément silencieux dans cette attitude. En avant de lui, et dans l'attente d'un signe ou d'un ordre, les deux grands dignitaires restaient debout, immobiles, la tête toujours découverte, malgré le brûlant soleil des étés du Nord. La cavalerie de la Garde encadrait le tableau... » Soudain, Napoléon se relève en riant et « en montrant ses belles dents ». Il vient de trouver la tactique qu'il va employer pour battre les Russes. Il faut immédiatement profiter de l'erreur commise par l'adversaire ! L'offensive des troupes ennemies est « un coup d'étourdi ». Pour les attirer vers lui, Ney doit continuer de reculer. Pendant ce temps, Napoléon rassemblera ses forces et amènera les Russes sur un terrain choisi par lui :

— Je les engagerai dans une bataille afin d'en finir!

Cette fois on ne les laissera pas s'échapper ! Il semble les tenir déjà! En un clin d'œil, il monte à cheval et part comme l'éclair, sur la route qui va le conduire à Friedland.

Malheureusement, devant Heilsberg — le 10 juin — Murat et Soult attaquent avec trop de furie au lieu de contenir simplement l'armée ennemie et permettre ainsi à l'Empereur de gagner, avec le gros de ses forces, l'endroit désigné. Les deux lieutenants de l'Empereur n'ont avec eux que trente mille hommes. En face, ils sont quatre-vingt-dix mille ! Napoléon fait donner des réserves, se rapproche de Heilsberg et se promène avec tant d'inconscience sous le feu des Russes, que Oudinot lui lance :

— Sire, si vous restez exposé à la mitraille, je vous fais enlever par mes grenadiers et enfermer dans un caisson.

Napoléon obéit et se dirige vers un des carrés en grommelant :

— C'est qu'il le ferait comme il le dit!

La contre-attaque a réussi. C'est bientôt au tour

des Russes de se replier et, à 4 heures du matin — le 11 — l'Empereur entre dans Heilsberg. Dès le lendemain — selon l'expression de Louis Madelin — Napoléon prépare « une nouvelle souricière ». Tandis que le gros de l'armée française prend le chemin de Kœnigsberg, base des opérations et centre de la ligne de résistance ennemie, on apprend que Bennigsen se dirige vers le nord. Il remonte, en effet, avec toutes ses forces la rive droite de l'Alle, une rivière qui serpente le plus souvent dans le creux d'une vallée encaissée. Bien protégé par cette défense naturelle, le général russe ne craint pas de voir son flanc menacé. Soudain on vient lui annoncer qu'une avant-garde française a pénétré dans Friedland, située sur la rive gauche et placée entre deux boucles de l'Alle. Il s'agit du corps de Lannes qui précède toute l'armée impériale. Bennigsen commet alors la faute dont il se repentira toute sa vie : afin d'anéantir l'adversaire, il fait traverser la rivière au gros de ses forces et se précipite vers Friedland. Lannes, qui n'a sous la main que dix mille hommes, doit abandonner sa position, d'autant plus que l'artillerie russe s'est mise en batterie sur les hauteurs de la rive droite qui domine la ville.

Bennigsen ne peut s'imaginer que l'Empereur est à quelques lieues et que toute l'armée française s'apprête à fondre sur lui, sans qu'il puisse reculer autrement qu'en passant par les ponts étroits qui enjambent l'Alle aux rives fort escarpées à cet endroit. Pour tout arranger, les abords de Friedland sont rendus difficilement accessibles par deux autres obstacles naturels : un étang et le Mühlenbach — le ruisseau du Moulin affluent de l'Alle — dont les méandres coulent au fond d'un véritable ravin. Bennigsen ne se rend toujours pas compte du danger. Il continue à s'installer sur la rive gauche — cette rive qui sera sa perte. Il se frotte même les mains en apprenant l'arrivée d'un autre corps français — celui d'Oudinot... Et la bataille, la première bataille de Friedland, s'engage, une bataille très difficile pour les Français bien inférieurs en nombre — vingt-six mille contre soixante-dix mille ! — mais les impériaux se battent avec une énergie farouche, certains de voir arriver Napoléon à la tête de cinquante mille hommes.

Au même instant, l'Empereur ayant appris que Bennigsen est tombé dans le piège qu'il lui a préparé et qu'il s'est placé dos à la rivière — une rivière infranchissable rapidement — quitte Eylau « rayonnant de joie ». Sitôt arrivé en vue du champ de bataille — il est alors midi — Napoléon monte

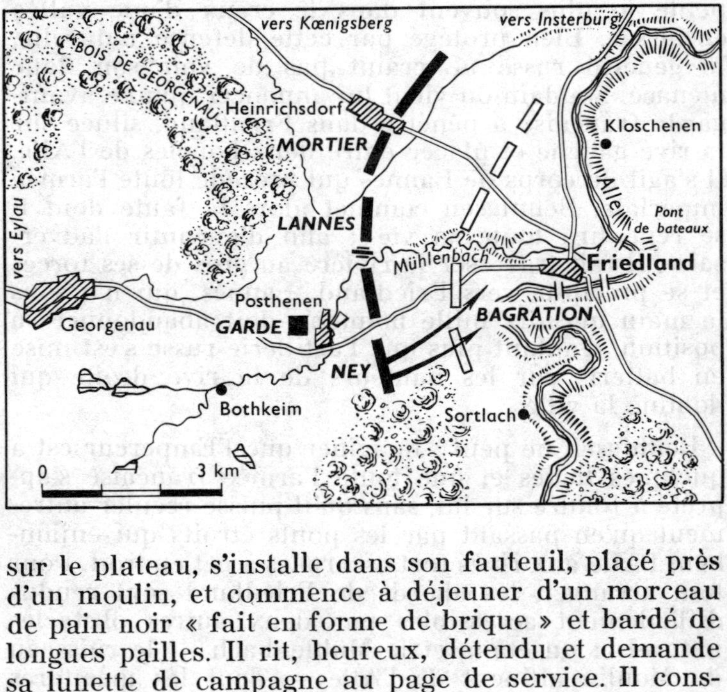

sur le plateau, s'installe dans son fauteuil, placé près d'un moulin, et commence à déjeuner d'un morceau de pain noir « fait en forme de brique » et bardé de longues pailles. Il rit, heureux, détendu et demande sa lunette de campagne au page de service. Il constate que la ville se trouve au centre du dispositif ennemi. Celui-ci, formé de deux ailes, suit en aval le cours de l'Alle et par conséquent est disposé en échelon un peu refusé. Le plan de l'Empereur? Laisser les Russes s'enferrer encore sur la rive gauche, tout en faisant passer sur la rive droite, dans la boucle de l'Alle, le maximum de monde par les ponts que le génie a rapidement construits en amont. Tout à l'heure, selon la manœuvre classique et habituelle, on brisera le centre pour battre ensuite séparément les deux ailes.

— Voilà le but, explique-t-il à Ney, marchez sans regarder autour de vous ; pénétrez dans cette masse épaisse quoi qu'il puisse vous en coûter; entrez dans Friedland, prenez les ponts, et ne vous inquiétez pas de ce qui pourra se passer à droite, à gauche, ou sur vos derrières. L'armée et moi sommes là pour y veiller.

Pourquoi l'Empereur ne passe-t-il pas immédiatement à l'attaque décisive ? Parce que l'armée française ne sera véritablement rassemblée que vers 5 heures. Ne sera-t-il pas trop tard pour livrer bataille ? Ne vaudrait-il pas mieux remettre au lendemain ? L'Empereur hoche la tête : il voit l'état-major russe qui ne parvient pas à venir à bout des corps de Lannes, d'Oudinot et de Mortier, et commet la folie de faire passer sans cesse de nouvelles réserves de l'autre côté de la rivière.

— Non, s'exclame Napoléon, on ne surprend pas deux fois l'ennemi en pareille faute!

On pouvait attendre : au mois de juin, non loin de la Baltique, le crépuscule ne tombe guère avant 11 heures du soir! L'Empereur, « cinglant et brisant de hautes herbes avec sa cravache », demande au maréchal Berthier :

— Quel jour sommes-nous aujourd'hui ?

— C'est le 14 juin, Sire.

— Jour de Marengo! Jour de victoire! s'exclame l'Empereur.

Et Napoléon « continue à jouer sa bataille comme une partie d'échecs ». A 5 h 30, on entend tonner une batterie française forte de vingt canons : c'est le signal de l'attaque. Toutes les forces impériales sont maintenant à pied d'œuvre. Les combattants se lèvent en criant :

— Vive l'Empereur! A Friedland! En avant!

Et — une fois de plus — tout se meut et va se dérouler comme il l'a prévu.

Ney a ordonné la marche en avant, l'arme au bras, tandis que les canons ennemis — toujours placés sur les collines de la rive droite — font pleuvoir sur les Français une grêle de boîtes à mitraille qui « éclataient sur nos têtes, racontera le chef d'escadron Levasseur, et faisaient un cliquetis affreux dans les fusils élevés ». La fumée aveugle les hommes qui obliquent trop à droite. Les Cosaques pénètrent dans l'intervalle. Levasseur, envoyé par Ney, arrive au galop près d'un colonel :

— Appuyez à gauche! hurle-t-il.

« Mais pendant que je lui parle, continue Levasseur, un boulet l'enlève. Un commandant met aussitôt son chapeau au bout de l'épée en criant :

— Vive l'Empereur! En avant!

Un second coup arrive et le commandant tombe sur les genoux, les deux jambes coupées. Un capitaine lui succède et fait à grand-peine exécuter le même mouvement. »

Le canon français tonne maintenant. En trois heures — chiffre considérable pour l'époque — l'artillerie impériale tire deux mille six cents coups de canon, contraignant d'abord les batteries russes à se taire, puis démolissant un à un les carrés de l'adversaire. Ensuite vient le tour de l'infanterie française qui exécute des feux de peloton et avance au pas de charge. C'est le coup de grâce. Alors que la Garde est demeurée l'arme au bras, sans recevoir l'ordre d'intervenir, les masses ennemies se décomposent sous les yeux ravis de Napoléon. Avant que le soleil ait touché l'horizon c'est le sauve-qui-peut. Les ponts de bateaux trop étroits entravent la débâcle de l'ennemi. Les Russes se jettent dans la rivière pour gagner plus vite l'autre rive, l'Alle est profonde, beaucoup se noient. Les fuyards ne prennent pas le temps de chercher un gué. Il en existe pourtant un, vers l'aval, à la hauteur de la tuilerie de Klochenen.

Napoléon confie au courrier Moustache cette lettre adressée à Joséphine : « Mon amie, je ne t'écris qu'un mot, car je suis bien fatigué; voilà bien des jours que je bivouaque. Mes enfants ont dignement célébré l'anniversaire de la bataille de Marengo. La bataille de Friedland sera aussi célèbre et aussi glorieuse pour mon peuple. Toute l'armée russe mise en déroute, quatre-vingts pièces de canon, trente mille hommes pris ou tués; vingt-cinq généraux russes tués, blessés ou pris; la garde russe écrasée. »

La défaite russe est, cette fois, totale. Cela n'empêche pas Bennigsen d'expliquer au tsar : « Les Français eurent beau jeu puisque la prudence exigeait qu'on ne leur disputât pas le champ de bataille. » Mais piteux, tombé de haut, il lui faudra bientôt avouer l'effroyable réalité et la « boucherie » que Friedland fut pour son armée. Il suffit pour s'en convaincre de parcourir le lendemain, avec l'Empereur, le champ de bataille couvert de cadavres. La chaleur est torride, la puanteur atroce. Le projet d'enterrer les morts est abandonné. Il faut faire vite, et l'ordre est donné de traîner jusqu'à l'Alle les cadavres des hommes et des chevaux. L'opération, rapidement menée, se termine par les gros rires des soldats, égayés à la vue des morts cabriolant le long des pentes du ravin avant de disparaître dans la rivière...

Sept mille Français sont tombés, eux aussi... On essaye de n'y point trop penser. Friedland! *Pays de paix !* Un seul fait éblouit l'Empereur : le 19 juin, Murat, lancé à la poursuite des vaincus, est parvenu à la frontière de l'empire russe. Napoléon peut écrire fièrement à Fouché : « Mes Aigles sont arborées sur le Niémen. »

« Entrevue de l'Empereur des Français et de l'Empereur de Russie. écrit la légende de cette estampe populaire. La conférence entre les deux Empereurs a duré deux heures, après quoi, les personnes de leur suite ont été introduites. »

VIII

«JE VOUS DISPENSE DE ME COMPARER A DIEU»

L'anarchie ramène toujours au pouvoir absolu.

NAPOLÉON.

NAPOLÉON va-t-il donner l'ordre aux vainqueurs de Friedland de traverser le Niémen et de pénétrer en Russie? Il est fou de joie, et, du hameau dominant Tilsit, de toute la vitesse de son cheval, il dévale vers le fleuve. Certains craignent que, grisé par sa victoire, il ne le franchisse. Talleyrand, qui se trouve à Dantzig, écrit le 18 juin 1807 à l'Empereur pour lui dire qu'il considére la victoire de Friedland « comme un avant-coureur de la paix ». Il précise même : « C'est par là qu'elle m'est chère; car, toute belle qu'elle est, je dois l'avouer, elle perdrait à mes yeux plus que je ne puis dire si Votre Majesté devait marcher à de nouveaux combats... »

Talleyrand a tort de s'inquiéter : Napoléon, réflexion faite, désire maintenant regagner Paris après cette longue absence. Pour lui — il l'écrit le 20 juin — Friedland est un « dénouement ». Les Russes s'avouent vaincus « et crient à tue-tête : *la paix !* »

Cependant, certains « vieux Russes » souhaitent que le tsar laisse le vainqueur de Friedland franchir la frontière. Ils l'affirment — « l'armée de M. Buonaparte », loin de ses bases, harcelée et affaiblie par une guerre de guérillas, périrait dès la première grande rencontre comme celle de Charles XII. Bennigsen semble oublier qu'il vient d'être battu à plate couture. La débandade de Friedland n'est plus pour lui qu'un repli stratégique.

— Nos renforts nous mettront sous peu en état de devenir plus redoutables que jamais à Bonaparte.

Alexandre demeure songeur. Et si Napoléon reformait le royaume de Pologne? Cette Pologne que le tsar rêvait de transformer en un vaste glacis devant le Niémen, ne marcherait-elle pas avec l'envahisseur, si les Français pénétraient dès maintenant en Russie ?

Pour la Sainte Russie, mieux valait la paix.

Aussi, le vendredi 19, se refusant à écouter Bennigsen, le tsar envoie le prince Lobanov à Napoléon pour lui demander un armistice. Le prince revient de sa mission fort optimiste. Les exigences de l'empereur des Français seront certainement fort modérées. Par ailleurs, le tsar, peu secondé ou abandonné par ses alliés se met à admirer maintenant Napoléon. Il l'affirme : l'union de la France et de la Russie lui paraît la seule garantie pour « le bonheur et le repos de l'univers ». Il déclare même à Caulaincourt :

— Nous avons été battus, mais vous conviendrez que nous nous battons bien. Nous sommes deux grandes nations, pour faire la paix, nous devrions prendre le globe et le partager.

Napoléon paraît être de cet avis puisque, le 22 juin, l'Empereur dit au prince Lobanov, de nouveau reçu à Tilsit, en lui montrant la Vistule sur une carte :

— Voici la limite entre les deux empires. D'un côté, doit régner votre souverain, moi de l'autre.

Il fallait au plus vite que les deux empereurs se voient! Napoléon ne tient tout d'abord que « médiocrement » à cette entrevue — il l'écrira à Talleyrand la veille même de la rencontre — mais une idée s'impose à son esprit : pourquoi ne pas faire la paix en abandonnant avec grandeur d'âme les avantages que Friedland lui permettait d'exiger du tsar ? Au lieu de créer un vaste Etat polonais menaçant la Russie, ne vaudrait-il pas mieux se contenter d'un avant-poste sur la Vistule, composé de l'ancienne Pologne prussienne ? Pourquoi ne pas laisser à Alexandre les mains libres, à la fois au nord pour s'emparer de la Finlande, et, au sud, pour s'approprier une part importante de l'empire ottoman qui est en train de se désagréger? Sans doute Napoléon avait-il signé récemment une alliance avec le sultan Selim, son ancien adversaire de la campagne égyptienne — ex-sultan depuis le 27 mai, il est vrai — sans doute encore, en ne ressoudant pas les morceaux de la Pologne allait-il affreusement décevoir les magnats polonais qui avaient mis leur confiance en lui — et surtout Marie! — mais le partage du monde valait bien un sacrifice sur les rives du Niémen et de la Vistule.

***

— Dieu, quelle joie pour nous! s'exclame le brave Coignet en apprenant, avec toute l'armée, la prochaine entrevue entre les deux empereurs.

Assurément, le chemin de Paris va bientôt s'ouvrir pour les vainqueurs de Friedland! « Tout le monde était fou. Les officiers étaient parmi nous pour que rien ne manque à notre belle tenue : les queues des coiffures bien faites et bien poudrées, les buffleteries bien blanches. Défense de s'éloigner! » Massés sur les rives, on regarde en se réjouissant le radeau placé au milieu du fleuve, et sur lequel les pontonniers s'affairent pour élever une maisonnette composée d'un grand salon et d'une antichambre. Le tout joliment meublé et décoré de guirlandes de fleurs et de verdure.

Le jeudi 25 juin, Alexandre — uniforme noir à parements rouges, culotte blanche, chapeau orné de plumes blanches et noires — monte en barque pour se rendre vers le radeau où l'attend déjà Napoléon, vêtu avec sa simplicité habituelle. A ses côtés : Berthier, Duroc, Caulaincourt et Bessières.

Les deux empereurs s'embrassent.

— Sire, déclare Alexandre, je hais les Anglais autant que vous.

— En ce cas, s'exclame l'Empereur, la paix est faite.

Il est d'ailleurs probable que les deux phrases ne furent jamais prononcées... bien que les sentiments qu'elles exprimaient aient été conformes à ceux qui animaient les deux adversaires. La Russie et la France devaient s'entendre seules. Napoléon ne voulait même pas que la Prusse prît part aux discussions. Frédéric-Guillaume se trouvait pourtant directement intéressé à l'affaire puisqu'il était question de dépecer ses Etats.

— J'ai souvent couché à deux, s'exclame Napoléon, jamais à trois.

Alexandre trouve le mot charmant et se montre de plus en plus séduit.

— Que ne l'ai-je connu plus tôt constate-t-il, le voile est déchiré et le temps de l'erreur est passé.

Cependant, le tsar se méprend sur les mobiles qui poussent Napoléon à ne pas traiter son adversaire en vaincu. Il ne voit dans cette modération et ce désintéressement que l'orgueil d'un parvenu nommé Buonaparte, qui ose parler d'égal à égal avec un tsar, et il écrit à sa mère : « Avec tout son génie, il a un côté vulnérable : la vanité, et je me suis décidé de faire le sacrifice de mon amour-propre pour le salut de l'Empire. » Peut-être était-ce simplement là une excuse destinée à apaiser à l'avance sa mère horrifiée en pensant que son fils puisse entretenir des relations amicales avec celui qu'elle nommait le *Corsicain !*

Napoléon trouve Alexandre « un fort beau, bon jeune homme, ayant plus d'esprit qu'on ne pense communément ». Il précise même : « C'est un héros de roman. Il a toutes les manières d'un des hommes aimables de Paris. » Après une deuxième entrevue, le lendemain, on estime que les conversations peuvent difficilement se prolonger sur un radeau flottant, aussi, afin de ménager la susceptibilité d'Alexandre, décide-t-on de neutraliser le bourg de Tilsit où, seuls, demeureront les deux empereurs, leurs états-majors et leurs gardes.

Napoléon, après avoir accueilli son hôte avec tous les honneurs possibles — coups de canon, et présentation des troupes — conduit Alexandre à sa demeure en lui disant :

— Voilà la maison de Votre Majesté.

— Sire, réplique le tsar, permettez-moi de parcourir jusqu'au bout la rue, pour voir toute la Garde, que je trouve superbe !

Pendant que les deux empereurs prennent ensemble leur repas, la Garde impériale reçoit à dîner la Garde russe. « Il fallait voir nos cuisiniers bien poudrés, en tabliers blancs pour servir, racontera encore Coignet; on peut dire que rien n'y manquait. Nous plaçâmes nos convives à table, entre nous, et le dîner fut bien servi. Voilà la gaieté qui se fait parmi tout le monde!... Ces hommes affamés ne purent se contenir; ils ne connaissaient pas la réserve que l'on doit observer à table. On leur servit à boire de l'eau-de-vie; c'était la boisson du repas, et avant de la leur présenter, il fallait en boire, et leur présenter le gobelet en fer blanc qui contenait un quart de litre, son contenu disparaissait aussitôt, ils avalaient des morceaux de viande gros comme un œuf à chaque bouchée. Ils se trouvèrent bientôt gênés; nous leur fîmes signe de se déboutonner, en en faisant autant. Les voilà qui se mettent à leur aise; ils étaient serrés dans leurs uniformes par des chiffons pour se faire une poitrine large; c'était dégoûtant à voir tomber ces chiffons. Il nous arrive deux aides de camp, un de notre Empereur et un de l'empereur de Russie, pour nous prévenir de ne pas bouger, que nous allions recevoir leur visite. Les voilà qui arrivent; du signe de la main, notre Empereur dit que personne ne bouge; ils firent le tour de la table, et l'empereur de Russie nous dit :

— Grenadiers, c'est digne de vous ce que vous avez fait.

Après leur départ, nos Russes qui étaient à leur aise recommencèrent à manger de plus belle... »

Entre les deux souverains en train de se partager l'Europe, c'est une véritable amourette. On les rencontre, le soir, se tenant tous les deux par le bras, « Moi, passer mes journées avec Bonaparte, écrit le tsar, être des heures entières avec lui ! Je vous demande un peu si tout cela n'a pas l'air d'un rêve? »

Napoléon propose à l'empereur de Russie de lui donner la Pologne prussienne, c'est-à-dire tout le territoire s'étendant entre le Niémen et la Vistule. Par pudeur vis-à-vis de son allié, Alexandre n'ose pas accepter. Les projets n'en bouillonnent pas moins... La Russie aurait l'Orient, la France l'Occident ! On parle même d'une alliance! Et Alexandre, stupéfait, écrit à sa sœur Catherine : « Dieu nous a sauvés, au lieu de sacrifices, nous sortons de la lutte avec une sorte de lustre! »

Pour le tsar, les conditions de paix sont étonnamment favorables. Sans doute le roi de Saxe reçoit-il le duché de Varsovie, mais Alexandre se tire d'affaire en abandonnant ses possessions méditerranéennes auxquelles l'Empereur tient beaucoup, car il désire que la Méditerranée devienne une mer exclusivement française. Un traité d'alliance avec Napoléon est prévu et — surtout — le tsar prend l'engagement d'être le médiateur entre la France et l'Angleterre. Si son rôle d'arbitre ne parvenait à aucun résultat, la Russie déclarerait la guerre à Londres et adhérerait au Blocus continental. Enfin, Alexandre reconnaissait la Confédération du Rhin, les royaumes napoléoniens, et approuvait la mutilation projetée de la Prusse...

Napoléon avait même pensé détrôner le roi de Prusse. « Un petit Hohenzollern qui figurait à l'état-major de Berthier, racontera l'Empereur, me demanda à l'asseoir sur le trône. Je l'y aurais bien mis, s'il fût descendu de Frédéric, mais sa branche était depuis trois cents ans séparée de son aînée et je crus aux protestations que me prodigua le roi de Prusse. »

Le tsar a, en effet, put obtenir, non sans mal, que l'on fasse enfin venir Frédéric-Guillaume à Tilsit. Le malheureux arrive piteux, lamentable, amaigri, telle une victime. Coignet s'exclame :

— Le vilain souverain!

Lorsque les trois monarques partent à cheval, les deux empereurs, meilleurs cavaliers, distancent le roi. Et Napoléon de constater, impitoyable :

— C'est un homme entièrement borné, sans caractère, sans moyens, un vrai benêt, un balourd, un ennuyeux!

Le tsar avoue son impuissance au malheureux souverain venu mendier un morceau de sa couronne.

— J'ai fait tout ce qui était possible humainement. Il m'est cruel de perdre jusqu'à l'espoir de vous être utile autant que mon cœur l'aurait désiré.

Napoléon enlève à Frédéric-Guillaume la moitié de ses Etats, en précisant bien au ministre de Prusse :

— Ayant achevé mes affaires avec l'empereur Alexandre, je n'ai même pas l'intention de négocier avec la Prusse. Votre roi doit tout à l'attachement chevaleresque de l'empereur Alexandre; sans lui, la dynastie royale aurait perdu le trône et j'aurais donné la Prusse à mon frère Jérôme. Dans ces circonstances, votre souverain doit accepter comme une faveur de ma part si je laisse encore quelque chose en sa possession.

Il ne reste au roi qu'un espoir : faire venir à Tilsit sa femme, la ravissante, sentimentale et intelligente reine Louise. Frédéric-Guillaume compte que la beauté de sa femme pourra attendrir le vainqueur. Bien qu'elle aimât d'un amour platonique Alexandre — elle le considérait comme un dieu — Louise était une épouse modèle. « Les conditions sont effroyables », lui fait savoir son mari en la suppliant de prendre le chemin de Tilsit. Louise fond en larmes, mais n'en obéit pas moins au désir de son mari. Elle se met bravement en route afin d'affronter « le monstre ». Le 6 juillet 1807, la souveraine, tout de blanc vêtue, le deuil des reines, arrive au « palais » de son époux : un ancien moulin branlant. Napoléon se fait annoncer. C'est à peine s'il lui demande des nouvelles de son voyage. Il la considère comme seule responsable du conflit qui lui a été imposé et attaque aussitôt :

— Comment avez-vous osé me déclarer la guerre?

— Sire, la gloire du Grand Frédéric nous a trompés, elle était si éclatante que cette erreur nous était vraiment permise.

Elle s'enhardit et demande :

— Ne nous laisserez-vous pas Magdebourg et la Westphalie?

— Vous demandez beaucoup, mais je vous promets d'y songer... Vous avez une bien jolie robe, qu'est-ce que c'est, madame, cette étoffe-là... Est-ce du crêpe ou de la gaze d'Italie?

Louise l'interrompt, les larmes aux yeux :

— Sire, parlerons-nous chiffons dans un moment aussi solennel?

Le soir, au dîner, assise à côté du vainqueur, elle épuise tous les moyens de séduction. N'est-elle pas la plus belle reine de son temps ? Mais Napoléon se contente de lui dire :

— Pourquoi donc portez-vous un turban? Ce n'est pas pour faire la cour à l'empereur Alexandre puisqu'il est en guerre avec les Turcs.

Faire la cour à Alexandre? Non! Il l'a déçue, terriblement déçue! Conquis par Napoléon, épris même, le tsar pactise avec l'ennemi commun! Elle le lui dira d'ailleurs sans ambages :

— Vous m'avez cruellement trompée.

Le dîner terminé, Napoléon tend une rose à la reine :

— Je l'accepte, murmure-t-elle, mais au moins avec Magdebourg.

Il n'a rien promis. « La reine de Prusse est réellement charmante, écrira-t-il à Joséphine, elle est pleine de coquetterie pour moi, mais n'en sois point jalouse, je suis une toile cirée sur laquelle cela ne fait que glisser. Il en coûterait trop cher pour faire le galant. »

Lorsqu'ils se quittent, elle supplie encore :

— Est-ce possible qu'ayant vu d'aussi près l'homme du siècle, il ne me laisse pas la satisfaction de pouvoir l'assurer qu'il m'a attachée pour la vie?...

— Je suis à plaindre, madame, c'est un effet de ma mauvaise étoile.

Mais il est heureux comme il ne l'a jamais été — et ne le sera jamais plus...

La Prusse subit un véritable écrasement. Napoléon, stipulera le traité, « par égard pour S.M. l'Empereur de toutes les Russies et voulant donner une preuve du désir sincère qu'il avait d'unir les deux nations par les liens d'une confiance et d'une amitié inaltérable », condescend simplement à ne retirer à Frédéric-Guillaume que ses places fortes — dont Magdebourg — les territoires à l'ouest entre le Rhin et l'Elbe, et toute la part du gâteau polonais découpé lors des fameux partages. C'était « un chef-d'œuvre de destruction », ainsi que l'écrivait Pozzo di Borgo, horrifié. Et ce n'était pas tout : la Prusse se trouvait contrainte d'entrer dans l'alliance française et les provinces qui lui étaient arrachées allaient former un royaume pour Jérôme !

« Vous avez été reconnu roi de Westphalie, écrira Napoléon à son frère, le royaume comprend tous les Etats dont vous trouverez ci-joint l'énumération. » Cassel sera la capitale de ce royaume de 7 000 kilomètres carrés qui, aux provinces prussiennes, réunissait le duché de Brunswick et quelques duchés de Hesse enlevés à leur propriétaire « à cause de sa perfidie ». Il n'y avait dans cette mosaïque, hors la langue commune, aucune unité historique ou géographique. La Westphalie n'était bordée ni par le Rhin ni par la mer. C'est Talleyrand qui se chargera de composer les armoiries de cette arlequinade, en rassemblant deux lions, un cheval et un aigle qui s'ébattaient dans les armes des principautés et duchés composant le nouveau royaume.

— Cela fait bien des bêtes, remarquera l'Empereur.

Il faut assagir le nouveau roi, donc le marier et lui faire épouser sa fiancée depuis la fin de 1806, la grassouillette Catherine de Wurtemberg, fille du ventripotent roi de Wurtemberg par la grâce de Napoléon... si ventripotent que l'on avait fait faire des encoches dans les tables devant lesquelles il devait s'asseoir.

— Dieu l'a créé, disait Napoléon, pour démontrer à quel point la peau humaine est extensible.

Sa Majesté wurtembergeoise parut enchantée de devenir le beau-père du frère de Napoléon — ou Elle fit semblant de l'être... Mais le pape avait autrefois refusé d'annuler le mariage de Jérôme et d'Elisabeth Patterson — il ne trouvait, avait-il dit alors, « aucun motif » qui puisse l'autoriser à déclarer nuls les liens unissant les conjoints de Baltimore. Sa Sainteté avait achevé sa lettre en espérant que Sa Majesté Impériale verrait là « comme un témoignage de son affection personnelle ».

Napoléon l'avait surtout considéré comme un affront.

On s'était donc adressé à l'Officialité de Paris, qui s'était empressée d'obtempérer. On se contenta de prévenir Pie VII, qui, ayant avalé depuis 1805 tant de couleuvres impériales, se résigna à remercier « Sa Majesté de sa lettre gracieuse et pleine des plus vives expressions de sa piété filiale ». Imperturbable — on croit rêver — il souhaita aux jeunes mariés « non seulement les plus grandes, mais les plus pures consolations ».

La fiancée quitte Stuttgart pour Paris, menée au grand galop. Dès 4 heures du matin, on abandonne le gîte d'étapes. « Je ne comprends pas, lui écrivit son père, le motif qui vous a fait courir de cette manière, il paraît que l'on ne dort plus en France, mais je désire beaucoup que l'on vous épargne cette habitude. » Catherine devra se plier, comme tout le monde, au rythme napoléonien...

Les fêtes du mariage sont somptueuses. Bals, banquets, feux d'artifice se succèdent. Les invités étincellent de diamants, d'or et de plumes. On échange ordres, rubans et décorations. Seul, Napoléon demeure fidèle à sa tenue de légende. Il se montre enjôleur. « Il a beaucoup causé avec moi, écrit Catherine à son père, et m'a forcée à boire du vin, pour me donner du courage à ce qu'il disait. Il est vrai que j'en avais besoin, quoique beaucoup moins intimidée avec l'Empereur qu'avec le Prince... Après le dîner il a parlé avec les princes et princesses et il m'a embrassée à plusieurs reprises en me disant les choses les plus obligeantes du monde. Je n'aurais jamais cru que l'Empereur fût capable de témoigner autant d'amitié à quelqu'un. » Si elle pouvait avoir un peu moins sommeil, elle serait heureuse! D'autant plus qu'elle trouve son mari on ne peut plus séduisant.

Devant sa corpulente fiancée, Jérôme interprète son rôle avec résignation... Quant à son emploi de roi, il le jouera avec une désarmante fantaisie. Leurs Majestés le roi et la reine de Westphalie partent pour Cassel, où les Westphaliens doivent entretenir une cour digne de l'ancien Versailles ou des Tuileries du grand frère. L'étiquette est sévèrement défendue par seize chambellans et par une dizaine de maîtres de cérémonie dorés sur toutes les coutures. Ils ont comme livre de chevet un énorme *in-folio* écrit par Sa Majesté elle-même : *Etiquette de la cour royale de Westphalie.*

Cependant les Westphaliens — particulièrement les Hessois — qui ont été opprimés durant des siècles devraient accueillir avec enthousiasme le règne de Jérôme-Napoléon Ier qui, avec la nouvelle constitution leur apporte l'abolition du servage et crée l'égalité devant la loi.

Fastueux, Napoléon écrit à son jeune frère : « Mon frère, vous trouverez ci-joint la Constitution de votre royaume. Cette constitution renferme les conditions auxquelles je renonce à tous mes droits de conquête et à mes droits acquis sur votre royaume... » Puis il ajoute ces lignes qu'il faut relire — ce que Jérôme ne fera certainement pas : « Le bonheur de vos peuples importe non seulement par l'influence qu'il peut avoir sur votre gloire et sur la mienne, mais aussi sous le point de vue du système général de l'Europe. N'écoutez pas ceux qui vous disent que vos peuples, accoutumés à la servitude, recevront avec ingratitude vos bienfaits. On est plus éclairé dans le royaume de Westphalie qu'on voudrait vous le persuader et votre trône ne sera réellement fondé que sur la confiance et l'amour de la population. Ce que désirent avec impatience les peuples d'Allemagne, c'est que les individus qui ne sont pas nobles et qui ont des talents, aient un droit égal à votre considération et aux emplois; c'est que toute espèce de servage et de liens intermédiaires entre le souverain et la dernière classe du peuple soit entièrement abolie... Il faut que vos peuples jouissent d'une liberté, d'une égalité, d'un bien-être inconnus aux peuples de la Germanie, et que ce gouvernement libéral produise, d'une manière ou d'une autre, les changements les plus salutaires au système de la Confédération et à la puissance de votre monarchie... Soyez roi constitutionnel; quand la raison et les lumières de votre temps ne suffiraient pas, dans votre position, la bonne politique l'ordonnerait. »

Jérôme se moque bien de tout cela et la cour de Cassel sera un gouffre que les minces recettes westphaliennes ne parviendront jamais à combler. « Vous prenez votre royaume pour une femme », lui écrira l'Empereur.

Il faudra, en outre, rembourser à la France les dettes énormes faites par le roi et que la caisse d'amortissement a bien voulu payer : trois millions — près de dix millions de nos francs actuels — pour ne parler que de la somme dépensée par Jérôme durant les trois mois qui suivent son mariage... Et il y a le reste! Un reste de quatre-vingt millions de francs de notre époque! Le frère de l'Empereur finira par emprunter à tout le monde et installera dans sa capitale une tribu de banquiers juifs. Jérôme-Napoléon pourra alors s'amuser tout à sa guise... et ne s'en privera point! Une nuit, la garde arrêtera quatre ou cinq ivrognes hurlant à tue-tête et insultant les passants. Le chef de poste reconnaîtra avec stupéfaction *Sa Majesté westphalienne* et ses ministres. Jérôme multipliera également les aventures féminines d'où naîtront une cohorte de bâtards... Catherine se résignera. Enivrée d'amour, elle se mettra, à adorer son cher *Fifi* — ainsi qu'elle l'appelait. N'est-ce pas l'apanage de la plupart des reines d'accepter dignement d'être trompées ?

*
**

Le 29 juillet 1807, vingt-quatre heures après son retour de Prusse, Napoléon donne aux Tuileries ses audiences dès 8 heures du matin. « Je crois le voir encore, dira le chancelier Pasquier, tel qu'il était ce jour-là, vêtu de son costume d'apparat... Les traits de sa figure calme et sérieuse rappelaient les camées représentant les empereurs romains. Il était petit, et cependant, l'ensemble de sa personne était en harmonie avec le rôle qu'il avait à soutenir. L'habitude du commandement et le sentiment de ses forces le grandissaient. Une épée étincelante de pierreries pendait à son côté ; le fameux diamant connu sous le nom de « Régent » en formait le pommeau. Son éclat ne permettait pas d'oublier que cette épée était la plus rude et la plus victorieuse qui eût paru dans le monde depuis celles d'Alexandre et de César. »

— Je vous dispense de me comparer à Dieu, déclare Napoléon au ministre Decrès, je veux croire que vous n'avez pas réfléchi à ce que vous m'écriviez.

Decrès n'a pourtant point tort : l'Empereur peut se prendre pour une émanation divine. L'ancien petit Nabulione a humilié les empereurs, rogné les ongles des rois, coupé leurs ailes aux aigles russes, allemandes et autrichiennes et, maintenant, après dix mois de campagne, il est heureux de redevenir empereur.

— J'aime le pouvoir, moi, dit-il à Roederer, mais c'est en artiste que je l'aime... Il y a en moi deux hommes distincts : l'homme de la tête et l'homme de cœur; je joue avec les enfants, je cause avec ma femme, je leur fais des lectures, je leur lis des romans...

Il s'offre le luxe de traiter de haut, et même avec une certaine arrogance Louis XVIII, contraint par la nouvelle politique du tsar de quitter Mitau et d'aller se réfugier en Angleterre. Comme Alexandre annonce la nouvelle à son récent allié, Napoléon écrit à Savary qui le représente à Saint-Pétersbourg : « Le tsar est dans l'erreur s'il croit que j'attache la moindre importance à ce que peut faire le comte de Lille ; s'il est las d'habiter la Russie, il peut venir à Versailles ; je ferai pourvoir à tout ce qui lui est nécessaire. »

L'Empereur — plus que jamais ébloui, fasciné par lui-même — perd le sens de la mesure. Il règne — il faut bien se résigner au mot — en despote.

— J'ai assez fait le métier de général, déclare-t-il, je vais reprendre celui de Premier ministre et et recommencer mes grandes revues d'affaires qu'il est temps de faire succéder aux grandes revues d'armées.

Mais il ne veut surtout pas être contrarié par les assemblées. Fouché, ancien conventionnel, connaît le problème et lui déclare paisiblement :

— Si un corps quelconque s'arrogeait le droit de représenter le souverain seul, il n'y aurait d'autre parti à prendre que de le dissoudre... Si Louis XVI eût agi ainsi, ce malheureux roi vivrait et régnerait encore.

L'ex-citoyen Fouché oubliait volontiers qu'il avait contribué à envoyer ce « malheureux roi » à l'échafaud... Quoi qu'il en soit, Napoléon trouve bon le conseil donné par le régicide et, d'un trait de plume — le 19 août — supprime le Tribunat, coupable, précise le décret, d'avoir conservé dans son sein « quelque chose de cet esprit inquiet et démocratique qui avait longtemps agité la France ».

Fouché a également la haute main sur la presse qui mécontente encore trop souvent Napoléon. Les très légères réserves que se permettent les journaux le mettent en fureur.

— Je n'en laisserai qu'un! s'exclame-t-il.

Et Fouché d'approuver. Le ministre croit être assez puissant pour, selon sa propre expression, « travailler à donner un avenir au magnifique Empire » dont il s'intitule « l'un des principaux gardiens ». Ce travail consiste, entre autres, à débarrasser « le magnifique empire » de Joséphine, malheureusement stérile. « Dans un Mémoire confidentiel dont je fis moi-même la lecture à l'Empereur, précise-t-il, je lui représentai la nécessité de dissoudre son mariage, de former immédiatement, comme empereur, un nouveau nœud plus assorti et plus doux, et donner un héritier au trône... Napoléon me laissa entrevoir que, sous le point de vue politique, la dissolution de son mariage était arrêtée déjà dans son esprit... que d'un autre côté il tenait singulièrement par ses habitudes autant que par une sorte de superstition, à Joséphine et que la démarche qui lui coûterait le plus serait de lui signifier le divorce... Poussé par un excès de zèle, je résolus d'ouvrir la brèche... »

Assurément, l'Empereur pense de nouveau — et avec une force redoublée par son triomphe de Tilsit — à son successeur. La mort du petit Napoléon-Charles, le fils de Louis et d'Hortense, lui avait fourni l'occasion de parler à Joséphine « de la nécessité où peut-être un jour il pourrait se trouver de prendre une femme qui lui donnerait des enfants ». L'Impératrice avait blêmi, tandis qu'il poursuivait :

— Si pareille chose arrivait, Joséphine, alors ce serait à toi de m'aider à un tel sacrifice. Je compterais sur ton amitié pour me sauver de tout l'odieux de cette rupture forcée. Tu prendrais l'initiative, n'est-ce pas ? Et, entrant dans ma position, tu aurais le courage de décider toi-même de ta retraite?

— J'obéirai à tes ordres, lui avait-elle répondu, résignée.

Puis, avec adresse elle avait ajouté :

— Mais je n'en préviendrai jamais aucun.

Ce fut dit d'un « ton calme et assez digne qu'elle savait fort bien prendre vis-à-vis de Bonaparte et qui n'était pas sans effet », nous rapporte Mme de Rémusat. Napoléon se tut. On verrait plus tard ! Mais, pendant le séjour de la cour à Fontainebleau, Fouché juge le moment favorable pour reprendre son travail de termite et approfondir davantage « la brèche », qu'il avait l'intention d'ouvrir. Depuis son arrivée, il « épie » l'impératrice, il guette l'occasion. Elle se présente un dimanche à la rentrée de la messe. « Là, raconte-t-il, tenant Joséphine dans l'embrasure d'une fenêtre, je lui donnai avec toutes les précautions oratoires, tous les ménagements possibles, la première atteinte d'une séparation que je lui présentai comme le plus sublime et en même temps le plus inévitable des sacrifices. Son teint se colora d'abord, elle pâlit ensuite, ses lèvres se tuméfièrent... Ce ne fut qu'en balbutiant qu'elle m'interpella pour savoir si j'avais ordre de lui faire une si triste insinuation. Je lui dis que je n'avais aucun ordre, mais que je pressentais les nécessités de l'avenir... »

Quelques jours plus tard, à minuit, M. de Rémusat est appelé près de l'Impératrice. Il trouve Joséphine « échevelée, à demi déshabillée et avec un visage renversé ». Elle vient de recevoir une lettre de Fouché. Cette fois, le ministre lui fait miroiter la beauté, la grandeur de son renoncement. Il termine en affirmant que l'Empereur ignore sa démarche. Sur le conseil de M. de Rémusat, Joséphine, dès le lendemain matin, se précipite chez l'Empereur et lui fait lire la lettre de Fouché. Napoléon paraît indigné et désavoue son ministre.

— C'est un excès de zèle, explique-t-il à sa femme, il ne faut pas lui en savoir mauvais gré, au fond. Il suffit que nous soyons déterminés à repousser ses avis, et que tu croies bien que je ne pourrais pas vivre sans toi.

Il écrit aussitôt au ministre : « Il me revient de votre part des folies; il est temps enfin que vous y mettiez un terme, et que vous cessiez de vous mêler, directement ou indirectement, d'une chose qui ne saurait vous regarder d'aucune manière... »

Et Fouché de conclure : « Il était pour moi évident que si déjà il n'eût arrêté secrètement son divorce, il m'eût sacrifié, au lieu de se borner à un simple désaveu de ma démarche. » Il semble pourtant que cette intervention ait plutôt retardé la résolution de l'Empereur.

— Le divorce était une chose si naturelle, expliquera Napoléon à Sainte-Hélène, si politique, si importante pour tout le monde que jamais je n'ai regardé cela comme une difficulté. Fouché vint gâter cela en y mettant le nez. Je l'eusse renvoyé pour avoir osé porter les regards dans mon lit, si cela n'avait pas eu l'air d'éliminer cette idée de divorce.

Fouché qui connaît le fond de la pensée impériale ne se tient point pour battu. Napoléon est parti en voyage éclair — et glorieux — pour Milan et Venise où le ministre lui adresse des rapports de police affirmant que des « femmes moralistes du faubourg Saint-Germain prétendent savoir que la stérilité de l'Impératrice ne provient pas de sa faute; que l'Empereur n'a jamais eu d'enfants; que les liaisons que Sa Majesté a eues avec plusieurs femmes n'ont jamais eu de résultats, tandis que ces femmes, à peine mariées, sont devenues enceintes... » De nouveau, Napoléon se fâche et répond : « Je vous ai déjà fait connaître mon opinion sur la folie de la démarche que vous avez faite à Fontainebleau relativement à mes affaires intérieures. En vous conduisant ainsi, vous égarez l'opinion et vous sortez du chemin dans lequel tout honnête homme doit se tenir. »

Joséphine n'en tremble pas moins et elle propose à son mari — celui-ci le racontera encore à Sainte-Hélène — « de faire un enfant à quelque demoiselle, qui passerait pour le sien ». Napoléon refuse de jouer une comédie incompatible avec sa dignité, mais tous les décrets pris au début de 1808 tendent vers ce but : forger un empire héréditaire. Aussi, après avoir fait des souverains, décide-t-il de créer une noblesse impériale. D'abord, de droit, les grands dignitaires sont nommés princes, les ministres, les archevêques, les conseillers d'Etat reçoivent le titre de comtes, tandis qu'évêques, préfets et maires sont promus barons. De 1808 à 1815, Napoléon distribuera ainsi trente et une couronnes de ducs à huit fleurons, quatre cent cinquante-deux couronnes de comtes à seize pointes, cent tortils de barons et quatre cent soixante-quatorze de chevaliers. Le plaisant de l'opération est que certains nobles de l'Ancien Régime se voient *retitrés*, c'est-à-dire renommés comtes impériaux. Un ancien duc dégringolera au rang de comte, ce qui permettra à Talleyrand, très pince-sans-rire, de lui écrire : « Je vous félicite, car il faut espérer qu'à la première promotion, vous serez baron. »

Les anciens soldats de la République qui ont fait trembler les rois, reçoivent cette poussière d'or avec une joie qu'ils ne cherchent nullement à dissimuler. En arrivant aux Tuileries Laure Junot voit Savary se précipiter vers elle :

— Embrassez-moi, j'ai une bonne nouvelle à vous apprendre.

— Dites d'abord la nouvelle et puis l'embrassade viendra ensuite si votre nouvelle en vaut la peine!

— Eh bien, c'est que je suis duc!

— C'est en effet une chose surprenante. Mais pourquoi cela fait-il que je doive vous embrasser?

— Et je m'appelle le duc de Rovigo, poursuivit-il en marchant dans la chambre, tellement bouffi de sa joie, racontera Laure, qu'il aurait pu s'enlever comme un ballon.

— Mais que me font votre titre et votre nom ridicule?

— S'il vous avait dit que vous étiez duchesse, dit Rapp survenant dans le salon et en prenant les deux mains de Mme Junot, je suis sûr que vous l'auriez embrassé comme vous allez m'embrasser...

— Et de grand cœur, répondit-elle en lui présentant sa joue.

— Et de plus, annonce encore Rapp, vous avez le plus joli nom de la *troupe*. Vous êtes duchesse d'Abrantès...

Berthier, déjà prince de Neuchâtel, est promu vice-connétable, Son Altesse Sérénissime le prince de Bénévent, autrement dit Talleyrand, se trouve nommé vice-grand électeur.

— Le seule vice qui lui manquât, ricane Fouché en apprenant la nouvelle distinction donnée à son ennemi.

Napoléon demeurait cependant fidèle à son principe qui voulait qu'un de ses ministres ne puisse cumuler son portefeuille avec une charge de grand dignitaire. Aussi, dès les premiers jours du mois d'août — décision grave pour l'avenir — retire-t-il au prince de Bénévent le ministère des Relations extérieures pour le confier à Champagny. Assurément, Talleyrand espérait que l'Empereur ferait pour lui une exception. Il manifeste alors une certaine rancœur que cache mal son ton de détachement : « En 1807, affirmera-t-il plus tard, Napoléon s'était depuis longtemps déjà écarté, je le reconnais, de la voie dans laquelle j'ai tout fait pour le retenir, mais je n'avais pu, jusqu'à l'occasion qui s'offrit alors, quitter le poste que j'occupais. Il n'était pas si aisé qu'on pourrait le penser de cesser des fonctions actives près de lui. »

En fait, Talleyrand ne cessait qu' « officiellement » ses fonctions. L'Empereur continuera à utiliser ses talents de diplomate, le tenant au courant des affaires et le chargeant des négociations les plus délicates. Mais en le renvoyant du ministère, en le blessant, il allait, selon le mot si juste d'Albert Sorel, « lui fournir l'occasion de se montrer infidèle ». L'été suivant, il exécutera avec brio cette infidélité...

Pour ceux qui le touchent de près, Napoléon ne se contente pas de les titrer, il les marie. C'est ainsi qu'il donne comme épouse au prince d'Arenberg Stéphanie Tascher de la Pagerie, une petite cousine de sa femme. Une fois de plus, l'Empereur n'a nullement consulté les goûts de la fiancée. Durant toute la cérémonie du mariage, on voit la jeune fille pleurer à gros sanglots et « suffoquer de douleur ». On passe son temps à lui offrir des sels. Pendant le bal, les larmes continuent à rouler sur son visage.

Puis le maître, au cours de la réception, passe sa « revue » habituelle :

— Qui êtes-vous? demande-t-il à une invitée.

— Sire, je suis Mme Charpentier.

— La femme du général?

— Oui, Sire.

— Ah! mon Dieu, comme ce costume de quadrille vous va mal. Vous êtes bien changée.

Les questions de l'Empereur, comme ses reparties, sont toujours attendues avec terreur. Ne l'a-t-on pas entendu dire un jour à une dame qui venait de lui donner son nom :

— Ah! bon Dieu! on m'avait dit que vous étiez jolie!

Ce soir-là, aux côtés de Mme Charpentier, se trouvait une fort jolie femme couverte de diamants qui scintillent de mille feux. L'Empereur paraît stupéfait et s'adressant à elle lui demande :

— Qui êtes-vous, Madame?

— Sire, répond-elle en minaudant, je suis Mme Simon.

— Ah! oui je sais... dit l'Empereur qui passe en éclatant de rire.

Il s'agit, en effet, de la trop galante ex-Mlle Lange, la célèbre comédienne. En 1799, elle avait commandé à Girodet son portrait en *Danaé*. Elle l'avait refusé et l'artiste s'était vengé en envoyant au Salon sa toile représentant la comédienne « lapidée par des gros sous » — portrait qui causa un tel scandale que Mlle Lange dut abandonner le théâtre. L'Empereur s'était souvenu de l'affaire...

Au cours de ce même bal, il s'arrête devant Mme de Chastenay, cette jeune chanoinesse, voisine des Marmont, qui, en 1795, avait reçu le jeune général Buonaparte, lorsqu'en disgrâce, il remontait vers Paris quelques mois avant Vendémiaire. Mme de Chastenay, aujourd'hui ruinée, s'est placée dans la galerie de Diane et, d'une main tremblante, présente à Napoléon le placet d'où dépend son avenir. L'Empereur regarde la solliciteuse, royaliste de surcroît, sa figure se rembrunit, et d'une voix forte il s'écrie :

— Par quel hasard chez moi?

« La malheureuse n'en entendit pas davantage, nous rapporte un témoin de la scène, elle se trouva mal, il fallut l'emporter. On prétend que le lendemain, elle reçut le brevet d'une pension de douze cents francs. »

Quant à la petite mariée, la réception terminée, elle ne voulut pas recevoir son mari — cette nuit-là ni les autres — et, en dépit des ordres réitérés de Napoléon, refusera de suivre le prince d'Arenberg à Bruxelles.

***

Il est assez étrange de constater que seuls deux personnages tiennent alors tête au maître : la nouvelle, frêle et toute jeune princesse d'Arenberg, et un faible prêtre, paré il est vrai d'un titre prestigieux : S.S. le pape. Si les Etats vassaux ou inféodés avaient accepté d'appliquer le blocus contre l'Angleterre — et comment auraient-ils pu résister? —, il n'en avait pas été de même de Pie VII. Le conflit avait commencé à la fin de l'année 1805, exactement le 13 novembre 1805. Ce jour-là, Pie VII avait envoyé à Napoléon cette lettre qui avait creusé le fossé entre « les deux moitiés de Dieu » !

« Nous vous le disons franchement, depuis notre retour de Paris, nous n'avons éprouvé qu'amertume et déplaisir; nous ne trouvons pas chez Votre Majesté le retour de sentiments que nous nous croyions en droit d'attendre de sa justice. Ce que nous devons à nous-même, c'est de réclamer à Votre Majesté l'évacuation d'Ancône, et nous ne verrions pas, si un refus nous était opposé, comment le concilier avec la continuation des bons rapports avec le ministre de Votre Majesté. »

Ancône? Le Pape en était là? Lettre insensée, ridicule, s'était exclamé l'Empereur qui avait répondu en ne se donnant même pas la peine de parler d'Ancône, mais en se déclarant *suzerain* de la Ville Eternelle.

— Toute mon ambition est tournée vers l'Italie, avait précisé Napoléon : c'est une maîtresse dont je veux que personne ne partage les faveurs. Le pape sera mon vassal...

Son vassal! Le Pape n'était pas seulement le chef de l'Eglise, mais aussi un prince souverain et indépendant. C'est par ce temporel — ces prétentions temporelles, disait Napoléon — que le conflit devait s'envenimer.

La nomination de Joseph n'avait pas arrangé les choses. Selon Pie VII, les rois de Naples, avant de s'asseoir sur leur trône, devaient solliciter l'investiture de Rome ! Puis le Pape s'étant élevé contre la mainmise par l'Empereur sur Ponte-Corvo et Bénévent — fiefs du Saint-Siège, bien que faisant partie du royaume de Naples. Napoléon avait haussé les épaules et écrit à Rome : « Votre Sainteté aura pour moi dans le temporel les mêmes égards que je lui porte pour le spirituel... Votre Sainteté est souveraine de Rome, mais j'en suis l'empereur... »

« Il n'existe pas d'empereur de Rome, répondit

Pie VII, il ne peut pas en exister sans que le Souverain Pontife soit dépouillé de l'autorité souveraine qu'il exerce à Rome. »

Dès qu'il eut pris la décision du blocus continental, Napoléon trouva tout naturel que les Etats du Pape entrassent dans le système fédératif. Il prenait Sa Sainteté pour un chef douanier...

— Comme prince temporel, expliqua l'Empereur à Talleyrand, le Pape fait partie de ma confédération, qu'il le veuille ou non. S'il fait un arrangement avec moi, je lui laisserai sa souveraineté; s'il n'en fait pas, je m'emparerai de toutes ses côtes.

Pie VII estimait n'avoir aucun motif pour se considérer l'allié de celui qu'il avait couronné. Le successeur de saint Pierre ne s'arrogeait pas le droit d'expulser les Anglais de Rome et de fermer ses ports au commerce britannique. Un commerçant des bords de la Tamise ou de la Seine possédait, à ses yeux, l'un comme l'autre, la qualité de chrétien — et c'était là tout ! Pour Napoléon, le Pape, en se considérant à la fois comme le père des fidèles et le *roi de Rome,* ne suivait pas le chemin que « Jésus-Christ mourant sur une croix » lui avait tracé.

— Si le Pape n'en passe point par où je veux, déclara Napoléon au Nonce, Mgr Arezzo, je supprimerai son domaine temporel, mais je le respecterai toujours comme chef de l'Eglise. Il n'y aucune nécessité à ce que le Pape soit souverain de Rome. Les papes les plus saints ne l'étaient pas... En réalité, le fond des choses est que je veux que le Pape accède à la confédération, j'entends qu'il soit l'ami de mes amis, et l'ennemi de mes ennemis... Pour venir au fait, je vous ai mandé afin de vous dire de quitter Dresde dans trois jours et de partir immédiatement pour Rome, et de signifier péremptoirement au Pape qu'il ait à entrer dans la confédération.

— Votre Majesté, répondit Mgr Arezzo, me permettra de lui répéter ce qui lui a déjà été dit tant de fois : que le Pape étant le père commun des fidèles ne peut se séparer des uns pour s'attacher aux autres: son ministère étant un ministère de paix, il ne peut faire la guerre à personne, ni se déclarer l'ennemi de qui que ce soit sans manquer à ses devoirs et compromettre son caractère sacré.

— Mais je ne prétends pas qu'il fasse la guerre à personne! s'exclame l'Empereur. Je veux qu'il ferme ses portes aux Anglais et qu'il ne les reçoive pas dans ses Etats et que, ne pouvant défendre ni ses ports, ni ses forteresses, il me les donne à défendre. Soyez assuré qu'à Rome, ils ont perdu la tête... Je veux être en sûreté dans ma maison. L'Italie tout entière m'appartient par droit de conquête. Le Pape m'a couronné, non pas roi mais empereur de France, et je succède non pas au droit des rois mais à ceux de Charlemagne. Si je laisse des souverains en Italie, ce n'est pas pour qu'ils favorisent mes ennemis et me donnent des sujets d'inquiétude. Je veux que vous représentiez tout cela au Pape... Si vous avez la bonne fortune de le persuader, vous lui rendrez un grand service. Je vous avertis toutefois que tout doit être fini pour le 1er janvier : ou bien le Pape consentira, alors il ne perdra rien, ou bien il refusera, et alors je lui ôterai ses Etats. Les excommunications ne sont plus de mode et mes soldats marcheront sans hésiter où je voudrai...

Lorsqu'on rapporta ces paroles à Pie VII, il déclara :

— Vous êtes les plus forts. Vous serez quand vous le voudrez les maîtres de mes Etats. Toutes les ressources qu'ils peuvent offrir, vous en disposerez à votre volonté. Je ne serai jamais assez peu sage pour entreprendre de vous résister, mais n'exigez pas mon autorisation expresse et que l'Empereur daigne considérer que les protestations que je ferais auraient moins pour objet de lui déplaire que d'éviter les plaintes de ses ennemis qui deviendraient les miens. Au reste, Sa Majesté peut, quand elle le veut, exécuter ses menaces et m'enlever ce que je possède. Je suis résigné à tout et prêt, si elle le veut, à me retirer dans un couvent ou dans les catacombes de Rome... Si l'Empereur nous renverse, son successeur nous relèvera.

La lune de miel entre le Pape et l'Empereur est

bien morte. Le drame monte... Le 22 juillet 1807, en réponse à un message presque comminatoire du Pape, Napoléon adresse à Eugène une lettre d'une rare violence : « Mon fils, j'ai vu dans la lettre de Sa Sainteté... qu'elle me menace. Croirait-elle donc que les droits du trône sont moins sacrés aux yeux de Dieu que ceux de la tiare? Il y avait des rois avant qu'il n'y eût des papes... Ils veulent me dénoncer à la chrétienté! Cette ridicule pensée ne peut appartenir qu'à une profonde ignorance du siècle où nous sommes; il y a une erreur de mille ans de date. Le pape qui se porterait à une telle démarche cesserait d'être le pape à mes yeux. Je ne le considérerais que comme l'antéchrist envoyé pour bouleverser le monde... Que veut faire Pie VII?... Mettre mes trônes en interdit? M'excommunier?... Croit-il notre siècle revenu à l'ignorance et à l'abrutissement du IXe siècle?... Certes, je commence à rougir et à me sentir humilié de toutes les folies que me fait endurer la cour de Rome; et peut-être le temps n'est-il pas éloigné, si l'on veut continuer à troubler les affaires de mes Etats, où je ne reconnaîtrai le Pape que comme évêque de Rome? »

Dans sa fureur, Napoléon va jusqu'à déclarer qu'il envisage de renouveler à son profit le parti pris autrefois par Henry VIII :

— Je ne craindrai pas de réunir les églises gallicane, italienne, allemande, polonaise, dans un concile, pour faire mes affaires sans pape, et mettre mes peuples à l'abri des prétentions des prêtres de Rome... C'est la dernière fois que j'entre en discussion avec cette prêtraille.

Epouvanté à la pensée de voir naître un schisme sous son pontificat, Pie VII accepte, à contre cœur, de fermer ses ports aux Anglais. Napoléon exige plus encore : Rome doit faire cause commune avec l'Empire et se déclarer « l'ennemi » de tous les ennemis de la France ! Attitude inadmissible pour le lieutenant de Dieu sur la terre! Aussi, cette fois, le Pape refuse-t-il de s'incliner... et le 10 janvier 1808, le général Miollis reçoit l'ordre de marcher sur la Ville éternelle.

— Il n'y aura pas de résistance militaire, soupire Pie VII, mais nous ordonnerons qu'on ferme les portes de Rome. Nous nous retirerons au château Saint-Ange avec les personnes qui voudront nous accompagner; on ne tirera pas un coup de fusil parce que nous avons en horreur l'effusion de sang, mais il faudra que votre général fasse briser les portes. Nous nous placerons à l'entrée du fort, les troupes seront obligées de passer sur notre corps et l'univers chrétien saura que l'Empereur fait fouler aux pieds celui qui l'a sacré...

Les cardinaux, moins courageux, font comprendre au Saint-Père que le martyre n'arrangerait point les choses. Le mieux est de céder à la force. En attendant la fin de la tragédie, Pie VII supportera avec résignation le joug et les vexations des occupants. On poussera l'inconvenance jusqu'à lui remettre son courrier ouvert !

Cependant, c'est le Pape, cette ombre d'homme, qui aura le dernier mot. Napoléon le dira un jour :

— Il n'y a que deux puissances dans le monde, le sabre et l'esprit... A la longue, le sabre est toujours battu par l'esprit.

Napoléon Ier, Empereur.

(Portrait par Horace Vernet — Tate Gallery, Londres)

IX

LE GUET-APENS DE BAYONNE
ou
« *LA PENTE IRRÉSISTIBLE* »

Le meilleur moyen de tenir sa parole est de ne jamais la donner.

NAPOLÉON.

LE Saint-Père a été contraint de se plier au blocus continental et, en ce printemps de 1808, Napoléon dans le conflit qui l'oppose à l'Angleterre vient de marquer un nouveau point. En revanche, tout à fait à l'ouest, les Anglais ont fait beaucoup plus que *commercer* avec le continent européen : ils y ont pris pied grâce à la complaisance du Portugal devenu une manière de colonie britannique.

A Fontainebleau — le 15 octobre 1807 — Napoléon avait lancé ces mots à l'ambassadeur de Lisbonne :

— Je ne souffrirai pas qu'il y ait un envoyé anglais en Europe! Si le Portugal ne fait pas ce que je veux, la maison de Bragance ne régnera plus en Europe dans deux mois.

Le gouvernement de Lisbonne, en accord avec

Londres fit le simulacre d'adresser une déclaration de guerre aux Anglais, mais Napoléon ne se laisse pas duper par cette comédie. Aussi ordonne-t-il, le 27 octobre 1807, à Junot, mis à la tête d'une fort lamentable armée de conscrits, d'envahir le Portugal. Cependant, pour atteindre la frontière portugaise, les troupes françaises devront traverser plusieurs provinces espagnoles. Et c'est ainsi que l'affaire du Portugal — qui ne sera d'ailleurs qu'une promenade militaire, en dépit de la médiocrité de l'armée de Junot — va se transformer en l'*affaire d'Espagne*. Non point parce que Charles IV veut s'opposer au passage des troupes françaises d'invasion — la platitude de ce roi Bourbon devant Napoléon finit par écœurer — mais, bien au contraire parce que, convoitant une part du gâteau portugais, le roi d'Espagne en signant — ce même 27 octobre 1807 — avec l'Empereur un traité de partage, devient son allié. Aussi, tout naturellement, lorsque se déclenchera à Madrid un conflit familial, qui dégénérera vite en conflit national, le descendant de Louis XIV appellera-t-il Napoléon au secours.

Point de personnages plus désastreux que les membres de la famille royale espagnole — « des crétins sans chair, sans âme et sans sentiment », précisait la comtesse d'Albany — et il sufffit de regarder l'impitoyable tableau de Goya pour se convaincre qu'il n'y a là nulle exagération. Un jeu de massacre! Ils sont trois dégénérés au prognathisme prononcé : Charles IV, sa femme Marie-Louise, leur fils le prince des Asturies et, brochant sur le tout, Manuel Godoy, une manière de taureau devenu Premier ministre, amant depuis vingt ans de la reine et favori du roi qui a nommé « son cher Manuel » prince de la Paix.

Charles IV se souvenait qu'il appartenait à la famille des Bourbons seulement lorsque le sort des batailles napoléoniennes obligeait son ministre à se rapprocher de Moscou, de Vienne ou de Berlin. L'Empereur avait même trouvé à Potsdam une lettre de Charles IV que Frédéric-Guillaume avait oubliée dans sa fuite, et dans laquelle le roi d'Espagne s'engageait à attaquer dans le dos les Français, tandis que Napoléon se trouverait encore sur les rives de l'Elbe!

Il est important de rappeler cette gracieuse proposition afin de comprendre le dédain témoigné par l'Empereur vis-à-vis de ces fantoches. Ce mépris, d'une part, sa méconnaissance du sentiment des Espagnols pour leur monarchie, d'autre part, vont égarer Napoléon et le pousser à intervenir dans les événements d'Espagne. Le drame espagnol sera ainsi la première fissure dans l'édifice. Le proscrit de Sainte-Hélène l'avouera plus tard :

— J'embarquai fort mal cette affaire!

Tandis que Junot remporte la victoire qui lui vaudra le titre de duc d'Abrantès et occupe Lisbonne, tandis que la famille royale de Bragance part pour le Brésil, Murat, — grand-duc de Berg et de Clèves — devenu lieutenant général de son beau-frère, franchit les Pyrénées avec la mission d'affoler Charles IV par sa seule présence, de le contraindre à abandonner son trône et à s'embarquer, lui aussi, pour l'Amérique.

Les Espagnols n'accueillent pas trop mal les Français, croyant qu'ils viennent délivrer le pays et le roi de la dictature de Godoy. Napoléon ne s'est point trompé : à Aranjuez, un château sans unité qui s'étire mélancoliquement au-dessus du Tage, Charles IV, en voyant son Etat partiellement occupé par les troupes napoléoniennes, envisage de quitter son royaume pour le Nouveau Monde. N'est-il pas également « roi des Indes occidentales et orientales »? Mais son fils Ferdinand, prince des Asturies, « cœur de tigre et tête de mule », ainsi que le dit aimablement sa mère, s'oppose au projet. Il s'y opposera même par la force, menace-t-il !

A dix lieues de là, Madrid entre aussitôt en ébullition. Les manifestants, guidés par quelques grands seigneurs partisans de l'héritier du trône, se portent vers Aranjuez, viennent battre les grilles du château, puis vont envahir l'hôtel de Godoy. Le personnage exécré est fait prisonnier. On le jette dans une écurie où son ennemi, le prince des Asturies, vient le visiter. « Godoy, écrit un officier présent, était dans un état à faire compassion... la figure ensanglantée et tellement affaibli par le sang qui coulait de sa cuisse qu'il ne pouvait se soutenir. » Le favori tombe aux pieds du prince en lui disant :

— Je demande grâce à Votre Majesté.

Ferdinand lui répond avec calme :

— Manuel, tu oublies donc que mon père vit encore.

— Eh bien, que Votre Altesse pardonne mes offenses !

— Manuel, les injures que j'ai reçues de toi sont pardonnées, mais tu dois compte à l'Espagne du mal que tu lui as fait.

Puis, le prince des Asturies monte à une fenêtre et déclare à la foule :

— Messieurs, je réponds de cet homme. On lui fera son procès, et il sera châtié conformément à la gravité de ses crimes.

Ferdinand parle déjà en maître, ainsi que nous l'a fort bien expliqué Jacques Chastenet. Depuis la veille, les événements ont marché, et Godoy a pressenti l'immédiat avenir. Les mêmes grands seigneurs qui avaient fomenté l'émeute ont fait le siège du roi, en lui répétant que la chute de son favori ne suffirait point à détourner la foudre populaire, et que, seule, une abdication en faveur de Ferdinand parviendrait à conjurer la révolution qui gronde.

Charles IV s'incline et signe — de sa fière signature, *Moi, le Roi* — ce texte résigné : « Comme mes infirmités habituelles ne me permettent pas de supporter plus longtemps la lourde charge du gouvernement de mon royaume, et ayant besoin, pour ma santé, de jouir, dans un climat plus tempéré, de la vie privée, j'ai décidé, après la plus mûre délibération, d'abdiquer en faveur de mon bien-aimé fils, le prince des Asturies. »

Voici donc Ferdinand VII devenu roi de toutes les Espagnes. Mais, pour sauver le cher amant de sa femme, Charles IV, écrit le 12 mars, à Murat qui se trouve à El Molar, aux portes de Madrid : « Je vous demande en grâce de faire savoir à l'Empereur que je le supplie de faire mettre en liberté le pauvre prince de la Paix, qui ne souffre que pour avoir été

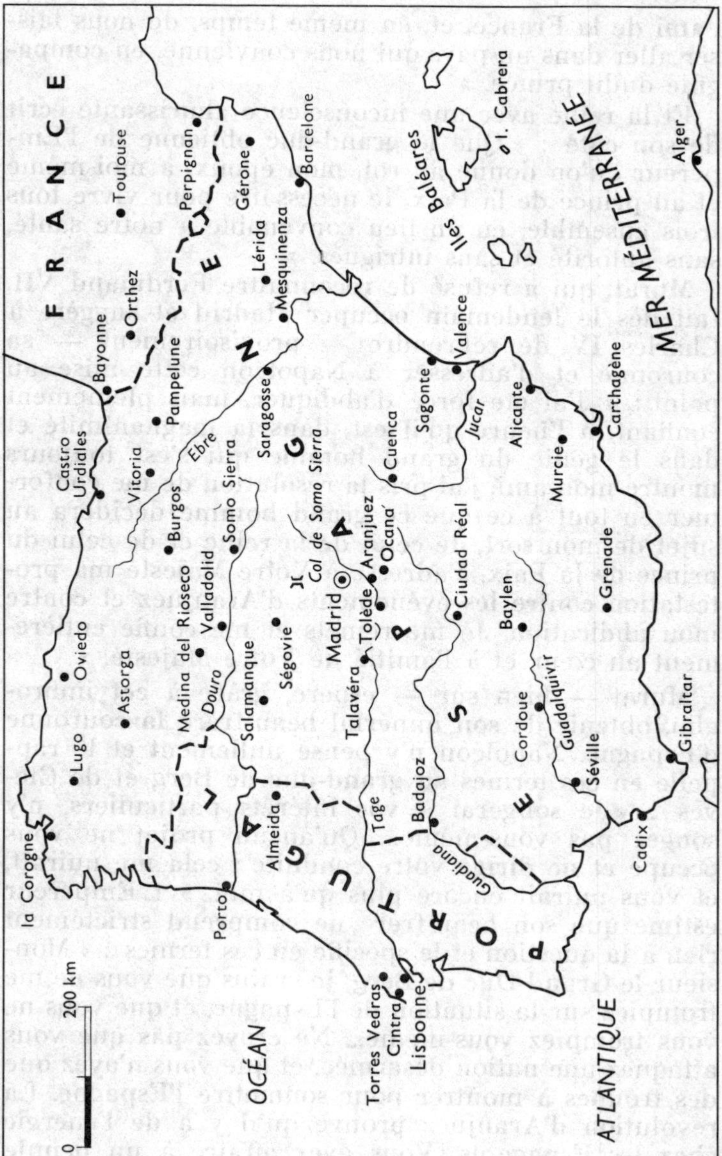

FRANCE
ESPAGNE
PORTUGAL
OCÉAN
ATLANTIQUE
MER MÉDITERRANÉE
0
200 km
Toulouse
Perpignan
Orthez
Bayonne
Pampelune
Barcelone
Gérone
Lérida
Mesquinenza
Saragosse
Ebre
Castro Urdiales
Vitoria
Burgos
Somo Sierra
Col de Somo Sierra
Valladolid
Medina del Rioseco
Oviedo
Astorga
Lugo
la Corogne
Salamanque
Douro
Ségovie
Madrid
Aranjuez
Ocaña
Tolède
Talavera
Tage
Almeida
Porto
Torres Vedras
Cintra
Lisbonne
Badajoz
Guadiana
Ciudad Réal
Cuenca
Valence
Sagonte
Jucar
Alicante
Carthagène
Murcie
Grenade
Baylen
Cordoue
Guadalquivir
Séville
Cadix
Gibraltar
Iles Baléares
I. Cabrera
Alger

l'ami de la France, et, en même temps, de nous laisser aller dans un pays qui nous convienne, en compagnie dudit prince. »

Et la reine avec une inconscience ahurissante écrit de son côté : « Que le grand-duc obtienne de l'Empereur qu'on donne au roi, mon époux, à moi-même et au prince de la Paix, le nécessaire pour vivre tous trois ensemble, en un lieu convenable à notre santé, sans autorité et sans intrigues. »

Murat, qui a refusé de reconnaître Ferdinand VII, fait dès le lendemain occuper Madrid et suggère à Charles IV de reprendre — provisoirement — sa couronne et d'adresser à Napoléon cette mise au point : « J'ai été forcé d'abdiquer, mais pleinement confiant, à l'heure qu'il est, dans la magnanimité et dans le génie du grand homme qui s'est toujours montré mon ami, j'ai pris la résolution de me conformer en tout à ce que ce grand homme décidera au sujet de mon sort, de celui de la reine et de celui du prince de la Paix. J'adresse à Votre Majesté ma protestation contre les événements d'Aranjuez et contre mon abdication. Je me remets et me confie entièrement au cœur et à l'amitié de Votre Majesté. »

Murat — bien sûr — espère, grâce à cet imbroglio, obtenir de son impérial beau-frère la couronne d'Espagne. Napoléon n'y pense nullement et le rappelle en ces termes au grand-duc de Berg et de Clèves : « Je songerai à vos intérêts particuliers, n'y songez pas vous-même... Qu'aucun projet ne vous occupe et ne dirige votre conduite : cela me nuirait, et vous nuirait encore plus qu'à moi. » L'Empereur estime que son beau-frère ne comprend strictement rien à la question et le spécifie en ces termes : « Monsieur le Grand-Duc de Berg, je crains que vous ne me trompiez sur la situation de l'Espagne, et que vous ne vous trompiez vous-même... Ne croyez pas que vous attaquez une nation désarmée, et que vous n'ayez que des troupes à montrer pour soumettre l'Espagne. La révolution d'Aranjuez prouve qu'il y a de l'énergie chez les Espagnols. Vous avez affaire à un peuple neuf : il en a tout le courage et il aura tout l'enthousiasme que l'on rencontre chez des hommes que n'ont point usés les passions politiques. L'aristocratie et le clergé sont les maîtres de l'Espagne. S'ils craignent pour leurs privilèges et pour leur existence, ils feront contre nous des levées en masse, qui pourront éterniser la guerre. J'ai des partisans ; si je me présente en conquérant, je n'en aurai plus. Le prince de la Paix est détesté parce qu'on l'accuse d'avoir livré l'Espagne à la France... »

Et le pseudo-Ferdinand VII?

« Le prince des Asturies, ajoute l'Empereur, n'a aucune des qualités qui sont nécessaires au chef d'une nation : cela n'empêchera pas que, pour nous l'opposer, on en fasse un héros. Je ne veux pas que l'on use de violence envers les personnages de cette famille : il n'est jamais utile de se rendre odieux et d'enflammer les haines. »

Napoléon n'apprécie guère les initiatives prises par « le Sabreur » : « Je n'approuve pas le parti qu'a pris Votre Altesse impériale de s'emparer aussi précipitamment de Madrid. Il fallait tenir l'armée à dix lieues de la capitale... Votre entrée à Madrid, en inquiétant les Espagnols, a puissamment servi Ferdinand... Ne brusquez aucune démarche; je puis attendre à Bayonne, je puis passer les Pyrénées, et, me fortifiant vers le Portugal, aller conduire la guerre de ce côté. » On le voit, les projets de Napoléon ne sont pas arrêtés. Il croit nécessaire de chasser les Bourbons d'Espagne « pour être sûr du trône de France », mais que faire, ensuite, de ce pays qui semble chaque jour se désagréger davantage ?

— Deux partis se présentent à moi, explique-t-il. Ou m'emparer de toute l'Espagne et y établir un prince de mon sang, en prenant pour prétexte de venger la révolte d'un fils contre son père, d'un sujet contre son roi, ou m'approprier et réunir à la France la province septentrionale de l'Espagne en traitant avec Ferdinand VII et le reconnaissant, sous la condition de cet abandon, roi d'Espagne et des Indes.

C'est le premier parti — le moins sage — qui va l'emporter : l'annexion de toute l'Espagne. Napoléon adresse alors ces lignes fameuses à son frère Louis, roi de Hollande : « Le roi d'Espagne vient d'abdiquer; le prince de la Paix a été mis en prison... J'ai résolu de mettre un prince français sur le trône d'Espagne. Le climat de la Hollande ne vous convient pas. Je pense à vous pour le trône d'Espagne. Répondez-moi catégoriquement. Si je vous nomme roi d'Espagne, l'agréerez-vous?... »

Louis, vexé d'être déplacé comme un sous-préfet — « indigné » même, ose-t-il déclarer — refuse, et c'est Joseph qui reçoit l'ordre d'échanger son trône de Naples contre celui de Madrid. Napoléon se souvient qu'il est Corse, il a le tort de vouloir associer le clan à sa fortune, cette fortune qui dépasse l'échelle des valeurs humaines. Non seulement ses frères ne sont nullement préparés à la tâche qui leur incombe — l'intelligent Lucien refusant toujours d'entrer dans le système sans sa femme — mais de plus ils se considèrent comme des rois *de droit*.

— On n'est pas roi pour obéir, soupirera Murat qui oublie ainsi avoir dit fort justement un jour à Napoléon :

— Il faut au plus grand homme qui ait existé le plus puissant empire et après avoir créé des comtes, des ducs, des princes d'empire, il vous faut aussi des *rois d'Empire*.

La formule est bonne, mais Louis, Jérôme, Joseph, et, prochainement Murat, parlent de « leurs peuples ». Dans l'esprit de l'Empereur, les souverains de Hollande, de Naples ou de Westphalie — et demain d'Espagne — ne sont uniquement que des vice-rois qui doivent servir avant tout l'intérêt français, et ne régner que sur des royaumes inféodés. Il faudra encore attendre quatre années avant que Napoléon comprenne son erreur et qu'il s'exclame :

— Tous ces Français que j'ai fait rois oublient bien vite qu'ils sont nés dans cette belle France et que leur plus beau titre est celui de citoyen français.

En attendant, ils ne sont même pas des alliés sur lesquels le frère à qui ils doivent tout puisse compter. A Naples, Joseph, n'opérant aucune réforme, ne s'entourant que d'idéologues, s'est montré un lamentable souverain. Chef de guerre tout aussi incapable, avec une armée de quarante-cinq mille hommes, il n'a même pas tenté une descente en Sicile. Mieux ! Il s'est fait prendre l'île de Capri par les Anglais qui le narguent ainsi sous ses yeux, avec d'autant plus d'insolence.

C'est pourtant à lui que Napoléon offre l'Espagne! Sans doute l'Empereur ne s'est-il pas encore emparé de la couronne de Charles Quint, mais il ne doute pas du succès de l'opération. Il exploitera assez indignement, il faut le reconnaître, la présence de deux rois en plein désaccord pour en imposer un troisième...

***

Napoléon quitte Paris le 2 avril 1808 pour Bayonne. Broglie, qui le voit passer aux Ormes, l'a remarqué : « Ce n'était déjà plus ce jeune premier consul que j'avais rencontré, pour la première fois, arpentant lestement les Tuileries, donnant son bras droit à Bourrienne, tenant sous le gauche un petit sabre turc, svelte, dégagé, le teint olivâtre et le regard fauve. Même à l'extérieur, tout était changé. Le buste était court et épais, les petites jambes charnues, le teint plombé, le front chauve, la figure affectant la médaille romaine. Je ne dirais point, comme la servante de notre auberge, que, dans tout ce qu'il fît, il avait la couronne sur la tête et le sceptre à la main. Je n'ai, quant à moi, rien vu de pareil. Mais, faisant nombre, comme un autre, parmi les badauds qui se pressaient à son entrée et à sa sortie, il me parut qu'en lui tout sentait l'empereur — et l'empereur des plus mauvais jours. »

Broglie a vu juste : Napoléon prépare alors une bien ténébreuse machination. Qui en sera le *deus ex machina* ? Qui va conduire les Bourbons au guet-apens de Bayonne ? Qui mettra Ferdinand VII dans l'obligation de disparaître ? Qui fera abdiquer Charles IV au profit de Joseph Bonaparte ?

Le général Savary, nouveau duc de Rovigo.

On devine la grimace de Murat en recevant à Madrid, au palais du prince de la Paix où il s'est installé, le « haut gendarme » de Napoléon, venu lui apporter non seulement les ordres du maître, mais aussi une grande déception : le trône d'Espagne n'est pas pour lui ! Cependant, pour l'instant, le grand-duc de Berg s'efforce de faire bon accueil au duc de Rovigo qu'il déteste pourtant. De même, la population, persuadée que Napoléon va épouser la cause de Ferdinand VII et sanctionner l'abdication de l'impopulaire Charles IV, acclame celui qui a présidé à l'exécution du duc d'Enghien, cousin de leurs rois...

La mission de Savary consiste d'abord à berner le chanoine Escoïquiz, ancien précepteur et confesseur du nouveau souverain. Avec une apparente candeur, Savary expose l'étonnement de Napoléon devant l'abdication puis la rétractation de son allié Charles IV. L'Espagne ne peut avoir deux rois! Il faut clarifier la situation! Pourquoi Ferdinand VII, s'il veut dissiper toute équivoque et se faire reconnaître souverain de l'Espagne par l'Empereur, ne vient-il pas plaider lui-même sa cause devant Sa Majesté Impériale?

Le chanoine rapporte l'entretien qu'il a eu avec le duc de Rovigo au « roi Ferdinand » qui, non sans inquiétude, demande à Savary de venir le voir. Le destin, non seulement du royaume, mais celui de l'Empire français — l'Espagne sera son tombeau — va se jouer.

Savary commence par jeter l'inquiétude dans l'esprit de Ferdinand :

— L'Empereur met tant d'intérêt à ce qui se passe en Espagne qu'il s'approche lui-même de la frontière, et je suis assuré qu'en ce moment il est parti de Paris. Il recevra un courrier en chemin, ainsi que beaucoup d'autres que lui adresseront les différentes autorités qui sont ici. Vous avez à craindre que beaucoup de rapports ne vous soient pas aussi favorables que vous paraissez le croire, et que l'Empereur ne veuille prendre aucun parti avant de s'être entendu avec le roi Charles sur tout ceci.

Ferdinand réfléchit... autant que son intelligence bornée le lui permet. Ne vaudrait-il pas mieux devancer le vieux roi ? D'autant plus que Savary laisse entendre que son maître ne fera pas de difficultés pour s'incliner devant le changement de règne. « Il arriva ce qui arrive dans les entretiens de ce genre, explique très justement Thiers : le général crut n'avoir rien promis en faisant tout espérer et Ferdinand crut que tout ce qu'on lui avait donné à espérer, on le lui avait promis. »

Tel un écolier — l'expression est de Savary — le malheureux souverain prie le général de le mener près de Napoléon.

Où se ferait la rencontre?

Puisque l'Empereur se dirigeait vers la frontière, accepterait-il de pousser jusqu'à Burgos ? Ainsi l'entrevue — détail d'importance pour Ferdinand — pourrait avoir lieu en territoire espagnol. Rovigo ne dissipe pas ces illusions. Mais, bien sûr, il n'était pas question pour l'Empereur de s'aventurer en Espagne et Savary écrit le même jour à son maître : « Tout ce qui a le bonheur de Lui être attaché est malade de la seule pensée de voir entrer Votre Majesté en Espagne ; j'aimerais autant lui voir faire encore une fois le chemin d'Alexandrie au Nil avec vingt-cinq guides, que d'entreprendre ce voyage dans lequel il n'y a pas moins de danger pour Elle. »

C'est vers Bayonne — et de gré ou de force — qu'il faut entraîner Ferdinand! A Bayonne où se tisse déjà « la toile d'araignée où viendront se prendre les malheureuses proies royales ». D'ailleurs le duc de Rovigo — il le promet à l'Empereur — convoiera lui-même jusqu'à Bayonne le prince des Asturies « dans la crainte de quelque revirement dans sa résolution. Si dans cette occasion, précise-t-il, j'ai été constamment dans les intentions de Votre Majesté, ce sera encore un jour heureux dans ma vie que j'ai vouée à son service. »

Et, le 10 avril au matin, le cortège prend la route du nord. Sous le prétexte de ressentir encore la fatigue de son voyage de Paris à Madrid, Savary réclame au grand écuyer du roi « un attelage dans les relais ». Ainsi il ne quittera pas celui qu'il considère comme son prisonnier.

Arrivé à Burgos, Ferdinand est stupéfait de ne pas trouver l'Empereur. Le maréchal Bessières, dont les troupes cantonnent autour de la vieille cité, essaye de le tranquilliser, mais sans grand succès. Savary se lance alors dans une nouvelle scène de son répertoire. Assurément Sa Majesté Impériale attend « le roi » à Vitoria...

Et le cortège reprend la route.

Bien entendu, à Vitoria point d'Empereur. Cette fois, la résistance de Ferdinand devient énergique. Il déclare fermement qu'il attendra le souverain français à Vitoria. A aucun prix il ne quittera ses Etats ! Pour tout arranger, l'un des gentilshommes du roi — Cevallos — apprend que Napoléon n'a pas encore dépassé Bordeaux.

— La dignité de mon maître, affirme-t-il à Rovigo, l'empêche de faire un pas de plus dans la direction des Pyrénées.

— Il ne peut être question de dignité, rétorque Savary, tant que Charles IV refuse de quitter le trône d'Espagne et que l'Empereur est prêt à donner son appui au souverain légitime si celui-ci demande de l'aide.

— Mais nous n'avons pas besoin de l'Empereur, s'exclame l'Espagnol. Nous nous arrangerons bien sans son secours, nous ne voulons rien avoir affaire avec lui !

— Monsieur, voilà une mauvaise réponse, parce que l'on ne fait pas ce qu'on veut en ce monde, et si l'Empereur veut avoir affaire avec vous, il faudra bien malgré vous avoir affaire avec lui.

— Mais pouvez-vous assurer le roi que l'Empereur le reconnaîtra? demande alors ingénument Cevallos.

— Je n'en sais rien, aurait alors répliqué le duc de Rovigo, je ne suis autorisé ni à l'affirmer, ni à en douter, et il n'y a rien à arguer de ce que je puis dire là-dessus, je ne connais rien de la détermination de l'Empereur...

Pour la connaître, Savary galope vers Bayonne où il retrouve son maître au château de Marracq. Après avoir écouté l'exposé de son fidèle aide de camp, Napoléon estime qu'il doit suivre Savary sur le chemin de la ruse. « Je le dis à Votre Altesse, aux

Espagnols et au monde entier, écrit-il à Ferdinand, si l'abdication du roi Charles est de pur mouvement, s'il n'y a pas été forcé par l'insurrection et par l'émeute d'Aranjuez, je ne fais aucune difficulté de l'admettre, et je reconnais Votre Altesse royale comme roi d'Espagne. Je désire donc discuter avec lui de cet objet... »

En réalité, Napoléon ne songe qu'à « reconnaître » son frère Joseph Ier. Et sournois, l'Empereur ajoute avec un manque de foi qui nous gêne : « Votre Altesse royale connaît ma pensée tout entière. Elle voit que je flotte entre diverses idées qui ont besoin d'être fixées. Elle peut être certaine que, dans tous les cas, je me comporterai avec Elle comme avec le roi son père. Qu'Elle croie à mon désir de tout concilier. »

A la lecture de cette lettre où il est simplement traité d'Altesse royale, Ferdinand se cabre. Il prend une attitude d'autant plus résolue que des paysans armés, inquiets et furieux à l'idée que l'on puisse leur enlever leur roi, sont venus de tous les environs et prêts à le défendre occupent les rues de la petite ville. La cour se divise en deux clans : les genstilshommes qui se sont compromis pour le nouveau roi et ont peur de voir Napoléon rendre la couronne à Charles IV, et ceux qui font passer l'intérêt de l'Espagne avant le leur et craignent tout du départ de leur souverain pour la frontière française.

— Je plains l'Espagne, s'écrie Urquijo, ancien ministre du roi Charles, et je retourne dans mon coin pour y pleurer!

Napoléon, craignant que Ferdinand ne reprenne le chemin de Madrid, ordonne à Bessières : « Si le prince des Asturies quitte Vitoria et a dépassé Burgos pour se rendre à Madrid, vous enverrez après lui et vous le ferez arrêter partout où il se trouvera, car, s'il refuse l'entrevue que je lui propose, c'est signe qu'il est du parti des Anglais et alors il n'y a plus rien à ménager. »

A ces méthodes expéditives, Savary préfère le grand jeu... un grand jeu qui ne sert guère sa mémoire. Il se présente devant Ferdinand et lui affirme avec autorité :

— Je veux qu'on me coupe la tête si un quart d'heure après l'arrivée de Votre Majesté à Bayonne, l'Empereur ne vous a pas reconnu pour roi d'Espagne et des Indes. Il commencera peut-être par vous donner le titre d'Altesse, mais bientôt après il vous traitera de Majesté et tout sera réglé : Votre Majesté pourra retourner sur-le-champ en Espagne!

Cette fois — le 19 avril — Ferdinand accepte de partir, mais les paysans s'interposent. L'un d'eux coupe même les traits des mules de la voiture royale. Le duc de l'Infantado parvient à les calmer et le cortège peut enfin repartir vers le nord. On s'arrête à Irun pour la nuit, et, le lendemain, Savary voit avec joie les voitures atteindre les rives de la Bidassoa et s'engager sur le pont. Duroc et Berthier sont là, envoyés au-devant du « prisonnier » et ne lui donnent, eux aussi, que de « l'Altesse Royale », en l'invitant à dîner, au nom de l'Empereur, au château de Marracq. Ferdinand se renfrogne. On le traite en prince et non en roi ! Sa mauvaise humeur augmente lorsqu'il voit la maison assez médiocre qui lui a été réservée. C'est pourtant la plus belle de la ville. Napoléon vient visiter son hôte — un peu par hasard, il est vrai, puisqu'il est en train de passer une revue sur l'esplanade. Première entrevue où l'on échange simplement des banalités. Le principal n'est pas abordé...

Le dîner se déroule sans incident, mais personne n'a encore appelé Ferdinand « sire ». A peine le malheureux prince est-il revenu chez lui, qu'il reçoit la visite de Savary. Cette fois les yeux du prince des Asturies se dessillent : le général est chargé par l'Empereur, d'une effarante mission que tout autre que lui aurait refusée. Mais le duc de Rovigo n'envisage même pas cette éventualité. Il lui était pourtant ordonné d'annoncer à son « prisonnier » que Sa Majesté Impériale reconnaissait Charles IV comme roi d'Espagne, et lui offrait, à lui, Ferdinand, s'il s'inclinait gentiment, la couronne d'Etrurie — un petit Etat *confectionné* avec la Toscane italienne. Ferdinand s'étrangle de fureur. Il bondit sur le balcon en hurlant :

— *Yo soy traido!*

Il est bien trahi, en effet, à la fois par l'Empereur et surtout par celui-là même qui l'a conduit vers Napoléon. Ainsi que l'a écrit avec indignation Cevallos : « Le même homme qui lui avait répondu sur sa tête que tout s'arrangerait au gré de ses vœux, eut l'audace et l'impudence d'être porteur d'une proposition aussi scandaleuse. »

Pendant ce temps, à Madrid, Charles IV et sa femme sont épouvantés à la pensée que leur fils puisse s'entendre avec l'Empereur et nuire au cher Godoy — aussi prennent-ils, eux aussi, la route de Bayonne.

« Je ne sais où je logerai tout ce monde-là », avait écrit Napoléon à Joséphine, mais il n'ignore pas ce qu'il va en faire et ne le dissimule pas au chanoine Escoïquiz, le 19 avril, le jour même de l'arrivée de Ferdinand.

— Chanoine, chanoine, lui annonce-t-il, sans ambages, les intérêts de ma Maison et de mon empire exigent que les Bourbons ne règnent plus en Espagne!

Et comme le malheureux essaye de plaider la cause de son maître, l'Empereur ajoute :

— L'empereur de Russie, à qui j'ai communiqué, à Tilsit, mes projets sur l'Espagne, les approuve et m'a donné sa parole de ne pas s'y opposer. Les autres puissances se garderont bien de remuer. La résistance des Espagnols ne sera jamais bien redoutable... J'en viendrais toujours à bout en sacrifiant deux cent mille hommes, et la conquête de l'Espagne ne me coûtera jamais autant!

— Vous allez vous donner bien des difficultés et bien inutilement, prédit le chanoine.

Mais Napoléon croit que tout se terminera rapidement : « Cette tragédie, si je ne me trompe, écrit-il à Talleyrand le 25 avril, est au cinquième acte; le dénouement va paraître. »

Cinq jours plus tard, Charles IV et la reine Marie-Louise arrivent à leur tour à Bayonne, flanqués de leur favori Godoy.

— Avec sa peau jaune, raconte l'Empereur à Joséphine, la reine ressemble à une momie. Elle a l'air faux et méchant et il est impossible de se rien figurer de plus ridicule.

En voyant son fils, le pauvre roi s'est littéralement précipité sur lui :

— N'as-tu pas assez outragé mes cheveux blancs? Va-t'en. Je ne veux plus te voir!

Puis, se tournant vers Napoléon :

— Votre Majesté ne sait pas, soupire Charles, ce que c'est que d'avoir à se plaindre d'un fils !

Napoléon aurait pu lui répondre que des frères et sœurs lui suffisaient pour avoir l'expérience des ennuis de famille, mais, on s'en doute, le ton n'est pas à la plaisanterie... On devine l'atmosphère peu cordiale qui règne ensuite pendant le dîner. Même l'étonnante attitude du roi d'Espagne ne parvient pas à dérider les assistants : il a fait placer trois carafes d'eau devant lui : de l'eau à la glace, de l'eau chaude et de l'eau à la température de la pièce, et dose savamment et minutieusement ce mélange avant de le trouver à sa convenance. Ce soir-là, en plus de son eau, une chose le préoccupe : son cher Godoy est placé à une table de service. Il ne retrouve son calme que lorsque le prince de la Paix est installé non loin de lui. Le roi peut alors manger de bon appétit. On l'entend dire à sa femme :

— Louise, reprends de ceci : c'est bien bon.

Les descendants de Louis XIV sont désormais à la discrétion de Napoléon.

Ce même 30 avril, l'Empereur écrit à Murat : « Il est nécessaire que, dans ces deux jours, je débrouille ces affaires. » Deux jours plus tard, en effet, Charles IV adresse à son fils une lettre lui signifiant que ses crimes l'empêchent de lui succéder au trône et que « l'Espagne ne pourrait plus être sauvée que par l'Empereur ». Aussi, ce 2 mai, Napoléon pose-t-il au grand-duc de Berg ce singulier problème : « Je destine le roi de Naples à régner à Madrid. Je veux vous donner le royaume de Naples ou celui de Portugal. Répondez-moi sur-le-champ ce que vous en pensez; car il faut que cela soit fait dans un jour. »

Murat répond :

« Des torrents de larmes coulent de mes yeux

en vous répondant. Vous avez bien connu mon cœur quand Votre Majesté a pensé que je lui aurais demandé à rester auprès d'Elle : oui, je le demande, oui, je l'implore... Habitué à vos bontés, accoutumé à vous voir chaque jour, à vous admirer, à vous adorer, à recevoir de vous toute chose, comment pourrais-je jamais seul, livré à moi-même, remplir des devoirs aussi étendus, aussi sacrés? Je m'en crois incapable. Par grâce laissez-moi auprès de vous. La puissance ne fait pas toujours le bonheur; le bonheur ne se trouve que dans l'affection. Je le trouve près de Votre Majesté! »

Murat va-t-il refuser? Non, ce serait mal le connaître. Il ajoute — bien vite :

« Sire, après avoir exprimé à Votre Majesté ma douleur et mes désirs, je dois me résigner, je me mets à vos ordres. Pourtant, usant de la permission que vous me donnez de choisir entre le Portugal et Naples, je ne saurais hésiter, je donne ma préférence à la contrée où j'ai déjà commandé; où je pourrai plus utilement servir Votre Majesté; je préfère Naples et je dois faire savoir à Votre Majesté qu'à aucun prix je n'accepterai la couronne du Portugal. »

Voici donc le royaume de Naples casé! Pour Lisbonne, on verra plus tard! Mais, craignant que son frère ne fasse grise mine d'être obligé de troquer Naples contre Madrid, il vante à Joseph son cadeau espagnol : « Ce n'est pas ce qu'est le royaume de Naples : c'est onze millions d'habitants, plus de cent cinquante millions de revenus, sans compter les immenses revenus et la possession de toutes les Amériques. C'est une couronne d'ailleurs qui vous place à Madrid, à trois jours de la France et qui couvre entièrement une de ses frontières. »

Joseph s'incline comme le grand-duc de Berg. Ainsi que le dira Chateaubriand : « L'Empereur enfonça d'un coup de main ces coiffures sur le front des deux nouveaux rois et ils s'en allèrent chacun de leur côté comme deux conscrits qui ont changé de shako. »

Cependant Charles IV, le 2 mai, jour où Napoléon fait son chassé-croisé de rois, n'a pas encore abdiqué. Ce sera chose faite le 5 mai. Ce jour-là, le roi d'Espagne cède à Napoléon ses Etats, à la seule condition « de respecter l'intégrité territoriale du royaume et de n'y tolérer d'autre religion que la catholique ». En échange, Charles et Marie-Louise recevront Compiègne, Chambord et six millions de francs annuels. Seul Ferdinand continue de résister et, légalement, peut toujours se considérer comme roi de toutes les Espagnes.

Soudain, ce même 5 mai, arrive à Bayonne la nouvelle de la sanglante insurrection madrilène du 2 mai — le célèbre *dos de mayo* — vigoureusement maîtrisée par les mamelouks de Murat qui ont chargé la foule à la *Puerta del Sol* — et, ce jour-là, les Espagnols se sont crus revenus à l'époque de la lutte contre les Maures ! L'événement va permettre à Napoléon de jouer avec adresse le dernier acte du dramatique guet-apens de Bayonne. En effet, Ferdinand n'est pour rien dans le déclenchement de l'insurrection — causée par le départ des Infants, par leur enlèvement plutôt — mais l'Empereur tient là un beau prétexte! Il a reçu la nouvelle de l'émeute au cours d'une promenade à cheval et a galopé aussitôt vers Bayonne. Après avoir fait venir le prince des Asturies chez son père, Napoléon l'accuse d'avoir fomenté l'émeute. Charles IV approuve.

— Le sang de mes sujets a coulé, hurle-t-il, et celui des soldats de mon grand ami Napoléon! Tu as eu part à ce carnage!

La reine, telle une furie, injurie ensuite copieusement son fils, le traite de bâtard, et demande qu' « on le fasse monter à l'échafaud ». Napoléon n'en réclame pas tant :

— Si d'ici à minuit, déclare-t-il à « Ferdinand VII » vous n'avez pas reconnu votre père pour roi légitime et ne le mandez à Madrid, vous serez traité par moi comme un rebelle.

Ferdinand, épouvanté, cède enfin. Il n'est plus qu'un prisonnier qui ira demeurer derrière les grilles dorées du château de Valençay, avec Talleyrand comme geôlier.

— Vous pourriez y amener Mme de Talleyrand avec quatre ou cinq dames, recommande Napoléon à son vice-grand-électeur. Si le prince des Asturies s'attachait à quelque jolie femme, cela n'aurait aucun inconvénient.

Quant à Charles IV, à Marie-Louise et à l'inévitable Godoy, ils s'installent tous les trois à Compiègne, puis à Marseille, et enfin à Rome.

Napoléon ne voit pas encore que l'affaire a été mal engagée. Il considère la question comme réglée, et demeure à Marracq. Le rideau descendu sur les tragiques journées de Bayonne, il se montre d'une humeur charmante, se livrant avec Joséphine à des gamineries de jeune marié. Il prend des bains de mer. Chacun de ceux-ci est obligatoirement accompagné « d'une reconnaissance aquatique, pour prévenir quelque surprise anglaise ». Pendant tout le temps que Napoléon barbote, un détachement de cavalerie de la Garde « éclaire la mer en s'y avançant aussi loin qu'il est possible de le faire sans trop de péril ». Revenu sur la plage, l'Empereur poursuit sa femme, la pousse sous les vagues et lui prend ses chaussures qu'il jette au loin. Joséphine rit, heureuse... et se croit revenue à l'époque du Consulat.

Le 7 juin, Napoléon accueille le nouveau roi d'Espagne qui, très sérieusement, va se proclamer « *Don José primero,* par la grâce de Dieu, roi de Castille, d'Aragon, des Deux-Siciles, de Jérusalem et de Navarre...» Joseph n'oublie pas de rappeler sa souveraineté sur les îles Canaries, les Indes orientales et occidentales, et, continuant sur sa lancée, s'intitule également « archiduc d'Autriche, duc de Bourgogne, de Brabant, de Milan et comte de Habsbourg »... Enfin, il trouve tout naturel de recevoir de son prédécesseur Ferdinand ces lignes de félicitation : « Je prie Votre Majesté Catholique d'agréer le serment que je lui dois, ainsi que celui des Espagnols qui sont auprès de moi. » La veulerie du prédécesseur n'a d'égale que l'inconscience du successeur...

Tout aussi inconséquent, Murat, quelques semaines plus tard, pourra à son tour écrire : « Joachim-Napoléon par la grâce de Dieu et la Constitution de l'Etat, roi des Deux-Siciles, grand amiral de l'Empire, au très haut, très excellent, très puissant et très magnanime prince Napoléon, par la grâce de Dieu, empereur des Français, roi d'Italie, protecteur de la Confédération du Rhin, notre très cher et aimé bon frère, beau-frère, allié et confédéré ».

— Voyez, ils chargeront tant l'âne qu'ils l'écraseront sous le bât, dira sa mère, l'humble paysanne Jeanne Loubières, épouse du cabaretier Murat. Exclamation qui est, en quelque sorte, le pendant du fameux *pourvou qué ça doure* de Madame Mère...

Cependant, cent vingt députés doivent se réunir à Bayonne afin de proclamer roi de toutes les Espagnes *don José primero,* or, quatre-vingts représentants manquent à l'appel. Il en faudrait plus que cela pour décourager l'Empereur! Il pense déjà, par l'Espagne, pouvoir passer au Maroc, et de là, occuper Alger et Tunis. Il ne se doute pas que, pour les prêtres espagnols, Buonaparte est l'homme de la Révolution, l'Antéchrist en personne, celui qui a osé toucher à leurs souverains, c'est-à-dire à leurs dieux. Dès que l'on apprend les détails du guet-apens, toute l'Espagne prend feu.

Nullement inquiet, l'Empereur explique placidement au tsar : « J'envoie à Votre Majesté la constitution que la Junte espagnole vient d'arrêter. Les désordres de ce pays étaient arrivés à un degré difficile à concevoir. Obligé de me mêler de ses affaires, j'ai été, par *la pente irrésistible* des événements, conduit à un système qui, en assurant le bonheur de l'Espagne, assure la tranquillité de mes Etats... J'ai lieu d'être satisfait de toutes les personnes de rang, de fortune ou d'éducation. Les moines, seuls, qui occupent la moitié du territoire, prévoyant dans le nouvel ordre des choses la destruction des abus, agitent le pays. »

De l'agitation! Des moines seuls!... Des dizaines et des dizaines de milliers d'hommes se révolteront au cri de : *Mort aux Infidèles!* Et ce sera la plus affreuse des guerres ! Pour la première fois, les anciens soldats de la Révolution devront se battre, non contre des rois, mais contre un peuple luttant pour sa liberté, traquant l'envahisseur au détour des chemins et le massacrant non seulement avec rage, mais avec la cruauté la plus horrible.

Napoléon s'obstine encore, et envoie outre-Pyrénées des renforts qui permettront à Joseph, après la bataille de Medina de Rioseco, d'entrer — le 20 juillet — dans sa capitale. Deux jours plus tard éclatera la nouvelle de la célèbre capitulation du général Dupont à Baylen — dix-sept mille deux cent quarante-deux hommes non aguerris, écrasés de chaleur, assoiffés, surchargés de rapines, sont faits prisonniers par les trente mille soldats de l'armée de Castanos.

La reddition est affreuse : au son de la musique espagnole, les vaincus sortent de leurs bivouacs, — drapeaux claquant au vent, tambours battant, canons roulant à la tête de chaque bataillon, — et défilent en bon ordre, avec les honneurs de la guerre, entre les deux lignes de l'armée espagnole. Chaque soldat vient déposer ses armes, chaque chasseur remettre son cheval. « Je grince encore des dents de rage, racontera le capitaine Tascher. Je dévore des larmes de honte et de fureur. J'entends encore, j'entendrai toute ma vie cette musique odieuse, dont chaque accent me faisait tressaillir ! Je verrai cette joie insultante, ces acclamations meurtrières des paysans faisant signe qu'ils comptaient sous peu nous plonger leurs poignards dans la gorge. » Ce sort sera réservé aux soldats de Joseph. Eux, les vaincus de Baylen, iront mourir sur les pontons de Cadix et dans l'île de la Cabrera, tandis que les officiers généraux pourront rejoindre Toulon avec leurs bagages. « Pesée à la balance de la raison, diront les vainqueurs, notre victoire tient du prodige. » L'événement dont les répercussions seront infinies, précédera de peu la capitulation — le 30 août — de Junot à Cintra, devant l'armée anglaise commandée par un nouveau venu : sir Arthur Wellesley, un jour duc de Wellington...

C'est à Bordeaux que l'Empereur apprend la catastrophe et sa colère est immense.

— Une ignominie! crie-t-il.

Quelque temps plus tard, voyant, lors d'une revue le général Legendre, chef d'état-major du malheureux vaincu de Baylen, il se jettera littéralement sur lui. « La figure contractée, l'œil terrible, le geste au dernier degré menaçant, et la voix retentissante, afin que le dernier officier, le dernier soldat présent pussent le voir, l'entendre... », il criera :

— Comment vous montrez-vous encore quand partout votre honte est éclatante, quand votre déshonneur est écrit sur le front de tous les braves? Oui, on a rougi de vous jusqu'au fond de la Russie, et la France en rougira bien plus, lorsque, par la procédure de la Haute Cour, elle connaîtra votre capitulation. Et où a-t-on vu une troupe capituler sur un champ de bataille? On capitule dans une place de guerre, quand on a épuisé toutes les ressources, employé tous les moyens de résistance, quand, avec des brèches praticables, on a honoré son malheur par trois assauts soutenus et repoussés, quand il ne reste plus un moyen de tenir, un espoir d'être secouru... Mais, sur un champ de bataille, on se bat, Monsieur, et lorsque au lieu de se battre on capitule, on mérite d'être fusillé. La guerre a ses chances, on peut être vaincu. On peut être fait prisonnier. Demain, je puis l'être. François Ier l'a été, il l'a été avec honneur, mais si je le suis jamais, je ne le serai qu'à coups de crosse!

— Nous voulions sauver l'artillerie, essayera d'expliquer Legendre.

— Ce n'est pas l'artillerie que vous vouliez sauver ! s'exclamera l'Empereur, ce sont vos fourgons, c'est-à-dire le produit de vos rapines. Et pensez-vous donner le change ? Si vous n'aviez pas tenu à l'or impur que charriaient vos fourgons, plus qu'à l'honneur, vous auriez compris ce que le devoir commandait ; mais vous n'avez plus été ni des Français, ni des généraux, vous n'avez été que des voleurs et des traîtres.

Enfin, avant de quitter la place, il lancera encore :

— Aussi, comme sujet, votre capitulation est un crime, comme général c'est une ineptie! Comme soldat, c'est une lâcheté, comme Français, c'est la première atteinte sacrilège portée à la plus noble des gloires!

Napoléon a quitté Bordeaux et passe la nuit à Fontenay-le-Comte, lorsqu'un courrier lui annonce que l'insurrection triomphait partout outre-Pyrénées et que Joseph s'apprêtait à abdiquer. De rage, l'Empereur casse une grande bassine de faïence qui vient de lui être apportée pour prendre un bain de pieds. Au lendemain de Baylen, en effet, *Don José primero* a dû abandonner sa capitale avec ses soldats. Quant à la capitulation de Junot, elle l'a obligé à se rapprocher des Pyrénées ! Le duc d'Abrantès remonte si rapidement vers la frontière que Napoléon pourra lui écrire le 16 août : « L'armée paraît commandée non par des généraux, mais par des inspecteurs des postes. Comment peut-on évacuer l'Espagne sans raison, sans même savoir ce que fait l'ennemi ? »

La honte serre l'Empereur à la gorge :

— J'ai là une tache, déclare-t-il à Joséphine en touchant le revers de son habit.

La terrible aventure est commencée. Ces dépêches qui résument bien la situation ont été échangées entre Napoléon et son frère :

« Sire, je ne suis point épouvanté de ma position, mais elle est unique dans l'Histoire : je n'ai pas ici un seul partisan. »

« Vous avez un grand nombre de partisans en Espagne, mais qui sont intimidés. Ce sont tous les honnêtes gens. Vous ne devez pas trouver extraordinaire de conquérir votre royaume. Philippe V et Henri IV ont été obligés de conquérir le leur. »

« Non, sire, vous êtes dans l'erreur, les honnêtes gens ne sont pas plus pour moi que les coquins.

Votre gloire échouera en Espagne. Mon tombeau signalera votre impuissance... »

Joseph, roi philosophe, a-t-on dit, prévoyait alors l'avenir avec infiniment plus de clairvoyance que Napoléon. La « pente irrésistible » conduira l'Empereur jusqu'à l'abîme.

Dans ce charmant lavis, Develly a représenté l'Empereur à Saint-Cloud. Au moment de partir pour la chasse, Joséphine présente à son mari une veuve de guerre et ses enfants venus demander un secours et lui remettre une pétition.

(Château de Sceaux — Photo Josse-Lalance)

X

L'ESPAGNE
OU
« LE NŒUD FATAL »

La plus grande faute que j'ai faite est l'expédition d'Espagne.

NAPOLÉON.

Vous êtes bien jeune, Monsieur, pour représenter la plus vieille monarchie de l'Europe !

C'est en ces termes que Napoléon avait accueilli Metternich nommé, en 1806, à trente-trois ans, ambassadeur à Paris.

— Sire, répondit le nouveau diplomate en s'inclinant, mon âge est celui qu'avait Votre Majesté à Austerlitz.

Dans la bouche d'un Autrichien — du vaincu de la veille — le compliment valait son poids de courtisanerie.

Après trois années d'ambassade et au lendemain de la honte de Baylen, Metternich voit la situation avec clarté : la chute de Napoléon est inéluctable. Aussi l'empereur François, l'espoir au cœur, croit-il le moment venu de mettre son empire sur pied de guerre. Napoléon ne tarde pas à l'apprendre :

— L'Autriche arme et devient insolente! s'exclame-t-il.

Rentré à Paris, il demande, le 14 août, à Metternich :

— Mais qui donc vous attaque, pour songer ainsi à vous défendre?

Avec clairvoyance l'Ambassadeur prêche alors la prudence à son maître. Attaquer — ou forcer « Moloch » à attaquer — est, selon lui, prématuré. Aussi, dès le 23 août, Metternich affirme-t-il à Napoléon que François d'Autriche, désespéré de lui avoir déplu, désarme ses troupes et se fera un plaisir de reconnaître *don José primero* roi d'Espagne. Metternich multiplie les paroles apaisantes. Que Napoléon se rassure : entre les deux empereurs, il ne s'agit que d'une « querelle d'amants ». Un jour, Napoléon traitera le futur chancelier de jongleur diplomatique, aujourd'hui, il fait semblant de le croire :

— Je regarde donc tout comme fini, conclut-il.

Il n'a, en effet, besoin que de huit mois de répit, huit mois qui, du moins le croit-il, doivent lui permettre de remettre Joseph sur son trône.

L'Empereur a l'impression que son « flirt » avec le tsar commence quelque peu à tiédir. La flambée presque amoureuse de Tilsit s'éteindrait-elle déjà ? Sans doute Alexandre, sitôt reçue la nouvelle de Baylen, a-t-il déclaré à Caulaincourt : « C'est dans les circonstances difficiles que Napoléon me trouvera », mais, par son ambassadeur à Vienne, Kourakine, il n'en donne pas moins ce conseil aux Habsbourg :

— Le parti le plus sage pour l'Autriche me paraît être de rester spectateur tranquille de la lutte que Napoléon va soutenir en Espagne. Il sera toujours temps de prendre ensuite le parti que les circonstances suggéreront.

La fin de sa déclaration démontrait le double jeu mené par le tsar. Présentement, il fallait endormir l'empereur des Français... Pour la suite, on aviserait plus tard ! Et Alexandre ne demanderait alors pas mieux, son ami de Tilsit en difficulté, que de se ranger au « parti » suggéré par « les circonstances ».

Napoléon, sentant confusément la tiédeur du « jeune et bon empereur », et voulant garder toute liberté d'agir outre-Pyrénées, propose une rencontre qu'Alexandre s'empresse d'accepter. Il désire de son côté obtenir le blanc-seing de la France pour avoir les mains libres en direction des provinces danubiennes. En échange, il approuvera la conquête de l'Espagne.

Le lieu de l'entrevue est choisi : Erfurt, sur les bords de la Gera, non loin de Weimar, au cœur même de l'Allemagne. On y convoquera également, pour la fin du mois de septembre 1808, les rois de Bavière, de Saxe, de Wurtemberg, et les princes de la Confédération du Rhin.

— Je veux, avant de commencer, annonce Napoléon, que l'empereur Alexandre soit ébloui par le spectacle de ma puissance !

Aussitôt toute la cour des Tuileries s'agite. « Chacun, nous dit Talleyrand, se donne du mouvement pour en être. » Caulaincourt, bien sûr, sera du voyage, et l'Empereur lui parle de « l'ouverture qu'il désirait que lui fît l'empereur Alexandre, comme conseil d'amitié, comme marque d'intérêt, sur la convenance pour lui d'un nouveau mariage, sur la *nécessité* d'avoir des enfants, pour *consolider* son ouvrage et fonder sa dynastie... »

Caulaincourt qui a pour Joséphine infiniment d'amitié — son père avait manqué épouser la veuve trop joyeuse de M. de Beauharnais — ne peut s'empêcher de montrer sa tristesse.

— C'est pour voir si Alexandre est réellement de mes amis, reprend Napoléon, s'il prend un véritable intérêt au bonheur de la France, car j'aime Joséphine. Jamais je ne serai plus heureux. Mais on connaîtra, par là, l'opinion des souverains sur cet acte qui serait pour moi un sacrifice. Ma famille, Talleyrand, Fouché, tous les hommes d'Etat me le demandent au nom de la France. Au fait, un garçon vous offrirait bien plus de stabilité que mes frères qu'on n'aime pas et qui sont peu capables. Vous voudriez peut-être Eugène? Les adoptions ne fondent pas bien les dynasties nouvelles.

Napoléon pense demander un jour à Alexandre la main de sa sœur, la grande-duchesse Catherine et envoie Talleyrand auprès du tsar afin de préparer l'entrevue.

— Mon cher Talleyrand, précise-t-il, il faut que vous soyez à Erfurt un jour ou deux avant nous... vous connaissez bien l'empereur Alexandre, vous lui parlerez le langage qui convient.

Veut-on connaître le langage que M. le prince de Bénévent estime devoir *convenir* aux intérêts de son maître? Aujourd'hui que ses propres intérêts ne coïncident plus avec ceux de Napoléon?

— Sire, assura Talleyrand au tsar, que venez-vous faire ici? C'est à vous de sauver l'Europe et vous n'y parviendrez qu'en tenant tête à Napoléon. Le peuple français est civilisé, son souverain ne l'est pas. Le souverain de Russie est civilisé, son peuple ne l'est pas : c'est donc au souverain de Russie d'être l'allié du peuple français. Le Rhin, les Alpes, les Pyrénées, sont les conquêtes de la France. Le reste est la conquête de l'Empereur. La France n'y tient pas!

Et l'on se trouvait seulement en automne de l'an 1808!

M. de Talleyrand est bien décidé à trahir son maître. De toutes les erreurs irréparables de ces douze derniers mois : depuis la création du royaume de Westphalie — Jérôme, ce charmant et amusant roi-bouffe de l'épopée à sa tête — depuis la nomination, au commandement de Lisbonne, de l'incapable Junot — une tête maladivement brûlée — depuis l'occupation de Rome, depuis le guet-apens de Bayonne suivi par ce ridicule chassé-croisé de rois à Madrid et à Naples, l'envoi à Erfurt de Talleyrand, en fourrier diplomatique, est assurément la faute qui pèsera le plus lourd sur l'avenir de l'Empire.

En écoutant le ministre de Napoléon lui dévoiler le fond de sa pensée, Alexandre tressaille d'espoir.

Et ce n'est pas tout! Le prince de Bénévent fait ensuite comprendre nettement au tsar que, loin de calmer l'Autriche, il faut au contraire pousser Vienne à s'armer afin qu'Alexandre puisse avoir un jour auprès de lui un puissant allié qui lui permettra de vaincre le perturbateur de l'Europe.

Dès les premiers entretiens, Napoléon s'étonne de ne plus trouver son ami le tsar « aussi facile » qu'à Tilsit.

— Il est devenu méfiant, confie-t-il à Caulaincourt.

Talleyrand était passé par là!

Entre deux conversations, les maîtres de l'Europe, comme à Tilsit, se promènent en ville. Le 7 octobre, Napoléon visite avec le tsar le champ de bataille d'Iéna — pèlerinage qui a dû faire plaisir au roi de Prusse... De nouveau, des coups de feu claquent au bord de la Saale, mais, cette fois, on se livre seulement à un massacre cynégétique. Le lendemain Napoléon écrit à Joséphine : « Je viens de chasser sur le champ de bataille d'Iéna. Nous avons déjeuné dans l'endroit où j'avais passé la nuit au bivouac. J'ai assisté au bal de Weimar. L'empereur Alexandre danse, mais moi, non. Quarante ans sont quarante ans. »

Un jour, Alexandre, en franchissant à cheval un fossé, laisse tomber son épée. Le jeune page Victor Oudinot la ramasse.

— Garde cette arme, tu l'apporteras chez moi, ordonne l'Empereur.

Le tsar, surpris, laisse faire.

En regagnant son palais, Napoléon dit à Constant :

— Conservez cette épée d'Alexandre et remettez-en une des miennes à Oudinot.

Puis, s'adressant au page :

— Porte cette arme à mon frère de Russie, tu le prieras en mon nom de consentir à l'échange de nos armes.

Oudinot repart auprès du tsar qui remercie, apparemment ému, et le grand-duc Constantin qui se trouve présent, s'exclame :

— Sachez, monsieur Oudinot, que si votre auguste maître me donnait une de ses épées, je coucherais avec elle.

« Quand je rapportai ces paroles à Napoléon, racontera Oudinot, il me chargea de remettre immédiatement au grand-duc une épée, laquelle fut reçue avec des transports de joie, bien que n'étant pas entièrement conforme à celle que l'Empereur portait d'ordinaire. »

Extérieurement, l'entente règne. La foule des rois et des princes se presse pour « approcher celui qui dispense tout : trônes, misères, craintes, espérances... » Un parterre de rois et de princes...

— Une *plate-bande,* précise même quelqu'un.

L'Aigle plane et interpelle les souverains : Roi de Bavière! Roi de Saxe! Roi de Wurtemberg! A-t-il été jusqu'à dire : « Taisez-vous, roi de Bavière, regardez l'homme avant de vous occuper de ses ancêtres » ?

On peut lire dans ses instructions au maréchal Oudinot, gouverneur à Erfurt : « Pour les rois, dix hommes de la Garde et point d'hommes à cheval. » Les cavaliers sont, en effet, réservés aux deux empereurs... Tout est prévu ! Aussi un tambour-major de la Garde impériale ordonne-t-il à ses hommes, avec le plus grand sérieux :

— Un seul roulement : *ce n'est qu'un roi!*

Un soir, ayant à sa droite le tsar, les rois de Westphalie et de Wurtemberg, à sa gauche les rois de Saxe et de Bavière, Napoléon entend le prince-primat parler de la Bulle d'Or, qu'il date « de 1409 ». Aussitôt, Napoléon reprend l'archevêque :

— C'est en 1356, sous le règne de l'empereur Charles IV, qu'elle a été promulguée.

— C'est vrai, sire, je me trompais. Mais comment se fait-il que Votre Majesté sache si bien ces choses-là?

— Quand j'étais simple lieutenant en second d'artillerie...

La phrase a l'effet que l'on devine. Et l'Empereur de poursuivre :

— Quand j'avais *l'honneur* d'être simple lieutenant en second d'artillerie, je restai trois années en garnison à Valence. J'aimais peu le monde et vivais très retiré. Un heureux hasard m'avait logé près d'un libraire instruit et des plus complaisants... J'ai lu et relu sa bibliothèque et n'ai rien oublié!

En bon impresario, il a convoqué les têtes d'affiche de la Comédie-Française et les meilleurs chefs de la cuisine française. Tout le monde se croit sur la scène, même Alexandre qui, au théâtre d'Erfurt, se lève et serre la main de son voisin Napoléon en entendant Talma s'exclamer dans *Œdipe* :

L'amitié d'un grand homme est un bienfait des dieux.

Il y a encore le mot lancé en *a parte* par le tsar regagnant son domicile :

— Bonaparte me prend pour un sot, rira bien qui rira le dernier.

Goethe — lui aussi présent à Erfurt — a été convoqué un jour à onze heures du matin — et il faut lui laisser raconter la scène : « L'Empereur déjeune, assis à une grande table ronde. A sa droite, et à quelques pas de la table, Talleyrand se tient debout. A sa gauche, et tout près de lui, Daru, avec lequel il s'entretient sur les contributions à lever. L'Empereur me fait signe d'approcher. Je reste debout devant lui à une distance convenable. Après m'avoir regardé avec attention, il me dit :

— Vous êtes un homme.

« Je m'incline. Il m'interroge :

— Quel âge avez-vous?

— Soixante ans.

— Vous êtes bien conservé. Vous avez écrit des tragédies ?

« Je réponds ce qui est indispensable.

« Ici Daru prend la parole... Il parle de moi comme les critiques les plus favorables de Berlin auraient pu le faire, du moins je reconnaissais dans ses paroles leurs idées et leur manière de penser. Il ajoute que j'avais traduit des ouvrages français, et notamment le *Mahomet* de Voltaire. L'Empereur répliqua :

— Ce n'est pas une bonne pièce.

« Et il exposa d'une manière très circonstanciée combien il convenait au vainqueur du monde de faire de lui un portrait si peu favorable.

« Il tourna alors la conversation sur *Werther*,

qu'il devait avoir étudié d'un bout à l'autre. Après différentes remarques, toutes très justes, il indiqua un passage et me dit :

— Pourquoi avez-vous fait cela? C'est contre nature.

« Et il développa cette opinion avec une grande lucidité en entrant dans beaucoup de détails. Je l'écoutais avec sérénité et lui répondis en souriant d'un air satisfait :

— Je ne sais pas si l'on m'a déjà adressé ce reproche. Je le trouve parfaitement juste, et j'avoue que, dans ce passage, il y a quelque chose de contraire à la vérité.

« Et j'ajoutai ces paroles :

— On devrait peut-être avoir quelque indulgence pour le poète qui se sert d'un artifice habile pour produire certains effets qu'il eût atteint difficilement par un chemin plus simple et plus naturel.

« L'Empereur parut satisfait et revint au drame. Il fit des observations d'une haute portée comme un homme qui avait étudié la scène tragique avec l'attention d'un juge criminel, et qui avait vivement senti que le défaut du théâtre français est de s'éloigner de la nature et de la vérité. En développant ce thème, il désapprouva les drames où la fatalité joue un grand rôle.

— Ces pièces appartiennent à une époque obscure. Au reste, que veulent-ils dire avec leur fatalité? La politique est la fatalité...

« Je dois faire remarquer ici que j'avais pu admirer, dans le cours de la conversation, la manière variée dont il exprimait son approbation. Rarement il écoutait en restant immobile. Il secouait la tête d'un air pensif, ou il disait « Oui! » ou « C'est bien! » ou autre chose...

« Après avoir parlé, il ajoutait ordinairement :

— Qu'en dit *monsieur Goet?...* »

A l'instant de prendre congé, l'Empereur détache sa croix de la Légion d'honneur et la place sur la poitrine de *monsieur Goet.* Puis Napoléon part retrouver le tsar.

Les conversations traînent... s'enlisent même. « Au bout de huit jours, racontera Caulaincourt, chacun sondait encore le terrain, tâchant de découvrir jusqu'où allaient les prétentions de son adversaire sans pouvoir le pénétrer entièrement... »

On s'observe.

Les affaires d'Espagne se trouvent toujours en tiers entre les deux interlocuteurs et Napoléon s'en explique un jour avec Caulaincourt :

— Sans doute, il y a eu là un concours de circonstances fâcheuses, même désagréables, mais qu'importe aux Russes? Ils n'ont pas été si délicats sur les moyens de partage et de soumission de la Pologne. Cela m'occupe loin d'eux; voilà ce qu'il leur faut; ils en sont donc enchantés.

Au cours de cette même conversation, Caulaincourt se permet de montrer à l'Empereur que « ses projets » effrayent aussi bien le tsar que l'Autriche :

— Chacun se croit menacé, la peur fait taire les petits Etats, mais l'Autriche ne court aux armes que par la peur qu'elle a comme tout le monde.

— Quel projet me croit-on donc? demande Napoléon.

— De dominer seul, affirme l'ambassadeur.

— Mais la France est assez grande! Que puis-je désirer? N'ai-je pas assez de mes affaires d'Espagne, de la guerre contre l'Angleterre?

— Il y en aurait, sans doute, plus qu'il n'en faudrait pour occuper tout autre que Votre Majesté; mais la présence de ses troupes en Allemagne, sa détermination de garder ses positions sur l'Oder, tout porte à croire, comme, pour mon compte, je l'avoue à Votre Majesté, j'en suis convaincu, qu'elle a d'autres projets et que son ambition n'est pas satisfaite.

Comment apaiser ces craintes que l'Empereur considère comme injustifiées ?

— Quelle solution voyez-vous, Caulaincourt ?

— Retirez vos troupes d'Allemagne, Sire, ne gardez qu'une place comme garantie de vos contributions et le monde restera en paix.

Et comme Caulaincourt développe cette idée en la répétant à plusieurs reprises, Napoléon s'exclame en riant :

— Vous n'entendez rien aux affaires.

Le point de friction réside, entre le tsar et Napoléon, à la fois au sujet de la question des provinces danubiennes qu'Alexandre désire envahir et dans le refus de l'Empereur d'évacuer les places de l'Oder.

— Puis-je abandonner ma position en Prusse, essaye-t-il d'expliquer au tsar, en un mot m'affaiblir en Allemagne dans le moment où, profitant de mes embarras en Espagne, l'Autriche me menace?... N'est-il pas dans l'intérêt de l'alliance, au moment où nous allons faire une grande démarche pour amener l'Angleterre à la paix, que nous paraissions unis, et moi fort aux yeux de notre ennemi commun?

Le tsar n'en eût certes pas moins préféré voir la France moins avancée au cœur de l'Europe...

— Mon allié, mon ami, reprend Napoléon, peut-il me proposer d'abandonner la seule position d'où je menace les flancs de l'Autriche, si elle m'attaque pendant que mes troupes sont au midi de l'Europe, à quatre cents lieues de chez elle ? Ce que j'étais disposé à faire il y a quatre mois, je ne puis l'exécuter aujourd'hui... Le séjour prolongé de quelques troupes en Prusse ne peut inquiéter la Russie, quand je tire toutes mes forces de l'Allemagne pour les porter dans la Péninsule.

Assurément cette franchise aurait pu émouvoir Alexandre, si Talleyrand ne s'était point chargé d'ouvrir son horizon. Napoléon sent la réserve du vaincu d'Austerlitz. Il insiste :

— Ces mesures vous prouvent ma confiance en vous. Ayez-en donc aussi en moi, et ne détruisez pas, par des inquiétudes non fondées, le bon effet de notre accord... Si j'évacuais les places de l'Oder, vous évacueriez celles du Danube. Il est de votre intérêt d'y rester, puisque vous avez la certitude de vous faire céder la Valachie et la Moldavie. La Porte ottomane, voyant qu'elle n'a aucune intervention à espérer de ma part, sera pressée de souscrire aux conditions que vous lui dicterez...

L'argument présente quelque poids, mais le tsar a du mal à se résigner. Napoléon le sent de plus en plus réticent. Un jour, l'Empereur s'emporte et jette son chapeau à terre.

— Vous êtes violent, moi je suis entêté, remarque calmement Alexandre. Avec moi, la colère ne gagne rien. Causons, raisonnons, ou je pars.

Napoléon le retient. Mais à Talleyrand, qui doit rire sous cape, Napoléon confie :

— Je n'ai rien fait. Je l'ai retourné dans tous les sens, mais il a l'esprit court, je n'ai pu avancer d'un pas!

— Sire, soutient Talleyrand avec le plus grand sérieux, je crois que Votre Majesté en a fait beaucoup depuis qu'elle est ici, car l'empereur Alexandre est complètement sous le charme!

— Vous êtes sa dupe, constate Napoléon. S'il m'aime tant, pourquoi ne signe-t-il pas?

Et Caulaincourt entend son maître soupirer :

— Votre empereur Alexandre est têtu comme une mule. Il fait le sourd pour les choses qu'il ne veut pas entendre. Ces diables d'affaires d'Espagne me coûtent cher!...

Finalement, Napoléon et Alexandre cèdent l'un et l'autre et un traité est signé : la Russie pouvait s'emparer de la Finlande et des provinces danubiennes, et libre à la France de conquérir l'Espagne! Quant à l'Autriche, si elle se montrait réticente devant le partage, ou si elle osait attaquer l'empire français, le tsar et Napoléon uniraient leurs forces contre elle. « Tout va bien, écrit Napoléon à Joséphine, je suis content d'Alexandre. Il doit l'être de moi! S'il était femme, je crois que j'en ferais mon amoureuse. Je serai chez toi dans peu. Porte-toi bien, et que je te trouve grasse et fraîche. »

Napoléon a bien essayé de parler au tsar d'un éventuel mariage avec la grande-duchesse Catherine, mais soudain, timide, il n'a pas osé s'aventurer. C'est Talleyrand qui a reçu la réponse d'Alexandre à cette délicate question :

— S'il ne s'agissait que de moi, je donnerais volontiers mon consentement, mais il n'est pas le seul qu'il faille obtenir.

Sans doute Catherine détestait-elle *Buonaparte,* mais à l'époque on ne prenait point la peine de demander l'avis des jeunes filles au sujet de leur mariage — et encore moins lorsqu'il s'agissait d'une princesse !... Il y avait surtout la tsarine mère qui n'autoriserait jamais une pareille union avec « l'aventurier corse ».

Le 14 octobre, « satisfaits de leurs arrangements », mais « mécontents l'un de l'autre », les deux empereurs se séparent sur le chemin de Weimar, après s'être embrassés devant leurs états-majors.

Ils ne devaient plus jamais se revoir.

Le chancelier autrichien Stadion reçoit le baron Vincent, envoyé à Erfurt en « informateur », et peut tirer la conclusion des entretiens qui viennent de s'achever : « Si la guerre n'entre pas dans les calculs de Napoléon, elle doit essentiellement entrer dans les nôtres. »

Et cet aveu nous prouve qu'il ne faut pas chercher toujours du même côté le responsable des guerres napoléoniennes...

Avec l'Autriche, on se retrouvera à Wagram, mais, en attendant, il faut replacer *don José primero* sur le trône. Dès son retour, l'Empereur l'annonce aux membres du Corps législatif :

— Je pars dans peu de jours pour me mettre moi-même à la tête de mon armée et, avec l'aide de Dieu, couronner dans Madrid le roi d'Espagne et planter mes aigles sur les forts de Lisbonne.

Nombreux sont les députés qui font la grimace. La guerre d'Espagne est on ne peut plus impopulaire — et cela dans tous les partis. Ainsi que l'expliquait Barante, « les diverses oppositions se touchèrent par un point commun : la cause espagnole, déjà sympathique aux anciens royalistes, inspirait de l'intérêt aux libéraux ». Quant aux soldats de la Grande Armée — ces soldats qui devaient tant manquer à l'Empereur dans ses guerres de 1809 et de 1812 contre l'Autriche et la Russie — ils se battront outre-Pyrénées sans enthousiasme. Il ne s'agit nullement ici de donner son sang pour une cause française, mais pour sauver la couronne de l'incapable Joseph. L'indiscipline va naître au cours de cette affreuse campagne et un officier — le colonel de Gonneville — entendra l'un de ses hommes crier en parlant de l'Empereur :

— Foutez-lui donc un coup de fusil!

« Et ils s'accuseront de lâcheté de ne pas le faire. »

⁂

Le 29 octobre, Napoléon quitte Paris pour l'Espagne et, le 3 novembre, il rejoint la nouvelle armée à Bayonne. Après avoir abandonné Madrid, les cinquante mille hommes placés sous le commandement théorique de Joseph, campent, démoralisés, derrière l'Elbe. Napoléon s'apprête à les rejoindre et à jeter sur l'Espagne cent cinquante mille de ses meilleurs soldats, pour lesquels l'équipement n'est d'ailleurs pas arrivé. « Je reçois votre rapport du 2 novembre avec l'état qui y était joint, écrit l'Empereur au général Dejean. Il en résulte que j'aurais à Bayonne quatre-vingt-trois mille paires de souliers, cent quarante mille chemises, vingt-trois mille havresacs, trente-neuf mille shakos, et des capotes en quantité. Tout cela sont des contes pour enfants. Je n'ai rien, je suis nu ; mon armée est dans le besoin et vos bureaux se moquent de moi. Les fournisseurs sont des voleurs qui seront payés et je n'aurai rien. Tout votre service d'habillement va mal ; ceux qui sont à la tête sont des sots et des fripons. Jamais on n'a été plus indignement servi et trahi. »

Ce qui n'empêche pas l'Empereur, dès le lendemain — 4 novembre 1806 — d'entrer en Espagne. Est-ce ce jour-là qu'en passant une revue, un sous-lieutenant lui déclara que « depuis quatre ans il avait ce grade sans avoir pu monter plus haut » ?...

— Moi, lui répondit l'Empereur en riant, j'ai été lieutenant pendant sept ans et ça n'a pas nui à mon avancement.

Le 5 novembre, il est à Vitoria et demande à son

frère de n'en plus bouger, jusqu'à ce que Madrid soit repris à « cette canaille fanfaronne », coupable d'être fidèle à sa monarchie légitime... La leçon — cette fuite à bride avalée au lendemain de Baylen — n'a guère profité à Joseph. Il se prend pour un foudre de guerre... et ne parle plus de son « tombeau » !

— Je ne suis pas content du roi, déclare l'Empereur à Roederer. Je l'ai trouvé mal. Il veut qu'on le flatte. Il est devenu tout à fait roi... Joseph croit qu'on est général quand on s'avise de le vouloir. Il parle toujours de la charlatanerie du commandement. Sans doute, il y en a dans le commandement ; mais il y a aussi des talents qui y sont nécessaires, et qui manquent au roi : le coup d'œil, la décision.

Roederer sait faire parler Napoléon, et l'Empereur se confie :

— Moi, je sais toujours ma position, j'ai toujours présents mes états de situation. Je sais toujours la position de mes troupes. J'aime la tragédie mais toutes les tragédies du monde seraient là d'un côté, et des états de situation de l'autre, et je ne laisserais pas une ligne de mes états de situation sans l'avoir lue avec attention. Ce soir, je vais les trouver dans ma chambre, je ne me coucherai pas sans les avoir lus... Les généraux ne prennent pas sur eux la responsabilité d'ordres dans lesquels ils n'ont pas confiance, l'exécution se fait mal. Alexandre m'a dit souvent : « Je sens que je ne suis pas empereur, comme vous, parce que je dépends de mes généraux... » Je n'ai qu'une passion, qu'une maîtresse, c'est la France : je couche avec elle. Elle ne m'a jamais manqué, elle me prodigue son sang et ses trésors. Si j'ai besoin de cinq cent mille hommes, elle me les donne, je veux que mes frères soient de même que moi. L'Espagne doit être française, et si dans quelque temps il me convient d'en réunir quelques provinces à la France, je le ferai.

Ce jour-là, l'Empereur envisage de ne plus remettre son frère sur le trône, ce trône qu'il lui faut cependant tout d'abord reconquérir. En quelques jours, suivant sa tactique, Napoléon anéantit la gauche anglo-espagnole commandée par Blake, détruit la droite ennemie dirigée par Palafox, puis fonce sur le centre, c'est-à-dire sur Burgos où opère le marquis de Belveder à la tête de l'armée d'Estramadure. Bessières, Mouton et Lasalle effectuent la trouée et les Espagnols s'enfuient vers Madrid.

On se lance à leur poursuite dans la sauvage Sierra de Guadarrama qui se dresse comme une véritable barrière. Une seule voie la traverse permettant de franchir le col de Somosierra. Mais le passage, moins abrupt que l'a décrit Ségur, n'en est pas moins puissamment gardé par les troupes ennemies, commandées par Benito San Juan. Franchir le défilé semble impossible.

— Je ne connais pas ce mot-là ! proteste l'Empereur qui se trouve à cet instant sur le pont qui franchit le ruisseau Durabu.

Et il envoie l'un de ses officiers d'ordonnance, Philippe de Ségur, vers Korjietulski, commandant l'escadron polonais, arrêté devant le col.

— Commandant, lui annonce le futur général de Ségur, l'Empereur nous ordonne de charger à fond, sur-le-champ.

Le colonel Piré, des chasseurs de la Garde, s'exclame :

— C'est impossible!

— On l'a dit à l'Empereur et il n'en croit rien!

— Eh bien, reprend Piré, viens-y donc regarder toi-même, et vois si le diable, tout fait au feu qu'il doit être, pourrait mordre là-dessus...

Le colonel montre à l'officier d'ordonnance le chemin gravissant l'amphithéâtre bordé de « croupes rocheuses ». Au sommet, on aperçoit une redoute truffée de seize canons, tandis que vingt bataillons se sont déployés, couronnent en demi-cercle le sommet et empêchent le franchissement du col.

Ségur n'en estime pas moins que l'on ne peut reculer : l'ordre est formel, Korjietulski s'incline. Les sabres sortent du fourreau, les pistolets sont saisis de la main demeurée libre, les rênes sont serrées entre les dents... et les Polonais s'élancent. Au sommet les armes crépitent; de tous côtés, la mitraille tombe, drue, meurtrière, implacable. Les Polonais poussent leur cri de guerre auquel se mêlent des cris de douleur. Seule une poignée d'hommes atteint le haut du col. L'infanterie suit et c'est la débandade chez l'ennemi. Benito San Juan, voulant arrêter les fuyards, se fait fusiller par eux avec ses officiers ! Pendant ce temps, Napoléon, ému, se découvre devant les chevaux-légers polonais, survivants de la charge héroïque :

— Vous êtes tous dignes de ma Vieille Garde, je vous reconnais pour ma plus brave cavalerie!

Les Polonais pleurent de joie.

La route de Buitrago puis celle de Madrid se trouvent libres. La capitale est atteinte, et, sous sa tente dressée aux portes de la cité, Napoléon reçoit des mains de Thomas de Morla, le 3 décembre, la capitulation de la ville.

Que va-t-on faire maintenant de Joseph qui a été autorisé à venir rejoindre son frère? Comme le dira l'Empereur, le 7 décembre : « Il ne s'agissait pas de recommencer Philippe V, qui avait oublié sa première nationalité jusqu'à devenir l'ennemi de son neveu Louis XV. » Aussi, dans sa proclamation aux Espagnols, Napoléon précise-t-il sa pensée :

— Je ne refuse pas de céder mes droits de conquête au roi lorsque les trente mille citoyens de Madrid auront donné l'exemple aux provinces. Il dépend de vous que cette constitution soit encore votre loi. Mais si tous mes efforts sont inutiles et si vous ne répondez pas à ma confiance, il ne me restera qu'à vous traiter en provinces conquises et à placer mon frère sur un autre trône. Je mettrai alors la couronne d'Espagne sur ma tête et je saurai la faire respecter des méchants.

Don José primero propose à l'Empereur d'abdiquer, renonciation que Napoléon a le plus grand tort de refuser. Il le regrettera plus tard amèrement :

— C'était l'homme le plus incapable et précisément l'opposé de ce qu'il fallait!

Et Joseph redevient roi pour le plus grand malheur de tous — sauf pour les amateurs de courses de taureaux que le souverain rétablit et auxquelles il assiste avec une passion digne d'un véritable Espagnol.

Plein de bonne volonté, il se rend, en effet, aux processions avec son état-major, fait semblant de manger avec gourmandise le trop huileux riz à la valenciana, qui lui donne des haut-le-cœur. Tout cela n'empêche pas la plus grande partie de son peuple de le considérer comme roi d'Espagne « par la grâce du diable ! », ou de le traiter « d'esclave couronné ». Les Espagnols qui ont admis l'étalage des amours de leur reine avec Godoy, sous les yeux du trop complaisant Charles IV, ne pardonnent pas à leur nouveau souverain d'aimer les femmes — lesquelles, sous la plume de ses ennemis, deviennent « d'immondes prostituées ». Par contre, lorsque Joseph pourra se rendre à Séville, en février 1809, il deviendra populaire. On ne sait trop pourquoi — peut-être en sa qualité d'aficionado — il sera adulé, comparé à un envoyé de Dieu, couvert de présents, tandis que, nous rapporte l'un de ses aides de camp, « les prêtres et les moines viennent lui baiser les mains du matin jusqu'au soir ».

Mais, nous n'en sommes pas encore là! Pour l'instant, Napoléon décide de chasser les Anglais hors de la péninsule. Venant du Portugal, sir John Moore a fait passer trente mille hommes en Espagne, et cinq mille habits rouges ont débarqué à La Corogne. Ils veulent « faire les crânes », annonce l'Empereur à Joséphine, en quittant rapidement, le 22 décembre 1808, le château de Chamartin. Pour se porter au-devant de l'ennemi marchant sur Madrid, l'obliger à reculer et le jeter à la mer, il lui faut traverser à nouveau la Sierra...

Ce fut une marche atroce.

Arrivé, le jour même de son départ, au pied de la Guadarrama, Napoléon apprend que les bataillons d'avant-garde, repoussés par les tourmentes, aveuglés par la neige, rétrogradent. L'Empereur ordonne à tous les soldats d'un même peloton de se tenir par les bras afin de ne pas être emportés par le vent. La cavalerie met pied à terre et doit marcher dans le même ordre. Les chevaux suivent tenus en main. Pour donner l'exemple, l'Empereur forme l'état-major en plusieurs groupes et se place entre Lannes et Duroc. Les officiers « entrelaçant leurs bras », se portent en avant et gravissent la montagne en dépit de la violence du vent glacial, de la neige qui leur fouette le visage et du verglas qui les fait trébucher à chaque pas. L'ascension dure quatre mortelles heures. Arrivés à mi-côte, les maréchaux et les généraux chaussés de grandes bottes à l'écuyère, ne peuvent plus avancer... Napoléon se fait alors hisser sur un canon où il se place à califourchon ; l'état-major agit de même : « Nous continuâmes à marcher dans ce grotesque équipage, racontera Marbot, et nous parvînmes enfin au couvent situé sur le sommet de la montagne... »

En quittant le col et en se laissant glisser sur la neige de l'autre versant, Napoléon s'exclame :

— Foutu métier!

Les jours suivants, la progression, au cœur des éléments déchaînés, se poursuit insensée, folle, inhumaine. Lui presse le pas, souffrant, peinant comme ses hommes, et faisant semblant de ne pas entendre leurs imprécations. Les grognards grondent :

— Les forçats ont moins de maux que nous!

L'armée continue à se porter en avant, dans le but de couper la retraite aux Anglais qui se dirigent à marches forcées vers la côte. Dans son impatience de rejoindre l'ennemi, Napoléon exige de ses hommes qu'ils effectuent ce dur trajet en trois jours, alors que les nuits sont les plus longues de l'année. « J'ai rarement fait une marche aussi pénible, rapporte le général Marbot ; une pluie glaciale perce nos vêtements, les hommes et les chevaux s'enfoncent dans un terrain marécageux ; on n'avance qu'avec les plus grands efforts, et comme tous les ponts ont été coupés par les Anglais, nos fantassins sont obligés de se déshabiller cinq ou six fois par jour, de placer leurs armes et leurs effets sur leur tête, et d'entrer tout nus dans l'eau glaciale des ruisseaux qu'il nous fallait traverser. Je le dis à regret, je vis trois vieux grenadiers de la Garde, se trouvant dans l'impossibilité de continuer cette pénible marche, et ne voulant pas rester en arrière de crainte d'être torturés et massacrés par les paysans, se brûler la cervelle avec leurs propres fusils ! »

— Je suis un brave homme, déclare l'un de ces désespérés, vous m'avez vu au feu! Je ne veux pas déserter, mais ceci est trop fort pour moi.

« En achevant ces mots, nous raconte de son côté le futur maréchal de Castellane, il appuie le bout du canon de son fusil sur sa tête, pousse la détente avec le pied, et tombe. »

Le 28 décembre, l'Empereur galope vers Valderas en dépassant toutes les troupes. Le piquet de cavalerie a bien du mal à suivre son train d'enfer. Plusieurs chevaux démontés suivent, tenus par la bride. Napoléon est, en effet, un piètre cavalier, il n'a aucune assiette, aussi les chasseurs de l'escorte mènent-ils toujours avec eux cinq ou six bêtes de rechange et, lorsque l'Empereur tombe avec sa monture, ils lui en amènent aussitôt une autre toute sellée.

En arrivant à Valderas, on s'aperçoit que la cavalerie anglaise vient de se replier. Il pleut maintenant à torrents, les chemins sont d'effarants bourbiers. De toute la Garde à pied, cent hommes seulement parviennent dans la nuit à Valderas.

Le 2 janvier 1809, l'Empereur, peu avant d'atteindre Astorga, reçoit de nombreuses dépêches : l'Autriche réarme de plus belle et la tiédeur du tsar s'affirme. Fait plus grave, Talleyrand et Fouché se sont réconciliés. Personne ne peut en croire ses yeux! On les a vus, le 20 décembre 1808, se tenir par le bras et se parler de la façon la plus aimable. Que complotent-ils? Certains affirment avoir entendu le duc d'Otrante dire au cours de cette soirée :

— Insensé, il met le feu partout!... Il faut en finir!

De son côté, Talleyrand aurait, une fois de plus, répété qu'il désapprouvait cette folle guerre d'Espagne, alors qu'il l'avait — perfidement — conseillée à son maître... Fouché, qui affirme dans ses *Mémoires* avoir, lui aussi, parlé à Napoléon du guêpier espagnol, pensait assurément à la mort éventuelle de l'Empereur — de cet empereur sans héritier. La nouvelle guerre avec l'Autriche paraît inévitable et Napoléon semble toujours vouloir remettre à plus tard la répudiation de Joséphine ! Les deux compères que leurs intérêts avaient rapprochés ont-ils alors pensé à Murat ou à Bernadotte pour succéder à Napoléon?

L'Empereur ne pouvait évidemment connaître le texte de la dépêche envoyée par Metternich à Vienne le 4 décembre, mais ce que le futur chancelier écrivait ce jour-là à sa cour, peut-être Napoléon, dont la prescience était extraordinaire, le devinait-il, lui aussi : « Deux hommes tiennent en France le premier rang dans l'opinion et dans l'influence du moment, MM. de Talleyrand et Fouché. Jadis opposés de vue et d'intérêts, ils ont été rapprochés par des circonstances indépendantes d'eux-mêmes; je ne crains pas d'avancer que, dans ce moment, leur but et les moyens de l'atteindre sont les mêmes; ces derniers offrent des chances de réussite parce qu'ils sont conformes aux vœux d'une nation fatiguée à l'excès par une longue suite d'efforts, effrayée de l'immensité de la carrière que veut lui faire parcourir encore le maître actuel de sa destinée, d'un peuple aussi peu disposé que tout autre à soutenir, au prix de son sang et de sa fortune, des projets qui ne sont plus que personnels à ce maître. »

Fouché et Talleyrand avaient-ils, dès cette fin de 1808, songé à la chute du dieu? Une chute qui ne serait pas due à ce fameux boulet dont on parlait alors souvent en voyant l'Empereur s'exposer au feu de l'ennemi et qui, selon le mot favori de Napoléon, « n'était pas encore fondu ».

Joséphine, elle aussi douée d'un sixième sens, est toute alarmée et l'Empereur la tranquillise le 2 janvier : « Je vois, mon amie, que tu es triste et que tu as l'inquiétude très noire. L'Autriche ne me fera pas la guerre. Si elle me la fait, j'ai cent cinquante mille hommes en Allemagne et autant sur le Rhin, et quatre cent mille Allemands pour lui répondre. La Russie ne se séparera pas de moi. On est fou à Paris. Tout marche bien... Je serai à Paris, aussitôt que je le croirai utile. Je te conseille de prendre garde aux revenants. Un beau jour, à deux heures du matin... »

L'Empereur a en effet décidé de rentrer d'urgence, laissant Soult poursuivre les Anglais — trop mollement d'ailleurs car, au lieu de les écraser, il les laissera se réembarquer à La Corogne.

L'avant-veille, le 17 janvier 1809, Napoléon s'est lancé à toute bride sur la route de Paris. « Je suis dépassé par Savary au grandissime galop, racontera Thiébault qui roule sur la même route, et par l'Empereur donnant de grands coups de fouet de poste sur la croupe du cheval de son aide de camp, de grands coups d'éperon au sien... A une grande minute en arrière d'eux accouraient Duroc et le mamelouk... A une égale distance galopait un guide, s'échinant pour perdre moins d'espace ; enfin quatre autres guides suivaient comme ils pouvaient... » Napoléon fait, en cet équipage, cent vingt kilomètres en cinq heures et, le 19, arrive à Bayonne.

Il laissait derrière lui les meilleurs de ses soldats — ceux d'Austerlitz, d'Iéna et de Friedland qui devaient tant lui manquer à Wagram!

Les malheureux vont vivre la plus atroce des guerres. « J'ai vu des officiers, racontera le capitaine François, des soldats, même des femmes éventrées de la matrice à l'estomac et les seins coupés, des hommes sciés en deux — entre deux planches —, d'autres les parties nobles coupées et placées dans la bouche ; d'autres enterrés vivants jusqu'aux épaules, d'autres pendus par les pieds dans les cheminées et la tête brûlée... Le brave général René, que j'avais connu en Egypte sous-chef de l'état-major général, qui venait rejoindre l'armée du général Dupont avec sa femme et son enfant, fut arrêté dans les gorges de la Sierra Morena, et, quand il fut arrivé à une ferme, à une demi-lieue de la Caroline, nommée Cenaperos, escorté par ses bourreaux, il fut scié en deux devant sa femme après l'avoir vu déshonorer, ensuite l'enfant fut coupé en deux devant sa mère qui fut sciée en deux comme son mari... Dans le bourg de Manzanarès... les habitants de la ville se portèrent à l'hôpital où se trouvaient douze cents et quelques malades, qu'ils égorgèrent et coupèrent en morceaux (j'en ai vu des membres) ... Un officier qui s'y trouvait avait été conduit par ces canailles sur la place Major : là, après lui avoir coupé les sourcils des yeux, et arraché les ongles, on l'avait scié par morceaux, et jeté aux cochons... les soldats moins malades avaient été lapidés, coupés en pièces et jetés à la voirie... »

Les survivants adopteront, à leur tour, les méthodes de la lutte inhumaine.

— Quelle guerre ! pourra un jour soupirer Lannes. Etre contraint de tuer tant de braves gens ou même de furieux ! La victoire fait peine !

Outre-Pyrénées, les succès céderont bientôt le pas aux défaites et Napoléon constatera plus tard — trop tard :

— Cette malheureuse guerre m'a perdu; toutes les circonstances de mes désastres se rattachent à ce nœud fatal. Elle a compliqué mes embarras, divisé mes forces, détruit ma moralité en Europe...

***

Le 27 janvier 1809, Fouché, le premier, est appelé aux Tuileries et courbe l'échine sous la semonce. Cependant l'Empereur ne le renvoie pas : il a trop besoin de lui et se refuse à lui appliquer sa formule :

— Il faut disgracier ceux qu'on ne peut plus récompenser!

Le lendemain, c'est au tour de Talleyrand. Cambacérès, Lebrun, Montesquiou, Decrès et Fouché assistent à la scène.

Elle est terrible.

Après avoir déclaré que les ministres doivent « cesser d'être libres de leurs pensées et de leurs expressions », Napoléon précise qu'il leur faut se considérer comme le simple reflet du maître. S'ils « doutent » de lui, ils le trahissent! Puis l'Empereur, en regardant fixement Talleyrand, se lève. Tous l'imitent et le prince de Bénévent se dirige en claudicant vers une console sur laquelle il s'accoude. Napoléon fonce alors sur lui et tonne :

— Vous êtes un voleur, un lâche, un homme sans foi; vous ne croyez pas à Dieu; vous avez, toute votre vie, manqué à tous vos devoirs, vous avez trompé, trahi tout le monde; il n'y a pour vous rien de sacré; vous vendriez votre père. Je vous ai comblé de biens et il n'y a rien dont vous ne soyez capable contre moi. Ainsi, depuis dix mois, vous avez eu l'impudeur, parce que vous supposez, à tort et à travers, que mes affaires en Espagne vont mal, de dire à qui veut l'entendre que vous avez toujours blâmé mon entreprise sur ce royaume, tandis que c'est vous qui m'en avez donné la première idée, qui m'y avez persévéramment poussé!

L'Empereur, tout en jetant feu et flamme, fait les cent pas entre la cheminée et la console où s'appuie toujours le prince de Bénévent, « pâle comme la mort », et qui n'ose répondre. Talleyrand avait également prétendu être « étranger » à l'assassinat du duc d'Enghien. Soudain l'Empereur pense au mort de Vincennes et la tempête monte encore :

— Cet homme, ce malheureux, par qui cependant ai-je été averti du lieu de sa résidence? Qui m'a excité à sévir contre lui? Etranger à la mort du duc d'Enghien ! Mais oubliez-vous que vous me l'avez conseillée par écrit ? Etranger aussi à la guerre d'Espagne? Mais oubliez-vous que vous m'avez conseillé de recommencer la politique de Louis XIV ? Oubliez-vous que vous avez été l'intermédiaire de toutes les négociations qui ont abouti à la guerre actuelle? Quels sont vos projets? Que voulez-vous? Qu'espérez-vous ? Osez le dire ! Vous mériteriez que je vous brisasse comme du verre; j'en ai le pouvoir; mais je vous méprise trop pour en prendre la peine! Oh! tenez, vous êtes de la m... dans un bas de soie!

Talleyrand blêmit, mais ne dit toujours rien. Impassible, face de plâtre, il regarde Napoléon l'insulter durant trois effroyables heures. Voulant le blesser encore davantage, ulcéré en se rendant compte que les injures et les outrages glissent sur le personnage, l'Empereur lance une dernière bordée :

— Vous ne m'aviez pas dit que le duc de San Carlos était l'amant de votre femme?

Cette fois, Talleyrand répond par la célèbre insolence qui désarçonne Napoléon :

— En effet, Sire, je n'avais pas pensé que ce rapport pût intéresser la gloire de Votre Majesté et la mienne!

Napoléon ne sait que répondre. Il se dirige vers la porte et, regardant également Fouché, il menace :

— Apprenez que, s'il survenait une révolution, quelque part que vous y eussiez prise, elle vous écraserait les premiers!

Il fallait aussi pour Talleyrand un mot de la fin. Aussi, en sortant, confie-t-il aux témoins médusés :

— C'est grand dommage, messieurs, qu'un si grand homme soit si mal élevé.

Dans l'antichambre, Ségur l'interroge : pourquoi la séance a-t-elle duré aussi longtemps? L'ex-évêque lui prend simplement la main en murmurant :

— Il est des choses qu'on ne pardonne jamais.

Le lendemain, Napoléon demande au prince de Bénévent de lui renvoyer la clef, symbole de ses fonctions de Grand-Chambellan. Deux jours plus tard, Talleyrand voit entrer chez lui le duc de Rovigo. Sans paraître étonné, il l'interroge :

— Est-ce à Ham ou à Vincennes ?

— Ni l'un ni l'autre, lui répond Savary. Vous êtes et serez parfaitement libre. Du moins, je n'ai aucune instruction à votre égard. Bah, vous connaissez l'Empereur, vous savez qu'il se laisse aller à son premier mouvement. L'instant d'après il s'en repent ou ne s'en souvient plus.

— Que me conseillez-vous donc?

— De ne rien changer à vos habitudes, d'aller aux Tuileries ni plus ni moins qu'à l'ordinaire, sans affectation, sans plaintes.

« M. de Talleyrand accepte et suit le conseil qu'il suppose venir de haut, nous rapporte Montesquiou, et il ne s'en trouva pas plus mal. » Cependant, depuis la veille, M. le prince de Bénévent est allé trouver Metternich. Se dépouillant de tout masque, selon l'expression de l'ambassadeur, il lui a déclaré :

— Le moment est arrivé... Je crois de mon devoir d'entrer en relations directes avec l'Autriche.

Et, pour commencer, il demande au diplomate quelques centaines de milliers de francs. Metternich chiffrera la trahison à seulement quatre cent mille francs. C'était là bien peu, lorsqu'on pense, s'il faut en croire certains, que Talleyrand aurait touché — entre autres « pourboires diplomatiques » distribués au ministre des Relations extérieures du Directoire — cinq cent mille francs lors de la signature du traité avec le Portugal et sept cent quatre-vingt mille francs au moment des négociations avec Hambourg. Plus récemment, il aurait reçu de Godoy dix-huit à dix-neuf millions, depuis l'année 1806 jusqu'à la chute du favori. La Restauration lui en rapportera d'ailleurs bien davantage!

Fouché, lui aussi, va voir Metternich, mais n'ose pas quémander des subsides. Il se contente d'ironiser :

— Quand *on* vous aura fait la guerre, il restera la Russie... et puis la Chine.

Napoléon pense avoir simplement effrayé les deux complices. Selon lui, ils rentreront désormais dans le rang. C'était mal les connaître. L'Empereur croyait pourtant savoir soupeser les hommes et affirmait ne jamais se lancer à la légère dans une affaire :

— Je médite beaucoup, dira-t-il ce même mois à Roederer. Si je parais toujours prêt à répondre à tout, à faire face à tout, c'est qu'avant de rien entreprendre, j'ai longtemps médité, j'ai prévu ce qui pourrait arriver. Ce n'est pas un génie qui me révèle tout à coup, en secret, ce que j'ai à dire ou à faire dans une circonstance inattendue pour les autres; c'est ma réflexion, la méditation. Je travaille toujours : en dînant, au théâtre; la nuit, je me réveille pour travailler. La nuit dernière, je me suis levé à deux heures; je me suis mis dans une chaise longue, devant mon feu, pour examiner les états de situation que m'avait remis hier soir le ministre de la Guerre; j'y ai relevé vingt fautes dont j'ai envoyé ce matin les notes au ministre, qui maintenant est occupé avec ses bureaux à les rectifier.

Tout le gouvernement, tout le cabinet et tout l'état-major sont sur les dents. Durant les deux mois et demi que l'Empereur va passer à Paris, en cette veille d'une nouvelle campagne, il ne cesse — afin de surmonter l'insouciance de son entourage, affirme-t-il — de harceler ses officiers, ses ministres et ses secrétaires. On retrouve ici le même despotisme qu'à l'armée. « Il commandait quelquefois l'impossible, raconte Chaptal, et voulait être servi sur-le-champ. Il demandait des états qui, pour être exacts, auraient exigé un travail de plusieurs semaines, et il les demandait à l'heure parce qu'il ne savait pas ajourner ses besoins. Si on se bornait à lui présenter des aperçus, on excitait son mécontentement. Il valait mieux mentir avec audace que de retarder pour pouvoir lui offrir la vérité. Je l'ai vu affecter une grande prédilection pour Regnault de Saint-Jean d'Angély, parce que celui-ci répondait hardiment à toutes ses questions et n'aurait pas été embarrassé s'il lui avait demandé combien de millions de mouches se trouvaient en Europe au mois d'août. »

***

La grande armée étant retenue dans la nasse espagnole, l'Empereur doit forger une nouvelle force. Les princes de la Confédération du Rhin promettent de fournir à leur Protecteur cent mille hommes. Mais que vaudront au feu ces Saxons, ces Bavarois, ces Wurtembergeois? En appelant par anticipation la classe 1810, en mettant sous les drapeaux une partie des Français favorisés par le tirage au sort durant ces trois dernières années, en faisant revenir les quelques corps laissés en Allemagne, l'Empereur peut, en comptant la garde ramené d'Espagne, disposer de deux cent cinquante mille à deux cent quatre-vingt mille hommes, dont la majorité n'a jamais vu le feu. Et il lui faut au surplus envoyer des troupes au prince Eugène qui aura assurément une armée autrichienne à combattre !

A Vienne, le gouvernement, l'armée et le peuple ont soif de la guerre! L'empereur d'Autriche a pu réunir trois cent mille hommes infiniment plus enthousiastes à la pensée d'aller en découdre que les conscrits et les rappelés français.

Le mercredi 12 avril, un courrier expédié par Berthier arrive aux Tuileries : les Autrichiens ont passé l'Inn et occupé Munich.

— C'est la guerre, soupire l'Empereur.

Une fois de plus, il va se battre, à la poursuite de cette paix qui le fuira jusqu'à la défaite... Et il décide de partir avant l'aube :

— Je m'en vais à Vienne seul avec mes petits conscrits, mon nom et mes grandes bottes.

Dans l'île de Lobau, un boulet de six pouces tombe à un pas des chevaux de Napoléon et du maréchal Oudinot. Le grenadier Pils a croqué la scène sur le vif, « à l'emporte-pièce », comme l'a fort justement écrit Théo Fleischman.

(B. N. Imprimés — Photo Josse-Lalance)

XI

LE MIRACLE DE WAGRAM

A la guerre, il faut s'appuyer sur l'obstacle pour le franchir.

NAPOLÉON.

Le lundi 17 avril, à Dillingen, Napoléon reçoit le roi de Bavière qui, affolé, à dû quitter Munich et larmoie :

— Sire, tout est perdu pour nous si Votre Majesté n'agit pas rapidement.

— Rassurez-vous, vous serez dans peu à Munich.

Quant à lui — il l'affirme au roi de Wurtemberg : c'est à Vienne qu'il se rendra.

— Où est l'ennemi? demande-t-il ce même jour à Berthier en arrivant à Donauwörth.

— Sire, il a passé l'Inn et l'Isar, a tourné à droite et est en marche sur Ratisbonne.

L'archiduc Charles espère ainsi détruire le centre français formé des troupes de la Confédération du Rhin.

— Que dites-vous ? s'exclame l'Empereur, c'est impossible !

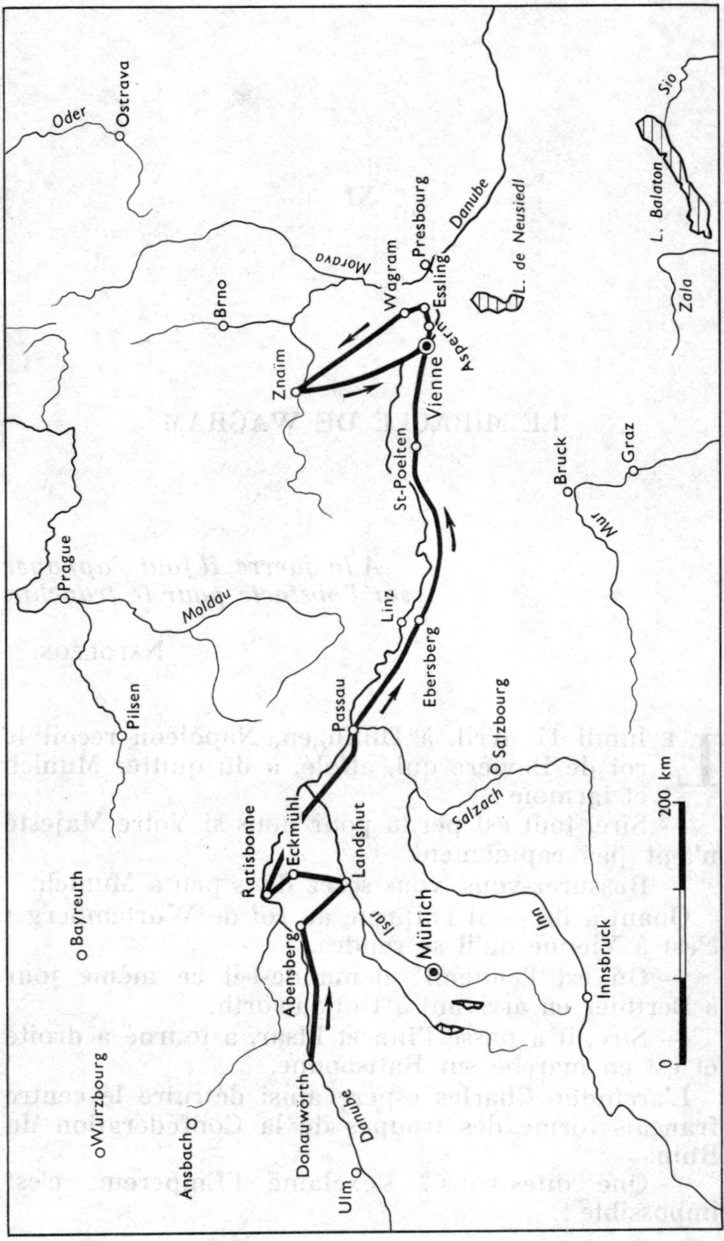
Oder
Ostrava
Prague
Moldau
Pilsen
Bayreuth
Wurzbourg
Ansbach
Ulm
Danube
Donauwörth
Abensberg
Ratisbonne
Eckmühl
Landshut
Isar
Münich
Innsbruck
Inn
Salzach
Salzbourg
Passau
Ebersberg
Linz
St-Poelten
Vienne
Aspern
Essling
Wagram
Znaïm
Brno
Morava
Presbourg
Danube
L. de Neusiedl
Bruck
Graz
Mur
L. Balaton
Sio
Zala
0
200 km

Il se penche sur la carte, regardant la ligne d'épingles rouges, cette ligne qui, comme un coin, s'enfonce dans le dispositif français. Le plan ennemi est clair — clair pour Napoléon — : il consiste, après avoir battu le centre tenu par Berthier, à se rabattre sur la gauche française formée du corps de Davout qui, avec quarante-trois mille hommes, les meilleurs de la nouvelle armée, se trouve devant Ratisbonne. Puis l'Archiduc attaquera la droite impériale formée par les cinquante-cinq mille soldats de Masséna.

Napoléon lève les yeux, regarde l'état-major, et annonce :

— Je les tiens donc! Dans un mois nous serons à Vienne.

Il y sera trois semaines plus tard !

Les ordres partent dans toutes les directions : avant tout fermer les deux ailes, réunir les forces de Davout à celles de Masséna.

« Activité et vitesse », commande-t-il à ce dernier par un billet écrit de sa main.

Vingt et un coups de canon sont tirés dans chaque division pour annoncer l'arrivée de l'Empereur, et sur le front des régiments, entre deux roulements de tambours, on lit ce texte : « Soldats, le territoire de la Confédération a été violé. Le général autrichien veut que nous fuyions à l'aspect de ses armes, et que nous lui abandonnions nos alliés. J'arrive avec la rapidité de l'éclair. Soldats! j'étais entouré de vous lorsque le souverain de l'Autriche vint à mon bivouac de Moravie; vous l'avez entendu réclamer ma clémence et me jurer une amitié éternelle. Vainqueurs dans trois guerres, l'Autriche a dû tout à notre générosité : trois fois elle a été parjure! Nos succès passés nous sont un sûr garant que la victoire nous attend.

« Marchons donc, et qu'à notre aspect l'ennemi reconnaisse ses vainqueurs. »

La campagne des *Quatre jours* va s'ouvrir. Quatre jours durant lesquels Napoléon redevient le général Bonaparte ! Et avec une armée composée, répétons-le, en grande partie de recrues et de soldats allemands ! A ces derniers, il s'adresse en ces termes :

— Bavarois, vous combattez aujourd'hui seuls contre les Autrichiens; pas un Français ne se trouve dans les premiers rangs, ils sont dans le corps de réserve dont l'ennemi ignore la présence. Je mets une entière confiance dans votre bravoure. J'ai déjà reculé les limites de votre pays, je vois maintenant que je n'ai pas assez fait. A l'avenir, je vous rendrai si grands que, pour faire la guerre aux Autrichiens, vous n'aurez pas besoin de mon secours.

Le mercredi 19, il est à Ingolstadt et examine ce qui, demain, au confluent du Danube et de l'Abens, sera le champ de bataille d'Abensberg. Fatigué, assis dans un fauteuil que lui a avancé un boulanger — à l'endroit même où a été placé un rocher commémoratif — il regarde passer ses troupes qui l'acclament par des vivats « tels que je n'en ai jamais entendu », rapporte le général Chlapowski.

La nuit est tombée lorsque l'Empereur accueille à son bivouac un colonel d'état-major autrichien qui vient d'être fait prisonnier. Il l'invite à s'asseoir auprès de lui et le questionne sur la position des divers corps autrichiens. Le colonel commence par répondre, puis se reprend :

— Il ne faut pas demander à un officier d'état-major d'informer son ennemi.

— N'ayez pas peur, dit l'Empereur, je sais tout déjà.

Et il commence à énumérer rapidement et avec force détails l'emplacement des différents corps et les noms des régiments qui les composent. Le colonel autrichien, frappé de voir un officier d'avant-garde aussi bien informé, s'écrie :

— Avec qui ai-je l'honneur de...?

L'Empereur se lève et, soulevant son chapeau, répond :

— Monsieur Bonaparte !

Ce même soir, venant d'Espagne, Lannes arrive au château de Vohburg devenu le « palais ». Napoléon le reçoit affectueusement. C'est le seul de ses anciens compagnons d'armes qu'il continue à tutoyer comme autrefois. Le maréchal est découragé. Le siège de Saragosse qui s'est prolongé durant cinquante-deux jours a été atroce. Cinquante-quatre mille habitants ont péri. Un monceau de ruines!

— Je ne sais si c'est une guerre politique, confesse Lannes, mais c'est une guerre antihumaine et anti-raisonnable, car pour y conquérir une couronne il faut d'abord y tuer une nation qui se défend, et cela est triste et long. La conscience est au-dessus de la force.

Napoléon essaye de se défendre. Est-ce lui qui a déclenché la guerre?

— Sire, on vous compare à Gengis Khan et les Français aux Mongols.

Au diable l'Espagne ! C'est de l'Autriche qu'il s'agit aujourd'hui !

— Tu accompliras de grandes missions, lui promet Napoléon pour l'apaiser. Qui mieux que toi connaît le chemin de Vienne? A Vienne nous discuterons les conditions d'une paix que l'Autriche ne pourra plus jamais violer!

Mais Lannes n'a plus de courage. L'état de paix lui paraît impossible à créer en Europe tant que les soldats français et leurs alliés monteront la garde de Varsovie à Madrid. Il faudra pour qu'il accepte de reprendre un commandement que l'Empereur mette sous ses ordres les meilleures troupes de l'armée.

— Sire, finit-il par murmurer, je ferai tout ce que vous m'ordonnerez.

Dès le lendemain — le 20 avril — Lannes est le principal artisan de la bataille d'Abensberg qui coupe l'armée autrichienne en deux tronçons. En quarante heures, l'Archiduc a perdu plus de treize mille hommes. Le soir, l'Empereur ne s'étend même pas sur son petit lit de fer dressé dans la brasserie Weinziell, à Roehr. Il se repose assis sur une chaise et — le 21 — dès 4 heures du matin, dicte ses ordres. Comeau le voit dessiner sur le sable le plan de la future bataille:

— Je coupe cette ligne en deux, lui explique-t-il, vos deux corps vont prendre Landshut; avec Masséna j'anéantis la fraction qui va au Danube et cela s'appellera la bataille de Landshut.

Au soir, comme il l'a prédit, le pont sur l'Isar puis

Landshut sont pris, grâce à l'impulsion héroïque du général Mouton. Napoléon décide alors de porter toutes ses forces sur Eckhmühl :

— Je suis décidé à exterminer l'armée du prince Charles aujourd'hui, ou, au plus tard, demain.

Et « demain » sera la journée d'Eckhmühl où Davout, chargeant lui-même à la tête de l'infanterie, gagne son titre de prince. L'Empereur le confiera à Sainte-Hélène :

— Les plus grandes manœuvres militaires que j'aie jamais faites et pour lesquelles je m'estime le plus ont eu lieu à Eckhmühl et étaient infiniment supérieures à celles de Marengo et à d'autres actions qui ont précédé ou suivi celles-là...

Les Autrichiens, à travers la plaine marécageuse, se sont repliés sur Ratisbonne, mais Napoléon ne les poursuivra que le lendemain. Pourquoi marque-t-il ce bref temps d'arrêt? Est-ce la vision de plus en plus atroce de la guerre qui l'accable? Ces masses de cadavres qui jonchent le sol? Est-ce la fatigue? S'il ne connaît point de limites pour accomplir son travail qui, il le dira souvent, demeure son élément, il connaît la lassitude éprouvée par son corps et par ses jambes! Le 23 avril, il reprend sa marche et se porte sur Ratisbonne. On le voit s'avancer témérairement vers les hauts remparts de la ville qui sont puissamment défendus. Va-t-il, comme vient de le faire Lannes, vouloir y dresser lui-même une échelle? A cet instant, une balle tirée du haut de la muraille le blesse au talon, lui « rasant » le tendon d'Achille, ainsi qu'il annonce à Joséphine. Le docteur Yvan accourt.

— Ce ne peut être qu'un Tyrolien, lui affirme-t-il, ces gens-là sont fort adroits.

L'Empereur refuse de quitter la place, il s'assied sur un tambour, se fait panser et, en dépit des protestations de tous, remonte à cheval et, sans remettre sa botte, va se montrer au corps de Lannes. Les soldats, qui ont appris l'événement, l'acclament longuement. Gavalnisées, les troupes se ruent à l'assaut de la ville qui est vite la proie des flammes. Ainsi se termine, à la « triste clarté des incendies », la quatrième journée de la campagne.

L'ennemi, en retraite vers la Bohême, traverse le Danube, laisse la rive droite à l'Empereur, et prend la direction de Wagram, village situé, au nord et presque aux portes de Vienne. La route de la capitale est donc ouverte. Une route que les combats vont semer de cadavres. Le 3 mai, à Ebersberg — la ville n'est qu'une torche — on doit, à la pelle, frayer un passage à l'Empereur à travers un monceau de morts français et autrichiens. Le spectacle est horrible : « Des femmes, de malheureux enfants consumés dans les bras l'un de l'autre ; et, dans ce désastre général, une armée traversant ce théâtre de destruction au bruit d'une musique guerrière, les voitures roulant sur quinze cents morts, brisant leurs crânes et emportant les lambeaux de leur dépouille. »

— Quel crime ! murmure Napoléon. Quelle affreuse échauffourée!

« Un bourbier de chair humaine », précise un autre témoin. L'Empereur s'exclame encore — inconscient :

— Il faudrait que tous les agitateurs des guerres vissent une pareille monstruosité; ils sauraient ce que leurs projets coûtent de maux à l'humanité.

Sans doute, aujourd'hui, au cours de cette campagne contre l'Autriche, comme il y a trois ans contre la Prusse, Napoléon ne peut être considéré comme un « agitateur de guerre », mais ne l'a-t-il pas été l'année précédente, en Espagne et au Portugal ?

La famille impériale fuit devant le *Krampus* — le diable cornu en Autriche. L'archiduchesse Marie-Louise se montre la plus révoltée. Cette fois elle n'a plus l'âge de brûler ses poupées en disant qu'elle fait « rôtir le Corsicain », comme au lendemain d'Austerlitz! Mais elle affirme que les Français « font la guerre à la manière des Huns ». Quelle désolation pour elle en apprenant que « l'Antéchrist » assiège Vienne pour la deuxième fois et qu'il s'est à nouveau installé en son cher Schœnbrunn ! Le plus surprenant — mais la future impératrice l'ignorait — fut de voir certains Viennois massés sur le glacis — dont les *rings* ont aujourd'hui pris la place — acclamer leur vainqueur et pousser en son honneur des *vivats*. Etait-ce pour se faire pardonner leur récente attitude? Les jours précédents, du haut des remparts, ils avaient, en effet, copieusement injurié les assiégeants en leur adressant, nous dit Dupin, « les plus infâmes propos ».

Vienne a capitulé le 13 mai et, le même jour, accompagné par Lannes, Napoléon effectue une reconnaissance le long du Danube. En aval de la ville, le fleuve parsemé d'îlots se divise en plusieurs bras. L'un de ceux-ci enveloppe une île assez vaste puisqu'elle mesure quatre kilomètres sur six.

C'est l'île de Lobau qui va entrer dans l'Histoire.

Les Autrichiens, qui ont massé cent cinquante mille hommes sur la rive gauche, ont négligé d'occuper l'île en force, aussi l'Empereur — il semble dans le cas présent défendre Vienne — choisit-il cet emplacement pour franchir le fleuve et attaquer l'Archiduc.

J'ai pu sillonner l'île en tous sens et retrouver les traces du séjour que fit ici l'armée napoléonienne durant sept semaines, de la veille du combat d'Essling au lendemain de la bataille de Wagram.

Autrefois réserve de chasse des archiducs, l'île est toujours couverte d'une magnifique forêt touffue et giboyeuse où les amoureux de Vienne aiment venir s'égarer... Les nombreux acacias, en fleur à la fin du mois de mai, parfument toute « la Lobau ». De rectilignes berges en pierre canalisent maintenant le cours violent et capricieux du grand bras du Danube qui, en face du village de Kaiser-Ebersdorf, atteignait, en 1809, une largeur de sept cents mètres. Le petit bras, large seulement d'une centaine de mètres, qui encerclait l'île en une vaste boucle, ne correspond plus directement avec le fleuve, mais est composé d'eaux moins dormantes qu'on ne croit, puisque le niveau suit les crues et les décrues du Danube. Si on a la chance de séjourner là au mois de mai — et tel fut mon cas — on a presque l'illusion, du moins par endroits, de se trouver devant le petit bras du Danube tel qu'il se présentait aux yeux de l'Empereur. Seuls les îlots qui le parsemaient sont, aujourd'hui, rattachés à la Lobau, ou bien à la terre ferme.

Dès le 18 mai, la division Molitor, forte de cinq mille hommes, franchit le grand bras et, sans grande difficulté, chasse de l'île les quelques troupes autrichiennes qui s'y trouvaient. On peut aussitôt se mettre à la construction de deux ponts de bateaux qui permettront à l'armée, d'abord de gagner l'île Lobau en traversant le grand bras, ensuite de passer sur la rive gauche du fleuve.

Ce même 18 mai, Napoélon quitte Schœnbrunn pour s'installer au village d'Ebersdorf où il surveille lui-même la construction des ponts. Le premier ouvrage se décompose en deux tronçons qui prennent appui sur un îlot coupant le grand bras. Tout le monde travaille : « Officiers et généraux, nous dit un témoin, sont dans l'eau presque jusqu'au cou... » Dans la nuit du 20 au 21 mai le premier ouvrage est terminé et l'Empereur passe le Danube à la tête de son état-major. Au débouché du pont enjambant le grand bras, l'Empereur établit son quartier général — une stèle enfouie sous la végétation en marque toujours l'emplacement — tandis qu'une autre borne, bien dégagée celle-ci, indique le point où fut jeté le petit pont, juste en face du village d'Aspern.

Napoléon le franchit et a devant lui « une plaine superbe ». Un témoin a entendu Berthier constater quelques jours auparavant :

— Voilà une magnifique salle de bal. Nous allons y faire danser les Autrichiens.

C'est, en effet, une vaste étendue de champs sans aucun relief, qui se termine au nord, à une dizaine de kilomètres du Danube, par une levée de terre : le « plateau de Wagram ». Devant les Français, à mille bons mètres du fleuve, deux clochers marquent, comme aujourd'hui, le centre des deux villages, Aspern et Essling, occupés par l'ennemi.

Masséna commande l'aile gauche vers Aspern, Lannes, l'aile droite, vers Essling. Il a fallu laisser près de la moitié des forces pour protéger les arrières. Cependant, amener à pied d'œuvre quatre-vingt mille hommes par deux ponts, et cela sous le feu des Autrichiens, paraît une folie — Napoléon le reconnaîtra :

— C'est une faute de n'avoir jeté qu'un pont sur le petit bras.

— Voulez-vous que je vous parle franchement, prédit Lannes en montant à cheval, à l'aube du dimanche 21 mai. Je n'ai pas une bonne idée de cette affaire ; au reste, quelle qu'en soit l'issue, ce sera ma dernière bataille. Allons ! A cheval, messieurs !

Quatre-vingt-dix mille Autrichiens se sont élancés à la rencontre des Français qui débouchent dans la plaine par le petit pont. « La foudre tombait sur nos troupes », dira l'un des combattants. C'est un véritable carnage. Cinq fois les villages sont pris et repris. On s'entretue dans le cimetière d'Aspern, situé au pied de la petite église, dont le clocher — il demeure intact — sert d'observatoire à Masséna. Au cœur d'Essling la bataille fait rage devant la longue façade *jaune Marie-Thérèse* d'une ferme appartenant aux Habsbourg et qui borde toujours la rue. Un boulet est même incrusté dans l'un de ses murs. De l'autre côté de la cour, vers la campagne, le vieux grenier impérial, au bord du chemin de Gross-Enzersdorf, sert de fortin aux fantassins de la division Boudet et l'impact où les traces des balles autrichienne peuvent encore se voir sur les deux portes de fer du bâtiment.

Sans cesse, les troupes ennemies arrivent sur le terrain, alors que du côté français les combattants n'entrent dans la danse qu'avec le débit, non d'un fleuve, mais d'un ruisseau. Aussi l'Empereur ne parvient-il pas à appliquer sa tactique habituelle : crever le centre ennemi et se rabattre sur les deux ailes. Pour l'instant, faute de renforts, il doit se battre à un contre quatre sous le déluge de fer craché par les trois cents bouches à feu de l'Archiduc. « Les boulets tombaient dans nos rangs, raconte le brave Coignet, et enlevaient des files de trois hommes à la fois, les obus faisaient sauter les bonnets à poil à vingt pieds de haut. Sitôt une file emportée, je disais : « *Appuyez à droite, serrez les rangs!* » Et les braves grenadiers appuyaient sans sourciller et disaient en voyant mettre le feu : « C'est pour moi. — Eh bien, je reste derrière vous, c'est la bonne place, soyez tranquilles. » Aujourd'hui encore, en labourant les champs entre Essling et Wagram, le soc des charrues ramène des boulets.

Et durant des heures la boucherie se poursuit. La nuit tombe et les deux villages en flammes éclairent la plaine où le canon s'est tu. Sans cesse les renforts passent de l'île sur la rive gauche. Au matin du 22 mai, l'Empereur n'a encore, prêts à combattre, que trente-quatre mille hommes à opposer aux quatre-vingt-dix mille soldats de l'archiduc Charles. La journée n'en commence pas moins brillamment. Les Autrichiens semblent vouloir abandonner la lutte, tout au moins devant les villages. En canonnant, ils se replient vers Wagram. Déjà, l'Archiduc croit la bataille perdue, lorsque soudain, stupéfait, il voit l'assaut français se ralentir, s'amollir, puis s'arrêter.

Que s'est-il passé? Non seulement le petit pont a été endommagé, mais le grand pont, long, rappelons-le, de 700 mètres, joignant l'île à la rive droite, vient d'être emporté. L'ennemi a lancé contre l'ouvrage de véritables coups de bélier, à l'aide de gros bateaux chargés de pierres et de troncs d'arbres, mis à l'eau en amont et emportés par le courant extrêmement violent du Danube.

Déjà, la veille, le pont avait été touché et crevé, mais la brèche avait pu être rapidement colmatée. Cette fois, impossible de réparer le dommage : le grand pont tout entier a été enlevé, alors que non seulement l'artillerie, mais les combattants commencent à manquer de munitions. Assurément, si la bataille se poursuit, les canons devront se taire. Il faut donc se retirer et regagner l'île où l'on se fortifiera avant de repartir plus tard pour livrer une nouvelle bataille. La retraite s'effectue, tandis que Lannes reçoit l'ordre de contenir la poussée ennemie et de s'arrêter, provisoirement, devant le fossé reliant Aspern à Essling. Les Autrichiens — ils ont appris la raison de l'arrêt de l'offensive ennemie — exultent et attaquent avec furie l'armée française qui se dirige calmement vers le Danube.

Les boulets tombent dru autour de l'Empereur, de son état-major et de la Garde, éclaircissant les rangs. Lui, impassible, regarde avec sa lorgnette les mouvements des différents corps. Des bataillons entiers de blessés passent devant lui, revenant du feu. Parmi eux se trouve le malheureux Dupin, grièvement frappé au coude par une balle. Il est comme ses camarades mort de fatigue, de souffrance et de faim, car, précise-t-il, « il y avait soixante-douze heures qu'il n'était entré dans mon corps que de l'eau du Danube ».

Lorsqu'on aperçoit parmi les blessés des hommes valides, on les renvoie à la mitraille. Le cheval de Napoléon pousse un hennissement : il est touché. Un cri part des rangs :

— A bas les armes si l'Empereur ne se retire pas sur-le-champ!

L'Empereur obéit — mais il revient quelques instants plus tard, pour se retrouver près du petit pont maintenant rétabli et par lequel la retraite s'effectue en bon ordre. On laissera hélas, sur la rive gauche, seize mille morts — près d'un combattant sur deux ! L'Archiduc, bien qu'il ait perdu vingt-sept mille hommes, n'en est pas moins vainqueur puisqu'il occupe les mêmes positions qu'avant la bataille.

Soudain Napoléon blêmit : il voit, couché sur un brancard, Lannes, grièvement blessé par un boulet qui lui a broyé les deux jambes. L'Empereur descend de cheval, fait poser la civière, se précipite, se met à genoux et embrasse son vieux compagnon en fondant en larmes :

— Montebello, me reconnais-tu?

— Oui, Sire, vous perdez votre meilleur ami.

— Non, non, tu vivras!

Lorsqu'il se relève, son gilet est taché du sang de son ami.

— Ah ! ils me le paieront cher, dira-t-il, tandis que,

la retraite achevée par Masséna, l'Empereur regagnera en bateau la rive droite du Danube.

Il demeure silencieux durant toute la traversée, se tenant debout et à l'écart sur le devant de l'embarcation. La nuit est sombre, on n'entend que le bruit des avirons frapper l'eau en cadence. Les quelques officiers qui franchissent le fleuve avec l'Empereur respectent sa douleur et n'osent échanger quelques mots qu'à voix basse.

Lannes va mourir... et l'armée tout entière, ou plutôt les survivants de la tuerie d'Aspern et d'Essling demeurent dans l'île. On commence à voir s'allumer les feux des bivouacs — de ces bivouacs où règne la tristesse.

Arrivé sur la rive droite, l'Empereur prend le bras de Savary, et s'appuyant très lourdement sur lui, il se dirige par un chemin creux et ombragé vers la maison du village de Kaiser-Ebersdorf où son quartier général a de nouveau été établi.

Le lendemain matin, sa première pensée sera d'envoyer vers l'île Lobau une barque, afin de faire transporter le maréchal Lannes à Kaiser-Ebersdorf, au premier étage d'une misérable maison en briques qui existe toujours, dans le fond de la Mailergasse. Larrey a coupé l'une des jambes du blessé, puis doit amputer la seconde et, durant quelques jours, on espère sauver le grand soldat, mais dans la nuit du 27 au 28 mai, la chaleur aidant, la gangrène se déclare, et le délire envahit le cerveau du blessé.

Napoléon accourt du château voisin où il s'est installé pour une quinzaine de jours.

— Je n'ai pas besoin de te recommander ma femme et mes enfants, lui déclare le maréchal, puisque je meurs pour toi; ta gloire t'ordonne de les protéger.

Puis, Lannes adresse à l'Empereur de violents reproches que nous rapporte Constant. Certains historiens ont mis ces paroles en doute — bien qu'elles aient été également transcrites par Cadet de Gassicourt — mais nous venons d'en avoir la confirmation par la correspondance inédite adressée par Metternich à sa maîtresse, la duchesse Wilhelmine de

Sagan, et qui a seulement été publiée à Vienne en 1967.

— Lannes a crié après moi, a raconté l'Empereur au ministre autrichien. Je me suis dit sur-le-champ *Lannes est donc un homme mort,* car il crie après moi comme un impie après le bon Dieu, sans qu'il y eût cru pendant sa vie.

« Il y a quelque chose de très vrai dans ce mot », ajoutait Metternich. Mais quelles avaient été au juste les paroles de Lannes?

— Tu viens de faire une grande faute, et, quoiqu'elle te prive de ton meilleur ami, elle ne te corrigera pas : ton ambition est insatiable; elle te perdra; tu sacrifies sans ménagement, sans nécessité, les hommes qui te servent le mieux, et quand ils meurent, tu ne les regrettes pas. Tu n'as autour de toi que des flatteurs; je ne vois pas un ami qui ose te dire la vérité. On te trahira, on t'abandonnera; hâtetoi de finir cette guerre; c'est le vœu général. Tu ne seras jamais plus puissant; mais tu peux être bien plus aimé. Pardonne ces vérités à un mourant... ce mourant te chérit...

Napoléon aurait encore déclaré à Metternich :

— Cet homme était mon plus grand ennemi.

Cette confidence paraît peu croyable. Jean Thiry, qui connaît mieux que personne l'épopée napoléonienne, me l'a écrit : « La duchesse de Sagan n'aimait pas l'Empereur, et c'est sans doute pour lui plaire que Metternich a inventé une phrase que Napoléon n'a jamais prononcée. » D'ailleurs, à Sainte-Hélène, lorsque l'un de ses compagnons rappellera au proscrit que le bruit courait « dans les salons » que Lannes était mort *en le maudissant,* l'Empereur haussera les épaules :

— Quelle absurdité! Lannes m'adorait, au contraire! Il est vrai que dans son humeur fougueuse, il eût pu laisser échapper quelques paroles contre moi; mais il était homme à casser la tête à celui de qui il les aurait entendues.

L'Empereur pleura en entendant Lannes murmurer :

— Dans quelques heures, vous aurez perdu votre meilleur ami, l'homme qui vous a le plus aimé...

Il devait survivre durant trois jours encore. « Ma cousine, écrit le 31 mai, Napoléon à la duchesse de Montebello, le maréchal est mort ce matin des blessures qu'il a reçues au champ d'honneur. Ma peine égale la vôtre; je perds le général le plus distingué de mes armées, mon compagnon d'armes depuis seize ans, celui que je considérais comme mon meilleur ami... »

« En déjeunant, en dînant, en mangeant sa soupe, raconte Roustam, les larmes coulaient dans sa cuiller. »

⁂

Le 17 mai, quatre jours avant la bataille d'Essling, Napoléon avait lancé, de Schœnbrunn, un décret annexant Rome et les Etats pontificaux à l'Empire. Quelque temps auparavant, il avait dicté sa volonté :

— Que l'on aille présenter au Pape l'ultimatum suivant : « Ou bien le Pontife accepte d'adhérer à une ligue offensive et défensive contre les ennemis de la France, ou bien ce sera la rupture. » Si le Pape refuse, c'est qu'il veut la guerre, or, le premier résultat de la conquête, c'est le changement de gouvernement!

Et le Pape avait refusé.

Le matin du 10 juin, le pas des patrouilles françaises qui sillonnent la Ville Eternelle paraît à Pie VII plus martial encore que de coutume. Sans cesse les estafettes passent au galop... Soudain, une décharge d'artillerie fait trembler les vitres et, au château Saint-Ange, l'étendard pontifical descend lentement. Puis les trois couleurs françaises montent victorieusement le long de la hampe. Le Pape peut entendre venir jusqu'à lui les cris des hérauts :

— Romains, vous êtes appelés au triomphe sans avoir partagé le danger... Parcourez les annales de votre histoire : ce ne sont plus depuis longtemps que celles de vos mésaventures... Unis à la France, vous êtes aujourd'hui forts par elle ; les maux dus à votre faiblesse ont pris fin... Romains, vous n'êtes pas conquis mais réunis...

Le décret daté de Schœnbrunn entrait en vigueur. Rome est devenue ville française. Pie VII, penché à sa fenêtre, ressent un vertige en entendant les paroles qui arrachent de ses mains débiles et impuissantes la ville sainte qu'il a reçue en dépôt. Des larmes montent à ses yeux. Une porte s'ouvre. C'est son ministre, le cardinal Pacca, qui se jette dans ses bras en poussant un cri de douleur :

— *Consummatum est!*

Pie VII répond avec ses armes. D'abord, une protestation : « Ils sont donc enfin accomplis les desseins ténébreux des ennemis du Siège apostolique. Après l'envahissement injuste de la plus considérable partie de nos domaines, nous nous voyons dépouillés, sous d'indignes prétextes et avec la plus grande injustice, de notre souveraineté temporelle avec laquelle notre indépendance spirituelle est étroitement liée... »

Doit-il envoyer la bulle *Quum memoranda,* la bulle d'excommunication? Pacca prend la parole :

— Très Saint-Père, élevez vos yeux vers le Ciel, puis donnez-moi vos ordres et soyez sûr que ce qui sortira de votre bouche sera la volonté de Dieu...

Celui qui, quelques années auparavant, n'était qu'un pauvre moine, se met à genoux puis signe le texte prononçant contre Napoléon l'excommunication majeure.

La nouvelle de la réunion de Rome à l'empire français, qui va se matérialiser par ces mots : *Département des Bouches du Tibre, chef-lieu Rome,* fera peut-être davantage considérer Napoléon par l'Europe comme l'homme à abattre, mais contrebalancera quelque peu la nouvelle de l'échec d'Essling. L'homme, capable d'un trait de plume de ravaler au rang de préfecture la Ville éternelle, n'était point un vaincu ! D'autant plus que le drapeau tricolore flottait sur Vienne...

Essling n'en est pas moins une défaite : les Autrichiens l'appellent la victoire d'Aspern. La journée du 22 mai 1809 fait tressaillir d'espoir, en France, le faubourg Saint-Germain, et, en Europe, les ennemis de l'Empereur. L'Angleterre envisage alors une descente sur le continent et s'imagine déjà les Bourbons revenus à Paris. Scharnhorst, le ministre prussien de la Guerre, écrit à son roi : « Je ne veux point descendre déshonoré dans la tombe et je le serais si je ne conseillais à Votre Majesté de profiter du moment actuel pour faire la guerre à la France. Voulez-vous que l'Autriche victorieuse vous rende vos Etats comme une aumône?... »

— Encore une victoire de l'Autriche, répondra avec prudence Frédéric-Guillaume, et je viens.

Au lendemain d'Essling, le tsar est bien décidé à ne pas suivre ce que lui commandait le traité d'Erfurt. Ne devait-il pas porter ses armes contre l'Autriche puisque l'empereur François était assurément l'auteur de l'agression qui avait déterminé le déclenchement de la nouvelle guerre? Non! Il ne bougera pas, attendant lui aussi une « seconde victoire ».

— Ce n'est pas une alliance que j'ai là, constatera amèrement Napoléon.

Tous espèrent en la prochaine curée et l'Empereur le prédit en une formule lapidaire :

— Ils se sont tous donné rendez-vous sur ma tombe, mais ils n'osent s'y réunir!

Ils attendent Wagram...

L'archiduc Charles a supposé que l'Empereur va recommencer la même folie qui l'a conduit à Aspern et à Essling : faire franchir un large fleuve à une armée, qui se battra, de nouveau, le dos aux berges du Danube. Mais au lieu d'attaquer — et l'autrichienne *victoire de Lobau* eût pu être décisive — l'Archiduc préfère, lui aussi, demeurer dans l'expectative. Il est vrai, comme le dira Napoléon, que chacun devait lécher ses plaies... Cet atermoiement n'en sera pas moins la perte de l'Autriche !

Pour fortifier l'île, base du départ de la prochaine offensive, Napoléon ordonne de remplacer les ponts de bateaux par des ponts sur pilotis. On truffe de batteries aussi bien la rive droite du fleuve et les îlots qui parsèment le Danube, que « la Lobau ». Au débouché du grand pont, dans l'île même, les fortifications sont si importantes qu'elles ont résisté au temps. Des arbres les recouvrent, mais le tracé de cette véritable et haute forteresse demeure présent, face à la raffinerie viennoise de pétrole.

Par ailleurs, l'Empereur a prescrit la construction de trois flèches sur la rive gauche, en avant du petit pont. L'une d'elles demeure encore, enfouie sous un panache de verdure, mais parfaitement visible au milieu de la plaine. Il fallut, dernièrement, employer les bulldozers pour avoir raison des deux autres.

Sans relâche, munitions, matériel, armes, vont s'amonceler dans l'île. Des vivres aussi : « On fera, ordonne l'Empereur le 22 juin, l'inventaire de toutes les caves de Vienne qui appartiennent, soit aux princes, soit aux couvents et aux plus grands seigneurs, afin d'être assuré de l'approvisionnement de l'armée, sans être obligé d'avoir recours aux caves des bourgeois et petits propriétaires. »

Grâce aux Italiens d'Eugène et de Macdonald — ce dernier vient de battre l'archiduc Jean — grâce également au corps de Marmont venu de Dalmatie, Napoléon dispose maintenant de cent cinquante mille hommes et de six cents bouches à feu. En face, l'archiduc Charles, dont l'artillerie est devenue, elle aussi, considérable, a rassemblé cent soixante mille hommes devant Wagram et attend, d'un jour à l'autre, l'arrivée de son frère Jean dont les troupes, en dépit des pertes infligées par Macdonald, comptent encore vingt mille hommes. Mais l'archiduc Jean tarde... L'Empereur va le devancer et décide de passer à l'attaque.

— Malheur à celui qui vient sur un champ de bataille avec un système, a dit Napoléon.

L'Archiduc, aveuglé par la construction des trois flèches, s'attend, comme le 21 mai, à voir déboucher les forces françaises face à Aspern et à Essling — « il croyait que la souris sortirait par où elle était rentrée », ainsi que le dira l'Empereur. Aussi le généralissime autrichien construit-il lui aussi « redoutes sur redoutes » reliant les villages d'Aspern et d'Essling par des fortifications qui lui permettront, du moins le croit-il, de soutenir victorieusement le choc. D'autres ouvrages plus isolés sont élevés entre Essling et Gross-Enzersdorf.

Napoléon décide alors de traverser le petit bras du

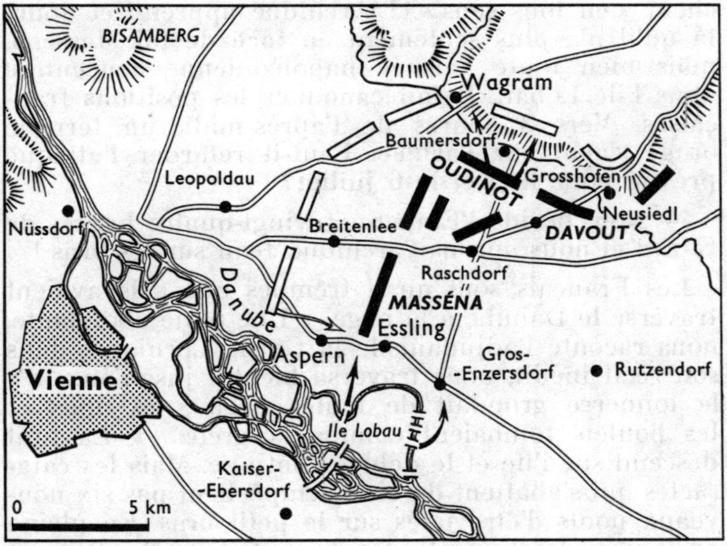

Danube beaucoup plus vers l'aval — et, cette fois, avec trois au quatre ponts — afin de tourner avec le gros de ses forces, les villages d'Aspern, d'Essling et leurs puissantes défenses. On attaquera la gauche ennemie et l'on se jettera vers le plateau de Wagram, relativement dégarni — du moins on l'espérait. Il s'agissait, en somme, d'effectuer un vaste mouvement tournant, en pivotant en quelque sorte autour d'Essling, d'Aspern et de Gross-Enzersdorf.

Ce pivot — la gauche française — va être tenu par Masséna qui, blessé la veille par une chute de cheval, combattra en calèche attelée à quatre chevaux — comme le maréchal de Saxe à Fontenoy. Le plan offre cependant quelque danger : si l'Archiduc n'est pas solidement contenu dans les villages et passe à l'offensive, il pourra se glisser le long du fleuve, s'emparer des ponts et couper l'armée de sa base de Lobau.

Le mardi 4 juillet, les troupes qui ne cessent d'affluer vont rejoindre le corps de Masséna. Elles se trouvent si serrées dans l'île que les hommes se touchent « en tous sens ». L'Archiduc apprend ce jour-là qu'il n'a plus seulement en face de lui Masséna, mais bien toute l'armée napoléonienne concentrée dans l'île Lobau. Il fait canonner les positions françaises. Vers 3 heures de l'après-midi, un terrible orage s'abat sur l'armée. Faut-il retarder l'attaque prévue pour le 5 et le 6 juillet?

— Non, décide l'Empereur, vingt-quatre heures de retard et nous aurons l'archiduc Jean sur les bras !

Les Français sont aussi trempés que s'ils avaient traversé le Danube à la nage. « Une pluie abondante, nous raconte l'adjudant de la Garde Corniquet dans son récit inédit, nous traversa bientôt jusqu'aux os ; le tonnerre grondait de toutes parts ; les obus et les boulets tombaient comme la grêle... » La nuit descend sur l'île et le déluge continue. Mais les cataractes qui s'abattent du ciel n'empêchent pas six nouveaux ponts d'être jetés sur le petit bras. En pleine nuit, sous des torrents de pluie et de grêle, l'armée commence à franchir le fleuve par les nouveaux ouvrages et à déborder la gauche autrichienne.

— Mon ami, fichu temps! dit Napoléon en s'approchant d'un vieux grenadier placé à sa porte.

— Vaut mieux ça que pas du tout! bougonne le grognard.

Et l'Empereur rit de la réponse.

Le mercredi 5 juillet va se jouer la bataille de Gross-Enzersdorf qui précède celle de Wagram.

L'armée poursuit son mouvement et les bataillons continuent à se déverser dans la plaine — par là même où ne les attendent pas l'ennemi. « Dans les grains jusqu'au col », précise notre adjudant, l'armée effectue marches et contre-marches et va prendre ses positions. A 9 heures, cent cinquante mille hommes sont en ligne de bataille. Une fois de plus, les deux journées qui suivront vont décider du sort de l'Empire. Un clair soleil de juillet luit maintenant et sèche les uniformes. Plus de trois cent mille soldats se trouvent face à face. Trois cent mille hommes, ainsi que le fait remarquer le capitaine de Tascher, « qui ne se haïssent point, qui peut-être s'aimeraient s'ils se connaissaient, sont resserrés dans l'espace étroit de trois lieues carrées et n'attendent que le signal pour s'entrégorger. » Le vaste mouvement de l'armée commence, un mouvement implacable que Louis Madelin compare fort justement à « une gigantesque faux emmanchée sur Masséna ».

Le plan s'exécute à merveille. Le village fortifié de Gross-Enzersdorf — une partie des vieux remparts existe toujours — est tout d'abord enlevé. Sous les rafales de l'artillerie, l'Archiduc recule. A la fin de l'après-midi, son armée est menacée d'être coupée en deux tronçons. Le centre semble vouloir craquer. L'Empereur ordonne alors aux Saxons, ayant Bernadotte à leur tête, de se lancer à l'assaut du plateau de Wagram, au pied duquel coule la Rüssbach.

Que ces mots ne nous abusent pas. Le plateau n'est qu'un fort modeste plissement de terrain, de quelques mètres seulement plus élevé que le reste de la plaine. Si l'on n'est point prévenu, en suivant la petite route reliant Wagram à Neusiedl, et qui passe par Baumersdorf, on risque fort de ne même pas se rendre compte que l'on « domine » le cours d'un ruisseau et que l'on se trouve à « mi-pente » du célèbre « plateau »...

L'œil à sa lunette, l'Empereur voit les Saxons progresser sans difficulté. Assurément l'affaire sera terminée avant la nuit! Les soldats italiens commandés par Macdonald les suivent. Mais ces derniers, voyant sur la « crête » des uniformes étrangers, prennent les Saxons pour des Autrichiens et tirent!... Voilà les troupes de Bernadotte prises entre deux feux. La panique se met dans leurs rangs. Ils reculent, refluent vers les Italiens qui, croyant à une charge, font demi-tour et s'enfuient en désordre. Sous les yeux des Autrichiens éberlués devant cette subite déroute, c'est une débandade confuse qui emporte tout sur son passage, et oblige même Oudinot demeuré en pointe, à se replier pour s'aligner sur la nouvelle ligne. La journée s'achève sur cette maudite malchance.

Ce soir-là, sous sa tente dressée au milieu de la plaine au cœur d'un boqueteau, entre Raschdorf et Grosshofen — une stèle en indique l'emplacement — Napoléon laisse éclater sa colère. C'est pourtant à lui-même qu'il doit s'en prendre! Les choses seraient même maintenant terminées, s'il avait avec lui — non pas des Saxons et des Italiens — mais l'armée de Friedland. Il a préféré les laisser tourbillonner dans l'affreux guêpier espagnol! Il s'apaise en pensant qu'il a cependant réussi, en vingt-quatre heures, à amasser toute son armée devant Wagram. La victoire sera pour demain... A 1 heure il s'endort, mais, à 4 heures, ce jeudi 6 juillet, il est réveillé par une canonnade violente : les Autrichiens passent à l'offensive, descendent du plateau et attaquent le corps de Davout.

L'Empereur saute à cheval — un cheval gris et blanc nommé Cyrus.

Rapidement, la bataille — la bataille de Wagram cette fois — fait rage. Sur un front d'une quinzaine de kilomètres — largeur encore jamais atteinte — onze cents pièces d'artillerie déchaînent un ouragan de fer.

— Sire, attention, on tire sur votre état-major!

— Monsieur, répond-il calmement, à la guerre, tous les accidents sont possibles.

L'extrême gauche française, tenue par Masséna — le manche de la faux — plie. Dix-huit mille hommes sont attaqués par soixante mille!

— Sire, vient annoncer un aide de camp, l'ennemi longe le Danube et menace nos arrières. Toute l'artillerie de la division Boudet a été enlevée.

Pas un muscle de son visage n'a bougé.

Ainsi, les Autrichiens paraissent maintenant défendre Vienne, tandis que les Français semblent vouloir attaquer la rive gauche du Danube. Entre le le fleuve et les villages, l'armée autrichienne s'engouffre.

— Tenez bon, crie Napoléon à Masséna, la bataille est gagnée!

Certains le croient fou. L'Empereur a pourtant raison : en reculant à gauche, en attirant l'ennemi vers le Danube, il libère sa droite qui — toujours selon le plan qu'il a conçu — pourra se porter sur Wagram et opérer la trouée libératrice. Pour couper l'armée autrichienne en deux morceaux et pouvoir s'élancer vers le « plateau », l'Empereur masse sur un front de quatorze cents mètres une formidable artillerie : une centaine de pièces alignées comme à la parade. C'est la fameuse batterie de Wagram qui, en tonnant, entre dans l'épopée et fait pleuvoir sur les Autrichiens un déluge de feu. Le centre ennemi plie et, dans la poche qui commence à se creuser, la cavalerie fonce au son des trompettes. Derrière elle, l'infanterie de Macdonald, drapeaux au vent, précédée de ses tambours, s'engouffre à son tour. A gauche, Masséna a non seulement résisté, mais il a même reconduit l'attaque ennemie jusqu'au village de Breitenlee. A droite — à l'autre extrémité de la faux — Davout et Oudinot gravissent la faible pente du plateau, bousculant l'ennemi et, le premier, Davout atteint enfin Wagram.

Pendant ce temps, écrasé de fatigue, certain de la victoire, l'Empereur s'est étendu sur une peau d'ours et, en dépit du vacarme effroyable, dort durant vingt minutes, protégé par une pyramide de tambours. De tous les côtés, les tronçons de l'armée autrichienne se replient, poursuivis par les vainqueurs.

Le canon s'est tu maintenant. Marmont s'avance vers l'Empereur pour recevoir ses félicitations.

— Vous avez manœuvré comme une huître, lui déclare ce dernier...

Cela ne l'empêchera pas de lui donner le 9 juillet, le bâton de maréchal, ainsi qu'à Macdonald et à Oudinot.

La nuit venue, Napoléon s'avance vers le bivouac du 2e de ligne et se couche sur la paille.

— Sire, lui demande le caporal Martel, Votre Majesté veut-elle goûter notre soupe?

— Est-elle trempée?

— Oui, Sire.

— Voyons.

On lui présente une gamelle et un couvert d'argent.

— Comment, du pain blanc et un couvert d'argent, où as-tu pris cela?

— J'ai apporté le pain du village où est l'ambulance et j'ai trouvé le couvert sur un officier tué à Gospitch.

Tandis que l'Empereur mange la soupe, le caporal découpe une volaille et la lui présente : l'Empereur en prend une cuisse, se lève, tire sept napoléons de sa poche et les donne au sous-officier qui montre les pièces à ses camarades :

— Voyez ce que Sa Majesté me donne, deux cents francs, nous les boirons à sa santé. Vive l'Empereur !

— Vive l'Empereur!

Voilà pour l'imagerie : le miracle de Wagram s'achève. Un miracle, en effet ! Il s'en est fallu de si peu que la catastrophe ne survienne! A Essling d'abord, six semaines auparavant, puis, la veille, lors de la panique sur les flancs du plateau et, aujourd'hui encore, au moment où Masséna s'est trouvé contraint de reculer...

— Quoi ! Masséna reculerait ? s'était exclamé Napoléon.

A dix-huit mille contre soixante mille, même lorsqu'on s'appelle Masséna, ce sont là des « accidents possibles », selon l'expression de l'Empereur.

Wagram sera ainsi la dernière grande victoire du règne. Mais à quel prix! Quelle atroce boucherie!

Napoléon est sans doute victorieux, mais, de part et d'autre, plus de cinquante mille tués ou blessés graves gisent sur le champ.

L'Empereur a regagné sa tente et dort deux heures...

*
**

Pendant ce sommeil, à plusieurs centaines de lieues de Wagram, à Rome, le Pape, qui vient de se mettre au lit, est réveillé par des cris. Il entend : « Au secours ! Trahison ! » Une cloche sonne à coups précipités. Le général Radet et ses gendarmes ont reçu l'ordre d'arrêter Pie VII et essayent de pénétrer dans le Quirinal.

En apprenant l'excommunication dont le Pape l'avait frappé, l'Empereur s'était écrié :

— Je reçois à l'instant la nouvelle que le Pape nous a tous excommuniés, c'est une excommunication qu'il a portée contre lui-même. Plus de ménagement, c'est un fou furieux qu'il faut enfermer. Faites arrêter le cardinal Pacca et les autres adhérents du Pape.

Enfermer le Pape? Mais celui-ci ne l'est-il pas déjà? Quoi qu'il en soit, les exécutants n'hésitent point. Une hache à la main, Radet veut briser la lourde porte donnant accès au palais. Un de ses officiers a réussi à passer par une fenêtre basse et vient lui ouvrir. C'est aussitôt la ruée. Les bottes martèlent les parquets, les coups de crosses brisent les meubles. Tandis que commence le pillage, Radet demande ses ordres à Miollis, commandant les troupes françaises. Miollis répond qu'il faut faire partir de gré ou de force le chef de l'Eglise. Radet poursuit alors sa route et va se présenter à la porte de l'appartement du Pontife. Il lui faudra d'ailleurs frapper cette porte à coups de hache pour qu'elle s'ouvre...

— Que me voulez-vous? demande Pie VII à Radet

qui tient encore en main sa hache. Et pourquoi venez-vous à cette heure me troubler dans ma demeure ?

— Très Saint-Père, répond le gendarme, je viens au nom du gouvernement français réitérer à Votre Sainteté la proposition de renoncer officiellement à sa puissance temporelle.

— Nous ne pouvons céder, affirme avec dignité le successeur de saint Pierre, ni abandonner ce qui n'est pas à nous. Le temporel appartient à l'Eglise, nous n'en sommes que l'administrateur.

Radet prononce alors lentement ces mots :

— J'ai ordre d'emmener Votre Sainteté.

Il y eut un lourd silence.

— En vérité, mon fils, reprend le Pape, cette commission ne vous attirera pas les bénédictions divines. Voilà donc la récompense de ma longue condescendance envers l'Empereur et l'Eglise gallicane? Mais peut-être à cet égard ai-je été coupable devant Dieu et c'est lui qui veut me punir : je me soumets avec humilité. Dois-je partir seul? Quand on ne tient pas à la vie, on tient encore moins à ses biens.

On ne laisse même point au Saint-Père le temps d'aller chercher son bréviaire et, quelques minutes plus tard, Radet fait monter son prisonnier en voiture. Premier tour de roue vers la captivité...

Napoléon, en dépit de l'ordre qu'il a lancé, désapprouvera. « C'est une grande folie », écrira-t-il à Fouché.

***

Ce vendredi 7 juillet, à l'heure même où Pie VII roule vers sa prison de Savone, l'Empereur parcourt le champ de bataille du Danube à Wagram. Ici même, il a bien failli être battu, alors qu'il avait tout prévu! Une longue plainte monte de la plaine. On enlève des milliers de blessés — ceux qui n'ont pas expiré durant la nuit — et l'on enterre les morts.

Des chevaux, une jambe emportée, suivent en sautillant et supplient, par leurs longs hennissements, que l'on vienne les secourir... La vision est atroce. L'Empereur pense à Lasalle, frappé à la fin de la bataille, d'une balle entre les deux yeux. Lasalle à qui il avait dit, le soir de Rivoli, alors que, titubant de fatigue, l'étonnant cavalier lui apportait une brassée de drapeaux :

— Couche-toi dessus, tu l'as bien mérité!

Se souvient-il ce matin-là de la prière de l'un de ses plus anciens compagnons, se souvient-il de Lannes, le suppliant, avant de mourir : « Faites la paix, Sire ». Lorsque Napoléon rejoint l'armée, devant Znaïm où l'on se bat de nouveau, il croit que tout va recommencer. Masséna a manqué d'être tué, le général Bruyères est grièvement blessé. L'Archiduc en retraite a encore avec lui quatre-vingt mille combattants à opposer aux forces françaises affaiblies. Se rappelant son ancien métier, l'Empereur pointe lui-même une pièce dont le boulet tombe au milieu d'une batterie autrichienne. Les deux armées, toutes deux à bout de souffle, se trouvent de nouveau face à face.

Un violent orage s'achève lorsque le prince Jean de Lichtenstein, envoyé par l'Archiduc, vient demander une suspension d'armes.

— Qu'ils attendent! lance Napoléon.

Devant la tente de l'Empereur, ses lieutenants lui proposent de continuer la poursuite. Davout, qui arrive à l'instant sur le champ de bataille, voudrait mettre l'Autriche définitivement à genoux. Mais l'Empereur n'a nulle envie de rejeter l'Archiduc vers la Bohême et la Moravie. Il s'exclame :

— Non, assez de sang versé!

Il fait appeler les plénipotentiaires. Au début de l'entretien, les exigences de Napoléon paraissent effroyables. « Il ne parla, racontera Jean de Lichtenstein, que de partager la Monarchie, de l'établissement de plusieurs Etats indépendants formés de ses débris, enfin de l'abdication de l'empereur François comme la seule condition préalable à l'armistice. » En somme, le plan qui dépècera, au lendemain de la guerre de

1914, la mosaïque autrichienne. Finalement, après avoir ainsi épouvanté ses interlocuteurs, l'Empereur réduit ses exigences.

Pendant les longues négociations — Napoléon va demeurer trois mois à Schœnbrunn — François Ier essayera de lutter. Atterré, il considère avec raison que Wagram n'est pas Austerlitz. Napoléon, au contraire, en se montrant plus intransigeant en 1809 qu'en 1805, veut faire croire à l'Europe qu'il a mis l'Autriche encore bien davantage sous le boisseau et menace le vaincu de le forcer à abdiquer. Il l'écrit à Champagny : « Vous pouvez dire à M. de Metternich que si l'Empereur veut abdiquer en faveur du grand-duc de Würzbourg, je livrerai le pays tel qu'il est, avec son indépendance actuelle, et je ferai une alliance avec lui qui permettra de fixer les affaires du Continent. »

Si François veut conserver son trône — et ne pas se sacrifier pour l'Autriche — il lui faudra s'incliner. Metternich, d'ailleurs, le lui conseille — le ministre aimerait bien prendre la place du tsar dans l'amitié française : « Quelles que soient finalement les conditions de la paix, écrit-il, le résultat sera toujours le même, nous ne trouverons notre sécurité que dans notre adaptation au système français triomphant... Mes principes sont immuables, mais contre la nécessité nul ne peut lutter... Nous devons donc, dès la signature de la paix, nous limiter à une politique de louvoiement, flatter, céder le pas. Ainsi seulement nous aurons des chances de prolonger notre existence jusqu'au jour du règlement, c'est-à-dire de la délivrance générale. »

François suit les conseils de son ministre et accepte de signer le terrible traité de Vienne. La Bavière reçoit le pays de Salzbourg, le duché de Varsovie se voit agrandi de la Galicie du nord. Le tsar, combattant honoraire et qui n'a rien fait, touche, en guise de pourboire, quatre cent mille Galiciens — il s'estime lésé d'ailleurs et se montre furieux de voir le duché de Varsovie s'arrondir. Il ne faudrait pas le pousser beaucoup pour qu'il dise que l'arrondissement se fait à ses dépens ! L'Autriche abandonne ainsi trois cent mille kilomètres carrés et trois millions cinq cent mille âmes. Trieste, la Carniole, une partie de la Carinthie, de la Croatie, l'Istrie, Fiume sont réunis à l'Empire français et forment avec la Dalmatie, enlevée dès 1805 à l'Autriche, les provinces *françaises* illyriennes. François Ier perd ainsi toute sa façade sur l'Adriatique. « Nous avons l'ambition de la Méditerranée, explique Napoléon; nous avons l'ambition de maintenir l'indépendance de la Turquie. »

L'Empereur pensait que ces conditions effroyables, jointes à l'arrestation du Pape, allaient museler l'Europe.

Il n'en fut rien.

Wagram n'empêche pas les Anglais de débarquer quarante-cinq mille hommes à l'embouchure de l'Escaut, dans l'île hollandaise de Walcheren. Fouché — désapprouvé par le Conseil, mais félicité par l'Empereur — envoie une circulaire aux préfets des quinze départements du nord-est, leur enjoignant de lancer leurs Gardes nationaux contre l'envahisseur. « Monsieur Fouché, écrit Napoléon à Clarke, ministre de la Guerre, s'est mis en mesure de faire ce que vous ne faisiez pas vous-même. » Bessières, avec quarante mille hommes, a d'ailleurs été aussitôt envoyé vers l'île de Walcheren où le corps expéditionnaire anglais se trouve bloqué. Assiégés par les Français et par les fièvres — quinze mille hommes sont morts — les Britanniques n'ont plus qu'à rembarquer.

Quelque temps plus tard, Napoléon dictera cette note : « On est confondu, à Londres, du mouvement qui vient de se manifester en France. La levée des Gardes nationales a d'autant plus étonné les Anglais qu'ils disaient et publiaient partout que notre Empereur n'avait de force que dans ses armées, qu'il avait épuisé le reste du phlogistique de la Révolution. Nous avons donné un démenti à leurs calomnies et nous avons prouvé que l'Empereur avait la France entière pour armée. »

L'Empereur s'illusionnait.

Ce nouvel échec allié ne devait point retirer la confiance de l'ennemi en l'avenir. Tous les vaincus de ces dernières années, s'armant de patience, allaient attendre l'inévitable hallali et « la fin de tout ceci », comme le dira un jour Talleyrand. La bataille de Wagram — répétons le mot — n'avait-elle pas été une manière de miracle? Le Portugal n'était-il point perdu et les affaires d'Espagne n'allaient-elles pas de plus en plus mal? Quant aux souverains super-préfets, à la grande joie de l'Europe, ils se prenaient chaque jour un peu plus pour de vrais rois et ruaient dans les brancards. Napoléon reprochait, le plus sérieusement du monde, à Louis d'être devenu Hollandais — il refusait d'appliquer le blocus — et à Joseph de s'être transformé en Espagnol.

— La majesté en Espagne doit être tout espagnole, répétait *don José primero*.

Jérôme, au lendemain de Wagram, avait regagné Cassel, après s'être fait battre par le général autrichien Kienmeyer. Il se montrait, au surplus, furieux que son frère n'ait pas cru devoir placer Junot sous ses ordres. Aussi, Napoléon lui avait-il écrit, non sans raison : « Vous faites la guerre comme un satrape. Cessez d'être ridicule... Sachez bien que, soldat, je n'ai pas de frère, et que vous ne me cacherez pas les motifs de votre conduite sous des prétextes futiles ou ridicules. Je crains fort qu'il n'y ait rien à attendre de vous. »

Il n'est pas jusqu'à Elisa, princesse de Lucques, qui, le 17 août, ne se fasse tancer impérialement en ces termes : « Vous êtes sujette, et comme tous les Français, vous êtes obligée d'obéir aux ordres des ministres ; un mandat de prise de corps décerné par le ministère de Police vous ferait très bien arrêter, non seulement vous, mais le premier prince du sang. »

L'Autriche, maintenant dépecée, est devenue une puissance de second ordre. Napoléon ira-t-il rendre visite à la famille impériale, alors réfugiée à Erlau? Certains l'affirment. Et l'archiduchesse Marie-Louise en frémit :

« Je vous assure, écrivait-elle alors, que voir cette personne me serait un supplice pire que tous les martyres. »

Mais, quelques mois plus tard, cette même archiduchesse sera livrée au Minotaure.

Une revue devant le château de Schœnbrunn. « A mesure, précise un témoin, que les soldats défilaient devant lui, ils criaient : Vive l'Empereur ! »

(Dessin de Benjamin Zix — B. N. Photo Josse-Lalance)

XII

LE MINOTAURE

On ne devrait pas permettre le mariage a des individus qui ne se connaîtraient pas depuis six mois.

NAPOLÉON.

CHAQUE matin, à 10 heures, l'Empereur assiste à la parade qui se déroule du côté du parc de Schœnbrunn, devant l'escalier en fer à cheval, ou dans la cour du « palais impérial », dont deux obélisques surmontés d'aigles napoléoniens marquent l'entrée. Ils y sont toujours.

Parfois Napoléon demande aux officiers d'un régiment :

— Quel est le plus brave d'entre vous?

L'officier désigné par ses camarades, l'Empereur déclare :

— Je le fais baron et je récompense en lui non seulement sa valeur personnelle, mais celle du corps dont il fait partie.

Il lui arrivait aussi de commander le maniement d'armes ou de faire compter devant lui les pièces contenues dans un caisson.

Le matin du jeudi 12 octobre, tandis que l'Empereur passe la revue habituelle de la garde, Rapp est surpris par l'attitude étrange d'un jeune Allemand à la figure de fille, qui est parvenu à s'avancer vers Napoléon. A plusieurs reprises, on l'entend répéter qu'il désire parler à l'Empereur. Sa main droite demeure enfoncée dans la poche de sa redingote « Il me regarda, racontera Rapp, avec des yeux qui me frappèrent. » Des yeux d'un joli bleu de faïence. L'inconnu est pâle et ses traits efféminés ne sont pourtant pas inquiétants. Rapp n'en fait pas moins signe à un officier de gendarmerie. On arrête le personnage, on le fouille et on découvre sur lui un énorme couteau de cuisine enveloppé de plusieurs feuilles de papier gris :

— Quel usage vouliez-vous faire de ce couteau?

— Je ne puis le dire qu'à Napoléon.

— Vouliez-vous vous en servir pour attenter à sa vie ?

— Oui, monsieur.

— Pourquoi?

— Je ne puis le dire qu'à lui seul.

L'Empereur, ayant appris ces réponses, le fait conduire près de lui.

— Mais c'est un enfant! s'exclame-t-il en voyant entrer le « meurtrier ».

— M'avez-vous déjà vu quelque part? lui fait demander Napoléon par Rapp qui parle couramment l'allemand.

— Oui, je vous ai vu à Erfurt, l'année dernière, répond le jeune homme, qui se nomme Frédéric Staps.

— Il paraît qu'un crime n'est rien à vos yeux. Pourquoi vouliez-vous me tuer?

— Vous tuer n'est pas un crime : au contraire, c'est un devoir pour tout bon Allemand. Je voulais vous tuer, parce que vous êtes l'oppresseur de l'Allemagne.

— Ce n'est pas moi qui ai commencé la guerre.

— C'est vous!

L'Empereur se penche sur les objets que l'on a trouvés sur Staps.

— Quel est ce portrait, demande-t-il en regardant une miniature représentant une jeune fille.

— C'est celui de ma meilleure amie, de la fille adoptive de mon père.

— Comment! et vous êtes un assassin? et vous n'avez pas craint d'affliger et de perdre les êtres qui vous sont chers?

— Je voulais faire mon devoir : rien ne devait m'arrêter.

— Mais comment auriez-vous fait pour me frapper?

— Je voulais vous demander d'abord si nous aurions bientôt la paix, et si vous m'aviez répondu que non, je vous aurais poignardé.

— Il est fou ! constate l'Empereur. Il est décidément fou! Et comment espériez-vous échapper, en me frappant ainsi au milieu de mes soldats?

— Je savais bien à quoi je m'exposais, et je suis même étonné de vivre encore.

Napoléon, éberlué, demeure quelques instants silencieux, puis reprend :

— Celle que vous aimez sera bien affligée.

— Oh! elle sera affligée, sans doute, mais de ce que je n'aie pas réussi, car elle vous hait au moins autant que je vous hais moi-même.

— Si je vous faisais grâce?

— Vous auriez tort, car je chercherais encore à vous tuer.

L'Empereur envoie alors chercher Corvisart, en ajoutant :

— Ce jeune homme est malade ou fou, cela ne peut pas être autrement.

— Je ne suis ni l'un ni l'autre, répond Staps.

Corvisart arrive, tâte le pouls de Staps, l'examine...

— Monsieur se porte bien, conclut-il.

— Je vous l'avais bien dit! ajoute Staps, triomphant.

— Eh bien, docteur, lui déclare Napoléon, ce jeune homme qui se porte bien a fait cent lieues pour m'assassiner!

Et l'Empereur laisse fusiller son « assassin », mais, fait étrange, il discerne mal les mobiles qui ont poussé le jeune Allemand à vouloir tuer le tyran de l'Europe. Assurément, c'est un dément ! « Il ne m'a pas paru bien savoir ce que c'était que Brutus », écrit Napoléon à Fouché. Staps se moque bien de Brutus. Il est ébloui par l'histoire de Jeanne d'Arc — et c'est là tout! Aujourd'hui en face de l'autocrate français se dresse fièrement, comme en Espagne, le peuple d'un pays asservi — et qui refuse de l'être. La tentative du régicide ne démontre nullement à Napoléon qu'il est un despote et qu'il opprime l'Europe. Il constate simplement un fait : le voici à la merci — lui et son gigantesque empire — du poignard d'un exalté. Aussi lui faut-il un héritier!

Jamais peut-être autant qu'en ce lendemain de Wagram, il n'a eu, chevillé au cœur, le désir de forger le premier maillon d'une dynastie. A la seule pensée de voir un jour ses frères — et même ses neveux — lui succéder et régner sur la France, il frémissait... Depuis peu de temps d'ailleurs, il jaugeait enfin le clan à sa juste mesure. Un jour que toute sa famille se trouve réunie, il énonce :

— Je ne crois pas qu'il existe au monde un homme plus malheureux que moi en famille. Au reste, récapitulons : Lucien est un ingrat; Joseph, un sardanapale; Louis, un cul-de-jatte; Jérôme, un polisson.

Puis il ajoute, traçant un cercle avec sa main :

— Quant à vous, mesdames, vous savez ce que vous êtes.

« On le voit, dira le marquis de Bonneval, qui, témoin de la scène, nous le rapporte, le tableau était court, mais complet. »

Et Eugène?

— Eugène, soupire-t-il, ne porte pas mon nom, et, malgré les peines que je me suis données pour assurer le repos de la France, après moi, ce serait une anarchie complète. Un fils de moi peut seul mettre tout d'accord.

En ce mois d'octobre 1809, il pense d'autant moins à ses héritiers naturels, ceux du clan, que Marie Walewska, arrivée le mois précédent à Schœnbrunn — et installée au charmant village de Moëdling —

vient de lui annoncer une nouvelle qui l'a transporté de bonheur : elle attend un enfant de lui ! Elle lui avait écrit pour lui demander la permission de venir le rejoindre et il avait répondu :

« Marie, j'ai reçu votre lettre. Je l'ai lue avec le plaisir que m'inspire toujours votre souvenir. Les sentiments que vous me conservez, je vous les porte.

« Venez à Vienne, je désire vous voir et vous donner de nouvelles preuves de la tendre amitié que j'ai pour vous. Vous ne pouvez pas douter du prix que je mets à tout ce qui vous regarde. Mille tendres baisers sur vos belles mains et un seul sur votre belle bouche (1). »

Apprendre de cette même bouche le merveilleux événement l'a rendu fou de joie. Chaque jour, il fait chercher la chère Marie par Constant, dans une voiture sans armoiries. La route n'est pas bonne et, avec émotion, il recommande à son valet de chambre d'aller doucement :

— Prenez bien garde ce soir, Constant, il a plu aujourd'hui, le chemin doit être mauvais. Etes-vous sûr de votre cocher? La voiture est-elle en bon état?

Il a si peur qu'il ne lui arrive un accident! Ainsi il peut donner la vie! Cette manière d'impuissance à procréer n'était pas — comme il s'y était résigné — la rançon de son génie ! Il lui était maintenant impossible de douter de son pouvoir de se survivre. Avec la chère Marie, avec son épouse polonaise, il n'y avait pas d'incertitude ! Et il devait maintenant tout faire pour se donner un successeur.

Pour cela, il fallait évidemment répudier Joséphine, et briser le lien de cette union inféconde.

— Toute ma vie, répétait-il, j'ai tout sacrifié, tranquillité, intérêt, bonheur, à ma destinée!

Cette fois, c'est un grand amour qu'il fallait sacrifier. Car il aime encore sa chère créole : « Je te conseille de te bien garder la nuit, lui écrivait-il étant à Schœnbrunn, car une de ces prochaines, tu entendras un grand bruit... »

(1) Archives Walewski.

Et elle? Juste revanche d'un mari berné, elle l'aimait bien davantage! Et elle l'aimait maintenant plus que le trône! « Mon désir, lui avait-elle écrit autrefois — mais c'était aussi vrai aujourd'hui qu'au temps du Consulat — mon désir, mes vœux se réduisent tous à t'aimer ou plutôt à t'adorer. » Depuis des années elle l'adorait, depuis des années elle tremblait, depuis des années elle savait qu'un jour elle serait obligée de partir. Et ce n'était pas de quitter les Tuileries qui la faisait si souvent sangloter, mais la pensée de ne plus voir *Bonaparte* — ainsi qu'elle l'appelait toujours. C'est l'homme qu'elle regrettait et non l'Empereur.

Au moment même où son mari, à cinq cents lieues de Paris, a pris sa décision, devinant la catastrophe qui allait s'abattre sur elle, Joséphine avouait en pleurant à Laure d'Abrantès :

— Ah! si vous saviez, si vous saviez tout ce que j'ai souffert chaque fois que l'une de vous apportait son enfant près de moi. Mon Dieu! moi qui n'ai jamais connu l'envie, je l'ai sentie comme un poison terrible en voyant de beaux enfants... Et moi! frappée de stérilité, je serai chassée honteusement du lit de celui qui m'a donné la couronne. Et pourtant, Dieu m'est témoin que je l'aime plus que ma vie...

Certes, elle connaît l'emprise qu'elle a sur son mari, mais elle sait aussi — il le lui a répété si souvent — que pour lui « la politique n'a point de cœur ». Dès qu'elle revoit l'Empereur à Fontainebleau — il est arrivé au palais le 26 novembre — elle comprend que l'heure de l'exécution a sonné : la porte de communication entre les deux appartements a été murée par ordre de l'Empereur, un ordre venu de Schœnbrunn ! Dès son retour, il convoque Cambacérès pour le mettre au courant :

— Je veux épouser un ventre !

L'ex-deuxième Consul essaye de défendre Joséphine. Ancien conventionnel véritable, il n'a rien à gagner à la venue d'une princesse à la cour. Cambacérès craint l'opinion publique. Joséphine n'est-elle pas fort populaire ? Mais l'Empereur hausse les épaules. Une seule chose compte : le destin de l'Empire ! N'était-il pas maintenant le maître de l'Europe ? L'Autriche à genoux ! Le Pape en son pouvoir ! L'Angleterre rejetée à la mer ! L'Espagne en voie d'être maintenant pacifiée ! Car il comptait bien y mettre le holà. Il semblait ainsi, dira Cambacérès, « se promener au milieu de sa gloire ».

Mais, de quelle manière procéderait-on pour annuler le mariage de l'Empereur ? Il fallait créer pour la circonstance des formes, légales sans doute, mais particulières, et jamais encore usitées. Joséphine ne devait pas être répudiée. Les deux époux feraient part de leur *volonté* de se séparer, et le Sénat consacrerait par un *Senatus Consulte* la dissolution du lien civil.

Tandis que Cambacérès prépare l'opération, Napoléon n'a point encore prévenu sa femme. C'est seulement le 30 novembre que « Bonaparte » ose franchir le pas. Joséphine a deviné que la condamnation était « pour ce soir-là ». Le dîner est silencieux, « comme jamais je ne l'avais vu », raconte Constant. L'Impératrice a pleuré toute la journée, et, pour cacher autant que possible sa pâleur et la rougeur de ses yeux, elle s'est coiffée d'un grand chapeau blanc noué sous le menton. L'Empereur tient presque continuellement les yeux baissés; on voit de temps en temps des mouvements convulsifs agiter sa physionomie, et s'il lui arrive de lever les yeux c'est pour regarder à la dérobée l'Impératrice « avec un sentiment bien visible de profonde douleur ». Les officiers de service observent avec inquiétude cette scène sombre et pénible. Et pendant tout le repas, un repas servi pour la forme, on n'entend que le bruit uniforme des assiettes apportées et remportées. Le silence n'est troublé que par la voix monotone des officiers de bouche annonçant les plats, et par le tintement que produit Napoléon en frappant machinalement son couteau sur la paroi de son verre. Une seule fois l'Empereur rompt le silence par un gros soupir suivi de ces mots adressés à l'un de ses officiers :

— Quel temps fait-il?

Question sans intention et sans résultat pour lui

car il ne paraît point entendre la réponse : il pleut et le thermomètre approche de zéro.

Enfin il se lève de table. L'Impératrice le suit à pas lents et le mouchoir sur sa bouche « comme pour comprimer des sanglots ». On apporte le café et, selon l'usage, un page présente le plateau à l'Impératrice, mais l'Empereur prend lui-même la tasse, verse le café, fait fondre le sucre en regardant toujours Joséphine qui demeure debout, « comme frappée de stupeur ». Il boit d'un trait et rend la tasse au page. Ensuite il fait un signe : il veut être seul avec l'Impératrice. On ferme la porte du salon derrière eux.

D'une pauvre voix, elle demande :

— Alors, tout est fini?

Il essaye de lui expliquer la situation :

— Il n'y a aucune solidité dans ma dynastie si je n'ai pas d'enfant.

Bien sûr... Mais n'a-t-il point des neveux?

— Mes neveux ne peuvent me remplacer; la nation ne le comprendrait pas. Un enfant né dans la pourpre, sur le trône, au palais des Tuileries est, pour la nation et pour le peuple, tout autre chose que le fils de mon frère.

La malheureuse femme — « femme dans toute la force du terme », disait l'Empereur — fait semblant de perdre les sens.

— Vous me serrez trop fort, murmure-t-elle quelques instants plus tard, à voix basse, tandis que le chambellan Bausset aide Napoléon à transporter Joséphine *évanouie* dans ses appartements.

Cette comédie jouée par l'incorrigible créole ne l'empêche pas d'avoir un immense chagrin.

— Que les trônes sont malheureux! avait-elle souvent soupiré...

Se souvient-elle de l'époque où elle riait en lisant les lettres délirantes de passion écrites, entre deux batailles, par son mari ?

— Qu'il est *drolle,* répétait-elle alors avec son accent chantant de la Martinique.

Comme ces souvenirs sont loin aujourd'hui! Il va

lui falloir tout quitter. Napoléon, au cours de la grande scène qui vient de se dérouler, lui a offert la « principauté » de Rome, mais elle ne tient guère à s'expatrier et à s'éloigner de lui. Tout en gardant son rang, sa maison, sa pension d'impératrice, c'est à Malmaison qu'elle se retirera. Napoléon lui donnera également l'affreux château de Navarre, aux portes d'Evreux, et l'Elysée — qu'elle échangera contre Laeken où elle ne mettra d'ailleurs jamais les pieds.

Le jeudi 14 décembre 1809 le ciel est couvert « par d'épaisses vapeurs ». Le vent souffle avec force. Dans le grand salon se trouvent réunis, en uniforme d'apparat, en grande tenue de cour, Madame Mère, les rois Louis, Jérôme et Murat, les reines d'Espagne et de Naples. Seules, la charmante Pauline et Catherine, la reine de Westphalie, pensent à la peine que doit éprouver l'Impératrice, les autres ne voient qu'une chose : Napoléon renvoie *la vieille* — cette « femme galante », précisait même la Madre. Ce seront pourtant eux les dupes de la journée. Ne feront-ils pas désormais encore plus figure de parvenus lorsqu'une *vraie* princesse, une fille d'empereur, sera assise sur le trône impérial? L'Empereur a exigé aussi la présence d'Eugène et d'Hortense. Ils sont là, tous deux, entourant leur mère et contenant leurs larmes, mais des sanglots secouent le corps de la reine de Hollande. Après quelques phrases banales, l'Empereur lance :

— J'ai besoin d'ajouter que, loin d'avoir jamais eu à me plaindre, je n'ai eu, au contraire, qu'à me louer de l'attachement et de la tendresse de ma bien-aimée épouse : elle a embelli quinze ans de ma vie : le souvenir en restera gravé dans mon cœur. Elle a été couronnée de ma main : je veux qu'elle conserve les rang et titre d'Impératrice couronnée...

Les derniers mots sont bien des fleurs sur une tombe. Joséphine se lève. Infiniment plus impériale que celle qui lui succédera, elle veut lire elle-même le texte qu'elle a préparé, mais l'émotion, les sanglots qui montent à sa gorge — ici nulle comédie —

l'obligent à tendre ses feuillets au ministre Regnault de Saint-Jean-d'Angély.

— Je tiens tout de ses bontés : c'est sa main qui m'a couronnée et, du haut de ce trône, je n'ai reçu que des témoignages d'affection et d'amour du peuple français. Je crois reconnaître tous ces sentiments en consentant à la dissolution du mariage qui, désormais, est un obstacle au bien de la France, qui la prive du bonheur d'être un jour gouvernée par les descendants du grand homme si évidemment suscité par la Providence pour effacer les maux d'une terrible révolution et rétablir l'autel, le trône et l'ordre social. Mais la dissolution de mon mariage ne changera rien aux sentiments de mon cœur : l'Empereur aura toujours en moi sa meilleure amie.

Lui, pose pour la postérité. Il ne fait pas un geste et demeure « immobile comme une statue, les yeux fixes et comme égarés ». Il n'assiste pas au Conseil privé au cours duquel les grands dignitaires discutent de la manière dont on présentera, le lendemain, le projet de *senatus-consulte* au Sénat. Napoléon — dans ce domaine, son inconscience laisse toujours pantois — désigne Eugène pour prononcer le seul discours qui doit précéder le vote.

— Il importe au bonheur de la France, dira le fils de Joséphine, que le fondateur de cette quatrième dynastie vieillisse environné d'une descendance directe qui soit notre garantie à tous, comme le gage de la gloire de la patrie... L'âme de ma mère a été souvent attendrie en voyant en butte à de pénibles combats le cœur d'un homme habitué à maîtriser la fortune et à marcher toujours d'un pas ferme à l'accomplissement de ses grands desseins. Les larmes qu'a coûtées cette résolution à l'Empereur suffisent à la gloire de ma mère.

Tandis que, ce jeudi soir, les dignitaires se séparent, Joséphine, « les cheveux en désordre, la figure toute renversée », entre dans la chambre de l'Empereur. Il vient de se mettre au lit. Ils pleurent tous deux longuement dans les bras l'un de l'autre. Une heure plus tard, Joséphine sort de la pièce. Ses larmes coulent toujours sur ses joues. « Alors, nous rapporte Constant, je rentrai dans la salle à coucher pour en retirer les flambeaux, comme j'avais coutume de faire tous les soirs. L'Empereur était silencieux comme la mort, et tellement enfoncé dans son lit, qu'il me fut impossible de voir son visage. »

Le lendemain, à deux heures de l'après-midi, celle qui n'est plus qu'un nom dans l'Etat, monte dans sa berline — *l'Opale*. On abaisse les stores et, au grand galop, la voiture prend la route de Saint-Germain. Il fait froid, il vente du sud-ouest et il pleut à verse durant tout le chemin de croix qui va conduire l'impératrice répudiée jusqu'à Malmaison.

Deux heures plus tard, la pluie — « très forte », précise l'Observatoire — n'a pas cessé lorsque Napoléon quitte à son tour les Tuileries pour Trianon, après avoir passé une revue dans la cour. Le vent souffle en rafales.

Les souvenirs — leurs souvenirs — se pressent-ils à son esprit? La petite maison de la rue Chantereine, cette chambre à coucher aux chaises de nankin bleu, ces meubles en bois de citronnier et le buste de Socrate sur la cheminée, ce pauvre Socrate qui devait se trouver un peu dépaysé au cœur de ce cadre si loin de la sagesse? Comme il avait aimé Joséphine, *Mio dolce amor !* Comme il l'avait suppliée de l'aimer : « Aime-moi comme tes yeux. Mais ce n'est pas assez. Comme toi. Plus que toi, plus que ta pensée, ton esprit, ta vie, ton tout... Douce amie, pardonne-moi, je délire... Adieu, adieu, adieu. Je me couche sans toi. Je dormirai sans toi. Je t'en prie, laisse-moi dormir. Voilà plusieurs jours où je te serre dans mes bras. »

Il en fera confidence plus tard à Sainte-Hélène :

— Elle avait je ne sais quoi qui plaisait... Elle avait le plus joli... qui fût possible. Il y avait là les *trois-ilets* de la Martinique...

Pense-t-il aussi qu'en renvoyant Joséphine il va perdre son étoile? Cette étoile qui a commencé à briller au lendemain de Vendémiaire lorsqu'il l'avait rencontrée? Il est pourtant superstitieux! Il tient cela de ses origines. Mais il doit être à cent lieues de s'imaginer que, dans dix-huit mois, un grognard pourra lancer :

— Il ne fallait pas qu'il quittât sa vieille, elle lui portait bonheur et à nous aussi !

Ce soir-là — ce soir du 15 décembre 1809 — à Trianon, il essaye plutôt de chasser ses souvenirs. Il occupe dans l'aile droite sa chambre qui vient alors d'être recouverte d'un bien joli tissu — un semis d'étoiles d'argent. Tentures, rideaux et sièges ont été délicieusement reconstitués lors de la récente et si heureuse réfection du Grand-Trianon en style empire. Assurément, nous voyons aujourd'hui la chambre impériale et sa pièce voisine — le clair salon de *déjeune* où Napoléon prenait son premier repas — tels que l'Empereur les a appréciées en ce mois de décembre 1809. L'ensemble lui a certainement plu puisqu'il décide, dès son arrivée, la transformation des autres appartements. Cette nuit-là, il fait réveiller le conservateur et les gardiens du palais de Versailles pour choisir et accrocher sans plus tarder, les tableaux aux murs et commander de nouveaux aménagements — peut-être en se souciant déjà de sa future épouse qui se plaira d'autant plus à Trianon que rien ne lui rappellera, dans ce cadre *moderne*, le souvenir de Joséphine...

Hors ce travail de décorateur — un excellent travail car son goût était sûr et bon — il ne fera pas grand-chose les dix jours qui suivront. La vie du gigantesque empire semble suspendue. Il se rendra visiter Joséphine qui, à Malmaison, continue à sangloter. Pauline, en sœur trop complaisante, conduira près de lui la blonde Mme de Mathis. Mais ce qu'il appelle de « la petite amitié » lui suffit d'autant moins que la Piémontaise « n'a pas de désir ».

Une préoccupation autrement plus importante lui sert bien davantage de dérivatif : qui va-t-il épouser ? Marie Walewska ? Sa femme polonaise qui porte déjà un enfant de lui ?

— Toutes mes pensées, avait-elle dit à Duroc et à Constant, toutes mes inspirations viennent de lui et retournent à lui : il est tout mon bien, tout mon avenir, ma vie!

Marie avait fait faire une bague pour l'Empereur : un anneau autour duquel elle a roulé une boucle de ses beaux cheveux blonds. A l'intérieur on lisait ces mots : « *Quand tu cesseras de m'aimer, n'oublie pas que je t'aime.* »

Elle seule pourrait succéder dans son cœur à la chère créole, mais ce serait là un mariage qui ne servirait point sa gloire. On ne régularise point une situation de ce genre, on n'épouse point une divorcée lorsqu'on s'appelle Napoléon! Quant au petit bâtard qui allait naître, l'Empereur l'avait dit un jour à la princesse Jablonowska :

— Ne vous tourmentez pas pour le petit, c'est l'enfant de Wagram et il sera un jour roi de Pologne.

Avec sa discrétion habituelle — une réserve qui force l'admiration — au lieu d'afficher son bonheur de l'événement qui venait de déterminer l'Empereur à divorcer, elle avait préféré retourner à Varsovie, où elle reçut cette lettre datée de Trianon, le 18 décembre :

« Madame,

« J'ai reçu votre lettre. Tout ce qu'elle contient m'a fort touché. J'ai vu avec plaisir que vous étiez arrivée à Varsovie sans accident fâcheux. Ménagez une santé qui m'est bien précieuse. Chassez de sombres idées : l'avenir ne doit pas vous inquiéter. Donnez-moi souvent de vos nouvelles ; songez combien elles m'intéressent et apprenez-moi que vous êtes heureuse et contente ; c'est mon plus vif désir. » (1)

Elle avait répondu, ne lui cachant pas ses craintes pour l'avenir. Il l'avait tranquillisée en ces termes :

« Madame,

« Je reçois avec beaucoup de plaisir de vos nouvelles, mais les idées noires que je vois que vous nourrissez ne vous vont pas bien. Je ne veux pas que vous en ayez. Apprenez-moi bientôt que vous avez un beau garçon, que votre santé est bonne et que vous êtes gaie. Ne doutez jamais du plaisir que

(1) Archives Walewski.

j'aurai à vous voir, ni du tendre intérêt que je prends à ce qui vous regarde. Adieu, Marie, j'attends avec confiance de vos nouvelles. » (1)

La lettre de l'Empereur est du 16 février, or, le 21 février, le comte Walewski écrivait avec élégance à celle qui portait toujours son nom :

« Chère et honorée femme,

« Walewice m'est de plus en plus à charge, mon âge et mon état de santé m'interdisent toute activité. J'y suis donc venu pour la dernière fois, afin de signer l'acte par lequel mon fils aîné s'en rend acquéreur. Je vous conseille de vous entendre avec lui pour les formalités à remplir lors de la naissance de l'enfant que vous attendez. Elles seront simplifiées si c'est à Walewice que ce Walewski voit le jour. Tel est aussi son avis et que je vous écrive. Je le fais conscient de remplir mon devoir, en priant Dieu qu'il vous ait en sa sainte garde.

« Athanase Colonna Walewski. »

Le vieux comte acceptait donc de reconnaître l'enfant de l'Empereur. Comme l'a dit le comte d'Ornano, c'était là un tardif témoignage de l'innocence de Marie lors de la conjuration qui l'avait sacrifiée.

C'est donc à Walewice que naîtra Alexandre Walewski, dans ce château d'où sa mère, trois années auparavant, s'était échappée pour courir au-devant de l'Empereur.

Napoléon a encore l'espoir de pouvoir épouser une sœur du tsar. Sans doute Catherine est-elle mariée avec le duc d'Oldenbourg, mais il existe la grande duchesse Anne qui vient d'entrer dans sa seizième année. Napoléon y songeait déjà deux mois auparavant en dictant, à Schœnbrunn, cette lettre pour Caulaincourt, toujours ambassadeur près d'Alexandre : « L'Empereur veut non seulement ne point faire naître l'idée de la renaissance de la Pologne, si éloignée de sa pensée, mais il est disposé à concourir avec l'empereur Alexandre à tout ce qui pourra

(1) Archives Walewski.

en effacer le souvenir dans le cœur des habitants. Sa Majesté approuve que les mots de Pologne et de Polonais disparaissent non seulement de toutes les transactions, mais même de l'histoire. »

Pauvre Marie!

Bien que la petite Anne ne soit « formée que depuis cinq mois » et que le « prétendant » atteigne sa quarantième année, Napoléon n'a pas été effrayé par la différence d'âge. Le 4 novembre — plus de trois semaines avant d'annoncer à Joséphine que sa décision était prise — il avait adressé, par l'intermédiaire de Caulaincourt, une demande en règle à Saint-Pétersbourg. Le tsar, pourtant déjà préparé depuis Erfurt à cette proposition, avait été épouvanté... Mais il l'était bien plus encore en songeant à l'avenir. Un refus entraînerait, non seulement, un jour ou l'autre, une guerre entre les deux empires, mais surtout Napoléon serait obligé, pour trouver une épouse, de se tourner vers l'Autriche. Les Habsbourg, qui avaient toujours une copieuse réserve d'archiduchesses, accepteraient à coup sûr d'en livrer une au Minotaure, et l'alliance inévitable qui s'ensuivrait entre les deux pays risquait fort de se retourner contre la Russie.

On devine donc les sentiments auxquels se trouvait en proie le tsar, lorsqu'il fit part à sa mère de la demande qui lui était adressée. L'impératrice Marie, la veuve de Paul Ier, frémit d'effroi — selon sa propre expression. Comment pourrait-elle même envisager de donner sa fille à « un homme d'un caractère scélérat pour qui rien n'est sacré et qui ne connaît aucun frein parce qu'il ne croit même pas à Dieu » ?

— La postérité ne serait-elle pas justement indignée de voir une grande-duchesse unie à un être que les malheurs de l'humanité ont voué aux malédictions du siècle?

Cependant, Caulaincourt venait de signer avec Alexandre et au nom de son maître, un traité par lequel Napoléon approuvait et entérinait le pacte qui, au siècle précédent, avait permis aux Russes, aux Prussiens et aux Autrichiens de se partager le gâteau polonais.

— Maintenant, promet le tsar à Caulaincourt, je ne chercherai plus que les occasions de prouver à l'Empereur combien je lui suis attaché.

Quant à la demande en mariage, Alexandre décide de faire traîner les choses en longueur. L'extrême jeunesse de sa sœur va lui fournir un prétexte plausible pour remettre le projet à plus tard. Napoléon n'a qu'à attendre un peu... C'était mal connaître l'Empereur. Déjà préparé à un refus par le long silence du tsar — la neige avait retardé le courrier et Alexandre venait de quitter Saint-Pétersbourg — Napoléon reçoit enfin — le 27 janvier 1810 — une première réponse de Caulaincourt décrivant les tergiversations du tsar. L'ambassadeur prétendait qu'Alexandre ne refusait point de donner sa sœur à l'Empereur, mais ne savait quel moyen choisir pour vaincre la résistance de la tsarine. Une fois de plus, avec cette double vue véritablement extraordinaire qui éclairait toutes ses pensées et ses actions, Napoléon devine que jamais Alexandre ne lui accordera la main de la petite grande-duchesse. Aussi, sans attendre la réponse définitive, décide-t-il de prendre pour épouse celle qui se proposait à lui. Car — on croit rêver — Metternich, devenu chancelier, avait déjà offert « en holocauste», selon le mot de la tsarine, la fille de son maître à « l'Ogre Corse ».

Le 29 novembre — la veille du jour où Joséphine avait appris que son sort était fixé — le ministre de l'empereur François, au cours d'un étrange entretien avec le comte de Laborde, chargé d'affaires de France à Vienne, avait « glissé dans la conversation la possibilité d'un mariage de l'Empereur avec une princesse de la famille ». Et Metternich avait ajouté, en s'aventurant en quelque sorte sur la pointe des pieds :

— Cette idée est de moi, je n'ai point sondé les intentions de Sa Majesté à cet égard; mais outre que je suis comme certain qu'elles seraient favorables, un tel événement aurait tellement l'approbation de tout ce qui a quelque fortune, quelque nom, quelque existence dans ce pays, que je ne le mets point en doute, et que je le regarderais comme un véritable bonheur pour nous et une gloire pour le temps de mon ministère.

Quelques jours plus tard, à Paris, au cours d'un bal aux Tuileries, le comte de Floret, attaché à l'ambassade d'Autriche à Paris — et poussé par son chef Schwarzenberg, celui-ci guidé lui-même par Metternich — aborde Sémonville. Il feint de regretter le mariage projeté par Napoléon avec une grande-duchesse russe.

— Il paraît, en effet, répond Sémonville, que l'affaire est faite, puisque vous n'avez pas voulu la faire vous-même.

— Qui vous l'a dit? demande Floret.

— Ma foi! on le croit ainsi. Est-ce qu'il en serait autrement?

— Pourquoi pas?

— Serait-il vrai, reprend Sémonville, que vous fussiez disposés à donner une de vos archiduchesses?

— Oui.

— Qui? Vous, à la bonne heure, mais votre ambassadeur?

— J'en réponds!

— Et monsieur de Metternich ?

— Sans difficulté!

— Et l'empereur d'Autriche?

— Pas davantage!

— Et la belle-mère qui nous déteste?

— Vous ne la connaissez pas, c'est une femme ambitieuse, on la déterminera quand et comme on voudra.

Metternich se frotte les mains en apprenant la scène et est éberlué en recevant quelque temps plus tard une lettre de sa femme lui rapportant l'étrange conversation qu'elle venait d'avoir avec Joséphine. L'ex-impératrice lui avait confié :

— J'ai fait un projet qui m'occupe exclusivement et dont la réussite seule me fait espérer que le sacrifice que je viens de faire ne sera pas en pure perte, c'est que l'Empereur épouse votre archiduchesse; je lui en ai parlé hier et il m'a dit que son choix n'est point encore fixé; mais je crois qu'il le serait s'il était sûr d'être accepté chez vous.

Metternich répond aussitôt à sa femme : « Je regarde cette affaire comme la plus grande qui puisse occuper en ce moment l'Europe. »

Napoléon, aussitôt prévenu de la double avance qui lui est ainsi faite à la fois à Vienne et à Paris, a gardé précieusement cette carte dans son jeu. A la suite de la dépêche de Caulaincourt, il réunit aux Tuileries un Conseil, afin de demander à ses frères, aux grands dignitaires, aux ministres, quelle est leur opinion. Qui doit-il épouser : une archiduchesse, une grande-duchesse ou une princesse de Saxe?

— Il ne tient qu'à moi, proclame-t-il avec orgueil, de désigner celle qui passera la première sous l'Arc de Triomphe pour entrer à Paris.

Lebrun prône le mariage saxon qui resserrerait les liens avec la Confédération, mais la majorité se divise en partisans d'une union russe ou autrichienne. Murat, se faisant le porte-parole des Napoléonides, désapprouve le mariage autrichien, d'abord parce que « la Beauharnais » le recommande, et ensuite parce que l'arrivée à Paris de la nièce de la souveraine dont il occupe le trône risque de le mettre dans une situation délicate... L'alliance avec la Russie lui paraît au contraire offrir de multiples avantages. Il est combattu par Fesch et Fontanes. L'arrivée d'une princesse schismatique à Paris, la présence de popes aux Tuileries, semblent des arguments sérieux.

Voir Napoléon épouser celle qui, à la fois par son père et par sa mère, se trouve être la petite-nièce de Marie-Antoinette, gêne certains membres du Conseil. Talleyrand aurait alors déclaré — mais faut-il l'en croire ? — qu'une telle union « absoudrait la France aux yeux de l'Europe et à ses propres yeux d'un crime qui n'était pas le sien, mais celui d'une faction ». Il est soutenu par Fontanes, qui affirme :

— Sire, l'alliance de Votre Majesté avec une fille de la Maison d'Autriche sera un acte expiatoire de la part de la France et la plus belle page de votre histoire.

Cependant quelqu'un s'exclame :

— L'Autriche n'est plus une grande puissance!

— On voit bien, monsieur, s'écrie Napoléon, que vous n'étiez pas à Wagram.

Rien n'est encore décidé. Or, six jours plus tard, arrivent aux Tuileries de nouvelles dépêches de Caulaincourt. Décidément, le tsar tergiverse toujours. Il ne faut pas s'exposer à un refus définitif! Aussi, sans attendre davantage, le 5 février, Napoléon, afin de prouver l'accord de Joséphine, envoie Eugène à Schwarzenberg. Il charge son beau-fils de dire à l'ambassadeur qu'il est prêt à épouser la fille de l'empereur d'Autriche. Craignant l'arrivée de la dépêche annonçant le refus définitif du tsar, il exige que la main de l'archiduchesse Marie-Louise lui soit accordée immédiatement par l'ambassadeur sans attendre la réponse de Vienne. Schwarzenberg est ahuri. « Jamais, ainsi que l'a raconté Eugène, ambassadeur ne se trouva dans une situation plus cruelle; je le voyais se démener, suer à grosses gouttes, faire d'inutiles représentations. » Il lui faut bien céder. « Si j'avais hésité à signer, explique-t-il à Metternich, Napoléon aurait traité avec la Russe ou la Saxonne. »

Le fils de Joséphine retourne aux Tuileries où Napoléon l'attend avec fébrilité. « Dès que le mot *oui* sortit de ma bouche, rapporte encore Eugène, je vis le grand homme se livrer à une joie tellement impétueuse et folle, que j'en demeurai stupéfait. »

Ce même soir, sans attendre davantage, on annonce aux Français : « Il y aura mariage entre S. M. l'Empereur Napoléon, roy d'Italie, protecteur de la Confédération du Rhin, médiateur de la Confédération suisse, et Son Altesse impériale et royale, Mme l'archiduchesse Marie-Louise, fille de S. M. l'Empereur François, roy de Bohême et de Hongrie. »

Napoléon doit maintenant jouer la comédie avec le tsar. Il dicte deux dépêches à vingt-quatre heures d'intervalle. Dans la première, il annonce à Alexandre qu'il a renoncé à épouser la grande-duchesse Anne, étant donné son très jeune âge — comme s'il venait seulement de le découvrir — tandis que le lendemain, une seconde dépêche fait part au tsar de son prochain mariage avec l'archiduchesse Marie-Louise.

— Vous lui ferez connaître, dit-il à Champagny, que je me suis décidé pour l'Autrichienne.

Les deux courriers chargés de ces deux dépêches croisent sur le grand chemin un autre courrier expédié par Caulaincourt, et annonçant le refus définitif du tsar.

Dans cette étonnante comédie matrimoniale, demeure cependant le principal : prévenir l'empereur François et annoncer à la fiancée qu'elle va devoir épouser celui qu'elle appelle toujours l'Antéchrist, ou le *Krampus*.

— Il y a dans la vie des Etats, expose Metternich à son maître, comme dans celle des particuliers, des moments où un tiers n'a pas le droit de se mettre à la place de celui sur lequel repose la responsabilité de la détermination et surtout dans les cas où le calcul ne suffit pas à déterminer la décision. Votre Majesté est empereur et père, c'est à elle seule qu'il convient de consulter ses devoirs pour agir dans l'une ou l'autre direction.

François Ier penche son long visage triste vers son ministre et, après quelques instants de silence, répond :

— Je vais mettre la décision entre les mains de ma fille. Je ne ferai aucune pression sur elle et, avant de jeter dans la balance mes devoirs de monarque, je désire connaître son sentiment. Allez la voir, et revenez me dire ce qu'elle vous aura dit. Je ne veux pas la prévenir, pour ne pas avoir l'air d'influencer sa décision.

Depuis quelques jours, Marie-Louise ne vivait plus. Le 5 janvier, elle avait écrit à son père : « Je lis dans les journaux le divorce de Napoléon. Je dois vous dire, cher papa, que je suis très émue par cette nouvelle. La pensée qu'il n'est pas impossible que je puisse compter parmi celles qu'il pourrait choisir pour sa future épouse me pousse à vous apprendre quelque chose que je dépose dans votre cœur de père. Avec votre bonté coutumière, vous m'avez assurée à maintes reprises que vous ne m'obligeriez pas à me marier contre ma volonté et, depuis que je suis à Ofen, j'ai eu l'occasion de rencontrer l'archiduc François. Je trouve en lui toutes les qualités nécessaires pour me rendre heureuse. »

Sans doute l'empereur François fait-il comprendre à sa fille que les archiduchesses n'ont pas à écouter les battements de leur cœur et que les *Jugendlieben* — même avec un cousin archiduc — ne leur sont point permis... Aussi, lorsque Metternich, quelque peu gêné, on le conçoit, vient demander à Marie-Louise son consentement à l'extravagant projet dont il s'est fait le champion, la jeune fille répond avec noblesse :

— Je ne veux que ce que mon devoir me commande de vouloir. Quand il s'agit de l'intérêt de l'Etat, c'est à lui que je dois me conformer et non pas à mon sentiment. Priez mon père de consulter ses devoirs d'empereur et de ne pas les soumettre à la considération de l'intérêt de ma personne.

Metternich conclut aussitôt « l'affaire » en écrivant à Schwarzenberg :

— Nous sommes loin de nous faire illusion sur la très grande distance qu'il y a, du mariage avec une princesse autrichienne à l'abandon du système de conquêtes de l'empereur Napoléon; mais nous ne désespérons pas de mettre à profit les moments de repos qui, nécessairement, doivent naître pour nous, afin de consolider notre politique intérieure et pour tempérer les vues de l'empereur des Français...

C'est Berthier, *prince de Wagram,* qui est désigné par Napoléon pour prendre la route de Vienne, afin d'adresser la demande officielle à l'empereur François... On lui recommande toutefois de ne faire usage que de son titre de prince de Neuchâtel ! On nage en plein délire. L'archiduc Charles — le vainqueur d'Aspern — représentera Napoléon et conduira sa nièce à l'autel pour la célébration du mariage par procuration !

— L'Autriche, ainsi que s'exclame le prince de Ligne, fait au Minotaure présent d'une belle génisse !

Et les Viennois ? Certains prennent la chose avec philosophie.

— Il vaut mieux, affirment-ils, voir une archiduchesse f..., plutôt que la monarchie.

Mais des esprits plus graves affirment qu'on va assister à une consommation d'adultère et à la bénédiction d'une bigamie. Napoléon n'est-il pas, devant Dieu, toujours uni à Joséphine ? Le cardinal Fesch n'avait-il pas béni leur union, à la veille du Sacre ? Metternich avait alors écrit à l'ambassadeur d'Autriche à Paris : « Sa Majesté — l'empereur François — ne donnera jamais son consentement à un mariage qui ne serait pas conforme aux préceptes de notre religion. »

Cambacérès fut chargé de régler cet épineux problème. Après avoir convoqué le ministre des cultes, les deux officiaux de l'archevêché de Paris et les promoteurs métropolitains et diocésains, il leur avait tenu ce langage :

— L'Empereur ne peut espérer d'enfant de l'impératrice Joséphine. Cependant, il ne peut, en fondant une nouvelle dynastie, renoncer à l'espoir de laisser un héritier qui assure la tranquillité, la gloire et l'intégrité de l'Empire qu'il vient de fonder. Il est dans l'intention de se remarier, et veut épouser une catholique; mais, auparavant, son mariage avec l'impératrice Joséphine doit être annulé, et mon intention est de le soumettre à l'examen et à la décision de l'Officialité.

Seul, rappelons-le, le Pape se trouvait habilité pour désunir les unions royales. Aussi, l'un des ecclésiastiques fit-il fort justement remarquer :

— Cette cause est une de celles qui sont réservées, sinon de droit, au moins de fait au Souverain Pontife.

— Je ne suis pas, riposte froidement l'archichancelier, autorisé à recourir à Rome.

— Il n'est pas besoin de recourir à Rome pour avoir la décision du Pape; Sa Sainteté est à Savone.

Il y eut un froid...

— Je ne suis pas non plus chargé de traiter avec le Pape, réplique Cambacérès, dans les circonstances actuelles, cela est impossible!

Bref, l'Officialité de Paris, de gré ou de force, puisque Pie VII était prisonnier, devait s'incliner et s'occuper de l'affaire. Mais quels prétextes invoquaient l'Empereur et l'Impératrice pour demander l'annulation de leur mariage ? Cambacérès, pour éclairer ses interlocuteurs récalcitrants, lut le projet de requête : Napoléon demandait l'annulation d'une bénédiction nuptiale célébrée en l'absence d'un prêtre — le curé de la paroisse — et de témoins.

— Mais, observe l'un des abbés, tout Paris ne sait-il pas que le mariage religieux a été célébré dans les formes?

Cambacérès explique alors « que le samedi premier décembre 1804, veille du Sacre, Sa Majesté, prévoyant ce qui arrivait aujourd'hui, n'avait jamais voulu consentir que son mariage fût béni », mais que, « fatigué des instances de l'Impératrice, il avait dit au cardinal Fesch de leur donner la bénédiction nuptiale, et que le cardinal la leur avait donnée dans la chambre même de l'Impératrice, sans témoins et sans curé ».

On devine la stupéfaction des quatre ecclésiastiques. Ainsi, le maître de l'Europe voulait faire croire qu'il avait été contraint et forcé d'épouser Joséphine! Napoléon « violenté »! C'étaient là habituellement les raisons invoquées auprès de l'Officialité par de timides jeunes filles... Pour rendre leur arrêt, les abbés firent comparaître les témoins. On entendit d'abord le cardinal Fesch qui raconta comment il avait béni clandestinement Joséphine et Napoléon après avoir demandé au Pape de lui permettre « de se servir des dispenses ». Il révéla, non sans embarras, que Joséphine, le 4 décembre — deux jours après cette cérémonie clandestine — lui avait demandé « un certificat de l'administration de cette bénédiction nuptiale »; il avait fini, après vingt-deux jours de tergiversations, par consentir à cette demande et avait remis une pièce à l'Impératrice certifiant « à tous ceux qu'il appartiendra, que le Saint Sacrement de Mariage fut administré par nous à Leurs Majestés Napoléon Premier, et Marie-Joséphine-Rose Tascher Son épouse ».

— Mais, ajouta prudemment Fesch aux enquêteurs de l'Officialité, quelle ne fut pas ma surprise, lorsque ayant dit ce que j'avais fait à l'Empereur, j'en reçus de très sévères reproches et qu'il me dévoila que tout ce qu'il avait fait n'avait d'autre but que de tranquilliser l'Impératrice et de céder aux circonstances! Il me déclara qu'au moment où il fondait un empire, il ne pouvait pas renoncer à une descendance en ligne directe.

Les enquêteurs se rendirent ensuite près de Berthier qui, en bon courtisan, afin de plaire à son maître, accusa en quelque sorte l'Empereur d'avoir *sciemment* trompé Joséphine, et d'avoir également berné l'Eglise en ayant rendu *volontairement* nulle la bénédiction de l'oncle Fesch. Duroc ne pouvait refuser à son cher empereur de faire une déclaration du même genre. Ancien prélat, Talleyrand — quatrième et dernier témoin — savait mieux que Berthier et Duroc la valeur d'une déclaration en cette matière. Il n'hésita cependant pas à soutenir la thèse de Cambacérès.

L'Officialité de Paris n'avait plus qu'à se résigner et à déclarer que « le mariage entre Leurs Majestés devait être regardé comme nul et non valablement contracté et nul *quoad foedus*, faute de la présence du propre prêtre et de celle des témoins voulus par le concile de Trente et les ordonnances... »

Pour expliquer cette opinion, le promoteur diocésain — l'abbé Rudemare — se lança dans un pénible distinguo : Selon lui, le cardinal Fesch « n'ayant demandé que les dispenses qui lui devenaient quelquefois indispensables pour remplir ses devoirs de grand aumônier, et *n'ayant point particularisé et nominativement spécialisé les fonctions extraordinaires et curiales qu'il allait exercer auprès de Sa Majesté,* n'a pu recevoir et n'a reçu ni la dispense des témoins ni les pouvoirs de se substituer au curé »...

Ainsi, d'après le pauvre abbé, Pie VII avait ignoré de quelle dispense venait lui parler le cardinal, alors qu'il venait de recevoir l'aveu de Joséphine! C'était prendre Sa Sainteté pour un imbécile... Bien plus, s'il fallait en croire Rudemare, empêtré dans cette mauvaise cause, le Pape avait été trompé — et trompé sciemment — par le cardinal Fesch!

Quant à Napoléon, il avait induit tout le monde en erreur, y compris Joséphine — y compris aussi, aujourd'hui, l'empereur François d'Autriche, son « bon frère et beau-père »...

Il faisait nuit le 27 mars 1810 lorsque Marie-Louise arriva à Compiègne, aussi le dessinateur a-t-il montré les valets de pied brandissant des torches.

(B. N. Estampes — Photo Josse-Lalance).

XIII

JUPITER

C'est un ventre que j'épouse!

Napoléon.

Le mardi 27 mars 1810, des torrents d'eau s'abattent sur une berline sans armoiries qui, venant de Compiègne, roule vers Soissons. En dépit des rafales de pluie, la voiture marche bon train. A l'intérieur, se trouvent deux hommes : Napoléon et son beau-frère, le roi Murat, qui se portent au-devant du cortège accompagnant Marie-Louise depuis Vienne. Napoléon n'a pas eu la patience d'attendre le lendemain où, à Soissons, la nouvelle impératrice devait se jeter aux pieds de l'Empereur et lui réciter un petit compliment. A cette cérémonie minutieusement préparée par les diplomates des deux empires, Napoléon a préféré sauter dans une berline et partir à la rencontre de sa femme.

Depuis une semaine, depuis le lundi 19 mars, jour de son arrivée à Compiègne et bien que Mme de Mathis eût occupé ses nuits — Napoléon est comme un homme ivre, « ivre d'impatience, ivre de félicité ». Austerlitz et Wagram semblent l'avoir moins grisé que ce mariage avec une petite-fille de Charles Quint.

— Je me donne des ancêtres, déclare-t-il avec superbe.

Napoléon se donne aussi une famille parmi laquelle on compte Louis XVI et Marie-Antoinette, devenus par cette alliance extraordinaire le grand-oncle et la grand-tante du marié. Déjà, avant même d'avoir fait la connaissance de son épouse, il modèle l'empire du fils qu'elle *doit* lui donner. Par le *senatus consulte* du 30 janvier 1810, l'Italie est reprise à Eugène et les apanages des frères et de leurs descendants abolis au profit des héritiers directs de l'Empereur.

Depuis que Marie-Louise était partie de Vienne, Napoléon avait avidement interrogé les courriers :

— Voyons, parlez-moi franchement, comment avez-vous trouvé l'archiduchesse Marie-Louise?

— Sire, très bien.

— Très bien ne m'apprend rien. Voyons : quelle taille a-t-elle?

— Sire, elle a la taille... à peu près de la reine de Hollande.

— Ah! c'est bien. De quelle couleur sont ses cheveux?

— Blonds, à peu près comme ceux de la reine de Hollande.

Il préfère les blondes aux brunes, aussi approuve-t-il.

— Bon, et son teint?

— Fort blanc, et des couleurs très fraîches, comme la reine de Hollande.

— Elle ressemble donc à la reine de Hollande?

— Non, Sire...

L'Empereur avait soupiré :

— J'ai de la peine à leur arracher quelques mots. Je vois que ma femme est laide car tous ces diables de jeunes gens n'ont pu me prononcer qu'elle était jolie. Enfin, qu'elle soit bonne et me fasse de gros garçons, je l'aimerai comme la plus belle.

Là est en effet toute la question!

— A quel âge peut-on encore être père, a-t-il demandé à Corvisart. Je n'ai que quarante ans, mais un homme de soixante ans qui épouse une femme jeune a-t-il encore des enfants?

— Quelquefois, Sire.

— Et à soixante-dix?

— Toujours, répondit le médecin en souriant.

— Il faut à présent que je devienne aimable, déclare-t-il à sa belle-fille et belle-sœur Hortense. Mon air sérieux et sévère ne plairait pas à une jeune femme. Elle doit aimer les plaisirs de son âge. Voyons, Hortense, vous qui êtes notre Terpsichore, apprenez-moi à valser.

La fille de Joséphine éclata de rire, mais l'Empereur insista et elle dut s'exécuter. Napoléon n'a peut-être pas dansé depuis l'Ecole militaire !

— Notre maître de danse, raconta l'Empereur, nous avait conseillé de prendre, pour valser, une chaise entre nos bras, en guise de dame. Je ne manquais jamais de tomber avec la chaise que je serrais amoureusement, et de la briser. Les chaises de ma chambre et celles de deux ou trois de mes camarades y passèrent l'une après l'autre.

Cette fois encore, le résultat fut piteux.

— Je suis trop vieux, constata Napoléon. D'ailleurs, ce n'est pas par la danse que je dois chercher à briller.

Il ne tenait pas en place, allait voir les appartements préparés pour la nouvelle impératrice où déjà l'attendaient robes, lingerie, chaussures exécutées sur des modèles envoyés de Vienne. « Ce fut à peine, racontera Norvins, si, pendant les quatre ou cinq jours que nous passâmes à Compiègne, nous pûmes entrevoir l'Empereur... C'était bien curieux de lui voir faire l'amour de loin. Il allait et venait dans les appartements de l'Impératrice, où les tapissiers étaient encore; il pressait, il poussait les ouvriers; il improvisait les détails qu'il faisait exécuter sous ses yeux. Il était dans une agitation de futur jeune marié, dans une impatience fiévreuse d'amoureux de premier amour, qui transformait à tous les regards le profond législateur, le grand politique, le géant de la guerre. Après l'avoir vu si glorieux de la victoire de Marengo, de celle d'Austerlitz, de celle de Friedland, de celle de Wagram, il était précieux de le saisir, de le surprendre dans ce négligé, dans cet abandon, dans cette abdication momentanée de sa puissante nature. »

Un jour il prend un soulier particulièrement petit et en donna un coup « par forme de caresse » sur la joue de son valet de chambre :

— Voyez, Constant, voilà un soulier de bon augure. Avez-vous vu beaucoup de pieds comme celui-là? C'est à prendre dans la main!

Durant l'attente fébrile du maître, les courriers affluaient à Compiègne. L'un des plus remarqués fut, assurément, celui de l'empereur François. Il s'agissait, au vrai, d'un courrier extraordinaire : le prince autrichien de Clary-et-Aldringen qui laissera de son entrevue cette lettre fort pittoresque : « A 8 heures du matin, j'étais à Compiègne. Je descends à l'auberge et mets mon uniforme petit chocolat (de la Landwehr) avec des bas blancs, parce que l'ambassadeur avait décidé qu'il n'y avait aucun inconvénient à cela et que, d'ailleurs, mon uniforme rouge n'était pas prêt. Entre nous, excepté ma coquetterie qui en souffrait, et beaucoup, je n'étais pas fâché de paraître dans cet habit. (En 1809, la Landwehr avait infligé beaucoup de pertes à la Grande Armée). Je cherche Duroc. On me mène dans un immense salon où se tenaient des chambellans, rouge et argent, des généraux, bleu et or, qui tous, fort étonnés de voir une figure comme la mienne dans ce sanctuaire de cour, me regardent *wie die Kuh ein neues Thor* (« comme la vache regarde une porte neuve »). J'avoue que j'eus un cruel moment d'embarras. Enfin, on me renvoie à l'appartement de ce grand maréchal Duroc, où il devait être et vint bientôt après. Il fut extrêmement poli et, après un quart d'heure d'attente, me conduisit dans un salon où je me trouvai en face...

« De qui?...

« Viennent ici tous Ses titres, si vous voulez...

« J'avais arrangé une petite harangue, d'une éloquence simple, mâle et touchante, qui commençait par : « L'Empereur, mon maître, m'a chargé, etc., etc. »

« Il ne me laisse pas achever, prend mon paquet, mes lettres et me questionne sur mon voyage :

— Quel jour êtes-vous parti?

— Le 13, Sire, deux heures avant l'Impératrice.

— Avez-vous trouvé de mauvais chemins?

« Et autres questions de ce genre.

« Ensuite, il me dit :

— J'ai des nouvelles de l'Impératrice par le télégraphe. Elle est aujourd'hui à... — je ne sais plus où. Elle sera ici tel et tel jour.

« Il me demande des nouvelles de mon impératrice, puis :

— Vous êtes parent du prince de Ligne?

— C'est mon grand-père, Sire.

— Comment se porte le prince de Ligne? Sa campagne, près de Vienne, a un peu souffert par nous.

— Oui, Sire, un peu.

— J'ai vu une princesse de Clary, à Vienne. Est-ce votre mère?

— Oui, Sire.

— Quel est cet uniforme-là?

— Sire, c'est celui d'un des corps francs de Bohême.

— Ah! de la Landwehr!

« J'avais voulu esquiver ce mot-là.

— Oui, Sire.

— Vous avez servi pendant la dernière guerre?

— J'ai été à l'armée de Bohême.

— Avez-vous fait d'autres campagnes?

— Non, Sire. Je n'ai servi que dans cette guerre-là.

— Vous vous reposerez ici. Je vous verrai encore.

« Petite mine, il se tourne, et j'étais encore à faire des révérences qu'il lisait déjà mes lettres.

« Me revoilà dans le salon de service. Je questionne :

— L'Empereur m'a dit : *Vous vous reposerez! Je vous verrai encore.* Qu'est-ce que cela signifie?

— Ma foi, monsieur, que vous devez rester à Compiègne jusqu'à ce qu'on vous dise de vous en aller.

« Ah! ah! Et moi qui comptais repartir sur-le-champ, arriver à Paris pour le bal de ce soir chez l'ambassadeur ! Qu'est-ce que j'ai à faire ?

— Rien, monsieur, vous vous promènerez avec nous dans ce salon.

« Alors un grand général, sec et poli, me dit :

— Monsieur, voulez-vous venir déjeuner avec nous ?

« Je demande à un autre :

— Qui est ce général?

— C'est Savary.

« Ouf!

— Et ce gros chauve?

— Davout.

« Aïe! Ces noms me donnent la chair de poule!

« Après déjeuner, nouveau *toupillage* dans le salon. Enfin, les voitures s'avancent. L'Empereur part à cheval et gagne la forêt. Nous suivons. J'étais seul avec M. Germain, chambellan, et je ne sais plus qui. Il faisait assez froid. Nous nous promenons deux heures sans rencontrer l'Empereur. On le demande à tous les carrefours. Enfin, on rentre. Il était au palais depuis longtemps.

« Comme c'était la première journée du séjour à Compiègne et qu'il n'y avait encore de la cour que le strict nécessaire, il régnait un décousu fameux.

« A 6 heures, dîner. Je n'ai pas encore l'appétit ouvert. Soirée longuette. A la fin, M. de Nansouty, premier ou grand écuyer, me dit :

— L'Empereur vous fait savoir que vous le suivrez demain à la chasse, et vous permet de vous faire faire les uniformes de chasse. Pour demain, un de ces messieurs vous en prêtera un. Mais il faut tâcher que les vôtres soient prêts pour la chasse suivante.

« Révérence de ma part en réponse.

— Vous avez un appartement au château.

« Autre révérence.

« On se couche très bien à 9 h 30...

« Le lendemain à 9 heures, j'étais prêt. L'uniforme m'allait fort bien pour le haut, mais je n'avais ni bottes fortes, ni culotte verte, de sorte que mon costume ne cadrait pas trop. On m'offrit un chapeau, mais j'avais si peur qu'il n'y eût une cocarde, que j'aimais mieux mettre mon chapeau d'uniforme.

« Avant la chasse, M. de Nansouty vint me dire :

— L'Empereur vous accorde les — je ne me souviens plus — grandes ou petites entrées à son lever et à son coucher, et vous êtes censé être de tout le voyage.

« Ce qui voulait dire que je devais rester à Compiègne autant que lui. Je tournai à la mort!

« A 10 heures, on déjeuna sans l'Empereur, puis on se mit en voiture. Lui dans la première, et nous suivions. De jolis équipages allant comme le vent, de jolis chevaux, la plupart gris, des jockeys à la mode anglaise, d'une jolie tournure, et surtout des houzards culottés de rouge, qu'on appelle guides ou chasseurs, je ne sais pas bien, rendaient le coup d'œil charmant.

« Au rendez-vous de chasse, nouveau déjeuner.

« C'est la seule fois que je me suis trouvé à table avec Napoléon. C'était pour moi le sentiment du monde le plus bizarre d'être presque à côté de lui, habillé de même que Savary, que Davout, que Duroc. Je me tâtais pour savoir si c'était bien moi. Le déjeuner fut l'affaire de dix minutes. Je prenais tranquillement du café, lorsque, en levant les yeux, je remarquai que j'étais le seul. Je crus même voir Napoléon sourire avec un de ces messieurs de ce que le chambellan autrichien se pressât si peu et, au moment où d'effroi je posais ma tasse, on se leva.

« On monte à cheval. L'Empereur part comme un trait. J'ai été étonné que tous ces messieurs osassent se dispenser de le suivre. Ils restèrent tranquillement devant la cheminée, au pavillon de la Faisanderie où l'on avait déjeuné. Davout fit la moitié de la chasse, puis s'en alla au palais. Savary ne quitta pas l'Empereur; le général de Nansouty, le capitaine commandant la vénerie, M. d'Hannecourt, un écuyer-veneur, voilà ce qui suivait *ex officio*. Roustam aussi, et moi qui voulais me piquer de suivre Napoléon.

« J'étais si occupé à courir après lui pour ne pas le perdre de vue, que Savary me dit une fois :

— N'allez pas si près de l'Empereur!

« Jusqu'au premier relais, les choses se passèrent fort bien. Je ne le quittai point. Mais au moment où il change de cheval, on est perdu. Il est, comme de raison, si bien servi, il part si vite, qu'il n'y a pas moyen de le suivre. J'errai en tous sens dans la forêt. Tantôt je rencontrais un palefrenier, tantôt un général égaré, tantôt je voyais passer la chasse de bien loin, tantôt des promeneurs et des curieux m'en donnaient des nouvelles. Enfin, je ne rejoignis Napoléon qu'à la mort du cerf. L'animal était dans la rivière et nageait. L'Empereur avait mis pied à terre, tout le monde aussi. Moi seul restais à cheval par distraction. Vous voyez que j'ai fait bien des incongruités!

« Napoléon tira cinq fois au milieu des chiens. Il est inconcevable qu'il n'en tue pas. C'est le moindre de ses soucis. Il manqua trois fois, toucha deux, et, au dernier coup, sur la tête du cerf, celui-ci disparut dans l'eau.

— Eh bien, me dit-il, avez-vous jamais vu une aussi belle chasse? Hein?

— Jamais, Sire.

« On remonte à cheval et, au grand galop, on regagne Compiègne. »

Le lendemain, Napoléon, écrivant à Marie-Louise, lui parla de cette chasse. Par pure galanterie, il ne paraît pas la trouver aussi « belle » : « J'ai fait hier une très belle chasse, cependant elle m'a paru insipide. Tout ce qui n'est pas vous ne m'intéresse plus. Je sens qu'il ne me manquera plus rien lorsque je vous aurai ici. »

Aussi, est-ce comme un amant qui court à son premier rendez-vous d'amour que, ce mardi 27, il traverse Soissons au grand galop de sa voiture...

Sous la même pluie, le cortège de Marie-Louise, venant de Strasbourg, roule, lui aussi, vers Soissons. Le cœur de la blonde archiduchesse bat à se rompre... mais de crainte et d'angoisse. Relit-elle, pour se tranquilliser, les lettres que Napoléon lui a adressées? Dans la première, il l'a appelée *Ma Cousine,* dans la seconde, *Madame ma Sœur* et dans la troisième *Ma Sœur,* trois lettres assurément protocolaires mais cependant écrites avec autant de gentillesse... que de fautes d'orthographe : « Serez-vous *assé* bonne pour être sensible à tout ce que je sens en entendant dire partout tant de bien de votre personne et de ces belles qualités qui vont vous faire adorer par mes peuples? »

Elle lui avait répondu — sans en penser, bien sûr, le premier mot : « Je voudrais être fleur de laurier pour vous approcher de plus près. »... Ces lauriers cueillis sur les champs de bataille autrichiens.

Il lui avait presque écrit des lettres d'amoureux : « Que j'aurai de bonheur à vous voir et à vous dire tout ce que j'éprouve d'affectueux! Le télégraphe m'a dit hier que vous étiez enrhumée. Je vous en conjure, soignez-vous. J'ai été ce matin chasser; je vous envoie les quatre premiers faisans que j'ai tués comme signe de redevance bien dû à la souveraine de toutes mes plus secrètes pensées. Pourquoi ne suis-je pas à la place du page, à prêter le serment d'hommage-lige, un genou à terre, mes mains dans les vôtres; toutefois, recevez-le en idée. En idée aussi je couvre de baisers vos belles mains... »

Assise dans le carrosse envoyé par son impérial fiancé, ayant près d'elle l'insupportable Caroline Murat qui ne cesse de vouloir en imposer à « cette petite », Marie-Louise poursuit le chemin qui la rapproche de « l'Ogre »...

•

Bien souvent, depuis le mardi 13 mars, jour de son départ de Vienne, des larmes sont tombées de ses yeux d'un bleu clair de faïence et ont roulé sur ses joues pleines et roses. Sa bouche s'est contractée pour ne pas éclater en sanglots, cette bouche dont la lèvre inférieure pend peu joliment — cette fameuse lippe autrichienne que les Habsbourg se passent fièrement de génération en génération depuis Philippe le Beau et Charles Quint, et qui a résisté aux multiples croisements de sang.

La « remise », copiée sur celle de Marie-Antoinette, s'est déroulée à Braunau, à la frontière de la Confédération du Rhin. L'Empereur a couvert sa nouvelle épouse de joyaux et de robes, mais pas plus les présents que les lettres enflammées n'ont eu raison de ses craintes et n'ont calmé son désespoir : elle va s'asseoir sur un trône dont est descendue sa grand-tante pour monter à l'échafaud. Et elle se trouve mariée avec celui qui symbolise la Révolution et qui, par deux fois déjà, entrant en vainqueur dans Vienne a dépecé, à grands coups d'épée, l'empire des Habsbourg !

Assurément, en roulant sous la pluie vers Soissons, pense-t-elle à la grandeur de son sacrifice... Soudain les deux hussards bleus et mauves, qui précèdent le cortège, font signe au carrosse de s'arrêter. On se trouve devant la petite église de Courcelles. Un valet de pied ouvre précipitamment la portière, abaisse le marchepied. Marie-Louise n'a pas le temps de poser une question. Au même moment, le chambellan de service — M. de Seyssel — crie :

— L'Empereur!

Napoléon est devant elle et l'embrasse. Napoléon et sa redingote grise ruisselante — celle portée à Wagram qu'il a revêtue « par une coquetterie de gloire », puisqu'il va prendre Vienne une nouvelle fois...

Le programme prévu est bouleversé par la hâte de l'Empereur... Une hâte de collégien. Il s'est assis en face des deux femmes :

— Madame, j'éprouve à vous voir un grand plaisir.

En dépit de la disgracieuse toque couronnée de plumes d'ara frémissantes que porte Marie-Louise, la première impression est excellente. Marie-Louise est bien le « beau brin de femme » qu'il attendait. Les yeux sont trop à fleur de tête — mais d'un fort joli bleu ciel — le nez trop long — mais il donne à la physionomie un air de noblesse — le menton déjà un peu lourd — mais il se marie fort bien avec la lèvre charnue. Les seins sont hauts et bien remplis comme l'exige la mode. Il se dégage de l'ensemble, sinon de la grâce, du moins une fraîcheur rose et blonde. Et puis, Marie-Louise a la main petite et le pied charmant — ce qui, on le sait, plaît à Napoléon.

De son côté, la jeune fille est agréablement surprise. Le « Minotaure » a infiniment de charme, surtout lorsqu'il sourit et cherche à plaire.

Soissons ! On brûle l'étape. L'Empereur est pressé d'arriver à Compiègne.

Il fait nuit.

La Cour s'est massée précipitamment sur le perron, l'escalier et dans les salons d'apparat. Soudain les tambours battent. Le carrosse à huit chevaux pénètre dans la vaste cour éclairée par des valets portant des torches. Une musique assez triste se fait entendre. Marie-Louise descend lentement de voiture, aidée par son mari. Il lui nomme rapidement les rois et les reines qu'elle embrasse. Mais l'Empereur n'a aucune envie de s'attarder.

Ce n'est pas un mariage, mais un enlèvement.

Au pas de charge, Napoléon, interrompant présentations et révérences, propose à l'Impératrice de gagner ses appartements. Mme de Montebello — sa dame d'honneur — et Mme de Luçay, la guident, tandis que la jeune fille constate :

— L'Empereur est bien charmant et bien doux pour un homme de guerre si redoutable; il me semble maintenant que je l'aimerai bien.

En entrant dans son appartement, Marie-Louise estime l'Empereur d'autant plus charmant qu'elle retrouve son canari abandonné à Vienne, son petit chien, et une tapisserie laissée inachevée dans sa chambre de la Hofburg. Une table de trois couverts est dressée; l'Empereur, Marie-Louise et Caroline dînent gaiement. Pendant ce temps la Cour commente l'arrivée et critique l'attitude un peu compassée et gênée de la nouvelle impératrice. Tandis que derrière les éventails on papote et on ironise, à l'étage au-dessus se joue une vraie comédie. Napoléon interroge son oncle Fesch. Voyons, est-il marié? Selon les lois civiles, assurément, mais peut-être pas tout à fait selon les règles canoniques. Peut-on recevoir un sacrement par procuration? La situation peut se discuter. Napoléon n'a certes pas l'intention de réunir un concile et, dès ce soir, sans attendre la cérémonie religieuse qui doit être célébrée lundi prochain à Paris, il compte passer à l'action. Il n'ira point passer la nuit, ainsi que le prévoit l'étiquette, à l'hôtel de la Chancellerie...

Nous connaissons la scène par Gourgaud, à qui l'Empereur la racontera, le 30 août 1817, à Sainte-Hélène. Il interrogea Marie-Louise : que lui avait recommandé son père?

— Il m'a dit qu'aussitôt seule avec vous, j'aurai à faire absolument tout ce que vous me diriez et que je devrai obéir en tout à ce que vous pourriez exiger.

— Eh bien, je veux ce soir coucher avec vous.

— Très bien, répondit-elle.

« Elle en était fort impatiente », racontera encore l'Empereur. Caroline est chargée de donner à la nouvelle mariée les conseils d'usage, mais, déjà « à Vienne, on lui avait tout dit ». Puis Napoléon, le corps inondé d'eau de Cologne, retourne auprès de Marie-Louise... « Je vins, racontera encore l'Empereur, et elle fit tout cela en riant. »

Le lendemain matin, pinçant l'oreille de tout le monde, il déclare à son aide de camp :

— Mon cher, épousez une Allemande, ce sont les meilleures femmes du monde, douces, bonnes, naïves et fraîches comme des roses.

Quant à Marie-Louise, elle écrivit à son père :

« Depuis mon arrivée, je suis presque perpétuellement avec lui, et il m'aime extrêmement. Je lui suis très reconnaissante et je réponds sincèrement à son amour. Je trouve qu'il gagne beaucoup quand on le connaît de plus près; il a quelque chose de très prenant et de très empressé à quoi il est impossible de résister... »

Quelque chose de très prenant...

Le vendredi 30 mars, départ pour Saint-Cloud où, le dimanche premier avril, se déroule le mariage civil. Tous les dignitaires se tiennent debout et la tête découverte. Le roi Murat est curieusement accoutré. Il a revêtu un costume vaguement espagnol et il arbore une toque surmontée d'une plume de héron. « Leurs Majestés arrivèrent bientôt, racontera un témoin, se placèrent sur l'estrade et s'assirent. D'un signe de main, l'Empereur invita tous ceux qui avaient des chaises ou des tabourets à en faire autant; il aspira une prise de tabac et adressa un signe de tête au grand-maître des cérémonies qui fit approcher et former un demi-cercle en avant de cette estrade à tous ceux qui étaient présents. Nous entourions Leurs Majestés et nous nous trouvâmes serrés si près d'Elles, que l'Empereur, gêné sans doute de ce voisinage, se mit à dire en s'adressant à nous :

— Ah çà ! messieurs, si vous vouliez bien vous reculer un peu!... »

Le mariage religieux doit être célébré dans le Salon carré du Louvre. Le 2 avril, par un temps couvert et doux, Napoléon et Marie-Louise font leur entrée à Paris dans le carrosse du Sacre attelé de huit chevaux isabelle. Une autre voiture vide, attelée de huit chevaux blancs, la précède : c'est le carrosse destiné à l'Impératrice, mais il n'est là que pour la représentation. Trente autres voitures, à fond d'or, dix carrosses à huit chevaux, vingt à six, mais tous magnifiquement attelés, les précèdent ; ils sont remplis par les grands dignitaires et le service d'honneur.

L'état-major de l'Empereur, les maréchaux, les généraux de division, les aides de camp, les écuyers caracolent, groupés autour de la voiture... Le cortège, toujours dans le même ordre, passe sous l'Arc de Triomphe de l'Etoile, déjà commencé, et qui a été provisoirement achevé en bois. Puis ce sont les Champs-Elysées, la place de la Concorde, le jardin des Tuileries. De distance en distance, des orchestres exécutent des fanfares. Napoléon demande à sa jeune femme de saluer la foule. « Ce n'était pas l'usage de la Maison d'Autriche, racontera l'Empereur. Elle le fit peu, mal et trop sérieusement. »

Le peuple paraît assez froid. Il ne témoigne guère de plaisir à voir une Autrichienne prendre la place de Joséphine et semble déconcerté par la vision de l'Empereur qui a revêtu son disgracieux costume en satin blanc brodé d'or, un « manteau espagnol » sur les épaules, et s'est coiffé d'une toque de velours noir « à la Henri IV », garnie de huit rangs de diamants et surmontée de trois plumes blanches. Cette toque, passablement ridicule, avait d'ailleurs été « placée et déplacée plusieurs fois », a raconté la première dame de Marie-Louise; on avait essayé « bien des manières de la poser » avant que ce couvre-chef puisse prétendre à être une coiffure masculine.

En « grand habit », la Cour s'est massée dans la Galerie du Louvre. « Voici le costume des dames, nous dit le capitaine Coignet : des robes décolletées par-derrière jusqu'au milieu du dos. Et par-devant on voyait la moitié de leur poitrine, leurs épaules découvertes, leurs bras nus. Et des colliers! Et des bracelets! Et des boucles d'oreilles! Ce n'étaient que rubis, perles et diamants. C'est là qu'il fallait voir des peaux de toutes nuances, des peaux huileuses, des peaux de mulâtresses, des peaux jaunes et des peaux de satin. Les vieilles avaient des salières pour contenir leurs provisions d'odeurs. Je puis dire que je n'avais jamais vu de si près les belles dames de Paris, la moitié à découvert. Ce n'est pas beau. »

La Cour fait meilleur accueil aux mariés que le peuple. Cette union n'est-elle pas un gage de paix? Napoléon, ébloui par son inhumaine fortune, s'avance vers l'autel au son des fanfares. Les assistants sont frappés de l'air de triomphe arboré par le marié. Il est rayonnant de bonheur et de joie. La cérémonie, célébrée par le cardinal Fesch, se déroule selon les rites — on n'oublie pas la bénédiction des treize pièces d'or, symbole du rachat de la femme — mais quel n'est pas l'étonnement des invités demeurés dans la Galerie, lorsqu'ils voient, au retour, la physionomie du maître tout à l'heure si radieuse, devenue sombre et menaçante. Que s'est-il donc passé?

Dès son arrivée dans le Salon carré, Napoléon s'est aperçu que, sur vingt-sept cardinaux conviés, douze seulement se trouvaient présents. Les prélats italiens, alors en résidence forcée à Paris, avaient préféré demeurer chez eux, désapprouvant ainsi par leur attitude les conclusions de l'Officialité de Paris. Pour eux, la seconde union de l'Empereur se trouvait être une manière de sacrilège. Napoléon était devenu bigame. L'héritier futur serait un bâtard ! Et, de plus, le marié étant excommunié, n'avait pas le droit de recevoir le sacrement du mariage !

—Ah ! les sots ! murmure l'Empereur, je vois où ils veulent en venir : protester contre la légitimité de ma race, ébranler ma dynastie! Ah! les sots!

Napoléon se contente, lors de la réception du surlendemain, de chasser les récalcitrants des Tuileries. Leurs voitures ayant disparu, on verra errer les prélats dans la cour du Carrousel, revêtus de la pourpre cardinalice. L'outrage ne paraîtra pas assez sévère aux yeux de l'Empereur qui voudra ensuite les faire passer en jugement... Mais il ne mettra pas ses menaces à exécution.

L'attitude des prélats italiens — ce sera celle, quatre ans plus tard, du Vatican — arrangera d'ailleurs un jour les affaires de Metternich, qui pourra faire croire à la fille de son maître que son mariage avec Napoléon était frappé de nullité. Mais, ce 2 avril 1810, l'intérêt de l'Autriche est tout autre. Il faut monnayer le sacrifice et plaire au vainqueur. Le soir, alors que Paris brille de mille feux, sous un ciel devenu clair, le Chancelier, venu de Vienne pour la célébration du mariage, s'avance un verre de champagne à la main sur le balcon d'un des salons du Conseil d'Etat où a eu lieu le dîner et crie, tel un héraut :

— Je bois au roi de Rome!

Toast pour le moins surprenant dans la bouche du premier ministre de l'ex-empereur du Saint-Empire romain germanique, de l'Empereur qui, avant d'être couronné, sous le nom de François Ier d'Autriche, avait porté lui-même — comme ses pères — le titre de roi des Romains.

Metternich expliqua son attitude servile à son souverain :

— L'avantage le plus considérable que nous soyons en droit de tirer du mariage d'une fille de Votre Majesté avec l'empereur des Français est d'avoir changé notre situation désespérée, notre complète désorganisation à l'intérieur comme au-dehors, en un état de repos. Dans ces conjonctures, tous les efforts du gouvernement doivent tendre à remettre en ordre et à rétablir nos forces qui étaient tombées si bas au moment de la dernière paix et, par eux, à rassembler ces mêmes forces pour *tous* les cas qui peuvent se présenter dans l'avenir.

Metternich envoie à Savone l'un de ses collaborateurs, le chevalier de Lebzeltern, afin d'essayer d'aplanir les obstacles séparant le Pape et l'Empereur. Il reviendra bredouille. « Pie VII, rapporta le chevalier, a vu avec peine la fière et antique maison de Habsbourg donner l'une de ses princesses à un soldat de fortune, à un souverain sur lequel pesait une excommunication de l'Eglise. C'était à ses yeux proclamer que notre cour n'attachait aucune valeur à cet acte solennel. Il est également blessé de n'avoir reçu aucune communication du mariage ; mais il l'est bien davantage de n'avoir pas même été interpellé relativement au divorce de l'Empereur... »

Pourquoi cette « interpellation », alors que Napoléon était certain de recevoir, à la demande qu'il aurait adressée, un refus du prisonnier de Savone ? Le Pape aura un jour le dernier mot, mais, pour l'instant, Napoléon semble arrivé au pinacle.

*
**

Au mois d'avril 1810, Victoire de Poutet annonçait à Marie-Louise, son amie d'enfance, le mariage qu'elle devait contracter avec le comte de Crenneville. La nouvelle impératrice lui répondit : « Puissiez-vous jouir bientôt d'un bonheur pareil à celui que j'éprouve ! » Non seulement elle remerciait « le Ciel de la grande félicité » qu'il lui avait donnée, mais aussi son père « de ne pas lui avoir accordé l'archiduc François comme mari ».

Napoléon la traitait cependant comme un souverain oriental : il ne voulait pas qu'un homme pût se vanter de s'être trouvé en tête à tête avec l'Impératrice pendant deux minutes. Une dame d'honneur s'était vue vertement semoncée par l'Empereur parce qu'elle avait cru devoir quitter la pièce tandis que sa maîtresse prenait sa leçon de musique avec M. Paër. Mahomet ne nous assure-t-il pas qu'une femme restée seule avec un homme le temps de cuire un œuf, doit être considérée comme adultère ?

Napoléon est avec sa femme d'une grande gentillesse. Il lui apprend lui-même à monter à cheval et la tranquillise, car elle pousse des cris de frayeur :

— Allons, Louise, sois brave, que peux-tu craindre, ne suis-je pas là?

Comme il a tremblé pour elle le soir de l'incendie qui s'était déclaré lors d'un bal à l'ambassade d'Autriche !

L'année suivante, l'Empereur au loin, Marie-Louise écrira de nouveau à Victoire de Crenneville : « Je ne puis être heureuse qu'auprès de lui. » Elle affirmera encore à son amie qu'elle « ne résisterait pas longtemps » à être séparée de son mari. « Un jour passé sans avoir de lettre suffit pour me mettre au désespoir (1). »

Assurément, la nouvelle impératrice aime le mari que la défaite de son pays lui a donné pour époux. Il serait plus juste de dire que la sensuelle Marie-Louise — elle finira, racontera l'un de ses familiers, par mourir de « l'abus du plaisir des sens » — appréciait surtout l'amour que son initiateur lui avait révélé

(1) Ne refermons pas le recueil des lettres adressées par Marie-Louise à la comtesse de Crenneville, sans rappeler qu'un jour de juillet 1821, l'ex-impératrice affirmera à son amie qu'elle « n'avait jamais eu de sentiment d'*aucun genre* pour Napoléon ».

au cours de la « prenante » nuit de Compiègne. Mais que valait l'Empereur dans ce domaine ? Avant de devenir la maîtresse de Neipperg, il sera évidemment impossible à la jeune femme de juger avec discernement... Elle appelle son époux *Napo* ou *Popo* — ce qui est assez plaisant puisqu'il s'agit de Napoléon — et s'inquiète auprès de son entourage lorsque son « très méchant galant », ainsi qu'elle désigne l'Empereur, l'abandonne durant quelques heures. En présence de la Cour, Marie-Louise mettra la main sur l'épaule de son mari, « le câlinera » lorsqu'elle voudra obtenir quelque chose de lui... et ces manifestations feront perdre contenance à l'Empereur. Sans doute l'apprécie-t-il comme une « charmante enfant... », mais surtout sa vanité d'homme et de parvenu s'est trouvée agréablement flattée. Il a été surpris et touché par le désir que lui témoigne cette jeune fille de dix-neuf ans — « naïve et fraîche » — dont il pourrait être le père ! Il rit avec elle, presque sottement, semblable à ces très jeunes mariés qui, devant des tiers, semblent toujours en confidence. Marie-Louise le considère vraiment comme un amant!

— Elle aimait bien, au reste, avec ses seins ou de quelque manière, tenter d'éveiller mes sens, confiera-t-il un soir à Sainte-Hélène.

Et ici nulle comédie semblable à celle jouée autrefois par la chère créole ! L'orgueil de Napoléon ne peut qu'être chatouillé en voyant l'amour que porte cette archiduchesse, arrière-petite-fille de la grande Marie-Thérèse, petite-nièce de Marie-Antoinette, à l'ancien lieutenant d'artillerie. Ce succès inattendu ne va certes pas le pousser à faire la roue et se pavaner, car cette réussite le met, bien au contraire, vis-à-vis de la nouvelle impératrice, quelque peu en état d'infériorité :

« Je n'ai pas peur de Napoléon, dira Marie-Louise à Metternich, mais je commence à croire qu'il a peur de moi... »

L'Empereur prend du plaisir à entourer sa jeune femme de prévenances, à essayer de l'éblouir par des cadeaux qui feront d'elle, selon son expression, « la personne la plus riche d'atours de la vieille

Europe ». il ne la quitte pas ! Il en oublie son empire ! Il arrive en retard au Conseil ! Et — fait plus grave — ne voulant pas être séparé d'elle, il ne parvient pas à prendre la décision de partir pour l'Espagne afin de mettre fin à l'effroyable hémorragie qui, outre-Pyrénées, continue à s'écouler... Il persiste « dans son projet de subjuguer ce pays au prix de tout le sang du sien ». Trois fois il a annoncé son départ, trois fois domestiques, chevaux, fourgons ont pris le chemin de Bayonne. Mais lorsqu'il voit les yeux de faïence de Marie-Louise s'embuer de larmes, il renonce. Hercule filant aux pieds d'Omphale ? Marie-Louise n'était pas la reine de Lydie — sa cervelle se trouvait incapable d'être guidée par le moindre calcul — et Napoléon pouvait, dans ce domaine, encore moins être comparé à Hercule... Il n'était pas aveuglé, mais semblait béat, heureux de savourer ce bonheur domestique qu'il n'avait jamais rencontré. Il l'explique lui-même :

— Il m'arrivait une femme jeune, jolie, agréable. Ne m'était-il pas permis d'en témoigner de la joie? Ne pouvais-je donc, sans encourir le blâme, lui consacrer quelques instants? Ne m'était-il pas permis, à moi aussi, de me livrer quelques instants au bonheur?

Il ne passera cependant jamais toute une nuit avec Marie-Louise comme il le faisait avec Joséphine. « L'Impératrice n'aimait pas qu'on se relevât la nuit, même pour la petite affaire, racontera Napoléon. Elle avait la manie de n'avoir jamais de feu chez elle, de sorte que moi qui me levais toutes les nuits, j'en étais incommodé. Peut-être ce motif m'a-t-il empêché plus de vingt fois de descendre chez l'Impératrice. »

*
**

S'il n'était pas Hercule, en ces années où il touche au faîte de son destin, il est bien Jupiter — « grand au-dessus des dieux », dira un flagorneur du temps. Il n'y avait que Lui! L'Histoire elle-même pâlissait, selon l'expression d'un contemporain. « Un seul homme, comme l'a dit Musset, était en vie alors en Europe; le reste des êtres tâchait de se remplir les poumons de l'air qu'il avait respiré... »

L'orgueil le dévore. Il est grisé par cet encens qui, sans cesse, monte vers lui. Lui-même, en se voyant statufié en haut de la colonne Vendôme constate en souriant :

— Comment la tête ne tournerait-elle pas quand on vous a mis si haut?

Représenter Napoléon en empereur romain ne paraît pas suffisant à certains.

— Faites-le donc tout nu, propose l'amiral Bruix, vous aurez plus de facilité à lui baiser le derrière !...

L'adulation semble toute naturelle et même, pour quelques-uns, au-dessus des forces humaines : « Sa gloire est trop haute ! » Ce sommet ne rebute pas un pasteur qui conseille aux Israélites de voir « dans Napoléon le Messie qu'ils attendaient », tandis que l'évêque de Mayence souhaite que la terre se taise afin qu'elle puisse « écouter en silence la voix de Napoléon ».

L'image des souverains prosternés fait de plus en plus penser à la plate-bande d'Erfurt. On verra le fils du grand-duc de Bade former des vœux pour que soient conservés les jours de l'Empereur, ces « jours couverts de gloire qui étonnent l'univers et feront l'admiration des siècles futurs ». Mme de Chastenay nous rapporte cette étonnante déclaration faite sans la moindre ironie par la princesse Pia de Bavière, dont le frère avait épousé la fille de Murat :

— Nous nous arrangeons à merveille; je vous assure qu'elle n'est pas fière du tout!

Ainsi Napoléon, tout naturellement, écrira à Talleyrand qui héberge par ordre Ferdinand VII détrôné : « Le prince Ferdinand en m'écrivant, m'appelle *Mon cousin.* Tâchez de faire comprendre au ministre San Carlos que cela est ridicule et qu'il doit m'appeler simplement : *Sire.* » Le temps où il se contentait de se *royaliser* est dépassé. « Pourquoi, demande-t-il, *mes ministres* à l'étranger et même *mes consuls* portent-ils *ma livrée?* Il me semble que je ne l'avais autorisée que pour mes ambassadeurs ? »

Sans doute, on s'en souvient, avait-il dit à Decrès en 1808 : « Je vous dispense de me comparer à Dieu », mais n'a-t-il pas, depuis, laissé inscrire à l'Hôtel de Ville, au-dessus de son trône : *Ego sum qui sum ?*

Et la Cour!

— Une vraie galère où chacun ramait selon l'ordonnance, constatait Chaptal.

Combien de personnes invitées à la table impériale n'ont pu avaler que la moitié d'une assiettée de potage, le maître se levant de table au bout de quelques instants. Comme le remarquait plaisamment Talleyrand : « L'Empereur ne badine pas : il veut qu'on s'amuse. » Assis sur son trône, ainsi que l'a vu la duchesse d'Abrantès, il parcourait de « son œil de feu ce cordon formé par toutes ces têtes empanachées ou chargées de joyaux, et dont une grande partie, *loin de lui,* se relevaient fièrement sous la bannière d'un nom vieux et illustre, mais qui, *là,* sous le jaillissement de sa prunelle, se courbaient plus bas, bien plus bas que son genou... Comme ils étaient petits, interdits, tremblants lorsque *le Corse* sortait de ses appartements intérieurs et entrait dans la salle du trône par cette porte qui est là, à la droite de l'estrade sur laquelle était un fauteuil de velours rouge avec un *N* tout en or. Autour étaient rangés les représentants des rois tremblants de l'Europe. Nul ne parlait que bas. Leur regard ne s'élevait qu'à demi, et, lorsqu'il paraissait, alors dans cette vaste chambre nul son ne se faisait entendre, lui seul paraissait tout résumer *sur lui.* Il s'approchait lentement, et plus de mille regards suivaient la direction du sien... Toutes les oreilles étaient attentives au plus léger son de sa voix. »

On l'entendit demander à Gouvion Saint-Cyr :

— Général, vous arrivez de Naples ?

— Oui, Sire, j'ai cédé le commandement au général Pérignon, que vous avez envoyé pour me remplacer.

— Vous avez reçu sans doute la permission du ministre de la Guerre?

— Non, Sire, mais je n'avais plus rien à faire à Naples.

— Si dans deux heures, vous n'êtes pas sur le chemin de Naples, avant midi, vous serez fusillé en plaine de Grenelle.

C'est Jupiter qui tonne — un Jupiter autocrate, despotique, déchaîné! La presse n'a jamais été aussi muselée — Réal parle même d'esclavage. Seuls, quatre journaux — le *Moniteur,* le *Journal de l'Empire,* la *Gazette de France* et le *Journal de Paris* sont autorisés — et combien contrôlés! Les prisons d'Etat qui n'ont reçu en onze années que quinze cents à deux mille « pensionnaires » en accueilleront deux mille de 1811 à 1814. Une main de fer s'est appesantie sur l'immense empire.

L'Empereur est agacé en voyant les grandes familles « ne chercher à s'allier qu'entre elles ». Assurément leur but est de « perpétuer chez leurs descendants l'esprit d'opposition » contre la dynastie. Aussi Savary reçoit-il l'ordre d'envoyer cette circulaire : « Messieurs les préfets sont priés de prévenir les autorités des projets d'union qui se formeraient chez les familles fortunées du département et particulièrement chez les anciens royalistes. » Ils sont en même temps chargés de relever le nom de toutes les héritières âgées de plus de quatorze ans. Là aussi des tableaux imprimés doivent leur servir de modèles : des colonnes y sont tracées entre lesquelles les hauts fonctionnaires auront à marquer l'âge des jeunes personnes, le chiffre de leur dot et leurs espérances, leurs qualités morales et leurs principes religieux, leurs talents acquis et leurs agréments naturels, sans oublier, le cas échéant, leurs défauts ou leurs infirmités...

— Messieurs, recommande le ministre, il faut s'occuper aussi des jeunes gens. Oui, veuillez noter avec exactitude tout ce qui concerne les jeunes gens de famille : leur âge, leur taille, la nature et le degré de leur instruction, voilà ce qu'il convient de me dégager.

Tout réglementé! Tout légiféré!

Le despotisme se déchaîne. Napoléon l'a avoué dès 1807 : il aime le pouvoir comme un musicien aime son violon. Il joue de ce pouvoir non seulement sans mesure, mais il veut désormais en jouer seul! Les ministres ne sont plus que des figurants — et ne doivent pas être autre chose! Tous ceux qui osent montrer encore une certaine indépendance sont renvoyés. Après Carnot, après Talleyrand, viendra le tour de Fouché. Il est vrai que celui-ci a quelque peu exagéré en entamant des négociations secrètes avec l'Angleterre en vue d'une paix générale. Et Napoléon l'invective en plein Conseil :

— Vous faites donc, maintenant, monsieur, la guerre et la paix!

Il se tourne vers les autres conseillers :

— Que penseriez-vous, messieurs, d'un ministre qui, abusant de sa position, aurait, à l'insu de son souverain, ouvert des communications avec l'étranger, entamé des négociations diplomatiques sur des bases imaginées par lui seul et compromis ainsi la politique de l'Etat? Quelle peine y a-t-il dans nos codes pour une pareille forfaiture?

— Sans doute, M. Fouché a eu grand tort, murmure Talleyrand, et il faut le remplacer, mais, pour remplacer M. Fouché, je ne vois vraiment que M. le duc d'Otrante!

Ce mot-là valait bien un portefeuille de ministre!... mais la succession de Fouché n'en est pas moins donnée ce même jour à Savary. Rovigo, auquel deux noms de guet-apens seront toujours associés : celui de Bayonne et celui d'Ettenheim dont il précipita le dénouement vers les fossés de Vincennes !... Voilà cependant le ministre idéal pour Napoléon ! Le ministre qui n'est même pas effleuré par l'envie de prendre une initiative et qui, dépourvu de toute imagination, n'a aucune idée ! Decrès le confie à Chaptal :

— Ce terrible homme nous a tous subjugués, il tient nos imaginations dans sa main qui est tantôt d'acier et tantôt de velours.

Réunis autour de la table du Conseil — vrai troupeau tremblant — ils font tous figure d'instruments. L'instrument des volontés de Napoléon! L'instrument à qui seul le maître donne le mouvement! Un instrument qui, au surplus, doit sans cesse fonctionner.

— Je périrai à la peine avant la fin du mois, soupire Beugnot. Il a déjà tué Portalis, Crétet et jusqu'à Treilhard qui avait pourtant la vie dure ; il ne pouvait plus pisser et les autres non plus.

Voilà ce que doit être un ministre ! Roederer l'expose à l'Empereur :

— Votre Majesté seule ordonne et règle tout. On a vu Votre Majesté donner de l'esprit aux gens qui n'en ont pas et se passer si facilement de ceux qui en ont, qu'on est indifférent aux choix.

En renvoyant Fouché, Napoléon a éloigné le seul de ses ministres qui pouvait encore, Schwarzenberg l'écrira à Vienne, « mitiger la sévérité de ses ordres, en retarder l'exécution, quelquefois s'y opposer et user de son influence et de son esprit pour l'amener à des résolutions plus modérées. »

Et le Sénat?

Pour Napoléon, la haute Assemblée n'est plus composée « que de flambeaux éteints et de lanternes sourdes ». Ceux-ci n'ont pas à réclamer un peu de lumière! Ils n'ont nul besoin d'être ravivés! Comment oseraient-ils « se supposer encore une assemblée nationale » ? L'Empereur le notifie :

— Je continuerai à nommer à toutes les places de sénateurs... J'aurai de cette manière une représentation véritable, car elle sera toute composée d'hommes rompus aux affaires. Pas de bavards, pas d'idéologues, pas de faux clinquants. Alors la France sera un pays bien gouverné.

Et, répétons-le, gouverné par lui seul! Ses ordres, torrentiels, continuent à jaillir de son cabinet des Tuileries. Il se penche toujours sur les détails les plus infimes et adresse à Clarke, ministre de la Guerre, cette injonction : « L'excessive ignorance des officiers garde-côtes rend inutiles les canons qu'on met entre leurs mains. Les boulets ne portent pas, parce que, les bâtiments se trouvant au-delà du but en blanc, on n'a pas ôté les coussinets. »

Decrès, pourtant habitué à la minutie pointilleuse de l'Empereur, est quelque peu éberlué en lisant le

18 juillet 1811, cette note dictée par le maître et destinée à ses services d'administration : « Les bois des cent vingt-cinq selles que vous avez envoyées à Niort, ne sont pas ferrés aux fourches de devant et de derrière. »

Et Lacuée, directeur de l'administration de la Guerre, reçoit un jour ce rapport paraphé du terrible *Nap :* « On fait à Bordeaux des habits de trois espèces : de première, de deuxième et de troisième taille. Les habits de première taille ne peuvent servir qu'à des hommes de seconde taille; les habits de seconde taille ne peuvent servir qu'à des hommes de troisième taille; les habits de troisième taille ne pourront servir à personne, et ils seront absolument perdus!... »

N'est-il pas las parfois ?

— Je deviens trop lourd et trop gros pour ne pas aimer le repos, avoue-t-il, pour n'en pas avoir besoin, pour ne pas regarder comme une grande fatigue le déplacement, l'activité qu'exige la guerre... J'aime plus que personne mon lit et mon repos, mais je veux finir mon ouvrage.

Son ouvrage? Ce but qu'il poursuit depuis la rupture de la paix d'Amiens : mettre l'Angleterre à genoux, l'affamer par le blocus et obtenir cette paix qui s'obstine à le fuir et qu'il n'atteindra que le 15 juillet 1815, en gravissant l'échelle du *Bellerophon*. En finir avec l'atroce guerre espagnole serait le parti le plus sage : « Il faut la tête et les bras d'Hercule, déclarait Kellermann à Berthier. Lui seul, par la force et l'adresse, peut terminer cette grande affaire, si elle peut être terminée. »

Mais, nous l'avons dit, Hercule a maintenant fait place à Jupiter ! Et Jupiter ne pense qu'au gigantesque blocus. Il faut faire de l'Europe une citadelle dans laquelle les marchandises anglaises ne pourront plus pénétrer ! Et l'Empire s'étendra encore. Depuis le 8 février 1810, la Catalogne, l'Aragon, la Navarre et la Biscaye sont « provinces militaires *françaises* ». L'ambassadeur de France à Madrid en est simplement averti par les instructions de son ministre. Napoléon s'étant contenté d'ajouter avec sa superbe maintenant habituelle :

— Vous le chargerez de déclarer au Roi que c'est ma volonté.

Don José primero n'affirmait plus, comme en 1808, qu'il fallait avoir confiance en lui-même :

— S'il en est autrement, avait-il menacé, si l'on veut établir des gouvernements militaires, je ne suis pas propre à cela; je ne puis pas être témoin de la flagellation des Français et des Espagnols. Je m'enveloppe de mon manteau et il ne me reste plus qu'à me retirer.

Ce sont là des mots, car en 1811, le malheureux aîné du clan, fourvoyé dans la royauté, craint trop qu'on lui enlève son trône pour le rendre à Ferdinand, ou pour en faire un fauteuil de préfet! Aussi, avale-t-il toutes les couleuvres impériales.

Si Joseph n'ose plus s'écrier qu'il est le successeur de Charles Quint, Louis se considère toujours comme le descendant des stathouders, et met une mauvaise volonté évidente à établir le blocus. Sans doute les sujets du roi Louis ne boivent-ils plus de café sucré tous les jours, sans doute le coton anglais leur fait-il autant défaut pour leurs tissus, que le sel anglais pour leurs salaisons, mais dès l'automne 1809, le blocus appliqué par les anciens Pays-Bas n'est plus qu'un mot. Napoléon exagère à peine en écrivant à Louis que le commerce se fait entre la Hollande et les îles Britanniques « comme au temps de la paix ». Aussi l'Empereur prend-il un terrible décret : toutes relations commerciales se trouveront désormais coupées entre la Hollande et le vaste empire. Puisque le royaume de Louis, véritable « colonie anglaise », n'est plus qu'une entrave à la liberté de l'Empire ! Napoléon veut même aller plus loin encore et le déclare sans ambages à son frère :

— Je veux manger la Hollande!

Il se contente pour l'instant d'en dévorer un morceau et d'ordonner l'occupation de Bréda et de Berg-op-Zoom.

— Ce sont les Anglais, explique-t-il à Louis, qui m'ont obligé à m'agrandir sans cesse. S'ils continuent, ils m'obligeront de joindre la Hollande à mes rivages.

Mais Louis toujours gardé à vue à Paris, n'accepte pas de se laisser ainsi grignoter et écrit à son ministre de la guerre « qu'il fallait résister à la prochaine avance des troupes françaises dans le royaume ». Allait-on voir les Bonaparte se déclarer ennemis comme au siècle dernier les Bourbons de France et d'Espagne? Les ministres sont épouvantés.

« On ne résistera pas de vive force, leur recommande Louis, mais on remettra des protestations en forme. »

Le gouverneur de Berg-op-Zoom refuse de rendre la place à Oudinot. Napoléon envoie, pour le prévenir, le ministre de la Guerre à son frère :

— Votre Majesté va être responsable du sang qui coulera.

Le roi de Hollande répond « qu'il n'a pas d'explications à donner au ministre de la Guerre d'une *nation étrangère,* fût-elle amie ».

— Ainsi, constate le duc de Feltre, Votre Majesté déclare la guerre à la France et à l'Empereur?

Le souverain malgré lui hausse les épaules :

— Pas de mauvaises plaisanteries, un prisonnier ne déclare pas la guerre! Que l'Empereur me laisse en liberté et alors il fera ce qu'il voudra.

Louis cède, bien sûr, et Oudinot peut s'emparer de Berg-op-Zoom. Napoléon désire visiblement l'abdication de son frère. Il le lui signifie d'ailleurs sans déguiser sa pensée :

— Je vous ai déjà répété plusieurs fois que mon intention est que vous abdiquiez. Je vous le répète encore; redevenez prince français et vous aurez une vie agréable et sans soucis.

— Vous pouvez me faire descendre du trône, riposte Louis, je n'ai pas les moyens de m'y opposer, mais n'étant plus roi de Hollande, jamais vous ne sauriez me contraindre à rester prince français.

Un traité franco-hollandais, signé le 16 mars 1810, sanctionne la possession du Brabant, de la Zélande et d'une partie de la Gueldre à Napoléon. Mais, — ô ironie — soldats et douaniers chargés de veiller au blocus sur tout le territoire néerlandais, seront entretenus et payés par la Hollande ! Napoléon a également exigé que Hortense — elle fuyait autant son mari que les Pays-Bas — reprenne avec Louis le chemin d'Amsterdam. « Je me préparai à retourner dans ce lieu de douleur comme on se prépare à la mort », nous dit-elle.

La fille de Joséphine est d'autant plus malheureuse que la jalousie du roi est devenue maladive. Il cloître sa femme dans une aile du palais, la fait espionner par ses domestiques et erre dans le château avec des allures de policier. Sa suspicion n'est d'ailleurs pas tout à fait sans fondement — et il est bien possible que le futur Napoléon III, venu au monde en 1808, n'ait pas été le fils du roi de Hollande. Il naquit dix-neuf jours avant terme... La jeune femme semblait elle-même avoir quelque doute puisque le cardinal Fesch disait en souriant :

— Quand il s'agit des pères de ses enfants, la reine Hortense s'embrouille toujours dans ses calculs.

Hortense voudrait bien divorcer — Louis également — mais Napoléon estime que ces divorces en chaîne, chez les Bonaparte, risqueraient de faire sourire...

La situation, déjà tendue entre les deux frères, va encore s'aggraver. L'Empereur décide de visiter les provinces sud-hollandaises nouvellement annexées, ce qui lui permet d'exhiber aux habitants des départements « français » du nord la fille de l'ancien maître des Pays-Bas autrichiens, devenue leur impératrice... Et Louis est contraint de se rendre auprès de son frère et de lui faire les honneurs des provinces qui lui ont été arrachées! Sa mauvaise humeur s'accroît en voyant ses sujets de la veille fort bien accueillir leur nouveau maître. En devenant Français, ils pourront plus facilement *commercer !* Et pour ces marchands, rien d'autre ne compte! Louis boude, se plaint, soupire — et déclare à son frère vouloir être *bon* Hollandais avant tout.

— En dehors de moi vous n'êtes rien, lui précise Napoléon. Soyez d'abord Français et frère de l'Empereur, et soyez sûr que vous serez dans le chemin des vrais intérêts de la Hollande.

Ce qui n'empêche pas Louis, à la suite du nouveau traité imposé, d'envisager de résister à l'invasion de son royaume par les douaniers français :

— Je suis attaché à la Hollande comme on peut l'être à sa famille, et plus ses malheurs sont grands, plus je crois me devoir tout entier à elle. Elle n'a que moi pour intercesseur. Je ne déserterai pas un pareil devoir.

Aussi, interdit-il au duc de Reggio d'occuper Harlem. L'Empereur répond en ordonnant au maréchal Oudinot de s'avancer vers Amsterdam.

— C'en est trop, menace Louis, en refusant de s'incliner ainsi que le lui conseillent ses ministres, cela me décide! Je vais mettre l'Empereur au pied du mur et le forcer de prouver à la face de l'Europe et de la France le secret de sa politique envers la Hollande et envers moi depuis cinq ans. Je mets mon fils à ma place.

Et, le premier juillet 1810, Louis abdique en faveur de son fils et disparaît on ne sait où. Au moins, la fuite de son mari libère Hortense qui, désormais *émancipée,* selon l'expression de l'Empereur, va profiter de sa liberté pour se faire faire tout à loisir un enfant — le futur duc de Morny — par le beau Flahaut, fils naturel de Talleyrand.

Bien entendu, Napoléon ne pense pas une seconde à faire couronner le fils aîné de son frère. Point question de faire succéder Louis II à Louis Ier! Le 9 juillet 1810, l'ancien royaume de Hollande est découpé en huit départements français : Bouches-de-l'Escaut, Bouches-du-Rhin, Bouches-de-la-Meuse ; Zuyderzée, Yssel-supérieur, Bouches-de-l'Yssel, Frise, Ems-occidental. Quelques jours plus tard — le 23 juillet — l'ex-consul Lebrun, devenu duc de Plaisance, est nommé lieutenant général de Napoléon, à Amsterdam, et adresse aussitôt ces mots à son ancien collègue du Consulat : « Sire, la terre et les eaux de Hollande sont à vous. »

Le 15 août, l'Empereur reçoit les députés de la Hollande et leur fait part de sa décision :

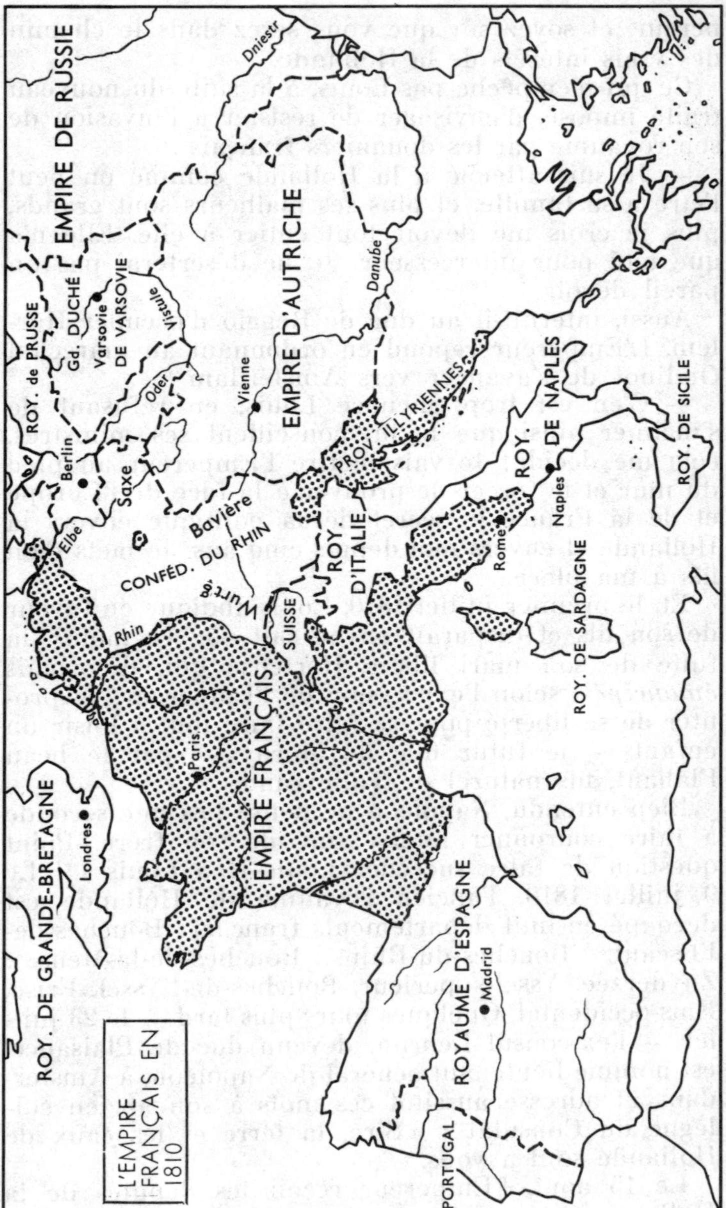

L'EMPIRE FRANÇAIS EN 1810

— Je viens de mettre un terme à la douloureuse incertitude où vous viviez et de faire cesser une agonie qui achevait d'anéantir vos forces et vos ressources; je viens d'ouvrir à votre industrie le Continent. Le jour viendra où vous porterez mes aigles sur les mers qui ont illustré vos ancêtres.

L'Empire démesuré, hybride, démentiel, monstrueux, se construit! Il faudra quinze jours aux courriers pour le traverser! Un empire qui va dévorer nationalités, provinces et royaumes! Car la Hollande ne suffit pas ! Le 18 août 1810, l'Empereur annonce à Jérôme :

— Je viens d'ordonner que mes troupes occupent tout le pays depuis le Holstein jusqu'à la Hollande et dans cette mesure se trouve compris le pays entre Bremen et Vulkenbourg; je vous prie d'en retirer vos troupes.

Cette même année 1810 — le 30 novembre — l'Empire s'approprie la république du Valais, qui formera le département du Simplon, sous le prétexte que « cette chétive population, précisait Napoléon, séparait l'Italie de la France *à mon détriment* ». Et le grand bailli Stockalper déclare à la « chétive population » : « Déjà Sa Majesté vous regarde comme bons et braves Français et tout semble vous mériter ce titre glorieux. Soyez aussi fiers que jaloux du rayon de gloire française qui va briller sur vos têtes. » Treize jours plus tard, c'est au tour des vieilles villes hanséatiques — Brême, Hambourg, Lubeck — de devenir chefs-lieux de départements *français :*

— Ce n'est pas mon territoire que j'ai voulu accroître, explique-t-il, mais bien mes moyens maritimes.

Toujours l'Angleterre!

Cent trente départements réunissent quarante-cinq millions de *Français* — auxquels il faut ajouter les quarante millions d'habitants des Etats vassaux : Italie, Espagne, Naples, le grand-duché de Varsovie, la Confédération du Rhin et la Confédération helvétique. Etranges frontières « françaises » que le Niémen, Gibraltar, Messine, Hambourg, Zara et Laybach!

Tout en marchant vers l'inévitable catastrophe, Napoléon forge ainsi l'empire de son héritier — car Marie-Louise attend maintenant un enfant et cet enfant, Napoléon l'affirme, ne pourra être qu'un fils ! Il en est persuadé. Ce nouveau-né trouvera une couronne dans son berceau de vermeil. Il ne sera pas prince mais roi — roi de Rome! On l'appellera *Sire* et *Votre Majesté!* Il sera entouré par toute une cour titrée, dorée et emplumée.

L'Empereur Napoléon II? Le maître d'un empire fédératif plutôt! Et l'Empereur ne divague point lorsqu'il prédit :

— Mon fils doit être l'homme des idées nouvelles et de la cause que j'ai fait triompher partout... réunir l'Europe dans les liens fédératifs indissolubles.

Mais ce n'est pas fini. Le rêve européen s'est emparé de lui.

— Ma destinée n'est pas accomplie; je veux achever ce qui n'est qu'ébauché; il me faut un code européen, une cour de cassation européenne, une même monnaie, les mêmes poids et mesures, les mêmes lois; il faut que je fasse de tous les peuples de l'Europe un même peuple et de Paris la capitale du Monde.

Même un pays, alors à l'autre bout du monde — la Suède — et sur lequel il n'exerce d'autre influence que celle de son nom, va demander à l'Empereur — en cette année 1810 — un de ses lieutenants pour roi.

Une révolution a chassé du trône Gustave IV et sa descendance. Le frère du roi déchu, le duc de Sudermanie, est devenu souverain de Suède sous le nom de Charles XIII. N'ayant pas d'enfant, le prince héritier est le prince Auguste d'Augustenburg. Or, celui-ci étant mort subitement, le roi ne sait qui désigner pour lui succéder. Il a d'abord proposé, sans succès, le frère du prince héritier défunt : le duc Frédéric-Christian. D'autres postulants se sont alors présentés, entre autres le prince de Holstein et le roi de Danemark. Napoléon, qui se mêle de tout en sa qualité « d'empereur d'Occident », envisage plutôt la candidature de Berthier ou de Murat.

C'est le baron Otto Mörner — ce 25 juin 1810 — qui, le premier, pense à Bernadotte. Il se souvient qu'un de ses cousins éloignés — le comte Gustave Mörner — a été fait prisonnier par Bernadotte à Lübeck et traité par celui-ci avec une rare courtoisie. Le baron arrive à Paris pour annoncer à l'Empereur la mort du prince héritier et va voir Bernadotte afin de lui demander de poser sa candidature. L'ex-sergent Bellejambe a du mal à reprendre ses aplombs. Il répond cependant avec élégance qu'il lui faut d'abord « l'accord préalable du roi de Suède et l'approbation de l'empereur des Français ».

— Je pense, lui déclare Otto Mörner, qu'il faut de préférence à notre patrie un Français qui adopte notre religion et qui soit connu pour ses talents, son courage et l'estime de l'auguste empereur de France, à la famille duquel il tient, étant beau-frère du roi d'Espagne; enfin, qui a un fils assez âgé pour le remplacer sans régence quand le cours de la nature l'exigera.

Sans doute le baron Mörner sera-t-il désavoué et même réprimandé à son retour en Suède pour avoir pris une telle initiative, mais l'idée n'en est pas moins lancée — et bien lancée! Bernadotte, prenant les devants, demande à l'Empereur l'autorisation de poser sa candidature. L'Empereur, persuadé que Bernadotte n'a aucune chance, déclare publiquement « n'y voir aucun obstacle ».

Napoléon s'est trompé : le roi de Suède — du moins le croit-il — approuve le projet. Charles XIII aura ainsi l'appui du grand empereur.

— Que Napoléon nous donne un de ses rois, s'exclame-t-il et la Suède sera sauvée!

Sans tarder davantage, le roi désigne pour lui succéder celui qui avait épousé autrefois la fiancée de Bonaparte et la Diète élit Bernadotte, le 21 août 1810, par dix voix contre deux. Le comte Gustav Mörner — le cousin du baron Otto — prend aussitôt la route de Paris pour aller annoncer la merveilleuse nouvelle au nouveau prince héritier.

Napoléon ne peut que s'incliner — il le fera de mauvaise grâce. Pourtant, le 15 septembre, il offre à celui qui va abandonner son titre de maréchal un million-or pour le rachat de sa principauté de Ponte-Corvo. Les choses se gâtent, lorsque Bernadotte reçoit les lettres patentes impériales lui interdisant de jamais porter les armes contre la France.

— L'acte d'élection de la Diète suédoise, fait remarquer Bernadotte à Napoléon, m'interdit de contracter aucun engagement de vassalité étrangère... Aussi, dans le cas où Votre Majesté maintiendrait cette clause, je refuserais mon élection.

Napoléon s'apprête à déclarer qu'en ce cas, en effet, mieux valait s'abstenir, mais le rusé Béarnais poursuit :

— Sire, voulez-vous donc me placer au-dessus de vous en m'obligeant de refuser une couronne?

— Eh bien, partez et que nos destinées s'accomplissent!

Le samedi 22 septembre 1810, le grand-maître des cérémonies de la cour impériale se trouve placé devant un problème délicat. Ce jour-là, Bernadotte doit venir faire ses adieux à l'Empereur. Or, en sa qualité de maréchal de France, l'ex-prince de Ponte-Corvo et son épouse ont le droit d'assister au dîner de famille des Tuileries. Si les Bernadotte se présentent comme princes royaux, ils ne peuvent venir que pour prendre congé. Aussi, imagine-t-on tout un scénario. Le prince, « en costume suédois », accompagné de Désirée, vient comme d'habitude s'asseoir à la table impériale. Après le dîner, l'Empereur rentre dans son cabinet et l'Impératrice descend dans ses appartements. La première dame d'honneur lui *présente* alors Bernadotte en qualité de prince héritier suédois. « Immédiatement, précise le protocole, on avertira l'Empereur qui se rendra dans l'appartement de l'Impératrice », où il jouera sans doute l'étonné de voir chez sa femme S.A.R. le futur roi de Suède.

Ainsi fut fait.

Sans doute Napoléon est-il furieux, au fond de son cœur, de voir que sans son intervention un maréchal de son armée a pu devenir prince *légitime,* qualité que lui-même ni aucun de ses frères ne pourra jamais revendiquer, mais à Metternich il dévoile sa pensée :

— Je n'ai pu me refuser à la chose, parce qu'un maréchal français sur le trône de Gustave-Adolphe est un des plus jolis tours joués à l'Angleterre.

Encore et toujours l'Angleterre!

Son désir d'en finir avec la « perfide Albion » va le dresser, une nouvelle fois, contre le Pape, lui fera prolonger la guerre d'Espagne jusqu'à la culbute finale, et le jettera ensuite dans l'épouvantable aventure russe.

Déjà, à la fin de 1811, Decrès pourra prophétiser :

— Voulez-vous que je vous dise la vérité et que je vous dévoile l'avenir? L'Empereur est fou, tout à fait fou, et il nous jettera, tous autant que nous sommes, cul par-dessus tête et tout finira par une catastrophe.

Le Prince Napoléon conserve dans sa collection ce projet daté de 1814 et représentant, lors du baptême du roi de Rome, l'Empereur montrant son fils au monde. Destiné au décor d'une pendule celle-ci ne sera d'ailleurs pas terminée lorsque tout se sera écroulé.

(Collection de S.A.I. le Prince Napoléon — Atelier Dager)

XIV

« L'AVENIR EST A MOI! »

Les grands hommes sont des météores destinés à brûler la terre.

NAPOLÉON.

Le mercredi 20 mars, un léger brouillard recouvre Paris. Le canon tonne et la capitale retient son souffle.

Vingt et un coups de canon doivent annoncer la naissance d'une princesse de Venise, cent un coups la venue au monde du roi de Rome... Un temps un peu plus long s'écoule après le vingt et unième coup — c'était là, paraît-il, afin de prolonger le plaisir, une manière de tradition chez les artilleurs. Puis la vingt-deuxième salve retentit. Les chapeaux volent en l'air. Une immense explosion d'enthousiasme, « une joie désordonnée », nous dit un témoin, un long cri d'amour monte de la ville. Un « coup de massue » aussi pour les royalistes puisqu'il leur semble que les batteries impériales viennent de « tuer la race des Bourbons ».

Tous quittent leurs maisons et leurs boutiques et

courent vers les Tuileries. De ses fenêtres, Napoléon voit les jardins s'emplir de toute une foule criante, chantante, poussant des hourrahs. Il regarde l'extraordinaire spectacle. C'est bien ce jour-là le point culminant de son incroyable fortune. Le Ciel avait dit « oui » — comme l'a rapporté le poète, qui a raison de lui faire crier :

L'Avenir, l'avenir est à moi !

Ivre de bonheur, quelques instants après le premier cri poussé par l'héritier de l'empire — une naissance pénible et difficile —, l'Empereur a vu, dans le salon où la cour s'est massée, pénétrer son fils, porté par sa gouvernante Mme de Montesquiou et suivi par le colonel général de la Garde, les officiers et dames de sa maison. L'huissier s'est avancé et a annoncé d'une voix forte :

— Le roi de Rome!

Sur le grand escalier, les grenadiers — un sur chaque marche — présentaient les armes. « Tout mouvement leur était interdit, a raconté Mme de La Tour du Pin, mais une vive émotion se peignait sur leurs mâles visages et je vis des larmes de joie couler de leurs yeux. » Après la cérémonie, les sous-officiers de la Garde couperont leur moustache afin d'en faire un oreiller pour l'héritier impérial !

Au cours des journées qui suivent, au fur et à mesure que le télégraphe et les courriers apportent l'étonnante nouvelle jusqu'aux confins de l'immense empire, les transports d'allégresse éclatent. Ce ne sont, de l'Atlantique au Niémen, qu'illuminations, bals, fontaines jaillissantes de vin, buffets en plein air, salves d'artillerie et représentations de circonstance. Toutes les cloches de la Ville éternelle sonnent pour célébrer la naissance de son roi (1).

Les fumées de l'orgueil vont griser encore davantage Napoléon.

— Je l'envie, dira-t-il en se penchant au-dessus du

(1) Voir du même auteur, chez le même éditeur : *L'Aiglon, Napoléon deux*.

somptueux et disgracieux berceau offert par la ville de Paris. La gloire l'attend, alors que j'ai dû courir après elle. J'aurai été Philippe; il sera Alexandre. Pour saisir le monde, il n'aura qu'à tendre les bras.

Et, maintenant réfugié en Angleterre, Louis XVIII prédit :

— Si Dieu a condamné le monde, Bonaparte ne manquera pas de successeur; si, au contraire, la colère divine s'apaise, toute la marmaille du monde n'empêchera pas l'édifice d'iniquité de s'écrouler.

*
**

Le 9 juin 1811, la voiture du Sacre conduit l'Empereur et l'Impératrice à Notre-Dame pour « l'intronisation dynastique », ce baptême du roi de Rome qui semble peut-être aux yeux du maître une fête plus importante que le 2 décembre 1804. Ne forge-t-il pas ce jour-là le premier maillon de sa dynastie ? Il a remis son disgracieux uniforme impérial — cette livrée de sa grandeur, une livrée pourpre, blanche et or. Que l'on est loin déjà — seulement en dix années! — du Bonaparte de Marengo! Il est « jaune, obèse, boursouflé », la tête trop enfoncée dans les épaules, s'il faut en croire les témoins. Il bedonne déjà... et déçoit. « Ce n'était pas là, nous dit Paul de Kock qui le vit à cette époque, le héros que je m'étais imaginé. J'attendais un dieu, je ne vis qu'un gros homme... »

A ses côtés on regrette le sourire charmeur de Joséphine. Marie-Louise, scintillante de diamants, est aussi peu gracieuse que possible. « Quand elle sera un peu arrangée et habillée, avait dit Metternich en vantant celle qu'il livrait au Minotaure, elle sera tout à fait bien. » Elle n'avait jamais été bien, et l'air maussade demeurait toujours sa contenance habituelle... Cependant, lorsqu'elle regarde son mari, son visage s'anime. Napoléon continue à lui plaire : « Depuis la naissance de mon fils, écrit-elle à son père, mon amour et ma tendresse pour mon époux se sont encore accrus, si c'est possible. Jamais je n'oublierai les marques d'affection qu'il m'a données ces derniers temps et je suis émue jusqu'aux larmes quand j'y pense... »

Durant encore trois années, elle se souviendra de l'ordre qu'il avait donné le matin de son accouchement laborieux :

— Sauvez la mère, c'est son droit!

Sa femme a cessé d'être simplement pour lui « un ventre ». Lorsqu'on lui demandera plus tard à quelle époque il avait été le plus heureux, il hésitera entre Tilsit et cette journée du baptême, puis conclura en optant pour le lendemain de Friedland, avouant qu'en 1811 il ne se sentait « pas d'aplomb »...

Pas d'aplomb ? Je ne pense pas qu'en dépit de sa griserie il doute déjà de l'avenir, mais il sent autour de lui croître la lassitude de la nation. Bien sûr, la naissance du petit roi a déclenché l'enthousiasme, mais, déjà, cette joie immense devant la chance de Napoléon s'est apaisée. L'éblouissement cesse d'éblouir. A force d'avoir été saoulé de gloire, on l'apprécie moins. On la trouve « fade » comme Napoléon la considérait déjà en 1798 ! Qu'importe que des Espagnols, des Hollandais, des Allemands ou des Illyriens deviennent Français ! Cela paraît une vue de l'esprit ! Qu'importe le rêve européen ou carolingien du nouvel empereur d'Occident ! Et puis, on la paye si cher cette gloire ! Au prix de tant de sang répandu !

La venue au monde du roi de Rome, une fois les lampions éteints, apportera-t-elle la paix ? Le jour du baptême — ce 9 juin 1811 — le cortège avait été en retard, et, en attendant le passage des souverains, la foule ressassait ses griefs : la sécheresse était désastreuse, la farine allait manquer, on s'était rué sur les légumes secs pour faire « ses provisions ». Depuis un an on reparlait de guerre. Le tsar armait, disait-on, et Napoléon agissait de même... Une inquiétude vague ne cessait de monter. Rien ne semblait ni stable ni sacré. Napoléon paraissait vouloir briser son propre ouvrage :

— L'Empereur, constatait Réal, laboure toujours et ne sème jamais, et rien n'anéantit le présent comme ce qui tue l'avenir.

La censure, l'inquisition des agents gouvernementaux, la lourde suspicion douanière s'exerçant sur tout le territoire, la main de fer qui s'est abattue sur le pays, créaient un pénible malaise.

— Je n'étais pas d'aplomb!...

Il y avait encore les affaires religieuses qui rendaient l'atmosphère lourde et pesante. Le Pape, toujours prisonnier, avait refusé de bénir le roi de Rome, ce roi à qui l'on venait d'attribuer l'héritage de saint Pierre : Napoléon avait en somme pris au Pape, pour le donner à un enfant au berceau, la partie la plus visible de son pouvoir temporel — ce temporel qui n'appartenait pas à Sa Sainteté, mais à l'Eglise.

— J'ai juré de défendre le temporel *usque ad effusionem sanguinis,* déclarait Pie VII ; n'ayant d'autres armes que les spirituelles, j'ai dû en user comme mes prédécesseurs. Aucun d'eux n'a été réduit au même point que moi... On a dispersé tout le Collège, on m'a enlevé de mon palais. Ces violences ne sont pas tolérables et il faudra une réparation au Saint-Siège... Si Sa Majesté ne peut se relâcher sur rien, à coup sûr les choses resteront longtemps dans cet état.

Se relâcher ? Napoléon n'y songe point ! Et le spectre du schisme se profile sur la France.

— Je réclame avec ardeur, répète le Pape, que mes communications soient rétablies avec les évêques et les fidèles; il me suffit que leurs recours puissent me parvenir librement et que je me voie à même d'exercer les fonctions spirituelles de mon ministère.

— Moi seul, dans mon empire, objecte Napoléon, je désigne les évêques chargés d'administrer l'Eglise : rendez à César ce qui est à César. Ce n'est pas le Pape qui est César, c'est moi...

On n'en sortait point ! Pie VII refuse de donner l'investiture tant qu'il ne sera pas libre ; quant à Napoléon, il résume sa position en ces termes.

— Je veux que la dignité de mon trône et l'indépendance de la nation ne puissent être compromises par mes relations avec le Pape. Des évêchés sont devenus vacants, j'ai usé de la forme ordinaire de mon droit de nomination... Le Pape refuse obstinément de donner l'institution canonique... Il ne s'est pas borné à des injures, il m'a excommunié, moi, mes ministres, toutes les personnes employées dans mon gouvernement. Des bulles séditieuses ont circulé dans l'Empire... Un tel état de choses ne saurait se prolonger...

La circulation en France et en Italie de ces bulles — entre autres celle de l'excommunication — expose le captif à des perquisitions qui n'épargnent même pas sa chambre ! Les agents de l'Empereur crochettent les serrures, ouvrent placards ou tiroirs, retournent les poches des vêtements et emportent jusqu'aux missels du Pape.

Pie VII, harcelé par une délégation de cardinaux envoyée à Savone, ses facultés diminuées, faillit signer un arrangement : les évêques seraient institués par une bulle papale dans un délai de six mois. Passé ce temps, le pouvoir d'institution serait donné aux métropolitains des églises vacantes. Mais, au dernier moment, Pie VII se rétracte : il se croit engagé sur la voie de l'hérésie!

⁂

Le 17 juin 1811, une semaine après le baptême du roi de Rome, les grandes orgues de Notre-Dame résonnent à nouveau sous les voûtes. Une procession composée de six cardinaux, de huit archevêques et de quatre-vingt-un évêques entre dans l'église. C'est l'ouverture du concile qui va essayer de résoudre le conflit entre le Pape et l'Empereur. Les pères conciliaires n'en prennent pas le chemin en prononçant, sans tarder davantage — et l'un après l'autre — ce serment, traditionnel peut-être mais qui, étant donné les circonstances, revêt l'aspect d'une prise de position contre Napoléon :

« Je reconnais la sainte Eglise catholique, apostolique et romaine, mère et maîtresse de toutes les autres églises; je promets et je jure obéissance au Pontife romain, successeur de saint Pierre et vicaire de Jésus-Christ. »

On devine la fureur de Napoléon :

— Messieurs, vous voulez me traiter comme si

j'étais Louis le Débonnaire. Ne confondez pas le fils avec le père. Vous voyez en moi Charlemagne. Je suis Charlemagne, moi... Oui, je suis Charlemagne!

Une manière de goût du martyre a saisi les Pères membres du concile et leur fait approuver la proposition de l'évêque de Cambrai :

— Que faisons-nous, évêques catholiques, sans pouvoir communiquer avec notre chef? Il faut qu'à la première députation du Concile à l'Empereur, la liberté du Saint-Père soit demandée par nous. C'est notre devoir. Nous le devons à nos diocèses, à tous les catholiques de l'Empire et de l'Europe. Jetons-nous aux pieds du souverain pour obtenir cette délivrance!

Fesch a toutes les peines du monde à démontrer à ses collègues que, après une telle démarche, le Concile serait assurément dissous. On se contente donc de voter une *Adresse* qui déclenche chez Napoléon une telle colère qu'on l'entend riposter :

— Je ne veux plus de concordat !

On parvient à le calmer et l'Empereur envoie aux Pères conciliaires un projet de décret rappelant que, conformément au Concordat, il nommera des évêques à tous les sièges vacants. Si, dans les six mois suivant cette nomination, le Pape n'avait pas donné l'institution canonique, « le métropolitain se trouverait invesi par la concession même faite par le Pape et devrait procéder à l'institution canonique et à la consécration ». Le dernier paragraphe spécifiait « que Sa Majesté serait suppliée par le Concile de permettre à une commission d'évêques de se rendre auprès du Pape pour le remercier d'avoir, par cette concession, mis un terme aux maux de l'Eglise ».

Les membres de l'opposition estiment avec raison que les prélats ne peuvent signer semblable décret sans le soumettre *d'abord* au Pape.

— Puisqu'il en est ainsi, annonce Napoléon, je dissoudrai le Concile.

Le 10 juillet, c'est chose faite et l'Empereur — on croit rêver! — fait arrêter et envoyer à Vincennes trois évêques considérés comme des meneurs. Terrifiés, craignant de voir arriver chez eux les gendarmes, les Pères conciliaires, appelés individuellement chez le ministre, se hâtent de signer le décret. Bien plus, ils ajoutent que si le texte ne se trouvait pas confirmé par Pie VII « ce serait là le cas de nécessité ». Autrement dit le métropolitain instituerait et consacrerait les évêques désignés par Napoléon.

Pie VII, à l'étonnement général, commence par accepter, précisant simplement que le métropolitain instituera « au nom du Pape » et s'arrangera pour glisser que « l'Eglise romaine » est « la mère et la maîtresse de toutes les autres ». Napoléon fait rejeter le document par le Conseil d'Etat sous le prétexte que c'est là une formule « contraire aux libertés gallicanes ». Pie VII — déjà « effrayé, disait-il lui-même, par ses concessions » — refuse de changer un mot à son texte — ce qui permet à Napoléon de s'exclamer :

— Son autorité n'est pas de ce monde. Mon autorité à moi vient de Dieu.

L'Empereur demande au Pape « d'abdiquer ». Il refuse, et son gardien, le préfet Chabrol, est requis d'annoncer à son prisonnier :

— En ce cas, très Saint-Père, je suis chargé de vous faire une notification officielle : à partir de ce jour, Sa Majesté l'Empereur et Roi regarde les Concordats comme abrogés et ne souffrira pas que le Pape intervienne en rien dans l'institution canonique des évêques.

Espérant avoir enfin fléchi ce « vieillard entêté », l'Empereur donne l'ordre de transférer Pie VII à Fontainebleau.

*
**

Un autre drame empêche Napoléon d'être « d'aplomb » : le drame russe a commencé à poindre dès le refus par le tsar de donner sa sœur en mariage à l'ancien lieutenant d'artillerie. Prenant sa revanche, l'Empereur est tout heureux de montrer sa mauvaise humeur en faisant échouer l'emprunt que la Russie s'apprêtait à lancer en France. Or, le rouble se trouvait malade par suite de l'application du blocus, une application pleine d'infractions, mais suffisante pour gêner considérablement le commerce russe.

Au même moment, l'affaire polonaise rebondissait et cette pomme de discorde refroidissait encore les rapports entre les deux pays. Napoléon refusait de signer la convention par laquelle il devait s'engager « à empêcher à tout jamais la reconstruction de la Pologne ».

— Ce serait là, estimait-il, contraire à ma dignité et à mon honneur!... Il faudrait que je fusse Dieu pour décider que jamais une Pologne n'existera!

Napoléon propose alors au tsar de s'engager simplement « à ne jamais donner aucun secours ni assistance à quelque puissance ou à quelque soulèvement intérieur que ce puisse être, qui tendraient à rétablir le royaume de Pologne ». Alexandre confirme le texte primitif de la convention. Napoléon fait attendre longuement sa réponse et, avec raison, maintient ses modifications. Finalement la négociation en demeure là — et le tsar, déjà vexé par la longue attente que Napoléon lui a infligée, est au surplus contrarié de n'avoir pu se montrer indiscret vis-à-vis des Polonais. Afin de les attirer à lui, il eût été heureux de leur faire passer sous le manteau le premier texte signé par leur soi-disant protecteur.

A l'automne de cette même année 1810, un immense convoi de douze cents bâtiments marchands anglais — voyageant, bien entendu, sous pavillon neutre, et escorté jusqu'au Sund par vingt vaisseaux de guerre britanniques — naviguent à travers la Baltique à la recherche d'un port. Où débarquer les marchandises dont leurs cales sont remplies? Le Danemark, la Prusse et la Suède ne veulent — ou ne peuvent — déplaire à Napoléon. Par ailleurs, les gabelous impériaux, protégés par les baïonnettes de Davout, gardent la côte de Dantzig à Mémel. Aussi les douze cents bâtiments prétendus neutres se mettent-ils à errer de port en port « comme les débris d'une armée en déroute ». Le tsar va-t-il accepter de les recevoir?

— Si Votre Majesté les admet, écrit l'Empereur à Alexandre le 23 octobre 1810, la guerre dure encore;

si elle les séquestre et confisque leur chargement, le contrecoup qui frappera l'Angleterre sera terrible; toutes ces marchandises sont pour le compte des Anglais. Il dépend de Votre Majesté d'avoir la paix ou de faire durer la guerre.

Le tsar, on s'en doute, refuse. Napoléon en est avisé le 11 novembre et, le lendemain, toujours pour enfermer l'Angleterre dans son île, prend une grave décision : avec l'annexion des villes hanséatiques, il donne l'ordre de saisir le duché d'Oldenbourg, situé entre Brême et la mer du Nord. Le duc n'accepte pas la compensation territoriale que l'Empereur veut lui donner et se réfugie à Saint-Pétersbourg puisqu'il a non seulement épousé Catherine, sœur du tsar, mais qu'il tient son duché de son cousin l'empereur Paul Ier, père d'Alexandre. L'affaire aura de graves répercussions car elle permettra à Alexandre de trouver le grief qu'il cherchait — ce qui ne l'empêchera pas de déclarer à Caulaincourt, en faisant patte de velours :

— Il est évident que c'est à dessein de faire une chose offensante pour la Russie. Est-ce pour me forcer à changer de route? On se trompe bien! D'autres circonstances aussi peu agréables pour mon empire ne m'ont pas fait dévier du système et de mes principes! Celle-ci ne me fera pas aller plus à gauche que les autres. Si la tranquillité du monde est troublée, on ne pourra m'en accuser, car j'ai tout fait pour la conserver.

Certes, Napoléon s'est mis dans son tort, en signant le décret annexant le duché d'Oldenbourg — de ce fait l'Elbe devenait frontière *française* — mais le tsar, tout en déclarant qu'il « fait tout pour conserver la paix », prenant le prétexte de la baisse du rouble — résultant du blocus partiel — ferme ses ports, le dernier jour de l'année 1810, aux navires apportant des produits français.

— Ainsi plus de relations commerciales entre les deux Empires ? Est-ce là un état de paix et d'alliance, s'exclamera Napoléon non sans raison.

Le tsar répondra en s'étonnant. Seules, affirme-t-il, des « nécessités économiques » l'ont « contraint » d'agir de cette manière.

Lorsqu'on a un voisin qui s'appelle Napoléon, on ne peut, comme certains, reprocher au tsar d'avoir, dès le début de 1810, pris d'importantes précautions militaires. Tout en assurant à Caulaincourt qu'il ne possède pas « une baïonnette de plus dans les rangs » de son armée, Alexandre déclare à l'ambassadeur de Suède — afin d'impressionner Bernadotte — qu'il a mis sur pied de guerre treize nouveaux régiments. Avant même la fin de l'année 1810 — nous le savons aujourd'hui — trois cent mille hommes se trouvent massés derrière le Niémen, alors que l'Empereur n'a que cinquante mille hommes disséminés entre le Rhin et la Vistule.

A Caulaincourt, Alexandre, passé maître en l'art du double jeu, affirme encore :

— Si l'empereur Napoléon vient sur mes frontières, s'il veut, par conséquent, la guerre, il la fera, mais sans avoir un grief contre la Russie. Son premier coup de canon me trouvera aussi fidèlement dans le système, aussi éloigné de l'Angleterre que je l'ai été depuis trois ans. Je vous en donne ma parole.

Caulaincourt, ambassadeur naïf, envoûté par Alexandre, croit à la bonne foi du souverain auprès duquel il est accrédité, alors qu'au même moment, la Russie se rapproche de l'Angleterre et entame même des tractations avec elle. Le tsar est ici infiniment plus responsable que Napoléon du nouveau conflit : on le voit préparer savamment la rupture et chercher des alliés. Il tend la main à l'Autriche et, le 13 février 1811, propose en ces termes une alliance offensive et défensive à l'empereur François : « Si par le sort des armes, cette Pologne me tombait en partage, je propose à Votre Majesté de lui céder tout de suite la Valachie, la Moldavie jusqu'au Sereth... en y joignant la Serbie. »

Fort heureusement pour Napoléon, Metternich se méfie — à tort d'ailleurs — et s'exclame :

— La mariée est trop belle!

Napoléon ignore certes le double jeu moscovite

mais il le devine et fait accélérer la fabrication des fusils : « Ordonnez, écrit-il à Clarke, ministre de la Guerre, le 18 février, qu'aux premiers jours de mai, si j'avais besoin d'avoir ces soixante-seize mille armes, elles puissent sortir vingt-quatre heures après que je l'aurais ordonné. »

Dix jours plus tard — le 28 février — Napoléon n'en écrit pas moins à Alexandre pour lui témoigner ses sentiments de confiance et d'amitié : « Ces sentiments ne changeront pas, quoique je ne puisse me dissimuler que Votre Majesté n'a plus d'amitié pour moi... » Napoléon énumère ensuite ses griefs. Pourquoi refuser la compensation qu'il offre au beau-frère du tsar pour la mainmise sur le duché d'Oldenburg ? Pourquoi cet ukase dirigé contre la France ? Pourquoi ces fortifications « élevées sur dix points de la Dvina » ? « Déjà notre alliance n'existe plus dans l'opinion de l'Angleterre et de l'Europe, constate l'Empereur ; fût-elle aussi entière dans le cœur de Votre Majesté qu'elle l'est dans le mien... Je suis le même pour Elle, mais je suis frappé de l'évidence de ces faits et de la pensée que Votre Majesté est toute disposée, aussitôt que les circonstances le voudront, à s'arranger avec l'Angleterre, ce qui est la même chose que d'allumer la guerre entre les deux empires. »

Le tsar ne répondra pas, mais continuera, jusqu'au départ de Caulaincourt pour Paris, d'affirmer à l'ambassadeur de France ses sentiments pacifiques. Le duc de Vicence est totalement dupé et, dès son retour, Napoléon, « fort aigre », le lui déclare sans ambages. Le grand écuyer se défend : il est certain que la Russie veut la paix! Durant un quart d'heure, l'Empereur arpente son cabinet sans mot dire, puis il demande :

— Vous croyez donc que la Russie ne veut pas la guerre et qu'elle resterait dans l'alliance et prendrait des mesures pour soutenir le système continental, si je la satisfaisais pour la Pologne?

— La question n'est plus en Pologne seulement, répond Caulaincourt, cependant, je ne mets point en doute, sire, qu'on se tiendrait pour fort satisfait si Votre Majesté retirait de Dantzig et de la Prusse au moins la plus grande partie des forces qu'on croit n'y être réunies que contre la Russie.

— Les Russes ont donc peur ? interroge l'Empereur.

— Non, sire, mais en gens raisonnables, ils préfèrent une guerre déclarée à une situation qui n'est pas un état réel de paix.

— Ils croient donc me faire la loi?

— Non, sire.

— Cependant, c'est me la dicter que d'exiger que j'évacue Dantzig pour le bon plaisir d'Alexandre.

— L'empereur Alexandre ne désigne rien, sans doute pour qu'on ne dise pas qu'il menace. Cependant il énumère tout ce qui s'est passé depuis Tilsit et il trouve que les armées de Votre Majesté, à trois cents lieues en avant de ses frontières, et sur la frontière russe, n'y sont pas venues dans l'esprit du maintien de l'alliance... Je puis donc dire à Votre Majesté ce qui tranquilliserait.

— Bientôt, il faudra que je demande à Alexandre la permission de faire défiler la parade à Mayence!

— Non, Sire, mais celle qui défile à Dantzig l'offusque.

— On veut me faire la guerre, vous dis-je...

C'est un peu ce que le tsar avait dit à Caulaincourt en parlant de Napoléon — et l'ambassadeur le rapporte à l'Empereur :

— Si l'empereur Napoléon me fait la guerre, avait affirmé Alexandre, il est possible, même probable qu'il nous battra si nous acceptons le combat, mais cela ne lui donnera pas la paix. Les Espagnols ont été souvent battus, et ils ne sont ni vaincus ni soumis. Cependant, ils ne sont pas aussi éloignés que nous de Paris. Ils n'ont ni notre climat, ni nos ressources. Nous ne nous compromettrons pas. Nous avons de l'espace et nous conserverons une armée bien organisée.

Caulaincourt ne parvenant pas à convaincre son

maître, se permet d'ajouter — du moins il l'affirmera plus tard :

— On sait trop maintenant en Europe que Votre Majesté veut conquérir des pays, plus pour lui que pour leur intérêt propre.

— Vous croyez cela, Monsieur ?

— Oui, Sire.

— Vous ne me gâtez pas, reprend Napoléon en riant. Il est temps d'aller dîner.

***

Deux mois ont passé... Le 15 août 1811, Napoléon fête son quarante-deuxième anniversaire. Seulement quarante-deux ans!... De même qu'il avait autrefois, au temps du Consulat, « attaqué » en public l'ambassadeur d'Angleterre, il interpelle, cette fois, avec violence, le prince Kourakine, ambassadeur du tsar :

— Ne croyez pas que je sois assez bête pour croire que ce soit l'Oldenbourg qui vous occupe; je vois clairement qu'il s'agit de la Pologne; moi, je commence à croire que c'est vous qui voulez vous en emparer, pensant peut-être qu'il n'y a pas d'autre moyen d'assurer de ce côté vos frontières... Ne vous flattez pas que je dédommage le duc d'Oldenbourg du côté de Varsovie. Non, quand même vos armées camperaient sur les hauteurs de Montmartre, je ne céderais pas un pouce du territoire varsovien; j'en ai garanti l'intégrité... Vous n'en aurez pas un village, vous n'en aurez pas un moulin. Je ne pense pas à reconstituer la Pologne! L'intérêt de mes peuples n'est pas lié à ce pays; mais si vous me forcez à la guerre, je me servirai de la Pologne comme d'un moyen contre vous... Vous savez que j'ai huit cent mille hommes, que chaque année met à ma disposition deux cent cinquante mille conscrits et que je puis, par conséquent, augmenter mon armée en trois ans de sept cent mille hommes qui suffisent pour continuer la guerre en Espagne et vous la faire.

N'avait-il pas dit un jour à ce même prince Kourakine :

— Votre maître a-t-il comme moi vingt-cinq mille hommes à dépenser par mois?

Mais il ne laisse pas le temps au malheureux ambassadeur de répondre. Il poursuit :

— Je ne sais pas si je vous battrai, mais nous nous battrons. Vous comptez sur des alliés : où sont-ils? Est-ce l'Autriche à qui vous avez ravi trois cent mille hommes en Galicie? Est-ce la Prusse? La Prusse se souviendra qu'à Tilsit l'empereur Alexandre, son bon allié, lui a enlevé le district de Byalystock. Est-ce la Suède? Elle se souviendra que vous l'avez à moitié détruite en lui prenant la Finlande. Tous ces griefs ne sauraient s'oublier : toutes ces injures se paieront; vous avez le Continent contre vous!

Kourakine, le visage ruisselant, ne cesse de s'éponger, et ne parvient à placer que quelques vagues protestations sur le tsar, « ami le plus fidèle de la France... ami le plus dévoué de son souverain ». Entre deux tirades de Napoléon, il répète, pitoyable :

— Il fait bien chaud chez Votre Majesté!

La guerre est maintenant inévitable.

Le 5 décembre 1811, Jérôme alerte son frère : « La fermentation est au plus haut point, les plus folles espérances sont entretenues et caressées avec enthousiasme. » Les armées françaises « d'observation » passent de cinquante à quatre-vingt mille hommes. Le 16 décembre, Napoléon ordonne de « préparer la Garde pour entrer en campagne », et trois jours plus tard le bibliothécaire, le sieur Barbier, reçoit l'ordre de faire parvenir à l'Empereur « quelques bons ouvrages les plus propres à faire connaître la topographie de la Russie et surtout de la Lithuanie, sous le rapport des marais, rivières, bois, chemins... Sa Majesté désire avoir aussi ce que nous avons en français de plus détaillé sur la campagne de Charles XII en Pologne et en Russie. Quelques ouvrages sur des opérations militaires dans cette partie seraient également utiles. »

C'était là, chose plus commode à rassembler que

de transformer l'empereur d'Autriche, les rois de Prusse et de Suède en alliés de la France. Si Metternich acceptait de fournir un contingent de trente-quatre mille hommes à Napoléon, il s'en excusait auprès du tsar, affirmant que ces troupes ne seraient qu'*auxiliaires*. Alexandre remercia en assurant qu'il ne ferait pas la moindre égratignure aux soldats autrichiens — le froid d'ailleurs s'en chargera... Le roi de Prusse dut se résigner à envoyer de son côté vingt mille hommes contre son ami Alexandre, tout en lui précisant sous le manteau :

— Si la guerre éclate, nous ne nous ferons de mal que ce qui sera d'une nécessité stricte; nous nous rappellerons toujours que nous sommes unis, que nous devons un jour redevenir alliés.

Bernadotte s'offrait le luxe d'adresser de grandes protestations d'affection à Napoléon. Se ranger aux côtés du tsar? On l'avilissait avec une telle pensée! Combattre l'Empereur, son ancien compagnon d'armes ? Notre Gascon affirmait qu'il ne commettrait jamais une telle infamie ! Plutôt que d'agir de la sorte, il préférerait « se jeter dans la mer la tête la première » ou mieux encore : « se mettre à cheval sur un baril de poudre et se faire sauter en l'air ! »

Mais, en Poméranie, les Suédois appliquent si mal le blocus, que Napoléon fait occuper la province donnée par la France à la Suède en 1810. La politique de Bernadotte devant cet acte — justifié mais brutal — bascule vers Alexandre. L'alliance sera bientôt signée — le 5 avril 1812 — entre les deux compères, mais en attendant d'intervenir lors de l'hallali final, l'ex-sergent Bellejambe donne, le 24 avril, ce conseil au tsar :

— Il faut éviter les grandes batailles, travailler les flancs de *l'ennemi*, l'obliger par là à faire des détachements et le harasser par des marches et des contremarches, ce qui est tout ce qu'il y a de plus fâcheux pour le soldat français et où il donne le plus de prise. Qu'il y ait beaucoup de Cosaques partout!

Un sentiment de malaise nous envahit en lisant ce texte écrit par un ancien maréchal de France.

Napoléon essaye encore d'arrêter la machine mise

en mouvement. Il fait assurer le tsar que « si la fatalité voulait que les deux plus grandes puissances de la terre se battent pour des peccadilles de demoiselle, il ferait la guerre en galant chevalier, sans aucune haine, sans nulle animosité, et, si les circonstances le permettaient, il lui offrirait même de déjeuner ensemble aux avant-postes ». Il espère que l'on pourra s'entendre « et se dispenser de verser le sang d'une centaine de mille braves parce que, ajoute-t-il, nous ne sommes pas d'accord sur la couleur d'un ruban... »

Le tsar, avec quelque raison, considérait la mainmise sur le duché d'Oldenbourg — grief majeur — comme un peu plus important qu'un « ruban » ou une « peccadille de demoiselle » ! On n'en continuait pas moins à parlementer.

— Croyez-vous que nous ayons la guerre ? demandait le roi de Bavière à Bourmont.

— Je n'en sais rien, mais quand je vois tant de négociations en route, je doute que l'on puisse s'entendre !

— En effet, soupirait le roi, quatre cent mille négociateurs s'entendent difficilement.

Pourparlers qui n'empêchent nullement les estafettes de galoper à travers l'Europe : les ordres s'amoncellent et la gigantesque Grande Armée s'organise. Deux cent mille hommes demeurent en Allemagne et dans le grand-duché de Varsovie, tandis que neuf corps d'armée comptant près de quatre cent mille hommes marchent vers la frontière russe : Français, Hollandais, Belges, Allemands, Italiens, Illyriens, Danois, plus les Alliés forcés : vingt mille Prussiens et trente-quatre mille Autrichiens — sans parler d'un régiment espagnol, et des cent trente bataillons occupant encore les dépôts disséminés à travers le vaste Empire. Bien des soldats qui se dirigent vers le Niémen ignorent vers quel but on les conduit. Pour l'un d'entre eux on va se battre « contre le roi des *Turques* », tandis qu'un autre précise : « L'Empereur des Français veut que l'empereur de Russie lui donne le passage libre dans les *Saingues* pour empêcher le commerce avec les Anglais. »

— Mon absence sera immense, annonce l'Empereur. Les bals ne s'en succèdent pas moins aux Tuileries malgré les embarras de l'heure présente. Ces difficultés, cette paix qui le fuit, ce double jeu mené par Alexandre — « ce Grec du Bas-Empire », comme le fustigeait l'Empereur — rendent Napoléon soucieux, et si absorbé que toute la Cour le voit un soir, s'arrêter au centre du salon, croiser les bras, et fixer le parquet à six pieds devant lui. Les rois alors à Paris, les princes, l'Impératrice, s'écartent. Les autres s'avancent et il se forme un cercle silencieux autour de l'Empereur — toujours muet et immobile. D'abord les regards se croisent, s'interrogent, puis demeurent baissés. Il n'y a plus qu'à attendre... Au bout de sept à huit minutes, à l'effroi général, on voit Masséna quitter sa place, pénétrer dans le cercle « qu'un malfaisant génie semblait y avoir tracé », et, à pas lents, s'avancer vers l'Empereur. A peine, à voix basse, a-t-il prononcé quelques mots que Napoléon hurle :

— De quoi vous mêlez-vous?

Masséna regagne alors sa place sans répliquer et *à reculons.* « Jamais, nous dit un témoin de la scène, le despote ne m'est apparu dans Napoléon avec plus d'arrogance et d'impudence. » Sortant enfin de sa méditation, l'Empereur lève la tête, décroise les bras et sort du salon en entraînant Marie-Louise avec un impérial :

— Venez, Madame!

Voyant, selon son expression, que « tout rentrait en problème », constatant que pour atteindre cette paix qui se dérobe toujours il lui faut commencer une nouvelle campagne — et quelle campagne! — Napoléon, contrarié au-delà du possible, a quelque excuse de s'être montré aussi grossièrement assiégé par ses pensées...

***

Alexandre se trouve déjà à Vilna, attendant l'attaque de Napoléon. Attaque inévitable, puisque le 8 avril le gouvernement russe a envoyé un ultimatum à l'empereur des Français exigeant l'évacuation intégrale de la Prusse, de la Poméranie suédoise et de toutes les places occupées par la France au-delà de l'Elbe!

Devant de telles exigences, que faire, si ce n'est la guerre? Cependant l'Empereur tarde encore à prendre le chemin de l'armée. Il attend le résultat de vagues négociations menées avec l'Angleterre, qui auraient surtout permis de mettre un point final au sanglant drame espagnol et à l'imbroglio du commandement, confié, dans la péninsule, aux seules mains de l'incapable Joseph. *Don José primero* règne déjà sur un royaume qui l'ignore; il aura désormais le commandement suprême sur une armée de près de deux cent trente mille hommes qui lui échappera, elle aussi, jusqu'à la culbute finale — deux cent trente mille hommes formant d'excellentes troupes commandées par Soult, Marmont, Suchet, Dorsenne, et qui vont tant manquer à Napoléon !

Et, aux Tuileries, l'on danse toujours... Mais l'Empereur a bien du mal à s'intéresser aux quadrilles du Carnaval. On le verra un soir tambouriner sur la vitre d'une fenêtre en chantonnant : *Malborough s'en va-t-en-guerre,* appuyant sur les paroles : *Ne sait quand reviendra,* qu'il répétera deux ou trois fois.

La veille de son départ, il reçoit Pasquier. Le préfet semble assez pessimiste. La disette qui va commencer et se prolonger à coup sûr durant trois mois, risque de rendre « la situation périlleuse » alors que l'Empereur se trouvera à quatre cents lieues de sa capitale :

— Si, malheureusement, un mouvement insurrectionnel de quelque étendue venait à se produire, ne serait-il pas à craindre qu'il eût de funestes conséquences au-dedans et au-dehors? Il est de mon devoir de ne pas dissimuler à Votre Majesté les dangers que j'entrevois.

Napoléon garde le silence, se promène selon son habitude de la fenêtre à la cheminée, puis il se tourne brusquement vers Pasquier :

— Oui, sans doute, il y a du vrai dans ce que vous

dites, c'est une difficulté de plus ajoutée à toutes celles que je dois rencontrer dans l'entreprise la plus grande, la plus difficile que j'aie encore tentée, mais il faut bien achever ce qui est commencé. Adieu, monsieur le préfet.

Le 9 mai 1812, les Parisiens peuvent lire ces lignes dans le *Moniteur :* « L'Empereur est parti aujourd'hui pour aller faire l'inspection de la Grande Armée réunie sur la Vistule. Sa Majesté l'Impératrice accompagnera Sa Majesté jusqu'à Dresde où elle espère avoir le bonheur de voir son auguste famille. »

***

Avant de chausser ses bottes, l'Empereur, jetant mille feux, va en effet jouer une dernière fois son rôle d'empereur d'Occident. Il espère que ce « triomphe » poussera Alexandre à traiter. Il semble aussi qu'il ait besoin, pour retrouver ses fameux aplombs, de présider une nouvelle fois une cour de rois et d'en imposer à son beau-père et allié.

Sur le passage du maître, à chaque étape entre Paris et Dresde, à chaque relais même, les princes allemands font la haie. Le 11 mai, Napoléon et Marie-Louise quittent Metz à deux heures du matin et, à la fin de cette troisième journée de route, arrivent à Mayence où les saluent les princes de Hesse-Darmstadt et d'Anhalt. Le lendemain, départ à l'aube. A Würtzburg, ils sont reçus par le grand-duc, le roi de Wurtemberg et le grand-duc de Bade. Le lendemain, au relais de Bamberg, les princes Guillaume et Pie de Bavière s'inclinent bien bas devant l'Empereur. Le 16 mai, venant de Plauen, l'Empereur et l'Impératrice sont accueillis à la frontière de Saxe par le roi et la reine. Ils font tous quatre ce même soir leur entrée à Dresde illuminé, où l'empereur et l'impératrice d'Autriche viennent les rejoindre.

Des « peuples entiers » se pressent avec l'espoir d'entrevoir Napoléon, nous dit le comte de Ségur.

« Ils passaient des jours, des nuits entières, les yeux fixés sur la porte et sur les fenêtres de son palais. Ce n'est point sa couronne, son rang, le luxe de sa cour, c'est lui seul qu'ils viennent contempler; c'est un souvenir de ses traits qu'ils cherchent à recueillir : ils veulent pouvoir dire à leurs compatriotes, à leurs descendants moins heureux, qu'ils ont vu Napoléon! » A l'intérieur du palais on a bien du mal à approcher le maître.

— Je suis tombé dans un embarras de rois, constatera Narbonne à Napoléon, et j'ai eu peine à fendre la presse.

Les souverains, mêlés aux grands officiers, se bousculent pour assister au lever. Napoléon a-t-il vraiment dit à l'empereur François, au cours de ces éblouissantes journées, que si « *son pauvre oncle Louis XVI* avait montré plus de fermeté, la Révolution aurait évolué différemment »?...

Essayant de séduire sa jeune belle-mère, Maria-Ludovica, il exécute pour elle des ronds de jambe et se répand en amabilités, tout cela en pure perte.

— Il jase beaucoup, raconte-t-elle, et a l'habitude de poser des questions. On peut éviter les questions, mais pas les réponses. Je remarquai qu'il le faisait exprès et je coupai court, de façon que la conversation ne reprît plus.

Marie-Louise, elle, joue à la Parisienne élégante, écrase sa famille de son luxe, et « mortifie l'amour-propre allemand par des comparaisons, peu mesurées, entre son ancienne et sa nouvelle patrie ».

François d'Autriche, en voyant Napoléon prendre le pas sur lui, passer le premier à table, se faire suivre à distance respectueuse par les souverains, présider les repas, demeurer le chapeau sur la tête, alors que lui — un Habsbourg! — se tient tête nue, est ahuri.

— *Das ist ein ganzer Kerl* ! (1) s'exclame-t-il.

Le roi de Prusse, toléré — il commençait à en prendre l'habitude — arrive à son tour à Dresde et est un

(1) En voilà un gaillard !

peu mieux reçu qu'il ne l'espérait — ce qui le rend tout heureux...

Mais il est temps d'abandonner cette nouvelle « plate-bande » de souverains et de retrouver la Grande Armée. Avant de partir, au cours d'une chasse, on voit l'Empereur s'arrêter devant une chapelle, y pénétrer, seul, et y méditer. Peut-être retrouva-t-il ce jour-là les prières de son enfance?

A la même époque, un matin, non loin de Vilna, un prêtre lithuanien disait sa messe dans une petite église de campagne. Il n'y avait qu'un seul fidèle, un officier russe qui, la tête entre les mains, priait. Intrigué, le prêtre s'avança, l'officier releva la tête : c'était Alexandre.

Et les deux hommes, chacun de leur côté, quittent leur chapelle. Peut-être avaient-ils senti, l'un et l'autre, qu'il fallait que Dieu se mêlât de leurs affaires...

Le 30 mai, Napoléon est à Posen. Un officier polonais — Brandt — le voit passer en revue la société de la ville. « Parmi les nobles venus pour saluer l'Empereur, nous dit-il, figurait un comte Szoldrcki, grand propriétaire et juge de paix dans sa contrée. Il portait, comme insigne de ses fonctions, une plaque émaillée, presque aussi large qu'une assiette. » L'Empereur s'y trompe — ou feint de s'y tromper — et lui demande à brûle-pourpoint combien il emploie d'ouvriers dans sa *fabrique de porcelaine*. Le pauvre comte demeure tout interloqué. Le préfet se hâte d'intervenir :

— Sire, c'est le comte Szoldrcki, le plus riche propriétaire du pays.

— Ah! c'est très bien! dit l'Empereur, imperturbable.

Puis il s'arrête devant une jeune personne de dix-huit ans assez disgraciée par la nature, et qui porte un « excessif embonpoint » :

— Combien avez-vous d'enfants ?

— Sire... je n'en ai pas.

— Vous êtes donc divorcée?

— Non, Sire, je suis encore demoiselle.

— Ah! il ne faut pas trop choisir, vous n'avez pas de temps à perdre.

Le 23 juin, l'immense armée, une armée de 400 000 hommes où l'on parle dix langues différentes, une « Babel en marche », s'apprête à franchir le Niémen, à Kowno. On ne voit pas le fleuve. La forêt de Pilwisky et les rives escarpées le cachent... L'armée — la Garde surtout — fait plaisir à voir. « Je n'ai pas vu, écrit le 1er juin le conseiller d'Etat Méjean, un seul soldat français ou italien, pas un officier, pas un général qui ne soit impatient d'en venir aux mains et qui ne soit sûr de la victoire. » Murat caracole à la tête de cinquante mille cavaliers. Napoléon l'a retrouvé à Dantzig, suivi de trente fourgons uniquement remplis d'uniformes et de coiffures empanachées... Depuis quelque temps l'Empereur n'a pas ménagé son beau-frère qui, lui aussi, joue au souverain indépendant et intrigue même avec l'ennemi — ou les anciens ennemis. L'Empereur l'a accablé de reproches. Aussi l'entrevue a-t-elle été tout d'abord assez tiède. Cependant, Napoléon ayant voulu le reconquérir, y est parvenu et Murat a quitté son impérial beau-frère les larmes aux yeux.

— Au fond, a déclaré l'Empereur, c'est un bon cœur, il m'aime encore plus que ses *lazzaroni;* quand il me voit, il m'appartient.

Maintenant qu'il a graissé ses bottes, Napoléon semble heureux. On l'entend fredonner — faux — le *Chant du Départ*. Il ne pense certes pas que l'on se trouve déjà au cœur de l'été, alors que c'est au printemps qu'il eût fallu attaquer. Se souvient-il encore de ce qu'il a dit au Conseil d'Etat avant de quitter Paris :

— Je me rendrai à Varsovie, j'y passerai l'hiver à m'y organiser et à faire venir mes dépôts. Mon attitude sera assez imposante pour que je puisse y espérer la paix. Si elle ne se fait pas au printemps, j'assiégerai et je prendrai Riga, puis j'irai faire une insulte à Saint-Pétersbourg, je dis une insulte, car il ne faut pas songer à s'arrêter en Russie.

*
**

Le 23 juin, le comte Roman Soltykx, chef d'escadron aux lanciers polonais, qui bivouaque non loin des rives du Niémen, voit arriver au grand galop une berline attelée de six chevaux. Napoléon en descend, préoccupé et fatigué par son voyage. L'Empereur décide d'inspecter les rives du fleuve et, pour ne pas être reconnu par les éclaireurs russes signalés sur la rive droite, change d'habit et prend celui d'un officier polonais. Ses officiers agissent de même...

Lorsqu'ils arrivent au bord du large fleuve, un chef de bataillon qui l'a traversé à la nage vient dire à l'Empereur que l'armée russe semble s'être retirée. Le soir même, vers minuit Napoléon revient au bord du Niémen et suit le fleuve au galop, devinant, dans l'obscurité, la rive russe. Soudain son cheval fait un écart — un lièvre lui est passé entre les jambes — l'Empereur vide les étriers, tombe et se relève aussitôt. Une voix s'exclame :

— Ceci est d'un mauvais présage, un Romain reculerait!

Mais il n'était pas homme à reculer.

Le lendemain, sur une hauteur dominant le fleuve et trois ponts ayant été jetés « comme par enchantement », Napoléon regarde l'extraordinaire spectacle : « Toutes les collines, leurs pentes, les vallées sont couvertes d'hommes et de chevaux. Dès que la terre a présenté au soleil toutes ces masses mobiles, revêtues d'armes étincelantes, le signal est donné, et aussitôt cette multitude commence à s'écouler en trois colonnes vers les trois ponts. On les voit serpenter en descendant la courte plaine qui les sépare du Niémen, s'en approcher, gagner les trois passages, s'allonger, se rétrécir pour les traverser, et atteindre enfin ce sol étranger, qu'ils vont dévaster, et qu'ils couvriront bientôt de leurs vastes débris! »

En abordant la rive russe, où ils pensent être accueillis par des coups de feu, les soldats s'arrêtent angoissés. « Nous nous crûmes dans un cimetière, dira l'un d'eux; pas un être vivant à l'horizon, pas un habitant dans les villages... » Au loin, des fumées noires tordent leurs volutes. Ce sont des villages qui brûlent. Lorsque les premiers soldats les atteignent, les maisons ne sont plus que cendres. Et, toujours pas un habitant!... Impatient, Napoléon s'enfonce au galop dans la forêt qui borde le fleuve et parcourt ainsi plus d'une lieue.

Rien.

Tout à coup un bruit sourd se fait entendre. Le canon? Non, c'est un effroyable orage qui s'apprête. Le jour s'obscurcit. Coups de tonnerre et éclairs se succèdent. Puis une pluie diluvienne noie les êtres et les choses.

Et quelques-uns virent là encore un nouveau et funeste présage.

Le Strasbourgeois Benjamin Zir est l'un de ces témoins oculaires dont les dessins sont infiniment précieux. Il a exécuté un lavis représentant un bivouac de l'Empereur où tous les détails sont criants de vérité.

(B. N. Photo Josse-Lalance)

XV

LE CHEMIN DE MOSCOU

En politique, il y a des cas d'où l'on ne peut sortir que par des fautes.

NAPOLÉON.

LE ministre de la Police du tsar, le général Balachov, se tient à Vilna dans la pièce que l'empereur de Russie a occupée quelques jours auparavant — cependant, ce n'est plus Alexandre qu'il a devant lui, mais Napoléon... Il est venu apporter à l'Empereur une lettre de son maître. Celui-ci offre à l'envahisseur de traiter, à la condition que la Grande Armée fasse demi-tour et repasse le Niémen. C'est là, par ce véritable ultimatum, exiger l'impossible. Napoléon n'est pas arrivé de si loin pour revenir sur ses bases de départ, alors qu'il n'a point été battu ! Pourtant — et l'Empereur ne le sait que trop — en une semaine, après avoir traversé le Niémen, la Grande Armée a déjà subi, sans combattre, de lourdes pertes.

La faiblesse des effectifs tsaristes, la jonction retardée des armées Barclay — cent trente mille hommes — et Bagration — cinquante mille hommes — ont contraint le haut commandement russe à la retraite. La tactique de la terre brûlée — sans avoir été concertée — s'imposait pour lui. Ainsi que le disait un officier de l'armée du tsar : « Les Français n'ont pas de quoi se réjouir de ce que nous nous retirons. C'est pour leur perte... Nous reviendrons prendre le pays que nous abandonnons à présent en le dévastant et en les affamant. »

Du côté français, les approvisionnements en vivres et en fourrages, englués dans la boue, distancés par une armée faisant souvent quinze lieues par jour, ne suivent pas. Déjà cinquante mille maraudeurs, ayant quitté leurs rangs pour chercher des vivres, sont devenus des traînards. Les hommes demeurés autour de leurs aigles avancent au son des tambours, le ventre creux, tantôt sous des rafales de pluie, tantôt sous un soleil de plomb et des nuages de poussière. Au bivouac, épuisés, affamés, assoiffés, ils dorment à même la terre mouillée. On a commis l'imprudence, dès le passage du Niémen, de nourrir les chevaux avec du blé vert mêlé à de la paille arrachée aux toits des chaumines. Et, déjà, après une semaine, dix mille montures ou bêtes de trait, atteintes de dysenterie, sont mortes depuis la traversée du Niémen. Avant le général Hiver, la Grande Armée connaît les méfaits du général Été... Et pour l'instant le terrible climat demeure le plus sûr auxiliaire du tsar.

Pour conduire Balachov auprès de l'Empereur, on a soigneusement calculé son itinéraire afin qu'il ne puisse pas se rendre compte de la désorganisation de l'armée française. L'envoyé d'Alexandre n'est point venu proposer à l'Empereur l'ouverture de négociations, son maître le lui a interdit :

— Tant qu'un soldat restera en armes sur le territoire russe, j'en prends l'engagement, je ne prononcerai ni n'écouterai aucune parole de paix.

Puisqu'il n'y a aucune tractation possible, Napoléon va d'un mur à l'autre de la pièce, tout en entraînant le général russe dans sa promenade :

— Mon Dieu, déclare-t-il, que veut l'empereur Alexandre ? Après deux guerres en somme malheureuses, il obtient la Finlande, la Moldavie, la Valachie, Bielostok et Tarnopol et il n'est pas encore satisfait. Ce n'est pas cette guerre qui me fait lui en vouloir. Une guerre est pour moi un triomphe de plus...

Il paraît très excité. Un des carreaux de la pièce s'ouvre à plusieurs reprises, l'Empereur l'arrache et le jette à l'extérieur :

— Je sais que la guerre entre la France et la Russie n'est une bagatelle ni pour la France ni pour la Russie. J'ai fait de grands préparatifs et mes forces sont trois fois plus nombreuses que les vôtres. Je sais aussi bien que vous, et peut-être mieux que vous, le nombre de vos troupes. Votre infanterie compte cent vingt mille hommes et votre cavalerie soixante à soixante-dix mille hommes. En somme deux cent mille hommes. J'en ai trois fois autant.

La retraite de l'armée russe commandée par Barclay l'irrite :

— N'avez-vous pas honte ? Depuis Pierre Ier, depuis l'époque où la Russie est une puissance européenne, jamais l'ennemi n'a pénétré sur vos terres ; or, voici qu'à Vilna j'ai conquis sans combat toute une province. Vous auriez dû défendre Vilna, fût-ce par respect pour votre Empereur qui a passé deux mois à Vilna où il avait établi son Grand Quartier Général. Comment voulez-vous animer vos troupes, ou plutôt où en est actuellement leur moral ? Je sais ce qu'elles pensaient en commençant la campagne d'Austerlitz, elles se croyaient invincibles. A présent, elles savent d'avance qu'elles seront vaincues par mes armées.

Balachov essaye de glisser un mot :

— Puisque Votre Majesté me permet d'aborder ce sujet, j'ose prédire avec fermeté que vous entreprenez, Sire, une campagne effroyable. Ce sera la guerre de toute une nation qui représente une masse redoutable. Le soldat russe est brave et le peuple est attaché à sa patrie.

— J'apprends, reprend Napoléon, que l'empereur Alexandre va se mettre lui-même à la tête de ses armées. Pourquoi faire ? Il ne fera qu'endosser la responsabilité de la défaite ! La guerre, c'est mon métier. J'y suis habitué. Ce n'est pas la même chose pour lui. Il est empereur par sa naissance, il n'a qu'à régner et à désigner un général commandant en chef. Si ce dernier réussit, on peut le récompenser, s'il fait mal, il faut le punir, le casser. Il vaut mieux que le général en chef, et non l'Empereur, soit responsable vis-à-vis du peuple, il ne faut pas oublier que les empereurs portent eux aussi leur responsabilité.

Puis il invite le ministre à partager son repas. Au cours du dîner, Balachov ayant précisé l'existence de trois cent quarante églises à Moscou, l'Empereur demande :

— Pourquoi tant d'églises ?

— C'est que notre peuple est dévot.

— Bah ! on n'est plus dévot de nos jours.

— Je vous demande pardon, Sire, ce n'est pas partout de même. On n'est peut-être plus dévot en Allemagne et en Italie, mais on est encore dévot en Espagne et en Russie.

Napoléon marque le coup, puis, s'il faut en croire Balachov, après un silence, il aurait posé cette question invraisemblable pour un homme qui, depuis trois mois, ne cessait de regarder la carte de l'empire russe :

— Quel est le chemin de Moscou ?

— Sire, cette question est faite pour m'embarrasser un peu. Les Russes disent, comme les Français, que tout chemin mène à Rome. On prend le chemin de Moscou à volonté, Charles XII l'avait pris par Poltava.

Mais Balachov a-t-il vraiment osé lancer une telle réponse ? On est en droit d'en douter... Le ministre parti, Napoléon constate :

— Alexandre se moque de moi. Croit-il que je suis venu à Vilna pour négocier des traités de commerce ? Je suis venu pour en finir une bonne fois avec le colosse barbare du Nord. L'épée est tirée. Il faut les refouler dans leurs glaces afin que, de vingt-cinq ans, ils ne viennent pas se mêler des affaires de l'Europe civilisée... Aujourd'hui, Alexandre voit que c'est sérieux et que son armée est coupée, il a peur et voudrait s'arranger, mais c'est à Moscou que je signerai la paix.

Il semble cependant que Napoléon ne pense point encore à pousser jusqu'à Moscou. Son plan : battre rapidement les armées russes. Il lui faut, une fois encore, une victoire. Mais Napoléon n'est pas plus aujourd'hui le Bonaparte de Rivoli que l'Empereur d'Austerlitz — et il va d'abord, en demeurant vingt jours à Vilna, perdre un temps précieux à vouloir attendre Jérôme et Eugène, tous deux en retard pour rejoindre le gros de l'armée.

Au vrai, l'Empereur espère beaucoup des quatre-vingt-quatre mille hommes placés imprudemment — c'est le moins que l'on puisse dire — sous le commandement du roi de Westphalie. Napoléon compte que son frère poussera ses forces contre l'armée du prince Bagration qui, attaquée en même temps par les soixante-douze mille hommes de Davout, se trouvera ainsi prise entre deux feux.

— Ils sont à moi, répète Napoléon.

Non seulement Jérôme n'envoie pas de nouvelles au Quartier Général, mais il se prélasse, de plus, à Grodno ! Il a ajouté le prénom de Napoléon au sien et estime que cette promotion lui accorde le génie militaire...

— Vous compromettez tout le succès de la campagne, lui écrit alors l'Empereur, il est impossible de faire la guerre ainsi.

Bagration réussit à éviter que la tenaille ne se referme sur lui et Napoléon envoie à Davout l'ordre suivant : « L'Empereur ordonne à Sa Majesté le roi de Westphalie de reconnaître le prince d'Eckmühl comme commandant supérieur tant que les corps d'armée seront réunis. » Napoléon-Jérôme, furieux, prend alors la tête de sa garde royale, fait demi-tour et met le cap sur la Westphalie...

Devant une telle désertion, Napoléon, résigné, se contente de s'exclamer :

— Quelle incartade !

L'ennemi poursuivant de tous les côtés son repli, l'Empereur finit par se décider à prendre la route de Vitebsk, avec l'espoir d'empêcher la jonction de Bagration et de Barclay de Tolly. Il quitte Vilna le

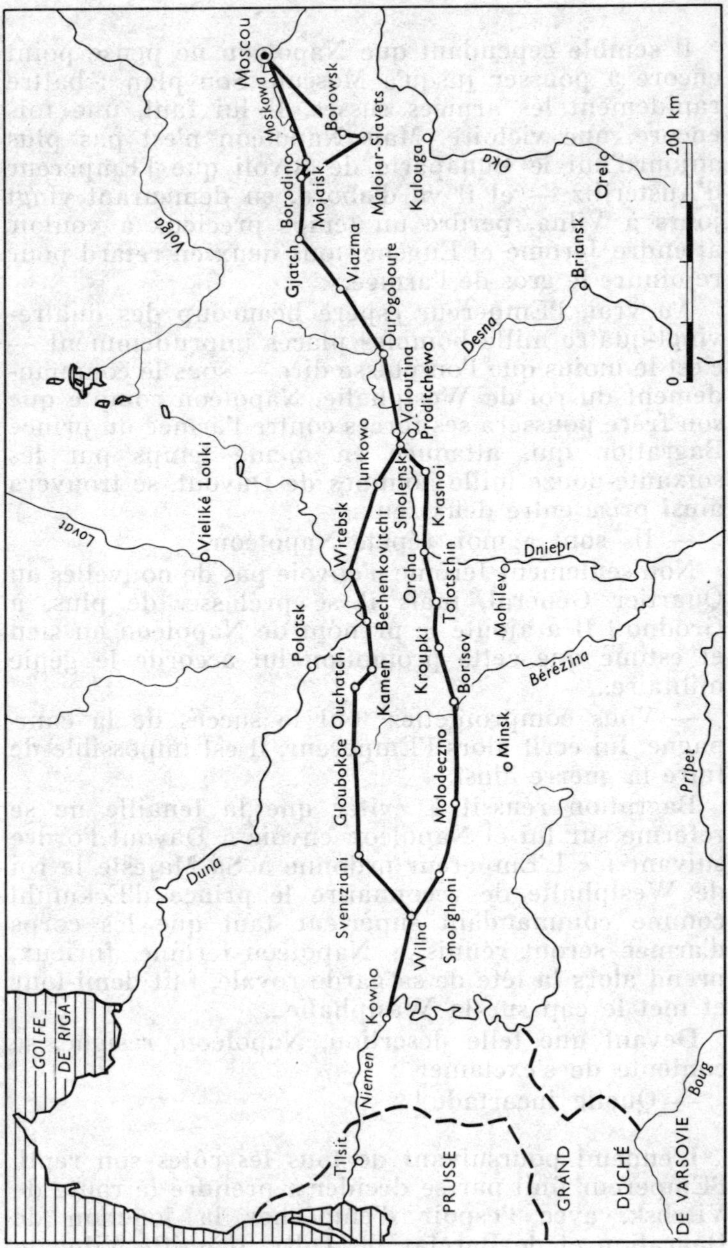
Moscou
Moskowa
Borowsk
Maloiar-Slavets
Kalouga
Oka
Orel
200 km
0
Borodino
Mojaisk
Volga
Viazma
Gjatch
Briansk
Durogobouje
Desna
Valoutina
Proditchewo
Junkowo
Smolensk
Krasnoi
Vieliké Louki
Lovat
Witebsk
Bechenkovitchi
Orcha
Dniepr
Mohilev
Tolotschin
Polotsk
Kroupki
Borisov
Bérézina
Ouchatch
Kamen
Minsk
Gloubokoe
Molodeczno
Pripet
Sventziani
Smorghoni
Duna
Wilna
Kowno
GOLFE
DE RIGA
Niemen
Boug
Tilsit
PRUSSE
GRAND
DUCHÉ
DE VARSOVIE

16 juillet pour Gloubokoïé et, avec un sentiment de malaise, avance à travers cette terre hostile. Maintenant que l'on a quitté la Lithuanie, impossible de se procurer le moindre renseignement. Comme le dira Caulaincourt : « On était comme un vaisseau sans boussole, seuls au milieu du vaste océan, ne sachant pas ce qui se passait autour de nous. » La faim, la soif, la pluie, et une chaleur étouffante, se succèdent. La Grande Armée continue à fondre. Les corps perdent de vingt-cinq à cinquante pour cent de leurs effectifs. Même la Garde — la moins éprouvée — ne compte plus que vingt-huit mille hommes sur trente-sept mille. On verra tout un régiment de la Jeune Garde, que l'on instruit *en marchant* de Saint-Denis à Gloubokoïé, tomber d'épuisement sur la route.

Enfin, voici Vitebsk. Il fait nuit lorsque Napoléon s'arrête en haut d'une colline : toute l'armée russe de Barclay est là. Les feux de ses bivouacs trouent l'obscurité. Enfin, on va se battre ! Déjà, le 27 juillet, se déroulent des combats entre les avant-postes...

— Demain sera le soleil d'Austerlitz, annonce-t-il.

Mais Barclay a appris que Bagration se dirige vers Smolensk ; il préfère se dérober une fois de plus et se fondre dans la nuit. Cachant mal son désappointement, Napoléon fait son entrée dans Vitebsk. Il va y demeurer jusqu'au 15 août, espérant toujours que les Russes viendront l'attaquer. De nouveau, le désordre et le pillage règnent. Les blessés sont privés de tout. Même le quartier général est désorganisé :

— Berthier, s'exclame l'Empereur, je donnerais un bras pour que vous soyez à Grosbois, non seulement vous n'êtes bon à rien, mais vous me nuisez.

Lorsqu'on fait le point, on s'aperçoit que déjà cent cinquante mille hommes ont disparu. La tactique russe — volontaire ou involontaire — est bonne. Aujourd'hui, la Grande Armée — il a fallu en outre laisser çà et là des garnisons afin d'assurer les communications — ne compte pas plus de deux cent cinquante mille hommes. Comme à Vilna, Napoléon essaye, à Vitebsk, de regrouper ses forces ; de faire rejoindre les traînards, de rassembler des approvisionnements. Hélas, les rouages de la grande machine grincent...

Que faire maintenant ? La Turquie vient de signer la paix avec la Russie, et Bernadotte — le 7 juillet — en parlant de Napoléon s'est exclamé :

— Cet homme a régné trop longtemps et règne en tyran sur les nations ! Il y a trop longtemps que je meurs à coups d'épingles !

Le mari de Désirée s'apprête à rejoindre le tsar pour s'entendre avec Alexandre et lui promettre d'attaquer les troupes françaises demeurées en Allemagne.

Napoléon demande à Daru son avis. D'abord, que pense-t-il de cette guerre ?

— Elle n'est point nationale, répond le ministre ; l'introduction de quelques denrées anglaises en Russie, et même l'érection d'un royaume de Pologne ne sont pas des raisons suffisantes pour une guerre si lointaine.

Durant huit heures, Daru, courageusement, fait le procès de la campagne :

— Si les vivres manquent à Vitebsk, que sera-ce plus loin ? Les officiers que Votre Majesté envoie pour en requérir ne reparaissent plus ou reviennent les mains vides. Le peu de farine ou de bestiaux que l'on parvient à réunir est aussitôt dévoré par la Garde ; on entend les autres corps dire qu'elle exige et absorbe tout : que c'est comme une classe privilégiée. Ambulances, fourgons, troupeaux de bœufs, rien n'a pu suivre. Les hôpitaux ne suffisent plus aux malades ; on y manque de vivres, de place, de médicaments.

Et, à nouveau, les deux mots reviennent comme un leitmotiv :

— Que faire ?

Daru estime préférable de s'arrêter à Vitebsk, mais, le 12 août, la marche de l'Armée n'en reprend pas moins vers Smolensk. Assurément — Napoléon l'espère — les Russes défendront cet important carrefour qui est, au surplus, le sanctuaire de la Vierge miraculeuse !

Et les mêmes scènes vont recommencer. Pour les Russes, il s'agit d'une véritable guerre sainte. Les paysans brûlent leurs récoltes, leurs chaumières, et il faut envoyer des détachements mobiles piller les villages hors la grand-route. Certains de ces *commandos* se réunissent en groupes, se choisissent un chef et deviennent des déserteurs. Quant aux soldats demeurés sous leurs drapeaux, point d'autre solution pour eux que de devenir à leur tour maraudeurs, mais ils rentrent le plus souvent bredouilles. « Pendant plus de quatre mois, raconte, dans son texte inédit, l'ex-caporal Corniquet, devenu sergent, nous mettions quatre poignées de farine noire dans une marmite d'eau et nous mangions cette colle presque toujours sans sel (1). Nous fûmes bientôt, depuis l'officier jusqu'au soldat, atteints d'une maladie très incommode qui est la dysenterie... J'étais obligé de m'aider de la crosse de mon fusil pour pouvoir marcher... »

Le 15 août, Napoléon s'arrête devant Smolensk. La ville, située sur la rive droite du Dniepr, est puissamment défendue par une longue, large et massive muraille flanquée de vingt-neuf tours en brique rouge et aux créneaux blanchis. Fortifications construites autrefois à la manière tartare par Boris Godounov. De l'avant-garde, l'Empereur voit de forts mouvements de troupes. Les Russes vont-ils quitter la ville ?

— Si c'est ainsi, déclare-t-il, en m'abandonnant Smolensk, une de leurs villes saintes, les généraux russes déshonorent leurs armes aux yeux de leurs propres sujets !

Mais le lendemain, Ney entraîne l'Empereur à travers les taillis jusqu'à une hauteur. Là, il voit dans un nuage de poussière d'où jaillit l'éclair des armes, cent vingt mille hommes qui se trouvent réunis. « Transporté de joie », Napoléon pousse son exclamation familière :

— Enfin, je les tiens !

Le 17, dès le point du jour, l'Empereur se réveille avec l'espoir de voir l'armée russe rangée sur le champ de bataille qu'il lui a presque désigné, mais le gros de l'ennemi est allé se réfugier à l'abri des puissantes murailles de la ville. La bataille commence furieusement dans les faubourgs s'étageant sur trois ravins précédant les fortifications, enlevées après de lourdes

(1) Le plat avait été baptisé : « la bouillée ».

pertes. Les troupes impériales se heurtent aux puissantes murailles. Canonnées, celles-ci résistent au feu de trente-six pièces, crachant à gros boulets, dans l'espoir finalement vain, d'ouvrir une brèche. Les colonnes d'assaut laissent « une longue et large traînée de sang, de blessés et de morts ». Va-t-on devoir commencer un siège ? Les Russes croient en la victoire, mais Barclay n'en donne pas moins, une fois de plus, à ses troupes, l'ordre de reprendre la retraite — en dépit de Bagration qui a maintenant rejoint le gros de l'armée et veut en découdre, poussé d'ailleurs par le représentant de l'Angleterre au quartier général russe.

— On m'a souvent accusé d'avoir fait évacuer la ville, expliquera Barclay, plus tard. Le destin de l'Empire dépendait de la conservation de l'armée qui m'était confiée, tant qu'il n'y en avait pas d'autre pour la remplacer. N'aurais-je pas trahi ma patrie en me laissant guider par le désir de la gloire ?... Je ne sais pas ce qui serait arrivé à nos forces ayant derrière elles les rives abruptes du Dniepr et une ville en flammes.

Bagration, lui, ne décolère pas : « J'ai honte de porter l'uniforme, ma foi, j'en crève ! écrit-il en français à son ami Ermolov, chef d'état-major de Barclay. On nous a amenés à la frontière, puis on nous a éparpillés, en nous fichant un peu partout comme des pions, puis on est resté là, bouche bée, et ayant emm... toute la frontière, on s'est mis à fuir. J'avoue que cela me dégoûte tellement que j'en deviens fou. Dieu te garde, quant à moi, je vais troquer l'uniforme contre une blouse de paysan. »

Smolensk brûle. Barclay en se retirant a donné l'ordre d'incendier la ville afin de protéger sa nouvelle dérobade. Caulaincourt s'est assoupi au bivouac de l'Empereur, lorsqu'il est réveillé par Napoléon venu voir la cité qui, rapidement, n'est plus qu'une vaste flamme tourbillonnante dévorant Smolensk « avec un sinistre bruissement ».

— C'est une éruption du Vésuve ! s'écrie l'Empereur. N'est-ce pas que c'est un beau spectacle, monsieur le grand écuyer ?

— Horrible, Sire.

Le lendemain, 17 août — la chaleur est ce jour-là devenue fournaise — la Grande Armée entre dans Smolensk aux trois quarts brûlée et dont les rues « offrent un spectacle hideux ». Les maisons que les flammes ont épargnées sont livrées au pillage. « Déjà tout manque pour panser les blessés, raconte Ségur ; il n'y a plus de linge, on est forcé d'y suppléer par le papier trouvé dans les archives. Ce sont des parchemins qui servent d'attelles et de draps-fanons, et ce n'est qu'avec de l'étoupe et du coton de bouleau qu'on peut remplacer la charpie. » Non sans mal, l'Empereur parvient à rétablir l'ordre.

Cependant, l'arrière-garde de l'armée Barclay pourrait dans sa marche de flanc, être prise entre deux feux.

— Barclay a agi en fou, constate l'Empereur. Cette arrière-garde est à nous si Junot marche seulement l'arme au bras.

Mais Junot, frappé d'immobilisme, déjà atteint par la folie qui finira par envahir son pauvre cerveau, refuse de prendre l'initiative de lancer ses troupes en avant. Comme le dira Murat, le même soir, à Napoléon :

— Il faut le dire, malgré mes instances, malgré les instances de Votre Majesté que j'ai pris sur moi d'aller lui rappeler, jamais le duc d'Abrantès n'a voulu déboucher sur la route. Il n'avait qu'un pas à faire pour se trouver derrière les Russes, toutes nos instances ont été inutiles.

— Il me fait perdre la campagne, renchérit l'Empereur.

Bagration et Barclay sont sains et saufs... On les retrouvera.

Ne serait-il pas maintenant plus raisonnable d'arrêter la poursuite et d'hiverner à Smolensk ? Mais Napoléon expose sa pensée :

— Il me faut une immense victoire, une bataille devant Moscou, une prise de Moscou qui étonne le monde !...

Sébastiani a beau lui peindre l'état lamentable de l'armée, l'Empereur réplique :

— Il est affreux, je le sais. Dès Vilna, il en traînait la moitié, aujourd'hui ce sont les deux tiers, il n'y a donc plus de temps à perdre ; il faut arracher la paix et elle est à Moscou. D'ailleurs, cette armée ne peut plus s'arrêter ; avec sa composition et dans sa désorganisation, le mouvement seul la soutient. On peut s'avancer à sa tête, mais non s'arrêter ni reculer : c'est une armée d'attaque, non de défense, une armée d'opérations et non de positions.

Aussi, le 24 août, la poursuite reprend-elle. Napoléon quitte Smolensk pour Durogobouïé en répétant :

— Le péril nous pousse vers Moscou !

Et les troupes, aussi inconscientes que leur maître, lui répondent par un cri :

— A Moscou !

Sans doute l'Empereur préférerait-il recevoir un parlementaire. Il a véritablement tressailli de joie, le 28 août, en recevant un aide de camp de Barclay, venu lui parler de la disparition du comte Orlov. Napoléon en profite pour demander à l'officier d'adresser ses « compliments » au tsar. « Dites-lui, ajoute-t-il, que ni les vicissitudes de la guerre, ni aucune circonstance ne peuvent altérer l'estime et l'amitié que je lui porte. »

Alexandre ne répondra même pas !

Et l'avance française, ainsi que le recul russe, reprennent ! Chaque matin, Napoléon monte l'un de ses chevaux. Tantôt *Léonora,* tantôt *Roitelet,* tantôt *l'Embelli, Emir, Tauris* ou *Courtois.* La route de Moscou est large. L'infanterie et la cavalerie marchent sur deux files, sur les bas-côtés, l'artillerie et le charroi roulent au milieu. A mesure que Napoléon arrive à la hauteur des divers corps, ceux-ci s'arrêtent et se rangent en bataille, les tambours battent aux champs, les Aigles de la Grande Armée s'abaissent, des acclamations prolongées se font entendre. Il n'y a que la Garde à qui il est interdit d'accueillir l'Empereur par des « vivats » car, entourant sans cesse sa personne, « ce cri serait devenu trop fréquent, et pour ainsi dire banal ».

L'enthousiasme éclate, en dépit des incendies qui continuent à faire rage dans toutes les directions :

« Nous ne trouvions presque partout que la désolation la plus complète et des décombres fumants. » L'accrochage avec l'arrière-garde russe a lieu tous les jours à peu près entre trois et quatre heures, précise le sergent Corniquet. « Nous entendions le canon pendant une demi heure environ et nous passions ensuite par l'endroit où l'escarmouche avait eu lieu. »

Le 28 août, Napoléon arrive à Viazma, détruite, elle aussi, par les flammes. L'armée souffre toujours de la fatigue, de la faim et de la soif. « On se dispute quelques bourbiers, raconte le comte de Ségur, on se bat près des sources, bientôt troublées et taries ; l'Empereur lui-même doit se contenter d'une boue liquide... » En entrant dans la ville où le désordre règne, Napoléon s'irrite violemment en voyant le pillage se donner libre cours. Il pousse son cheval au milieu d'un groupe de soldats, frappe les uns, culbute les autres, fait saisir un vivandier et ordonne qu'il soit à l'instant jugé et fusillé. « Mais, nous rapporte encore le comte de Ségur, on se contenta de placer, un instant après, ce malheureux à genoux sur son passage, on mit à côté de lui une femme et quelques enfants, qu'on fit passer pour les siens. L'Empereur, déjà indifférent, demanda ce qu'ils voulaient, et le fit mettre en liberté. »

Napoléon apprend que le gouvernement du tsar se vante d'avoir remporté des succès et affirme que la perte de tant de provinces « est l'effet d'un plan général de retraite adopté à l'avance ». Des gazettes saisies à Viazma certifient qu'à Saint-Pétersbourg on chante des *Te Deum* pour les prétendues victoires de Vitebsk ou de Smolensk ! Napoléon s'écrie :

— Hé quoi ? Des *Te Deum !* ils osent donc mentir à Dieu comme aux hommes !

Et l'on repart... Que faire d'autre ? « La grande route de Moscou que nous suivions, raconte le général Girod de l'Ain, est sablonneuse, et l'armée, marchant en plusieurs colonnes serrées et de front, soulevait de tels nuages de poussière que l'on ne se voyait pas à deux pas et que nous en avions les yeux, les oreilles et les narines remplis, et le visage encroûté. Cette chaleur et cette poussière nous causaient, comme on peut l'imaginer, une soif ardente, et l'eau était rare... Me croira-t-on, quand je dirai que j'ai vu des hommes se mettre à plat ventre pour boire, dans l'ornière, de l'urine de cheval. »

En dépit de ces images peu appétissantes, en dépit des souffrances endurées par l'armée, en dépit des perpétuelles dérobades ennemies, Napoléon semble étonnamment satisfait et, par moment, se montre expansif. Un soir, à son bivouac, peu après Viazma, l'un de ses officiers l'entend déclarer :

— La véritable grandeur ne consiste pas à porter la pourpre ou un habit gris, elle consiste à se mettre au-dessus de son état : moi, par exemple, j'ai une bonne place, je suis empereur, je pourrais vivre au milieu des délices de la grande capitale, me livrer aux jouissances de la vie et à l'oisiveté. Eh bien, je fais la guerre pour la gloire de la France, pour le bonheur futur de l'humanité ; je suis au milieu de vous, au bivouac ; dans les combats, je puis être, comme un autre, atteint d'une balle... Je me mets au-dessus de mon état... Chacun doit faire de même dans sa position, dans sa sphère ; c'est là qu'est la véritable grandeur.

Il est détendu comme s'il se trouvait à la chasse dans la forêt de Fontainebleau ! Pourtant, il n'a plus avec lui que cent trente mille hommes et cinq cent quatre-vingt-sept canons. Depuis Smolensk, plus de cinquante mille hommes sont morts, blessés, ou traînent on ne sait où ! Napoléon est certain qu'il va enfin pouvoir bientôt livrer bataille. Il semble impossible que Barclay et Bagration laissent, sans essayer de s'y opposer, l'envahisseur faire son entrée dans Moscou !

Le 31 au château de Velitchévo, où Napoléon loge avec Murat, un cosaque fait prisonnier lui annonce que le tsar, puisque Barclay n'a « fait que sottises sur sottises », vient de nommer généralissime de son armée le vieux et gros Koutouzov — celui que la Grande Catherine appelait *mon Koutouzov* — le vaincu trop passif, trop fataliste d'Austerlitz, tel que le peindra Tolstoï. Aussi bien à Saint-Pétersbourg qu'à Moscou, on a forcé la main du tsar pour nommer celui qu'il appelle dédaigneusement « ce vieux satyre borgne ».

— Je n'ai pu faire autre chose que céder, soupire-t-il.

A l'annonce de cette nomination, la joie des troupes est indescriptible. Koutouzov se refusait à battre ou à gifler ses soldats — ce qui était alors monnaie courante dans l'armée russe. Il s'était attiré tous les cœurs, en disant aux troupes, qui, la veille d'une revue, nettoyaient leurs uniformes :

— Je n'ai pas besoin de tout cela, je viens seulement voir si vous êtes bien portants, mes gars. Le soldat en campagne n'a pas à s'occuper d'une tenue élégante : il doit se reposer et se préparer à la victoire.

Pour Koutouzov « Moscou n'est pas toute la Russie » et — il le précise — « mieux vaut perdre Moscou que l'armée et la Russie », cependant, il sait bien qu'il lui est impossible d'abandonner la ville à son sort. Il doit livrer bataille bien que l'armée russe, moins forte numériquement que celle de son adversaire, et dont la plus grande partie rétrograde depuis le Niémen, se trouve, elle aussi, en piètre état. Les hommes souffrent de la faim — « les soldats ne devaient leur rare nourriture qu'au hasard », nous dit Tarlé — et la cavalerie était « à peine vivante », selon l'expression de l'un des combattants.

Il n'en faut pas moins se battre et la joie des Russes à la pensée que l'on allait enfin en découdre n'a d'égale que celle de Napoléon.

— Enfin, s'exclame-t-il, il va y avoir bataille ! Dans quinze jours, Alexandre n'aura plus ni capitale ni armée ! Alors nous pourrons conclure la paix.

Cependant, dès le lendemain, le général Automne donne un nouvel avertissement à l'Empereur. Des pluies diluviennes s'abattent sur l'armée. Voici les canons embourbés, le charroi immobilisé, les chevaux enfoncés dans la boue jusqu'aux jarrets. La boue russe ! Une boue qu'il faut avoir vue — et y avoir « navigué » — pour l'imaginer... Une estafette parvient toutefois à atteindre le quartier général. Elle apporte d'affreuses nouvelles d'Espagne : Marmont a été pulvérisé aux Arapiles et Madrid est menacée par Wellington.

Placé en avant-garde, le roi Murat fait savoir à Napoléon le même jour que Koutouzov semble vouloir se battre et qu'il fortifie puissamment la position en avant des villages de Borodino, de Gorki et de Seménowskaïa, à cent trentre kilomètres devant Moscou. Il hérisse le sol de retranchements et de redoutes qu'il truffe de canons. Les Russes se croient assurés de barrer ainsi la route de Moscou à l'envahisseur, tandis que l'Empereur est convaincu, cette fois, de remporter la victoire ! Mais la boue a englué l'armée, la clouant littéralement au sol. Fort heureusement, le soleil se met à luire, sèche en partie cet effarant marécage et les troupes peuvent reprendre leur route.

Le 5 septembre, les deux armées sont face à face et, ce jour-là, ce sont les Russes qui ont choisi leur terrain. Ils sont cent douze mille, occupent un front convexe d'une longueur de quatre kilomètres et possèdent une artillerie de six cent quarante canons tirant des boulets plus lourds que ceux employés par les canons français.

Pour mieux comprendre les péripéties de ce que Napoléon appellera la lutte des Géants, — « ma plus grande bataille », dira-t-il même à Sainte-Hélène — j'ai voulu arpenter le célèbre champ de bataille. Il demeure là, dans cette plaine coupée de molles collines et de vallons encaissés, une singulière présence. Lorsqu'on vient de Moscou, après avoir traversé une interminable forêt de bouleaux et de pins, après avoir abandonné la grande route de Minsk, on laisse à sa droite le cours tortueux de la Moskova qui, pour Napoléon, a donné son nom à la bataille : la *rivière de Moscou* parle assurément plus à l'imagination des Français que le misérable village de Borodino !

Après Mojaïsk, la première étape de cette manière de pèlerinage se trouve au centre du hameau de Gorki, en bordure de la route de Smolensk. Il s'agit d'une butte de trois à quatre mètres de hauteur sur laquelle, pendant la bataille, Koutouzov demeura assis sur son banc de bois que l'on portait toujours derrière lui. Il tenait dans sa main sa *nagaïka,* l'agitait, traçait avec elle quelques traits sur le sol. De là, calmement, parfois maussade, parfois comme absent, il envoyait ses ordres vers Barclay de Tolly ou vers le prince Bagration commandant les deux ailes de l'armée. Trois cents mètres plus loin, après une descente rapide, on traverse la Kolocza, une rivière qui

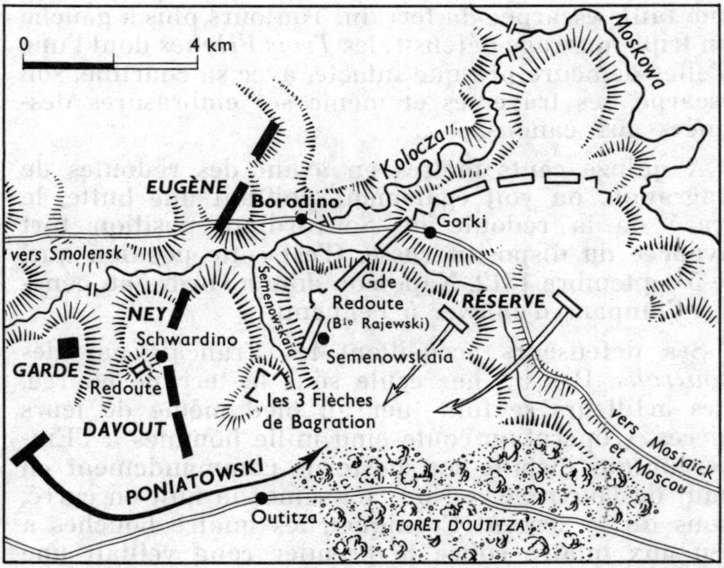

trace ses nombreux méandres parallèlement à la route avant d'aller se jeter dans la Moskova. Elle coule dans la vallée encaissée dont les rives abruptes constituaient pour l'aile gauche française un sérieux obstacle. La route remonte et voici Borodino, un village composé d'une vingtaine d'isbas pouilleuses et qui n'a pas changé depuis un siècle et demi. Là se trouvaient Barclay de Tolly et l'aile droite russe.

Ce n'est cependant pas à Borodino qu'il faut se tenir pour revivre la bataille, mais à gauche du village, à six ou sept cents mètres de la route. D'ici, après la vallée de la Kolocza, on voit se profiler la colline de

Kourganskaïa. C'est sur elle, au centre même du dispositif russe, que Koutouzov, adoptant l'idée du colonel Toll, a fait construire un fortin — *la Grande Redoute* — occupée par les terribles batteries du général Raïevski, une redoute dont on devine encore parfaitement l'emplacement. Plus à gauche, on aperçoit un hameau formé d'une douzaine d'isbas : le village de Semenovskaïa qui a donné son nom à un petit affluent de la Kolocza, serpentant à ses pieds dans une faille escarpée du terrain. Toujours plus à gauche un triple ouvrage défensif, les *Trois Flèches* dont l'une d'elles demeure presque intacte, avec sa courtine, son escarpe, ses traverses et même ses embrasures destinées aux canons.

A quinze cents mètres en avant des redoutes de Bagration, on voit également, coiffant une butte, le tracé de la redoute de Schvardino, position fort avancée du dispositif russe. C'est cette position que, le 5 septembre 1812, Napoléon donne l'ordre au général Compans d'enlever à l'ennemi.

Ses défenseurs accueillent les Français par des *hourrahs*. Pas un ne recule sous la terrible charge. Les artilleurs se font tuer au pied même de leurs pièces. L'opération coûte cinq mille hommes à l'Empereur qui installe son poste de commandement en haut de l'ouvrage. « Nous passâmes la nuit en carré, nous dit le sergent Corniquet, les quatre bouches à feu aux quatre coins, le premier rang veillait une heure debout pendant que le second et le troisième étaient assis sur les sacs... » Napoléon s'est retiré sous sa tente, à deux pas de l'ouvrage. Il se réjouit d'avoir pu enlever ce « beau mamelon » dès son arrivée. La « position couvre tout » et, selon son expression, il va pouvoir attaquer le champ de bataille en le prenant « par les cornes. »

Lorsqu'il se réveille, à l'aube du 6, il est fort satisfait d'apprendre que l'armée russe occupe bien ses retranchements. Comme la veille, les baïonnettes brillent sur les collines. On l'entend répéter presque avec gourmandise :

— J'ai besoin d'une grande bataille !

Cette fois, il n'y a plus à craindre que l'ennemi se dérobe. C'est « une joie générale » — le mot est de Ségur — alors que demain combien survivront parmi tous ces combattants venus *à pied* de France, des Pays-Bas, d'Allemagne ou d'Italie ! De l'autre côté, même enthousiasme. On travaille toujours avec ardeur et passion — pour ne pas dire avec amour — afin de fortifier la *Grande Redoute*.

— Comme l'espace ouvert devant nous peut être facilement attaqué par la cavalerie, constate le général Raïevski, le chef des pionniers m'a conseillé d'étendre devant la batterie, sur une étendue de cent cinquante mètres, une chaîne de pièges à loup, ce qui a été fait. Maintenant, il nous reste l'essentiel : attendre l'ennemi.

L'attente, cette oppressante veillée d'armes, va se prolonger durant toute la journée. De « l'autre côté », les popes — en ce dimanche 6 septembre — la croix à la main, entourent l'icône de la Vierge Sainte, emportée le 17 août de Smolensk. Pendant ce temps, Napoléon dresse ses plans : demain, dès l'aube, avec les troupes commandées par Eugène, il simulera une attaque en force contre la droite russe, c'est-à-dire le village de Borodino. Il s'agit là d'un piège : le vice-roi d'Italie devra s'arrêter dès qu'il aura atteint une position permettant à ses batteries de pilonner, à sa droite, la *Grande Redoute*. C'est contre cette puissante fortification de l'ennemi que de tous les côtés et sur un terrain plus accidenté qu'on l'a dit jusqu'ici, se succéderont les charges de cavalerie. On devra essayer, par ailleurs, de tourner par les bois la *gauche* russe — les *Trois Flèches* — ce sera le rôle dévolu à Poniatowski.

En regagnant son quartier général, situé à trois kilomètres en arrière de Borodino, Napoléon sent qu'il a pris froid et frissonne un peu... Mais l'Empereur trouve dans sa tente une caisse contenant le portrait du roi de Rome par Gérard, que Bausset vient d'apporter de Paris, et il oublie sa fièvre. Pendant que devant lui se déballe la toile, il ne dissimule pas son impatience. Dès qu'il peut enfin regarder le tableau, il déclare que c'est « un chef-d'œuvre ».

— Mon fils est le plus bel enfant de France, dit-il à Rapp.

Toute la journée, le portrait demeure sur une chaise.

— Messieurs, déclare-t-il à ses officiers venus aux ordres, si mon fils avait quinze ans, croyez qu'il serait ici autrement qu'en peinture.

Dans la soirée, les grenadiers de la Garde défilent devant le roi de Rome. Avant de parcourir les bivouacs, comme il a l'habitude de le faire à la veille d'un combat, Napoléon regarde une dernière fois le portrait de son fils et ordonne :

— Retirez-le : il voit de trop bonne heure un champ de bataille.

De plus en plus fiévreux et enrhumé, il appelle son médecin :

— Eh bien, docteur, lui dit-il, vous le voyez, je me fais vieux ; mes jambes enflent, j'urine à peine. C'est sans doute l'humidité des bivouacs, car je ne vis que par la peau.

Quelques instants plus tard, il se tourne vers Rapp.

— Eh bien, lui demande-t-il, crois-tu que nous ferons de bonnes affaires aujourd'hui ?

— Il n'y a pas de doute, sire. Nous avons épuisé toutes nos ressources, nous sommes forcés de vaincre.

— La fortune est une grande courtisane ! Je l'ai souvent dit et je commence à l'éprouver.

Il fait encore nuit, mais la diane a sonné et les capitaines lisent à leurs troupes les proclamations datées de deux heures du matin : « Soldats, voilà la bataille que vous avez tant désirée ! Désormais la victoire dépend de vous : elle nous est nécessaire. Elle nous donnera l'abondance, de bons quartiers d'hiver et un prompt retour dans la patrie ! Conduisez-vous comme à Austerlitz, à Friedland, à Vitebsk, à Smolensk, et que la postérité la plus reculée cite avec orgueil votre conduite dans cette journée ; que l'on dise de vous : Il était à cette grande bataille sous les murs de Moscou ! »

Cent trente mille hommes écoutent « dans le plus profond silence, le plus profond recueillement ». Puis c'est la classique distribution de *schnick*.

Au même instant, on lit « à ceux d'en face » les

paroles que Koutouzov adresse à ses hommes : « Soldats, faites votre devoir. Pensez au sacrifice de vos villes en flammes, de vos enfants qui implorent votre protection. Pensez à votre souverain qui voit en vous la source de sa puissance, et demain, avant le coucher du soleil, vous aurez marqué votre foi et votre fidélité au monarque et au pays par le sang de l'agresseur ! »

Napoléon ne parvient pas à commander au sommeil. Sans cesse il se relève pour aller constater par lui-même que les feux de Koutouzov trouent toujours l'obscurité. Cette fois l'armée russe n'a nullement l'intention de lever le camp ! L'Empereur se frotte les mains. Il battra Koutouzov, même en ne faisant pas donner la Garde !

— Il me restera quatre-vingt mille hommes, j'en perdrai vingt mille et j'entrerai à Moscou avec soixante. Là-bas les traînards et les bataillons de réserve nous rejoindront et nous serons plus forts qu'avant la bataille. » Une dernière fois — il est alors cinq heures du matin — il sort de sa tente et un simple coup d'œil lui apporte la certitude que les Russes occupent leurs positions.

— Enfin nous les tenons. En avant ! Ouvrons les portes de Moscou !

Il saute à cheval — un cheval allemand baptisé *Lutzelberg* — et se rend à la redoute conquise l'avant-veille. Deux autres chevaux — l'*Emir* et le *Courtois* — seront montés quelques instants par lui au cours de cette terrible journée, mais il ne quittera cependant pas la position de Schvardino. A cinq heures et demie, il s'avance maintenant un peu au-delà de la redoute et s'assied sur le gazon, à l'emplacement où sera élevé en 1912 le monument français — un aigle perché sur une colonne commémorative. Le champ de bataille est d'ailleurs truffé de petits monuments rappelant que le sang a coulé ici d'atroce façon en 1812 et qu'il devait encore couler en octobre et en novembre 1941, lors de l'avance allemande sur Moscou.

Sous les yeux de Napoléon, se déploie un terrain coupé de bouleaux et de boqueteaux. L'horizon est fermé par les *Trois Flèches*. L'emplacement choisi n'est guère excellent : un petit bois empêche l'Empereur de voir la *Grande Redoute* et la droite russe. L'ennemi est à quinze cents mètres. La vieille Garde, commandée par Lefebvre, se range en carré autour de l'Empereur, la jeune Garde et la cavalerie de la Garde se trouvent massées non loin, un peu en retrait de la redoute de Schvardino. Ils attendent l'arme au pied, en grande tenue — ils l'ont sortie de leur sac. Les officiers sont vêtus comme aux Tuileries. Murat caracole sur le front de la cavalerie, vêtu de l'un de ces uniformes dont il a le secret : « un grand chapeau bordé d'un large galon d'or à plumet blanc surmonté d'une aigrette blanche, très haute, entourée d'autres panaches, cheveux longs bouclés, pelisse verte de velours brodé d'or ; dessous, une tunique bleu de ciel, également brodée d'or à larges brandebourgs — il la porte souvent sans sa pelisse — un pantalon cramoisi à la polonaise galonné d'or, des bottes jaunes. Tel est son bel accoutrement pour n'être pas aperçu. »

Et brusquement le soleil du 7 septembre 1812 se lève, et dissipe le brouillard.

— Voilà le soleil d'Austerlitz ! crie Napoléon.

Mais, nous dit Ségur, « il se levait du côté des Russes, nous montrait à leurs coups et nous éblouissait. On s'aperçut alors que dans l'obscurité, les batteries — devant Schvardino — avaient été placées hors de portée de l'ennemi. Il fallut les pousser plus avant. L'ennemi laissa faire : il semblait hésiter à rompre, le premier, ce terrible silence ! »

L'Empereur fait un geste : non loin de lui, une pièce de l'artillerie de la Garde tonne. C'est le signal. L'effroyable tuerie de Borodino, le massacre de la Moskova est commencé.

Douze cents pièces vont semer le feu, le fer et la mort. Eugène est gêné par le véritable ravin de la Kolocza, mais il parvient cependant à occuper Borodino, tandis que, à huit reprises — Ney et Junot de front, Davout et Compans de flanc — s'en vont à l'assaut des trois fortifications « en flèche » de Bagration. Certains partent au son de la *Marseillaise,* comme lorsqu'on se « battait pour la Liberté ». Contre les triples redoutes attaques et contre-attaques, effroyables mêlées, charges infernales, corps à corps se succèdent. Au sein d'une fumée obscurcissant le ciel, au milieu des boulets, on se bat avec un acharnement encore jamais atteint. Un sergent qui va bientôt être blessé s'exalte : « La mitraille nous criblait et les boulets enlevaient nos files... Le soleil brillait sur nos têtes... La musique, le bruit de la caisse, le canon, la mousqueterie, les cris des vainqueurs électrisaient l'âme et la portaient à un sentiment d'ivresse inexprimable... » « Le bruit des canons ennemis était tel, dira de son côté un officier russe, que nous n'entendions même pas la fusillade » — ce bruit des canons qui « assourdissait » encore à cinq kilomètres du champ de bataille. Bientôt Compans, grièvement blessé, abandonne ; Davout met l'épée à la main mais son cheval est tué, il tombe, perd connaissance, revient à lui, mais c'est Murat qui achèvera le travail. On se bat au fusil, au sabre, à la baïonnette, certains font même usage « de leurs poings et de leurs bâtons ». Les *Trois Flèches* résistent encore. Pour en finir, l'Empereur fait concentrer le tir de quatre cents canons contre les redans de Bagration. Enfin, l'une après l'autre, les Flèches tombent entre les mains de Murat et de Ney. « C'est alors, nous raconte le Russe Glinka, l'un des combattants de la journée, que le grand événement eut lieu. » Bagration a deviné les projets de Napoléon : s'emparer de la gauche ennemie, puis se rabattre sur le centre. Aussi entreprend-il un magnifique exploit : « Un ordre et toute l'aile gauche, dans toute sa longueur, s'ébranle et court baïonnette au canon. » L'assaut est brisé, non seulement par le feu nourri de l'artillerie napoléonienne, par les charges de la cavalerie de Murat qui balaient le plateau, mais surtout parce qu'une nouvelle court comme une traînée de poudre à travers toute l'aile gauche russe : Bagration est mortellement blessé. « Les bras des soldats tombèrent », nous rapporte Glinka.

Il est midi.

Tandis que le malheureux Bagration est emporté en voiture, les *Trois Flèches* sont occupées par les troupes françaises. La lutte fait rage devant le ruisseau et les isbas en flammes de Semenovskaïa. L'artillerie napoléonienne est amenée en première ligne pour foudroyer les défenseurs du village. Les charges des deux cavaleries se mêlent en un prodigieux mouvement de flux et de reflux. Plus à droite, la *Grande Redoute* de Raïevski disparaît sous la fumée de l'effroyable duel d'artillerie. Les batteries du vice-roi Eugène, qui, rappelons-le, tient en contre-bas l'extrême gauche française, convergent, elles aussi, leur feu sur la *Grande Redoute* qui est enfin occupée par Morand. La division Raïevski recule vers le ravin de la Kolocza. Elle pourrait être prise comme dans un étau si Murat avait suffisamment de monde sous la main. Pendant une éclaircie, il aperçoit près de lui Montesquiou et hurle avec son accent gascon :

— Dites à l'Empereur qu'il m'envoie des réserves s'il en a encore !

Et Napoléon ?

Monté sur son cheval blanc, il s'est avancé jusqu'au bord d'une ravine. Là, il a pu mieux se rendre compte de ce qu'allait devenir la bataille, alors qu'en retrait, derrière les *Trois Flèches* qui ont changé de maître, l'aile gauche russe, véritable membre mort, s'est formée en carrés, alors que l'on se bat sur les pentes du mont Kourganskaïa, alors que la *Grande Redoute* va être reprise par l'ennemi, alors que les Italiens d'Eugène vont avoir à supporter une violente contre-attaque menée par les cosaques de Platov et la cavalerie d'Ouvarov.

Napoléon revient maintenant vers le pied de la redoute de Schvardino, descend de cheval et demeure étrangement passif. Est-ce son état de santé qui le rend soumis et résigné à sa destinée ? Et pourtant, partout, sur le vaste champ de bataille, le sang de ses soldats, des survivants de la Grande Armée, coule... Il s'assied ou se promène lentement devant la redoute. Les lourds boulets russes passent au-dessus de lui. Certains roulent jusqu'à ses pieds et il les repousse « comme des pierres qui gênent au cours d'une promenade ». Il suit avec sa lunette la bataille. Ceux qui ne savent pas qu'il souffre, qu'il est réellement malade ce jour-là, s'étonnent de voir l'Empereur ne plus faire le général, ne plus électriser les combats par sa présence. Sans cesse, on vient lui annoncer la mort de ses meilleurs généraux. Douze généraux tués ! Trente-sept gravement atteints ! Il fait alors un geste de douloureuse résignation.

La mêlée est indescriptible. Von Leissnig, des dragons de Saxe, au service de Napoléon, racontera les nouvelles attaques menées contre la Grande Redoute, que Barclay a maintenant reprise et où il s'est réinstallé solidement ! « Une fumée dense, épaisse, recouvrit alors tout l'espace entre nous et les Russes : on ne voyait, dans l'obscurité que les éclairs des coups de canon. On aurait dit que l'enfer ouvrait ses portes et nous plongeait dans l'obscurité du chaos : les sabres eux-mêmes émettaient une lumière falote... »

Sans cesse, maréchaux, généraux, aides de camp supplient l'Empereur de faire donner la Garde « pour en finir ». Chaque fois il secoue la tête, chaque fois il répond :

— La journée sera longue, il faut savoir attendre... Le temps entre dans tout, c'est l'élément dont toutes choses se composent... Rien n'est débrouillé !

Rapp, tout ensanglanté — il a quatre balles dans le corps, un biscaïen l'a frappé à la hanche et jeté au bas de son cheval — est porté près de son maître.

— Alors, Rapp, que fait-on là-haut ? lui demande-t-il.

— Il faudrait la Garde pour achever.

— Non, je m'en garderai bien ! Je ne veux pas la faire démolir, je gagnerai la bataille sans elle.

— Sire, supplie Daru de son côté, on s'écrie de toutes parts que l'instant de faire donner la Garde est venu...

— Et s'il y a une deuxième bataille demain, riposte l'Empereur, avec quoi la livrerai-je ?

On espère cependant qu'il va se réveiller, céder aux supplications et lancer l'ordre célèbre :

— Faites donner la Garde !

Quelques murmures se font entendre près de lui. Il les fait taire :

— Nous sommes à huit cents lieues de Paris et aux portes de Moscou.

Enfin, son regard s'anime... Mais il se contente d'envoyer vers la fournaise soixante pièces de l'artillerie de la Garde.

Il refusera ainsi jusqu'à la fin de voir ses chers grognards s'enfoncer dans l'épouvantable mêlée — et pourtant les *Trois Flèches* manquent d'être reprises par les Russes. Ney et Murat s'y maintiennent grâce à la division Friant qui n'a pas encore combattu et entre dans la bataille comme à la parade. Friant tombe sérieusement blessé. Ses régiments reculent. Le roi de Naples, dont l'uniforme est méconnaissable, se précipite sur un colonel qui commande la retraite à son régiment :

— Que faites-vous ? lui crie-t-il.

L'officier lui montre la terre recouverte de morts — la moitié de son unité a été massacrée :

— Vous voyez bien qu'on ne peut plus tenir ici !

— Eh ! J'y reste bien, moi !

— C'est juste, répond froidement le colonel. Soldats ! face en tête ! Allons nous faire tuer !

— Soldats de Friant, vous êtes des héros ! hurle Murat.

Et il se jette dans la mêlée, semblable « à l'un de ces plus terribles dieux de l'Olympe ». Le régiment le suit et s'élance vers la fournaise aux cris de : *Vive Murat !* Enfin l'ennemi est repoussé et des *Trois Flèches* partent maintenant les feux de deux cents pièces dirigés contre la *Grande Redoute*.

« Dans l'après-midi, racontera un colonel russe, lorsque le vice-roi d'Italie se lança dans sa dernière attaque contre notre redoute, le feu des fusils et des canons déchargés dans toutes les directions la faisait ressembler à un volcan : les sabres, les lattes, les baïonnettes, les casques et les cuirasses brillaient sous les rayons éclatants du soleil couchant : c'était un spectacle majestueux et terrifiant. » Au milieu des tourbillons de feu et de fumée, sous la mitraille qui tombe dru, les hommes de Koutouzov comme « plantés sur le terrain », se battent avec une férocité et un courage que Napoléon ne peut s'empêcher d'admirer :

— Lorsqu'un soldat russe est tué, il faut encore le pousser pour qu'il tombe, dira-t-il.

Evoquant plus tard la journée de la Moskova, il le répétera à Sainte-Hélène :

— Les Russes se sont montrés dignes de rester invincibles.

On voit Bibikov — l'aide de camp du général Milo-radovitch — lever le bras en pleine bataille pour indiquer au prince de Wurtemberg l'endroit où se trouve son général. A cet instant un boulet lui arrache le bras. « En tombant de cheval, Bibikov lève l'autre main et, de nouveau, montre la même direction... »

Et la *Grande Redoute* résiste encore !

Les cadavres et même les corps des blessés forment un véritable mur protégeant l'ouvrage. C'est seulement à quatre heures de l'après-midi — les trois quarts des défenseurs morts sur place — que la batterie Raïevski se tait. La *Grande Redoute*, prise à la fois par les cavaliers de Grouchy et les baïonnettes du 9e de ligne d'Eugène, la bataille faiblit.

— Que font les Russes ? demande l'Empereur.

— Ils restent sur place, Sire.

— Augmentez le feu, ils en veulent encore, donnez-en !

Certes, on pouvait tout achever et faire de Borodino la grande victoire tant attendue et tant espérée. Koutouzov pouvait être pris entre les deux ailes françaises qui débordent maintenant le centre russe. Des officiers arrivent successivement près de l'Empereur, demandant la Garde, toujours massée derrière lui. On entend le maréchal Lefebvre crier :

— En avant, toute la Garde !

L'Empereur se retourne ; il se décide enfin :

— Avancez donc, foutus couillons !

Mais quelques instants plus tard, il change d'avis et rapporte l'ordre qu'il s'est laissé arracher.

— On s'étonnera que je n'aie pas fait donner mes

réserves pour obtenir de plus grands résultats, expliqua-t-il ce même soir. Mais j'ai dû les conserver pour frapper un coup décisif dans la grande bataille que nous livrera l'ennemi devant Moscou. Le succès de la journée était assuré. Je devais songer au succès de la campagne et c'est pour cela que je garde mes réserves.

Mais il n'y aura pas de grande bataille devant Moscou...

Enfin les canons cessent de vomir la mort. La plus meurtrière bataille de l'histoire napoléonienne s'achève. On s'est battu durant douze heures au rythme de cent quarante coups de canon à la minute. Un record jamais atteint ! Un lugubre silence tombe avec la nuit sur le champ de bataille où gisent soixante mille morts dont quarante-cinq mille Russes. L'immense plainte poussée par les trente-cinq mille blessés monte des collines et de la plaine. Treize mille de ces blessés russes ne survivront pas. Et combien parmi les dix mille blessés français, allemands ou italiens mourront loin de leur pays !... La Grande Armée, forte encore de cent trente mille hommes le matin de ce lundi 7 septembre, n'en compte maintenant qu'un peu plus de cent mille ! Les survivants ont faim, soif et frissonnent de froid. Vers chaque bivouac trouant les ténèbres, les blessés, les agonisants se meuvent dans l'ombre, rampant, semblables à des spectres. « J'en vois un, entre autres, raconte le capitaine François, qui s'est traîné sur le bord de la route ; sa jambe, fracturée, est attachée avec des chiffons ; la moitié de son corps est dans le ventre d'un cheval dont il dévore la chair comme un chien. Ce malheureux ne se retire qu'en entendant le bruit de nos pas. »

Le lendemain, Napoléon traçait ces lignes destinées à Marie-Louise : « Ma bonne amie, je t'écris sur le champ de bataille de Borodino. J'ai battu hier les Russes... » Au même moment, Koutouzov écrivait à sa femme : « Je me porte bien, mon amie, et je ne suis pas battu : j'ai gagné la bataille. »

La victoire russe de la Moskova ? Une « victoire

morale » peut-être. Comme l'a fort bien dit l'historien soviétique Tarlé : « L'armée russe dont la moitié était tombée sur le champ de Borodino, ne se reconnaissait pas vaincue. Le peuple russe ne se sentait pas vaincu non plus, et sa mémoire garda le souvenir de Borodino, non pas comme d'une défaite, mais comme de la preuve de sa résistance contre la plus redoutable des atteintes à son indépendance nationale. »

Certains considèrent encore aujourd'hui que Borodino fut une victoire. « Le champ de bataille fut gagné par les Russes », précise même le texte remis aux nombreux visiteurs du *Panorama de Borodino* que l'on peut voir avenue Koutouzov à Moscou. Sans doute, les canons s'étant tus, les survivants russes bivouaquent-ils cette première nuit, dans la plaine, derrière les collines qui ont marqué leurs défenses avancées, mais les Français, en attendant de voir s'ouvrir devant eux la route de Moscou — indéniable conséquence de leur victoire — occupent Borodino, Semenovskaïa et les redoutes. D'ailleurs, le lendemain, à dix heures du matin, les Russes tournent le dos au champ de bataille et battent en retraite vers Mojaïsk.

Quel champ de bataille que cette vallée du massacre, selon l'expression de Tarlé ! Les rescapés de la tuerie, les vêtements noirs de poudre et souillés de sang, déchaussent les cadavres et les fouillent pour trouver un peu de subsistance, tandis que des blessés « rampent par milliers aux abords de la route ».

Vers neuf heures du matin — le 8 septembre — par un temps clair et froid, l'Empereur enfourche *Tauris* et regarde le spectacle.

« Je le vis faire approcher un des officiers de sa suite et lui parler, nous rapporte le capitaine Brandt. Aussitôt cet officier entra dans la redoute avec des chasseurs qu'il disposa en carré, de manière à circonscrire un certain espace dans lequel on compta les morts. La même manœuvre fut répétée sur différents points, et je compris qu'on avait voulu, par cette sorte d'opération mathématique, se rendre compte approximativement du nombre des victimes. Pendant ce temps, la physionomie de l'Empereur demeura impassible, seulement il était très pâle... »

Peut-on appeler une telle boucherie une victoire ?

Au tour de Koutouzov de se poser la question : Que faire ? Avec cinquante mille hommes, la moitié de ce qu'il possédait la veille, impossible de reprendre le combat. Le prince ordonne donc la retraite et, quatre jours plus tard, vient prendre position aux portes de Moscou. Le maréchal — à la suite de la « victoire » de Borodino, le tsar lui a donné ce titre — s'est assis dans l'isba du paysan Sevastianov, au village de Fili (1), lorsqu'on vient lui annoncer l'approche des avant-gardes françaises. Les généraux Barclay de Tolly, Bennigsen, Platov et Ouvarov l'entourent et donnent leur sentiment. Pour certains la bataille n'a été décisive pour aucune des deux armées.

Si l'on abandonne la Ville Sainte, comment serait-il possible de faire croire encore à une défaite française ? Koutouzov tranche la question en prononçant lentement ces mots en français :

— Vous craignez la retraite par Moscou et moi je la considère comme une Providence car cela sauve l'armée. Napoléon est comme un torrent que nous ne pouvons pas encore arrêter. Moscou sera l'éponge qui l'absorbera.

Un lourd silence s'appesantit sur l'isba, et le maréchal conclut :

— Quoi qu'il arrive, j'en prends sur moi la responsabilité devant l'Empereur, la patrie et l'armée.

Koutouzov passe cette nuit-là dans la pauvre isba de Fili, et au cours de la nuit, on l'entend sangloter.

Le lendemain, 14 septembre, les survivants russes de Borodino traversent la ville. « La marche de l'armée, dira un témoin, avait plutôt l'air d'une pompe funèbre que d'une marche militaire... Des officiers et des soldats pleuraient de rage et de désespoir. » On

(1) Elle a été reconstituée derrière le Panorama de la bataille, à l'endroit même où l'isba se trouvait autrefois. La table et les chaises sont authentiques.

voit deux bataillons sortir du Kremlin musique en tête. Un colonel les précède, caracolant noblement.

— Quelle est la canaille qui vous a ordonné de jouer de la musique ? lui demande le général Miloradovitch, commandant l'arrière-garde.

— Selon le code militaire de Pierre le Grand, répond le colonel, la garnison doit abandonner la forteresse au son de la musique.

— Est-ce que le code militaire de Pierre le Grand prévoit la reddition de Moscou ?

Et c'est en silence que l'armée s'écoulera à travers la ville muette de stupeur...

Sur le pont de la Yourza, le vantard et bavard gouverneur, le comte Rostopchine, regarde le spectacle. Lui qui avait fait placarder sur les murs de la ville : « Je mets ma vie en gage que le Scélérat n'entrera point à Moscou ! » Au moment d'éperonner son cheval pour se lancer sur la route de Riazan, il crie à son fils Serge, qui vient de se battre à Borodino :

— Salue Moscou ! Dans une heure elle sera en flammes !

Déjà les Français apparaissent sur les collines qui, vers l'ouest, en demi-cercle, entourent la ville...

***

Autrefois, tout voyageur russe découvrant Moscou, du haut de la colline traversée par la route de Mojaïsk, se prosternait et se signait. Aussi l'endroit avait-il été baptisé Poklonnaïa, le *Mont du Salut*. C'est là que le samedi 14 septembre, dans l'après-midi, Napoléon « transporté de joie », s'arrête et regarde. Il a devant lui Moscou, les coupoles, les clochers bulbeux dorés ou bicolores qui brillent au soleil. Au cœur de la cité, au bord de la Moskova, il peut voir surgir les vingt tours et les murailles crénelées d'un chaud brun rouge d'un gigantesque burg enserrant toute une colline couverte de palais, de clochers et d'églises : le Kremlin — deux syllabes qui contiennent un étrange pouvoir d'évocation.

— La voilà donc, cette cité fameuse ! s'exclame-t-il. Il était temps !

Les troupes qui arrivent successivement s'arrêtent médusées, oubliant la terrible marche depuis le Niémen...

— Moscou ! Moscou !

Napoléon est entré au Caire, à Milan, à Vienne, à Venise, à Madrid, à Berlin, à Varsovie, mais jamais il n'a autant joui de son triomphe. Les souffrances de la terrible route, l'hécatombe de la Moskova sont oubliées. Que peut-il désirer de plus ? La paix ? Elle ne peut plus tarder maintenant ! Le tsar n'est-il pas mis à genoux ?

La masse des tambours de la Garde se fait entendre : c'est le signal de l'entrée dans Moscou. Musique en tête, les troupes descendent vers la cité. « L'étonnement mêlé au ravissement », raconte l'un d'eux dans une lettre que les cosaques intercepteront. Des palais, des bâtiments, non en bois, « mais en brique et de l'architecture la plus élégante et la plus moderne... » De son côté, Napoléon écrit à Marie-Louise : « Il y a mille six cents clochers et plus de mille beaux palais. »

Pas un bruit ne monte de la ville. Etonné, puis anxieux que pas un « boyard », selon son expression, ne soit venu se porter au-devant de lui, l'Empereur traverse la Moskova et s'approche de la porte de Dorogomilov. Les blanches murailles entourant la ville ont alors déjà disparu. Un chemin a pris leur place, ce chemin devenu aujourd'hui l'ombragée Sadovoïé Koltzié. Napoléon s'arrête devant la barrière —, mais inutilement. Il n'y a personne devant lui, personne non plus dans la célèbre *Arbate* qui s'enfonce dans la ville, vers le Kremlin. Personne ! On lui annonce alors la surprenante nouvelle :

— Moscou est désert !

Il est stupéfait :

— Quel événement invraisemblable ! Il faut y pénétrer. Allez, et amenez-moi les boyards !

Il doit se rendre à l'évidence : les trois cent mille habitants de la capitale russe — hors une poignée de

Moscovites, hors quelques domestiques ou vagabonds, hors quelques déserteurs aussi et, bien entendu, les colonies étrangères — ont quitté Moscou à la suite de l'armée. Les officiers supplient Napoléon de ne pas entrer immédiatement dans Moscou ; il y a, dans le faubourg de Dorogomilov, non loin de la grand-route, une auberge construite en bois où S.M. impériale pourrait loger. La chambre où Napoléon va passer sa première nuit est d'une saleté à frémir, l'odeur à tomber. Les domestiques font brûler du vinaigre, mais en vain.

Pendant ce temps, les soldats se sont répandus dans la ville pour chercher de la nourriture. L'un d'eux qui a pénétré dans une maison encore habitée, entend — horrifié — un enfant s'exclamer avec haine :

— Des vivres pour les Français ? Le mastic des vitres est assez bon pour les nourrir !

Cependant des bruits inquiétants commencent à courir : quelques incendies — particulièrement dans le Grand Bazar — se sont déclarés et déjà des voyous pillent les maisons désertes.

— Surtout, ordonne Napoléon à Mortier qu'il vient de nommer gouverneur de Moscou, point de pillage ! Vous m'en répondez sur votre tête ? Défendez la ville envers et contre tous !

Dans la soirée, les foyers d'incendie se multiplient et l'on ne parvient point à les maîtriser — le gouverneur russe ayant fait donner l'ordre d'enlever toutes les pompes de la ville et de leur faire prendre la route de Riazan. Il a même ordonné bien plus que cela : l'incendie de la ville !

A Sainte-Hélène, Napoléon déclara :

— Il ne m'est pas démontré que les Russes aient voulu brûler Moscou, ni qu'ils en aient reçu l'ordre.

Mais alors l'Empereur n'avait pas eu connaissance de la déposition du commissaire Voronenko devant le tribunal de Moscou. « Le 14 septembre, à cinq heures du matin, a déclaré ce dernier, le comte Rostopchine m'envoya à la Halle aux Vins et aux Halles Minty, au commissariat, et me chargea au cas où l'ennemi entrerait subitement d'essayer de tout anéantir par le feu ; ce que je fis, jusqu'à dix heures du soir, en divers endroits, dans la mesure de mes forces, en présence de l'ennemi. » Ce document se trouve conservé aux Archives scientifiques et militaires de Moscou, sous le numéro 4346. Sans vouloir appeler à la barre de l'Histoire les combattants de la Grande Armée, cette déposition vient corroborer les déclarations des autres témoins français demeurés à Moscou — tels le curé de Saint-Louis ou l'émigré Beauchamp — et ruiner la bien tardive mise au point de Rostopchine. Après avoir paisiblement accepté, durant onze années, d'être appelé « l'incendiaire de Moscou », Rostopchine, en 1823, accusera les Français d'avoir brûlé Moscou... par imprudence « en visitant de nuit les maisons » et en s'éclairant « avec des bouts de chandelles, des torches et des fagots. Plusieurs même, précisera-t-il, entretenaient, au milieu des cours, des bûchers allumés pour se chauffer. » Certes, l'absence de discipline dans l'armée des vainqueurs peut être une raison suffisante pour expliquer quelques foyers d'incendie, mais non pour élucider les raisons de l'effroyable brasier. Le fait d'avoir donné l'ordre d'enlever les pompes de la ville n'est-il pas accablant ? D'ailleurs, les fils et les descendants de Rostopchine considèrent toujours le gouverneur comme celui qui avait eu la gloire, en mettant le feu à Moscou, d'en avoir chassé Napoléon. Le comte Anatole de Ségur, petit-fils du gouverneur, précisera : « Après un examen approfondi des faits et des témoignages, ma conviction se résume à ceci : le comte Rostoptchine n'est pas l'*unique,* mais il est le *principal* auteur de l'incendie de Moscou. » Et ceci, me semble-t-il, peut être la conclusion de l'Histoire.

Le soir du 14 septembre, un globe de feu éclate dans le quartier de la Yaouza et donne l'éveil aux habitants ; une maison est déjà la proie des flammes, tandis que de l'autre côté, près du Pont de Pierre, le grand magasin d'eau-de-vie, appartenant à la Couronne, est en feu. Vers onze heures du soir, l'incendie se propage avec violence dans les boutiques situées près de la Bourse : des magasins remplis d'huile et de suif brûlent comme des torches. *Kitaï-Gorod,* la cité chinoise, n'est plus qu'une flamme.

Et il est toujours impossible de trouver les pompes de la ville... Les foyers d'incendie n'empêchent pas l'Empereur, le mardi 15, à peine le jour levé, de monter *Emir*, et de se diriger vers le cœur de la ville par l'*Arbate,* la rue habituellement la plus fréquentée de Moscou et qui, comme la veille, est désespérément vide ce matin-là... Le drapeau tricolore flotte sur le Kremlin. L'Empereur fait le tour des longues murailles en briques, construites, voilà six siècles, par le duc Daniel, pénètre dans la cité par la Koutafia, coiffée de la Tour de la Trinité, et va s'installer dans l'appartement que l'empereur Alexandre occupe lorsqu'il réside à Moscou. Des salons, des salles de fête et une chambre d'apparat dont les fenêtres donnent sur la Moskova. Le palais a été détruit quarante ans plus tard, et remplacé par celui que l'on voit aujourd'hui et qui se trouve occupé par le Soviet Suprême (1).

— Je suis donc enfin à Moscou, éprouve-t-il le besoin de répéter. Je me trouve dans l'antique palais des Tsars, au Kremlin !...

Mais il ne peut se défendre d'un sentiment de malaise après avoir traversé ces rues aux maisons mortes, dépeuplées de leurs habitants qui ont fui, comme autrefois devant l'approche des Tartares. Caulaincourt remarquera ses traits « altérés ». Ces incendies qui s'allument sans raison apparente l'oppressent. Dédaignant la somptueuse couche des tsars, il s'étend sur son petit lit de fer, enveloppé de rideaux verts, que l'on a dressé, à chaque étape, depuis la traversée du Niémen.

Il est brusquement réveillé par son valet de chambre. Toute sa chambre se trouve éclairée par le ciel de Moscou embrasé. Les incendies se sont propagés en d'effroyables proportions. La ville entière est maintenant livrée aux flammes. Suivi de Montesquiou et de Caulaincourt, l'Empereur monte en haut de la

(1) Je ne pense pas, ainsi que certains l'ont affirmé, que l'Empereur ait séjourné dans le *Palais à facettes*. Les autorités soviétiques sont formelles sur ce point.

tour d'Yvan qui se dresse juste en face du palais à facettes. La vision, du plus haut observatoire de Moscou, est dantesque. Une mer de feu couvre la capitale, une mer dont le Kremlin, tel une île encore intacte, semble être le centre. Napoléon est atterré et demeure d'abord sans voix, puis, serrant les lèvres, ses compagnons l'entendent murmurer :

— C'est inconcevable ! Les barbares, les sauvages, brûler leur ville ! Qu'est-ce que des ennemis pourraient faire de pis ? Ils se vouent aux malédictions de la postérité !

La Garde qui occupe la cité du Kremlin pourra-t-elle protéger le berceau de la ville où l'on vient d'installer un dépôt d'artillerie ? L'Empereur redescend néanmoins de la tour et, rentré dans son appartement, essaye de travailler. A chaque instant, il se lève, marche, puis se rassied brusquement. Ségur le voit durant toute cette terrible journée parcourir ses appartements d'un pas rapide. Il reprend et quitte encore son travail pour se précipiter à ses fenêtres afin de regarder les eaux de la Moskova qui roulent en reflétant les flammes et semblent un fleuve de sang :

— Quel effroyable spectacle ! Ce sont eux-mêmes ! Tant de palais ! Quelle résolution extraordinaire ! Quels hommes ! Ce sont des Scythes !

Le soir tombe, le Kremlin paraît bientôt cerné, assiégé par l'incendie. Il faut fuir ! Supplié par Eugène et Murat, l'Empereur consent enfin à donner l'ordre du départ... Léchées par les flammes, les portes de la citadelle donnant vers la ville et la place Rouge, — la *Belle Place* — refusent de s'ouvrir. On découvre enfin, du côté de la Moskova, une poterne qui semble aujourd'hui avoir disparu — à moins qu'il ne s'agisse tout simplement de celle flanquant la porte Borovitzkaïa qui, elle, existe toujours. Quoi qu'il en soit, appuyé au bras de Caulaincourt, Napoléon traverse sur un pont de bois la Neglinnaïa, cette petite rivière qui, telle des douves, entourait autrefois cette partie du Kremlin. L'Empereur débouche sur le quai et traverse la Moskova. Le voici dans le quartier des marchands. Son mouchoir sur la figure, il suit une rue étroite, tortueuse, et s'avance au travers du pétillement des brasiers. Autour d'eux, les poutres brûlantes croulent. Le petit groupe craint de s'être égaré. La fumée les aveugle. Un guide s'offre à les conduire... Il se perd, lui aussi ! La ville est déjà méconnaissable. Ségur le racontera : « Nous marchions sur une terre de feu, sous un ciel de feu, entre deux murailles de feu. Une chaleur pénétrante brûlait nos yeux, qu'il fallait cependant tenir ouverts et fixés sur le danger. Un air dévorant, des cendres étincelantes, des flammes détachées embrasaient notre respiration courte, sèche, haletante, et déjà presque suffoquée par la fumée. »

Enfin le fugitif peut retrouver l'un de ses écuyers. Il monte *Tauris,* prend la route de Saint-Pétersbourg et va s'installer dans le disgracieux palais de Petrovsk, où Alexandre s'était reposé avant d'entrer dans la ville, la veille de son couronnement. Le château se dresse toujours coiffé de sa coupole orientale, orné de ses hautes fenêtres cintrées, à une lieue du centre de Moscou, sur la route conduisant à l'aéroport de Cheremetievo. Il est devenu l'Académie d'Aviation, une manière d'école supérieure destinée à former les cosmonautes.

Bientôt le piquet de Garde vient reprendre son service. Bien des bonnets d'ourson sont roussis. L'état-major regarde l'épouvantable spectacle : « On voyait une ligne de feu longue de plus d'un mille ; cela ressemblait à un volcan à plusieurs cratères. » Le lendemain, la ville brûle toujours. La cité paraît une vaste trombe de feu qui s'élève en tourbillonnant jusqu'au ciel. Après un morne et long silence, on entend l'Empereur s'écrier :

— Ceci nous présage de grands malheurs !

On apporte à Napoléon l'affiche apposée par le gouverneur Rostopchine sur le poteau indiquant le chemin de son château : « J'ai embelli pendant huit ans cette campagne et j'y vivais heureux au sein de ma famille. Les habitants de cette terre, au nombre de dix-sept cent vingt, la quittent à votre approche, et moi, je mets le feu à ma maison pour qu'elle ne soit point souillée par votre présence. »

L'Empereur demeure abasourdi par tant de haine.

Pendant ce temps, les soldats se précipitent au milieu de l'incendie, marchant dans le sang, foulant aux pieds des cadavres, et se livrant au plus affreux pillage. « Parfois, nous dit un rapport russe, les maraudeurs déshabillaient complètement les passants ou leur enlevaient leurs chaussures » — idée fixe pour ces malheureux venus à pied de Paris !... L'artillerie détruit à coups de canon les maisons en flammes. « Nous n'avons pas vu de femmes depuis les maîtresses de poste de la Pologne, écrit Stendhal — Henry Beyle se trouvait en effet dans les rangs napoléoniens — mais en revanche, nous sommes grands connaisseurs en incendie... »

Le 18 au matin, Napoléon, pour regagner le Kremlin, traverse la ville. Le spectacle est hideux.

— Est-ce là tout ce qui reste de la grande Moscou ? s'exclame-t-il, horrifié.

Moscou brûle et l'incendie menace le Kremlin. Napoléon fuit par une petite porte donnant sur la Moskova.

(Photo Snark International)

XVI

LA RETRAITE

Rien de plus difficile que de se décider.

Napoléon.

Il demeurait cependant encore debout presque un tiers de la ville. Mais le pillage allait détruire ce que le feu avait épargné — un pillage absurde, grotesque, démentiel ! Donnons la parole à deux témoins pris au hasard. D'abord le baron Peyrusse : « Le soldat, couvert de boue et noirci par la fumée, assis dans un fauteuil de velours cramoisi, mangeait sa soupe dans des assiettes de porcelaine et buvait dans des verres du plus beau cristal. Des forçats, des prostituées, mêlés avec nos soldats, participaient à cet affreux pillage. A chaque pas, on se voyait accosté par un soldat qui, métamorphosé en marchand, vous offrait, à vil prix, des étoffes, des châles précieux qui souvent enveloppaient de mauvaises morues ou un morceau de jambon... » Et voici ce que vit le général Fantin des Odoards : « Dans un char doré traîné par des rosses mourant de faim se pavanent des soldats gorgés dans une tenture de damas, des liquides dans de grands vases que je ne nomme pas, des pains de sucre dans une robe de bal. On voit des goujats affublés de l'habit des popes, des cantinières crottées couvertes de cachemires. Les saturnales de notre carnaval n'approchent pas de ces hideux et risibles tableaux. »

Les quelques habitants demeurés sur place errent pieds nus, le visage à demi brûlé par les flammes et pleurant comme des enfants. « Ici, l'on voyait un homme de qualité, bien vêtu, mais chaussé de souliers d'écorce, parce qu'un Français avait trouvé ses bottes à sa convenance. » D'autres Moscovites, barricadés chez eux, décident, mais en vain, de soutenir un véritable siège. Les pillards ont vite raison de leur résistance.

Ce sont les soldats allemands, polonais, italiens ou espagnols qui se conduisent le plus affreusement. « Les *vrais* Français sont bons, peut-on lire dans un document conservé aux Archives russes ; on les reconnaissait à leur uniforme et à leur langue, ils ne faisaient presque jamais de mal à personne ; mais, par contre, toutes leurs recrues nouvelles et allemandes ne valaient rien. » Un seul point est cependant commun à tous : l'ivrognerie — et, bien entendu, le pillage. « J'étais riche de fourrures et de tableaux, dira B.T. Duverger ; j'étais riche de caisses de figues, de café, de liqueurs, de macaroni... » On dédaigne cependant le poisson salé et même le caviar qui surprend le palais des Occidentaux.

Napoléon, lui aussi, pille... mais à sa manière. Il donne l'ordre d'enlever la gigantesque croix d'or qui se trouve en haut de la tour d'Yvan. Elle est destinée à orner le dôme des Invalides. L'Empereur assiste à la difficile opération exécutée par les sapeurs de la Garde. La rupture d'un câble fait tomber la croix, et « la terre tremble sous ce poids énorme ». Trophée inutile... car la croix disparaîtra on ne sait où pendant la retraite !

L'Empereur a certes interdit le pillage, mais il est bien difficile d'arrêter la soldatesque. Pour commencer, Napoléon donne l'ordre de faire fusiller les incendiaires. Peu à peu, il parvient, grâce à la Garde, à apporter dans cette mascarade indigne un peu de calme. La discipline est rétablie, l'artillerie, le charroi, les approvisionnements organisés. On crée une municipalité russe composée de trente-deux personnes et l'on placarde dans la ville ces lignes : « Habitants de Moscou ! Vos malheurs sont cruels, mais Sa Majesté l'Empereur et roi désire en arrêter le cours. Des exemples terribles vous ont montré comment il punit la désobéissance et le crime... Une administration paternelle, élue parmi vous-mêmes, constituera votre municipalité. Elle s'occupera de vous, de vos besoins et de votre bien-être. » Décision qui, on s'en doute, ne tranquillisa nullement la poignée de Moscovites demeurée dans la ville.

On finit par s'organiser. Un restaurant s'est installé dans une baraque de la place Rouge : « On m'y servit un bifteck aux pommes, une bouteille de vin et le café pour la somme assez peu modeste de huit francs », écrit le capitaine Brandt. Les cosaques continuent à intercepter le courrier le long de l'interminable route et nous pouvons aujourd'hui nous pencher sur ces lettres qui nous apportent tant de *choses vues,* croquées sur le vif : « Nous nous sommes procuré trois vaches à nous trois, écrit l'un des occupants de Moscou, le colonel Parguez — à *Mme Parquez,* 3, rue *de l'Echelle, aux Tuileries, à Paris* — et à nous trois nous gobons une soupe au café tous les matins... Tu vois que nous ne sommes pas si malheureux... »

Continuons à feuilleter la liasse passée par bien des mains avant d'échouer dans le calme des archives soviétiques. *Le lieutenant Paradis à Mlle Geneviève Bonnegrâce, à Ollioules* (*Var*) *:* « Mon incomparable amie, j'ai fait l'acquisition d'une fort belle pelisse en poil de renard couverte d'un très beau satin violet... » Le même Paradis écrira à son fils : « Grâce à l'Etre Suprême, je me porte bien... » L'officier hollandais List annonce à sa femme, demeurant à Amsterdam, préfecture du département *français* du Zuyderzée : « Je ne puis te dire le plaisir que je ressens à me trouver sous un toit, assis sur des chaises et ayant des tables et des assiettes pour manger, car depuis quatre mois nous couchions à la belle étoile et mangions comme des cochons étendus par terre... »

« Si j'ai tant tardé à vous donner de nos nouvelles, c'est que nous avons marché cent cinquante jours sans que nous nous arrêtions, écrit de son côté le brigadier Saquelle à sa sœur, *rentière à Sarrebourg* (*Meurthe*). Maintenant, nous sommes à *Mosquot* (*sic*). Nous ne savons pas combien de temps... Je vous envoie quarante-huit francs pour rhabiller nos petites en bas de laine et en souliers et le restant pour vous habiller en taffetas... » Les quarante-huit francs seront saisis avec la lettre, quelque part entre *Mosquot* et le Niémen. « En résumé, écrit Antoine Varner, « attaché à l'intendance générale », je ne me trouve pas mal de mon voyage en Russie. J'ai vécu. J'ai vu du pays, j'ai fait quelques économies... » Tandis qu'un autre, plus atrabilaire, trace ces lignes : « Ma santé dépérit, l'ennui me galope : mal logé, point de draps, plus de chemise, plus d'habit, plus de bottes, mal nourri... »

Hivernera-t-on à Moscou ? Telle est la question que tous se posent. En attendant qu'une décision soit prise, on fait l'acquisition de fourrures. « Pour que mes os ne gèlent pas cet hiver, écrit le colonel Parguez à son épouse, j'ai rôdé autour des soldats et je suis parvenu à acheter à assez bon compte une fourrure chaude avec laquelle je vais faire doubler mon vieux garick en totalité. J'ai fait construire par un soldat de grosses bottes d'ours... »

Pour le « grand homme », il demeurait assurément assez de maisons et d'édifices publics ou même d'approvisionnement pour que les cent mille hommes de l'armée pussent vivre de leur conquête. Napoléon s'obstine à croire à la paix puisqu'il occupe la capitale russe, et, le 20 septembre, écrit au tsar : « *A mon frère, l'empereur Alexandre*. La belle et superbe ville de Moscou n'existe plus. Rostoptchine l'a fait brûler. Quatre cents incendiaires ont été arrêtés sur le fait ; tous ont déclaré qu'ils mettaient le feu par les ordres de ce gouverneur et du directeur de la police : ils ont été fusillés. Le feu paraît enfin avoir cessé... Les incendies autorisent le pillage auquel le soldat se livre pour disputer les débris aux flammes. Si je supposais que de pareilles choses fussent faites par ordre de Votre Majesté, je ne lui écrirais pas cette lettre ; mais je tiens pour impossible qu'avec ses principes, son cœur, la justesse de ses idées, elle ait autorisé de pareils excès, indignes d'un grand souverain et d'une grande nation. Dans le temps qu'on emportait les pompes de Moscou, on laissait cent cinquante pièces de canon de campagne, soixante mille fusils neufs, un million six cent mille cartouches d'infanterie, plus quatre cent milliers de poudre, trois cent milliers de salpêtre, autant de soufre... J'ai fait la guerre à Votre Majesté sans animosité : un billet d'Elle avant ou après la dernière bataille eût arrêté ma marche, et j'eusse pu être à même de lui sacrifier l'avantage d'entrer dans Moscou. Si Votre Majesté me conserve encore quelque reste de ses anciens sentiments, Elle prendra en bonne part cette lettre. Toutefois, Elle ne peut que me savoir gré de lui avoir rendu compte de ce qui se passe dans Moscou. »

Mais le Tsar ne souhaite point la paix : il attend l'arrivée du « général Hiver ». En apprenant l'incendie de Moscou « les larmes jaillissent de ses yeux ». A l'émigré Michaud, venu lui apporter ce même 20 septembre l'affeuse nouvelle, il répond :

— Napoléon ou moi, lui ou moi. Maintenant nous ne pouvons plus régner ensemble. J'ai appris à le reconnaître. Il ne me trompera plus.

Sa sœur Catherine — l'épouse du duc d'Oldenburg — lui avait recommandé : « Pas de paix et vous aurez l'espoir de regagner votre honneur. » « Soyez assurée, lui affirme le tsar, que ma décision de combattre est plus inébranlable que jamais. Je préférerais ne plus être ce que je suis plutôt que de composer avec le monstre qui a fait le malheur du monde entier. » Mais la grande-duchesse montre toujours son inquiétude et Alexandre lui adresse un véritable examen de conscience : « Servi aussi mal que je le suis, manquant dans tous les domaines d'instruments appropriés aux leviers d'une gigantesque machine dans une situation aussi critique, ayant devant moi un adversaire infernal qui unit à la plus effroyable sauvagerie le plus remarquable talent et qui dispose des forces de l'Europe tout entière et d'un nombre d'hommes de génie, formés pendant vingt ans de révolution et de guerre, qu'y a-t-il d'étonnant à ce que j'essuie des échecs ? »

Onze jours passent et Alexandre dédaigne toujours de répondre à l'ancien ami de Tilsit. Napoléon commence à considérer ce silence comme un affront. Le voici violemment irrité. Au début du mois d'octobre, après une nuit d'inquiétude et de colère, l'Empereur se lève tout animé par une nouvelle idée. Il appelle ses maréchaux.

— Entrez ! s'écrie-t-il dès qu'il les aperçoit. Ecoutez le nouveau plan que je viens de concevoir. Prince Eugène, lisez !

Sans enthousiasme, le fils de Joséphine lit ces lignes à haute voix :

« Il faut brûler les restes de Moscou ; marcher par Tver sur Pétersbourg, où Macdonald viendra rejoindre l'armée ! Murat et Davout feront l'arrière-garde ! »

Il y a un silence. L'Empereur, fort animé, fixe de ses yeux étincelants ces généraux qui ne veulent plus se battre et dont la figure froide et silencieuse exprime la stupéfaction. Quoi ? Avec une armée éprouvée, exsangue, indisciplinée, réduite à un peu plus de cent mille hommes, on va commencer une nouvelle campagne à la veille de l'hiver ! Monter vers le Nord ! Vers la Baltique prise par les glaces !

Alors, « s'exaltant pour exalter », Napoléon reprend :

— Hé quoi ! c'est vous que cette pensée n'enflamme point ! Jamais un plus grand fait de guerre aurait-il existé ? Désormais cette conquête est seule digne de nous ! De quelle gloire nous serons comblés et que dira le monde entier quand il apprendra qu'en trois mois nous avons conquis les deux grandes capitales du Nord ?

L'ignore-t-il ? L'état-major est las. Certains officiers osent traiter l'Empereur de fou.

— Il veut nous faire périr jusqu'au dernier ! s'exclame l'un d'eux en se souvenant de l'hécatombe de généraux faite à Borodino.

— Jamais, soupire Murat, je n'ai été plus dégoûté. Je suis fatigué de courir de grange en grange et de mourir de faim !

Devant l'Empereur, les plus téméraires — tel Davout — lui opposent « la saison, la disette, une route stérile et déserte »... Dans la pensée de Napoléon, ce projet insensé n'est-il pas seulement destiné à effrayer les siens comme à épouvanter l'ennemi et à amener une négociation que Caulaincourt pourrait entamer ? Aussi appelle-t-il son grand écuyer. Agité, il se promène de long en large, d'un mur à l'autre :

— Pourquoi ne pas marcher sur Pétersbourg ?

Sans doute n'ignore-t-il point que la destruction de cette ville affligerait particulièrement Caulaincourt...

— Alors la Russie se soulèvera contre l'empereur Alexandre, il y aura une conjuration contre ce monarque : on l'assassinera, ce sera un grand malheur... Pour prévenir cette catastrophe, je pense à vous envoyer près de lui.

Mais le duc de Vicence ne change point de langage :

— Tant que le sol russe ne sera pas entièrement évacué, Alexandre n'écoutera aucune proposition.

Pour Caulaincourt, cette démarche démontrerait avant tout le besoin que Napoléon avait de la paix.

— Ce serait découvrir tout l'embarras de notre position !

L'Empereur ne se laisse point convaincre. Il interrompt brusquement le grand écuyer.

— Eh bien, j'enverrai Lauriston !

Le 5 octobre, Lauriston se présente aux avant-postes. En dépit de l'opposition du commissaire anglais, Koutouzov reçoit l'envoyé français. Le plénipotentiaire officieux essaye de convaincre le maréchal que l'amitié qui a existé entre les deux empereurs a été brisée « de façon regrettable par suite de circonstances purement extérieures ». A présent, une bonne occasion ne se présente-t-elle pas pour rétablir cette amitié ?

— Cette guerre singulière, poursuit-il, cette guerre inouïe doit-elle durer éternellement ? L'Empereur, mon maître, a un désir sincère de terminer ce différend entre deux nations grandes et généreuses, et le terminer pour jamais.

— Je n'ai aucune instruction à ce sujet, répond froidement Koutouzov. A mon départ pour les armées le mot même de paix n'a pas été une seule fois mentionné !

Dédaigneux, le maréchal russe déclare ne pas vouloir communiquer quoi que ce soit à son souverain :

— Je serais maudit par la postérité si l'on me regardait comme le premier moteur d'un accommodement quelconque, car tel est l'esprit actuel de ma nation.

Le maréchal ajoute cette gracieuseté :

— Le peuple russe considère les Français comme des Tartares de Genghis Khan.

— Il y a quand même une différence ! proteste Lauriston.

— Le peuple russe n'en voit aucune, réplique Koutouzov, implacable.

L'ambassadeur français n'en remet pas moins la lettre adressée par Napoléon à Alexandre. Puis il retourne auprès de l'Empereur pour lui faire un compte rendu de son entrevue. Mais Napoléon — aveuglé — s'exclame :

— A la réception de ma lettre, on verra Pétersbourg faire des feux de joie !

Quand le tsar prend connaissance du rapport que Koutouzov, en dépit de ses dires, lui fait parvenir, il s'écrie :

— La paix ? Mais nous n'avons pas encore fait la guerre. Ma campagne ne fait que commencer !

« Toutes les nouvelles que vous recevez de moi, fait-il savoir au maréchal, toutes mes exhortations, tous les oukases émis à votre nom, en un mot tout vous convainc de ma ferme résolution : à l'heure présente aucune proposition de l'adversaire ne m'incitera à cesser les combats et, ce faisant, à affaiblir l'obligation sacrée de venger la patrie offensée. »

***

Demeuré sans réponse du tsar, l'Empereur est de fort méchante humeur. Des nuits entières, dit-on, il arpente les salles du Kremlin, ou bien il lit un joli petit volume en maroquin : *l'Histoire de Charles XII*, par Voltaire...

La liaison avec Paris se fait mal. Les courriers qui mettent entre treize et dix-huit jours pour relier les deux capitales — c'est alors presque un record — sont trop souvent interceptés. Caulaincourt pense faire escorter militairement les estafettes, mais Napoléon l'en empêche :

— Il y faudrait un détachement considérable. La cavalerie est déjà fort réduite. Du reste, c'est une précaution inutile : la route est très sûre.

Elle ne l'était toutefois que dans sa pensée.

L'approvisionnement n'est guère aisé. Le général de Fezensac affirme que déjà l'armée ne se procurait qu'avec peine du pain noir et de la bière. Pour découvrir de la viande, il faut envoyer de forts détachements dans la campagne prendre des bœufs dans les bois où se sont réfugiés les paysans. On possède des liqueurs, des confitures, mais on manque de viande et de pain ! On se couvre de fourrures, mais on a besoin d'habits et de souliers ! Les occupants regorgent de diamants, de pierreries et de tous les objets de luxe imaginables, mais n'en sont pas moins à la veille de mourir de faim ! L'armée russe forme un cercle autour de Moscou — fourrager devient un exploit pour la cavalerie. Il fallait parfois acheter une gerbe de paille « au prix de son sang ». L'avenir le prouvera, l'ennemi ne laissera passer la Grande Armée que si elle se dirige vers l'ouest. Faut-il songer à partir ?

— Notre départ paraîtrait une fuite, tranche Napoléon ! Cela aurait des répercussions en Europe !

Puis, il le répète :

— Moscou n'est pas une position militaire, c'est une position politique. En politique, il ne faut jamais battre en retraite et reconnaître ses propres erreurs, cela vous fait perdre l'estime.

Pourquoi quitter la capitale des tsars ? Le temps n'est-il pas encore doux ? « Nous jouissons d'un très beau temps d'automne », écrit Edouard Mounier, secrétaire de Napoléon, à sa femme — *ma chère Beauté*, 16, rue d'Anjou-Saint-Honoré. L'automne est en effet aussi beau qu'en France, et l'Empereur s'exclame en riant :

— Voilà un échantillon de ce terrible hiver de Russie dont M. de Caulaincourt fait peur aux enfants !

— La saison est encore belle, Sire, réplique Caulaincourt, mais que sera-ce dans quinze jours, dans un mois ?

— Toutes les rigueurs de l'hiver n'arrivent pas en vingt-quatre heures.

— Que Votre Majesté ne s'y fie point : l'hiver ici arrive comme une bombe.

Riant toujours, Napoléon se tourne vers Duroc :

— Caulaincourt se croit déjà gelé !

Il l'écrit le 6 octobre à Marie-Louise : « Le temps est ici très beau, comme à Paris, c'est une belle journée de Fontainebleau. » Au cours d'une promenade, Caulaincourt l'entend fredonner, en le regardant ironiquement : « A beau mentir qui vient de loin ! ».

Le lendemain, le *Théâtre Français de Moscou* affiche :

« *Les comédiens français auront l'honneur de donner mercredi* 7 *octobre* 1812 *:*

Une première représentation
du

JEU DE L'AMOUR ET DU HASARD

Comédie en trois actes et en prose de Marivaux
suivie de

L'AMANT AUTEUR ET VALET

Comédie en un acte et en prose de Céron.

Dans le Jeu de l'Amour et du Hasard : *MM. Adnet, Péroud, Saint-Clair, Bellecour, Bertrand, Mmes André et Fusil.*

Prix des Places :

1re *Galerie*	5 *roubles ou* 5 *Fr.*
Parquet	3 *roubles ou* 3 *Fr.*
Seconde Galerie	1 *rouble ou* 1 *Fr.*

On commencera à six heures précises.

Spectacle « assez mauvais » écrivent les combattants à leurs familles. « Assez n'est pas le mot », précise un adjoint aux commissaires des guerres, à sa femme *Mme Pehguilly L'Haridon, rue de Grammont n°* 65 *à Paris*. Extrêmement mauvais leur convient mieux. Ils disent à contresens, mais cependant l'on y va, parce que ça distrait. » Il y eut onze représentations. Napoléon n'assista à aucune.

Le 13 octobre, la première neige tombe sur Moscou. Elle fondra dans la journée, mais, ainsi que le dira le comte de Ségur, avec ces premiers flocons « tombèrent toutes les illusions dont l'Empereur cherchait à s'environner... » Deux jours plus tard, le général Jean-Dominique Compans écrira à son épouse : « Il pleut, il neige, il gèle, il dégèle aujourd'hui, il fait un brouillard au couteau... » La lettre, saisie elle aussi, a dû réjouir l'état-major de Koutouzov.

Pour Napoléon, se pose toujours l'éternelle question : que faire ?

Rester à Moscou ?

— Que dirait Paris ? s'exclame-t-il. On ne peut prévoir l'effet de six mois sans communication ! Non, la France ne s'accoutumerait pas à mon absence, la Prusse et l'Autriche en profiteraient.

Brusquement, la décision est prise : le repli sur Smolensk. On pourrait y hiverner et, au printemps, marcher sur Saint-Pétersbourg.

— Il ne s'agit en aucun cas d'un repli, mais d'une marche stratégique, précise Napoléon. Mon armée n'est pas battue que je sache !

Dès lors, l'Empereur ne songe plus qu'à la retraite, sans toutefois oser prononcer ce mot qu'il n'a plus employé depuis Saint-Jean-d'Acre... Il se contente de déclarer « que dans vingt jours il faudra que l'armée soit en quartiers d'hiver ». Il presse le départ de ses blessés. Son orgueil ne peut consentir au moindre abandon volontaire : les attelages manquent à son artillerie, désormais trop nombreuse pour une armée réduite à cent mille hommes, mais il s'irrite lorsqu'on lui propose d'en laisser une partie dans Moscou :

— Non, l'ennemi s'en ferait un trophée ! Tout marchera avec moi !

Avec inconscience — à moins qu'il ne veuille pas voir l'évidence — il ordonne, comme s'il se trouvait aux Tuileries, l'achat de vingt mille chevaux, et exige que la cavalerie s'approvisionne en fourrages « pour deux mois », alors que depuis quelques jours, les détachements envoyés fourrager pour la nourriture d'une journée reviennent bredouilles. Pour ne pas avouer sa défaite, ses aides de camp médusés le voient passer ces dernières journées « à discuter le mérite de quelques vers nouveaux qu'il vient de recevoir, ou le règlement de la Comédie-Française de Paris, qu'il met trois soirées à achever ! Puis, rapporte encore Ségur, ils le voyaient s'appesantissant, passer de longues heures à demi couché, comme engourdi, et attendant, un roman à la main, le dénouement de sa terrible histoire. »

Cependant, Napoléon trace le plan de la retraite. Puis il hésite, change d'avis et dicte, un moment plus tard, un autre itinéraire. Junot reçoit l'ordre de brûler tous les fusils des blessés, et de faire sauter les caissons en surnombre. Et — ultime tentative de paix — le 16 octobre, Lauriston est de nouveau envoyé aux avant-postes russes pour entreprendre une dernière démarche. Il reviendra le lendemain, n'apportant avec lui aucune réponse de Koutouzov.

Le dimanche 18, Napoléon passe en revue le corps de Ney dans la cour du Kremlin. « Je vis cet homme de petite stature et de forte corpulence, raconte l'émigré Beauchamp, descendre les degrés du château ; un nombreux état-major, des maréchaux et des généraux l'entouraient. La musique militaire annonça son arrivée ; il s'avança à cinquante pas du front de la troupe ; il était vêtu d'une redingote verte et son chapeau était enfoncé d'une manière singulière jusque sur ses yeux méchants et scrutateurs. »

On entend au loin tonner le canon. Soudain, Béranger, jeune aide de camp de Murat, arrive au galop : les premières lignes du roi de Naples ont été culbutées par quatre-vingt mille hommes ayant Bennigsen à leur tête ! « Douze canons, vingt caissons, trente fourgons sont pris, deux généraux tués, trois à quatre mille hommes perdus. » Fort heureusement Poniatowski, qui se trouvait en avant-garde, a pu résister et arrêter l'avance ennemie.

— Il faut laver l'affront de cette surprise, s'exclame l'Empereur en envoyant « mille ordres d'ensemble et de détail », et surtout qu'on ne puisse dire qu'un échec nous a forcés à nous retirer !

Aussi est-ce par la route du Sud qu'il faut gagner Smolensk :

— Marchons sur Kalouga, et malheur à ceux qui se trouveront sur mon passage !

Le lendemain lundi 19 octobre à sept heures du matin, c'est en ces termes que Napoléon, comme s'il s'agissait d'une inspection, annonce son départ à Marie-Louise : « Je t'écris au moment où je monte à cheval pour visiter mes avant-postes. Il fait ici chaud, un très beau courant d'octobre. Nous n'avons encore eu aucun froid, nous n'avons pas encore éprouvé les rigueurs du climat du nord. Mon intention est de prendre bientôt mes quartiers d'hiver et j'espère pouvoir te faire venir en Pologne pour te voir. »

Sous un beau soleil, il sort du Kremlin par la porte du Sauveur. Un quart d'heure plus tard, il a quitté Moscou — sa plus lointaine et dernière conquête. Il a donné l'ordre au duc de Trévise de garder le Kremlin avec une division, une brigade, deux compagnies de sapeurs, de l'artillerie et cinq cents cavaliers... De le garder, mais aussi de l'incendier et de le faire sauter lorsque la garnison française quittera la citadelle !

L'armée, forte encore de plus de cent mille hommes — dont cinquante mille montés ou tractés — suit son chef. La Garde ferme l'immense colonne.

Chaque officier possède souvent plusieurs domestiques qui ont emboîté le pas à leur maître. Des femmes, infiniment plus nombreuses qu'on ne le croit communément — telle Mme Fusil, comédienne du Théâtre Français de la capitale russe et qui a laissé des *Mémoires* — marchent, mêlées aux combattants. Les régiments sont accompagnés de bœufs et de vaches étiques, qui mourront d'ailleurs rapidement sans qu'on doive les abattre. Des milliers de véhicules de tous genres, remplis non seulement de tout ce qu'il faut pour manger, camper, se vêtir, mais aussi d'objets volés, roulent à la suite de l'armée en un gigantesque désordre. On peut voir un simple général de brigade — chef d'état-major du premier corps — caracoler fièrement, accompagné de vingt-cinq chevaux et de six voitures, toutes débordantes d'un amas de choses hétéroclites !

— Le premier raid de cosaques et la fatigue auront raison de tout cela, se contente de dire Napoléon en donnant l'ordre de brûler les voitures qui ne sont pas indispensables.

Mais chacun trouve son véhicule nécessaire. L'Empereur hausse les épaules et poursuit son chemin... ce chemin qui va devenir son chemin de croix.

Moscou a vaincu l'obstination de Napoléon.

Le 20 octobre, il se résigne à expliquer à Marie-Louise les raisons de la retraite : « Mon amie, je suis en route pour prendre mes quartiers d'hiver, le temps est superbe mais il ne saurait durer. Moscou étant tout brûlé et n'étant pas une position militaire pour mes desseins ultérieurs, je le ferai abandonner et retirerai la garnison que j'y ai laissée. Ma santé est bonne. Mes affaires vont bien ».

Ce jour-là, il dicte à Berthier l'ordre destiné à Mortier : « Le 22 ou le 23, à deux heures du matin, il fera mettre le feu au magasin d'eau-de-vie, aux casernes, aux établissements publics, hormis la maison des Enfants-Trouvés. Il fera mettre le feu au palais du Kremlin... » La destruction n'est pas totale, la pluie ayant mouillé les mèches — c'est ainsi que le clocher d'Yvan-le-Grand est épargné. Cependant ce qui sera anéanti par le feu — l'Arsenal, une partie des tours et des murs du Kremlin — est suffisant pour alimenter les sentiments de haine parmi les Moscovites.

Le service de renseignement fonctionne aussi mal d'un côté que de l'autre. C'est seulement le 23 au matin que Koutouzov apprend la retraite. On réveille le maréchal et l'officier de la Garde, Afinkov, le trouve majestueusement assis sur son lit, en tunique où sont épinglées ses décorations. Son unique œil brille, mais il n'arrive pas à croire au départ des cent mille Français :

— Raconte-moi, mon ami, dit-il : Napoléon a-t-il effectivement abandonné Moscou ? Raconte-moi vite, ne me fais pas languir.

L'officier répète son récit. Le vieillard se tourne alors « vers l'icône du Sauveur » et s'écrie :

— Dieu, mon Créateur, tu as enfin entendu nos prières. A partir de ce moment, la Russie est sauvée.

Koutouzov pouvait remercier le Sauveur. Napoléon demeura trente-deux jours au Kremlin, pendant ce temps le maréchal était parvenu à réunir quatre-vingt-cinq mille fantassins et trente-cinq mille cavaliers — sans parler de deux cent mille miliciens tenus en réserve. Apprenant, tout aussi tardivement, que Napoléon se dirigeait vers Kalouga pour ensuite prendre vraisemblablement la route de Smolensk où il semblait sans doute vouloir hiverner, Koutouzov décide, avec une partie de ses forces — le temps lui manque pour en rassembler davantage — de barrer la route à la Grande Armée. Il choisit, derrière Malo-Yaroslavetz, une puissante position, et il espère, peut-être par la seule présence de l'armée russe, rejeter ainsi l'Empereur sur la vieille route de Smolensk déjà suivie à l'aller et qui, totalement razziée, serait la perte de la Grande Armée. Ce n'est plus maintenant Napoléon qui impose sa volonté à ses adversaires...

Le 24 octobre, l'Empereur s'est arrêté à deux kilomètres de Malo-Yaroslavetz, dans une isba vermoulue dont la seule pièce, sale et obscure comme toutes les isbas, a été divisée en deux parties par une toile. C'est là qu'à onze heures du soir Bessières fait son entrée. Il a soigneusement parcouru le front de la position des Russes et conclut :

— Elle est inattaquable.

Peut-être, tout au plus, pourra-t-on occuper Malo-Yaroslavetz, mais après, le verrou sera fermé...

— Avez-vous bien vu ? demande l'Empereur. Est-il bien vrai ? M'en répondez-vous ?

Bessières en est convaincu :

— Trois cents grenadiers suffiraient là pour arrêter une armée !

Ségur voit Napoléon se croiser les bras d'un air consterné et baisser la tête. Le voici accablé : son armée est victorieuse ; et lui vaincu ! Sa route est coupée, sa manœuvre déjouée ; Koutouzov, un vieillard, un Scythe, l'a prévenu ! Et il ne peut accuser son étoile !... Hier encore la route de Malo-Yaroslavetz n'était-elle pas libre ? Sa fortune ne lui a donc pas manqué ! Est-ce lui qui a manqué à sa fortune ?

La ville de Malo-Yaroslavetz est cependant prise et reprise. Finalement Eugène en demeure maître. Mais la bataille — le combat de Kalouga — a fait sept cents morts ! L'Empereur hésite... Faut-il poursuivre ? Essayer de s'emparer de la position « inattaquable » ? Pour la première fois il se sent battu avant de combattre. Prenant prétexte que le général Delzout a voulu faire manger ses hommes avant la bataille et que sa brigade est arrivée tardivement sur le terrain, il s'exclame, cherchant un bouc émissaire :

— Voilà ce que c'est que d'arriver une heure trop tard !

Puis il se tourne vers Caulaincourt :

— Ceci devient grave. Je bats toujours les Russes, mais cela ne termine rien.

Après un quart d'heure de silence et de va-et-vient dans la misérable isba, l'Empereur poursuit :

— Je vais m'assurer moi-même si l'ennemi est en position ou en retraite, comme tout l'annonce. Ce diable de Koutouzov ne recevra pas la bataille. Faites avancer mes chevaux. Partons !

Il est quatre heures du matin lorsque Napoléon monte à cheval en dépit de l'avis de son officier d'ordonnance — le prince d'Arenberg — qui lui annonce la présence de cosaques entre les avant-postes et le quartier général.

Le soleil du 25 octobre commence à se montrer au travers d'un épais brouillard. L'Empereur galope, suivi seulement de quelques officiers. Soudain un grand cri monte : « Aux armes ! » Six mille cosaques, commandés par l'hetman Platov, attaquent. Leur avant-garde entoure déjà l'Empereur : « Nous ne fûmes avertis que par leurs cris et nous étions mêlés avec quelques-uns d'entre eux avant de les avoir distingués. »

— Arrêtez, Sire, crie Rapp, ce sont les cosaques !

— Prends les chasseurs du piquet, lui ordonne Napoléon et porte-toi en avant.

Les chasseurs ne sont qu'une douzaine... mais, bientôt, les escadrons de service accourent et dégagent l'Empereur, Caulaincourt et Berthier. Tous trois avaient déjà mis l'épée à la main.

L'alerte passée, Napoléon rit maintenant avec Murat. Il a bien failli être pris ! Mais l'heure demeure critique. Le combat de Kalouga n'est assurément pas une victoire, quoi qu'en dise le 27e Bulletin. Les Russes, eux, le considèrent bien comme la défaite de l'ennemi, puisque la bataille a empêché les Français de prendre la position tenue par Koutouzov et de descendre vers les provinces fertiles qui auraient permis de marcher vers Smolensk, tout en nourrissant la Grande Armée. Pour Koutouzov, l'événement marque l'acheminement vers la victoire.

Une ultime fois se pose pour Napoléon la question : Que faire ? Après de nouvelles hésitations, l'Empereur, le matin du 26 octobre, décide de remonter vers le nord pour rejoindre la grande route de Moscou à Smolensk qui est peut-être gardée par de nombreux postes français, mais où l'on ne trouvera aucune nourriture pour les hommes et pour les chevaux...

Koutouzov l'avait prévu.

La terrible retraite débute véritablement le 27 octobre, tandis que l'on remonte vers le nord. Ce matin-là, l'armée s'est réveillée sous une épaisse couche de neige.

Le 28, les troupes napoléoniennes qui n'ont avec elles que quinze jours de vivres campent dans les pauvres maisons de bois de Mojaïsk. Le jeudi 29, l'Empereur traverse le champ de bataille de la Moskova où bien des morts n'ont pas été enterrés. La vision est infernale. Des nuées de corbeaux sont les maîtres du terrain. Soudain, l'Empereur s'arrête, épouvanté : un blessé français a survécu au milieu de ce pourrissoir. Dès qu'il voit Napoléon, il s'avance à quatre pattes et lui reproche « tout ce qu'il avait souffert dans un si cruel abandon. Il continue en maudissant la guerre et la gloire, et en prédisant à l'Empereur lui-même l'abandon et l'oubli »... L'Empereur se contente de se tourner vers ses officiers :

— Qu'on mette ce malheureux sur une voiture et qu'on lui prodigue tous les soins.

On marche de nouveau sur la route de Smolensk où la paille même des isbas a été dévorée lors du voyage d'aller ! Les troupes impériales commencent à être harcelées par les vingt régiments de Cosaques de Platov qui, suivant un autre axe — celui que l'Empereur voulait emprunter — trouvent en abondance vivres et fourrages, et font sans cesse des incursions sur l'itinéraire de la Grande Armée. C'est la fameuse « marche parallèle » voulue par Koutouzov. Partout les paysans ont pris les armes et secondent l'armée régulière. Chaque nuit, on monte le lit de l'empereur derrière de petites palissades fortifiées, espèce de relais établi pour la poste.

A Gjatsk, on rencontre, gardés par deux valets de pied, les débris d'un convoi venu de France, destiné à la maison de l'Empereur. On distribue ce que les Cosaques ont bien voulu dédaigner : le clos-vougeot et le chambertin impérial se boivent à l'ordinaire... Le 30 octobre, l'armée abandonne de nouveaux fourgons dont les attelages tombent exténués. Les chevaux qui n'ont pas été ferrés à glace ne parviennent pas à se relever. « A chaque instant, nous dit le secrétaire de l'Empereur, il en tombait un, et pendant qu'on le relevait, il en tombait deux autres. De ma vie, je n'ai jamais rien vu d'aussi pénible. » Ainsi les cosaques, la fatigue, la faim, les tempêtes de neige, le vent glacial, le verglas, ont déjà eu raison, non seulement du convoi extraordinaire traîné à sa suite par la « tribu », mais aussi de nombreux combattants. Et le véritable hiver n'est pas commencé !

« L'ennemi fuit, écrit Raïevski dans une lettre inédite conservée au Musée d'Histoire de Moscou. Le chemin est couvert de morts, de mourants d'inanition. On les tue, on leur prend tous les jours des prisonniers : des officiers, des généraux. Peu de soldats, car on les massacre. Après toutes les horreurs qu'ils font et qu'ils ont faites, l'humanité a perdu ses droits... » Selon le défenseur de la *Grande Redoute* de Borodino, l'armée russe n'a plus désormais qu'à se croiser les bras : « la besogne » sera maintenant achevée « par les seuls cosaques... »

Le 31 octobre, l'Empereur arrive à Viazma ; il y demeurera deux journées. Koutouzov se trouve non loin de là et aurait pu anéantir l'armée française. En dépit des supplications de son état-major, il craint encore le génie de Napoléon. Fidèle à son système, il préfère « côtoyer la marche de l'ennemi ».

Des unités entières de cavalerie marchent déjà à pied. La misère s'abat sur l'armée. Guerre impitoyable. Rien d'autre ne compte que survivre ! On voit des hommes se tuer pour un morceau de viande de cheval. Faute de nourriture, les prisonniers russes ne peuvent plus avancer. On les massacre en leur fracassant le crâne, ou en leur tirant un coup de fusil. Lors des attaques, les rescapés doivent se jeter le nez dans la neige et celui qui relève la tête est impitoyablement abattu.

Depuis longtemps on s'était défait des amputés et des blessés de Borodino. Ces pauvres fardeaux inutiles avaient été entassés sur des chariots ou des affûts dont certains conducteurs, intentionnellement, faisaient courir les chevaux dans les ornières. Les malheureux blessés, des amputés pour la plupart, qui tombaient du véhicule étaient alors abandonnés...

Le 6 novembre, le ciel s'obscurcit, de gros nuages noirs s'inclinent vers la terre, la tempête s'élève tandis que des flocons énormes tombent dru sur le sol gelé.

L'hiver russe effectue ainsi sa grande entrée.

Le froid descend à moins vingt-deux degrés, « nos lèvres se collaient, dira le sergent Bourgogne, l'intérieur du nez ou plutôt le cerveau se glaçait ; il semblait qu'on marchait au milieu d'une atmosphère de glace. » Le 10 novembre, après la pénible traversée d'un affluent du Dniepr, Napoléon voit, dans sa lorgnette, des nuées de cosaques s'avancer vers les prisonniers français qu'ils viennent de faire, les déshabiller et les laisser mourir nus sur des monceaux de neige.

Larrey aperçoit la femme d'un colonel, vêtue d'une pelisse de martre et de satin blanc, plonger ses mains dans le ventre d'un cheval mort pour en dévorer le foie. N'ayant pas de couteau, « elle enfonce sa tête à même les entrailles de la bête »...

Les survivants — on emploie déjà ce mot — marchent vers Smolensk comme s'ils s'avançaient au-devant de la terre promise. Là ils vont trouver des maisons chauffées ! Ils pourront dormir, manger, se laver, s'habiller de vêtements propres !

Et voici enfin la ville ! Hors la Garde qui conserve ses rangs, le reste court vers les hautes murailles rouges de Smolensk, occupée par une petite garnison française, mais les portes demeurent fermées. Cette foule désordonnée, ces figures hâves, noircies de terre et de fumée, ces uniformes en lambeaux, ces vêtements bizarres, ces hommes vêtus de pelisses de satin rose ou lilas épouvantent. Enfin, après une longue attente sur les rives du Dniepr — le Borysthène, disent les Russes — les malheureux peuvent pénétrer dans la ville. Les distributeurs de vivres ne donnent les rations qu'aux officiers d'unités demeurées constituées. Les autres — les deux tiers de l'armée — ceux qui n'ont plus d'officiers, qui ignorent même où se trouvent leurs régiments, les nombreux domestiques aussi qui accompagnent les combattants, se répandent dans les rues, espérant pouvoir piller la ville. « Mais partout, racontera encore Ségur, des chevaux disséqués jusqu'aux os leur annoncent la famine ; partout, les portes et les fenêtres des maisons, brisées et arrachées, ont servi à alimenter les bivouacs : ils n'y trouvent point d'asiles ; point de quartiers d'hiver préparés, point de bois ; les malades, les blessés restent dans les rues, sur les charrettes qui les ont apportés. » L'Empereur séjourne cinq jours à Smolensk, dans une belle maison de la place Neuve. Il s'emporte « jusqu'à la fureur » contre les munitionnaires chargés de concentrer dans la ville des approvisionnements. Mais le spectacle qu'il a sous les yeux ne suffit pas. De mauvaises nouvelles viennent l'assaillir : Vitebsk est aux mains des Russes, Eugène a perdu les deux tiers de son artillerie, la brigade Augereau vient d'être anéantie. L'armée russo-suédoise de Wittgenstein semble vouloir opérer sa jonction avec les forces de Tchichakov et fermer la retraite à celle qu'on n'ose déjà plus appeler la Grande Armée. Il faut quitter Smolensk et marcher sur la lointaine Vilna, non point par Vitebsk comme à l'aller, mais par Orcha et Bobr, afin de ne pas avoir en face de soi les deux armées ennemies fortes, l'une de quarante-cinq mille hommes, l'autre de trente-cinq mille combattants, encore contenues par les corps de Victor et d'Oudinot. Il y avait aussi les soixante mille soldats de Koutouzov qui continuaient à talonner Napoléon et auraient achevé l'encerclement. Mais la nouvelle route choisie va obliger à traverser la Beresina, cet affluent du Dniepr, long d'un peu plus de cinq cents kilomètres et rendu célèbre par le passage de Charles XII... On n'a cependant pas le choix. C'est là le seul espoir qui demeure pour *passer !*

Le matin du 14 novembre l'Empereur s'apprête à abandonner Smolensk. Le thermomètre marque vingt degrés au-dessous de zéro. Il fait encore nuit. Napoléon a échangé sa tenue légendaire contre une pelisse polonaise, bordée de peau de martre. Il s'est coiffé d'un bonnet de velours vert garni de fourrure, duquel s'échappe un gland en or ; cette toque est étrangement fixée par deux rubans noirs qui viennent se joindre sous le menton. La femme du régisseur du théâtre de Moscou le regarde « frappée comme d'un sinistre augure, à la vue de ces rubans de couleur lugubre et en n'apercevant plus sur sa tête ce chapeau talisman qui semblait protéger son front et son génie ». Elle est assise sur l'affût d'un canon, son petit garçon pleurant de froid dans ses bras :

— Vous souffrez bien, n'est-ce pas, madame ?... Mais prenez courage, vous reverrez votre mari et je vous dédommagerai de vos malheurs.

— Sire, répondit-elle, en ce moment votre bonté me les fait oublier.

« Alors il caressa de ses doigts potelés et en fuseaux la joue de mon fils, et s'éloigna en soupirant... »

Tout manque d'être balayé, le mardi 17 novembre, non loin de Krasnoë, par l'armée de Koutouzov. Mais la Vieille Garde empêche trente à quarante mille Russes de refermer leur étau sur les survivants de la Grande Armée. Leur musique joue : *Où peut-on être mieux qu'au sein de sa famille ?* Mais l'Empereur l'interrompt en criant :

— Jouez plutôt : *Veillons au salut de l'Empire !*

Les vieux grognards, marchant au pas de parade, suivent Napoléon qui avance à pied, un bâton ferré à la main. Il faut lire le récit de Denis Davidov qui combat dans les rangs de l'armée de Koutouzov : « La Vieille Garde, au milieu de laquelle se trouve Napoléon lui-même, s'approche... Nous enfourchons nos montures et nous nous plaçons près de la grand-route. Apercevant nos bandes bruyantes, l'ennemi arme ses fusils et continue fièrement sa marche, sans presser le pas. Tous nos efforts pour détacher un seul soldat de ses colonnes serrées restent vains : les hommes, comme taillés en granit, méprisent toutes nos tentatives et restent intacts. Je n'oublierai jamais la démarche libre, aisée et l'allure menaçante de ces guerriers éprouvés par tous les aspects de la mort. Avec leurs bonnets à poil, leurs uniformes bleus aux sangles blanches, leurs plumages et leurs épaulettes rouges, ils ressemblent à des pavots dressés sur un champ de neige. Nos Cosaques ont l'habitude de galoper autour de l'ennemi, lui arrachant des bagages et des canons qui traînent et encerclent les compagnies éparpillées ou détachées. Mais ces colonnes-là restent inébranlables. En vain, les colonels, les officiers, les sous-officiers ou les simples cosaques foncent-ils sur elles ; les colonnes s'avancent l'une après l'autre, nous chassant à coups de feu et se moquant de nos raids inutiles... La Garde de Napoléon passe parmi nos Cosaques comme un navire armé de cent canons passe parmi les barques des pêcheurs. »

Le 18 novembre à Doubrovna — bourgade habitée surtout par des Juifs — Napoléon s'installe au château de la princesse Lubomirska. Il est inquiet : on est sans nouvelles du maréchal Ney qui commande l'arrière-garde :

— Je donnerais les trois cent millions en or que j'ai dans les caves des Tuileries pour le sauver.

Sans cesse, il demande si l'on sait quelque chose... Et la mort dans l'âme, il reprend le dur chemin. Le bataillon de la Vieille Garde de service au « palais » a bien manqué se faire surprendre par les Cosaques. Napoléon en est épouvanté et, dès le lendemain, à une lieue de Doubrovna, il ordonne de former le carré. D'une voix presque épuisée, il lance :

— Grenadiers et chasseurs de ma Garde, vous êtes témoins de la désorganisation de l'armée. Si vous imitiez ce funeste exemple, tout serait perdu. Le salut de l'armée vous est confié ; vous justifierez la bonne opinion que j'ai de vous. Il faut non seulement que les officiers maintiennent une discipline sévère, mais que les soldats exercent entre eux une rigoureuse surveillance et punissent eux-mêmes ceux qui s'écarteraient de leurs rangs. Je compte sur vous. Jurez de ne pas abandonner votre empereur !

D'une seule voix, les grognards crient :

— Vive l'Empereur !

Et le soir, ils entrent à Orcha musique en tête. Ils ne sont plus que six mille hommes ! Six mille sur trente-cinq mille ! Eugène n'a plus que dix-huit cents soldats sur quarante-deux mille ! Davout commande à quatre mille combattants, débris d'une armée de soixante-dix mille hommes ! Le maréchal lui-même a tout perdu : il est exténué de faim. Il se jette sur un pain qu'un de ses compagnons d'armes lui offre et le dévore. On lui tend un mouchoir pour qu'il puisse essuyer sa figure couverte de frimas...

Et la terrible marche reprend. Le thermomètre est maintenant descendu à moins vingt-huit degrés et désormais, chaque matin, on laissera des cadavres gelés et recouverts de neige autour des bivouacs ; chaque matin les survivants parviennent lentement à se mettre en route et vont grossir le nombre des traînards, horde augmentée également peu à peu par les débris d'unités où officiers et sous-officiers ont totalement disparu. « Ce qu'il y avait de plus affreux que tout cela, dira l'un des combattants, c'étaient les seize heures de nuit qu'il fallait passer dans les bivouacs au milieu de la neige, le plus souvent sans vivres, sans feux. » Au moment de quitter le bivouac, on voit des hommes se lever les jambes tremblantes, le corps pencher en avant puis tomber pour ne plus se relever. « La mort s'annonçait par d'étranges symptômes, racontera un témoin : celui-ci vous abordait l'œil riant, la figure épanouie : il vous serrait la main avec effusion, c'était un homme perdu ; cet autre vous regardait d'un œil sombre, sa bouche proférait des paroles d'indignation et de désespoir, c'était un homme perdu. » Nombreux sont ceux qui ont déjà jeté leurs fusils, leurs mains nues ne pouvant toucher le fer glacé « sans qu'ils éprouvent une douleur vive, semblable à la douleur qu'un charbon ardent fait éprouver ».

Le 20 novembre, à Baranoïé, l'Empereur connaît une grande joie : le maréchal Ney que l'on croyait définitivement perdu, a pu rejoindre l'armée, mais ce même jour, Napoléon apprend aussi que le pont de Borisov, sur la Beresina, gardé par douze cents Polonais, a été pris par les Russes. La retraite se trouve coupée ! Il faut donc se préparer à foncer et à bousculer l'ennemi !

— Cette fois, confie-t-il à Caulaincourt, il n'y aura de salut que pour les braves. Si nous franchissons la Beresina, je suis maître des événements, car les deux corps frais que je vais trouver ici — ceux de Victor et d'Oudinot — et la Garde suffisent pour battre les Russes. Si l'on ne peut pas passer, nous ferons le coup de pistolet. Voyez avec Duroc ce que l'on pourrait emporter dans le cas où on serait obligé de faire une trouée à travers champs sans voitures. Il faut d'avance être préparé à tout détruire afin de ne pas laisser de trophées à l'ennemi. J'aimerais mieux manger avec mes doigts pendant le reste de la campagne que de laisser aux Russes une fourchette à mes armes. Entendez-vous donc avec Duroc pour ce qui est de mon service, mais sans en parler à personne d'autre. Je n'ai parlé qu'à vous et à lui. Il faut s'assurer si mes armes et les vôtres sont en bon état, car il faudra donc se battre.

On incendie les voitures qui ne peuvent plus être traînées, on met le feu à une partie des équipages impériaux, jusqu'aux fourgons contenant les archives, afin d'atteler le plus possible de chevaux valides aux canons et aux caissons. Le 22 novembre, l'Empereur signe cet ordre du jour : « Les bagages seront réduits. Tout officier général ou d'administration qui a plusieurs voitures en brûlera la moitié et remettra les chevaux au parc d'artillerie. »

Le 23 novembre, à seize heures, l'Empereur arrive à Bobr et ordonne la formation de quatre compagnies de gardes d'honneur, composées de tous les officiers de cavalerie montée. Les généraux de division seront capitaines ou lieutenants, les généraux de brigade sous-lieutenants. Les aigles de tous les corps sont jetés dans les flammes, ces emblèmes que l'Empereur avait remis à ses soldats au camp de Boulogne. « Quel tableau que l'incendie des Aigles ! » s'exclame Constant en racontant la scène. Le 24 novembre, pour la première fois Napoléon avoue à Marie-Louise que les choses ne vont plus aussi bien : « Mon amie, je n'ai pas de nouvelles de toi depuis bien des jours, mais demain ou après je les recevrai toutes à la fois, la route ayant été interceptée. Il fait froid... »

Les courriers de France ne passent plus, en effet, l'Empereur est pourtant avide de nouvelles...

***

Depuis le 6 novembre, Napoléon avait appris par une estafette venue de France et miraculeusement passée à travers les Cosaques, l'affaire Malet qui s'était déroulée à Paris le 23 octobre. Le général Malet avait organisé la plus belle conspiration de l'Histoire du fond de la maison de repos parisienne où il se trouvait enfermé, par protection, à la suite de deux précédents complots étouffés dans l'œuf. Cette fois, sa machination était infiniment plus adroite que les précédentes. Il avait conçu le projet, après s'être évadé de sa maison de santé et avoir revêtu son uniforme, de se présenter aux troupes de la garnison de Paris en annonçant la mort de Napoléon, « frappé d'une balle devant Moscou ». A l'aide de faux ordres et de prétendus *senatus-consultes* créant un nouveau gouvernement, il pensait entraîner les soldats vers la préfecture de Police, l'Hôtel-de-Ville, l'état-major, les ministères.

Et les complices ?

Ici Malet avait eu une idée de génie : il fallait créer des complices malgré eux, c'est-à-dire choisir des ennemis de l'Empire, leur faire croire à la mort de Napoléon et à la création du nouveau gouvernement. Où les trouverait-on ? En prison, bien sûr ! Malet pensa tout d'abord au général Victor Fanneau de Lahorie détenu à la Force pour complicité dans la conspiration de Moreau. On lui adjoindrait un autre détenu prisonnier, le général Guidal, accusé d'avoir voulu vendre Toulon aux Anglais pour trente mille francs...

Tel était le plan — et tout avait marché à souhait ! Accompagné de deux insignifiants et naïfs comparses, déguisés, l'un en commissaire de police, l'autre en aide de camp, Malet s'était présenté, le 23 octobre, à trois heures du matin à la caserne Popincourt où les choses s'étaient déroulées le mieux du monde. Napoléon mort, pas un officier ne pensa que Napoléon II devenait automatiquement empereur des Français. Sans le moindre étonnement, on accompagna Malet jusqu'à la prison de La Force pour délivrer Lahorie et Guidal. Les deux généraux, abasourdis, ne comprenant rien à cette libération subite, se trouvèrent mis au greffe en présence de Malet. Celui-ci se précipita dans les bras de Lahorie, qu'il n'avait pas vu depuis dix-huit ans, et se fit présenter Guidal qu'il ne connaissait pas. Sans plus tarder, il les mit au courant. La première surprise passée, Malet leur annonça qu'ils avaient l'ordre d'arrêter le ministre Savary, le préfet Pasquier, le chef de la Sûreté Desmarets, le prince-archichancelier Cambacérès et le ministre de la Guerre Clarke. Guidal et Lahorie ne semblèrent nullement effrayés par un tel programme. La mort de Napoléon les tirait de prison et il était tout naturel que le nouveau gouvernement — n'étaient-ils pas des ennemis du régime ? — les employât sans tarder. Et puis, on en avait tant vu depuis 1792 !

— J'ai cru revoir un 18 Brumaire, dira Lahorie et j'ai suivi Malet, comme j'avais suivi Bonaparte.

Une heure plus tard, Pasquier, Savary et Desmarets prenaient à La Force, sans protester, la place des deux généraux. On n'eut même pas à envoyer en prison le préfet, le comte Frochot. Celui-ci ayant laissé occuper l'Hôtel-de-Ville avec infiniment de bonne grâce, s'était aussitôt appliqué à préparer une salle pour la réunion du « nouveau gouvernement » !

C'est ainsi que la conspiration poursuivit son cours, menée par des hommes qui, n'étant pas dans le secret, n'en jouaient que plus naturellement leur rôle... La machine était lancée et bien lancée ! On vit arriver à la caserne des Minimes et à celle de la Courtille des estafettes venues de la caserne Popincourt porteurs de pièces signées Malet ordonnant aux régiments de prendre les armes et d'aller occuper, au nom du nouveau pouvoir, le Palais-Royal, la banque de France, le Sénat, la Trésorerie, les principales barrières de Paris, tandis que le plus gros des troupes devait se masser place Vendôme où Malet avait décidé d'opérer lui-même... Tous obéirent, même le colonel Rabbe, commandant la garde de Paris ! En somme, à neuf heures quarante-cinq du matin, ce vendredi

23 octobre, Malet s'était rendu maître des trois quarts de Paris. Une fois le ministre de la Guerre et Cambacérès mis sous les verrous, il n'y aurait plus qu'à aller se saisir de l'Impératrice et du roi de Rome à Saint-Cloud !

Fait surprenant, le seul homme qui, ce jour-là, joua mal le rôle qu'il s'était distribué, fut le général Malet. Place Vendôme, à l'état-major, il avait été arrêté par l'adjudant de place et par son chef d'état-major, qui le connaissaient parfaitement et avaient deviné la vérité dès son apparition dans leur bureau. Lahorie et Guidal s'étaient trouvés, eux aussi, rapidement appréhendés, mais la conspiration, bien que décapitée, ne s'en était pas moins poursuivie avec entrain. Les troupes mises en mouvement par Malet continuant d'agir, il s'ensuivit une série de quiproquos et l'affaire tourna à la farce (1). On condamna cependant à mort Malet et plusieurs de ses complices involontaires, coupables d'avoir oublié l'existence du roi de Rome, coupables de n'avoir pas pensé à crier : « L'Empereur est mort ! Vive l'Empereur ! » Comme le dira naïvement le préfet Frochot, que l'on se contenta de mettre à pied :

— Ce diable de roi de Rome, on n'y pense jamais !

Et, tandis que Napoléon marche, au milieu des survivants de la tragédie, c'est bien cet oubli qui l'ulcère plus que tout. Il doit se rendre à l'évidence : la Révolution a tué également le principe de la monarchie héréditaire. Cet échappé d'une maison de santé, avec son adroite conspiration d'opérette, est parvenu à ébranler le régime !

(1) Voir *Le Grand Siècle de Paris*, du même auteur chez le même éditeur.

Comment un témoin oculaire a représenté la terrible retraite.

(Photo Guiley — Lagache)

XVII

L'ÉPOUVANTE

A la guerre, un grand désastre désigne toujours un grand coupable.

NAPOLÉON.

ALIGNÉS sur le côté droit de la route conduisant à Borissov, bourg situé sur les bords de la Beresina, les vingt mille hommes du maréchal Victor attendent la Grande Armée. Le corps de réserve de Victor — le deuxième corps — comme celui d'Oudinot — le neuvième — n'avaient pas progressé jusqu'à Moscou. Napoléon leur avait donné rendez-vous sur les bords de la Beresina, afin de couvrir la retraite, tandis que l'on passerait la rivière par le pont de Borissov.

Les soldats de Victor demeurent en bon ordre. Sans doute se sont-ils battus avec des fortunes diverses contre les Russes de Wittgenstein, sans doute, après une brève accalmie, le froid est-il de nouveau très vif, mais à Smolensk ils se sont repus et, depuis lors, les approvisionnements n'ont pas été, pour eux, trop mauvais. L'artillerie et la cavalerie du maréchal Victor, comme celles d'Oudinot, sont encore superbes et vont faire l'admiration de Caulaincourt. Les généraux, les officiers, bien montés, possèdent tous leurs équipages « et jouissent de toutes les douceurs de la vie que peut procurer la campagne ».

Ils attendent.

Et, brusquement, à leurs regards stupéfaits et horrifiés, apparaît une traînée de spectres revêtus de lambeaux, accoutrés de tenues sans nom. Visages décharnés, visages hérissés de barbe, les yeux fixes, les pieds enveloppés de paille, entortillés de chiffons, ils marchent, tels des captifs, en silence. Et parmi eux, un bâton à la main, s'avance le maître... Suivent des voitures disparates surchargées de blessés et traînées par des ombres de chevaux.

Cette horde, c'est la Grande Armée.

Les soldats du maréchal Victor, la gorge serrée par la pitié, les yeux pleins de larmes, regardent défiler lentement devant eux ces images de l'atroce désastre. . .

A la fois sur la rive droite de la Beresina et sur la rive gauche de la rivière — du même côté que celui où se trouve Napoléon — cent vingt mille Russes vont opérer leur jonction et préparent la curée. Bien sûr, les armées de Tchitchakov, de Wittgenstein et de Koutouzov ont-elles, elles aussi, souffert du terrible froid, mais l'ennemi n'a pas eu sa marche encombrée de traînards, et les unités ne suivent point à la débandade. Napoléon, lui, ne peut compter que sur les cinq ou six mille hommes de la Garde, sur les vingt mille soldats amenés par Victor et par Oudinot et sur la poignée de Polonais de Dombrowski qui se sont repliés après la prise de Borissov. Il est difficile d'essayer de dénombrer les combattants de la Grande Armée capables, hors la Garde, de tenir un fusil. Assurément pas plus de trois mille hommes armés et disciplinés sous les ordres de Ney et de Davout. Quant au roi Murat, qui avait commencé la campagne à la tête de cinquante mille cavaliers, il y avait longtemps que la plupart de ses chevaux avaient été mangés ou attelés aux canons !

Cent vingt mille hommes prêts à fondre sur vingt-six à trente mille combattants affamés, transis de froid, et sur quarante mille traînards à demi moribonds, quarante mille malades aux membres gelés ! Il semble impossible que la Grande Armée, entassée dans un espace de quinze lieues carrées, arrive à s'échapper !

— Je doute, s'est exclamé Woronzow, que ce monstre de Napoléon puisse éviter la mort ou la captivité !

Le soir du 25 novembre, l'Empereur s'installe dans la métairie du *Vieux-Borissov,* où demeure le baron Korsach, l'intendant des Radziwill — la maison a été démolie pendant la dernière guerre et sur ses poutres on pouvait encore lire, paraît-il, les noms que certains membres de la suite impériale avaient gravés au couteau...

Puis, Napoléon, accompagné de Caulaincourt, s'avance sur la partie du pont de Borissov qui n'a pas sauté. L'ouvrage a été détruit à trois endroits (1).

Les deux hommes s'arrêtent sur la première brèche. Au-dessous d'eux roule le flot noir de la Beresina dont les eaux, — elles ne sont pas encore prises par le gel — charrient d'énormes glaçons. Des îlots bas divisent la rivière en de multiples bras et les rives marécageuses portent la distance à franchir à plus de sept cents mètres. En face d'eux, sur la rive droite — vers la route qui conduit actuellement à la gare de Borissov — les batteries de l'amiral Tchitchakov tiennent sous leurs feux l'emplacement de l'ancien pont. Sans doute, s'il faut en croire Ségur, les canons de la Garde auraient-ils pu les neutraliser, mais un duel d'artillerie aurait causé de nouvelles pertes et gêné l'action des pontonniers ! Aussi ne peut-il être question de reconstruire l'ouvrage et de franchir la rivière à cet endroit. Il faut donc chercher un gué tout en « battant l'estrade » à Borissov même et, en aval, vers Oukcholda, afin de faire croire aux Russes que l'on se prépare à réparer à la fois le pont détruit et à ménager un autre passage en descendant la rivière, vers le Dniepr.

(1) Il ne sera pas reconstruit. Un autre ouvrage a pris sa place, à vingt mètres en aval, mais l'on devine encore sous l'eau les chevalets calcinés du pont incendié le 23 novembre 1812.

Trouver un gué ! Et rapidement car le temps presse ! Si l'amiral Tchitchakov se contente d'observer les Français, Wittgenstein, lui, peut d'un instant à l'autre attaquer violemment le corps de Victor, tandis qu'il est loisible à Koutouzov de se lancer à l'assaut à la fois de l'arrière-garde et du flanc gauche de la Grande Armée — ou plutôt de ce qu'il en reste.

C'est alors qu'intervient un hasard miraculeux. Le général Corbineau, ayant trouvé Borissov occupée par les Russes, remonte avec sa brigade fantôme les rives boisées de la rivière, et se cache dans la forêt. Sous le couvert, il rencontre un paysan lithuanien dont le cheval est trempé jusqu'au poitrail. Il y a donc dans ce secteur un gué. Le paysan — de gré ou de force — accepte de conduire le général devant un endroit, situé à cinq lieues au-dessus de Borissov, devant le village de Studianka, et en face du hameau de Bytchi. Là, en dépit d'une rive droite marécageuse — elle est aujourd'hui assainie et plantée d'arbres — on peut, en effet, traverser la Beresina, guère plus large que la rue Royale à Paris, en ayant seulement de l'eau jusqu'aux aisselles. Corbineau se jette courageusement dans l'eau glacée, perd soixante-dix cavaliers emportés par le courant, mais la majeure partie de sa brigade parvient à prendre pied sur la rive droite de la rivière. Il est donc possible de construire à cet endroit des ponts sur chevalets. Napoléon donne l'ordre aussitôt au général du corps du génie Eblé et au général Dode, commandant le génie du maréchal Victor, de se mettre au travail, tandis que l'on continuera à « amuser » les Russes devant Borissov.

Dès la nuit du 25 au 26 novembre, quatre cents pionniers se trouvent à pied d'œuvre et, complètement nus, de l'eau jusqu'aux épaules, se mettent à construire des chevalets et à les poser sur le lit fangeux de la Beresina — et cela sans prendre garde aux glaçons que charrie la rivière. « Quelques-uns tombent morts et disparaissent dans le courant, a raconté le grenadier Pils, sans que le spectacle de cette fin tragique amollisse l'énergie de leurs camarades. »

Cependant, de l'autre côté du fleuve, on distingue

les feux des bivouacs de l'armée russe. Il s'agit de la division Tchuplitz, forte de six mille hommes... Assurément, comme le dira Ségur : « Ils n'avaient attendu le jour que pour mieux diriger leurs coups. Il parut : nous vîmes des feux abandonnés, une rive déserte et, sur les hauteurs, trente pièces d'artillerie en retraite. Un seul de leurs boulets eût suffi pour anéantir l'unique planche de salut qu'on allait jeter pour rejoindre les deux rives : mais cette artillerie se reployait à mesure que la nôtre se mettait en batterie. »

A la stupéfaction générale, les Russes, croyant à une ruse, viennent de lever le camp pour masser toutes leurs forces en face de Borissov et, en aval, devant Oukcholda ! Les Français poussent des cris de joie. Rapp et Oudinot courent chez l'Empereur :

— Sire, l'armée russe vient de lever le camp et de quitter sa position.

— Ce n'est pas possible !

Napoléon sort de son quartier général — la ferme appartenant au prince Radziwill — et court à la rivière. Il arrive juste à temps pour voir disparaître au loin la queue de la colonne de Tchuplitz !

— J'ai trompé l'amiral !

Tout à l'heure la capture d'un prisonnier permettra de constater que Tchitchakov avait été trompé au point de faire replier les troupes de Tchuplitz et ne même pas laisser un observateur face à Studianka ! Doublement trompé même puisqu'on lui avait sans doute rapporté que les Français s'agitaient du côté de Studianka, mais il avait cru qu'il s'agissait là d'une feinte destinée à le berner : c'est à Borissov que le passage se ferait ! C'est devant Borissov qu'il maintiendrait une force de vingt-sept mille hommes !

Napoléon doit s'assurer de la rive droite. Aussi ordonne-t-il à cinquante cavaliers du 7ᵉ Chasseurs de prendre chacun un voltigeur en croupe et de traverser la Beresina pour seconder la brigade de Corbineau et établir une tête de pont. Malgré les glaçons qui ensanglantent le poitrail et les flancs des chevaux, les chasseurs parviennent sur l'autre berge. Après plusieurs voyages effectués, tant à cheval qu'à bord de radeaux hâtivement construits, quatre cents hommes occupent la rive opposée.

Pendant ce temps, au nord, sur la rive gauche, le corps du maréchal Victor maintient toujours Wittgenstein à distance respectueuse. Quant à Koutouzov, il paraît frappé de léthargie. Il a abandonné toute poursuite depuis quatre jours et ne semble nullement se rendre compte qu'en fonçant vers la Beresina, distante pour lui de cent quinze kilomètres, il pourrait remporter une victoire totale.

Le 26, dans la matinée, le premier pont est terminé et les neuf mille trois cents hommes du corps d'Oudinot traversent la rivière. Un autre passage, celui réservé aux canons, au charroi et aux voitures — il en restait — va être achevé vers quatre heures de l'après-midi. Mais, le soir même, les eaux en crue emportent une partie de l'ouvrage. Le pont devait se briser encore le lendemain à deux autres reprises. Chaque fois les pontonniers se jetteront dans l'eau dont le niveau va bientôt atteindre un mètre soixante de hauteur, et travailleront au milieu des glaçons.

Les quarante mille traînards campent sur les rives et se battent pour s'arracher quelques morceaux de pain. Les maisons de Studianka et la forêt voisine leur ont fourni du bois. Pour la première fois depuis plusieurs jours, ils ont chaud et refusent, au cours de la nuit du 26 au 27, de traverser la Beresina en dépit des officiers envoyés par Napoléon. « J'eus l'occasion d'observer, dans cette circonstance, combien le malheur abrutit et rend imprévoyant, remarquera le colonel Planat de La Faye. Le pont resta libre toute la nuit sans qu'il y passât peut-être vingt personnes. » Le colonel essaye d'engager quelques-uns de ces malheureux à se rendre sur la rive droite, mais c'est en vain : ils préfèrent demeurer la nuit accroupis devant les tisons d'un mauvais feu de bivouac... Quand le jour paraît — le jour du 27 novembre — les traînards se précipitent. L'Empereur assiste au spectacle.

« Ce fut surtout, écrit Ségur, quand la Garde sur laquelle ils se réglaient s'ébranla. Son départ fut comme un signal : ils accoururent de toutes parts ; ils s'amoncelèrent sur la rive. On vit en un instant une masse profonde, large et confuse d'hommes, de chevaux et de chariots, assiéger l'étroite entrée des ponts qu'elle débordait. Les premiers, poussés par ceux qui les suivaient, repoussés par les gardes et par les pontonniers, ou arrêtés par le fleuve, étaient écrasés, foulés aux pieds, ou précipités dans les glaces que charriait la Bérésina. Il s'élevait de cette immense et horrible cohue tantôt un bourdonnement sourd, tantôt une grande clameur, mêlée de gémissements et d'affreuses imprécations. »

Toute la journée, — par un froid de moins vingt degrés — l'armée continue à s'écouler lentement. Napoléon à plusieurs reprises vient assister au passage. La nuit suivante — le thermomètre descend à moins trente degrés — les ponts sont de nouveau libres, car la horde est retournée à ses feux.

« Un coup de canon me réveilla, racontera le sergent Bourgogne. Il faisait jour. Il pouvait être sept heures. Je me levai, je pris mes armes, et, sans rien dire ni prévenir personne, je me présentai à la tête du pont et je traversai absolument seul. Je n'y rencontrai personne que des pontonniers qui bivouaquaient sur les deux rives pour y remédier lorsqu'il arrivait quelque accident. »

Ce 28 novembre, Victor a toute l'armée Wittgenstein sur les bras. Non seulement il parvient à la contenir, mais pour sauver les dernières unités qui franchissent les deux ponts, il se met à attaquer et réussit à refouler l'ennemi et à lui infliger de lourdes pertes. Les cinq mille cavaliers de Wittgenstein sont culbutés dans un ravin par les huit cents sabres du général Fournier ! Tandis que sur la rive droite, Oudinot, Ney et Mortier maintiennent les 27 000 hommes de Tchitchakov qui a enfin compris la situation, Victor, sur la rive gauche, réussit à résister jusqu'à la nuit. Mais l'ennemi revient en nombre et le maréchal, sur l'ordre de l'Empereur, décroche. Non sans mal, deux compagnies de la Garde tiennent libres l'entrée des deux ponts vers lesquelles le deuxième corps se dirige en employant la force pour traverser la masse des traînards. A peine l'armée de Victor est-elle passée que le flot d'hommes se précipite. Sous cette ruée, une nouvelle fois le tablier s'effondre. Les pontonniers se remettent à l'eau. Deux heures plus tard, le passage reprend.

« J'en vis plusieurs, nous dit encore le sergent Bourgogne, qui se jetèrent dans la Beresina, espérant la passer à la nage sur les glaçons, mais aucun ne put aborder. On les voyait dans l'eau jusqu'aux épaules, et là, saisis par le froid, la figure rouge, ils périssaient misérablement. J'aperçus sur le pont un cantinier portant un enfant sur sa tête. Sa femme était devant lui, jetant des cris de désespoir. Je ne pus en voir davantage ; c'était au-dessus de mes forces. » La veuve d'un colonel tué quelques jours auparavant, tient dans ses bras sa petite fille de quatre ans, et cherche vainement à atteindre le pont. Le chirurgien Huber l'entend s'exclamer :

— O Dieu, que je suis malheureuse de ne pouvoir même pas prier.

Presque aussitôt son cheval est atteint d'une balle, et un autre coup vient lui fracasser la cuisse gauche au-dessus du genou. Avec « le calme d'un silencieux désespoir elle prend son enfant qui pleure, elle l'embrasse à plusieurs reprises, puis, de sa jarretière teinte de sang qu'elle a ôtée de sa jambe brisée elle étrangle la pauvre petite, et, la serrant dans ses bras, la pressant contre elle avec force, elle s'assied à côté de son cheval tombé. Elle attend ainsi sa fin, sans proférer un seul mot, et bientôt elle est écrasée par les chevaux de ceux qui se pressent sur le pont ».

Lorsqu'Eblé reçoit l'ordre de brûler les ponts, il reste encore près de douze mille traînards sur la rive gauche. Il est alors sept heures du matin. Le chef des pontonniers attend jusqu'à neuf heures pour exécuter l'ordre, et ne met le feu aux deux ouvrages que lorsqu'il voit les cosaques dévaler vers la berge. Il reste huit mille hommes sur l'autre rive. « On les voit errer par troupes désolées sur les bords de la rivière. Les uns s'y jettent à la nage, certains se risquent sur les glaçons, s'élancent tête baissée au milieu des flammes du pont qui s'effondre sous eux. » Ségur aperçoit « les corps des uns et des autres s'amonceler et battre avec les glaçons contre les chevalets ». Les survivants, assis dans la neige, résignés, attendent les Russes.

Et voici le tableau qui se présente à l'ennemi lorsqu'il arrive sur les bords de la Bérésina :

« Imaginez-vous, écrit l'officier du génie Martosa, un large fleuve sinueux couvert à perte de vue de cadavres, dont certains commençaient à geler. C'était le règne de la mort qui resplendissait dans toute sa puissance destructrice... La première chose que nous vîmes était une femme enfoncée dans un trou et coincée par la glace ; un de ses bras pendait à moitié coupé, l'autre tenait un nourrisson qui serrait de ses menottes le cou de sa mère ; elle était encore vivante, son regard fixait un homme qui s'était également enfoncé sous la glace brisée mais qui était déjà gelé ; un enfant mort gisait entre eux... Plus loin, je vis des gens qui étaient morts de froid ou en train de geler. Jamais je n'oublierai cette vision... Le petit village était bondé de blessés russes et français et de prisonniers dont le nombre augmentait continuellement, à tel point qu'on ne savait plus qu'en faire. Ils étaient affreux à voir : grands et petits, hommes et femmes, les pieds entourés de paille, emmitouflés dans des torchons, sans bottes, la figure gelée, les mains exsangues... » Un butin considérable encombrait les rives et jonchait le sol jusqu'à Vieux-Borissov.

Si huit mille débandés vont être massacrés par les cosaques de Wittenstein, les débris de la Grande Armée ont réussi, tant bien que mal, à passer. Louis Madelin a raison d'écrire que le célèbre passage n'avait pas été le désastre tant de fois dépeint, après le récit du comte de Ségur. Raïevski se montrait assurément quelque peu injuste en écrivant, dans une autre lettre inédite, que « le grand Napoléon » s'était montré à la Beresina « un bien petit génie militaire ».

*
**

C'est au lendemain du 29 novembre que va commencer l'épreuve la plus horrible que connurent les combattants de tous les temps.

L'épouvante !

En trois jours, les vingt-cinq mille combattants de la Beresina, confondus avec la horde, devenus « une foule en fuite », marchent pêle-mêle, semant sur la route armes et canons, ces trophées que l'on peut voir aujourd'hui orner tant de musées soviétiques (1). Seul ce qui reste de la Garde conserve encore un air martial. « Les vieilles moustaches, racontera Caulaincourt dans ses *Mémoires,* se déridaient dès qu'elles apercevaient l'Empereur et le bataillon de garde qui prenait chaque jour le service était dans une tenue à étonner. »

De même le quartier impérial, composé au départ de Moscou de six cent trente chevaux et de cinquante-deux voitures, ne compte plus que la calèche de l'Empereur et une vingtaine de véhicules. Cependant, Napoléon aura chaque jour du linge propre, du pain blanc, son vin de Chambertin, de la viande de bœuf ou de mouton et surtout — ce qu'il aime particulièrement — du riz, des fèves ou des lentilles.

Le froid qui est descendu à moins vingt et un degrés, tombe certains jours, à moins trente et un degrés ! Les corbeaux meurent foudroyés, raidis en plein vol, l'haleine gèle au contact de l'air avec un bruit sec qui ressemble à de petites détonations. « J'avais un mouchoir qui me bridait la bouche, nous raconte le capitaine Bernard. Devant mes lèvres, par la respiration, durcissait un glaçon gros comme un œuf qui restait collé au mouchoir. Ce glaçon faisait monter mon haleine jusqu'à mes paupières où elle gelait, formant autour de chaque cil une espèce de chandelle qui m'empêchait de voir distinctement... »

Caulaincourt rencontre à chaque instant des hommes que le froid a saisis. Ils s'arrêtent et tom-

(1) Le musée d'Histoire de Moscou conserve, entre autres reliques de la Retraite, un traîneau ayant servi à l'Empereur et une des « roulantes » provenant des cuisines impériales. Sur les rives de la Beresina et plus tard, au cours des fouilles opérées dans le lit même de la rivière, recouvert d'une couche de trente-cinq centimètres de poudre décomposée, les Russes s'emparèrent d'un butin considérable dont une faible partie se trouve exposée aujourd'hui dans la *Salle 1812* du Musée ethnographique municipal de Borissov — ou *Borissov-La-Beresina,* selon l'orthographe actuelle.

bent à terre. « Les aidait-on à marcher, ou plutôt les traînait-on avec peine ? Ils vous suppliaient de les laisser s'arrêter. Les déposait-on près d'un bivouac, dès que ces malheureux s'assoupissaient, ils étaient morts. S'ils résistaient au sommeil, un autre passant les menait un peu plus loin, ce qui prolongeait leur agonie pendant quelques instants, mais ne les sauvait pas, car dans cet état, l'assoupissement que produit le froid est une puissance à laquelle on ne peut résister : on s'endort malgré soi et s'endormir, c'est mourir. J'ai cherché, poursuit le grand écuyer, à sauver plusieurs de ces malheureux, mais en vain. Ils n'articulaient quelques mots que pour demander en grâce qu'on les laissât un peu dormir. A les entendre, ce sommeil devait être leur salut. Hélas ! c'était le dernier soupir d'un malheureux, mais ce malheureux cessait de souffrir, sans douleur, sans agonie. La reconnaissance, le sourire même étaient empreints sur ses lèvres décolorées. » Un détail horrible nous est donné par les *Souvenirs* inédits du sergent Corniquet : Bien des survivants marchaient nu-pieds en s'aidant avec deux morceaux de bois, mais « leurs pieds étaient tellement gelés qu'ils sonnaient sur la route comme une paire de sabots... »

Quand, la nuit tombée, on s'arrête à la lisière de quelque bois, ces spectres allument des feux devant lesquels ils demeurent immobiles. « Ils ne pouvaient se rassasier de cette chaleur, racontera Ségur, échappé de cet enfer, ils s'en tenaient si proches que leurs vêtements brûlaient, ainsi que les parties gelées de leur corps, que le feu décomposait. Alors, une horrible douleur les contraignait à s'étendre et, le lendemain, ils s'efforçaient en vain de se relever.»

Dès qu'un homme s'effondre, la horde n'attend pas le dernier soupir du mourant : elle se précipite pour lui prendre ses vêtements. Les derniers chevaux meurent de faim. Aussitôt l'animal tombé, un troupeau d'affamés se jette sur lui. Les premiers arrivés attaquent le flanc et s'emparent du foie qui est, paraît-il, le morceau le plus tendre. « Tout cela se passait sans que personne songeât à tuer la pauvre bête, tant on était pressé de se remettre en route. » Le brave

Coignet le dira de son côté : « Ils s'étaient repus du cheval avant qu'il mourût. » Ceux qui possédaient un poêlon sont regardés avec envie. « On voyageait ce meuble à la main et on le conservait bien plus précieusement que son argent. » Chaque jour, les effectifs tombent à des chiffres dérisoires.

Les combattants russes qui harcèlent cette armée de spectres souffrent tout aussi atrocement. Il faut lire, pour s'en convaincre, les *Mémoires* du général de hussards Levenstern : « Après le passage de la Beresina, les gelées furent terribles. Je ne pouvais avancer à cheval plus de dix minutes de suite, et comme la neige empêchait d'aller longtemps à pied, je ne faisais qu'enfourcher ma monture pour en descendre aussitôt, et j'autorisai mes hussards à faire de même. Pour protéger mes pieds contre le grand froid, je les mettais dans les bonnets à poil des grenadiers français dont la route était jonchée. Mes hussards souffraient cruellement... Le régiment de Soumy ne comptait que cent vingt-deux chevaux capables de charger. Notre infanterie était visiblement très épuisée. Rien au monde n'affecte autant le moral que le froid. Lorsque les soldats trouvaient un abri sous un toit, il n'y avait pas moyen de les chasser de là. Ils préféraient mourir. Au risque de se brûler, ils se fourraient même dans les poêles russes. Il a fallu voir toutes ces horreurs de ses propres yeux pour y croire. Jamais les calamités humaines ne s'étaient manifestées d'une façon aussi horrible : tous les villages avoisinants étaient brûlés jusqu'à leurs fondations, les habitants s'étaient enfuis, on ne trouvait aucun ravitaillement. Nous ne maintenions nos forces qu'en buvant de grandes rasades de vodka. Nous souffrions autant que l'ennemi... »

Ne quittons pas les Archives russes sans citer Alexis Olénine, qui, dans son *Cahier,* prétend que des témoins ont vu les soldats de Napoléon dévorer leurs morts : « Ils racontaient entre autres, avoir souvent rencontré des Français dans quelques granges où ils cherchaient à se protéger contre le froid, assis autour d'un feu, grillant les cadavres de leurs camarades dont ils taillaient les meilleurs morceaux pour apaiser leur faim ; exténués, s'affaiblissant d'heure en heure, ils tombaient morts pour servir, à leur tour, de nourriture aux nouveaux arrivés qui s'étaient à grand-peine traînés jusque-là. »

Le 2 décembre, l'Empereur charge Caulaincourt d'expédier à Paris Anatole de Montesquiou pour y porter le fameux — et terrible — bulletin qui ne cachait rien du désastre :

— Je dirai tout. Il vaut mieux que l'on sache ces détails par moi que par des lettres particulières.

Le 3 décembre, Napoléon arrive à Malodeczno. Quelques vivres s'y trouvent, le fourrage y est relativement abondant, la journée belle, le soleil brille, le froid paraît supportable. Enfin, les courriers rejoignent tous à la fois le grand quartier impérial. Jusque-là, l'Empereur semble n'avoir pas conçu le projet de quitter son armée. Mais, vers le milieu de ce jour, il annonce tout à coup à Daru et à Duroc sa résolution de partir incessamment pour la France : Sans cesse, il pense à l'affaire Malet, à ce général de brigade qui a manqué prendre sa place ! Il lui faut rentrer ! Assurément, les rescapés de la catastrophe pourront regagner Vilna sans lui, s'y nourrir et s'y reposer en attendant le printemps !

***

A Smorgoni, le samedi 5 décembre à dix heures du soir, après avoir — faute capitale — confié le commandement de l'armée au roi Murat, et non à Eugène, l'Empereur, sous le nom de son grand-écuyer, part avec Caulaincourt. Une course folle en dormeuse, puis en traîneau, enfin en cabriolet, une course de treize jours et quatorze nuits commence à travers la Pologne et l'Allemagne. Wonsowicz est à cheval près de la voiture. Roustam, les piqueurs Fagalde et Amodru, également à cheval. L'un d'eux prend les devants pour commander les chevaux de poste à Oschmiana. Le duc de Frioul et le comte de Lobau suivent dans une calèche. Le baron Fain et Constant dans une autre. Deux escadrons de la

Garde — réunis non sans mal — trottent derrière la dormeuse impériale, mais, à l'arrivée à Vilna, il ne reste plus que quinze hommes. Et leurs mains et leurs pieds sont gelés !

La nuit du 6 au 7, entre Vilna et Kovno, est atroce. Le froid, épouvantable. Caulaincourt le racontera : « L'Empereur, quoique enveloppé de laine et couvert d'une bonne pelisse, les jambes dans des bottes fourrées et de plus dans un sac d'ours, s'en plaignait au point que je dus le couvrir de la moitié de ma pelisse d'ours. Notre respiration gelait sur nos lèvres et formait de petits glaçons sous le nez, aux sourcils et autour des paupières. Tout le drap de la voiture, notamment l'impériale où la respiration montait, était blanc et dur... L'Empereur grelottait ; on eût dit qu'il avait le frisson... »

En arrivant à Kovno, deux heures avant le jour, les voyageurs trouvent un repas qui paraît excellent à Caulaincourt : « du bon pain, de la volaille, une nappe... ». Napoléon qui, durant la retraite, n'a jamais été privé est moins surpris...

Le maître de poste de Gragow apprend à Caulaincourt que le seigneur du lieu — le comte Wylicki — a fait construire pour sa fille qui vient de se marier, une berline montée sur patins de traîneau. Le comte accepte de la céder aux voyageurs lorsqu'il apprend que « Monsieur de Caulaincourt » est en réalité l'empereur des Français.

Sur le traîneau du comte Wylicki, Napoléon glisse maintenant vers le Niémen. Le voici maintenant optimiste :

— Vilna, bien approvisionnée, fera tout rentrer dans l'ordre. On y a plus de moyens qu'il n'en faut pour résister à l'ennemi. Les Russes, au moins aussi fatigués que nous et souffrant comme nous du froid, prendront des cantonnements.

Cependant l'accueil qui l'attend à Paris l'inquiète :

— Nos désastres feront une grande sensation en France, mais mon arrivée en balancera les fâcheux effets.

Et l'Autriche ? Il essaye de se convaincre qu'il n'a rien à craindre de la loyauté de son beau-père :

— Les Russes doivent paraître un fléau à tous les peuples, la guerre contre la Russie est une guerre toute dans l'intérêt bien calculé de la vieille Europe et de la civilisation. L'empereur d'Autriche et M. de Metternich le sentent si bien qu'ils me l'ont souvent répété à Dresde. L'empereur François connaît bien le caractère faible et faux de l'empereur Alexandre : il s'en méfie comme quelqu'un qui a été dupe de ses protestations et de ses promesses... Les revers que vient d'éprouver la France feront cesser toutes les jalousies, mettront fin à toutes les inquiétudes qu'a pu faire naître sa puissance ou son influence. On ne doit plus voir qu'un ennemi en Europe. Cet ennemi, c'est le colosse russe.

Caulaincourt ose dire à l'Empereur qu'il est infiniment plus « l'objet de l'inquiétude générale » que « le colosse russe ».

— C'est la monarchie universelle que les cabinets redoutent, précise-t-il. C'est votre dynastie, déjà partout, dont les autres dynasties craignent encore l'établissement chez elles. C'est le système fiscal adopté depuis trois ans qui blesse, dans ce moment, tous les intérêts allemands. C'est l'inquisition politique établie en Allemagne par quelques agents maladroits qui choque toutes les opinions nationales, tous les amour-propres, toutes les habitudes.

Napoléon essaye de se défendre :

— Je pouvais les traiter en pays conquis et je les fais administrer comme départements français ; ils se plaignent à tort. Ce qui les froisse, ce sont les entraves imposées au commerce, mais elles tiennent à des considérations d'un ordre supérieur, auxquelles les intérêts de la vieille France doivent céder aussi. La paix avec l'Angleterre peut seule mettre un terme à cette gêne, à ces plaintes.

Ah ! L'Angleterre ! L'Angleterre et ce blocus que Napoléon impose à tous, ce blocus, cause de tout le mal !

— C'est l'Angleterre qui m'a poussé, forcé à tout ce que j'ai fait. Si elle n'avait pas rompu le traité d'Amiens, si elle avait fait la paix après Austerlitz, après Tilsit, je serais resté tranquille chez moi. La crainte de compromettre les capitaux de mon commerce m'eût maintenu. Je n'aurais rien entrepris au-dehors car ce n'était pas dans mon intérêt. Je ne me serais occupé que de la prospérité intérieure ; je me serais rouillé, accoutumé au repos. Rien n'est plus doux.

Il le répète :

— Je ne suis pas plus ennemi qu'un autre des douceurs de la vie. Je ne suis pas un Don Quichotte qui a besoin de quêter les aventures. Je suis un être de raison qui ne fait que ce qu'il croit utile. La seule différence entre moi et les autres souverains, c'est que les difficultés les arrêtent et que j'aime à les surmonter, quand il m'est démontré que le but est grand, noble, digne de moi et de la nation que je gouverne !

Il ajoute encore :

— On dit, et vous le premier, Caulaincourt, que j'abuse de la puissance. J'admets ce reproche, mais c'est dans l'intérêt général du continent !

Et sans cesse, tandis que le traîneau prend la route de Pultusk, il revient sur les causes de sa défaite :

— Nous sommes victimes du climat ; le beau temps m'a trompé. Si j'étais parti quinze jours plus tôt, mon armée serait à Vitebsk. Tout a mal tourné parce que je suis resté trop longtemps à Moscou. Si j'en étais parti quatre jours après l'avoir occupé, comme j'en ai eu l'idée après avoir vu l'incendie, la Russie était perdue. L'empereur Alexandre eût été trop heureux de recevoir la paix que je lui aurais alors généreusement offerte de Vitebsk.

Ignorant qu'au même moment l'armée est en train de totalement se désagréger, l'Empereur se montre encore plein d'illusions. Que faut-il faire de la Pologne ? Cette pomme de discorde entre Alexandre et lui.

— Il leur faut un souverain. Murat leur eût convenu, mais il a si peu de tête ! Jérôme, auquel j'avais pensé, n'a que de la vanité, il ne m'a fait que des sottises. Il a abandonné l'armée pour ne pas servir sous

Davout, comme s'il ne devait pas son trône à la bataille d'Auerstaedt ! Il s'est mal conduit dans le duché en y passant. Ma famille ne m'a jamais secondé. Mes frères ont autant de prétentions que s'ils pouvaient dire : le roi, notre père...

Et l'Espagne ?

— L'héroïsme que l'on prête maintenant à la nation espagnole, en haine de la France, ne tient qu'à l'état de barbarie de ce peuple demi-sauvage et à la superstition que les fautes de nos généraux ont encore excitée. C'est par paresse et non par héroïsme que le paysan espagnol préfère les dangers des contrebandiers et des guets-apens de grands chemins à la fatigue du cultivateur.

Caulaincourt de nouveau lui parle de sa fatale ambition ! « Sa passion guerroyante », une ambition ? Allons donc ! Il rit, et donne à son compagnon de petites tapes sur la nuque :

— On se trompe, je ne suis pas ambitieux... Dans ce monde il n'y a qu'une alternative : commander ou obéir.

Le 9 décembre, deux heures avant le jour, les voici à Pultusk. Une servante polonaise essaye d'allumer du feu. L'Empereur lui fait donner quelques napoléons que la jeune fille reçoit, éblouie :

— Dans cette classe, remarque Napoléon, on peut, avec un peu d'argent, faire beaucoup d'heureux !

Le voici chevauchant sa chimère.

— Ah, que la paix soit générale pour me reposer et pour pouvoir faire le bon homme. Nous voyagerons tous les ans pendant quatre mois dans l'intérieur. J'irai à petites journées avec mes chevaux. Je verrai l'intérieur des chaumières de cette belle France. Je veux visiter les départements auxquels il manque des communications, faire des canaux, des routes, donner des secours au commerce, des encouragements à l'industrie. Il y a immensément à faire en France, des départements où tout est à créer.

Le 10 décembre c'est l'arrivée à Varsovie. « En mettant pied à terre au pont de Praga pour traverser la Vistule, nous ne pûmes nous empêcher, rapportera Caulaincourt, de faire une humble réflexion sur le modeste équipage du Roi des Rois. La vieille caisse, autrefois rouge, qu'on avait placée sur un traîneau, avait quatre énormes glaces, ou plutôt verres de vitres, encadrés dans des châssis vermoulus qui fermaient très mal. Les jointures de cette carcasse, aux trois quarts pourrie, s'ouvraient de toutes parts et laissaient un libre cours au vent et à la neige dont j'étais obligé de débarrasser à chaque instant l'intérieur de notre domicile, pour ne pas être mouillés en la fondant sur nos sièges... Tous ces désagréments n'empêchaient pas l'Empereur d'être gai. Il paraissait enchanté de se retrouver à Varsovie et fort occupé de savoir si on le reconnaîtrait. Je crois qu'il n'aurait pas été fâché de rencontrer quelqu'un qui l'eût deviné, car il traversa la ville à pied et nous ne remontâmes dans le modeste traîneau qu'après avoir traversé la place. Il faisait si froid que les gens qui pouvaient se chauffer ne se promenaient pas et que la pelisse de velours vert à brandebourgs d'or de l'Empereur n'attirait l'attention que de quelques modestes passants... »

A onze heures ils s'installent à *l'hôtel d'Angleterre* où la petite suite les a précédés. Une demi-heure plus tard, laissant l'Empereur devant un mauvais feu de bois, Caulaincourt va rendre visite à Pradt, ambassadeur de France à Varsovie. Celui-ci, en voyant entrer cette espèce de revenant, a du mal à le reconnaître : « Marchant appuyé sur un de mes secrétaires d'ambassade, un taffetas noir enveloppait sa tête, le visage était comme perdu dans l'épaisseur de la fourrure... » :

— Ah ! c'est vous, Caulaincourt, s'exclame Pradt, revenu de sa stupeur. Où est l'Empereur ?

— A l'*hôtel d'Angleterre*. Il vous attend.

— Pourquoi n'êtes-vous pas descendu au palais ?

— Il ne veut pas être reconnu.

— Avez-vous tout ce qu'il vous faut ?

— Donnez-nous du vin de Bourgogne et de Malaga.

— La cave, la maison, tout est à vous. Et où allez-vous comme cela ?

— A Paris.

— Et l'armée ?

— Il n'y en a plus...

Un quart d'heure plus tard, Pradt se trouve devant l'Empereur : « Il était dans une petite salle basse, glacée, les volets à demi fermés pour protéger son incognito. Une mauvaise servante polonaise s'essoufflait à exciter un feu de bois vert. » Comme à son ordinaire, Napoléon se promenait dans sa chambre... « Sa tête était couverte d'une espèce de capuchon fourré et ses bottes de cuir étaient enveloppées de fourrures. »

Un peu plus tard le ministre des Finances, le comte Stanislas Potocki, vient les rejoindre et félicite l'Empereur d'avoir échappé à tant de dangers.

— Dangers ? Pas le moindre, riposte-t-il. Je vis dans l'agitation. Il n'y a que les rois fainéants qui engraissent dans leurs palais. Moi, c'est à cheval et dans les camps. Du sublime au ridicule, il n'y a qu'un pas. Je vous trouve bien alarmés ici.

— Nous ne savons, explique timidement Potocki, que ce qu'apportent les bruits publics.

— Bah ! l'armée est superbe. J'ai cent vingt mille hommes. J'ai toujours battu les Russes. Ils n'osent pas tenir devant nous. Ce ne sont plus les soldats de Friedland et d'Eylau. On tiendra dans Vilna. Je vais chercher trois cent mille hommes. Le succès rendra les Russes audacieux. Je leur livrerai deux ou trois batailles sur l'Oder, et dans six mois je serai encore sur le Niémen. Je pèse plus sur mon trône qu'à la tête de mon armée. Sûrement, je la quitte à regret. Mais il faut surveiller l'Autriche et la Prusse... Tout ce qui arrive n'est rien. C'est un malheur. C'est l'effet du climat. L'ennemi n'y est pour rien. Je l'ai battu partout..

Les deux ministres ne parviennent pas à se montrer souriants... Quant à lui, il s'étourdit de paroles, se refusant à voir la tragique vérité.

— J'en ai vu bien d'autres, reprend-il. A Marengo, j'étais battu jusqu'à six heures du soir. Le lendemain j'étais maître de l'Italie. A Essling, j'étais maître de l'Autriche... Je ne puis pas empêcher que le Danube grossisse de seize pieds en une nuit. Ah ! sans cela, la monarchie autrichienne était finie. Mais il était écrit au ciel que je devais épouser une archiduchesse.

Le voici, maintenant, jouant la comédie de la gaieté :

— De même en Russie, je ne puis pas empêcher qu'il gèle. On vient me dire tous les matins que j'ai perdu dix mille chevaux dans la nuit. Eh bien ! bon voyage !... Peut-être dira-t-on que je suis resté trop longtemps à Moscou. Cela peut être. Mais il faisait beau. La saison a devancé l'époque ordinaire. J'y attendais la paix... Qui ne hasarde rien n'a rien... Je faisais une guerre réglée à l'empereur Alexandre. Mais aussi, qui aurait cru que l'on frappe jamais un coup comme celui de l'incendie de Moscou ? Maintenant ils nous l'attribuent. Mais ce sont bien eux...

Le maigre feu s'éteint. Le froid gagne les assistants, sauf l'Empereur qui ne s'en aperçoit pas : il se réchauffe à force de parler et de marcher d'un mur à l'autre de la pièce :

— Je ne me suis jamais mieux porté, conclut-il. Quand j'aurais le diable, je ne m'en porterais que mieux.

« Telles furent ses dernières paroles, racontera Pradt. Aussitôt il monta dans l'humble traîneau qui portait César et sa fortune, et disparut. Un choc violent manqua le renverser en franchissant le seuil de la porte. »

⁂

Le traîneau continue à glisser vers Posen. Napoléon est tout heureux à la pensée de retrouver son fils et sa femme — il s'attendrit :

— Je me fais plus méchant que je ne suis parce que j'ai remarqué que les Français sont toujours prêts à vous manger dans la main. C'est le sérieux qui leur manque et, par conséquent, ce qui leur en impose le plus. On me croit sévère, même dur. Tant mieux !... Je ne m'apitoie pas sur les larmes d'une duchesse, mais je suis touché des maux des peuples. Je les veux heureux et les Français le seront. L'aisance sera partout si je vis dix ans. Croyez-vous donc que je n'aime pas aussi à faire plaisir ? Un visage content me fait du bien à voir, mais je suis obligé de me défendre de cette disposition naturelle, car on en abuserait. Je l'ai éprouvé plus d'une fois avec Joséphine, qui me demandait toujours et me faisait même tomber dans des embuscades de larmes auxquelles j'accordais ce que j'aurais dû refuser.

Arrivé à Posen, il reçoit plusieurs lettres de Marie-Louise qu'il lit avec joie :

— N'est-ce pas que j'ai là une bonne femme ?

Il lui tarde maintenant de quitter la Prusse et de se trouver en Saxe. Il a pour toute escorte deux gendarmes à moitié gelés sur le siège et que l'on a ramassés à Glogau.

— Si les Prussiens nous arrêtaient, imagine-t-il en riant, ils me livreraient aux Anglais.

— C'est possible !

— Vous figurez-vous, Caulaincourt, la mine que vous feriez dans une cage de fer, sur la place de Londres ?

— Si c'était pour partager votre sort, Sire, je ne me plaindrais pas !

— Il n'est pas question de se plaindre, mais d'une chose qui peut arriver à l'instant et de la figure que vous feriez dans cette cage, enfermé comme un malheureux nègre voué à être mangé par les mouches, parce qu'on l'a enduit de miel.

Et il rit aux éclats.

On le voit traverser Bunzlau, Görlitz, Bautzen, et il arrive, enfin, à Dresde à minuit, le 13 décembre. Le postillon frappe longtemps à une porte pour demander où se trouve l'ambassade de France, avant qu'un homme en bonnet de nuit mette la tête à la fenêtre et demande « ce que l'on voulait », puis, sans répondre — craignant sans doute le froid — il referme sa croisée... Enfin, un Saxon obligeant met l'Empereur sur la bonne voie.

En pleine nuit, le roi de Saxe accourt à l'ambassade ; il est épouvanté. L'Empereur le réconforte : il sera bientôt là avec cinq cent mille hommes. Puisqu'il est réveillé, il ne se recouche pas et en profite pour écrire à son beau-père : tout va bien, le froid seulement « a démantelé ses armes ». Avant le jour, dans la voiture du roi de Saxe, cette fois, il repart pour Leipzig et Weimar. Le 15 décembre, il passe à Erfurt. Que de souvenirs ! Le baron de Saint-Aignan lui a prêté sa dormeuse. Enfin, il peut s'assoupir, mais un timon se brise sur les mauvais chemins de Westphalie. Une lieue avant de traverser le Rhin, Napoléon rencontre Anatole de Montesquiou, déjà revenu de Paris. Le 16 décembre, enfin, il traverse le Rhin en bateau et arrive à Mayence. Le voici en France.

Le *Moniteur* publie ce jour-là le célèbre et terrible Bulletin, qui va « foudroyer la France », selon le mot de la maréchale Oudinot : « Jusqu'au 6 novembre le temps a été parfait, et le mouvement de l'armée s'est exécuté avec le plus grand succès. Le froid a commencé le 7 ; dès ce moment, chaque nuit, nous avons perdu plusieurs centaines de chevaux, qui mouraient au bivouac... Cette armée, si belle le 6, était bien différente dès le 14, presque sans cavalerie, sans artillerie, sans transports... Cette difficulté, jointe à un froid excessif subitement venu, rendit notre situation fâcheuse. Des hommes que la nature n'a pas trempée assez fortement pour être au-dessus de toutes les chances du sort et de la fortune parurent ébranlés, perdirent leur gaieté, leur bonne humeur, et ne rêvèrent que malheurs et catastrophes... L'ennemi qui voyait sur les chemins les traces de cette affreuse calamité qui frappait l'armée française, chercha à en profiter... »

« Dire que l'armée a besoin de rétablir sa discipline, de se refaire, de remonter sa cavalerie, son artillerie et son matériel, c'est le résultat de l'exposé qui vient d'être fait. Le repos est son premier besoin. Le matériel et les chevaux arrivent... Les généraux, les officiers et les soldats ont beaucoup souffert de la fatigue et de la disette. Beaucoup ont perdu leurs bagages... Les Cosaques ont pris nombre d'hommes isolés, d'ingénieurs-géographes qui relevaient des positions, et d'officiers blessés qui marchaient sans précaution, préférant courir des risques plutôt que de marcher posément et dans des convois...

« L'empereur a toujours marché au milieu de sa Garde. Le prince de Neuchâtel, le grand maréchal, le grand écuyer, et tous les aides de camp et les officiers militaires de la Maison de l'Empereur ont toujours accompagné Sa Majesté... La santé de Sa Majesté n'a jamais été meilleure. »

***

Maintenant qu'on approche du but, l'Empereur reparle de l'affaire Malet :

— Parmi ces militaires, ces fonctionnaires auxquels on annonçait ma mort, pas un n'a pensé à mon fils !

Il est certain qu'une nouvelle révolution leur a paru à tous « plus simple que la conservation de l'ordre de choses établi ».

— Arrivé à Paris, chacun me vantera cependant son dévouement. Il faut un exemple, car la fidélité est un devoir peut-être plus sacré pour le magistrat que pour le militaire, qui ne doit qu'obéir aux ordres qu'il reçoit, sans les raisonner... L'habitude des changements, les idées de révolution ont laissé des traces profondes. Il fallait un bras comme le mien, un homme qui connût, comme moi, les Français, pour avoir pu opérer ce qui est déjà fait. La France a besoin de moi pendant dix ans. Si je mourais, tout serait, je le vois, dans le chaos et tous les trônes s'écrouleraient si celui de mon fils tombait, car je vois que tout ce que j'ai fait est encore bien fragile.

Et Malet ?

— C'est un fou ! Il faut l'être pour avoir cru que suspendre l'action de la police et tromper quelques chefs de corps, un préfet, pendant trois heures, pouvait renverser le gouvernement, quand il avait une armée de deux cent mille hommes hors du pays, et pas un complice dans les hautes fonctions, ni dans les départements. C'est un homme qui a voulu se faire fusiller en faisant parler de lui, mais son action m'a prouvé, ce que je croyais au reste en partie, qu'il n'y a pas grande foi à faire sur les hommes.

Le voici maintant pris d'une véritable fièvre. Dans combien de temps sera-t-il arrivé ?

— Dans quarante-quatre heures, Sire.

— Moi, je vous dis dans trente-six !

Il demande à Caulaincourt d'allumer une bougie à l'intérieur de la berline, et tâche de compter sur la carte et sur le livre de poste combien il leur faut de postes, de quarts de poste, de quarts d'heure, de minutes pour atteindre Paris. Il additionne tout. Les haltes forcées, les repos, tout est abrégé...

Le 17 décembre, il soupe à Verdun, puis il est dépassé, sur la route, par des estafettes qui ont quitté la Russie soixante heures après son départ. Fébrilement il décachette les dépêches : l'armée est en pleine décomposition, mais n'en approche pas moins de Vilna. Caulaincourt se montre pessimiste :

— Vous voyez tout en noir, s'exclame Napoléon.

Le vendredi 18 décembre, à Saint-Jean-les-Deux-Jumeaux, l'essieu de la voiture se casse à cinq cents pas de la poste. L'Empereur monte dans un méchant cabriolet, une « croquante ». Et c'est dans cet équipage que les voyageurs arrivent à Meaux où le maître de poste offre sa chaise. Les dernières lieues sont franchies à toutes brides et, bientôt, selon l'usage, la voiture passe sous l'arc de triomphe — la gigantesque maquette de bois et de toiles peintes.

— C'est de bon augure, murmure l'Empereur.

Il est un quart d'heure avant minuit — le temps est couvert, la température de trois degrés — lorsque la chaise de poste pénètre dans la cour des Tuileries. Caulaincourt passe sa tête par la portière et se nomme ; le Suisse refuse de reconnaître, en ce spectre, le grand écuyer. Enfin, à demi convaincu, il laisse passer l'équipage qui s'arrête en bas du grand escalier.

Encore coiffé de son pittoresque bonnet de fourrure, avec une barbe de quinze jours, le col enfoncé dans sa pelisse, l'Empereur apparaît à la portière. Le piqueur Amodru qui, depuis Smorgoni, galope devant l'équipage, déplie le marche-pied, puis s'effondre, ivre de fatigue.

— Bonsoir, Caulaincourt, lance Napoléon, vous avez aussi besoin de repos.

Puis il entre dans l'appartement de Marie-Louise...

***

Quelques jours plus tard, l'Empereur qui croyait les échappés de la Beresina en train de se reposer en Lithuanie, apprend que Murat a abandonné « le squelette disloqué » de la Grande Armée. C'est le coup de grâce.

— Eh bien ! Caulaincourt, s'exclame-t-il, le roi a quitté Vilna. Il n'a pris aucune disposition. L'armée, la Garde, se sont sauvées devant quelques Cosaques. Le froid a fait perdre la tête à tout le monde... Il n'y a pas d'exemple d'un semblable sauve-qui-peut, d'une telle bêtise ! Ce que cent hommes de courage eussent sauvé a été perdu au nez de plusieurs milliers de braves par la faute de Murat. Un capitaine de voltigeurs eût mieux commandé l'armée que lui.

A la sortie de Vilna, sur la route de Kovno, l'artillerie de la Garde et les derniers fourgons impériaux n'ont pu monter la côte verglacée du défilé de Ponari. On a dû se défaire des canons et éventrer les sacs contenant le trésor. « Les soldats de l'arrière-garde qui passaient devant ce désordre, nous dit Ségur, horrifié, jetèrent leurs armes pour se charger de butin ; ils s'y acharnèrent si furieusement qu'ils n'entendirent plus le sifflement des balles et les hurlements des cosaques qui les poursuivaient. »

Désormais, il n'y avait plus d'artillerie, Ney, qui veillait sur quelques canons, avait été obligé de les abandonner. On vit le maréchal Victor marcher *seul* vers Kovno, l'arrière-garde qu'il commandait l'ayant quitté... Et le maréchal Berthier pourra adresser à l'Empereur ce dernier rapport :

« Je dois dire à Votre Majesté que l'armée est dans la débandade la plus complète ; de même que la Garde, qui ne se compose plus que de quatre ou cinq cents hommes (1). Les généraux et les officiers ont perdu tout ce qu'ils possédaient, la plupart d'entre eux ont telles ou telles parties du corps gelées, les routes sont jonchées de cadavres, les maisons sont bondées de mourants. Toute l'armée ne représente plus qu'une colonne étirée sur une longueur de quelques lieues, qui part le matin et s'arrête le soir sans recevoir aucun ordre ; les maréchaux marchent avec tout le monde...

« *L'armée n'existe plus...* »

Le soir du 15 décembre, à Gumbinnen, le général Mathieu Dumas vit arriver, dans la salle où il dînait, un véritable sauvage, le visage mangé par la barbe, les cheveux en broussaille, et vêtu d'une redingote déchirée. Il s'apprêtait à faire jeter dehors ce vagabond, lorsque celui-ci demanda :

— Eh quoi, Dumas, vous ne me reconnaissez pas ? Je suis l'arrière-garde de la Grande Armée, je suis Michel Ney. J'ai tiré le dernier coup de fusil sur le pont de Kovno. J'ai jeté dans le Niémen la dernière de nos armes et je suis venu jusqu'ici à travers bois. Et maintenant que je me suis présenté, j'ai faim... Faites-moi donner une assiette de soupe !

Lorsque Napoléon sera prisonnier, cloué sur son rocher, il le dira :

— J'aurais dû mourir au Kremlin. Alors j'avais la plus grande gloire, la plus grande réputation qui eussent jamais existé.

(1) Il y eut certes des exceptions. Certains parvinrent à se « débrouiller » pour manger quelquefois, pour avoir chaud de temps en temps, pour trouver même du fourrage pour leurs chevaux, pour garder jusqu'au bout leur véhicule ou leur monture. Ce sont les récits de ces favorisés qui ont fait dire que le comte de Ségur avait peint de couleur trop noire sa célèbre *Campagne de Russie*. Il suffit de se rappeler ce chiffre de *quatre ou cinq cents* survivants du corps le plus privilégié de l'Armée pour se convaincre que la Retraite de Russie fut bien la plus terrible des épreuves endurées par les combattants de tous les temps.

Encore un dessin exécuté par un témoin oculaire : Napoléon au bivouac.

(B. N. Photo Josse-Lalance)

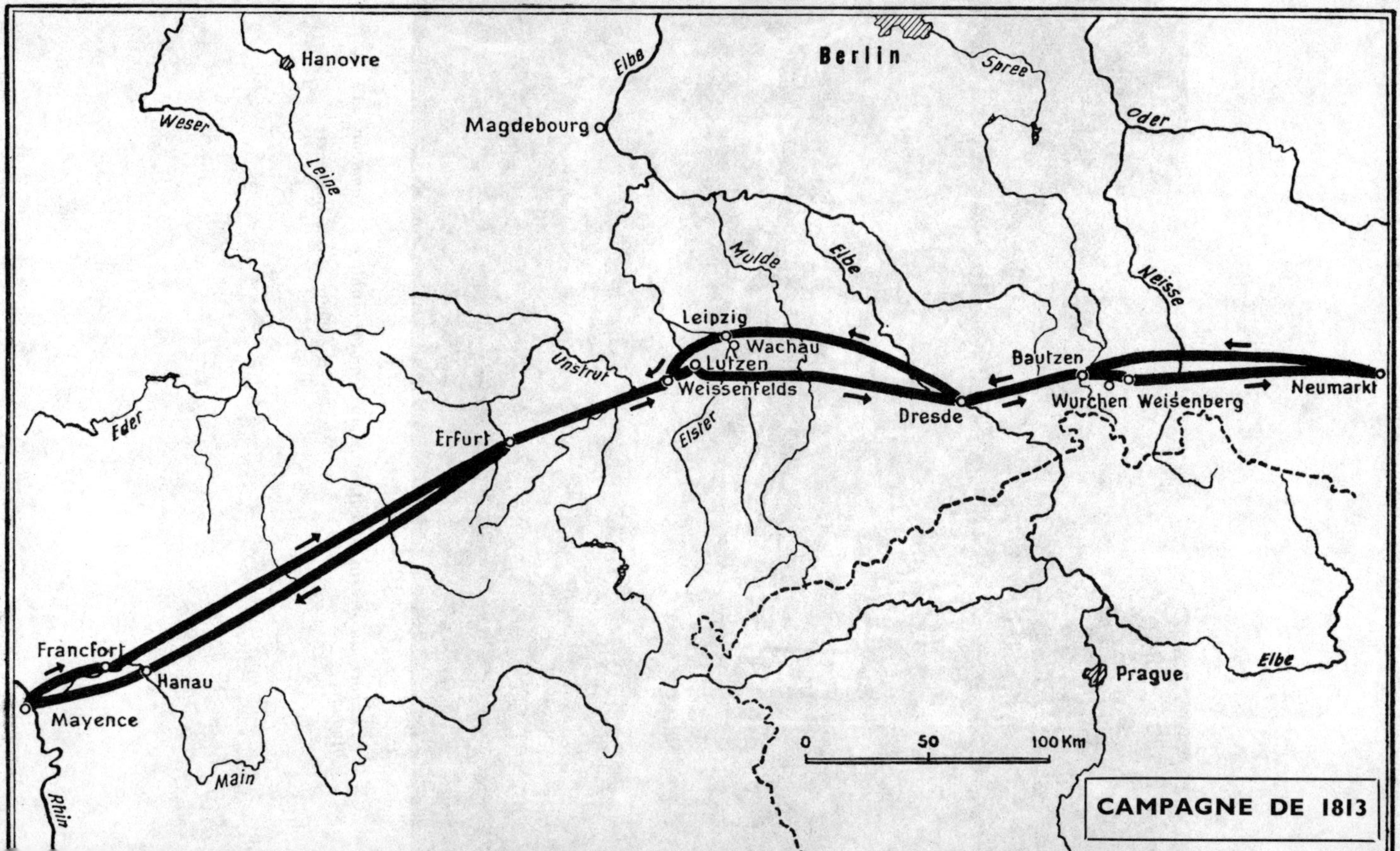
CAMPAGNE DE 1813
Berlin
Hanovre
Magdebourg
Weser
Leine
Elbe
Spree
Oder
Neisse
Mulde
Unstrut
Eder
Elster
Main
Rhin
Leipzig
Wachau
Lutzen
Weissenfelds
Erfurt
Dresde
Bautzen
Wurchen
Weisenberg
Neumarkt
Prague
Francfort
Hanau
Mayence
0
50
100 Km

XVIII

LA MEUTE SE RASSEMBLE

Pour ne pas être étonné d'obtenir des victoires, il ne faut pas ne songer qu'à des défaites.

NAPOLÉON.

NAPOLÉON a presque sauté de sa chaise de poste pour s'asseoir sur son trône et, le lendemain même de son retour, fatigué et soucieux — on l'eût été à moins — il réunit ses ministres :

— Eh bien, messieurs, la fortune m'a ébloui. Je me suis laissé entraîner au lieu de suivre le plan que j'avais conçu. J'ai été à Moscou, j'ai cru y signer la paix, et j'y suis resté trop longtemps. J'ai cru obtenir en un an ce qui ne devait être exécuté qu'en deux campagnes.

Il ignore encore l'anéantissement quasi-total de la Grande Armée. Il s'imagine que les rescapés sont en train de se reformer sur les bords du Niémen et que, augmentées des garnisons récupérées çà et là, ses forces sont encore de cent cinquante mille hommes !

Il ajoute :

— J'ai fait une grande faute, mais j'ai les moyens de la réparer.

Il estime avoir suffisamment battu sa coulpe devant ses ministres-aides de camp. A leur tour d'être confondus, et sans plus tarder, il leur parle de l'affaire Malet :

— Vos serments, vos principes, vos doctrines ! Vous me faites frémir pour l'avenir !

Avec l'espoir que l'on crierait, à l'instar du vieux cri royal : *L'Empereur est mort, Vive l'Empereur !* avec cet espoir, il s'était appliqué à suivre scrupuleusement les usages de l'Ancien Régime, aussi bien pour la naissance de son fils que pour la composition de sa maison et pour son éducation. Mieux ! Il avait fait de son héritier, non un dauphin, mais un roi, un souverain semblable au roi des Romains, titre non seulement porté par l'empereur d'Occident avant d'être couronné, mais aussi par le successeur reconnu de ce même empereur. Pour cela, d'un trait de plume, il avait révoqué la donation que son « prédécesseur » Charlemagne avait faite à Sa Sainteté. Il avait ordonné un baptême à Notre-Dame, cérémonie qui, dans son esprit, devait prouver, par son éclat et sa pompe, l'établissement définitif de la dynastie napoléonienne, régnant sur un empire homogène où les peuples, devenus les habitants de départements français, perdraient peu à peu conscience d'avoir été autrefois hollandais, italiens ou allemands. Et tout ceci n'avait servi à rien ! On n'avait pas plus pensé à Napoléon II qu'à « l'Impératrice-Reine » ! Napoléon mort — et au cours de la terrible retraite la chose n'eût pas été impossible — l'Empereur disparu, l'Empire s'effondrait de lui-même. Napoléon devait en convenir: il régnait sur un « empire-viager ». Il ne pouvait se survivre ! Il a eu beau mettre dans son lit la fille des Césars et donner des ancêtres à son fils, le petit roi n'hériterait pas !

Le président du Sénat, Lacépède, comprit la leçon qu'il fallait tirer de la colère impériale et — selon l'expression de Napoléon — *insinua* cette solution :

— Dans les commencements de nos anciennes dynasties, on vit, plus d'une fois, le monarque ordonner qu'un serment solennel liât d'avance les Français de tous les rangs à l'héritier du trône et, quelquefois, lorsque l'âge du jeune prince le permit, une couronne fut placée sur sa tête, comme le gage de son autorité future et le symbole de la perpétuité du gouvernement.

Il faut donc — et sans tarder, puisque la guerre allait reprendre — trouver le moyen d'associer en quelque sorte le petit roi de Rome au gouvernement de l'Empire et cimenter ainsi son droit de succession. Sans doute, pour l'instant, le futur Napoléon II n'a-t-il d'autre occupation que de se faire traîner sur la terrasse des Tuileries par deux vrais moutons mérinos, dressés par les frères Franconi à trotter comme des poneys, sans doute le roi de Rome ne parle-t-il même pas encore — et ce retard inquiète sa mère — mais si son père venait à disparaître, l'enfant-empereur n'aurait pas à régner : Un conseil de régence gouvernerait pendant sa minorité. Cependant ce conseil ne pouvait, toutefois, exister *automatiquement* qu'à la condition de faire revivre le vieux droit divin. Il fallait donc couronner le successeur de Napoléon Ier, du vivant même de son père. Et le faire sacrer évidemment par le Pape ! Mais, avant de parler d'onction et de couronne à poser sur un front, il est indispensable de mettre un point final à la querelle opposant l'Empereur et le Pape — toujours prisonnier à Fontainebleau.

Napoléon décide de s'en occuper lui-même.

Dans le traîneau qui le ramenait vers Paris, il avait confié à Caulaincourt :

— Je suis attaché au Pape. J'ai toujours regretté d'être contraint d'en venir à ces extrémités avec lui. Il occupe mon plus beau palais, il est servi par ma Maison, il peut faire ce qu'il veut et il sait que j'ai toujours voulu qu'il fût traité avec tous les égards qui lui sont dus. Avec Rome, comme avec l'Espagne, il y a eu de la fatalité. Les choses ont tourné autrement que je voulais, voyez-vous, Caulaincourt. Il y a deux personnes dans le Pape : le chef temporel et le chef spirituel. Je puis être en guerre avec l'un et en paix avec l'autre. Le Pape serait aussi bien à

Paris ou à Avignon qu'à Rome. Le lieu qu'il habite ne fait rien à la religion ni à ses dogmes... Au reste, je ne me refuse même pas à ce que le Pape aille en Italie si ce séjour est nécessaire à sa santé. Ce que je veux c'est qu'il complète ce qui est incomplet et que les choses soient convenues d'une manière si précise que le clergé toujours prêt à envahir ne puisse plus trouver un prétexte pour faire des difficultés. Il faut que Rome marche avec l'esprit du siècle, et Rome ne veut pas que l'on marche sans elle...

Le 19 janvier 1813, l'Empereur se rend à Fontainebleau, où le Pape demeure maintenant depuis une année, sous la garde du capitaine de gendarmerie Lagorse, travesti en chambellan. La première entrevue rappelle les heures passées dans ce même palais à la veille du Sacre. Les deux hommes s'embrassent :

— Mon Père !

— Mon Fils !

Dès le lendemain, les entrevues sont moins cordiales. Durant cinq jours, les scènes se succèdent. Le point de vue de Napoléon est simple : Rome est la seconde ville de l'Empire et n'appartient plus au Pape. Pourquoi Sa Sainteté ne s'installerait-elle pas en Avignon ? Ce qui ne l'empêcherait point de garder, comme une manière de résidence secondaire, le Vatican, qui n'avait jamais été occupé par les troupes françaises.

Pie VII met une telle obstination à conserver la souveraineté de l'héritage de saint Pierre que l'Empereur ne parvient pas à maîtriser sa colère. « Un jour, racontera le Pape, dans la chaleur de la dispute, au sujet de la renonciation aux Etats romains, selon l'habitude qu'il en avait, Napoléon me prit par un bouton de ma soutane et me secoua si fort en le tirant que tout son corps remuait. »

Mais — contrairement à ce que Chateaubriand affirmera — Napoléon ne traîne pas le Souverain Pontife par ses cheveux blancs ! l'Empereur finit par s'incliner *intra muros,* tout en faisant officiellement savoir *extra muros* que « l'Etat romain ayant été réuni à l'Empire, il ne pouvait en être séparé ». Un point capital demeurait à régler : l'éternelle institution des évêques, question qui restait pendante depuis des années. « Dans une conférence, rapportera encore le Pape, l'Empereur, pris de colère en raison de mes constants refus, accomplit à mon égard un acte qui me fit lui dire : « Oh ! l'affaire a commencé par une comédie et veut finir en tragédie ! » Telle est l'origine du célèbre : *Commediante, tragediante !* de la légende.

Cette fois, Pie VII devra céder : après un délai de six mois, si le Pape refusait d'instituer un nouvel évêque, celui-ci serait établi, soit par le métropolitain, soit par le prélat le plus ancien de la province; il n'était pas spécifié qu'elle serait faite *au nom du Pape*.

Le 25 janvier, en présence de l'Empereur, le traité est présenté à Pie VII. Le prisonnier de Fontainebleau implore du regard les cardinaux témoins de la scène, qui, devant l'expression implacable du visage de Napoléon, baissent les yeux... Le Souverain Pontife pousse alors un pesant soupir, prend la plume et signe. Napoléon pose ensuite son illisible griffe au bas du nouveau Concordat. Après une telle abdication, il importe peu à Pie VII de promettre de couronner lui-même le roi de Rome et l'Impératrice — et Napoléon s'en retourne à Paris en vainqueur. Mais, quelques jours plus tard, le cardinal Pacca, rendu à la liberté, arrive à Fontainebleau. Il ne se fait point d'illusions : il devinait les réactions que le Pape abattu par la maladie et les souffrances d'une longue captivité, avait pu avoir. « Je le savais, précisera-t-il, entouré de personnes vendues à l'Empereur... Je compris dès lors que la lutte entre l'ancien moine Barnabé Chiaramonti et Napoléon Bonaparte serait inégale et de quel côté serait la victoire. »

Il s'avance vers le Pape. C'est à peine s'il reconnaît son maître dans l'être qui se porte à sa rencontre, une ombre d'homme au regard angoissé.

— Nous avons fini, hélas, par nous rouler dans la fange, soupire Pie VII. Ces cardinaux m'ont traîné à cette table et m'ont fait signer. Ah ! mon ami, je ne dors ni jour ni nuit, je crains de mourir fou comme Clément XIV.

— Il n'est pas question de mourir, s'exclame le prélat, mais de réparer le mal fait.

— Croyez-vous donc qu'on puisse y remédier ?

— Oui, Saint-Père, à presque tous les maux il est un remède.

Ce « remède » sera la rétractation du 24 mars 1813. Ce jour-là, le Pape déclarait ne pouvoir exécuter le Concordat, cet « écrit vicieux et mal fait ». Et il ajoutait :

— Comme tel, avec l'aide de Dieu, nous voulons qu'il soit réformé, afin qu'il n'en résulte aucun dommage pour l'Eglise ni aucun préjudice pour notre âme.

La colère de Napoléon fut effroyable. La réconciliation spectaculaire du 25 janvier se trouvait désormais bien morte, mais, pour tous, elle devait subsister : « Le ministre des Cultes, dicta l'Empereur, gardera le plus grand secret sur la lettre du Pape en date du 24 mars que je veux, selon les circonstances, avoir ou n'avoir pas reçue... Le Concordat de Fontainebleau est désormais une loi de l'Etat. Sa Majesté le regarde comme un traité plus sacré que tous les autres. »

Le roi de Rome et l'Impératrice ne seront pas couronnés. Quant à Pie VII, il demeurera prisonnier jusqu'à ce que le *commencement de la fin* vienne le libérer et lui permettre de regagner Rome, alors menacée de confiscation — ô paradoxe ! — par Murat, devenu l'allié de l'Autriche...

***

Pour beaucoup, Napoléon s'acheminait vers ce *commencement de la fin.* Metternich, dont l'heure va sonner, se livre, durant ces mois qui précèdent la déclaration de guerre de l'Autriche à la France, à un double jeu qui laisse pantois. D'abord l'empereur François doit devenir l'arbitre de la situation en se posant en médiateur. Metternich est tout surpris d'apprendre que Napoléon, le 31 décembre, prend la chose le mieux du monde.

— Faisons la paix, déclare-t-il au ministre autrichien Bubna. Je ne demande pas mieux que votre

Empereur parle à haute voix à la Russie. Je me réjouis qu'il se décide à devenir médiateur.

La veille, — mais Napoléon l'ignorait encore ce jour-là — le général prussien York, comte de Wartenbourg, a signé avec les Russes la capitulation de Tauroggen. Le corps prussien de la Grande Armée devient « neutre », en attendant, bien sûr, de se retourner contre Napoléon. Kœnigsberg est aussitôt évacuée et les forces impériales françaises — formées de la division Heudelet venue de Berlin et d'une division polonaise — sont obligées de se replier sur la Vistule. Le roi Frédéric trouve cependant cette volte-face quelque peu prématurée. Le seul nom de Napoléon le fait encore trembler. D'autant plus qu'Eugène occupe Berlin ! Aussi, le 6 janvier 1813, désavoue-t-il le général York. Il assure l'Empereur de « sa fidélité scrupuleuse », et certifie : « Rien au monde ne pourra m'en détourner et aucune circonstance ne peut me faire changer de système. J'y tiens autant par loyauté que par intérêt, car je ne suis pas de ces étourdis, de ces braillards qui veulent voir la France dégringolant. »

Le roi approuve néanmoins York en sous-main et envoie en ce même mois le comte de Brandebourg au tsar, pour lui demander de précipiter sa marche vers l'Oder — c'est-à-dire vers lui...

Déjà, Schwarzenberg, à la tête du corps autrichien, a abandonné la Volhynie et, au lieu de rejoindre Eugène, s'est dirigé vers Vienne.

Napoléon ne cache pas son mécontentement à Metternich :

— C'est une mauvaise pièce, elle est contraire au traité, c'est un premier pas vers la défection... Vous avez changé de système... Vous voulez tirer votre corps auxiliaire du jeu. J'ai accepté votre intervention pour la paix, mais une médiation armée ne me convient pas. Il en arrivera que le vice-roi sera obligé d'évacuer Varsovie, de quitter la Vistule, d'aller derrière l'Oder. Cela fera une mauvaise sensation dans mon armée et en France. J'en parlerai à mon peuple, je ferai de nouvelles levées. Je retirerai peut-être mes troupes derrière le Rhin, je m'arrangerai avec les Russes : deux grandes puissances trouvent toujours moyen de s'arranger et vous ne pouvez plus compter sur moi !

Peut-être... mais les Russes ne tiennent pas à « s'arranger » avec Napoléon qu'ils considèrent déjà comme un colosse aux pieds d'argile... L'Empereur en a conscience.

— Vous allez disant partout qu'il faut faire la paix, demande-t-il à Talleyrand, mais comment la faire ?

— Votre Majesté a encore entre les mains des effets négociables, répond le prince de Bénévent. Si elle attend davantage et qu'elle vienne à les perdre, elle ne pourra plus négocier.

Par « effets négociables », Talleyrand entend les Etats romains, le Piémont, la Toscane, la Hollande, les villes hanséatiques et le duché de Varsovie — territoires que Napoléon refuse de lâcher, sachant parfaitement que la première concession en entraînera une seconde, puis une troisième... et ainsi de suite jusqu'à son abdication. Il ne veut pas plus renoncer à sa médiation sur la Confédération du Rhin qu'à celle des cantons suisses ! L'Empereur aurait tout au plus consenti à donner ce qu'il ne possédait déjà plus : le Portugal, ou la Sicile qu'il n'avait même jamais pu occuper. De même — le duc de Bassano l'écrivait à Vienne, sans vouloir le moins du monde plaisanter — l'Empereur était prêt à offrir au tsar la Pologne russe, la Lithuanie, la Volhynie, la Podolie, l'Ukraine... qui n'avaient jamais cessé d'appartenir à l'empereur de Russie !

« Je céderai, écrit Napoléon à son beau-père, sur le traité de Tilsit en ce qui peut compromettre l'entière indépendance de la Russie, mais je n'abandonnerai pas un village du duché de Varsovie et je ne souffrirai pas que la Russie reçoive aucun accroissement du côté de l'Autriche, de la Turquie ou de la Suède. »

Comment, dans ces conditions, obtenir la paix — cette paix que les futurs Alliés n'envisagent nullement d'accorder à Napoléon ?

On s'en doute, le gouvernement autrichien ne désire pas faire aboutir la moindre concession. Metternich et son empereur, tout en assurant le tsar qu'ils ne donneraient plus un homme à Napoléon, affirmaient en même temps à Paris que l'alliance entre les deux empires leur paraissait à un tel point nécessaire « que si vous la rompiez aujourd'hui, disaient-ils, nous vous proposerions demain de la rétablir absolument dans les mêmes conditions ». François Ier, en réalité, n'a qu'une hâte : se dégager de l'alliance et après avoir acquis son « indépendance », déclarer la guerre à son gendre. Il envie le roi de Prusse qui se trouve à la veille de pouvoir enfin franchement tourner casaque. L'armée prussienne qui ne compte sur le papier que trente mille hommes, formera bientôt, par l'afflux des volontaires et par l'armement clandestin, un corps de cent trente-quatre mille hommes prêts à se lancer contre la France.

Le 27 février 1813, un traité d'alliance, encore secret, est signé par le roi Frédéric-Guillaume avec le tsar Alexandre qui peut encore aligner cent quatre-vingt-dix mille rescapés de la terrible poursuite. L'enthousiasme prussien est à son comble. C'est la revanche tant attendue ! Toutes les femmes échangent leurs alliances contre un anneau de fer portant ces mots : *J'ai donné de l'or pour du fer*.

Napoléon sent monter le drame. « Restez à Berlin autant que vous pourrez, écrit-il à Eugène le 5 mars 1813. Faites des exemples pour la discipline. A la moindre insulte d'une ville, d'un village prussien, faites-le brûler, fût-ce même Berlin, s'il se comporte mal... ».

Mais Eugène a porté son quartier général en arrière de la capitale prussienne, ce qui lui vaut — le 9 mars — une mercuriale de l'Empereur. Démontrer par ce repli que l'on n'est point capable de garder la ville, c'est attirer à soi les Russes et les pousser à se saisir de Berlin : « Vous avez ainsi perdu une attitude que l'art de la guerre est de savoir conserver. »

Lorsque le fils de Joséphine reçoit cette lettre, le tsar a déjà fait son entrée dans la capitale de Frédéric-Guillaume. Trois jours plus tard — le 16 mars — la Prusse annonce à la France que leur alliance est rompue et, dès le lendemain, le roi déclare la guerre à Napoléon. La joie, à Berlin, est indescriptible, c'est la guerre sainte qui s'apprête ! Le 19 mars, le général York entre dans Berlin et, le 22, c'est au tour du roi de retrouver sa chère ville. C'est du délire, et la haine pour la France atteint son paroxysme ! Pendant ce temps, à Vienne, ainsi que l'écrit — le 7 avril — le comte de Narbonne à Maret : « Tout semble présenter ici le même tableau qu'offrait la Prusse à la veille d'Iéna... Je vois tous les cafés et les lieux de rassemblement ne respirer que par la haine du nom français. » Ce même jour, le représentant de Napoléon est reçu par Metternich. L'entretien tourne vite à l'aigre.

— Ne dois-je pas conclure, constate Narbonne, que votre projet est, en penchant pour la France, de vous battre contre elle si elle n'acceptait pas ce que vous croirez acceptable ?

— Cela sort naturellement de la situation des choses, reconnaît Metternich.

Et il ajoute, patelin :

— Bien entendu que toute notre faveur est pour la France !

— Et c'est pour cela que vous envoyez M. de Stadion au quartier général de l'empereur de Russie ?

— Cela n'est pas encore définitivement arrêté, mais presque sûr.

— Vous attendez la première victoire pour vous décider ? ironise Narbonne.

— Vous vous trompez, répond Metternich avec franchise, croyez bien que, le lendemain de cette victoire, nous vous parlerions d'un ton plus prononcé qu'aujourd'hui.

Le surlendemain, Schwarzenberg arrive à Saint-Cloud. Metternich lui a demandé de « sonder » l'Empereur.

— Les Anglais, lui déclare Napoléon, croient que la France est écrasée ; ils me demanderont la Belgique... Ma position est difficile ; si je faisais une paix déshonorante, je me perdrais... Je suis nouveau, j'ai plus de ménagements à garder pour l'opinion parce que j'en ai besoin. En publiant une paix de cette nature, on n'entendrait, à la vérité, au premier moment, que des cris de joie ; mais, bientôt, on blâmerait hautement le Gouvernement ; je perdrais l'estime et en même temps la confiance de mes peuples, car le Français a l'imagination vive, il aime la gloire, l'exaltation, il est *fibreux*.

Schwarzenberg voit l'Empereur si sûr de lui qu'il n'ose lui parler des « conseils » que Metternich l'a chargé d'adresser à Napoléon et dont il fera part à Maret :

— La paix seule peut prévenir les malheurs qui nous menacent, mais tant que vous ne rétablirez pas les Etats dans leurs droits et que vous ne reconnaîtrez pas que chacun est maître chez lui, que vous ne laisserez pas le commerce libre pour faire rentrer un peu d'argent en circulation, la paix même sera une chimère.

Napoléon connaît parfaitement le problème mais ne peut cependant le résoudre en appliquant la seule solution possible. Louis Madelin l'a une fois de plus, fort bien expliqué : Napoléon est dans l'impossibilité de faire la « part du feu » ainsi que son entourage le lui suggère : « S'il cédait un pouce, on lui demanderait aussitôt une toise, et s'il cédait cette toise, ce serait aux yeux de l'Europe un tel aveu de faiblesse, que, le poussant de toise en toise, on finirait par lui tout arracher. Mais, ayant tout cédé, il lui faudrait, de gré ou de force, disparaître, car un Napoléon sans son Empire était désormais inconcevable. »

Par ailleurs, en ce printemps 1813, la situation ne paraît encore nullement dramatique à l'Empereur, en dépit, d'abord de Bernadotte qui, le 3 mars, a signé un traité avec l'Angleterre en promettant de jeter trente mille hommes à la curée de son ancienne patrie, en dépit de l'entrée à Madrid des Anglais, en dépit, enfin, de Murat qui commence à flancher et rêve de devenir le Bernadotte du sud de l'Europe. Le 26 janvier, l'Empereur lui écrit : « Je suppose que vous n'êtes pas de ceux qui pensent que le lion est mort. Si vous faisiez ce calcul, il serait faux. Vous m'avez fait tout le mal que vous pouviez depuis mon départ de Vilna. Le titre de roi vous a perdu la tête. Si vous désirez le conserver, ce titre, il faut vous conduire autrement que vous avez fait jusqu'à présent. »

Murat, en recevant cette semonce, ne rentre pas dans le rang. Bien au contraire, ce magnifique soldat, mais piètre politique, commence à faire des avances aux adversaires de son beau-frère. A la première occasion — par exemple la déclaration de guerre de l'Autriche à Napoléon — le roi de Naples offrira ses services à l'Autriche, à la condition toutefois que les Alliés lui permettent de conserver le royaume de Naples.

Pour l'instant, l'Empereur consacre ses nuits et ses journées à forger sa nouvelle armée ; il compte ses hommes. « J'ai les moyens de réparer mes fautes », avait-il dit le lendemain de son retour. Il n'ignore plus maintenant que des survivants de la dramatique retraite de Russie, il ne reste plus, outre les débris de la Garde, que trois mille combattants de la division Loiseau. Du sang neuf est à sa disposition. Il y a d'abord la classe 1813, soit cent quarante mille hommes, auxquels viennent se joindre cent mille soldats de la Garde nationale. Il peut encore être sûr, du moins pour l'instant, des contingents que lui fourniront la Confédération du Rhin et le royaume de Naples. D'autre part, il décide d'appeler sous les drapeaux les Gardes d'honneur et de mettre ainsi sous les armes les jeunes gens qui appartiennent à la haute bourgeoisie et à la noblesse. Jusqu'à présent, dans chaque département, ceux-ci n'effectuaient qu'un service de parade, payant un remplaçant pour tenir leur place aux armées. Ainsi que le constatera Poumiès de la Siboutie, « cet acte de despotisme excita une clameur générale et aliéna au gouvernement toute cette partie aisée et éclairée de la Nation ». Cependant le décret va fournir dix mille cavaliers à l'Empereur — apport important puisque Napoléon manque gravement de cavalerie. Mais pourquoi ne leur a-t-il pas adjoint l'armée d'Espagne, forte de deux cent cinquante mille hommes, et composée des meilleurs soldats de l'Europe, ceux d'Austerlitz et de Friedland ? Le proscrit de Sainte-Hélène en conviendra :

— Après les affaires de Russie, je devais faire les affaires d'Espagne. Je devais aller à Valençay, en quarante-huit heures terminer avec Ferdinand, l'envoyer en Espagne et retirer mon armée.

Pourquoi s'est-il privé d'un apport aussi considérable? Parce que, pour établir la paix outre-Pyrénées, il eût fallu rendre l'Espagne à Ferdinand VII qui aurait assurément tendu la main aux Anglais. Par ailleurs, Joseph, souverain en disponibilité, serait, en ce cas, revenu à Paris. C'est l'aîné du clan qui aurait alors exercé la régence pendant la prochaine campagne. Or, pour neutraliser son beau-père, Napoléon pense l'offrir à Marie-Louise. Il semblait encore inimaginable que le grand-père puisse vouloir détruire l'empire du petit-fils ! Et pourtant !... Confiance tragique qui vaudra son trône à l'Empereur !

Il lui faut aussi de l'argent puisqu'il ne veut pas toucher à son « trésor de guerre » — deux cent millions en or — qui se trouvent rangés en tonnelets dans les caves des Tuileries. Aussi, le 14 février, l'Empereur se rend en grande cérémonie au Corps législatif pour demander aux représentants de voter les textes qui lui fourniront des subsides. Sans doute les députés ne résisteront-ils point : ils n'y songent même pas — d'autant qu'il ne s'agit pas de *leur* argent — mais Napoléon, pour la première fois, craint les réactions de l'opinion publique. Ayant fait depuis son retour quelques promenades dans Paris, l'Empereur y a rencontré un accueil mitigé — parfois même assez froid — et cela a été pour lui une révélation. C'est ainsi que pour se rendre à la Chambre des députés — l'ancien palais Bourbon — il prend par le plus court : le jardin des Tuileries, la place et le pont de la Concorde. « Fort heureusement, nous dira le préfet Pasquier, j'étais passé à cheval une heure auparavant, et mes yeux avaient été frappés par une inscription tracée en gros caractères noirs sur le pilastre du pont : « *A bas le tyran !* ». Je n'eus que le temps de l'envoyer effacer. » Le maître aura cependant vent de la chose ; car il écrira à Savary :

« Vous ne surveillez pas assez le faubourg Saint-Germain et les coteries bourboniennes » !

Napoléon ne se laisse pas abattre, il a toujours foi en son étoile. Il sent la poudre... Les préparatifs de la prochaine campagne l'ont véritablement rajeuni et ont fait fondre sa mauvaise graisse. Sa vivacité d'esprit, qui semblait l'avoir quitté sur les bords de la Moskowa, est revenue. Il suffit de feuilleter sa correspondance au cours de cette halte de quatre mois pour demeurer, une fois de plus, stupéfait. Tout en envoyant notes sur notes aux généraux, et dans lesquelles, comme d'habitude, il va au-delà de la minutie, il reçoit, se rend au spectacle, chasse, ordonne que l'Ecole de Médecine soit achevée cette même année, va voir où en sont les travaux de l'Arc de Triomphe de l'Etoile, inspecte l'hôtel des Postes de la rue de Rivoli. Il surveille aussi sa famille et ne se contente pas de réprimander les rois, il tance ses sœurs. Lorsque Pauline fait demander l'autorisation de faire venir de Milan trois châles de cachemire achetés à Constantinople, il trace en marge de la note ces deux lignes : « Refusé. Les princesses doivent donner l'exemple d'obéir à la loi et d'encourager les manufactures nationales. »

L'heure est grave. Ce n'est plus en qualité d'*empereur* qu'il lui faut faire la guerre, mais il doit redevenir le *général* Bonaparte : « Je veux avoir beaucoup moins de monde, moins de cuisiniers, moins de vaisselle, aucun grand nécessaire, et cela autant pour donner l'exemple que pour diminuer les embarras. En campagne et en marche, les tables, même la mienne, seront servies avec une soupe, un bouilli, un rôti et des légumes ; point de dessert... Diminuez également le nombre des cantines; au lieu de quatre lits, n'en avoir que deux ; au lieu de quatre tentes, n'en avoir que deux ; et les meubles en proportion. »

Le 13 avril, l'avant-veille de son départ, il demande trois berlines légères « sans vaches ni paquets ». Et il précise : « Dans ma voiture, on mettra un choix de livres, les cartes de poste, les croquis qu'on a faits dernièrement dans mon bureau topographique, quelques cartes du pays entre l'Elbe et le Main. » Son secrétaire, Fain, aura dans sa voiture les états de situation et la correspondance avec l'armée. Et il ordonne encore : « Ma chambre partira par la route de Trèves. »

Le 15 avril, après avoir laissé la régence à Marie-Louise, l'Empereur quitte Saint-Cloud. Tout en roulant, il fait ses comptes de vies humaines et croit pouvoir bientôt renforcer l'armée et porter ses effectifs à quatre cent mille hommes. Il espère même avoir la possibilité d'en aligner six cent mille en faisant appel aux anciennes classes ! Il arrive à Mayence quarante heures après avoir laissé Paris et doit se rendre à l'évidence : l'optimisme l'a trompé : il ne dispose seulement que d'une masse de manœuvre de deux cent trente mille à deux cent cinquante mille hommes. Mais cette armée se trouve principalement composée d'Allemands, d'Italiens, de Suisses, de Hollandais — et même d'Illyriens ! — autant de troupes qui passeront à l'ennemi dès la première affaire douteuse. Quant aux Français, la plus grande partie est à peine instruite, les recrues sont âgées de dix-huit à vingt ans ! Sans doute ces jeunes soldats de 1813 sont-ils pleins de courage, mais — ainsi que le remarquera l'un de leurs officiers — « ils n'ont que les instincts et que la force des enfants »...

L'armée possède six cents bouches à feu mais, on ne le répétera jamais assez — et l'Empereur y pensait avec angoisse — les différents corps sont démunis de cavaliers. Soixante mille chevaux sont morts entre Moscou et la Vistule, ils ont pour la plupart nourri la Grande Armée... Or, la stratégie impériale — la poursuite d'un adversaire battu, décrochant et quittant le champ de bataille — exige une cavalerie puissante. Napoléon ne peut opposer, en 1813, que quinze mille soldats montés aux trente-sept mille cavaliers alliés. De plus, bien des hommes, s'ils savent monter à cheval, ignorent tout de leur métier ! Il suffit pour s'en convaincre de lire le pittoresque récit inédit, écrit par le brigadier Lambry, des Gardes d'honneur du département de la Sarre. Après avoir passé les hommes en revue, l'Empereur souhaita les voir manœuvrer :

« On nous fit faire, raconte le brigadier, quelques à droite par quatre, quelques demi-tours à gauche par quatre, et il n'en fallut pas davantage pour nous embrouiller complètement. Les maréchaux d'Empire et généraux de l'état-major qui avaient accompagné l'Empereur, voulant lui épargner la vue de ce désordre, s'approchèrent de nos rangs pour tâcher de nous guider. Nous voilà de nouveau en bataille. Voyant que nous ne réussissions pas dans les simples manœuvres, on voulut nous faire briller dans les grandes, et l'on en commanda une que l'Empereur aimait beaucoup à voir exécuter à la Cavalerie, qui était : *Par les pelotons des ailes, en arrière du centre, passez le défilé*. A un commandement aussi nouveau qu'étranger pour nous et quelques-uns de nos officiers, nous nous regardâmes tous pendant un instant, et puis nous voilà partis un peloton d'un côté, l'autre d'un autre, malgré les cris de nos officiers, et des officiers généraux qui se trouvèrent au milieu de nos rangs rompus et mêlés. Ici un lieutenant ou un maréchal des logis-chef demandait à grands cris son peloton fondu avec le peloton voisin ; là un maréchal d'Empire ou un général se trouvait pris entre deux pelotons qui, n'ayant pas conservé leurs distances, l'écrasaient de leur choc. Tout cela produisait un tumulte vraiment risible, et néanmoins déplorable, lorsqu'on songeait qu'une cavalerie semblable serait peut-être dans le cas d'aller au feu. L'Empereur conservait un sérieux glacé ; il fit venir nos officiers supérieurs à l'ordre, leur adressa de vifs reproches sur notre peu d'instruction, leur recommanda de la soigner davantage, et promit d'attacher à chaque compagnie un certain nombre d'instructeurs pris parmi les sous-officiers et brigadiers de sa vieille Garde.

« C'est ainsi qu'il prit congé de nous... »

***

Napoléon espère toujours que l'Autriche abandonnera son attitude équivoque et reviendra vers lui. Avant de se porter à la tête de l'armée, il charge

Marie-Louise de mettre son père au pied du mur : « Dis-lui que c'est mal de vouloir que ce soit moi qui ne veux pas la paix, lorsqu'on n'a pas encore consenti à ouvrir les négociations, lui écrit-il... Prie-le de prendre garde que cela n'ait pour but de l'entraîner dans la guerre... Laisse-lui voir que ce pays-ci ne se laissera pas maltraiter ni imposer des conditions honteuses par la Russie ni l'Angleterre et que si j'ai actuellement un million d'hommes sous les armes, j'en aurai autant que je voudrais... »

Le même jour, il quitte Mayence pour entrer en campagne. Quel est le plan de l'Empereur ? Tendre la main derrière la Saale aux troupes d'Eugène, fortes — en théorie — de cent mille hommes, mais dont près de soixante mille occupent encore Dantzig et les places prussiennes... Les deux armées réunies se porteront à la rencontre de l'ennemi.

Le 28 avril, Napoléon est à Weimar. La campagne d'Allemagne commence. Ney franchit la Saale, bat les Russes et la liaison entre l'armée d'Eugène et celle de l'Empereur est faite. En voyant Napoléon remonter leurs rangs, les conscrits poussent des *vivats*, mettent leur shako au bout de leur baïonnette. Ce jeune enthousiasme lui fait chaud au cœur et compense les mines renfrognées des maréchaux qui ne cachent pas leur lassitude.

Il déplace son armée vers la plaine de Lützen. De là, grâce à l'un de ces mouvements dont il a le secret, on pivotera sur les ailes — la droite française formant le manche de la faux — et on acculera l'ennemi aux monts de Bohême. Ce même premier mai, Bessières, en marche vers Lützen, est frappé de plein fouet par un boulet russe. Lorsqu'on annonce la nouvelle à l'Empereur il baisse la tête, accablé, et on l'entend murmurer :

— Enfin, il est mort de la mort de Turenne. Son sort est digne d'envie.

Le lendemain — dimanche 2 mai — la bataille de Lützen commence. Les Alliés attaquent deux jours plus tôt que prévu. Ils ont bousculé Souham. A plusieurs reprises les conscrits, qui essuient le feu pour la première fois, lâchent pied. La ligne française est percée et Blücher croit déjà tenir la victoire ! Mais Napoléon tire son épée, se met à la tête de la Jeune Garde et part à l'assaut en s'avançant entre deux colonnes, comme au temps de la campagne d'Italie ! Sur les collines de Starsield, les batteries françaises crachent la mort — et le combat « change d'âme ». Au soir, tandis que brûle le village de Kaia qui, sans cesse au cours de la journée, a été pris et repris, Napoléon s'écrie :

— La bataille est à nous !

Vingt-deux mille Russes et Prussiens gisent sur le champ de bataille, mais on compte dix-huit mille morts dans les rangs de la nouvelle Grande Armée ! On ne peut — faute de cavalerie — poursuivre l'ennemi qui se retire vers l'Elbe... Quoi qu'il en soit, cette « affaire de Lützen », selon l'expression de l'Empereur, ouvre la route de Dresde et prouve que l'on peut compter sur les recrues qui se sont battues, ainsi que l'écrira un témoin, « comme des vétérans ».

Le lendemain, on lit dans les cantonnements la Proclamation de l'Empereur à l'armée : « Soldats, je suis content de vous ! Vous avez rempli mon attente ! Vous avez suppléé à tout par votre bonne volonté et par votre bravoure. Vous avez, dans la célèbre journée du 2 mai, défait et mis en déroute l'armée russe et prussienne commandée par l'empereur Alexandre et le roi de Prusse... Nous rejetterons ces Tartares dans leur affreux climat, qu'ils ne doivent pas franchir. Qu'ils restent dans leurs déserts glacés, séjours d'esclavage, de barbarie et de corruption, où l'homme est ravalé à l'égal de la brute ! »

Le 7 mai, l'Elbe est franchi et le 8, Napoléon fait son entrée dans Dresde. Les magistrats qui ont reçu les Russes avec enthousiasme se tiennent penauds et Napoléon ne leur dissimule pas sa manière de penser. Cependant « pour l'amour de leur roi » il ne traitera pas la Saxe en pays conquis. Au palais royal de Dresde, avant de s'endormir, il écrit au roi de Saxe qui s'était prudemment rapproché de la frontière autrichienne, en l'invitant à regagner sa capitale « libérée ».

⁂

La main du maître ne s'en fait pas moins lourdement — et cruellement — sentir. L'Allemagne reconquise, les troupes françaises occupent de nouveau Hambourg et les exécutions frappent sans pitié ceux qui se sont rebellés.

Dès le dimanche 9 mai, Napoléon reprend son épée de général et se porte au bord de l'Elbe, à une lieue de Dresde, auprès du village de Priesnitz, afin de surveiller les travaux destinés au prochain passage du fleuve. L'ennemi occupe l'autre rive et ouvre le feu de toute son artillerie. A plat ventre sur une gigantesque carte, Napoléon semble ne même pas s'apercevoir que les boulets pleuvent autour de lui. L'un d'eux s'enfonce et éclate à dix pas. Voici l'Empereur et sa carte couverts de terre.

— Ces drôles-là, dit-il en se secouant, n'en font jamais d'autres !

Trois jours plus tard, le roi de Saxe, suivi d'un corps de trois mille cavaliers, revient — l'oreille basse — dans sa capitale. Dix mille soldats saxons sont aussitôt incorporés dans la Grande Armée. « Nos affaires vont bien, écrit-il à Marie-Louise. L'on cherche à tromper papa François; l'on veut l'entraîner dans de mauvaises affaires. Metternich n'est qu'un intrigant. »

Il en a d'autant plus la certitude en recevant — le 16 — le général de Bubna qui lui communique les trois points proposés par Metternich pour établir une paix générale : le grand-duché de Varsovie serait abandonné, la France renoncerait aux territoires réunis en 1811 à l'Empire, enfin Napoléon rendrait l'Illyrie à l'Autriche. L'Empereur ne l'ignore pas : en acceptant ces conditions apparemment raisonnables, c'est le début des concessions dont Metternich profitera pour l'anéantir. Le reste — répétons-le — suivrait, jusqu'à ce qu'il soit à terre ! Aussi Napoléon rejette-t-il les propositions alliées.

— Je ne veux pas de votre médiation armée. Vous ne faites qu'embrouiller la question. Vous dites ne pouvoir rien faire pour moi : vous n'êtes donc forts que contre moi... Je ne céderai point un village de ce qui est constitutionnellement réuni à la France. Vous voulez m'arracher l'Italie et l'Allemagne !

En devin extraordinaire, il a découvert par intuition les projets de l'Autriche et ce que sera l'avenir :

— Vous voulez me déshonorer, monsieur, déclare-t-il à Bubna : l'honneur avant tout, puis la femme, puis l'enfant, puis la dynastie... L'enfant dans les veines duquel le sang autrichien coule, que deviendra-t-il ? Ce qui me tient à cœur, c'est le sort du roi de Rome : je ne veux pas rendre odieux le sang autrichien en France... Vous voulez pêcher dans l'eau trouble. On ne gagne pas des provinces avec de l'eau de rose; ce sont des moyens que l'on peut employer pour séduire les femmes. Vous commencez par me demander l'Illyrie, puis vous me demanderez le pays de Venise, puis le Milanais, puis la Toscane et vous me forcerez à me battre contre vous ; il vaut mieux commencer par là. Oui, si vous voulez avoir des provinces, il faut que le sang coule. Repoussé jusqu'à Francfort, je vous dirais la même chose.

On pourrait supposer l'Empereur assoiffé de sang, le taxer de tyrannie, ne voulant, par ambition, admettre aucun compromis et pourtant, il n'a qu'un désir : la paix. Pour l'obtenir, cette paix, il accepterait de s'entendre avec le tsar et prendrait le risque de voir se répéter de nouvelles exigences, sitôt les précédentes acceptées. « Afin, déclare-t-il, d'épargner une effusion de sang inutile », il envoie donc Caulaincourt au quartier général d'Alexandre :

— Si j'ai des sacrifices à faire, j'aime mieux que ce soit au profit de l'empereur Alexandre qui me fait une bonne guerre et du roi de Prusse auquel la Russie s'intéresse, qu'au profit de l'Autriche qui a trahi l'alliance et qui, sous le titre de médiateur, veut s'arroger le droit de disposer de tout après avoir fait la part qui lui convient.

Mais le tsar voit dans cette demande la preuve évidente de la faiblesse de son adversaire. Il ne veut même pas recevoir Caulaincourt ! On doit aller jusqu'à l'hallali... La guerre reprend.

Napoléon quitte Dresde deux jours après l'entrevue avec Bubna pour se porter vers l'ennemi, dont l'armée, forte de cent mille hommes, s'est concentrée et fortifiée à l'est de Bautzen, sur les bords de la Sprée. Pour les Russes, Bautzen doit être un second Borodino d'où l'on ne se replierait pas. Les Français passent à l'attaque. Une nouvelle fois, l'Empereur s'expose aux boulets... et aux averses. Ce jour-là, un officier britannique aperçoit dans sa lunette « Napoléon Bonaparte vêtu d'un simple uniforme avec une étoile, d'un chapeau vineux... » Cet officier — un colonel — se nomme Hudson Lowe.

Le soir, au moment où la bataille faiblit, Caulaincourt voit l'Empereur faire le geste de remettre sa tabatière dans son gousset, tout en s'exclamant :

— En voilà encore une dans ma poche !

La victoire est, en effet, acquise. Mais la seconde position ennemie demeure. Les Prussiens de Blücher forment la droite de cette nouvelle ligne, les Russes d'Alexandre — le tsar commande en chef — constituent le centre et la gauche. Napoléon dicte ordres sur ordres, afin que Ney, dont le corps se trouve encore loin, puisse marcher au canon et tourner la droite prussienne. L'ennemi sera pris ainsi entre deux feux !

Le lendemain, 21 mai, lors de la bataille de Wurschen, ou deuxième journée de Bautzen, l'ennemi attaque dès le lever du jour, espérant reconquérir le terrain perdu la veille. Vers une heure, le feu se ralentit. Napoléon, voyant que tout se déroule suivant ses désirs, et en attendant l'arrivée de Ney, demande le matelas de cuir que porte un mulet de bât de son escorte, et s'y étend. Il ne tarde pas à s'endormir, en dépit du bruit de la canonnade. Tous les officiers de l'état-major mettent pied à terre, et, passant au bras la bride de leur cheval, se couchent sur le sol et s'endorment à l'imitation de leur maître. A deux heures, ils sont réveillés par la voix perçante du grand écuyer qui s'époumonne à crier :

— Messieurs, à cheval !

L'Empereur est déjà debout, observant avec sa longue-vue appuyée sur l'épaule du page de service.

— Ney a fait son mouvement, s'exclame-t-il joyeusement, la bataille est gagnée !

Ce n'était pas tout à fait exact : le maréchal s'était décidé trop tard et n'avait nullement « tourné » Blücher. S'attardant à la reprise de Preititz, il avait simplement forcé les Prussiens à reculer — alors que le maréchal *Vorwärts* avait juré de ne pas se replier. Cependant, ainsi que le dira Jomini : « Si Ney eût exécuté l'ordre parfait que Napoléon avait donné à huit heures du matin, c'en était fait de la majeure partie de l'armée ennemie... Le salut de l'Empire dépendit ainsi d'un moment de faiblesse du plus vaillant de ses généraux. »

Sans être décisive, Bautzen n'en est pas moins une nouvelle victoire.

On essaye de poursuivre les troupes alliées en retraite vers l'Oder, cependant l'absence de cavalerie empêche toujours de tailler l'ennemi en pièces. Sans doute, le lendemain, l'infanterie talonne-t-elle Prussiens et Russes, mais les fantassins s'essoufflent à remplir ce rôle, pour lequel ils ne sont point faits, et on entend les soldats murmurer :

— Quand cela finira-t-il ? Où l'Empereur s'arrêtera-t-il ? Il faut faire la paix à tout prix !

L'artillerie de l'arrière-garde ennemie tente de protéger la retraite de Blücher. Un boulet prussien fauche trois cavaliers de l'état-major impérial.

— Duroc, déclare Napoléon, la fortune nous en veut aujourd'hui.

Quelques minutes plus tard, près du village de Mackersdorf, un boulet — il a été tiré par une batterie russe située à deux kilomètres de là — déchire le ventre du cher Duroc. Le grand maréchal du Palais n'a plus que quelques heures à vivre. L'Empereur fait aussitôt arrêter la Garde. Les tentes du quartier impérial sont dressées dans un champ à droite de la route. Le blessé a été enlevé du tertre où il avait été frappé et on l'a transporté dans la maison d'un paysan de Mackersdorf. A la nuit, l'Empereur entre dans la pièce. Le duc de Frioul s'évanouit, puis revient à lui pour porter la main de Napoléon à ses lèvres :

— Toute ma vie, soupire le mourant, a été consacrée à votre service, et je ne la regrette que par l'utilité dont elle pouvait vous être encore.

Le *Bulletin* précise que l'Empereur aurait alors répondu :

— Duroc, il est une autre vie ! C'est là que vous irez m'attendre, et que nous nous retrouverons un jour.

Durant un long quart d'heure, on n'entend que le râle du blessé. L'Empereur tient la main de Duroc. Ses yeux sont embués de larmes.

— Ah ! Sire, murmure encore le grand-maréchal, allez-vous-en, ce spectacle vous peine !

L'Empereur, appuyé au bras de Caulaincourt, quitte la maison et va se réfugier dans le carré de la Garde. Il y passe le reste de la soirée, assis sur un tabouret devant sa tente, les mains jointes, la tête baissée. « Nous étions tous là autour de lui sans bouger, racontera Coignet ; il gardait le plus morne silence. »

On peut toujours voir aujourd'hui, au cœur de Mackersdorf, une grande pierre carrée élevée à la mémoire de l'ami de l'Empereur. Un nom, une croix, une date : *Duroc.* † *1813.* Son corps dort aux Invalides, non loin de Napoléon.

Les Alliés, sans munitions, reculent avec précipitation, battant toujours en retraite. Glogau est bientôt évacué et l'armée napoléonienne atteint l'Oder. Il n'a pas fallu un mois à Napoléon pour faire rétrograder l'ennemi pendant trois cent cinquante kilomètres !

Metternich écrira plus tard dans ses *Mémoires* : « Il s'agissait d'arrêter ce Napoléon dans sa marche. » Aussi Russes et Prussiens demandent-ils à l'Empereur ses conditions de paix — démarche que Napoléon accueillera avec froideur. Devine-t-il que cette trêve ne sera qu'un « rideau », selon la si juste expression d'Albert Sorel, derrière lequel la meute pourra posément se reformer, se réunir aux forces autrichiennes et suédoises pour foncer une fois de plus sur l'homme à abattre ? Dès le 10 mai Hardenberg avait écrit : « La guerre entre l'Autriche et la France doit éclater sur le refus que Bonaparte donnera sans aucun doute aux propositions que la Russie, la Prusse et l'Autriche lui feront conjointement. »

En dépit de sa victoire — sa dernière véritable victoire — Napoléon est angoissé. Lui a-t-on répété ces mots prononcés par Duroc avant de mourir :

— Nous y passerons tous !

Il voit autour de lui les maréchaux las, et incapables d'initiative. Il sait aussi que poursuivre la guerre sans renforcer sa cavalerie serait une folie. Alors, il accepte l'armistice en se rendant parfaitement compte du danger qu'il court :

— Si les Alliés ne veulent pas la paix de bonne foi, cet armistice peut nous devenir bien fatal !

Afin de prouver que, de son côté, il est sincère, Napoléon accepte de se replier. Il abandonne la ligne de l'Oder. « Mon intention est d'établir mon quartier général à Dresde, explique-t-il à Murat, parce que je serai plus près de mes Etats... ».

Le 10 juin, l'Empereur arrive à Dresde et s'installe, non chez le roi de Saxe, ainsi qu'il l'avait annoncé, mais au palais Marcolini, situé dans le faubourg de Frederickstadt. Il demeurera dans la capitale saxonne jusqu'au 15 août — sauf du 10 au 15 juillet où il se rendra à Wittenberg, Magdebourg et Leipzig, afin d'inspecter l'armée. Durant ces deux mois, il ne cessera de passer des revues, de donner des ordres pour rassembler une armée composée de Français, d'Italiens, de Hollandais, de Polonais, de Badois, de Bavarois, de Wurtembergeois et de Saxons. Cet assemblage disparate sera heureusement compensé par les troupes venues des places fortes d'Allemagne, par la reconstitution de la Garde — cinquante mille hommes —, enfin par la création d'une cavalerie de trente à quarante mille chevaux.

Son cerveau se plie toujours à régler cent problèmes le même jour — et à la fois. Entre deux ordres adressés à l'Armée, il écrit à l'Impératrice : « Madame et chère amie, j'ai reçu la lettre par laquelle vous m'avez fait connaître que vous avez reçu l'Archichancelier étant au lit : mon intention est que, dans aucune circonstance et sous aucun prétexte, vous ne receviez qui que ce soit étant au lit. Cela n'est permis que passé l'âge de trente ans. » Etant donné les goûts de Cambacérès, Napoléon n'avait pourtant rien à craindre... Il fait venir des comédiens : « Puisque cela ne pourra faire qu'un bon effet à Londres et en Espagne, en y faisant croire que nous nous amusons à Dresde... » Savary, avec sa maladresse habituelle, parle du pacifisme de l'Empereur. « Ces matières ne vous regardent pas, lui écrit-il, ne vous en mêlez pas. » A Cambacérès, il explique que les discours du ministre de la Police le « blessent parce que cela supposerait que je ne suis pas pacifique... Je ne fais pas de la guerre un métier et personne n'est plus pacifique que moi. »

Les exigences des Alliés se sont accrues depuis leurs défaites. Aux conditions déjà proposées par le général de Bubna, s'ajoutent le rétablissement des villes hanséatiques, la dissolution de la Confédération du Rhin et la remise en état de la Prusse tel que se présentait le royaume *avant 1806* — ces deux dernières clauses ne seront d'ailleurs communiquées à l'Empereur que dans le cas où Napoléon accepterait les premières. Par ailleurs, les Russes et les Prussiens viennent de signer un accord avec l'Angleterre : la paix ne sera conclue qu'avec le consentement de la Grande-Bretagne et — répétons-le — Londres n'admettra jamais la présence des Français à Anvers. Metternich, mis au courant, affirme aux Alliés que, si Napoléon refusait les nouvelles propositions de paix, l'Autriche lui déclarerait la guerre. Puis le chancelier prend le chemin du Grand Quartier Général français, en « véritable homme de Dieu chargé du fardeau du monde », ainsi qu'il l'affirme modestement lui-même.

Le 26 juin, l'Empereur croise le fer avec l'étrange « arbitre » :

— Il paraît, Monsieur, qu'il ne vous convient plus de garantir l'intégrité de l'Empire français, pourquoi ne l'avoir pas déclaré plus tôt ?... En me laissant m'épuiser par de nouveaux efforts, vous comptiez sans doute sur des événements moins rapides. Je gagne deux batailles, et vous venez me parler d'armistices et de médiations ! Sans votre funeste intervention, la paix entre les Alliés et moi serait faite aujourd'hui. Convenez-en, depuis que l'Autriche a pris le titre de médiateur, elle n'est plus de mon côté, elle n'est plus impartiale, elle est ennemie !

Et comme Metternich essaye de se défendre d'avoir d'aussi noires pensées, Napoléon se radoucit :

— Eh bien, soit ! Traitons, j'y consens, que voulez-vous ? Parlons plus clair et venons au but, mais n'oubliez pas que je suis un soldat qui sait mieux rompre que plier. Je vous ai offert l'Illyrie pour rester neutres. Cela vous convient-il ? Mon armée est bien suffisante pour amener les Russes et les Prussiens à la raison et votre neutralité est tout ce que je demande.

Le ministre — pharisien dans l'âme — s'exclame :

— Oh ! Sire, pourquoi Votre Majesté rentrerait-elle seule dans cette lutte ? Pourquoi ne doublerait-elle pas ses forces ? Il ne tient qu'à vous, Sire, de disposer entièrement des nôtres. Oui, les choses en sont au point que nous ne pouvons plus rester neutres ! Il faut que nous soyons avec vous ou contre vous !

L'Empereur n'est pas dupe. Il sait fort bien que l'Autriche va se jeter dans les bras de ses ennemis.

— On parle d'un traité avec une troisième puissance...

Enfin, il abat ses cartes :

— Apportez-vous la paix ou la guerre ?

Il ne laisse pas au ministre autrichien le temps de répondre.

— Vous voulez donc la guerre ? Eh bien, nous la ferons. J'ai détruit à Lützen l'armée prussienne, j'ai abattu les Russes à Bautzen ; vous voulez avoir votre tour, je vous donne rendez-vous à Vienne ; les hommes sont incorrigibles, l'expérience est perdue pour eux. J'ai replacé l'empereur François trois fois sur son trône, je lui ai promis de rester en paix avec lui toute ma vie, j'ai épousé sa fille ; je me suis dit dans le temps que je faisais une sottise, mais je l'ai faite et je m'en repens aujourd'hui.

Metternich, à qui Berthier a osé dire quelques instants auparavant : « N'oubliez pas que l'Europe a besoin de la paix, la France surtout... », Metternich prononce le mot.

— Eh bien, qu'entendez-vous par la paix ? s'exclame l'Empereur. Voulez-vous me dépouiller ? Voulez-vous l'Italie, le Brabant, la Lorraine ? Je ne cède pas un pouce de terrain ! Je fais la paix sur le *statu quo ante bellum*... Je donnerai même une partie du duché de Varsovie à la Russie ; je ne vous donnerai rien parce que vous ne m'avez pas battu ; je ne donnerai rien à la Prusse parce qu'elle m'a trahi ; si vous voulez la Galicie occidentale, si la Prusse veut une partie de ses anciennes possessions, cela peut se faire, mais contre compensations. Il faudra alors que vous indemnisiez mes alliés. L'Illyrie m'a coûté deux cent mille hommes à conquérir ; si vous voulez l'avoir, il faut dépenser un nombre égal d'hommes... selon le mot du tsar.

— Au fait, reprend l'Empereur, vous voulez l'Italie, la Russie veut la Pologne, la Prusse la Saxe et l'Angleterre veut la Hollande et la Belgique. Vous n'aspirez tous qu'au démembrement de l'Empire français... Oui ! il me faudrait évacuer l'Europe dont j'occupe encore la moitié, ramener mes légions la crosse en l'air derrière le Rhin, les Alpes et les Pyrénées, m'en remettre, pour un avenir douteux, à la générosité de ceux dont je suis aujourd'hui le vainqueur !... Dans quelle attitude veut-on me mettre devant le peuple français ? L'empereur François s'abuse étrangement s'il croit qu'un trône mutilé puisse être, en France, un refuge pour sa fille et son petit-fils... Ah ! Metternich, combien l'Angleterre vous a-t-elle donné pour vous décider à jouer ce rôle contre moi (1) ?

L'Empereur entraîne le ministre devant ses cartes, essayant de lui prouver sa force :

— Je vous donne un autre rendez-vous à Vienne, en octobre prochain.

— J'ai vu vos troupes, déclare paisiblement Met-

(1) Ces derniers mots ne furent pas répétés par Metternich dans ses *Mémoires*, nous ne les connaissons que par Maret qui en fera la confidence à Fain.

ternich, il n'y a que des enfants. Vous avez fait périr une génération. Que ferez-vous quand ceux-ci auront disparu ?

L'Empereur bondit :

— Monsieur, vous n'êtes pas un soldat. Vous ne savez pas ce qui se passe dans l'âme d'un soldat. J'ai grandi sur les champs de bataille et un homme comme moi se f... de la vie d'un million d'hommes.

Il jette son chapeau à terre, allant et venant dans la pièce, exaspéré par la froide ironie de Metternich qui regarde le chapeau demeuré sur le parquet. Soudain, Napoléon le ramasse et se rapproche de son interlocuteur :

— Dites-moi, Metternich, n'ai-je pas été un niais d'épouser une princesse autrichienne ?

— Eh bien, puisque vous me demandez mon opinion, je dirai que Napoléon, le grand conquérant, a fait une faute.

— Et l'empereur François chassera donc aussi sa fille du trône de France !

— Sire, l'empereur d'Autriche ne considère que le bien de son empire et ne se laissera guider que par ses besoins, sans s'arrêter au sort de sa fille. Il est avant tout un souverain et n'hésitera pas à sacrifier sa famille pour le bien de son empire !

Il y a un lourd silence. Napoléon répond d'une voix sourde :

— Ce que vous avez dit ne me surprend point et ne fait que me montrer l'immensité de ma faute. Quant j'ai épousé l'archiduchesse d'Autriche, je pensais pouvoir vivifier le passé en l'unifiant aux temps nouveaux, les préjugés des anciens Goths aux lumières du siècle actuel. Je me suis trompé et aujourd'hui je comprends combien mon erreur a été grande. Elle peut me coûter mon trône, mais j'engloutirai le monde sous les ruines !

La scène s'achève. Napoléon reconduit le ministre vers la porte. Là, il s'arrête, lui posant la main sur l'épaule :

— Vraiment, vous ne me referez pas la guerre, n'est-ce pas ?

Metternich regarde l'Empereur « avec hauteur »

— lui qui a toujours été si obséquieux avec lui ! De ses lèvres minces, il laisse enfin tomber ces mots :

— Vous êtes perdu, Sire ! Je m'en doutais en venant ici, maintenant je le sais !

En sortant, Metternich écrira à son ami Hudelist :

« C'en est fini de Bonaparte. »

Au lendemain de la terrible scène, l'Empereur se contente d'écrire à Marie-Louise : « J'ai causé bien longtemps avec Metternich, cela m'a fatigué. »

On l'eût été à moins...

Cependant Metternich qui, dans ses *Mémoires*, s'est peint pour la postérité en prophète sûr de lui, était dans la réalité infiniment moins tranquille. « Je ferai ce que je pourrai pour sauver ce monde, écrit-il le 17 juillet à sa maîtresse Wilhelmine de Sagan, dans la correspondance qui, on le sait, vient d'être découverte. L'entreprise n'est pas facile et s'en trouver chargé n'est pas heureux. » Sans doute — et il ne l'ignore point — l'Empereur ne peut que refuser les conditions posées par les Alliés. L'Autriche, selon les accords passés avec le tsar et la Prusse, devra alors déclarer la guerre à Napoléon. Mais l'armée autrichienne ne risquait-elle pas de se faire battre ? Se trouvait-elle véritablement prête à affronter Napoléon ? « La prolongation de l'armistice nous servira-t-elle ? demanda-t-il à Schwarzenberg. Quel serait le dernier terme possible ? » Schwarzenberg, le 20 juillet, demande vingt jours : le 10 août il sera prêt à passer à l'attaque. Peut-être pourrait-on amuser le tapis par un Congrès ? Et Metternich s'offrit le luxe de proposer à l'Empereur de repousser la trêve *jusqu'au* 10 *août*.

« Les journées se passent, écrit encore Metternich le 25 juillet; bientôt il n'y en aura plus qui pourront *passer*, la bombe éclatera... Vous me tiendrez le secret pour la confidence », ajoute-t-il à l'intention de sa chère et tendre duchesse. Certains — « des fous, des sots, des imbéciles, des enthousiastes » — voudraient voir commencer les hostilités le plus tôt possible. « Je n'ai pas donné dans le piège, explique le ministre, j'ai tout préparé »...

Décidément, en dépit de la victoire de Bautzen, c'est bien pour Napoléon le commencement de la fin ! Il apprend qu'à la suite de la défaite de Vitoria, l'Espagne est définitivement perdue. « Les malheurs d'Espagne sont d'autant plus grands, écrit-il à Savary, qu'ils sont ridicules. » Une aventure, en effet, qui pourrait faire rire si elle n'avait pas été aussi sanglante et aussi tragique. D'ailleurs, dans cette même lettre l'Empereur le reconnaît : « En dernière analyse, je ne dissimule pas que c'est ma faute. Si, comme j'en avais eu l'idée, à mon départ de Paris, j'avais envoyé le duc de Dalmatie à Valladolid pour prendre le commandement, cela ne serait pas arrivé ! »

La « complaisance mal entendue » — l'expression est encore de lui — qu'il a eue pour l'incapable Joseph se trouve être la cause même de la catastrophe. En annonçant à Marie-Louise la prochaine arrivée de Joseph à Mortefontaine, il lui recommande « d'ignorer » l'ex-roi : « Je ne veux pas qu'il se mêle du gouvernement et qu'il y ait des intrigues à Paris. » Dans cette même lettre, il annonce à sa femme l'ouverture d'un congrès qui aura lieu à Prague : « Nous verrons ce qu'il fera s'ils veulent me prescrire des conditions honteuses, je leur ferai la guerre. L'Autriche payera le tout. J'en serais fâché par la peine que cela te ferait, mais il faut bien repousser l'injustice. »

***

Tandis que Napoléon quitte Dresde pour aller retrouver Marie-Louise à Mayence, Caulaincourt arrive à Prague où se tient le prétendu *Congrès* allié. Ses instructions sont précises : « Votre langage doit être simple. Si l'on veut continuer l'armistice, je suis prêt, lui a dit l'Empereur ; si l'on veut se battre, je suis également prêt. » S'il faut en croire ses interlocuteurs — le grand écuyer n'en parle ni dans ses *Mémoires,* ni dans ses rapports à son maître — Caulaincourt aurait confié aux Alliés :

— Dites-moi seulement si vous avez assez de troupes pour nous rendre une bonne fois raisonnables. Vous ne voyez pas en moi le représentant des lubies de l'Empereur, mais de son intérêt véritable et de celui de la France. Je suis tout aussi Européen que vous pouvez l'être. Ramenez-nous en France par la paix ou par la guerre, et vous serez bénis par trente millions de Français et par tous les serviteurs et amis éclairés de l'Empereur.

Nous assisterons bientôt à la défection des derniers alliés de Napoléon. 1813 est bien l'une des plus pénibles années de notre Histoire.

Le 5 août, l'Empereur, rentré à Dresde, fait demander à Caulaincourt de hâter la remise des propositions. Le représentant reçoit la lettre le 6, et, le 7, Metternich lui remet enfin les fameuses conditions mises au point par les coalisés. Napoléon reçoit le rapport de Caulaincourt le 9 à trois heures de l'après-midi et répond par des contre-propositions. Mais celles-ci n'atteindront Prague que le 11 au matin. Depuis le 10 à minuit, les pourparlers sont rompus et l'empereur d'Autriche a déclaré la guerre à son gendre. Napoléon apprend la nouvelle le 11 et envoie à Caulaincourt d'autres propositions. Cette fois, il abandonne la Confédération du Rhin, l'Illyrie — sauf Trieste — et le nord de l'Allemagne — sauf Hambourg et Lübeck. Mais il est maintenant trop tard... Metternich placé « dans la plus effroyable crise dans laquelle se soit trouvé un ministre », écrit-il, refusera même la communication de la note. Les Alliés ont jeté le masque. Ils ne mettront bas les armes que lorsque la France sera rentrée dans ses anciennes limites et Napoléon mis hors d'état de nuire.

Le même jour, l'empereur François écrit néanmoins à sa fille : « Sois calme, la guerre que nous menons est toute différente que les autres ; c'est purement politique. Je ne serai jamais l'ennemi de ton mari et j'espère, lui, jamais le mien. »

Marie-Louise répondra : « L'Empereur ne m'estimerait pas s'il n'était pas rasséréné sur les sentiments que j'éprouve pour vous. Vous ne m'estimeriez pas non plus si mes souhaits n'étaient en première ligne pour le bonheur de l'Empereur et de mon fils. »

Elle se prend pour une héroïne de Corneille — cela lui passera...

Napoléon vu par Meissonier — C'était là, assurément, la silhouette de l'Empereur en 1813.

(Musée de la Légion d'Honneur — Photo Daniel Chenot)

XIX

LA CURÉE

L'étoile pâlissait ; je sentais les rênes m'échapper et je n'y pouvais rien.

NAPOLÉON.

Si *vis pacem, para bellum*. Jamais la célèbre locution de Végèce n'a été plus vraie. Tandis que leurs diplomates affectent de souhaiter la paix, les Russes et les Prussiens concentrent leurs troupes. De son côté, Napoléon agit de même.

Mais l'apport de l'armée autrichienne et des forces suédoises de Bernadotte a fortement grossi les effectifs des Alliés qui parviennent, pour l'instant, à rassembler six cent mille hommes et pourront en aligner un million plus tard. L'Empereur, en ralliant les régiments d'Espagne et en faisant venir jusqu'aux gardemites des dépôts, pourra-t-il vraiment disposer des cinq cent mille hommes qu'il possède sur le papier ? Assurément pas. Il a pu réunir deux cent soixante mille fantassins, quarante mille cavaliers — ce qui est déjà considérable — et douze cent cinquante canons.

Trois armées, celles de Schwarzenberg, de Blücher et de Bernadotte convergent vers les corps français. Napoléon divise, lui aussi, ses forces en trois groupes. Ainsi que lui fait remarquer Marmont : « Par la création de trois armées distinctes, Votre Majesté renonce encore aux avantages que sa présence sur le le champ de bataille lui assure, et je crains bien que le jour où Elle aura remporté une victoire et cru gagner une bataille décisive, elle apprendra qu'elle en a perdu deux... ».

On ne pouvait mieux prévoir l'avenir !

Le premier, Blücher attaque sur la Kaltzbach. Napoléon quitte Gœrlitz, prend le commandement et, deux jours plus tard, rejette les Prussiens sur leurs lignes. Il ne les repoussera pas vers la Silésie car — il l'apprendra le 23, à Lowenberg — l'armée de Bohême passe à l'attaque et essaye d'enlever Dresde. Comment Gouvion-Saint-Cyr, avec seulement vingt mille combattants, pourra-t-il résister à la terrible poussée des Autrichiens de Schwarzenberg et de Colloredo, aux Prussiens de Kleist et aux Russes de Barclay et de Wittgenstein, soit deux cent cinquante mille hommes qui s'apprêtent à le mettre en pièces ?

Le général Moreau, qui se trouve dans l'état-major ennemi, a fourni ce conseil :

— S'attendre à une défaite partout où l'Empereur donnera en personne. Eviter autant qu'on le pourra d'en venir aux mains avec lui... Attaquer et combattre ses lieutenants partout où on pourra les joindre. Enfin, les lieutenants battus et affaiblis, réunir aux forces existantes toutes celles qu'on pourra joindre, marcher sur lui, lui arracher la victoire, et ne pas lui donner de répit.

Bernadotte a donné le même avertissement. Napoléon le confirmera plus tard : « C'est lui qui a donné à nos ennemis la clef de la tactique de nos armées. C'est lui qui a montré le chemin du sol sacré. » Lui et Moreau !... Mais un troisième larron s'est joint aux deux transfuges : Jomini.

Napoléon, qui a abandonné la poursuite de Blücher, fonce, et — le jeudi 26 août, à dix heures du matin —

suivi par le corps de Marmont et par la Vieille Garde, il traverse au grand galop le *Pont Auguste* joignant Neustadt à Dresde. Quelle est la situation? Sans doute les Russes, qui occupent les hauteurs de l'autre côté de la ville, crient-ils déjà : « A Paris ! A Paris ! », sans doute les troupes de Gouvion-Saint-Cyr sont-elles repoussées derrière les palissades des faubourgs, mais Dresde n'est pas encore prise par l'ennemi. La route de France n'est point coupée ! Ainsi que le dira le baron Peyrusse, par sa seule présence l'Empereur rend la vie et l'espoir aux habitants terrorisés. « Ils se pressent autour de lui, ils le saluent du nom de libérateur. Cet enthousiasme est partagé par toutes les colonnes que Sa Majesté fait défiler devant elle au pas de charge. » A chaque colonel qui passe devant lui, avec son unité, il indique l'emplacement des régiments. Il semble connaître Dresde aussi bien que Paris. Il a même retenu le nom de la porte Dippodiswalde...

Dans les rangs ennemis, le nom terrible court : « Napoléon !... Napoléon !... » Les musiques des régiments retentissent. Redoutes et retranchements que Gouvion-Saint-Cyr a été forcé de lâcher sont repris. Les Alliés reculent et bientôt les Français les poursuivent l'épée dans les reins.

Toute la nuit, l'Empereur dicte des ordres en faisant les cent pas dans sa chambre. A l'aube du 27 août, le brouillard permet à Murat d'aller prendre position sans avoir été vu par l'ennemi. La lutte pour Dresde reprend sous une pluie battante et avec encore plus de violence. Non loin de la porte Dippodiswalde, près d'un grand feu de bois, l'Empereur dirige la bataille. Vers onze heures, il envoie le général Drouot ordonner de sa part, au général Curial, de porter en avant la batterie de sa division et de jeter « une poignée de boulets » sur un groupe d'état-major qui, entourant le tsar, se pavane sur le haut d'une colline. L'ordre est exécuté, et le « groupe éparpillé ». Un général ennemi tombe, les deux jambes broyées. Des infirmiers russes l'emportent. Un chien suit le corps. Les Français qui, de loin, ont assisté à la scène, pensent que Schwarzenberg a été frappé à mort. Mais, le lendemain, on apportera le collier du chien à Napoléon et il pourra lire ces mots : « *J'appartiens au général Moreau.* »

Moreau a été frappé par un boulet français... Il sera amputé des deux jambes, mais il ne pourra être sauvé.

Et c'est enfin la victoire — victoire chèrement acquise ! Le tsar, l'empereur d'Autriche et le roi de Prusse sont battus, laissant douze mille prisonniers aux mains de leur adversaire et vingt-sept mille morts sur le champ de bataille. Ce champ de bataille qui « fait horreur », annonce Metternich à Mme de Sagan.

Cent mille Français ont vaincu deux cent cinquante mille Alliés ! L'Empereur, mort de fatigue, laisse ses lieutenants poursuivre l'ennemi en retraite et regagne Dresde à huit heures du soir. Il est à un tel point trempé par la pluie que, remarque un témoin, « la partie de derrière de son chapeau lui pend sur le dos ». Ses bottes, nous dit Constant, « prenaient l'eau par le collet de son habit, elles en étaient entièrement remplies ». Le roi de Saxe l'embrasse en cet équipage... et Napoléon, qui tremble de fièvre, se jette dans un bain brûlant. Mais il est pris de vomissements et, le lendemain samedi, dès cinq heures du matin, le voici dispos : il saute à cheval et va se placer sur la colline de Roednitz. Durant cette troisième journée de la bataille de Dresde, on pourchasse partout l'adversaire qui se replie. Ce soir-là, l'Empereur éprouve un nouveau malaise et regagne Dresde en voiture pour se mettre au lit.

Rétabli le lendemain, il écrit à Marie-Louise : « J'ai bien rossé le prince Schwarzenberg et l'empereur Alexandre. Les troupes de papa François n'ont jamais été si mauvaises ; elles sont mal tenues, toutes nues. J'en ai fait vingt-cinq mille prisonniers, trente drapeaux et bien des canons. Je vais t'envoyer tout cela... ».

La prédiction de Marmont s'accomplit. Si, devant Dresde, l'Empereur a remporté un succès, il n'en a pas été de même ailleurs. Macdonald a été battu par Blücher tandis qu'Oudinot se trouve arrêté par Bernadotte sur la route de Berlin. Le maréchal est obligé de donner l'ordre à son armée de se retirer, d'autant plus que le corps saxon s'est débandé. Le 30 juillet, Napoléon, toujours à Dresde, apprend une troisième catastrophe : le désastre de Kulm. Vandamme, chargé de poursuivre les vaincus de Dresde, a été attaqué de dos par les Prussiens de Kleist et de face par les Russes d'Ostermann. Pris entre deux feux, il a dû se rendre. L'événement fait perdre aux forces impériales douze à treize mille hommes, prisonniers, blessés ou tués.

Le lendemain, un familier entend Napoléon déclamer à mi-voix ces vers de Voltaire :

J'ai servi, commandé, vaincu quarante années,
Du monde, entre mes mains, j'ai vu les destinées,
Et j'ai toujours connu qu'en chaque événement,
Le destin des Etats dépend d'un seul moment.

Le 3 septembre, l'Empereur quitte Dresde pour se porter au-devant de Blücher, le vainqueur de Macdonald... mais le général prussien suit, lui aussi, les conseils de Bernadotte et se dérobe. « Aussitôt que l'ennemi a appris que j'étais à l'armée, annonce Napoléon à Maret, il s'est enfui à toutes jambes et dans toutes les directions. Il n'y a pas eu moyen de l'atteindre ; à peine ai-je tiré un ou deux coups de canon... ».

Et ce n'est pas tout ! Napoléon, en reprenant le chemin de Dresde, reçoit la nouvelle de la défaite de Ney battu par Bernadotte à Dennewitz, défaite aggravée par l'abandon d'une partie des Saxons et d'une division de Bavarois passée à l'ennemi...

— Partout où je ne suis pas en personne, on ne fait que des sottises ! s'exclame-t-il.

Ney, accablé, supplie l'Empereur de lui permettre de quitter « cet enfer » :

— Commander ainsi, lui dit-il, n'est que commander à demi, et j'aimerais mieux être grenadier !

Napoléon hausse les épaules. Qu'importe le découragement de Ney ! Il lui faut avant tout regrouper ses forces :

— Dans ma position, tout plan où, de ma personne, je ne suis pas au centre est inadmissible. Tout plan qui m'éloigne établit une guerre réglée où la supériorité de l'ennemi en cavalerie, en nombre, et même en généraux me conduirait à une perte totale.

Le dimanche 12 septembre, après s'être rendu à Breitnau, l'Empereur est revenu à Dresde. Les maréchaux, toujours vaincus dès que Napoléon n'est pas auprès d'eux, sont de plus en plus aigris et consternés. L'Empereur n'en poursuit pas moins son projet : concentrer ses armées. Il lui faut des hommes, et encore des hommes ! Il signe le décret appelant trois cent mille nouvelles recrues qui seraient prêtes à combattre — du moins le pense-t-il — au printemps de 1814.

Où s'arrêtera cette folie ?

La grande — et définitive — bataille se prépare. Toute l'Allemagne grouille de régiments français se dirigeant vers l'Empereur. Napoléon pense même retirer et emmener avec lui les trente mille hommes qui occupent Dresde. Mais, au dernier moment, il renoncera à cette force qui va terriblement lui manquer lors de la bataille des Nations. Il se privera aussi de l'aide des vingt-cinq mille soldats de Davout demeurés à Hambourg, des quinze mille combattants de Gérard immobilisés à Magdebourg et des dix mille Français disséminés dans d'autres places allemandes.

Finalement, l'Empereur — en choisissant le chiffre le plus optimiste — n'aura que cent quatre-vingt-cinq mille Français et alliés à opposer aux trois cent soixante mille coalisés. Il n'en considère pas moins cette situation désespérée avec sang-froid... Mais les maréchaux et les généraux entrent presque en rébellion lorsque Napoléon leur annonce son intention de passer à l'attaque et de remonter vers Berlin.

— Mon vieil Augereau, constate Napoléon en s'adressant au duc de Castiglione, vous n'êtes plus l'Augereau de Castiglione.

Presque brutalement, celui-ci réplique :

— Sire, je serai l'Augereau de Castiglione quand vous me rendrez les soldats d'Italie !

Le mardi 12 octobre, une toute dernière et terrible information arrive au quartier général de Düben — une demeure mélancolique entourée de plans d'eaux : la Bavière abandonne la Confédération du Rhin et se joint à l'ennemi. Napoléon, assis mélancoliquement sur un sopha, paraît soudainement amorphe. Quand il va prendre place à table, Fain, stupéfait, le voit couvrir machinalement de grosses lettres une feuille de papier blanc. Il doit cependant sortir de cette torpeur pour affronter les maréchaux qui profitent de la volte-face bavaroise pour le persuader de modifier son plan. Ce n'est point sur Berlin qu'il faut se diriger, mais forcer la barrière de l'Elbe qui permettra à l'armée de rejoindre le Rhin — et la France.

Macdonald lui déclare même sans ménagement :

— Sire, vous n'avez plus d'armée, il n'y a plus que des malheureux mourant de faim... Vous avez tout perdu, vous n'avez plus qu'à songer à la paix.

Murat, qui a déjà signé en secret avec les Alliés l'abandon de la cause de son beau-frère, ne veut se battre, lui aussi, que dans la direction de Mayence. Le jeudi 14 octobre, Napoléon s'incline :

— Ils l'ont voulu ! soupire-t-il.

Et il donne l'ordre à l'armée de marcher sur Leipzig, cette armée avec laquelle il espère encore vaincre les forces alliées qui, après la défection de la Bavière, se montent à plus du double des siennes.

Le capitaine de Gauville le vit ce jour-là devant Leipzig, vers cinq heures du soir : « Il ne voulut point entrer dans la ville. Mais auprès d'une des portes, dans un champ, il se fit apporter un fauteuil et une table sur laquelle il étendit ses cartes. Il donnait ses ordres à un grand nombre d'officiers d'état-major et de généraux qui venaient les recevoir les uns après les autres... Une douzaine de factionnaires formaient le cercle à cent pas de lui ; il avait son chapeau sur la tête et, souvent, par des mouvements d'impatience marquée, il donnait des coups de pied aux tisons d'un petit feu, qu'on avait fait auprès de lui. Chacun entrait dans le cercle chapeau bas et s'en retournait avec ses instructions... ».

Le lendemain, il passe la journée à parcourir en reconnaissance le prochain champ de bataille de Leipzig. Aux jeunes soldats d'Augereau, il demande :

— Jurez de mourir plutôt que de souffrir que la France subisse un affront.

— Nous le jurons ! Nous le jurons ! crient les conscrits de 1813... Vive l'Empereur !

Le 16 octobre se déroule, à Wachau, la première et terrible journée de la bataille de Leipzig — ou des Nations. Non loin du bourg, Napoléon dirige le combat, du haut du monticule du Galgenberg, où un monument sera élevé quarante-cinq ans plus tard. Les positions sont prises et reprises. La terre ne cesse de trembler. On se bat avec un acharnement encore jamais atteint. Napoléon jette toute sa cavalerie dans l'action, mais les cosaques et les hussards du tsar réussissent à repousser Murat, qui se bat cependant comme un lion.

— Vraiment, murmure le tsar, notre nouvel allié cache trop bien son jeu !

Sans doute s'est-on partout maintenu, mais ce premier jour, Napoléon a perdu vingt-six mille hommes... Tout l'état-major, réuni dans la bergerie de Meisdorf, ne pense qu'à l'inévitable retraite, mais personne ne se hasarde à prononcer le mot fatidique devant l'Empereur qui, sous sa tente, à deux pas de la bergerie, lit les rapports et se rend compte qu'il n'a, ce soir, sous la main, que cent cinquante mille hommes à opposer aux deux cent dix mille combattants — les armées du Nord et de la Bohême ayant opéré leur jonction... Retraverser Leipzig, s'engager sur le pont et gagner le Rhin serait peut-être la seule solution pour éviter l'encerclement, mais Napoléon décide de maintenir ses positions.

Le lendemain, c'est un dimanche, tout se borne à une intense canonnade, les heures s'écoulent étrangemet calmes.

« La journée s'est passée en repos, annonce Metternich à sa maîtresse, par la plus inconcevable faute de Napoléon ; il nous a permis d'attendre le prince royal

(Bernadotte), Bennigsen et Colloredo. » Napoléon trouvera, en effet, le lendemain, cent dix mille hommes de plus en face de lui. L'adversaire comptera donc trois cent vingt mille combattants et les Français seront à un contre trois.

Un général autrichien Merveldt — celui-là même qui était venu à Leoben demander l'armistice — a été fait prisonnier. Il dîne à la table des aides de camp de Napoléon et leur déclare :

— Je vous plains, messieurs les Français, vous êtes enfermés dans une souricière.

L'Empereur le fait venir et le charge de transmettre aux Alliés sa résolution d'accepter que la frontière de France soit portée sur le Rhin.

Il est bien temps !

Le 18 octobre, il fait encore nuit lorsque l'Empereur vient s'installer, près de Probstheyda, sur une butte, le Thonberg — à l'endroit où a été élevé aujourd'hui le *Napoleonstein,* une grande et lourde stèle surmontée du chapeau légendaire. L'état-major se tient dans le moulin à tabac, voisin de la butte. Le début de la matinée est aussi calme que la veille. L'ennemi a-t-il accepté les propositions rapportées par Merveldt ? Napoléon le croit... mais, bientôt, le feu des quinze cents canons alliés se déchaîne et le détrompe. Les armées ennemies enveloppent par trois côtés les forces impériales. Pour la première fois, Bernadotte, ex-maréchal de France, beau-frère du roi Joseph, combat l'Empereur. L'attaque est encore plus violente que l'avant-veille ! « Quoique les marches et les privations eussent affamé et accablé de fatigue les Français, rapportera le baron d'Odeleben, quoiqu'ils eussent leurs habits déchirés, ils combattirent néanmoins avec persévérance. »

Cependant, les munitions commencent à manquer — on a tiré deux cent mille coups de canon — et il fallait s'y attendre, les Saxons passent à l'ennemi ! « Etonnée, surprise, la seconde ligne lâche pied, racontera Macdonald, et est poursuivie immédiatement par cette même première ligne qui, un instant avant, était sous nos drapeaux. » La Vieille Garde se porte sur la brèche, tandis que l'Empereur, « froid, réfléchi, concentré », mais « des symptômes de découragement sur son visage », se met lui-même à la tête de cinq mille cavaliers et fonce vers les Suédois et les Saxons qui reculent, épouvantés. Puis, à leur tour les Wurtembergeois se précipitent dans les bras de l'ennemi et retournent leurs armes contre les Français !

Au soir, le bilan est terrible. Pour cette seule journée, Napoléon a perdu vingt mille hommes — morts, blessés ou prisonniers. Tandis qu'il va chercher le sommeil à Leipzig, à l'*Auberge des Armes de Prusse*, l'armée ne quitte pas le champ de bataille. « Nous nous couchâmes tristement dans la boue, rapportera le Garde d'honneur Lambry dans son récit inédit, n'ayant pas seulement de paille pour nous coucher, puisque nous n'en avions pas même pour nos chevaux qui restèrent sellés et chargés : nous nouâmes leur longe à notre bras, et il fallut toute la fatigue dont nous étions accablés, pour nous endormir dans une si cruelle position. »

Napoléon se décide à abandonner Leipzig et à ordonner la retraite. Une retraite qui s'effectue sous les boulets ennemis, d'abord par le seul pont enjambant l'Elster situé à gauche de l'église Saint-Paul, qui existe toujours, et ensuite par celui franchissant la Pratsch — deux ouvrages auxquels Lindenau, faubourg occidental de Leipzig, a donné son nom (1). Le mouvement commence dans la nuit, au son des caissons de poudre que l'on ne peut emmener, faute de chevaux, et que l'on fait sauter. Cette même nuit, l'Empereur envoie l'ordre de regagner la France aux garnisons demeurées dans les villes allemandes.

Mais ces cent mille hommes pourront-ils se replier?

Napoléon ne veut pas quitter Leipzig sans avoir fait ses adieux au roi de Saxe, atterré par la défection de son armée. Il est neuf heures du matin. Devant le palais, la garde royale saxonne présente les armes de mauvaise grâce. Elle aussi attend le départ des Français pour passer à l'ennemi. Napoléon fait

(1) Aujourd'hui, à cet endroit, l'Elster est couvert et emprunte un trajet souterrain.

semblant de ne s'apercevoir de rien et pénètre dans l'appartement du roi. « Il y resta environ vingt minutes qui parurent bien longues à tout son état-major, racontera Planat de La Faye ; à chaque instant des officiers arrivaient du pont de Lindenau, s'écriant que si l'Empereur tardait encore d'un quart d'heure il ne pourrait plus passer, tant étaient grands l'encombrement et la confusion qui régnaient sur ce pont. Enfin il arriva, monta à cheval et nous partîmes pour passer les ponts de Lindenau ».

Pour les atteindre il lui faudra faire un long détour. Impossible de franchir la porte de Ranstadt encombrée au-delà du possible : Napoléon devra emprunter la porte Saint-Pierre, de l'autre côté de la ville. Il est tellement las que, monté au premier étage du moulin où se trouve l'état-major, il s'endort...

Tandis que tonnent quinze cents canons, la retraite se poursuit par l'unique pont enjambant l'Elster. On se bat avec acharnement dans les faubourgs. On lutte presque poitrine contre poitrine, quatre cent cinquante mille hommes s'affrontent dans un espace de sept ou huit kilomètres de largeur.

Une nouvelle catastrophe s'abat sur l'armée impériale. Les Hessois, alliés de Napoléon, abandonnent la grande rue aboutissant au premier pont, montent sur les remparts et commencent à faire feu sur les Français. « Cette nouvelle trahison acheva de décourager nos troupes, dira Macdonald, elles se replièrent en confusion et, malgré mes efforts pour rétablir l'ordre, elles m'entraînèrent avec elles. » C'est la panique. Un vrai sauve-qui-peut ! Dans un incroyable désordre l'armée impériale s'engage vers le pont de l'Elster. Les vaincus vont connaître maintenant l'ultime désastre : affolés en voyant les troupes ennemies apparaître au loin dans la grande rue, les sapeurs du génie font sauter l'ouvrage. Une immense clameur de désespoir couvre le bruit de la bataille : douze ou quinze mille hommes de l'arrière-garde se trouvent encore dans la ville. Certains essayent de traverser la rivière en se jetant à l'eau, mais la plupart se noient sous les yeux de leurs camarades...

Ainsi — par cette nouvelle perte — s'achève la

bataille des Nations où dix peuples rassemblés se sont battus sous le commandement de trois empereurs et d'un roi — sans parler du prince royal Bernadotte qui fait son entrée dans Leipzig sur « son cheval drapé de velours violet et chamarré d'or, empanaché aux couleurs suédoises, un sceptre de parade à la main », en s'attribuant la victoire. La *sainte cause* a triomphé, ainsi que l'annonce Metternich, ivre de joie.

L'explosion n'a pas tiré l'Empereur de son sommeil. Murat et Augereau viennent le réveiller pour lui annoncer la terrible nouvelle.

« Il ne restait donc qu'à combattre, dira-t-il plus tard, et chaque jour, par une fatalité ou une autre, nos chances diminuaient ! »

Napoléon prend la route d'Erfurt. Derrière lui, les maréchaux accablés marchent en grondant :

— Est-ce que le bougre sait ce qu'il fait ? lance Augereau à Macdonald. Ne vous êtes-vous pas aperçu déjà, n'avez-vous pas remarqué, dans ces derniers événements et dans la catastrophe qui les a suivis, qu'il a perdu la tête ? Le lâche, il nous abandonne, nous sacrifiant tous...

Avec cent dix mille hommes sortis de l'enfer de Leipzig, — dont un tiers suit à la débandade — Napoléon se dirige vers le Rhin, talonné par l'ennemi qui n'ose cependant attaquer les vaincus. Tous, sauf la Garde, marchent en désordre et des images de l'année précédente — moins le froid et la glace — se présentent de nouveau aux regards de l'Empereur. On continue à abandonner les bagages. « On voyait, raconte notre Garde d'honneur sarrois, brûler les voitures magnifiques des maréchaux d'Empire, et même quelques-unes de celles de la Couronne, à côté des charrettes de toute espèce qui avaient servi jusque-là à transporter les effets et les blessés... ».

Le 23 octobre, Napoléon arrive à Erfurt où il demeure jusqu'au surlendemain afin de mettre de l'ordre dans son armée et d'organiser la retraite vers le Rhin. Il n'ignore pas que les Bavarois — ses alliés de la veille — vont tenter de lui barrer la route, tandis que les vainqueurs de Leipzig se précipitent déjà vers les garnisons françaises de Dresde, de Hambourg, de Dantzig et de Cassel. Quant à Blücher, il essaye de gagner de vitesse Napoléon afin de l'attaquer au défilé d'Eisenach.

Et l'on repart. Il faut marcher plus vite que Blücher ! « Ce fut pendant cette marche, écrit le Garde d'honneur Lambry, que j'eus le douloureux spectacle de la déroute plutôt que de la retraite de cette armée française, naguère si belle et si puissante. Parvenu au sommet d'une haute montagne, dont le revers se prolongeait à perte de vue, par une pente presque insensible, et formait une plaine immense, je vis toute l'armée dispersée, les uns marchant d'un côté, les autres d'un autre, sans que l'on pût distinguer une seule Compagnie réunie... Plus nous avancions, écrit-il encore deux jours plus tard, et plus la route se couvrait de cadavres d'hommes et de chevaux. Des malheureux, mourant de faim, sans souliers, les habits en lambeaux, se traînaient péniblement sur des bâtons. Leur figure blême, décharnée, et jaunie par la fumée du bivouac, leur donnait plutôt l'air de spectres que de soldats. »

« Napoléon est en pleine retraite, annonce Metternich à la duchesse de Sagan, et une bien difficile retraite. Il est pris de toute part. Moi je commence à croire que je serais meilleur général que lui. »

Napoléon semble vouloir lui donner un démenti et, avec son armée devenue une horde, il décide de livrer bataille. Cinquante-deux mille Autrichiens et Bavarois veulent l'empêcher de gagner le Rhin.

Il faut passer coûte que coûte !

Cependant, en arrivant devant Hanau, Napoléon n'a plus avec lui que quinze mille hommes. Le reste, parmi lequel il n'y a guère que trente mille combattants, a du mal à suivre. Mais la Garde est là, près de son chef. De la boue jusqu'aux genoux, elle court au combat. Les hommes, en passant devant l'Empereur, l'acclament, tandis que lui, impassible, leur lance :

— Courage, mes enfants ! Courage !

Certains témoins prétendent que ce jour-là, le 30 octobre, Napoléon avait l'air brisé, apathique et égaré.

Les boulets tombent dru autour de lui. « Il y en eut même un, raconte un officier de l'état-major, qui éclata derrière son cheval, auquel il fit faire un saut en avant. Napoléon ne se dérangea pas, donna une saccade à son cheval et dit :

— Eh, eh ! celle-là était près !

« Puis il continua à fredonner je ne sais plus quelle petite chanson dont nous entendions par-ci par-là quelques paroles... ».

Il appelle Cambronne :

— Combien avez-vous de chasseurs à pied de la Vieille Garde ?

— Sire, dix-huit cents.

— Vous allez vous mettre à leur tête et forcer la ferme où les Bavarois sont au nombre de dix mille hommes, je vous donne deux heures pour cette opération.

En moins d'une heure, Cambronne déloge les Bavarois de leur position. Les *ruches à miel* — nom que l'ennemi donne aux bonnets d'ourson des grenadiers et chasseurs de la Vieille Garde — s'avancent. Ils ne tirent même pas un coup de fusil et abordent l'ennemi à la baïonnette.

Bientôt, les aides de camp galopent, tout joyeux, vers l'Empereur.

— Sire, lui annoncent-ils, la victoire est complète.

Comme le dit le cher Coignet : « Sa Majesté eut encore une journée de bonheur. » Hanau est enlevé. La trouée est faite. Le soir, l'Empereur loge à Francfort. Le lendemain — premier novembre — il est à Mayence. Il y demeurera jusqu'au 7.

Pour les Alliés, en dépit du dernier succès impérial, l'heure de la curée est venue et l'hallali va sonner. Trois jours avant la bataille de Hanau, Metternich écrivait à Wilhelmine de Sagan : « L'ennemi est dans une déconfiture complète. Dans quel état doit être cet homme qui naguère au faîte de la grandeur, voit se briser sous ses mains les ressorts d'une aussi immense création ! S'il a le souvenir du passé, le sentiment du présent et s'il est capable de la crainte de l'avenir, dans quel état doit être cette âme si forte et si faible ! Combien de fois ne doit-il pas penser à un certain 25 juin où dans un entretien de neuf heures je lui ai prédit cette chute terrible jusque dans les moindres détails : la défection de ses alliés, la perte de son armée, la destruction de l'édifice monstrueux que j'ai toujours vu bâtir sur du sable mouvant... Il est certainement en proie à un sentiment vil et bas ; c'est le criminel qui en montant sur l'échafaud regrette de ne pas avoir volé plus. »

Dans une autre lettre découverte, elle aussi, ces derniers temps et écrite le 2 novembre, il traitera l'Empereur d'*Avanturier* — faute d'orthographe comprise ! M. de Metternich avait bien oublié ces jours-là qu'il avait levé son verre, le soir du mariage de Marie-Louise, « à la santé du roi de Rome ! » Après tant de bassesse, les injures dont il couvre un ennemi malheureux sont abjectes.

Napoléon est parvenu à grouper autour de lui soixante mille hommes. Soixante mille hommes qu'il va placer en « rideau » le long du Rhin et dont un tiers sera mis hors de combat par le typhus. Avec angoisse, il fait ses comptes. Sur les quatre cent mille soldats qu'il possédait au début de la campagne, il ne subsiste plus que quarante mille hommes. Le reste de l'armée impériale est mort, blessé, prisonnier, assiégé ou erre à la dérive. Napoléon a eu trop confiance en son étoile. Trop tard, il a donné l'ordre aux cent mille hommes enfermés dans les places allemandes, de quitter leurs garnisons et de venir le rejoindre. Ils demeureront encerclés et résisteront héroïquement jusqu'à la fin de l'Empire. Cent mille hommes qui vont tant lui manquer pendant la campagne de France !

Pourquoi les Alliés ne se précipitent-ils pas sur les talons de l'Empereur ? Sans doute ont-ils peur de la résistance des provinces françaises ? Sans doute croient-ils encore Napoléon plus fort qu'il ne l'est réellement ? Peut-être, avec sagesse, estiment-ils préférable de regrouper leurs forces, de reformer leurs troupes, afin de passer à l'offensive ?

Blücher, bien à contrecœur, a été obligé d'arrêter sa

marche et, dans une violente diatribe, s'en prend à Metternich :

— Le Metternich ! Le million de chiens, le gueux ! qui mériterait d'être pendu ! Il nous tient tous à la corde et en laisse. Ah ! malheur ! Il voudrait sauver le Bonaparte naturellement ! N'est-il pas pour ainsi dire le beau-frère de ce coquin de Corse !

Pendant ce temps, à Francfort, les Alliés vont palabrer et mettre au point leurs conditions. Faudrait-il laisser à la France la frontière du Rhin ou seulement ses anciennes limites de 1792 ? Bernadotte a, quant à lui, un point de vue précis et personnel, à la fois sur le problème et sur l'ancien fiancé de sa femme :

— Bonaparte est un coquin, vocifère-t-il, il faut le tuer, tant qu'il vivra il sera le fléau du monde. Il ne faut plus d'empereur, ce titre n'est pas français ; il faut à la France un roi, mais un roi soldat. La race des Bourbons est une race usée qui ne remontera jamais sur l'eau. Quel est l'homme qui convient mieux que moi à la France ?

Bernadotte a choisi un chemin — ce n'est pas celui de l'honneur — sur lequel Murat est de plus en plus tenté de s'engager. La non-belligérance ne suffit plus au beau-frère de l'Empereur... Il sollicite de Napoléon la permission de regagner son royaume pour réorganiser son armée et, précise-t-il, afin de pouvoir mieux ainsi aider l'Empereur. Napoléon n'est point dupe. Il n'ignore pas que Murat a confié à Ney que si son impérial beau-frère « ne faisait point la paix, il s'allierait avec ses ennemis ».

— Vous qui avez été son ministre, demande-t-il à un familier du roi de Naples, vous qui l'avez approché longtemps, le croyez-vous capable d'une telle conduite ?

— Je pense, Sire, que le roi fera tout au monde pour conserver son royaume.

— Mais enfin, s'exclame Napoléon, c'est moi qui l'ai fait roi de Naples, c'est à sa femme qu'il doit son royaume. S'il n'avait pas été mon beau-frère, je n'aurais jamais pensé à lui, tous les autres maréchaux avaient autant de droits que lui, je ne puis croire à tant d'ingratitude de sa part.

Une vague de trahison submerge l'Empereur... Ney lui-même, au paroxysme de la lassitude, ose élever la voix :

— Il est temps d'en finir, il est temps de l'empêcher, après avoir perdu l'armée, de perdre la France.

Dans quelques jours, à Cologne, le roi Jérôme qui s'imagine, lui aussi, pouvoir conserver son royaume, déclarera avec inconscience :

— Je vois des traîtres comme ce roi de Suède (*sic*) affermis sur leur trône... Je pourrais repasser le Rhin aujourd'hui, je pourrais retourner dans mes Etats, j'y serais bien reçu !

Napoléon refuse d'écouter les criailleries de ces pygmées. Il ne pense qu'à la prochaine campagne. « Je compte, a-t-il écrit à Clarke, que vous porterez la fabrication à vingt-six mille fusils par mois et que vous aurez réparé les quatre-vingt-dix mille fusils qui sont à réparer. » En janvier 1814, il n'y aura cependant, pour les nouveaux conscrits — les « Marie-Louise » — qu'un fusil pour deux...

Le 7 novembre, Napoléon quitte Mayence et tourne le dos au Rhin pour la dernière fois.

Il va chercher des hommes...

— Il me faudrait cent hommes comme cela ! a-t-il dit, en frappant la poitrine de Drouot.

— Non, Sire, avait répondu gravement le sage de la Grande Armée, vous vous trompez. Il vous en faudrait cent mille...

⁂

Ces dix semaines qui vont suivre — du mardi 9 novembre au mardi 25 janvier — seront les dernières au cours desquelles Napoléon reprend sa vie de souverain se partageant entre Saint-Cloud et les Tuileries. Réceptions, visites, inspections, audiences, séances du Conseil des ministres, du Conseil d'Etat, du Conseil des Finances, se succèdent. Il continue à s'occuper des moindres détails de l'Empire blessé et active, par cent ordres divers, les grands travaux commencés.

— Nous avons fait de grandes pertes, cette année, déclare-t-il à Rémusat.

— Oui, Sire, mais le génie de Votre Majesté réparera tout.

— Il est bien question de cela ! C'est de la perte de Mme Barelli, la fameuse cantatrice de l'Opéra, dont je vous parle.

Napoléon paraît fou aux yeux de certains — fou d'inconscience. Il est étonnamment calme alors qu'il a toute l'Europe déchaînée et acharnée contre lui. Il est bien loin de penser que dans quatre mois il sera contraint d'abdiquer.

— Il faut, ordonne-t-il au Conseil d'Etat, dissoudre le triumvirat qui partagea autrefois la Pologne et qui vient de se reformer avec l'audacieux projet de nous faire éprouver le même sort. Vous parlez trop de paix, messieurs. Je le vois bien, nous ne sommes pas des Romains ! Voulez-vous donc descendre du rang où j'ai placé la France, voulez-vous donc redevenir une simple monarchie et n'être plus un empire ?

Ils veulent surtout la paix.

Il n'a même pas tressailli en apprenant que les Hollandais se sont révoltés aux cris de : *Vive les Alliés ! Vive Orange !* Déjà les forces françaises — fortes seulement de deux mille hommes — ont évacué le pays à l'arrivée du corps de Bülow. Guillaume d'Orange — le fils du dernier stathouder — suit dans les bagages prussiens.

Quelques jours plus tard, Napoléon rend l'Espagne à Ferdinand — à la condition que les Cortès veuillent bien donner leur accord. Elles le donneront !... Et c'est au tour de Joseph de jouer au roi indépendant. Il écrit à son frère pour lui demander de négocier avec lui un traité « au sujet des compensations » qu'il demande pour son trône qui lui a été « retiré ». « Je désire, ajoute-t-il avec une extravagance totale, que Votre Majesté trouve bon de charger un de ses ministres de s'entendre sur cet objet avec M. le duc de Santa-Fé, mon ministre des *Relations extérieures.* »

Joseph se considère comme l'aîné et a des prétentions en cette qualité. Napoléon hausse les épaules :

— Aîné, lui ? Pour la vigne de notre père, sans doute ?

Quant à Murat, à la suite d'un ultimatum de Metternich apporté par Neipperg — le futur époux de Marie-Louise — et après quatre jours de temporisations, il met un terme à une année de négociations secrètes avec l'Autriche.

Le traité est bientôt signé : le roi de Naples acceptait de mettre à la disposition des Alliés un contingent de cinquante mille hommes et s'engageait à ne conclure la paix que d'accord avec l'Autriche ; il renonçait en outre à son royaume — l'Angleterre l'exigeait — à condition que lui soit accordé, en compensation, un territoire de quatre cent mille âmes en Italie. Et *Le Moniteur napolitain* publie — sans rire — cette note : « S.M. le roi, après être parvenu au plus haut degré de gloire militaire, a conçu le noble et sublime dessein de se mettre à la tête d'une armée puissante pour garantir, dans cette lutte sanglante, la tranquillité de l'Italie méridionale et concourir aux vues des Puissances coalisées, pour une pacification universelle et durable. »

Lorsque Napoléon apprend l'incroyable traîtrise, il se promène « à pas précipités dans son salon »...

— Murat ! mon beau-frère ! s'exclame-t-il. Murat ! En pleine trahison ! Je savais bien que Murat était une mauvaise tête, mais je croyais qu'il m'aimait. C'est sa femme qui est la cause de sa défection... Caroline, ma sœur, me trahir ! Murat fait tirer des coups de canon sur des Français ! C'est abominable ! C'est odieux ! Le voilà le Bernadotte du Midi !

Mais il lui faut maintenant mettre un point final à l'emprisonnement de Pie VII. La félonie de Murat fournira un prétexte honorable pour ouvrir les portes de Fontainebleau.

— Très Saint-Père, annonce M. de Beaumont au Pape, je me suis rendu auprès de Votre Sainteté pour lui faire connaître que le roi de Naples ayant conclu avec la coalition une alliance dont il paraît qu'un des objets est la réunion de Rome à ses Etats, Sa Majesté l'Empereur et Roi a jugé conforme à la véritable politique de son empire et aux intérêts du peuple de Rome de remettre les Etats romains à Votre Sainteté. Elle préfère les voir entre les mains de Votre Sainteté plutôt qu'entre celles de tout autre souverain quel qu'il soit.

En échange, Napoléon espère bien que le Pape reviendra sur la transaction de l'année précédente. Mais c'est faire un peu trop vite abstraction de l'énergie extraordinairement chevillée au corps du vieillard :

— Dieu sait les larmes que j'ai répandues sur le prétendu concordat que j'ai eu le malheur de signer, répond-il ; j'en porterai la douleur jusqu'au tombeau et c'est un sûr garant que je ne serai pas trompé une autre fois.

Regagner l'Italie est désormais son seul désir :

— Il est possible que mes péchés me rendent indigne de revoir Rome, mais soyez sûr que mes successeurs recouvreront les Etats qui leur appartiennent.

***

Les nouvelles venues du Rhin sont mauvaises. Le 1er décembre un émissaire officieux — M. de Saint-Aignan — est venu apporter des propositions émanant de Francfort : la France devait rentrer dans ses limites naturelles. Caulaincourt a aussitôt répondu à Metternich : « C'est avec une vive satisfaction que je suis chargé et autorisé par l'Empereur mon maître, de déclarer à Votre Excellence que Sa Majesté adhère aux bases que M. de Saint-Aignan a communiquées. Elles entraîneront de gros sacrifices de la part de la France ; Sa Majesté les fera sans regret... »

Cependant, le 4 décembre, les Alliés, par une déclaration antidatée du 1er décembre, afin de laisser croire qu'ils n'ont pas reçu de réponse aux propositions portées par Saint-Aignan, annoncent la reprise des hostilités. Pour la première fois, l'ennemi fait un distinguo entre l'Empereur et l'Empire : « Les Puissances alliées ne font point la guerre à la France, mais à cette prépondérance que, pour le malheur de l'Europe et de la France, l'empereur Napoléon a trop longtemps exercée hors des limites de son Empire. Les Souverains désirent que la France soit grande, forte et heureuse... Les Puissances confirment à l'Empire français une étendue de territoire qu'il n'a jamais connue sous ses rois. »

Dans quelques jours, il ne sera même plus question d'empire. Seuls les Bourbons, ainsi que le constatera La Besnardière, ministre intérimaire des Affaires étrangères, pouvaient offrir une garantie au retour de la France dans ses anciennes limites. Napoléon le reconnaîtra alors lui-même :

— Croyez-moi, prédit-il, si je viens à être tué, ma succession, à présent, ne sera pas dévolue au roi de Rome. Au point où les choses sont venues, il n'y a qu'un Bourbon qui puisse me succéder.

Cependant, en dépit de ses pronostics, il espère encore l'impossible. Tout est-il vraiment perdu pour la dynastie ? Si Napoléon doit disparaître de la scène, le roi de Rome, avec l'appui de l'Autriche, ne pourrait-il demeurer son successeur ?

Les ponts ne sont pas coupés entre Marie-Louise et son père. L'empereur François propose à sa fille d'envoyer désormais ses lettres par les avant-postes : « Tu recevras ma réponse par la même voie, lui précise-t-il. Bien sûr je suis convaincu que ton mari et moi pouvons nous entendre et vivre en paix, — je l'ai prouvé en te donnant à lui pour femme, et je le prouve chaque jour en appelant la paix de mes vœux, — cela ne dépend pas de moi... En tout cas, quoi qu'il advienne, je n'oublierai jamais, cependant, que ton mari a ma fille pour épouse, et que ton fils est aussi à moi... »

Le brouillon de la lettre est de Metternich. La réponse de Marie-Louise lui est soufflée par Napoléon qui essaye de jouer sa dernière carte. Ainsi les deux interlocuteurs de Dresde poursuivent-ils leur dialogue :

« Vous ne pouvez vous représenter combien m'attriste la pensée que vous soyez mêlé à la guerre contre l'Empereur, votre gendre, alors que vous avez tous les deux un caractère qui devrait faire que vous soyez amis... Dieu veuille que nous ayons bientôt la paix ! l'Empereur le désire et tous les gens la désirent ici ; mais on ne peut faire la paix avant de négocier, et jusqu'à présent, il paraît qu'on fait beaucoup de façons de votre côté. Je suis sûre que les Anglais en sont la cause. »

Des Tuileries, « dans ce palais où il semble déjà qu'il y ait un mort », l'Empereur essaie de prouver à la France qu'elle n'est épuisée que « parce qu'elle s'estime telle ». Mais la tâche est écrasante : le pays est exsangue, accablé, frappé de stupeur. « La défaveur de Napoléon est à son comble », ainsi que le remarque Poumiès de La Siboutie. Sur le château pèse comme une chape de plomb.

Devant le Corps législatif réuni en comité secret, le député Laîné se lance dans un violent réquisitoire contre le régime :

— Une administration vexatoire, l'excès des contributions, le déplorable mode adopté pour la perception des droits et l'excès plus cruel encore du régime pratiqué pour le recrutement de nos armées... La conscription est devenue pour toute la France un odieux fléau parce que cette mesure a toujours été outrée dans son exécution. Depuis deux ans, on moissonne les hommes trois fois l'année. Une guerre barbare et sans but engloutit périodiquement une jeunesse arrachée à l'éducation, à l'agriculture, au commerce et aux arts.

Fait étonnant, l'impression du discours est votée par deux cent vingt-trois voix contre cinquante et une. Napoléon a pris connaissance du texte, et se précipite, le visage convulsé par la fureur, sur les députés terrifiés :

— Vous cherchez, dans votre adresse, à séparer le souverain de la Nation ; moi seul je suis le représentant du peuple... Le trône lui-même, qu'est-ce ? Quatre morceaux de bois doré recouverts de velours ? Non ! Le trône c'est un homme, et cet homme c'est moi ! C'est moi qui peux sauver la France et non vous... Votre commission m'a plus humilié que mes ennemis. Elle a joint l'ironie à l'insulte. Elle dit que l'adversité est la véridique conseillère des rois. Cette pensée est vraie mais l'application qu'on m'en fait est une lâcheté... Si je voulais vous croire, je céderais à l'ennemi plus qu'il ne demande. Dans trois mois nous aurons la paix ; nos ennemis seront chassés ou je serai mort !

Comme Talleyrand l'indiquera un jour à Charles X, l'Empereur oubliait la troisième solution : la chaise de poste...

Ce même jour — nous sommes le 1er janvier 1814 — Blücher franchit le Rhin : les villes de Mayence et de Coblence, préfectures françaises, sont occupées. Déjà, l'avant-veille, Genève a été prise et les frontières de l'ancienne France envahies. Avant quinze jours, l'ennemi fera son entrée dans Strasbourg, Saverne, Epinal, Toul, Chaumont, Lunéville, Nancy. Et les maréchaux reculeront toujours.

Maistre déclare à Blacas :

— Le monstre est à terre.

Plus élégant, Talleyrand répète son fameux mot :

— Je crois que c'est le commencement de la fin...

***

Le 21 janvier, l'Empereur se rend au faubourg Saint-Antoine.

— Est-il vrai que les affaires vont mal ? lui demande un artisan.

— Je ne peux pas dire qu'elle aillent trop bien, répond Napoléon avec franchise.

— Mais comment cela finira-t-il donc ?

— Ma foi, Dieu le sait.

— Mais comment ? Est-ce que les ennemis pourraient entrer en France ?

— Cela pourrait bien être, et même venir jusqu'ici, si l'on ne m'aide pas : je n'ai pas un million de bras. Je ne puis pas tout faire à moi seul.

— Nous vous soutiendrons, nous vous soutiendrons, s'écrie la foule qui s'est assemblée.

— En ce cas, reprend l'Empereur, l'ennemi sera battu, et nous conserverons toute notre gloire.

— Mais que faut-il donc que nous fassions ?

— Vous enrôler et vous battre.

— Nous le ferions bien, mais nous voudrions y mettre quelques conditions.

— Eh bien, parlez franchement. Voyons, lesquelles ?

— Nous ne voudrions pas passer la frontière.

— Vous ne la passerez pas.

Franchir le Rhin ? Il n'y fallait, en effet, plus songer !...

Le dimanche 23 janvier, il neige. En cette avant-veille de son départ pour l'armée — Napoléon a réuni sept à huit cents officiers de la Garde nationale de Paris, dans la vaste salle des Maréchaux. L'Empereur entre, portant le roi de Rome dans ses bras. Un profond silence se fait. La voix de Napoléon s'élève :

— Messieurs, une partie du territoire de la France est envahie ; je vais me placer à la tête de mon armée, et, avec l'aide de Dieu et la valeur de mes troupes, j'espère repousser l'ennemi au-delà des frontières.

« J'espère repousser... ». Il espère seulement ! C'est là un langage qu'il n'a jamais employé. Il est vrai que jamais encore un tel raz de marée n'a déferlé vers le cœur de la France :

— Si l'ennemi approche de la capitale, je confie au courage de la Garde nationale l'Impératrice et le roi de Rome... Ma femme et mon fils...

Quelques officiers sortent des rangs et vont embrasser les mains de l'Empereur et du petit roi. Tous — même les opposants à la dictature guerrière qui pèse sur les épaules de la France depuis dix années — tous ont la gorge serrée...

L'Empereur s'est retiré dans son cabinet et regarde ses états. L'affreuse réalité est là obsédante, tenace, et tient toute dans un chiffre : soixante mille hommes ! Et pourtant, depuis un mois il n'a pas cessé d'envoyer des ordres afin de faire flèche de tout bois...

A Clarke : « On m'assure que l'on pourrait trouver dans les Invalides sept à huit cents individus dont les blessures sont guéries et qui serviraient de bonne volonté. Si cela était ce serait précieux pour former des sous-officiers... »

A Macdonald : « Employez les gardes forestiers, les gardes champêtres, les gardes nationales... »

Mais il n'a pu réunir que soixante mille hommes !

Il se penche maintenant sur ses cartes. Comment, avec soixante mille hommes, arrêter à la fois Blücher et Schwarzenberg ? Blücher et son armée de Silésie forte de quatre-vingt mille hommes qui ont traversé le Rhin et avancent en Lorraine ; Schwarzenberg et son armée de Bohême, composée de cent quarante mille hommes qui sont passés par la Suisse et marchent vers le plateau de Langres ? Sans parler d'une seconde armée autrichienne ! Sans parler des deux renégats : Bernadotte et ses Suédois, Murat et ses Napolitains.

C'est quatre cent soixante mille hommes qui vont se ruer sur la France ! Mais ce soir l'Empereur ne veut penser qu'aux deux cent vingt mille soldats qui ont pénétré en France. On verra plus tard pour le reste de la meute qui, tapie derrière le Rhin, n'ose pas encore forcer la barrière. Soixante mille hommes contre deux cent vingt mille ! En attendant, il se grise de mots :

— Soixante mille hommes et moi cela fait cent soixante mille !

— Je vais battre papa François ! annonce-t-il le lendemain à Marie-Louise qui ne cesse de pleurer.

La scène se déroule après le dîner. L'Impératrice et Hortense se chauffent devant l'âtre, dont le feu est alimenté par les liasses de papiers que Napoléon y jette sans cesse. Chaque fois qu'il s'approche de la cheminée, il embrasse la jeune femme :

— Ne sois pas triste, aie confiance en moi !

Le jour du 25 janvier n'est pas encore levé lorsque l'Empereur, avant de monter dans sa berline, va, sur la pointe des pieds, regarder dormir son fils, le petit roi sans royaume qu'il ne devait plus jamais revoir.

La fameuse gravure du petit roi de Rome « priant Dieu pour son père et pour la France » commandée par l'Empereur avec l'espoir que ce dessin serait « d'un bon effet »... et apitoierait l'Empereur d'Autriche.

(B. N. Estampes — Photo Josse-Lalance)

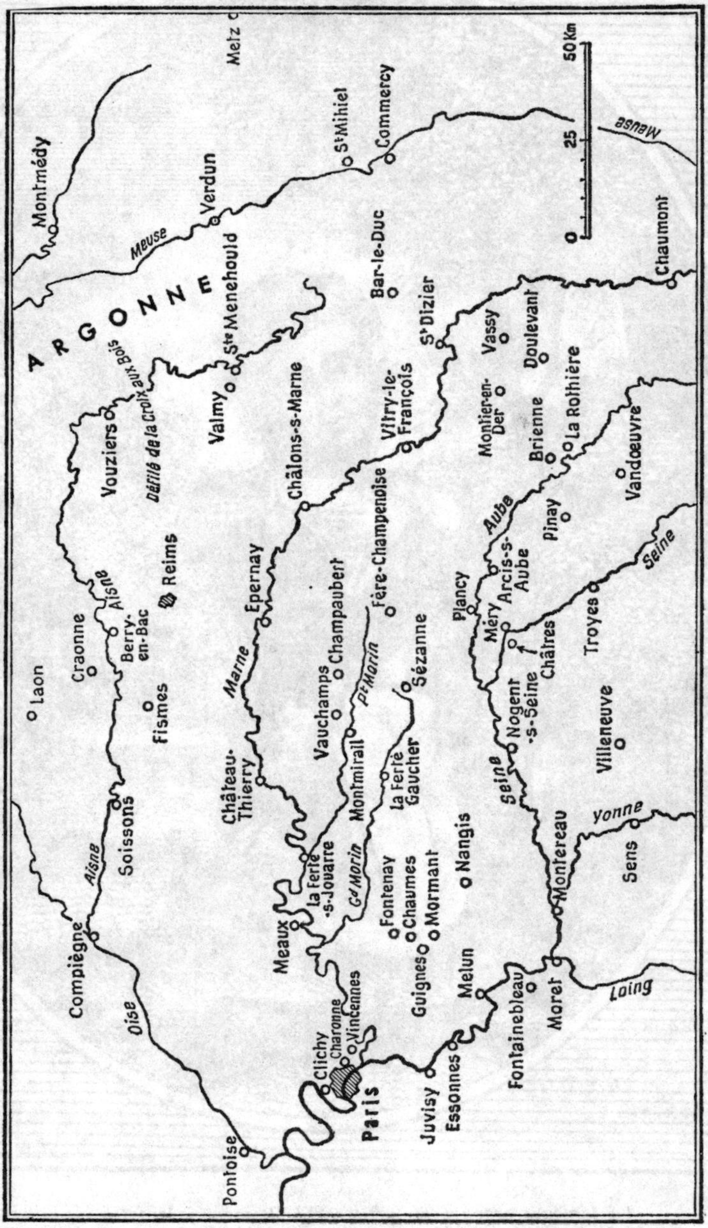
ARGONNE
Montmédy
Metz
Meuse
Verdun
St Mihiel
Commercy
Bar-le-Duc
Ste Menehould
Valmy
Défilé de la Croix aux Bois
Vouziers
Reims
Aisne
Laon
Craonne
Berry-en-Bac
Fismes
Soissons
Compiègne
Oise
Pontoise
Paris
Clichy
Charonne
Vincennes
Meaux
La Ferté-s-Jouarre
Château-Thierry
Marne
Epernay
Châlons-s-Marne
Vitry-le-François
St Dizier
Vassy
Doulevant
Montier-en-Der
Brienne
La Rothière
Chaumont
0
25
50 Km
Vandoeuvre
Pinay
Aube
Arcis-s-Aube
Plancy
Méry
Châtres
Troyes
Seine
Nogent-s-Seine
Villeneuve
Yonne
Sens
Montereau
Moret
Loing
Fontainebleau
Melun
Essonnes
Juvisy
Guignes
Mormant
Chaumes
Fontenay
Nangis
La Ferté Gaucher
Montmirail
Gd Morin
Pt Morin
Sézanne
Vauchamps
Champaubert
Fère-Champenoise

XX

LES BOTTES DE 93

Le meilleur soldat n'est pas tant celui qui se bat que celui qui marche.

NAPOLÉON.

C'EST à travers une France anxieuse et frappée de stupeur que la berline impériale roule durant toute cette journée du lundi 25 janvier. Il gèle et la neige recouvre le sol. Aux relais, les femmes et les enfants se groupent autour de la voiture, tandis que les hommes transformés à la hâte en gardes nationaux, veillent sur les routes, croyant à chaque instant voir surgir les cosaques.

Le soir, l'Empereur couche à la préfecture de Châlons. Les nouvelles sont catastrophiques : Schwarzenberg se dirige vers Troyes, poussant devant lui la Vieille Garde ; Blücher, qui vient d'occuper Saint-Dizier, s'avance en crabe vers l'Aube ; les avant-postes français sont à Vitry et, déjà, des fuyards s'infiltrent dans la grande rue de Châlons.

Mais *il* est là ! Sans tarder, Napoléon dicte : « On annoncera à l'armée que l'intention de l'Empereur est d'attaquer demain. »

Napoléon n'est parvenu à rassembler que trente-trois mille hommes à Châlons, trente-trois mille hommes aussi épuisés moralement que physiquement ! En face de l'Empereur : les deux cent vingt mille combattants ennemis sont réunis. Leurs chefs s'entendent peut-être mal, mais tous se croient déjà à Paris et sont à cent lieues d'imaginer que Napoléon va foncer sur eux.

Ayant bousculé et battu une division russe, laissée par Blücher à Saint-Dizier, l'Empereur apprend que le général prussien se dirige vers Brienne à la tête de trente mille hommes. Napoléon décide d'engager l'action avec seulement dix-huit mille combattants ! Le reste de ses forces rejoindra plus tard.

Brienne ! Les souvenirs lui remontent au cœur en foulant cette terre que l'ancien cadet a si souvent parcourue ! Près de Mézières, le curé du village s'avance vers lui. C'est le Père Henriot, ancien professeur minime de l'Ecole militaire.

— Mon Père, s'écrie Napoléon, vous allez me servir de guide !

Et le prêtre enfourche le cheval de Roustam.

Blücher a violemment réagi. Sans un heureux coup de pistolet tiré par Gourgaud, un cosaque aurait transpercé, ce jour-là, Napoléon de sa lance. Mais, grâce à une violente contre-offensive impériale, l'ennemi est obligé d'abandonner précipitamment la place et se retire vers Bar-sur-Aube où les Prussiens espèrent retrouver Schwarzenberg.

Lui, entre dans le château des Loménie, cette belle demeure où il a été reçu étant enfant, où il a passé une nuit alors qu'il partait pour l'Italie se faire couronner. La table est encore mise — préparée pour Blücher et son état-major. « Dans la bibliothèque, raconte le général Grabowski, tout était sens dessus dessous. Le parquet et les tables étaient jonchés d'animaux empaillés, grenouilles, serpents, aigles, et de monstres extraordinaires parmi lesquels un enfant à deux têtes ; le cabinet d'histoire naturelle était dans un état pitoyable. Cette scène de destruction me surprit ; en même temps j'étais saisi par une violente odeur d'alcool et de camphre. Les bocaux étaient vides ou brisés... » Cet alcool, les occupants l'avaient bu...

— Oh ! les cochons, les cochons ! s'exclame Napoléon en voyant le spectacle.

De la terrasse, il regarde la vue qu'il connaît si bien. Le champ de bataille du lendemain est là, sous ses yeux :

— Qui m'aurait dit autrefois que je devrais me battre ici, contre les Russes et les Prussiens !

Napoléon a appelé à lui Marmont et Gérard. Il a maintenant ses trente-trois mille hommes sous la main, mais Blücher a reçu, lui aussi, des renforts. Les Prussiens sont cent cinquante mille et attaquent ! La bataille de la Rothière se déroule le 1er février sous des rafales de neige. La disproportion des forces est telle que les Français doivent bientôt battre en retraite ! Quatre mille soldats de l'Empereur ont été tués et l'ennemi a fait deux mille prisonniers.

La nuit tombe. De sa chambre, l'ancienne *chambre du Roi,* au premier étage du château, Napoléon voit les feux des alliés entourer, en un vaste croissant, les bivouacs de la petite armée française. On laisse ceux-ci allumés, on attise même les tisons et, sur la pointe des pieds, l'armée plie bagages... Au réveil, Blücher — déjà surnommé « le héros de la Rothière » — s'aperçoit que les vingt-sept mille Français ont disparu.

Méconnaissable, couvert de boue, Napoléon entre dans Troyes et va loger rue du Temple, chez le maire Duchâtel-Berthelin. Pas d'acclamations ! Pas de cris... Mais, avant de repartir sur les grands chemins glacés et balayés par le vent, il essaie d'apaiser la capitale que la défaite de la Rothière a consternée. « Pourquoi perdre ainsi la tête ? écrit-il à Cambacérès. Est-ce qu'on devient fou à Paris ? Le ministre de la Police dit et fait des sottises au lieu de s'instruire des mouvements de l'ennemi... »

Et pour Joseph il trace ces lignes : « La situation des affaires n'en est pas où en est l'alarme... Tenez gaie l'Impératrice ; elle se meurt de consomption. »

Les Alliés, après leur victoire de la Rothière, croient en effet la campagne terminée. Pour eux, la route de Paris est ouverte et ils commettent la faute grave de se séparer. Blücher et son armée de Silésie sont descendus le long de la Marne, tandis que Schwarzenberg et son armée de Bohême suivent les deux rives de la Seine. La décision de l'Empereur est vite prise : se tournant tantôt vers les Austro-Russes, tantôt vers les Allemands, il battra Autrichiens, Prussiens et soldats du tsar. Il va chausser ses bottes de 93 et écrire dans l'Histoire sa plus belle campagne !

Napoléon passe la nuit du mardi 7 février à Nogent, dans la maison de Bertin-Delaunay, 20, Grande-rue Saint-Laurent, en face de l'église. Le matin du 8, Fain l'entend s'exclamer :

— Je suis en ce moment en train de battre Blücher de l'œil. Il s'avance sur la route de Montmirail : je pars, je le battrai demain, je le battrai après-demain ! Si ce mouvement a le succès qu'il doit avoir, l'état des affaires va entièrement changer et nous verrons alors !

Blücher a en effet éparpillé ses forces en quatre groupes. L'Empereur doit donc les attaquer successivement !... Pourra-t-il y parvenir ? Aussi, ce même matin écrit-il à Joseph : « Si, par des circonstances que je ne puis prévoir, je me portais sur la Loire, je ne laisserais pas l'Impératrice et mon fils loin de moi, parce que, dans tous les cas, il arriverait que l'un et l'autre seraient enlevés et conduits à Vienne. Cela arriverait bien davantage si je n'existais plus... S'il arrivait bataille perdue et nouvelle de ma mort, vous en seriez instruit avant mes ministres. Faites partir l'Impératrice et le roi de Rome pour Rambouillet ; ordonnez au Sénat, au Conseil d'État et à toutes les troupes de se réunir sur la Loire ; laissez à Paris ou le préfet, ou un commissaire impérial, ou un maire... Si je meurs, mon fils régnant et l'Impératrice régente doivent, pour l'honneur des Français, ne pas se laisser prendre et se retirer au dernier village avec leurs derniers soldats. »

Enfin, il ajoute ces lignes prophétiques qu'on ne peut lire sans un serrement de cœur :

« Je préférerais qu'on égorgeât mon fils plutôt que de le voir jamais élevé à Vienne, comme prince autrichien ; et j'ai assez bonne opinion de l'Impératrice pour être aussi persuadé qu'elle est de cet avis, autant qu'une femme et une mère peuvent l'être. Je n'ai jamais vu représenter *Andromaque* que je n'aie plaint le sort d'Astyanax survivant à sa maison, et que je n'aie regardé comme un bonheur pour lui de ne pas survivre à son père. »

La capitale continue à s'affoler, les Parisiens enterrent leur or, on éloigne les femmes et les enfants. Madame Mère — Marie-Louise l'annonce à son mari — « se meurt de peur ». Les bruits alarmistes se propagent. Mais Napoléon — ce 9 février — déconseille cependant à l'Impératrice d'aller en grand équipage implorer sainte Geneviève. De Sézanne, il adresse ce mot à Joseph : « Faites cesser ces prières de quarante heures et ces *miserere*. Si l'on nous faisait tant de singeries, nous aurions tous peur de la mort. Il y a longtemps que l'on dit que les prêtres et les médecins rendent la mort douloureuse. »

Le lendemain matin il quitte Sézanne et court vers l'ennemi : « Je monte à cheval pour me porter à Champaubert. Je suis un peu contrarié par les chemins ; ils sont affreux, il y a six pieds de boue ». On se croirait en Russie !

Ce même matin — jeudi 10 février — Blücher, grisé, annonce de son côté à sa femme : « Nous ne sommes plus qu'à quinze milles de Paris. Dans huit jours, nous serons certainement sous les murs de la capitale, et Napoléon perdra vraisemblablement sa couronne. »

Mais l'Empereur, suivi de sa poignée d'hommes boueux, a rejoint Marmont devant Saint-Gond, et lance ses troupes à l'attaque contre les Russes. Dès que les hauts bonnets à poil couronnent les hauteurs de Champaubert, les troupes du tsar hésitent et fléchissent. Une charge des dragons de la Garde coupe l'ennemi en deux masses. Les soldats d'Alexandre jettent leurs armes et se sauvent dans les bois où les paysans viennent prêter main forte à la petite armée impériale. « On voyait jusqu'à des gamins de douze ans, racontera Planat de La Faye, portant chacun deux fusils sur leurs épaules, faire marcher devant eux deux ou trois de ces gaillards et les amenant en triomphe à l'Empereur. »

De Champaubert, à sept heures du soir, de la *Maison bleue* où il va passer quelques instants — elle existe encore, un boulet incrusté dans sa façade — Napoléon peut écrire à l'Impératrice : « Ma bonne Louise, *Victoire !* J'ai détruit douze régiments russes, fait six mille prisonniers, quarante pièces de canon, deux cents caissons, pris le général en chef et tous les généraux, plusieurs colonels ; je n'ai pas perdu deux cents hommes. Fais tirer le canon des Invalides et publier cette nouvelle à tous les spectacles. Je suis Sacken qui est sur la Ferté-sous-Jouarre. Je serai à minuit à Montmirail et le serrerai de près. »

Entre deux batailles, le général Girod de l'Ain croque cette scène sur le vif : « L'Empereur avait mis pied à terre au milieu d'un champ, pour satisfaire certain besoin, quand la colonne que je suivais lui vint directement dessus... Il ne se dérangea pas le moins du monde, et laissant complètement à découvert ce que, d'ordinaire, on met quelque soin à dissimuler, se laissant coudoyer successivement depuis la tête jusqu'à la queue de cette épaisse colonne par les hommes sur le chemin desquels il se trouvait, il acheva tranquillement son affaire ; témoin involontaire de ce tableau, je restai là à cheval en face de lui et jusqu'après le défilé de toute la colonne »...

L'Empereur a avec lui près de cinq mille grognards, quatre mille sept cents cavaliers et moins de dix-huit cents jeunes recrues, baptisées les *Marie-Louise*. A neuf heures du matin, ce vendredi 11, Napoléon rencontre à Montmirail le Poméranien Sacken qui se trouve à la tête d'un corps d'armée russe. Quatorze mille contre trente mille ! La Garde et la division Ricard enlèvent avec tant d'ardeur la ferme de la Cour d'Airain, à Marchais, que, sans remettre au lendemain, Napoléon distribue mille sept cent cinquante croix de la Légion d'honneur. Puis, il se met au lit dans la ferme des Gréneaux, entre Marchais et Fontenelle. Le « palais » est sans carreaux et les murs sont criblés de boulets. L'un de ceux-ci sera même conservé et — émouvante relique — sera encastré dans la maison qui prendra plus tard sa place.

Le vendredi soir, le général Girod de l'Ain pénètre dans le Quartier général endormi : « Après avoir traversé une grande cour encombrée d'hommes et de chevaux couchés pêle-mêle sur les fumiers, qui la remplissaient, je pénétrai au rez-de-chaussée, dans une petite chambre éclairée de bougies brûlant sur une petite table, des cartes étaient déployées sur cette table et même sur le plancher ; un homme que je reconnus pour le fidèle mamelouk de l'Empereur, dormait couché par terre, à peu près en travers de la porte ; au fond de la chambre étaient une petite alcôve et un lit sur lequel reposait, tout habillé, l'Empereur lui-même... »

Quels sont ses rêves ? Continuer à battre l'ennemi à un contre trois ? Le chasser hors de France ? Ce même jour, Sens a été pris. Parviendra-t-il à rejoindre Blücher en retraite vers Château-Thierry ?

Il y parviendra et, pour la troisième fois en trois jours, remportera une nouvelle victoire. Le plateau de Nesle est pris. Mais l'adversaire en retraite a brûlé les ponts sur la Marne, et Napoléon ne peut le poursuivre. Quelle guerre effroyable ! Lorsqu'il entre à Château-Thierry — le dimanche 13 à trois heures de l'après-midi — le sac de la ville par les Prussiens d'York lui étreint le cœur et lui donne la nausée. Les Cosaques se comportent tout aussi affreusement. Une seule consolation : les atrocités commises par l'ennemi vont armer les paysans. C'est la guerre, la faux à la main — et même la guerre au couteau.

Au cours de la nuit du 13 au 14 février — il loge à Château-Thierry, chez le maître de poste Souliac — Napoléon apprend par un message de Marmont que Blücher poursuit sa marche vers Montmirail, semblant ne pas se douter de la défaite de l'avant-veille. L'Empereur accourt, et — ce lundi 14 — c'est la bataille de Vauchamps. La Garde attaque aux cris de *Vive l'Empereur !* Grouchy charge à la tête de trois mille cinq cents cavaliers. Victoire totale : Blücher laisse six mille hommes sur le terrain.

Napoléon est ivre de joie. Assis près d'un bivouac, il regarde passer les huit mille prisonniers. Les soldats qui viennent lui apporter un étendard ou un canon reçoivent la croix. Sur les drapeaux impériaux, on pourra broder les noms de Montmirail, Champaubert, Vauchamps, Château-Thierry — et bientôt de Montereau.

Après l'armée de Silésie, au tour maintenant de celle dite de Bohême ! Et la marche reprend. Le soir du 14, Napoléon est à Montmirail où il retrouve son lit de la ferme aux Gréneaux. Puis départ — le mardi 15 — pour la Ferté-sous-Jouarre et Meaux. Les cosaques sont parvenus à enlever deux pièces de canon. Dès qu'il aperçoit le responsable, le général Guyot, il bondit :

— C'est donc vous qui vous laissez prendre votre artillerie ?

Et, comme le général évoque l'épuisement de ses hommes, il l'interrompt :

— Non, monsieur, il n'y a pas d'excuses ! Nos canons, c'est le rempart, le salut de la patrie, l'honneur de l'armée ! En les perdant, on perd l'honneur. Tout doit leur être sacrifié. Est-ce à ma Garde de l'ignorer ?

Si les Prussiens sont battus, Paris n'en est pas moins menacé par les Austro-Russes qui avancent sur Montereau et Fontainebleau. De la ferme de Lumeront, dans les faubourgs de Château-Thierry, ce même 15 février, l'Empereur écrit à Joseph : « Je tremble que ces coquins de Russes ne me mettent le feu à Fontainebleau en représailles. »

En recevant la nouvelle que Napoléon fonce vers Meaux, les Alliés sont abasourdis... Affolés, même, s'il faut en croire Jomini. Doivent-ils encore marcher sur Paris ?

— Paris ! Paris ! s'exclame Knesebeck — un Prussien. C'est pour avoir voulu y marcher que Blücher s'est fait battre ! Qu'avons-nous besoin de voir l'Opéra de Paris !

Napoléon poursuit sa route. Le 16 février, il a déjà quitté Meaux et est à l'*hôtel Sainte-Barbe* (1) à

(1) Il existe encore, 2, rue de Paris.

Guignes. Une partie de l'armée suit, en charrettes. Les Alliés se sont battus contre Marmont et Victor et le combat terminé demeurent comme paralysés sur leurs positions « afin d'attendre le développement des manœuvres de l'empereur Napoléon ».

Le jeudi 17 février, les Russes sont attaqués à Mormant et vaincus. Napoléon se dirige maintenant vers Montereau. La Garde le suit, « l'œil de travers ». Passant près d'un vieux chasseur du 2e qui, au milieu de la route, refait un pansement autour de sa jambe, l'Empereur lui dit :

— Tu ne me vois pas ?

— La route est à tout le monde ! grogne le chasseur.

— Que veux-tu, mauvaise tête ? répond doucement l'Empereur. Tu as la croix, ton fusil, ta pipe, ton bidon plein, du Kaiserlik et du Russe à gogo... Tu vois ton empereur tous les jours... Et jamais content ?...

— Le bidon sonne le creux comme mes tripes, réplique l'ancien ; avec les cinq sous que tu nous donnes par jour... quand il y en a... on ne peut faire bombance.

— Crois-tu que mes affaires vont mieux que les tiennes ?

— Pour ça, non ! On est dans la m... !

— Je vois ce qui te manque, conclut l'Empereur. Tu veux de la bataille, tu en auras demain et de la bonne !

Puis, s'adressant à un officier d'ordonnance :

— Caraman : marquez ce sauvage pour dix napoléons, demain soir... s'il y est encore !

— Sacré tondu ! marmonne le vieux entre ses dents, il va falloir encore se faire tuer pour lui.

Ce 17 février, l'Empereur s'arrête à la Baraque, chez le juge de paix de Nangis. Il écrit à l'Impératrice : « J'ai fait six mille prisonniers russes, j'ai défait le corps de Wittgenstein, lui ai pris quinze pièces de canon, cinquante caissons d'artillerie. Plusieurs généraux sont pris, mes troupes suivent l'ennemi dans la direction de Montereau, de Provins et de Bray. Ce soir, toute la grande armée ennemie aura repassé la Seine fort en désordre. »

Le vendredi 18 février, devant Montereau, il n'oublie pas sa légende en pointant lui-même un canon sur le champ de bataille. Son état-major est effrayé à juste titre.

— Allez, mes amis, répète-t-il, ne craignez rien, le boulet qui doit me tuer n'est pas encore fondu !

Mot qui fera la fortune de plusieurs générations d'imagiers.

« Les Français se battent à un contre trois ! » ne cesse-t-on de répéter à Paris. Ce qui vaut au duc de Rovigo cette mercuriale du maître : « Il faut en vérité que vous ayez perdu la tête à Paris pour dire que nous étions un contre trois, lorsque, moi, je dis partout que j'ai trois cent mille hommes, lorsque l'ennemi le croit et qu'il faut le dire jusqu'à sa satiété. Voilà, comment, à coups de plume, vous détruisez tout le bien qui résulte de la victoire. Vous devriez savoir qu'il n'est pas question ici d'une vaine gloriole et qu'un des premiers principes de la guerre est d'exagérer ses forces. Mais comment faire comprendre cela à des poètes qui ne cherchent qu'à me flatter et à flatter l'amour-propre national ? »

Le soir du samedi 19, à Montereau, dans sa chambre N° 2 de l'*Hôtel du Grand-Monarque* — on peut encore l'occuper — Napoléon reçoit une lettre de l'Impératrice accompagnée de « *son* bonbonnière » ornée du portrait du roi de Rome exécuté par Mlle Thibaud. Le « petit roi » a abandonné ses jouets ; il est représenté, priant à genoux, les mains jointes, le visage douloureusement penché. Dès le lendemain, avant de se mettre en route, il dicte cette lettre à l'intention de Champagny, l'intendant général de la Couronne : « L'Impératrice m'a envoyé un petit portrait du roi de Rome qui prie Dieu et m'a paru entièrement intéressant. Il faudrait que Denon fît graver cette légende : *Je prie Dieu pour mon père et pour la France*. Cette petite gravure, si elle peut être faite en quarante-huit heures, serait d'un bon effet. »

Il enverra la gravure un peu plus tard à l'empereur François qui sera peut-être attendri en voyant son petit-fils prier pour son père, mais du côté autrichien, il n'y aura aucun résultat — il est vrai que l'enfant priait, en somme, également pour la retraite des troupes de « Papa François »...

Et Napoléon poursuit sa marche. Les maréchaux, une fois de plus abattus et déprimés, exigent la paix. Le lundi 21 février, à Nogent, Ney et Oudinot viennent trouver leur chef dans sa maison de la grand-rue qu'il a déjà occupée le 7 février.

— Alors, messieurs ?

Ce qu'ils veulent ? Traiter avec l'ennemi ! Comment imaginer que l'on pourra toujours battre les « forces innombrables des Alliés » ?

— Que dites-vous là ? Vous ignorez notre situation, je vais vous la montrer. Ney, asseyez-vous là et écrivez.

Et Ney est obligé d'additionner les régiments que l'Empereur prétend encore posséder et dont les maréchaux contestent le nombre. Comme Oudinot, à un certain moment, se baisse pour ramasser une bûche qui a glissé de la cheminée, Napoléon le maintient à genoux en le tenant par la nuque.

— Ah ! Monsieur, lance-t-il, contenant mal sa colère, je vous tiens. Avouez que vous vous êtes entendus tous les deux pour venir ici me décourager !

La scène s'achève par cette proposition de l'Empereur :

— Quoi qu'il en soit, nous allons déjeuner ensemble.

Mais le repas manque d'entrain.

Ce jour-là, l'Empereur est plein d'allant, et il écrit à Augereau : « Quoi ! Six heures après avoir reçu les premières troupes venant d'Espagne, vous n'étiez pas en campagne ! Six heures de repos leur suffisaient !... J'ai détruit quatre-vingt mille ennemis avec des bataillons composés de conscrits n'ayant pas de gibernes et mal habillés !... Si vous êtes toujours l'Augereau de Castiglione, gardez le commandement ; si vos soixante ans pèsent sur vous, quittez le commandement, remettez-le au plus ancien de vos officiers généraux. La Patrie est menacée, en danger ; elle ne peut être sauvée que par l'audace et la bonne volonté, et non par de vaines temporisations... Soyez le premier aux balles. Il faut reprendre ses bottes et sa résolution de 93 ! »

Mais Napoléon se rend assurément compte que les maréchaux ont raison. Ce même 21 février, toujours de Nogent, il s'adresse à son beau-père pour lui proposer la paix. Le 23, le prince Wenceslas de Lichtenstein se présente aux avant-postes, à Châtres, afin de demander une suspension d'armes. Napoléon le reçoit et, dès le lendemain, il envoie aux Alliés — à Lusigny — le général de Flahaut, l'amant de la reine Hortense, pour commencer les négociations. Négociations qui ne devaient interrompre les hostilités que lorsque les belligérants se seraient mis d'accord.

Or, depuis le 4 février, on palabrait déjà à Châtillon sans succès. Caulaincourt, au nom de Napoléon, avait offert de traiter sur les bases des clauses de Francfort, « le pré carré français », c'est-à-dire toute la rive gauche du Rhin. Le grand écuyer voulait ainsi imposer le vieil adage :

Quand la France boira le Rhin
Toute la Gaule aura sa fin.

Quant aux Alliés, ils estimaient devoir seulement accorder à leur ennemie ses frontières d'avant la Révolution « et l'interdiction à la France de participer aux arrangements qui seraient pris pour l'organisation de l'Europe ».

Le grand écuyer fut sidéré. Que l'on se trouvait loin des conditions de Francfort !

— Si j'acceptais votre proposition, demanda-t-il, signeriez-vous immédiatement et feriez-vous cesser en ce moment l'effusion de sang ?

Les Alliés tergiversèrent. Leur attitude louvoyante avait permis à Caulaincourt d'écrire à Napoléon : « Ce que je sais avec certitude, c'est que j'ai affaire ici à des hommes qui ne sont rien moins que sincères, que se presser de leur faire des concessions, c'est les encourager à en demander de nouvelles, sans que l'on puisse prévoir où ils s'arrêteront et sans obtenir de résultat ! »

— Quoi ! s'était exclamé l'Empereur en apprenant ces conditions et en se tournant vers ses maréchaux, vous voulez que je signe un pareil traité et que je foule aux pieds mon serment! Des revers inouïs ont pu m'arracher la promesse de renoncer aux conquêtes que j'ai faites, mais que j'abandonne aussi celles qui ont été faites avant moi, que je laisse la France plus petite que je l'ai trouvée : jamais ! Le pourrais-je sans trahison ou sans lâcheté ?... Si nous renonçons à la limite du Rhin, ce n'est pas seulement la France qui recule, c'est l'Autriche et la Prusse qui s'avancent !... La France a besoin de la paix, mais celle qu'on veut lui imposer entraînera plus de malheurs que la guerre la plus acharnée !

L'Europe ne désirait point la paix. Le Congrès de Châtillon, comme le Congrès de Prague, l'année précédente, n'était qu'une comédie. Les Alliés ne se trouvaient animés que par une pensée : abattre *Buonaparte* !

— Il s'agit, déclarait Metternich, de porter à l'existence de Napoléon un coup décisif.

Tandis que, de son côté, lord Castlereagh écrivait : « Votre paix qui aurait rejeté Napoléon dans les anciennes limites de la France, n'aurait été qu'un armistice ridicule. »

En discutant à Lusigny ou à Châtillon, tous ceux que Napoléon avait écrasés depuis la première campagne d'Italie — et qu'il venait de culbuter dix fois depuis le malheureux combat de la Rothière — ne songeaient qu'à gagner du temps. Un jour ou l'autre, le nombre l'emporterait sur la stratégie impériale ! Napoléon — plein d'illusions — croyait encore que son génie prévaudrait sur la force et ne poussait nullement Caulaincourt à conclure. Il désirait faire lui-même « son ultimatum », selon son expression, et à Flahaut il recommandait encore de s'en tenir « aux bases des clauses de Francfort ».

Le jeudi 24 février — il a passé la nuit aux portes de la ville — l'Empereur entre dans Troyes libérée.

L'enthousiasme, à sa vue, est indescriptible. On embrasse ses bottes. Pris d'une véritable panique, les trois souverains étrangers n'ont eu que le temps de s'enfuir.

Durant quarante-huit heures, il reprend son souffle, mais le même jour où l'Empereur quitte Troyes — le dimanche 27 — à Bar-sur-Aube, Oudinot est vaincu par les Austro-Russes. Pour faire croire qu'ils sont commandés par Napoléon, les soldats ont vainement crié : *Vive l'Empereur !* Mais l'ennemi n'a point été dupe !

Le champ de bataille s'étend. Du côté de Lyon, Augereau à la tête de vingt-huit mille hommes, attaque les Autrichiens. Suchet — vingt-trois mille combattants — et Soult — quarante-huit mille — de part et d'autre des Pyrénées, attendent les Anglo-Espagnols.

Enfin, le prince Eugène avec quarante-huit mille hommes, combat les soixante-quatorze mille Autrichiens de Bellegarde et les troupes napolitaines de Murat.

Les souverains alliés tiennent une conférence. Que faire ? Schwarzenberg, à la tête de cent vingt mille soldats, penche pour la retraite, tandis que le tsar voudrait continuer la lutte. Avec les forces dont on dispose, il n'est pas possible que les coalisés ne parviennent pas à anéantir soixante-quatorze mille Français ! Finalement, on prend la décision de faire reculer l'armée de Bohême jusqu'au plateau de Langres. Le 1er mars, à Chaumont, les souverains et les ministres alliés signent un traité — prélude de la Sainte-Alliance — qui lie entre elles les puissances ennemies de Napoléon pour vingt années, obligeant la Russie, l'Autriche et la Prusse à fournir, chacune, à la coalition cent cinquante mille hommes, tandis que lord Castlereagh ouvre largement sa bourse en offrant aux alliés de l'Angleterre cent cinquante millions de francs à se partager.

Blücher a été laissé libre de faire ce qu'il jugerait bon. Avec quarante-huit mille combattants, il s'apprête à commencer une marcher de flanc sur Paris. Napoléon, — il est ce soir du 27 février au presbytère d'Herbisse — informé du mouvement conçu par le Prussien, laisse à ses lieutenants le soin de résister aux harcèlements de Schwarzenberg, et part le 28, à la poursuite de Blücher. Son plan est d'écraser rapidement — il dit même *exterminer* — l'armée de Silésie, puis d'aller tendre la main aux garnisons qui occupent les places fortes du Nord-Est. Ensuite, on se retournera contre les Austro-Russes. Cependant, le mardi 1er mars — après avoir quitté le matin le château d'Esternay où il a passé la nuit — Napoléon se trouve déjà arrêté dans son entreprise. Il ne peut traverser la Marne : Blücher, en se retirant, a fait détruire les ponts... On va les rétablir. Pendant ce temps, Russes et Prussiens courent vers Soissons, occupé par les Français. L'un des ponts réparé, Napoléon, le 2 mars, à deux heures du matin, s'élance. Il quitte la Ferté-sous-Jouarre pour Château-Thierry et Bézu-Saint-Germain, où il logera chez le maire, M. Harmand. Assurément, Soissons tiendra et le maréchal *Vorwärts,* pris dans « les replis » de l'Aisne, sera irrémédiablement perdu ! Mais le soir du 4, à Fismes, l'Empereur apprend la capitulation — la veille — de Soissons. Le général de brigade Moreau, avec treize cent vingt hommes, s'était trouvé attaqué par d'importantes forces prussiennes et russes. Après la reddition, en voyant la petite garnison défiler tambour battant devant l'état-major ennemi, le général Wintzingerode avait demandé à Moreau :

— Pourquoi ne faites-vous pas partir votre division en même temps que votre avant-garde ?

— Mais, répondit Moreau, c'est là tout ce que j'ai de troupes.

Moreau aurait pu sans aucun doute résister davantage et obéir aux ordres reçus, mais il céda dès le premier assaut. S'il faut en croire Thiers, « la capitulation de Soissons est, après la bataille de Waterloo, le plus funeste événement de notre histoire ! » La prise de Soissons ouvrait la route de Paris à Blücher ! Mais Henry Houssaye me semble plus juste en disant avec modération que « la reddition de cette ville sauva Blücher des plus grands périls ».

L'Empereur ne décolère point. Blücher va pouvoir

emprunter le pont de Soissons et traverser l'Aisne ! L'armée de Silésie est tirée d'affaire ! Napoléon doit renoncer à l'écraser dans la nasse qu'il a préparée. De Fismes, il écrit à Clarke :

« L'ennemi était dans le plus grand embarras, et nous espérions recueillir aujourd'hui le fruit de quelques jours de fatigue, lorsque la trahison ou la bêtise du commandant de Soissons lui a livré cette place... Faites arrêter ce misérable, ainsi que les membres du conseil de défense ; faites-les traduire par-devant une commission militaire composée de généraux, et, pour Dieu ! faites en sorte qu'ils soient fusillés dans les vingt-quatre heures sur la place de Grève. »

Le coup est rude. Pour la première fois une profonde tristesse envahit l'Empereur. Dès lors, nous dit son valet de chambre « ses sourires furent forcés et pénibles ». De Fismes même — le matin du samedi 5 mars — il signe le décret ordonnant la levée en masse mais il sait qu'il n'y a plus d'espoir. En face de lui, sur la rive droite de l'Aisne, Blücher, Bülow, Winzingerode sont à la tête de cent quatorze mille hommes, et il n'en a même pas quarante mille ! De plus il ne peut être présent partout à la fois, et, il le sait bien maintenant : là où il ne se tiendra pas à la tête de l'armée, les troupes impériales seront battues.

Le dimanche 6 mars, après avoir quitté le presbytère de Berry-au-Bac, où il a cherché en vain le sommeil, il traverse l'Aisne et, sur la route gelée, marche sur Laon. Il pense ainsi devancer Blücher et le battre sur le champ de bataille choisi par lui. Mais le feld-maréchal, au lendemain de la prise de Soissons, a vu ses forces augmentées des dix-huit mille Russes de Wintzingerode. Déconcerté par le mouvement de Napoléon, le Prussien modifie le dispositif de ses troupes et décide d'occuper le plateau de Craonne afin de menacer le flanc de l'armée napoléonienne. Le soir, rentré dans sa chambre de l'*Ecu de France*, à Corbeny, l'Empereur se penche sur ses cartes et, longuement, travaille... afin de préparer le combat du lendemain : celui de Craonne.

Selon la *Correspondance* de Napoléon et le *Moni-*

teur, la bataille fut une victoire décisive. S'il faut en croire Thiers, trente mille Français enlevèrent la position inexpugnable tenue par les cinquante mille hommes de Voronzoff, de Sacken et de Langeron. Pour les historiens russes, il s'agit « d'un éclatant triomphe » remporté par les troupes du tsar, qui n'étaient que quinze mille contre trente mille. En réalité, les combattants étaient sensiblement de même force : vingt mille Français en face de vingt-deux mille cinq cents Austro-Russes.

Quoi qu'il en soit, Napoléon demeure maître du plateau — de ce plateau où gisent fraternellement mêlés dans la mort cinq mille quatre cents Français et cinq mille ennemis — mais c'est là une victoire à la Pyrrhus, et nullement définitive.

A l'aube du mardi 8 mars, à Bray-en-Laonnais, l'empereur, fatigué, dégoûté de la guerre, reçoit de Châtillon une dépêche de Caulaincourt « Plus je considère ce qui se passe, plus je suis convaincu que si nous ne remettons pas le contre-projet demandé et qu'il ne contienne pas des modifications aux bases de Francfort, tout est fini. On ne veut qu'un prétexte pour rompre. »

— S'il faut recevoir les étrivières, s'exclame l'Empereur, ce n'est pas à moi de m'y prêter, et c'est bien le moins qu'on me fasse violence.

Nouvelle bataille le mercredi 9 mars : celle de Laon. Il a neigé toute la nuit et, le matin, le brouillard forme un épais rideau. Blücher, qui est arrivé dans la ville, attend Napoléon et veut prendre sa revanche. Il y parvient. Les Français ne peuvent pas plus enlever la place ce jour-là que le lendemain.

Le jeudi 10 mars, le délai de dix jours fixé par les Alliés étant passé, le Congrès reprend. Napoléon, après la bataille de Craonne, estime n'avoir pas de concessions à faire et, à Châtillon, Caulaincourt se présente les mains vides devant les Alliés. Il s'en tire en énonçant des généralités. Pourquoi revenir à 1789 ?

— L'Europe, explique-t-il, ne ressemble plus à ce qu'elle était il y a vingt ans.

Il ne parvient à obtenir que trois jours de répit.

Dans l'après-midi de ce jeudi, l'Empereur apprend

que Soissons a été repris ; il décide d'abandonner la bataille de Laon pour se réfugier dans la ville reconquise. Partout ailleurs les armées impériales rétrogradent! Les Pyrénées ont été franchies par les Anglo-Espagnols.

Le surlendemain, 12 mars, à Bordeaux, le maire de la ville, le comte de Lynch qui, le mois précédent, avait déclaré : « Napoléon a tout fait pour la France, la France fera tout pour Napoléon », prend la tête du Conseil municipal et offre la ville au duc d'Angoulême, à la remorque de l'armée britannique dont il porte même l'uniforme. Le neveu de Louis XVIII est imposé aux vainqueurs par les vaincus, et Lynch proclame solennellement la royauté.

Ce même jour, à l'évêché de Soissons, l'Empereur réorganise l'armée. Il ne sait trop ce qu'il va faire, lorsqu'il apprend que Reims a été pris par les forces du tsar. Aussitôt, il donne l'ordre aux troupes disponibles de se porter sur la ville.

Les Russes du comte de Saint-Priest qui occupent Reims sont quinze mille, les forces françaises atteignent à peine huit mille hommes.

— De quel côté, demande un officier russe à Saint-Priest, nous replierons-nous, si Napoléon commande les assaillants ?

— Eh ! monsieur, pourquoi songer à nous retirer, répond l'émigré français, puisque nous pourrions nous faire tuer ?

Reims est réoccupé. C'est un succès complet, le dernier scintillement de l'étoile impériale. Napoléon entre dans la ville peu après minuit et va loger chez le sieur Ponsardin, à l'angle de la rue de Vesle (1). Dès qu'ils ont appris l'arrivée de l'Empereur, les habitants illuminent. « Ce n'étaient que lumières, nous raconte Coignet, on aurait pu ramasser une aiguille... »

Découragées par la reprise de Soissons et la victoire de Reims, les troupes coalisées qui étaient de nouveau passées à l'offensive, s'arrêtent partout. Voilà Blücher et Schwarzenberg immobilisés. Assurément, de Reims, Napoléon va rejoindre les garnisons de ses places fortes. Langeron, chef de corps de l'armée de

(1) La maison a été détruite pendant la Grande Guerre.

Silésie, le racontera : « Ce terrible Napoléon, on croyait le voir partout. Il nous avait tous battus, les uns après les autres ; nous craignions toujours l'audace de ses entreprises, la rapidité de ses marches et ses combinaisons savantes. A peine avait-on conçu un plan qu'il était déjoué par lui. »

Durant les deux journées qu'il passe à Reims, l'Empereur apprend l'esprit défaitiste qui continue à régner dans la capitale et écrit à son ministre : « Vous ne m'apprenez rien de ce qui se fait à Paris. Il y est question d'adresse, de régence et de mille intrigues aussi plates qu'absurdes. Qu'ils sachent bien que je suis aujourd'hui le même homme que j'étais à Wagram et à Austerlitz ; que je ne veux dans l'Etat aucune intrigue ; qu'il n'y a point d'autre autorité que la mienne ! »

Napoléon quitte Reims le jeudi 17 mars avec vingt-trois mille hommes pour aller attaquer les cent mille soldats de Schwarzenberg difficilement contenus par les trente mille hommes de Macdonald. La jonction opérée, les Français seront à un contre deux ! La disproportion n'est pas si terrible puisque l'Empereur aime toujours à répéter :

— Cinquante mille hommes et moi, cela fait cent cinquante mille !

Le soir, à Epernay, pas un soldat français qui ne bût du vin de Champagne. Napoléon abandonne pour un soir son Chambertin, puisqu'il loge chez le maire, M. Moët...

L'Empereur a enfin écrit à Caulaincourt « qu'il l'autorisait à faire les concessions indispensables pour éviter la rupture des pourparlers ». C'est trop tard ! A Châtillon, le grand-écuyer se présente pour la dernière fois devant les représentants ennemis. On lui lance à la figure :

— Les puissances alliées regardent les négociations entamées à Châtillon comme terminées par le gouvernement français.

Cependant, en apprenant, le 18 mars, la marche de Napoléon sur l'Aube, les Alliés, en dépit de leur supériorité numérique, sont en proie à une véritable panique. Certains généraux envisagent déjà la retraite. De tous les côtés, les ordres partent pour essayer de concentrer les forces... vers l'arrière des lignes qui ont été atteintes.

Puisque Schwarzenberg, toujours peureux et versatile, se dérobe — il a effectué un repli précipité — l'Empereur est persuadé qu'il va pouvoir « se porter en toute hâte sur ses places ».

Napoléon a commis une faute en venant « côtoyer », comme le dit Louis Madelin, le flanc de Schwarzenberg, et s'exposer ainsi à ses coups. C'est à Arcis-sur-Aube que le feld-maréchal autrichien arrête son recul. C'est la peur suprême qui va le sauver. Un « prurit d'énergie » a-t-on dit... Ses forces — cent mille coalisés — se trouvent, un peu par hasard, concentrées autour de lui. Il décide d'attaquer Napoléon, puisque l'Empereur n'a plus avec lui que vingt-trois mille hommes.

Sébastiani, suivi seulement de deux escadrons, galope, en mission de reconnaissance, sur la route de Troyes et, avec stupeur, tombe sur la terrible masse des cosaques de Kaizarov et les cinquante-six escadrons de Frimont qui progressent vers les avant-postes français.

Ce dimanche 20 mars, l'Empereur est à Torcy-le-Grand lorsqu'il entend une violente canonnade du côté d'Arcis. Il part au grand trot et tombe en pleine bataille. Le vent de la défaite souffle déjà... L'épée à la main, il se réfugie dans un carré — celui du bataillon de la Vistule. Puis on le verra, quelques instants plus tard, arrêter les fuyards sur le pont en criant :

— Qui de vous le passera avant moi ?

La Garde qui arrive au pas de charge réussit à contenir le flot et, lorsque tombe la nuit, les Français tiennent toujours la ville qui n'est plus qu'un gigantesque incendie. L'Empereur le dira plus tard à Caulaincourt :

— J'ai tout fait pour mourir à Arcis !

Ce soir-là, tandis que son père se précipitait au-devant des boulets, l'Aiglon, dans son petit lit des Tuileries, dort mal, pleure, et lorsqu'on lui demande de conter son cauchemar, il répond :

— J'ai rêvé à mon cher papa.

Le lendemain matin, Napoléon veut engager l'action avec les trente mille hommes qu'il a pu rassembler au cours de la nuit — Oudinot est venu le rejoindre — mais le jour se lève et, d'une éminence, il découvre les cent mille Autrichiens, Wurtembergeois, Bavarois et Russes commandés par Schwarzenberg dont les forces sont appuyées par quatre cents bouches à feu.

L'armée impériale n'a plus qu'à repasser l'Aube, tandis que Sébastiani avec ses trois mille sabres et Laval, à la tête de l'arrière-garde, contiennent la poussée de toute l'armée ennemie. L'Empereur se tient près d'un pont, « l'air rêveur et chagrin ». La nuit tombe lorsqu'il franchit la rivière avec le dernier corps. Il galope maintenant sur la route de Vitry-le-François et passe la nuit à Sommepuis. Le 22, toujours en courant, il traverse la Marne au gué de Frignicourt et s'arrête chez Varnier de Cournon, maire de Saint-Dizier. Son entourage est frappé de torpeur. La démoralisation est totale. Le baron Fain nous rapporte les propos que tenaient alors les officiers consternés :

— Où va-t-on ?

— Que deviendrons-nous ?

— S'il tombe, tomberons-nous avec lui ?

Le découragement n'empêche nullement Napoléon de mettre au point un nouveau plan : attirer vers lui, dans la direction de la frontière, les Austro-Russes, puis revenir sur l'Aube.

— J'irai ainsi coucher dans le lit de l'ennemi !

Il l'écrit à Marie- Louise : « J'ai résolu de me porter sur la Marne afin d'éloigner l'ennemi de Paris et de me rapprocher de mes places. »

Malheureusement, le courrier est enlevé par les Cosaques. Blücher se fait traduire la lettre, en expédie une copie à Schwarzenberg puis, galamment, avec une gerbe de fleurs, fait parvenir les lignes de Napoléon à l'Impératrice.

Le général prussien pouvait bien envoyer un bouquet à Marie-Louise ! La lettre saisie lui permettait de connaître les intentions de Napoléon : assaillir l'armée ennemie par-derrière et rompre ainsi ses communications. Aussitôt, les Alliés décident de se réunir à Châlons et de marcher vers Saint-Dizier afin de fondre sur la petite armée française.

Le jeudi 24 mars, une lettre de Savary à Napoléon est, elle aussi, interceptée par les Alliés. Le duc de Rovigo conjurait son maître de revenir à Paris où les intrigues royalistes se donnaient libre cours. A Sommepuis, dans une petite mairie où il vient de passer la nuit, le tsar réunit un conseil de guerre.

— Maintenant que nos communications sont rétablies avec Blücher, dit-il à ses officiers, devons-nous suivre Napoléon pour l'attaquer avec des forces supérieures ou devons-nous marcher directement sur Paris ?

Le général Toll donne le meilleur avis :

— Dans les circonstances où nous sommes, il n'y a qu'un seul parti à prendre. Il faut nous avancer sur Paris, à marches forcées, avec la totalité de notre armée, en détachant seulement dix mille cavaliers contre l'empereur Napoléon afin de lui masquer notre mouvement.

Le général Diebitsch approuve :

— Si Votre Majesté veut rétablir les Bourbons, le mieux, en effet, est de marcher sur Paris avec toutes nos troupes.

— Eh ! il n'est point question des Bourbons, réplique Alexandre, énervé, en haussant les épaules, il s'agit de renverser Napoléon !

Il ne restait plus, ce même jour, qu'à convaincre le roi de Prusse et Schwarzenberg. Avec enthousiasme, ils se rallient tous deux aux conceptions du tsar. Les armées coalisées sont dans la joie. Ainsi, on va en terminer avec ces batailles sans cesse renaissantes où l'on voit cent mille hommes poursuivre, engager l'action, puis se replier devant vingt ou trente mille Français insaisissables.

Napoléon, à Saint-Dizier, multiplie ses directives. Mais autour de lui il ne voit que des visages inertes et désespérés.

— Vous êtes tous des trembleurs, leur lance-t-il.

Napoléon ne se doute pas du tout du mouvement des armées ennemies. Le 26 mars, il se bat à Saint-Dizier contre les Russes. C'est la dernière victoire. Cependant, l'Empereur témoigne quelque inquiétude: c'est un corps dépendant de Blücher qu'il a vaincu, alors qu'il était persuadé d'avoir devant lui les cavaliers de Schwarzenberg. L'explication lui sera fournie le lendemain. Devant Vitry, Napoléon reçoit un flot de dépêches interceptées. Il lit fébrilement une masse de bulletins et de courrier ennemi. Le voile se déchire : les forces alliées marchent sur Paris. Il n'a autour de lui que quelques troupes prussiennes et russes chargées de le tromper et de battre l'estrade...

Que faire ?

Ne vaudrait-il pas mieux poursuivre son plan, l'élargir même, et ne pas plus s'inquiéter de Paris que le tsar ne s'était soucié de Moscou en 1812 ? En demeurant en Lorraine on pourrait rassembler toutes les garnisons d'Allemagne, proclamer la levée en masse, détruire les colonnes de ravitaillement ennemies, reprendre les grandes villes occupées par les Austro-Russes. Mais n'avait-il pas aussi répété tant de fois :

— Si l'ennemi arrive sous Paris, il n'y a plus d'espoir.

N'avait-il pas souvent promis :

— Jamais Paris ne sera occupé de mon vivant !

Bonaparte l'emportera-t-il sur Napoléon ?

Napoléon, le soir du lundi 28 mars, n'a pas encore pris sa décision. Il est à Saint-Dizier et va coucher à Doulevant-le-Château dans la maison du notaire Jeansson. C'est là qu'il reçoit ce billet chiffré de Lavalette : « La présence de l'Empereur est nécessaire, s'il veut empêcher que sa capitale soit livrée à l'ennemi. Il n'y a pas un moment à perdre. »

Cette fois Napoléon l'emporte sur Bonaparte. Il ordonne :

— A Paris !

Mais l'Empereur n'ose pas galoper avec un seul piquet de service à travers un pays infesté de cosaques. Il lui faut attendre au moins la Garde.

Ce même lundi soir à dix heures, aux Tuileries, on réunit le Conseil. L'ennemi approche. Quelle décision va prendre l'impératrice Marie-Louise ? En se jetant dans les bras de son père, en accueillant aux Tuileries le tsar et le roi de Prusse, peut-être pourrait-elle éviter le pire ? Peut-être le règne de Napoléon II serait-il envisagé comme la seule solution possible ?

La discussion se prolonge. Tous, sauf le roi Joseph, estiment que quitter Paris serait une lourde faute. Partir, n'est-ce pas laisser le champ libre aux Bourbons ? On vote. L'unanimité est presque acquise : l'Impératrice et le gouvernement doivent rester. C'est alors que Joseph donne lecture de la lettre de l'Empereur, déjà ancienne de quelques jours, par laquelle Napoléon ordonnait le départ général vers la Loire « s'il arrivait bataille perdue ».

Le maître a parlé. Tous s'inclinent. Mais tous savent qu'en abandonnant Paris l'Impératrice perd sa couronne.

Il est trois heures du matin. Dans la cour du Carrousel, Talleyrand monte en voiture et laisse tomber ces mots de ses lèvres minces :

— Voilà donc la fin de tout ceci. Ma foi, c'est perdre une partie à beau jeu !

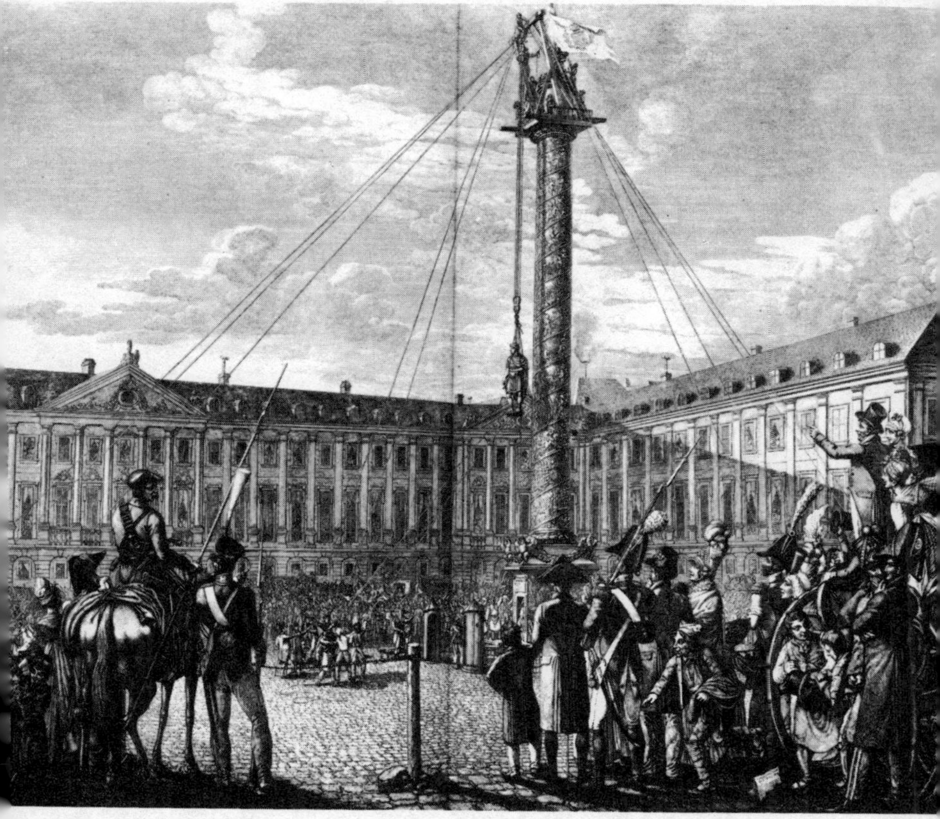

Tandis que l'Empereur abdique à Fontainebleau, on descend l'effigie de l'Empereur placée au sommet de la colonne Vendôme. Le bronze sera fondu ; ajouté à celui de la statue couronnant la colonne de la Grande Armée à Boulogne, il servira à couler l'effigie de Henri IV qui, aujourd'hui encore, caracole sur le Pont-Neuf.

(B. N. Photo Josse-Lalance)

XXI

L'AGONIE DE FONTAINEBLEAU

Les grands pouvoirs meurent d'indigestion.
NAPOLÉON.

Le jour du mardi 29 mars 1814 n'est pas encore levé sur Paris, lorsque Marmont envoie des avant-postes ce billet : « L'ennemi gagne du terrain : nous pouvons être cernés ce soir. »

C'est le sauve-qui-peut.

A neuf heures du matin, sous un ciel pluvieux, l'exode commence. Les Parisiens, amorphes, regardent en silence un long cortège remonter les Champs-Elysées et prendre la route de Rambouillet. Un escadron de grenadiers et de chasseurs précède les berlines vertes aux armes impériales, dans lesquelles se sont entassés l'Impératrice, le roi de Rome, Madame Letizia, la reine de Westphalie, Cambacérès, les dames d'honneur et les ministres.

Les pages du roi de Rome ont pris place dans de grandes « gondoles » attelées de huit chevaux. Puis, encadrés de lanciers de la garde, viennent les lourds carrosses du sacre dont les ors brillent dans la brume matinale. A l'intérieur on devine les harnais et les selles d'apparat, jetés en vrac sur les coussins de satin.

Enfin, fermant la marche, roulant avec fracas sur les pavés, passent les fourgons contenant les bijoux de la couronne, les costumes du sacre, le glaive impérial, l'argenterie, la vaisselle de vermeil et le Trésor : trente-deux petits barils d'or.

De tout le gigantesque empire, il ne reste plus que cette parodie de l'épopée, cette caravane traînant après elle un bric-à-brac doré...

Paris ne prend pas la situation au tragique. Sur les boulevards, aux terrasses des cafés, les élégants se font servir limonades et bavaroises, tandis que bourgeois et grisettes se dirigent vers les barrières. Ils vont regarder sous le nez les faubouriens qui, le long des chemins de ronde — nos boulevards extérieurs — campent devant les boutiques et sous l'auvent des portes cochères tout en mangeant d'énormes pains noirs qu'ils ont cuits « presque sous le canon ». Ils ont avec eux leurs bestiaux pour lesquels les employés d'octroi, qui ne connaissent que le règlement, les ont obligés d'acquitter un droit d'entrée...

Les faubourgs sont noirs de monde. Le canon est tout proche. On fait la queue devant une maison de Belleville où est apposé cet écriteau : « *Ici on voit la bataille pour deux sous.* » Tandis que les marchands d'eau-de-vie crient : « Prenez la goutte ! Cassez la croûte ! », de petits groupes de soldats passent, entourant leurs prisonniers. On les interroge et chacun se fait une idée du combat qui se rapproche.

⁂

Napoléon a quitté Doulevant ce 29 mars, à trois heures du matin. Au pont de Dolancourt, l'Empereur trouve plusieurs courriers. Il apprend que Meaux est pris, que l'on se bat à Claye et que Mortier et Marmont essayent de défendre la capitale. Mais parviendront-ils à résister à la poussée ennemie en attendant l'arrivée des forces impériales ? Napoléon, ce soir-là, atteint Troyes où il va se reposer quelques heures au château de Pouilly. La garde a marché quinze lieues — 60 kilomètres — depuis le matin. Le reste de l'armée suit comme il peut...

Mortier s'est retranché dans de vieilles redoutes élevées en avant du village de la Villette, mais les chasseurs russes attaquent de flanc et les Prussiens de face. Bientôt les Français doivent se replier et le combat s'engage dans la Grande-Rue de la Villette. La garde prussienne réussit à forcer un pont sur le canal et débouche soudain de l'autre côté de la rue, vers le point où le village aboutit à Paris. Pris à revers, Mortier réussit à effectuer une trouée et à se rapprocher du mur d'enceinte.

Blücher occupe maintenant Montmartre et paisiblement bombarde Paris. Déjà, des barrières, on aperçoit les longues lances des cosaques et leurs fouets démesurés. Affolées, les maîtresses de pension de jeunes filles font hâtivement revêtir des costumes d'hommes à leurs élèves et vont les cacher au fond du Marais...

En avant de la barrière de Clichy, Moncey, avec l'aide des élèves de l'Ecole polytechnique, a élevé des barricades. De son P.C. — le cabaret du père Lathuile, au 7 de notre actuelle avenue de Clichy — le maréchal dirige une résistance héroïque. De la barrière du Roule jusqu'à la barrière Poissonnière, il parvient à contenir le flot des cosaques. Mais à la fin de l'après-midi, la résistance devient impossible. Marmont signe la capitulation de la capitale dans une guinguette de la Chapelle tenue par le marchand de vin Thouront, à l'enseigne du *Petit Jardinet* — seconde maison à gauche en sortant de la barrière Saint-Denis.

Durant toute la nuit, la ville retentit des pas des hommes et des chevaux : selon l'accord qui vient d'être conclu la garnison française n'est pas prisonnière et peut évacuer Paris.

A l'aube de ce même mercredi Napoléon abandonne la garde et part à cheval avec une simple escorte. A Villeneuve-l'Archevêque, il quitte même l'escadron de service, se jette avec Caulaincourt dans un cabriolet d'osier prêté par un boucher et, simplement suivi de Gourgaud et du maréchal Lefebvre, roule vers Paris.

Il déjeune à Sens, change de voiture et vers 10 h 30 du soir, arrive au lieu dit la Cour de France, peu après Juvisy.

Le temps est couvert. Le paysage s'estompe dans un léger brouillard. Le thermomètre de l'observatoire indique 8°. Des cavaliers, des troupes encombrent le relais. Napoléon descend de voiture. Un officier sort de la brume.

— Qu'est-ce qui est là ?

— C'est le général Belliard, Sire.

— Eh bien ! Belliard, qu'est-ce que cela ? Comment êtes-vous ici avec votre cavalerie ? Où est l'ennemi ?

— Aux portes de Paris, Sire.

— Et l'armée ?

— Elle me suit.

— Et qui garde Paris ?

— Il est évacué, l'ennemi doit y entrer demain à neuf heures.

— Et ma femme, et mon fils, que sont-ils devenus ? Où est Mortier ? Où est Marmont ?

— L'Impératrice, votre fils et toute la cour sont partis pour Rambouillet hier matin... Les maréchaux Mortier et Marmont sont sûrement encore à Paris pour terminer tous les arrangements.

Alors la colère de l'Empereur éclate ; il oublie qu'il a lui-même donné l'ordre à Joseph d'éloigner Marie-Louise et le gouvernement si Paris se trouvait menacé par l'ennemi. Il crie à pleine gorge :

— Tout le monde a donc perdu la tête ! Voilà ce que c'est que d'employer des hommes qui n'ont ni sens commun ni énergie... Ce cochon de Joseph qui s'imagine être en état de conduire une armée aussi bien que moi !... Et ce j... f... de Clarke qui n'est capable de rien si on le sort de la routine de ses bureaux !

Les vaincus continuent à défiler devant lui, mais pas un soldat ne salue l'Empereur.

— Quelle lâcheté... capituler ! Joseph a tout perdu...

Quatre heures trop tard ! Si je fusse arrivé quatre heures plus tôt, tout était sauvé !

Sa voix semble voilée par la douleur. Brusquement, son énergie revient :

— Quatre heures ont tout compromis ; en quelques heures, le courage, le dévouement de mes bons Parisiens peut tout sauver. Ma voiture, Caulaincourt : allons à Paris. Je me mettrai à la tête de la garde nationale et des troupes : nous rétablirons les affaires... Général Belliard, donnez ordre aux troupes de retourner.

Tout en parlant, il s'avance sur la route, en direction de Paris. Il marche précipitamment et le petit groupe d'officiers le suit d'un air morne. « S'apercevant, un moment après, que sa voiture, qu'il avait ordonné de faire avancer, ne venait pas, raconte Caulaincourt, il retourna sur ses pas pour aller au-devant, comme si cela pouvait hâter son départ. » Avec impatience, il répète :

— Partons ! Ma voiture, Caulaincourt ! ne perdons pas de temps.

Belliard ose intervenir et lui fait remarquer « que la capitulation étant signée, on ne pouvait y manquer ; qu'il ne trouverait plus de troupes à Paris ; qu'il ne pouvait donc y aller de sa personne... »

D'un geste il balaie l'objection.

— Caulaincourt, ma voiture et vous, Belliard, suivez-moi avec votre cavalerie ! Quelle est cette convention ? De quel droit l'a-t-on conclue ? Qu'est devenu le ministre de la Guerre ? Où est Joseph ? Que fait-il ?

Le malheureux Belliard balbutie : il n'a vu « ni l'un, ni l'autre... » L'Empereur hausse les épaules et continue à demander sa voiture qui, au désespoir de Caulaincourt, n'est toujours pas attelée...

— On ne fait que des bêtises là où je ne suis pas, répète-t-il. On n'a pas tiré parti de la garde nationale qui, animée d'un bon esprit, eût bien défendu les points fortifiés, tandis que les troupes en eussent disputé les approches. On avait plus de moyens qu'il n'en fallait pour tenir au moins quarante-huit heures et donner le temps à l'armée d'arriver. Paris avait plus de deux cents pièces de canon et des approvisionnements pour un mois ; en tout, dix fois plus de moyens qu'il n'en fallait pour faire tête à l'orage, si on eût eu un peu d'énergie.

Il s'est assis au bord de la route, à même le fossé. Accablé il murmure :

— Alexandre à Paris !

Soudain, pris d'une idée, il revient vers le relais — dont les écuries existent toujours (1) — et fait déployer ses cartes :

— L'empereur Alexandre va s'enorgueillir dans Paris ! Il va passer en revue son armée disséminée sur les deux rives de la Seine ! Et je n'ai point la mienne sous la main...

— Dans quatre jours, elle sera là, Sire.

— Quatre jours ! Ah ! deux jours seulement, et dans Paris que de défections ! L'Impératrice elle-même !

Soudain, il se souvient des directives qu'il a données.

— Oui, j'ai voulu son départ, car Dieu sait à quoi l'on aurait pu entraîner son inexpérience !

Puis, on le voit se pencher de nouveau vers ses cartes et on l'entend s'exclamer :

— Oui, je les tiens ! Dieu me les livre ! Mais il me faut quatre jours ! Ces quatre jours, vous pouvez me les gagner en pourparlers !

Il dicte à Caulaincourt :

« Nous ordonnons au duc de Vicence, notre grand-écuyer et notre ministre des Relations extérieures, de se rendre près des souverains alliés et du général en chef de leurs armées, pour leur recommander nos fidèles sujets de la capitale. Nous l'investissons, par la présente, de tout pouvoir pour négocier et conclure la paix, promettant de ratifier tout ce qu'il fera pour le bien de notre service. »

Il ajoute :

— Allons, Caulaincourt, il faut partir ; allez sauver la France et votre Empereur. Faites ce que vous pourrez. On nous imposera sûrement de dures conditions, mais je m'en remets, dans ces circonstances, à votre

(1) Le café « *Au rendez-vous des cyclistes* », 24, avenue de la Cour de France.

honneur comme Français, et à la fidélité comme à l'attachement dont vous m'avez donné des preuves.

Maintenant, il est près de trois heures du matin. Napoléon demeure prostré, accablé, la tête entre les mains, puis il demande une plume, du papier, et trace ces lignes destinées à Marie-Louise :

« Mon amie, je me suis rendu ici pour défendre Paris mais il n'était plus temps. La ville avait été rendue dans la soirée. Je réunis mon armée du côté de Fontainebleau. Ma santé est bonne. Je souffre de ce que tu dois souffrir.

NAPOLÉON.

« La Cour de France, le 31 mars, à trois heures du matin ».

L'Empereur remonte dans sa voiture :

— Route de Fontainebleau !

Il y arrivera à six heures pour s'installer dans son appartement du premier étage. Après quelques heures de repos, il se lève et va inspecter les positions occupées par les onze mille hommes de Marmont échappés de Paris et qui forment devant Essonnes l'avant-garde de l'armée impériale. Le temps est très nuageux. En fin d'après-midi, il tonne et la pluie se met à tomber. A son retour, Napoléon apprend que de nouveaux régiments ont rejoint. D'ici trois jours, toutes les forces dont peut disposer l'Empereur — soixante mille hommes — seront là, prêtes à reprendre le combat...

Pour les Parisiens, puisque la capitale est tombée, l'empire est à terre. Le Sénat — un sénat-croupion de soixante-quatre sénateurs, nommés par Napoléon — se réunit à trois heures en cet après-midi du vendredi 1er avril et élit un gouvernement provisoire dont font partie Beugnot, le baron Louis, Malouet, le général Dupont, Bourrienne, l'ancien ami de Napoléon mis à la porte, on s'en souvient, pour tripotage... A l'Hôtel de Ville — où siège une partie du Conseil général et du Conseil municipal — on n'a guère de courage. La motion suivante est votée :

« Les deux Conseils déclarent renoncer formellement à toute obéissance envers Napoléon Bonaparte, *et ils expriment le vœu le plus ardent pour que le gouvernement monarchique soit rétabli dans la personne de Louis XVIII.* »

Le soir, alors que le tonnerre gronde au-dessus de Paris et que la pluie crépite, Talleyrand organise une petite manifestation à l'Opéra. Alexandre vient assister à la représentation de la *Vestale*. Les dames lancent des cocardes blanches dans la salle, acclament le tsar et, à l'entracte, un comédien — Lays — s'avance au proscénium en chantant ces mauvais vers :

Vive Alexandre !
Vive ce roi des rois !
Sans rien prétendre,
Sans nous dicter des lois,
Ce prince auguste
A le triple renom
De héros, de juste,
De nous rendre un Bourbon !

Dans les escaliers, dans les foyers, les royalistes s'embrassent. La Restauration est faite.

Le lendemain, 2 avril, il pleut et le vent souffle. L'Empereur assiste à la parade de la Garde et est acclamé. Il reprend courage. Recommencer la lutte ne lui paraît pas impossible. Cependant, mieux vaudrait la paix !... Caulaincourt arrive de Paris. Il a vu le tsar la veille et lui a parlé du désir de son maître.

— La paix avec Napoléon ne serait qu'une trêve, avait dit Alexandre.

— Et Napoléon II ? avait proposé le grand écuyer.

— Mais alors, que faire de l'Empereur ? Le père est un obstacle invincible à la reconnaissance de son fils.

Caulaincourt espère faire changer le tsar d'avis. Il annonce encore au vaincu que le vicomte de La Rochefoucauld a essayé, mais en vain, de jeter à bas la statue de l'Empereur, place Vendôme. Quelqu'un est alors monté jusqu'en haut de la colonne... et a souffleté le bronze :

— Si M. Denon n'avait pas fait du zèle malgré moi, soupire l'Empereur, cela ne serait pas arrivé ! Les statues dans un lieu public sont un privilège réservé aux morts.

Le soir, en se mettant au lit, dans ce lit en bois sculpté et doré — il occupe toujours la pièce — Napoléon espère que « Papa François » ne détrônera pas sa fille et son petit-fils. L'empereur autrichien saura-t-il tenir tête à Metternich qui, lui, Napoléon le sait, veut sa perte ? Une archiduchesse *régente de France ?* Ne serait-ce pas là un beau succès pour Vienne ? Le vaincu s'accroche à cette pensée tandis que la nuit enveloppe le château.

A la même heure, Marie-Louise, le petit Aiglon et la cour impériale à la dérive, qui ont quitté Rambouillet, arrivent à l'hôtel de la Préfecture de Blois. La foule se masse sur la place. L'obscurité tombe lorsqu'un grand roulement se fait entendre. Bientôt le premier carrosse s'arrête devant l'hôtel.

— Enfin Napoléon est fichu, lance quelqu'un dans la nuit. Voilà le cauchemar terminé !

Le lendemain, Napoléon écrira à sa femme : « Tu as tant de peine que je crains que tu ne puisses pas y suffire, c'est une partie de mes maux. »

Le 3 avril, vers dix heures et demie, par un temps couvert et pluvieux, l'Empereur passe en revue, dans la cour du Cheval-Blanc, la division Friant de la Vieille Garde et la division Henrion de la Jeune Garde qui sont arrivées la veille à Fontainebleau. La voix de l'Empereur s'élève, haute, claire, résonnant d'un bout à l'autre de la vaste cour :

— Officiers, sous-officiers et soldats de la Vieille Garde ! L'ennemi nous a dérobé trois marches. Il est entré dans Paris. J'ai fait offrir à l'empereur Alexandre une paix achetée par de grands sacrifices : la France avec ses anciennes limites, en renonçant à nos conquêtes, en perdant tout ce que nous avons gagné depuis la Révolution. Non seulement il a refusé, il a fait plus encore : par les suggestions de ces émigrés auxquels j'ai accordé la vie, et que j'ai comblés de bienfaits, il les autorise à porter la cocarde blanche, et bientôt il voudra la substituer à notre cocarde nationale. Dans peu de jours, j'irai l'attaquer à Paris. Je compte sur vous...

Il y a un silence — affreux. L'Empereur reprend :

— Ai-je raison ?

Tout à coup, c'est un tonnerre de cris :

— Vive l'Empereur ! Vive l'Empereur ! A Paris ! A Paris !

Puis les troupes, avant de reprendre le chemin des avant-postes, défilent au son de la *Marseillaise* et du *Chant du Départ*.

Ce soir-là, Marmont, à la fenêtre d'une maison d'Essonnes, est en train de regarder, avec sa lunette, les premiers postes des kaiserliks, lorsqu'on vient lui annoncer un parlementaire russe venant de Chevilly et porteur de cette lettre du prince de Schwarzenberg : « Monsieur le maréchal... Je vous engage, au nom de votre patrie et de l'humanité, à écouter les propositions qui doivent mettre un terme à l'effusion du sang précieux des braves que vous commandez. »

En réalité, ce « parlementaire russe » est un ancien aide de camp de Marmont — Charles de Monttessuy — déguisé en cosaque, knout à la main compris. Il apporte également à son ancien chef la proclamation adressée à l'armée par le gouvernement provisoire créé par le Sénat, le 1er avril : « Vous n'êtes plus les soldats de Napoléon. Le Sénat, la France entière vous dégagent de vos serments. »

Que va faire Marmont ?

Le 4 avril, à Fontainebleau, il tombe une petite pluie fine. Après la parade de la Garde montante, les soldats crient à nouveau leur amour pour l'Empereur et exigent le départ pour Paris. Les maréchaux vont entrer en scène. Ils ont accueilli la défaite avec une manière de satisfaction mais ne pensent pas encore aux Bourbons. Pour eux, le règne du roi de Rome leur paraît être le seul moyen de sauver l'Empire et leurs dotations, puisque le Sénat vient de voter la déchéance de Napoléon. Ils suivent l'Empereur d'un pas sonore de vainqueurs et, sans y avoir été conviés, entrent derrière lui dans son cabinet.

Napoléon « affectant une assurance qui n'est pas en lui » expose ses projets :

— Les Alliés ! Je vais les écraser dans Paris. Il faut marcher sur la capitale sans tarder !

— Nous ne pouvons exposer Paris au sort de Moscou, geint Macdonald. Notre parti est pris, nous sommes résolus à en finir.

— Je ferai appel à l'armée ! crie presque l'Empereur.

— L'armée ne marchera pas ! avertit Ney.

— L'armée m'obéira, répond Napoléon.

— Sire, l'armée obéit à ses généraux.

Il y a un silence. Accablé, il reprend :

— Enfin, que voulez-vous donc, messieurs ?

— L'abdication.

C'est Oudinot et Ney qui auraient lâché le terrible mot. Lefebvre ajoute, d'une voix tremblante et ridicule :

— Voilà ce que vous avez gagné à ne pas suivre les conseils d'un ami quand il vous engageait à faire la paix.

L'Empereur a haussé les épaules. Il prend une feuille de papier et écrit son abdication conditionnelle : « Les puissances étrangères ayant déclaré que l'Empereur Napoléon était un obstacle au rétablissement de la paix et de l'intégrité du territoire français, fidèle à ses principes, à ses serments de tout faire pour le bonheur et la gloire du peuple français, l'Empereur Napoléon déclare qu'il est prêt à abdiquer en faveur de son fils et à en faire remettre l'acte en due forme au Sénat par un message aussitôt que Napoléon II sera reconnu par les puissances, ainsi que la régence constitutionnelle de l'Impératrice. A cette condition, l'Empereur se retirera sur-le-champ dans le lieu qui sera convenu. Fait en notre palais de Fontainebleau, le 4 avril 1814. Signé : Napoléon. »

Les maréchaux sortent. L'ex-sergent Lefebvre, fier de son audace, rapporte la scène à ses divisionnaires :

— Je lui ai bien serré le bouton ainsi que Ney ! Je lui ai dit qu'il était temps pour nous de jouir du repos. Croit-il donc que, lorsque nous avons des titres, des hôtels, des terres, nous nous ferons tuer pour lui ? C'est aussi de sa faute, il nous a ôté la besace trop tôt de dessus le dos.

Pendant ce temps, Caulaincourt est appelé dans le cabinet de l'Empereur.

— Partez sur-le-champ pour Paris, lui ordonne le vaincu. Vous connaissez mes intentions, mes projets. Si je suis le vainqueur, nous aurons une paix honorable... Si je perds la bataille, la pauvre France subira la loi. Quant à moi, je vous le répète, je n'ai besoin de rien.

Mais après un silence, il demande, songeur :

— Voudra-t-on de mon fils ?

Assurément, on fera semblant de vouloir du fils pour se débarrasser plus facilement du père ! Et Napoléon ne se fait guère d'illusion. Accompagné de Ney et de Macdonald, le grand écuyer part sous la pluie pour Paris à quatre heures et demie, tandis que la Garde et la petite armée de l'Empereur — à l'abri derrière le corps de Marmont — se disposent à combattre pour Napoléon II. En chemin, les plénipotentiaires s'arrêtent au quartier général du duc de Raguse et lui font part de la décision prise tout à l'heure par Napoléon.

— L'Empereur abdique ! constate alors le général Bordesoulle, commandant la cavalerie de Marmont. Voilà, monsieur le maréchal, qui nous tire de peine !

Ney, Macdonald et Caulaincourt s'étonnent. Que veut dire le général ? Marmont est alors obligé de leur rapporter ce qui s'est passé la veille avec Charles de Monttessuy : au lieu de prévenir l'Empereur des propositions qui lui avaient été faites, Marmont, ce matin même du 4 avril, a répondu à Schwarzenberg qu'il « était prêt à quitter, avec ses troupes, l'armée de l'empereur Napoléon », à la condition de pouvoir se rendre en Normandie. Il demandait également, en échange, qu'une situation convenable

« dans un pays circonscrit » soit faite à l'Empereur. La lettre partie, le maréchal avait appelé ses généraux afin de régler avec eux les détails de leur défection. Souham, le principal divisionnaire, avait accepté avec enthousiasme, les autres s'étaient inclinés avec plus ou moins de bonne grâce. Bordesoulle y avait été le plus opposé :

— Comment, monsieur le maréchal, vous ouvririez la route de Fontainebleau ! Vous laisseriez l'Empereur à la merci de l'ennemi ?

Marmont — il l'avoue aux envoyés de l'Empereur — n'en a pas moins maintenu sa décision : le mouvement doit se faire le soir même.

— Avez-vous signé ? interroge Caulaincourt, abasourdi.

— Pas encore...

— Alors, vous pouvez venir avec nous ! En passant à Chevilly, vous direz à Schwarzenberg que vos pourparlers sont rompus.

Marmont accepte et, avant de partir, remet le commandement du 6e corps au général Souham, lui ordonnant de n'opérer aucun mouvement pendant son absence, mais il ajoute :

— Dès mon départ, vous rassemblerez la troupe et lui apprendrez l'abdication de l'Empereur.

Il se garde bien de préciser qu'il s'agit d'une abdication conditionnelle au profit de Napoléon II. En outre, la décision de Napoléon devait rester secrète tant que les Alliés ne l'auraient pas acceptée.

A l'hôtel Talleyrand où Alexandre est descendu, tout semble d'ailleurs bien commencer. La première question du tsar est de demander aux quatre plénipotentiaires si l'Empereur consent à abdiquer.

— Oui, sire, pour son fils.

Alexandre semble écouter avec attention, il « cause, raisonne sur tout, ne fait d'objection que sur des choses de peu d'importance », et finit par déclarer :

— Je ne tiens nullement aux Bourbons, je ne les connais pas. Je vais faire savoir à mes alliés vos propositions et je les appuierai. Il me tarde aussi d'en finir.

Il congédie alors ses interlocuteurs, les priant de revenir le lendemain à midi.

— J'aurai alors conféré avec le roi de Prusse et les ministres alliés.

Le 4 au soir — en dépit des intrigues de Talleyrand, en dépit aussi de l'attitude des autorités impériales devenues brusquement royalistes — la cote de Napoléon II remonte un peu : la rente passe de quarante-neuf à cinquante-huit francs...

Le lendemain, en déjeunant à 11 h 30 chez Ney, les quatre plénipotentiaires de l'Empereur, tout en ne se dissimulant pas les difficultés qui les attendent, gardent quelque espoir. Au moment où Caulaincourt et les maréchaux s'apprêtent à se rendre au rendez-vous que leur a donné le tsar, un officier vient demander le duc de Raguse. Le maréchal sort et revient quelques instants plus tard, « le visage renversé », décomposé, pouvant à peine parler : le corps d'armée de Marmont, sous les ordres du général Souham, a traversé pendant la nuit les avant-postes autrichiens et vient de passer à l'ennemi.

— Je suis déshonoré. Souham a désobéi, trahi ses devoirs : il est passé avec tout le 6e corps... Je donnerais un bras pour que cela ne fût pas arrivé.

— Dites la tête ! hurle Ney. Ce ne serait pas de trop.

Voici ce qui s'était passé : en l'absence de son chef, Souham avait ouvert un pli du quartier général adressé à Marmont : « Monsieur le maréchal, l'intention de l'Empereur est que vous vous rendiez ce soir au palais de Fontainebleau à 10 heures. » Quelques minutes plus tard était arrivé Gourgaud qui venait confirmer l'ordre. Souham et les autres généraux s'étaient affolés. En réalité, Napoléon, qui ignorait tout, avait convoqué à Fontainebleau tous les commandants de corps d'armée dans le but de préparer l'éventuelle reprise des hostilités. Mais les divisionnaires de Marmont s'étaient imaginé que l'Empereur avait été mis au courant de la défection acceptée par Marmont.

— Le maréchal a pris la fuite ! s'était exclamé

Souham. Je suis plus grand que lui, je ne tiens pas à me faire raccourcir !

Si l'on voulait échapper à l'Empereur, il fallait passer à l'ennemi : Bordesoulle lui-même s'en était déclaré convaincu. Les ordres avaient couru à travers les cantonnements :

— Vite, les consignes ! Tout le monde en armes sur la route !

Et, à l'aube, le 6e corps, entre deux haies de troupes ennemies présentant les armes, était entré dans les lignes russes. Le chemin de Fontainebleau est ouvert ! Napoléon ne peut plus désormais poser de conditions.

Marmont est livide.

— Quel déshonneur ! Tout est perdu ! Je vais rejoindre mes troupes pour tâcher de tout réparer...

Ney, Macdonald et Caulaincourt ne s'en rendent pas moins, la mort dans l'âme, à leur rendez-vous. Le tsar semble encore ne rien avoir appris. Il l'affirme comme la veille :

— Je vous le répète, les souverains sont loin de vouloir imposer à la France un gouvernement qui ne lui conviendrait pas.

La discussion s'engage et, de nouveau, Caulaincourt sent que le tsar, qui n'aime guère les Bourbons, envisage favorablement la candidature de l'Aiglon. Soudain la porte s'ouvre, paraît un aide de camp annonçant l'arrivée d'un officier du généralissime.

— Que veut-il ? demande Alexandre.

— Vous annoncer, sire, que le corps du duc de Raguse a passé ce matin de notre côté et qu'il est devant nos postes.

L'aide de camp a parlé en russe, mais Caulaincourt, qui a été ambassadeur à Saint-Pétersbourg, a compris.

— Mauvaise nouvelle, souffle-t-il à l'oreille de Macdonald, tandis que le tsar entraîne l'aide de camp à l'écart. Nous sommes perdus : il sait tout !

Tout est perdu, en effet. Le tsar signifie aussitôt aux envoyés du vaincu que les Alliés « ne traiteront ni avec l'Empereur, ni avec aucun membre de sa famille ». Il ne reste à Napoléon que l'abdication sans conditions. Marmont et Souham ont achevé le régime.

A deux heures du matin — nous sommes maintenant le mercredi 6 avril — les plénipotentiaires arrivent à Fontainebleau et, en dépit de l'heure tardive, sont immédiatement reçus par l'Empereur. Gourgaud a appris à Napoléon la trahison du corps de Marmont et l'Empereur se raccroche à l'espoir que le tsar se souviendra de leur ancienne amitié. D'une voix mal assurée, il les interroge :

— Avez-vous réussi ?

Les officiers le mettent au courant de l'ampleur de la catastrophe.

Aussitôt, le « général Bonaparte » se réveille :

— Je trouverai des braves pour mourir avec moi. La guerre n'offre rien de pire que la paix !

Il pourrait se replier derrière la Loire ; il appellerait à lui les corps d'Augereau, de Soult, de Suchet, et même les Italiens d'Eugène !

— On peut encore tout sauver !

Une heure plus tard, il se rend compte de sa folie et appelle Caulaincourt :

— Que faire ?... Si je résiste, la France a la guerre civile. J'aime trop la France ! Je n'ai jamais voulu que sa gloire ! Je ne ferai pas son malheur ! Je ne veux pas que ce beau pays soit ravagé par moi. On veut que j'abdique... Eh bien ! j'abdiquerai !

Le jour levé, il appelle les maréchaux. Ils sont encore là, attendant la curée. Les cheveux embroussaillés, l'uniforme à demi boutonné, Napoléon essaye une dernière fois de lutter. Ne pourrait-on se jeter dans la vallée du Rhône, tendre la main à l'Italie ? Les lieutenants de l'Empereur ne répondent même pas. Alors, brisant le lourd silence, il lance :

— Vous voulez du repos ? Eh bien, ayez-en !

Et sur le fameux guéridon d'acajou de Fontainebleau — est-ce celui que l'on montre au public dans le salon rouge ? — Napoléon trace alors quelques lignes presque indéchiffrables qui écorchent le papier :

« Les puissances ayant déclaré que l'Empereur Napoléon était le seul obstacle au rétablissement de la paix en Europe, l'Empereur Napoléon, fidèle à ses serments, déclare qu'il renonce, pour lui et ses enfants, aux trônes de France et d'Italie, et qu'il n'est aucun sacrifice, même celui de sa vie, qu'il ne soit prêt à faire à l'intérêt de la France. »

De sa plume tombe un énorme pâté en forme de V qui macule le centre de la pièce et la rend encore plus illisible...

Le 6 avril, la rente est à soixante-six francs et les actions de la Banque de France, cotées 550-520 le 29 mars, passent à 980-920. Marmont qui a épousé la fille du banquier Perrégaux, l'associé de Laffitte, va gagner un nombre appréciable de millions... Sa trahison fut-elle une opération sur la rente ?

Le *Moniteur* de ce même jour publie les lettres d'adhésion des généraux au roi Louis XVIII. Napoléon voit les signatures de Jourdan, Augereau, Maison, Kellermann, Lagrange, Oudinot, Latour-Maubourg, Milhaut, Belliard... Et Caulaincourt l'entend soupirer :

— Je suis humilié que des hommes que j'ai élevés si haut se ravalent si bas... Que doivent penser les souverains de toutes les illustrations de mon règne ? Tout ce qui déflore cette France m'est comme un affront personnel. Je m'étais tant identifié à elle !

Ce jour-là, les sénateurs se sont réunis aux députés pour appeler « librement au trône Louis-Stanislas-Xavier de France, frère du dernier roi »... de ce dernier roi que certains de ces sénateurs ont d'ailleurs envoyé autrefois à la guillotine. Précisons, en passant — Chateaubriand l'a souligné — que le « peuple français » ainsi mis directement en cause, ignorait jusqu'à l'existence de ce « Louis-Stanislas-Xavier » qui lui était imposé. Il pouvait d'ailleurs l'appeler, c'était en vain, car le roi, — il demeurait en Angleterre — était cloué sur son lit par une redoutable attaque de goutte.

Le lendemain, jeudi 7 avril, un brouillard épais couvre Paris. « Les commissaires de la Pitié », ainsi que Caulaincourt a baptisé ses deux compagnons — Ney et Macdonald — et lui-même, sont reçus par le tsar qui parle maintenant de Napoléon avec tristesse — et même avec attendrissement. Les négociations commencent... Alexandre va se montrer le meilleur soutien de l'Aigle blessé. C'est lui qui, le premier, proposera la souveraineté de l'île d'Elbe pour son ami de Tilsit, et fixera à deux millions la rente que Louis XVIII devra verser au « roi de l'île d'Elbe ».

Autour du maître vaincu, tout s'écroule. Maréchaux, généraux, domestiques s'empressent de fuir. Lorsque le préfet de Seine-et-Oise, le comte de Plancy, arrive au château, il ne trouve même pas un domestique pour l'accueillir... Il pousse une porte, puis une seconde, et se trouve en face de l'Empereur « seul, tristement appuyé contre une embrasure de fenêtre ». « On aurait dit que Sa Majesté était déjà enterrée », racontera le général Petit.

Napoléon, dans ce même palais où il a reçu le Pape et six rois, erre comme une ombre. Plus un mot ne s'échappe de ses lèvres. Il tombe, nous dit son valet de chambre, dans « une espèce de marasme, au point de ne rien voir de ce qui est près de lui ». Lorsqu'on lui adresse la parole, il ne répond pas. Bien plus, « rien sur sa figure, que j'observais attentivement, nous dit Constant, ne pouvait me faire croire qu'il m'avait entendu ». Une seule consolation : le soir, les régiments de la Garde sortent de leurs cantonnements et, portant des torches, parcourent les rues de la petite ville en acclamant l'Empereur — *Leur* empereur — et en criant : *A bas les traîtres ! A Paris... à Paris !*

Mais à Paris, c'est un déchaînement de brochures anti-bonapartistes. Le vaincu est traité « d'infâme, d'assassin et de tyran ». Il devient à la fois Cromwell, Attila et Robespierre ! On lance des distiques :

Enfin ! grâce à Napoléon
On ne parle plus de Néron !

***

A Blois, Marie-Louise ignore encore l'ampleur de l'effondrement. Autour d'elle règne la consigne du silence. Elle n'a qu'un désir : rejoindre son mari.

Elle se sentirait « plus courageuse et plus calme » — elle le lui écrit — si elle pouvait se trouver auprès de lui, partageant son sort et le consolant de ses revers. Elle espère même pouvoir lui être utile « à quelque chose ». Il est certain qu'en faisant venir près de lui sa femme et son fils, l'Empereur constituerait encore une manière de puissance. Déjà, si le roi de Rome et sa mère avaient été à ses côtés dès le 2 avril, le règne de Napoléon II eût été infiniment plus réalisable. Quelle belle carte dans le jeu de Caulaincourt, que la présence à Fontainebleau de la fille et du petit-fils de l'empereur d'Autriche !

Mais Napoléon semble vouloir abandonner à Marie-Louise le soin de sa décision. Il ne l'empêche pas de venir le rejoindre à Fontainebleau, mais il ne le lui ordonne point. C'est laisser le champ libre à l'Autriche — et même aux Bonaparte ! Le 8 avril, le roi Joseph et le roi Jérôme viennent voir leur belle-sœur... Mais il vaut mieux laisser la parole à Marie-Louise elle-même puisque, depuis peu, nous connaissons, grâce à elle, ce que fut au juste cette scène affreuse. A travers les mots désordonnés, les phrases hachées de l'Impératrice, on devine son angoisse et son immense désarroi. Quelle épreuve pour cette femme languissante, affaiblie au surplus par douze journées dramatiques ! On la devine, les larmes aux yeux, le cœur encore tremblant, traçant ces lignes angoissées :

« Le roi Joseph est venu pour m'engager à aller me jeter dans les bras du premier corps autrichien que je trouverais. Il m'a dit qu'ils me suivraient, qu'ils n'avaient de sûreté que là, que l'empereur d'Autriche leur assurait un sort et qu'il ne fallait pas te conseiller (*consulter,* voulait dire Marie-Louise) dans un moment où il n'y avait pas de temps à perdre et où tu désapprouverais peut-être cette démarche. Je lui ai répondu que je croyais que ce serait une trahison de ma part, que tant qu'il me resterait un souffle de vie je te resterais attachée... »

Ce même 8 avril arrive à Blois le comte Schouvalov, aide de camp d'Alexandre. Il est chargé de conduire Marie-Louise jusqu'à Fontainebleau — ou de l'accompagner vers l'empereur François, si on parvient à la faire changer d'avis.

On y parviendra.

En attendant, l'arrivée du général russe déclenche le signal du départ des ministres et des principaux membres de la cour impériale. C'est un sauve-qui-peut vers la mairie afin d'obtenir des passeports que l'on va ensuite faire viser par le comte Schouvalov. Première étape pour Marie-Louise : Orléans. Elle espère y trouver des ordres précis pour gagner enfin Fontainebleau.

A son arrivée, la Garde nationale fait la haie depuis la porte de la ville. Le silence est si insultant que l'on entend un officier hurler :

— Criez : *Vive l'Impératrice,* salauds !

Que va faire Marie-Louise ? Sans cesse Mme de Montebello lui conseille d'abandonner la cause de son mari pour aller se réfugier auprès de son père, tandis que les rares fidèles de l'Empereur la pressent de prendre le chemin de Fontainebleau. Mais Napoléon semble toujours paralysé. Ses ordres sont l'indécision même ! La lettre que Marie-Louise reçoit le 10 avril n'arrange pas les choses : « Tu auras donc été ce matin à Orléans, écrivait-il à cette femme qui attendait des directives précises, tu peux rester là si tu voyages avec tes chevaux. Si tu avais des chevaux de poste et que tu peux venir ici, tu peux le faire... ».

Devant des dispositions aussi vagues, peut-on lui faire grief d'avoir pris la résolution de se rendre *d'abord* auprès de l'empereur François avant de prendre *ensuite* le chemin de Fontainebleau ou de l'île d'Elbe ? Pour expliquer sa détermination, elle adresse ces lignes à Napoléon : « Si tu veux me laisser aller voir mon père, je suis sûre, presque sûre, que j'obtiendrai la Toscane. » Le même soir, elle lui écrira encore pour lui préciser : « Il est bon, il se laissera toucher par mes larmes et tu auras un meilleur sort, car quoique tu iras rester dans l'île d'Elbe, tu régneras aussi dans les possessions que l'on pourrait nous donner, car j'entends par là la Toscane. »

Le plus stupéfiant fut que Napoléon sembla croire,

lui aussi, à l'urgence de la rencontre entre le père, la fille et le petit-fils. Comment ne se rendit-il pas compte que François ne les laisserait pas rejoindre le proscrit ?

Caulaincourt, qui se trouvait toujours à Paris, était stupéfait : « Je n'ai jamais pu concevoir comment l'Empereur avait pu s'abuser à ce point. » Le grand-écuyer avait vu Metternich qui s'était montré catégorique :

— L'Impératrice doit être considérée comme une archiduchesse ou une princesse et le roi de Rome comme un prince.

L'empereur d'Autriche partageait cet avis. Quand à donner la Toscane à sa fille et à son petit-fils, on ne pouvait l'envisager ! Ce territoire devait être rendu à son frère Ferdinand, grand-duc de Wurtzbourg, parrain du roi de Rome, qui en avait été dépossédé et pourrait ainsi reprendre son titre de *Grossherzog von Toscana.* Parme ? Il n'en était pas question non plus ! Mme l'Archiduchesse n'avait qu'à revenir à Vienne avec son fils ! Cependant, grâce au tsar, écœuré par l'attitude autrichienne, Caulaincourt finit par faire ajouter au traité de Paris cet article : « Les duchés de Parme, Plaisance et Guastalla seront donnés en toute propriété et souveraineté à S.M. l'Impératrice Marie-Louise. Ils passeront à son fils et à sa descendance en ligne directe. Le prince, son fils, prendra, dès ce moment, le titre de prince de Parme, Plaisance et Guastalla. »

Le 11 avril, au matin, Napoléon apprend la nouvelle à sa femme. Il lui joue la comédie et, cachant son désespoir, fait semblant d'être satisfait de voir son « petit roi » perdre cent trente départements, les couronnes d'Italie, des Pays-Bas et de la Confédération du Rhin pour devenir l'héritier d'un « objet » de quatre cent mille âmes et de trois ou quatre millions de revenus : l'ancien département du Taro. « Tu auras au moins une maison et un beau pays, écrit-il à sa femme, lorsque le séjour dans mon île de l'Elbe te fatiguera et que je deviendrai *annuieu,* ce qui doit être, lorsque je serai plus vieux et toi encore jeune. »

A l'Evêché d'Orléans, sans la moindre ironie, la petite cour vient féliciter « S.M. la duchesse de Parme, Plaisance et Guastalla ».

Le soir du 12 avril, Marie-Louise quitte Orléans. L'empereur François a envoyé au-devant d'elle, pour la conduire à Rambouillet, les princes Esterhazy et Lichtenstein. Après avoir parlé avec les deux représentants de son père, un doute commence déjà à percer dans son esprit. La laissera-t-on rejoindre ensuite son mari ? « Il faudrait être bien barbare pour m'en empêcher, écrit-elle à Napoléon, et si on le voudrait, je t'assure que l'on ne pourrait pas. Je veux partager ton malheur, je veux te soigner, te consoler, t'être utile et adoucir tes chagrins. Je sens que j'ai besoin de cela pour vivre, pour ne pas succomber à ce dernier coup. »

Cependant, dès les premiers tours de roues, en compagnie des deux princes, Marie-Louise comprend qu'elle et son fils sont prisonniers. En pleine nuit, sur la route d'Orléans à Rambouillet, elle parvient à griffonner ce mot au crayon : « Il y a des ordres pour m'empêcher d'aller te rejoindre, même à recourir à la force. Sois sur tes gardes, mon cher ami, on nous joue... »

Cette nuit du mardi 12 au mercredi 13 avril, Napoléon, qui n'a cependant pas encore reçu les deux dernières lettres de l'Impératrice, a tout deviné. Ce même jour il a appris, peu avant midi, que le comte d'Artois, frère de Louis XVIII, avait fait son entrée dans Paris, pavoisé de blanc, et était allé s'installer aux Tuileries. La foule avait embrassé ses bottes, et même l'encolure et le poitrail de son cheval... A la barrière de Bondy, le futur Charles X avait été accueilli par les maréchaux Ney et Moncey !

On lui a rapporté encore que des officiers russes avaient jeté par les fenêtres des pièces d'argent aux passants pour leur faire crier *Vive les Bourbons !* « Ils se les arrachaient en roulant, nous dit Emile Labretonnière, et se précipitaient à terre avec une avidité qui faisaient éclater de rire les officiers étrangers. » Dégoûté, un vieux capitaine de l'armée du tsar s'était mis seul à une croisée et ne jetait des pièces qu'à ceux qui, avec lui, criaient *Vive Napoléon !*

Tard dans la soirée, entre les quatre murs de sa chambre ornés de quarante *N* dorés et où l'aigle autrichien — celui de Marie-Antoinette et de Marie-Louise — surmonte la cheminée, l'Empereur passe ce que Louis Madelin appelle si justement « la revue des abandons et des trahisons ». Puis, il congédie Caulaincourt. Le grand écuyer regagne sa chambre « frappé et affecté » par cette phrase que Napoléon a répétée comme un leitmotiv :

— La vie m'est insupportable... insupportable !

A trois heures du matin, un valet vient le chercher : l'Empereur le demande. Vite ! Qu'il se hâte ! Lorsque le grand écuyer pénètre dans la chambre, il voit son maître couché. Une lampe de nuit éclaire faiblement les ors de la pièce.

— Approchez et asseyez-vous !

La voix est d'une faiblesse extrême.

Napoléon, étendu sur le lit où volettent des abeilles, vient de tenter de se suicider. Entre deux hoquets, il avoue à Caulaincourt, terrifié, qu'il a pris du poison préparé jadis par le docteur Yvan et qu'il porte à son cou depuis le *hourra* de Malo-Yaroslavetz, au lendemain du départ de Moscou. La raison ? Il la donne à son écuyer en s'interrompant souvent « comme quelqu'un qui éprouve des angoisses qui suspendent les facultés » :

— Je prévois qu'on va me séparer de l'Impératrice et de mon fils ; on va me réserver toutes sortes d'humiliations ; on cherchera sûrement à m'assassiner, au moins à m'insulter, ce qui serait pour moi pire que la mort... On ne me laissera pas arriver à l'île d'Elbe. J'ai bien pesé ma situation, bien réfléchi sur ma position.

Non sans peine, il saisit une lettre sous son oreiller. Elle est destinée à l'Impératrice : « Tu es ce que j'aime le plus au monde. Mes malheurs ne me touchent que par le mal qu'ils te font... Donne un baiser à mon fils. Adieu, chère Louise. Tout à toi... ».

Caulaincourt pleure à chaudes larmes.

— Donnez-moi votre main, reprend l'Empereur... Embrassez-moi ! Dans peu, je n'existerai plus. Portez ma lettre à l'Impératrice... Dites-lui que je meurs avec le sentiment qu'elle m'a donné tout le bonheur qui dépendait d'elle.

Un hoquet le force à s'interrompre. Le grand écuyer veut appeler à l'aide, mais l'Empereur l'en empêche :

— Je ne veux que vous, Caulaincourt. Ne cherchez pas à prolonger mon agonie. Ce que j'ai éprouvé depuis quinze jours est bien plus douloureux que le moment actuel.

« Je cherchais vainement à m'échapper, écrira Caulaincourt, à appeler quelqu'un près de lui ; il me retenait avec une force irrésistible. Les portes étaient fermées, le valet de chambre ne m'entendait pas. Le hoquet augmentait ; ses membres se raidissaient ; son estomac et son corps se soulevaient. Un froid de glace avait succédé à une sueur froide puis à une chaleur brûlante... Il me parut faire ce qu'il pouvait pour s'empêcher de vomir ; ses dents étaient serrées. »

— Qu'on a de la peine à mourir ! Qu'on est malheureux d'avoir une constitution qui repousse la fin d'une vie qu'il me tarde tant de voir finir !

Mais bientôt les vomissements se succèdent... l'Empereur retient son écuyer avec une telle force qu'un côté de l'uniforme de Caulaincourt manque de lui rester entre les mains. Finalement, le grand écuyer parvient à s'échapper et à chercher de l'aide.

— Docteur, s'écrie l'Empereur en voyant entrer Yvan, donnez-moi une autre dose plus forte ! C'est un devoir pour vous.

Napoléon insiste à un tel point que « Yvan perd tout à fait la tête, nous raconte Méneval ; il sort précipitamment de la chambre pour aller tomber dans la pièce voisine sur un fauteuil où il éprouve une violente attaque de nerfs. Peu d'instants après, il descend dans la cour et, trouvant un cheval sellé attaché à l'une des grilles, il l'enfourche et s'éloigne au galop. »

On, ne le reverra plus.

Dans la chambre de l'Empereur, la scène se poursuit, terrible. Le malade souffre atrocement. « Son visage est profondément défait, on peut dire renversé, les traits contractés. » Au matin, « il est d'un changement effrayant ». Non sans peine, Caulaincourt parvient à soutenir Napoléon jusqu'à la fenêtre ouverte... Peu à peu le spectre de la mort s'éloigne.

— J'ai pris mon parti... Je vivrai puisque la mort ne veut pas plus de moi dans mon lit que sur le champ de bataille. Il faudra aussi du courage à supporter la vie après de tels événements.

Quelques heures plus tard, il accepte de signer le traité qui donne à l'homme qui a régné de Hambourg à Rome la souveraineté de l'île d'Elbe — ce caillou dont il avait vu autrefois, de sa Corse natale, la silhouette se découper à l'horizon...

Le 25 avril 1814, à Avignon, une foule houleuse entoure la berline de l'Empereur. On voit au premier plan l'agent royaliste Moilot jeter ses hommes contre la berline, défendue par les commissaires étrangers et les officiers de la suite de l'Empereur.

(B. N. Photo Josse-Lalance)

XXII

LA CALADE

La France aime trop le changement pour qu'un gouvernement y dure.

NAPOLÉON.

CE même matin, le valet de chambre Hubert gratte à la porte de la chambre et vient annoncer l'arrivée de la comtesse Walewska.

Marie ! Son épouse polonaise ! Après la naissance de son fils, Marie n'avait tout d'abord pas osé quitter la Pologne. Avec son tact délicieux elle avait senti qu'un retour rapide en France indisposerait l'Empereur qui semblait maintenant un jeune marié amoureux et paraissait n'être occupé que de satisfaire son épouse.

Elle n'avait repris le chemin de la France qu'après avoir reçu cette lettre de l'Empereur datée du 3 septembre 1810 :

« Madame,

« Le duc de Frioul me montre une lettre par laquelle je vois que vous n'avez pas reçu celle où je vous faisais connaître tout le plaisir que j'avais éprouvé des nouvelles qu'a apportées votre frère. Si votre santé est bien rétablie, je désire que vous veniez sur la fin de l'automne à Paris où je désire fort vous voir. Ne doutez jamais de l'intérêt que je vous porte et des sentiments que vous me connaissez. » (1)

Elle s'était installée d'abord à Boulogne dans une charmante maison de campagne qui existe encore au 7 de la rue de Montmorency. Lorsqu'il se trouvait à Saint-Cloud, l'Empereur venait parfois lui rendre visite. Fort heureusement, la nouvelle impératrice, aussi jalouse que Joséphine, ne parut se douter de rien et lorsque le 31 décembre 1810 Mme Walewska fut officiellement présentée aux petits appartements des Tuileries, Marie-Louise laissa tomber sur elle le même regard indifférent qu'elle faisait habituellement glisser sur l'assemblée... Une compatriote de Marie, présente, elle aussi, le racontera.

« Pas un sourire bienveillant, pas un regard curieux qui vinssent animer ce visage de bois. Elle fit le tour du cercle allant de l'une à l'autre comme ces poupées à mécanique qui roulent lorsqu'on les a remontées, montrant leur fine taille bien raide, leurs gros yeux de porcelaine d'un bleu pâle et toujours fixes »...

Ceci compensant cela, Marie Walewska s'était fait une amie de l'impératrice Joséphine. L'exilée de Malmaison reçut souvent désormais la comtesse Walewska à qui la liait un sort un peu semblable. N'avaient-elles pas, toutes deux, aimé le même homme ? Et ne les avait-il pas, toutes deux, écartées, reléguées dans l'ombre au profit de cette Autrichienne aux yeux froids, au cœur sec, et qui — Joséphine le prévoyait — ne lui porterait pas bonheur... La seule différence existant entre elles était évidemment la présence du fils de Napoléon et de la comtesse Walewska. Marie, elle, au moins, gardait le souvenir vivant de l'Empereur et Joséphine s'attendrissait, les larmes aux yeux...

Napoléon pensait d'ailleurs à son petit Alexandre et, avant de partir pour la campagne de Russie,

(1) Archives Walewski.

il demanda à Marie Walewska de venir le voir aux Tuileries. Et ce fut un magnifique cadeau qu'il lui remit ce jour-là : un décret rédigé trois jours plus tôt à Saint-Cloud — le 5 mai 1812 — instituant un majorat pour leur fils :

« Les biens situés dans le royaume de Naples, disait-il, et qui font partie de notre domaine privé, sont donnés, comme nous les donnons par le présent décret, au comte Alexandre-Florian-Joseph Colonna-Walewski, pour composer le majorat que nous instituons en sa faveur et auquel nous affectons le titre de comte de l'Empire... »

Marie en avait « la pleine et entière jouissance des revenus et fruits » jusqu'à la majorité de leur fils. Ensuite Alexandre devait « payer à ladite dame Walewska, sa mère, une pension annuelle et viagère de cinquante mille francs »...

Marie, rentrée à Walewice, avait à nouveau senti son cœur tressaillir d'espoir : Napoléon avait battu les armées du tsar, Napoléon se trouvait à Moscou ! Assurément la paix y serait signée et la Pologne rétablie dans sa toute-puissance ! Déjà l'ambassadeur de France, Mgr de Pradt, traitait la comtesse Walewska en « fac-similé » d'impératrice. L'expression est de la comtesse Potocka qui précisait : « Elle a le pas sur toutes les dames. Aux dîners d'apparat, elle est toujours servie la première, occupe la place d'honneur et reçoit tous les hommages ainsi que toutes les marques de respect !... Ce qui choque visiblement les douairières et donne de l'humeur à leurs maris, tandis que les jeunes femmes, peu soucieuses de l'étiquette, rient sans se soucier de l'amoureuse extase avec laquelle Mgr l'archevêque lorgne le joli bras et la main blanche et potelée de la petite comtesse. »

Et soudain, un courrier apporta la nouvelle de l'atroce retraite de la Grande Armée à travers le désert glacé. Le 10 décembre, l'Empereur, qui précédait les débris de la horde, passa en traîneau non loin du château de Marie et pensa à sa femme polonaise. Quel réconfort pour lui s'il pouvait la serrer dans ses bras ! C'est Caulaincourt qui l'avait empêché de s'arrêter à Walewice. La perte de temps aurait pu lui être fatale !... Il fallait regagner Paris au plus vite — Paris où les esprits s'affolaient — « sauter de la chaise de poste sur son trône et ressaisir le sceptre » !

De nouveau Marie avait repris le chemin de Paris. L'Empereur, parfois, s'était échappé des Tuileries pour se rendre rue de Montmorency où son amie avait retrouvé sa maison. Un jour, il avait reçu son ancienne maîtresse au château. Tout à coup on avait gratté à la porte : « Quelque chose roula, qui était bleu et blanc, rose et chevelu : le roi de Rome... Un magnifique enfant, le front haut et large de son père, les mêmes oreilles, un ovale analogue... » Le petit roi, sur l'ordre de l'Empereur, offrit alors son portrait à la comtesse et vint s'asseoir sur les genoux de Marie :

— Cette dame te plaît : tu as bon goût... Si jamais elle te montre, sans parler, le portrait que tu lui as remis, tu sauras qu'elle a besoin de toi. Tu te souviendras de cela ? Je te le rappellerai.

Tout au début de 1814, Marie avait acheté pour elle et son fils une maison qui subsiste toujours : l'hôtel Saint-Chamans, situé juste à côté de l'ancienne petite folie de Joséphine, 60, rue de la Victoire. C'est de là, ce mercredi 13 avril, qu'elle était partie pour Fontainebleau.

Attendant toujours dans l'antichambre, elle se souvient de leur passé... Mais lui ? A-t-il seulement entendu l'annonce de son valet de chambre ? Prostré, épuisé par cette agonie nocturne, sa pensée ne quitte pas l'Impératrice et le roi de Rome qui, cette même nuit, sont devenus les « prisonniers » de l'Autriche... et il oublie la présence, à deux pas de lui, de la chère Polonaise. Marie demeure le reste de la journée, puis toute la nuit dans l'antichambre, attendant vainement que s'ouvre la porte impériale. A l'aube enfin, triste et brisée, elle quitte le château pour rejoindre sa voiture.

— La pauvre femme ! soupire Napoléon retrouvant ses esprits peu après le départ de la comtesse, elle se croira oubliée !

A peine est-elle rentrée chez elle, qu'elle expédie

un mot à son ancien amant, et cette fois il répond aussitôt :

« Les sentiments qui vous animent me touchent vivement. Ils sont dignes de votre belle âme et de la bonté de votre cœur... Portez-vous bien, n'ayez point de chagrin, pensez à moi avec plaisir et ne doutez jamais de moi. »

Napoléon écrit également à Marie-Louise qui vient d'arriver à Rambouillet :

« Je suis si dégoûté des hommes que je n'en veux plus faire dépendre mon bonheur. Toi seule y peux quelque chose. Adieu mon amie. Un baiser au petit roi, bien des choses à ton père ; prie-le qu'il soit bon pour nous. »

Il lui écrira encore le 15 avril : « Tu dois avoir vu à cette heure ton père. L'on dit que tu vas pour cet effet à Trianon. Je désire que tu viennes demain à Fontainebleau, afin que nous puissions partir ensemble et chercher cette terre d'asile et de repos, où je serai heureux si tu peux te résoudre à l'être et oublier les grandeurs du monde... »

Mais c'est seulement le lendemain, 16 avril, que l'empereur d'Autriche arrive à Rambouillet. La voiture s'arrête devant le perron. Marie-Louise, tout en parlant allemand avec volubilité, se précipite, jetant son fils dans les bras de son père. Le petit prince, avec beaucoup de gentillesse, lui embrasse la main. Le grand-père est ému devant ces boucles blondes, ces yeux bleus, ce visage d'archiduc. Il murmure :

— C'est bien mon sang qui coule dans ses veines.

La gouvernante — Mme de Montesquiou — emmène aussitôt l'enfant qui, devant le visage sans gaieté de son grand-père, devant ce nez pendant tristement, déclare :

— Maman Quiou, il n'est pas beau, grand-papa.

François s'est enfermé avec sa fille. Metternich — le vainqueur — assiste à la scène. Encore secouée de sanglots, elle trace ces lignes pour son mari : « Mon père vient d'arriver il y a deux heures, je l'ai vu sur-le-champ, il a été très tendre et très bon pour moi, mais cela a été anéanti par le coup le plus affreux qu'il ait pu me porter, il m'empêche de te rejoindre, de te voir, il ne veut pas me permettre de faire le voyage avec toi. J'ai beau lui représenter que c'était mon devoir de te suivre, il m'a dit qu'il ne le voulait point et qu'il voulait que je passasse deux mois en Autriche et qu'après je m'en aille à Parme d'où j'irai te voir. Ce dernier coup me tuera, tout ce que je désire, c'est que tu puisses être heureux sans moi, car, pour moi, il m'est impossible d'être heureuse sans toi. Je t'écrirai tous les jours et je penserai toujours à toi... Je suis si triste que je ne sais que te dire, je te prie encore une fois (de croire) que je suis bien malheureuse. Je t'embrasse et t'aime de tout mon cœur.

« Ta fidèle amie Louise ».

Ainsi, l'Empereur après avoir perdu Marie Walewska va aussi perdre sa femme et son fils. Cependant, durant la semaine qu'elle passe encore à Rambouillet, Marie-Louise ne cesse, dans ses lettres, de se plaindre et même de « conspirer » contre son père, afin de rejoindre Napoléon :

« J'ai déjà arrangé mon plan de campagne pour cela, et si tu me promets de n'en pas parler, je vais te le communiquer. Je m'en vais à présent en Autriche parce que mon père le désire vivement et que je vois que si je n'y allais pas, il m'amènerait de force... ». De Vienne, elle ira vite prendre les eaux, puis, de là, elle partira pour l'île d'Elbe. Sans doute l'empereur François lui a-t-il déclaré, « en appuyant beaucoup là-dessus », qu'après avoir achevé sa cure, il lui faudrait revenir à Vienne : « Je n'ai pas insisté, parce que je crois inutile de contrarier pour le moment un projet que, malgré cela, je ne lui laisserois jamais exécuter dans le temps, mais je ne veux pas avoir l'air d'y tenir à présent ; ainsi, je te prie de n'en [pas] parler, parce que cela gâterait le tout. »

Elle confiera cependant ses projets au tsar, affirmant avec tant d'insistance à Alexandre son désir de rejoindre Napoléon que celui-ci — Marie-Louise le rapportera à son mari — s'exclamera :

— Mais, Madame, on ne vous en empêchera pas,

quoique peut-être vous ayez tort d'aller dans l'île d'Elbe !

Sa femme et son fils sont désormais prisonniers. Napoléon ne les verra plus jamais. A-t-il su que le petit roi s'était jeté dans les bras d'Anatole de Montesquiou, le fils de sa gouvernante, pour lui dire tout en larmes :

— Monsieur Anatole, comment se porte papa ? Monsieur Anatole, vous ne savez pas ? A présent, je ne peux plus porter l'uniforme des lanciers, je ne peux plus porter l'uniforme des chasseurs. Il faut que je porte l'habit des ennemis.

⁂

Une seule consolation pour Napoléon durant cette lente agonie morale de Fontainebleau : il a le droit — le Traité l'y autorise — de désigner quatre cents hommes pour le suivre en exil. Comment choisir ? Tous veulent l'accompagner. Un matin, un cuirassier pénètre dans la galerie des Cerfs et s'avance vers le proscrit :

— Mon Empereur, je réclame justice. J'ai vingt-deux ans de service, je suis décoré, et je ne suis pas porté sur la liste de départ. Si on me fait ce passe-droit-là, il y aura du sang de répandu.

— Tu as donc envie de venir avec moi ?

— Ce n'est pas une envie, mon Empereur, c'est mon droit, c'est mon honneur que je réclame.

— As-tu bien réfléchi qu'il faut quitter la France, ta famille, renoncer à ton avancement ? Tu es maréchal des logis...

— Je leur en fais la remise de l'avancement... Quant au reste, je m'en passerai... Et pour ce qui est de la famille, il y a vingt-deux ans que vous êtes ma famille, vous, mon général. J'étais trompette en Egypte, si vous vous rappelez.

— Allons, tu viendras avec moi, mon enfant, j'arrangerai cela.

— Merci, mon Empereur, j'aurais fait un malheur, c'est sûr !

Les demandes sont si nombreuses que le chiffre est porté à six cents hommes. Sous les ordres du général Cambronne, la glorieuse phalange, drapeau en tête, quitte le château, précédée de sa musique : quatre clarinettes, une flûte, un cor et quelques tambours. Ils escortent quatre canons, les vingt-sept voitures de l'Empereur et ses chevaux favoris : *Wagram,* un pur-sang arabe gris pommelé, l'*Emir,* un alezan, *Taurus,* qui a été à la Beresina, le *Roitelet,* qui a porté Napoléon durant la campagne de France, et surtout le magnifique *Intendant* que l'Empereur montait pour les revues et les entrées triomphales. Les grognards l'appelaient plus familièrement *Coco...* et durant toute leur longue randonnée, jusqu'à Savone où ils embarqueront, le 23 mai, pour l'île d'Elbe, les vieux soldats veilleront sur *Coco* avec un soin jaloux.

Les 17, 18 et 19 avril arrivent à Fontainebleau les commissaires alliés chargés d'accompagner l'Empereur déchu jusqu'à l'île d'Elbe : un Anglais, sir Neil Campbell, deux Autrichiens, le feld-maréchal Koller et le général Clam-Martiniz, un Russe, le général Schouvalov, et un Prussien, le général comte de Waldburg-Truchsess.

Les geôliers dorés et empanachés ont le cœur battant en se présentant devant leur « prisonnier ». Le spectacle les stupéfie. « Il avait tous les signes de l'esprit le plus troublé, raconte Koller, se frottant le front avec les mains, puis se mettant les mains dans la bouche et s'en mordant les extrémités de l'air le plus agité. »

C'est au tour de Sir Neil Campbell d'être présenté à l'Empereur déchu : « J'éprouvai une étrange confusion lorsque l'aide de camp, après m'avoir annoncé, se retira en fermant la porte et que je me trouvai soudain tête-à-tête avec l'homme extraordinaire dont le nom avait été, pendant des années, la pierre de touche de mes sentiments, soit comme Anglais, soit comme militaire, et dont la figure s'était offerte à mon imagination sous toutes les formes que l'exagération et la caricature pouvaient rendre le plus frappantes. Je vis devant moi un petit homme à l'air actif qui arpentait rapidement son appartement, semblable à un animal sauvage dans sa cage. Il portait un vieil uniforme vert à épaulettes d'or, un pantalon bleu, des bottes à revers rouges. Il n'avait ni la barbe faite ni les cheveux peignés. Le tabac à priser souillait sa lèvre supérieure et son gilet. Averti de ma présence, il se tourna vivement vers moi avec un sourire courtois, cherchant évidemment à cacher, sous une affectation de placidité, son inquiétude et son agitation. »

⁂

Et ce furent les adieux de Fontainebleau... .

Le mercredi 20 avril, l'heure du départ a sonné. Le temps est couvert et brumeux. Il fait froid : 7° à huit heures. Dès que « le roi de l'île d'Elbe » apparaît en haut de l'escalier en fer à cheval, le général Drouot annonce d'une voix qui s'entend jusqu'au fond de la cour :

— L'Empereur !

Ce qui reste de la Garde — le premier régiment de Grenadiers à pied et les marins de la Jeune Garde — se trouve aligné sur deux files. Au loin, derrière les grilles, toute la population de la ville s'est massée.

Il y a d'abord un lourd silence, puis les tambours se mettent à battre. D'un geste, Napoléon les interrompt. Suivi des commissaires étrangers et de ses derniers fidèles (1), il descend les degrés. Parvenu au pied de l'escalier, il s'arrête. D'une voix claire, il lance les paroles immortelles :

— Officiers, sous-officiers et soldats de ma Vieille Garde, je vous fais mes adieux. Depuis vingt ans, je vous ai constamment trouvés sur le chemin de l'honneur et de la gloire... Avec des hommes tels que vous, notre cause n'était pas perdue. Mais la guerre était interminable : c'eût été la guerre civile, et la France en fût devenue plus malheureuse. J'ai donc sacrifié nos intérêts à ceux de la patrie.

Sa voix s'étrangle. Après un silence, il poursuit :

(1) Bertrand, Gourgaud, Maret, Belliard, Bussy, Fain, Montesquiou, Turenne, Mesgrigny, Athalin et deux officiers polonais, Kadakowsko et Vousowitch.

— Je pars ! Vous, mes amis, continuez à servir la France... Ne plaignez pas mon sort. Si j'ai consenti à me survivre, c'est pour survivre encore à votre gloire... Adieu, mes enfants ! Je voudrais vous presser tous sur mon cœur. Que j'embrasse au moins votre général, votre drapeau !

Les larmes aux yeux, le général Petit s'avance. L'Empereur ouvre ses bras. Une émotion indicible plane. Les généraux ennemis sentent leur gorge se serrer.

— Qu'on m'apporte l'Aigle !

La garde d'honneur entourant le drapeau du 1er régiment de grenadiers s'avance. Des noms prestigieux y sont brodés : *Marengo, Austerlitz, Iéna, Eylau, Friedland, Wagram, Vienne, Berlin, Madrid, Moskowa, Moscou.* Napoléon fait un pas au-devant du drapeau et l'embrasse :

— Cher Aigle, que ce dernier baiser retentisse dans le cœur de tous mes soldats.

On entend des sanglots. L'Empereur fait un dernier effort et reprend d'une voix ferme :

— Adieu, encore une fois mes vieux compagnons, que ce dernier baiser passe dans vos cœurs.

Dans les rangs court un frémissement...

Rapidement, l'Empereur se dirige vers sa voiture où Bertrand l'attend. Le général Petit suit en pleurant. La portière claque. Le cocher enlève ses six chevaux et la berline passe devant la Garde, franchit la grille, puis, arrivée sur la place prend, à gauche, la route de la forêt. L'Empereur roule vers l'exil... Dès que la voiture eut disparu, a raconté le capitaine Parquin, « d'un mouvement spontané et unanime, les soldats brûlèrent les aigles, et quelques-uns, pour ne pas s'en séparer, en avalèrent les cendres ».

Les quatre calèches des commissaires et les huit voitures où se trouve « tout son monde » accompagnent la dormeuse de l'Empereur. Devant la berline impériale, la voiture légère du général Drouot est précédée d'un piquet de cavaliers de la Garde.

A quatre heures, le cortège relaie à Montargis ; — il faut soixante chevaux — la foule entoure la berline et crie *Vive l'Empereur*. Le soir, on couche au château de Briare. Les Briarois acclament Napoléon et injurient les commissaires. Un aubergiste se plante sous les fenêtres du souverain déchu, improvise une harangue où il n'est question que de « héros, grand homme et ange du ciel ».

Le lendemain, le cortège double les voitures d'apparat de l'Empereur qui, à petites étapes, descendent vers l'Italie. A Nevers — le jeudi 21 au soir — « l'accueil qu'on nous fit à cet endroit, écrit l'un des commissaires, fut le même qui avait été fait dans les villes précédentes ; on jurait après nous, on nous adressait mille invectives jusque sous nos fenêtres, tandis qu'au contraire on ne se lassait pas de crier *Vive l'Empereur !* » L'Empereur passe la nuit à l'*Hôtel de la Nation* — aujourd'hui *Hôtel de France,* square de la Résistance — il y avait déjà couché avec Joséphine, en revenant de Milan, au mois de juin 1805.

Les douze cents cavaliers de la Garde qui, depuis Briare, précèdent la berline impériale, quittent l'Empereur à Villeneuve-sur-Allier. L'escorte, proposent les commissaires, pourrait désormais être composée de cosaques et de soldats autrichiens, mais Napoléon refuse. Il ne veut pas être pris pour un « prisonnier d'Etat ».

Et sa sécurité ?

— Vous voyez bien que je n'en ai aucunement besoin !

En effet, sur tout le parcours les acclamations redoublent.

— Conservez-vous pour nous lui crie-t-on à Roanne; l'année ne se passera pas que vous ne reveniez. A Roanne, — où l'on couche le vendredi soir 22 avril — l'Empereur n'est qu'à trois lieues de Pradines, maison de religieuses fondée par le cardinal Fesch. L'oncle de Napoléon s'y trouve en ce moment avec Madame Letizia. Mais le prélat, qui l'an prochain aura l'inconscience de demander à Louis XVIII de le maintenir *Primat des Gaules,* ne veut pas se compromettre. Est-ce lui qui empêche la *Madre* d'aller embrasser son fils ? Ce n'est pas impossible... Toujours est-il que l'un et l'autre se contentent d'envoyer l'aumônier du couvent, l'abbé Jacquemont, saluer le vaincu.

Le lendemain, samedi, le cortège s'arrête à la poste de Latour, peu avant Lyon. Napoléon soupe seul. Puis, les commissaires n'ayant pas terminé leur repas, l'Empereur les attend en faisant les cent pas sur la route. Il est dépassé par le curé de Dardilly-Latour.

— Votre paroisse a-t-elle souffert ? lui demande l'Empereur.

— Oui, Sire, elle a été écrasée de réquisitions.

— Ce sont les suites inévitables de la guerre.

Après un silence, l'Empereur lève les yeux vers le ciel étoilé.

— Autrefois, je connaissais les étoiles, je les ai toutes oubliées. Savez-vous quelle est celle-ci ?

— Je ne l'ai jamais su.

Et la conversation ne va pas plus avant.

La traversée de Lyon se passe sans incident ; il est plus de dix heures du soir. A la Guillotière, un petit groupe attend devant la maison de poste et crie : *Vive l'Empereur !*

Au jour, l'Empereur peut le constater, les cocardes blanches commencent à apparaître. Les drapeaux tricolores se font moins nombreux. On approche de la Provence royaliste. Le cortège fait halte à Vienne tout au début de la matinée. Puis Napoléon déjeune au Péage-de-Roussillon. Peu avant Valence — c'est le dimanche 24, à midi — les voitures font halte au bord de l'Isère.

Le maréchal Augereau, remontant vers Paris, se présente. Le vieux compagnon de l'Empereur, l'ancien soldat de la Révolution, que Napoléon a nommé duc de Castiglione, a fait, le 16 avril, une proclamation adressée à ses troupes : « Le Sénat, interprète de la volonté nationale, lassé du joug tyrannique de Napoléon Bonaparte, a prononcé sa déchéance et celle de sa famille... Un descendant de nos anciens rois remplace Bonaparte et son despotisme... Soldats, vous êtes déliés de vos serments par l'abdication d'un homme qui, après avoir immolé des millions de victimes à sa cruelle ambition, n'a pas su mourir en soldat... Jurons donc fidélité à Louis XVIII. »

Napoléon cependant lui tend les bras en lui demandant :

— Où vas-tu comme ça, Augereau ? A la Cour ?

A l'île d'Elbe, l'Empereur, faisant le récit de son voyage, prétendra qu'il ignorait alors la proclamation et qu'il reprocha seulement à Augereau la lenteur de ses opérations, ses négligences et son abandon. Toujours selon Napoléon, Augereau, après cette mercuriale, aurait souhaité embrasser l'Empereur... et « Sa Majesté ne refusa pas cette faveur à son ancien compagnon d'armes ».

Waldbourg-Truchsess raconte, de son côté, que Napoléon, « fatigué par le discours du maréchal », rompt l'entretien, « l'embrasse, lui ôte encore son chapeau, et se jette dans sa berline. Augereau, les mains derrière le dos, ne dérange pas sa casquette de dessus sa tête, et seulement lorsque l'Empereur est remonté dans sa voiture, il lui fait un geste de la main, en lui disant adieu ». Napoléon aurait alors joué la comédie auprès des commissaires :

— C'est un vieux soldat. Il a vieilli vingt ans sous mes ordres.

— Vous me surprenez, répond le général Koller, vous avez été trahi par Augereau : il y a quinze jours qu'il a fait un traité avec nous... et vous ignorez même sa dernière proclamation. On me l'a remise hier, et la voilà.

Napoléon, un peu gêné, s'exclame :

— Si je l'eusse connue, lorsque je l'ai rencontré, je lui aurais bien lavé la tête !

Mais les commissaires ne sont point dupes ! Napoléon connaît assurément la vérité. En accueillant Augereau comme il l'a fait, il a voulu dissimuler, vis-à-vis des étrangers, la bassesse de son vieux compagnon d'armes.

A Valence, — que de souvenirs pour lui ! — les honneurs lui sont rendus par des grenadiers de l'armée Augereau et par une compagnie de chasseurs autrichiens. Napoléon « avec attendrissement » salue les troupes. Au relais, sur la route de Loriol, à l'instant du changement de chevaux, il y a quelques cris de *Vive l'Empereur !*

Napoléon passe la tête par la portière.

— Mes amis, je ne suis plus votre empereur, c'est *vive Louis XVIII* qu'il faut crier.

— Vous serez toujours notre empereur, dit un vieux voltigeur du 67ᵉ en prenant la main du proscrit.

L'Empereur s'enfonce dans sa voiture.

— Ce brave homme me fait du mal.

Un cuirassier de la première division s'avance.

— S'il y avait vingt mille hommes comme moi, nous vous enlèverions et vous remettrions à notre tête. Ce ne sont pas vos soldats qui vous ont trahi, ce sont vos généraux.

L'Empereur a alors un « mouvement convulsif » que le général Bertrand calme en lui prenant le bras. Un peu plus loin, on croise la brigade Ordener. Les régiments font la haie, et présentent les armes sur le passage de la berline. Quelques soldats « en faible minorité » crient *Vive l'Empereur !* Désormais, il n'entendra plus d'acclamations.

Le drame va commencer.

***

A Montélimar, le dimanche soir, la *dormeuse* impériale s'arrête vers sept heures devant l'*Hôtel de la Poste*. Après avoir posé avec autorité quelques questions sur les récoltes et l'état des routes, Napoléon se met à table avec le grand-maréchal Bertrand et le général Drouot. On lui sert un potage, un poisson, des côtelettes, un fricandeau et des asperges. Le tout avec du chambertin impérial sorti d'une des voitures.

L'Empereur est inquiet..., et interroge M. Chabeaud qui tient l'*Hôtel de la Poste*. Est-il exact qu'en Provence les habitants sont extrêmement montés contre lui ? A-t-on vraiment traîné son buste dans la boue ?

Le même soir, dès la traversée de Donzère, ville royaliste — il est neuf heures et demie — l'Empereur est fixé. Les habitants essayent d'immobiliser sa voiture, demandant « qu'on leur livre le Corse ». Enfoncé dans la berline, l'Empereur, pour la première fois de sa vie, entend les cris de *A bas le Tyran !* et de *Vive le Roi !...* Le cortège brûle la poste.

A l'aube du lundi 25 avril, la dormeuse impériale approche d'Avignon. Se souvient-il, lorsqu'il n'était qu'un maigriot capitaine d'artillerie, d'avoir écrit ici, il y a un peu plus de vingt ans, chez le pharmacien Renaudet, rue Haute, le républicain *Souper de Beaucaire ?* Par mesure de précaution, le relais a été préparé hors la ville. Mais la foule est là grondante et menaçante. Dès qu'apparaît la voiture de l'*Ogre*, des cris s'élèvent :

— A la potence Napoléon !

Des hommes en armes entourent l'équipage. Un certain Mollot, enrôlé, dit-on, par le comité royaliste de Paris, s'efforce d'ouvrir la portière. Bertrand et Drouot s'interposent. Le chasseur Noverraz braque un pistolet sur Mollot qui recule. Enfin, la garde urbaine dégage le cortège. Vite, on attelle et, quelques minutes plus tard, la berline, distançant les véhicules de la suite, part au grand galop.

La voiture impériale pénètre dans Orgon et descend (1) vers l'auberge où devrait se trouver le relais. Rien n'est prêt. L'Empereur décide alors de déjeuner à l'hostellerie. Mais la foule s'amasse à l'extérieur et veut empêcher les palefreniers de changer les chevaux. « Dès qu'un postillon avait un peu attelé, nous dit Louis-Edmond Rostand, maire d'Orgon, dans une lettre inédite, l'autre postillon qui *avait le mot*, l'avait vite dételé. » Les tambours des royalistes passent à travers la ville « pour faire leur tapage » et appeler aux armes.

Enfin les chevaux sont attelés et l'Empereur monte en voiture dans la cour même du relais. Mais la berline ne parvient pas à franchir la place où les gens du village, ameutés, poussent en la voyant une immense clameur. Napoléon met la tête par la portière ; il est horrifié. Devant lui, s'élève une potence où se balance un mannequin souillé de sang, et portant au cou une pancarte sur laquelle flamboie un mot en lettres rouges : *Bonaparte*. Tandis que les cris

(1) La grand-route ne contournait pas Orgon comme aujourd'hui, mais se dirigeait directement vers la place principale. A mi-chemin de la descente se trouvait l'auberge, dont une partie des vastes écuries existe toujours.

redoublent, le feu est mis à la grotesque marionnette, et l'Empereur, les yeux fixes, assiste à l'exécution et regarde brûler son effigie. Des individus montent à l'assaut de la voiture en hurlant :

— Meurs, tyran !

Quelques femmes clament :

— Rends-moi mon fils !

Une grêle de pierres s'abat sur la berline. Des carreaux sont cassés. « Une femme jeune et jolie était si acharnée contre moi, racontera l'Empereur à Sainte-Hélène, qu'elle aurait, j'en suis sûr, bu mon sang ! » La colère des assaillants devient de la rage. Le maire se tient à la portière, prêt, affirme-t-il, « à donner sa vie plutôt que de souffrir un lâche régicide ». Le commissaire russe intervient et harangue la populace :

— N'avez-vous pas honte d'insulter un malheureux sans défense ? Il est assez humilié par la triste situation où il se trouve... Abandonnez-le à lui-même ! Regardez-le : vous voyez que le mépris est la seule arme que vous devez employer contre cet homme qui a cessé d'être dangereux !

L'Empereur blêmit. Quelle humiliation !

Orgon est enfin dépassé. A peine la voiture partie, des « royalistes qui avaient reçu le mot d'ordre arrivèrent à Orgon croyant que Napoléon ne pourrait (leur) échapper... mais ils avaient manqué leur coup, il n'y avait plus rien à mordre... »

D'autres villages attendent le proscrit. Napoléon ne veut pas revivre semblable cauchemar. Les commissaires le trouvent si épouvanté, qu'ils acceptent sa proposition : il désire précéder sa voiture d'une heure et jouer le rôle de son propre courrier. Les généraux le voient revêtir une mauvaise redingote bleue, coiffer un chapeau rond sur lequel est piquée une cocarde blanche. Il enfourche un bidet de poste et, suivi d'un postillon, s'élance sur la route, plantant là les commissaires stupéfaits...

Pour la première fois depuis plus de quinze ans, Napoléon chevauche sans être suivi par un escadron d'aides de camp. L'Empereur éperonne sa bête, ce cheval que les Anglais de passage dans la région, nous apprend encore Louis-Edmond Rostand, « paieront ensuite bien cher pour le monter »... A Saint-Cannat, il n'a pas été reconnu ; il change rapidement de cheval et repart sans reprendre haleine. Le mistral souffle, soulevant la poussière et courbant les cyprès. Sans ralentir son allure, le cavalier traverse les villages. Il connaît bien cette terre brûlée pour l'avoir souvent parcourue vingt-huit années auparavant, alors qu'il n'était qu'un pauvre sous-lieutenant portant manchettes de mousseline et habit bleu roi d'artilleur de la Fère...

Trois heures après avoir quitté le cortège, il s'arrête quelques kilomètres avant Aix, devant la longue façade grise d'une mauvaise auberge de rouliers nommée la Calade, et qui, toujours aussi sinistre, existe encore un peu en contrebas de la grand-route. Il descend de cheval, pénètre dans la salle commune, — aujourd'hui sombre et enfumée — se présente comme un officier anglais de l'escorte de Napoléon : le colonel Campbell, et demande que l'on prépare rapidement un dîner pour « l'ex-empereur et sa suite ». L'hôtesse répond « qu'elle serait bien fâchée de préparer un dîner pour un tel monstre. » Puis, elle commence à aiguiser sur une meule un couteau et demande à l'Empereur d'en toucher la pointe.

— N'est-ce pas qu'il est bien affilé ? demande-t-elle. Si quelqu'un veut s'en servir pour poignarder l'Empereur, je le lui prêterai volontiers.

— Vous le haïssez bien, cet Empereur. Que vous a-t-il donc fait ?

— Ce qu'il m'a fait ? Ah ! le monstre ! Il est la cause de la mort de mon fils, de mon neveu et de tant de jeunes gens !

Et la conversation se poursuit sur ce ton ! En arrivant, une heure plus tard, à la Calade, les commissaires trouvent « le ci-devant souverain du monde plongé dans de profondes réflexions, la tête appuyée dans ses mains ».

« Je ne le reconnus pas tout d'abord, a écrit le commissaire prussien, et je m'approchai de lui. Il se leva en sursaut en entendant quelqu'un marcher, et me laissa voir son visage arrosé de larmes. Il me fit signe de ne rien dire, me fit asseoir près de lui, et tout le temps que l'hôtesse fut dans la chambre, il ne me parla que de choses indifférentes... On se mit à table, mais comme ce n'étaient pas ses cuisiniers qui avaient préparé le dîner, il ne pouvait se résoudre à prendre aucune nourriture, dans la crainte d'être empoisonné. Cependant, nous voyant manger de bon appétit, il eut honte de nous faire voir les terreurs qui l'agitaient et prit de tout ce qu'on lui offrit. Il fit semblant d'y goûter, mais il renvoyait les mets sans y toucher. Quelquefois, il jetait dessous la table ce qu'il avait accepté pour faire croire qu'il l'avait mangé. Son dîner fut composé d'un peu de pain et d'un flacon de vin, qu'il fit retirer de sa voiture et qu'il partagea même avec nous... Il rêvait aussi aux moyens de tromper le peuple d'Aix, car on l'avait prévenu qu'une très grande foule l'attendait à la poste. Il nous déclara donc que ce qui lui semblait le plus convenable, c'était de retourner jusqu'à Lyon, et de prendre, de là, une autre route pour s'embarquer en Italie.

« Nous n'aurions pu en aucun cas consentir à ce projet, et nous cherchâmes à le persuader de se rendre directement à Toulon, ou d'aller par Digne à Fréjus. Nous tâchâmes de le convaincre qu'il était impossible que le gouvernement français pût avoir des intentions si perfides à son égard, et que la populace, malgré les indécences auxquelles elle se portait, ne se rendrait pas coupable d'un crime de cette nature... »

Comment « tromper le peuple d'Aix » qui doit être prévenu de son passage et l'attend au prochain relais ? Les commissaires ne semblent pas bien, à son gré, saisir la gravité de la situation. Aussi, Napoléon leur raconte ce que l'hôtesse lui a demandé : « On noyera Bonaparte, n'est-ce pas ? »

— Vous voyez bien à quel danger je suis exposé !

La suite du récit du commissaire prussien est-elle exacte ? Les historiens napoléoniens, qui ne nient pas son authenticité, ont le plus souvent évité de transcrire ces lignes :

« Il nous pria d'examiner si il n'y avait pas quelque

part une porte cachée par laquelle il pourrait s'échapper, ou si la fenêtre dont il avait fait fermer les volets en arrivant, n'était pas trop élevée pour pouvoir sauter et s'évader ainsi. La fenêtre était grillée au-dehors, et je le mis dans un embarras extrême en lui communiquant cette découverte. Au moindre bruit, il tressaillait et changeait de couleur. »

Elle existe toujours cette fenêtre, à plus de deux mètres au-dessus du sol, dans la petite pièce — presque un débarras — donnant dans la salle commune. Et l'on ne peut voir cette manière de trappe sans avoir le cœur serré.

Toute une foule venue des hameaux environnants, s'est peu à peu amassée devant l'auberge ; l'Empereur décide de quitter la Calade à minuit. Il met l'uniforme du général Koller, se décore de l'ordre de Sainte-Thérèse que porte l'officier autrichien, coiffe la casquette du comte de Waldbourg-Truchsess et s'enveloppe dans le manteau du commissaire russe. L'aide de camp du général Schouvalov revêt la redingote bleue et le chapeau rond portés par Napoléon à son arrivée.

Les voitures sont avancées.

Précédé par le général Drouot, le faux Napoléon sort de l'auberge. Il est suivi par l'aide de camp et par les commissaires, au milieu desquels, la casquette enfoncée jusqu'aux sourcils, se dissimule l'Empereur sous son étrange déguisement d'uniformes ennemis. « Nous traversâmes ainsi la foule ébahie qui se donnait une peine extrême pour tâcher de découvrir parmi nous celui qu'elle appelait *son tyran.* »

On s'arrête pour déjeuner au hameau de la Grande-Pugère. A quatre heures, l'Empereur traverse Saint-Maximin, puis Tourves et passe la nuit au Luc, au château de Bouilledou appartenant au physicien Charles, l'inventeur de la *Caroline*, membre du Corps législatif (1). Napoléon retrouve là sa sœur Pauline. La « petite païenne » est effarée en voyant son frère encore vêtu de son curieux accoutrement.

— Je ne puis vous embrasser, lui aurait-elle déclaré, tant que vous porterez cet uniforme autrichien.

(1) Sa femme sera nommée Elvire par Lamartine.

Avec un pauvre sourire, il va se changer.

Le mercredi 27, l'Empereur, toujours accompagné de ses « gardiens », arrive avant midi à Fréjus et s'installe à l'auberge du *Chapeau Rouge*. De là, il écrit à Marie-Louise : « Ma santé est bonne, mon courage au-dessus de tout ; il ne serait affaibli que par l'idée que mon amie ne m'aime plus. Donne un baiser à mon fils... »

Le lendemain, jeudi 28 avril, il est prêt à embarquer, mais le vent manque et il reste dans sa chambre du *Chapeau Rouge*. Il est pris de malaises et de vomissements. Est-ce l'émotion de la route ? Ou bien est-il incommodé par la langouste qu'il a mangée la veille ?... Le soir, il se rend à Saint-Raphaël où l'attend l'*Undaunted* et s'embarque près de l'actuelle douane. En montant à bord, il est reçu avec les honneurs dus à un souverain.

Le vendredi 29, à onze heures du matin, le vent revenu, la frégate anglaise lève l'ancre. L'Empereur demeure sur le pont, le rivage s'éloigne lentement, ce même rivage qu'il avait vu surgir de la mer le 17 vendémiaire, an VIII, à son retour d'Egypte, il y a de cela quinze années...

Quinze ans !

Toute la prodigieuse épopée s'est déroulée en cent quatre-vingts mois ! Celui qui n'est plus aujourd'hui que le roi de l'île d'Elbe — cette royauté à la Sancho Pança ! — continue à fixer l'horizon comme s'il pouvait encore distinguer les contours des côtes de France qui s'estompent peu à peu dans la brume. Près de lui se tient le feld-maréchal Koller. L'Empereur pense à cette terrible journée du lundi 25 avril, il évite le regard narquois du général de son beau-père.

— Je me suis montré cul-nu, lui avoue-t-il sans oser le regarder.

Napoléon a eu peur ! Lui qui n'a jamais tressailli sur un champ de bataille, une foule hurlante l'a fait trembler ! Il a la phobie de l'émeute et la bête humaine déchaînée lui fait horreur. Le 18 Brumaire il avait été comme paralysé. Cette fois, l'agonie de Fontainebleau, cette impression d'être « au milieu des loups », cette mort qui s'est refusée à lui, ont ébranlé ses nerfs... Et la panique lui a fait prendre le galop sur la route pierreuse de Provence ; et dans la triste salle commune de l'auberge de la Calade, l'angoisse lui a étreint le cœur.

Il aurait, d'ailleurs, préféré mille fois la mort. Ne l'oublions pas, il est l'être de ce mot admirable :

— Je suis un homme qu'on tue, mais qu'on n'outrage pas !

***

Le premier mai, la frégate passe très au large d'Ajaccio. Le 2 mai, l'*Undaunted* demeure en panne devant Calvi. Que de souvenirs là aussi... Sent-il venir jusqu'à lui le parfum de la terre corse qu'il prétendait autrefois pouvoir reconnaître à trois lieues au large de sa terre natale ?

Ce même jour, l'ex-roi de Rome et sa mère, entourés de cavaliers autrichiens, passent la frontière française. Marie-Louise vient d'apprendre les scènes qui se sont déroulées en Provence et, dans son *Journal intime*, elle trace ces lignes : « Que son âme a dû être affectée cruellement ! Je me reproche de ne l'avoir pas suivi. Je l'abandonne donc aussi ? Oh ! mon Dieu ! Que va-t-il penser de moi ? Mais je le rejoindrai, dussé-je être éternellement malheureuse... »

Je le rejoindrai...

Le soir du mardi 3 mai, après avoir dépassé l'îlot de Capraja, ayant derrière lui les côtes de la Corse et à sa gauche celles de la Toscane, Napoléon voit surgir des flots une île haute sur la mer Tyrrhénienne et occupant peu à peu tout l'horizon. Le bras de mer qui la sépare de Piombino — là où régnait encore quelques semaines auparavant sa sœur Elisa — n'est large que de six milles.

L'Empereur regarde la chaîne des monts rocheux qui, de ce côté, atteignent mille mètres — le Monte Capanne les dépasse même de dix-huit mètres. Les côtes semblent rongées, découpées, déchiquetées par la mer, mais la silhouette de l'île, frappée à cette heure-là de plein fouet par le soleil couchant, n'en est pas moins rendue scintillante par le granit trouant la terre ferrugineuse. Aussi les Anciens appelaient-ils cette terre tourmentée : Athalia-la-brillante (1).

Ce n'était plus que l'île d'Elbe, faisant partie du département *français* de la *Méditerranée,* chef-lieu Livourne, sous-préfecture Porto-Ferrajo, capitale du royaume d'opérette accordé par les Alliés à celui qui les a si souvent humiliés.

Alors que l'Empereur vogue vers son îlot, Louis XVIII fait sa « joyeuse entrée » dans Paris. Le roi, Madame Royale devenue la duchesse d'Angoulême, le duc de Bourbon et son père, le vieux prince de Condé, qui ne comprend pas très bien de quoi il s'agit, ont pris place dans une calèche traînée par huit chevaux blancs des écuries impériales, tenus par des piqueurs revêtus de la livrée de l'Empereur. La voiture est précédée ou suivie — les témoins ne sont pas d'accord sur ce point — par la Garde impériale. Certains vieux grognards ont descendu leur bonnet à poil jusque sur leurs yeux. Ils préfèrent ne pas regarder. « Leur mâchoire se contractait de rage impuissante... Quand ils présentaient les armes, c'était avec un mouvement de fureur, et le bruit de ces armes faisait trembler... »

Ce n'est pas l'entrée de Louis XVIII, mais la chute de Napoléon que l'on célèbre.

(1) Cette impression est d'ailleurs infiniment plus précise lorsqu'on aborde l'île par le côté du levant.

Porto-Ferrajo, vue du fort du Faucon. En face le fort de l'Etoile. A gauche la résidence de Napoléon : les Mulini — A droite le port et la baie.

(B. N. Photo Josse-Lalance)

XXIII

LE ROITELET

L'homme de génie se retrouve toujours, après une faute comme après un malheur.

NAPOLÉON.

PUISQUE l'île d'Elbe était une sous-préfecture, un sous-préfet toscan y résidait. Il se nommait Louis Balbiani. C'était un personnage assez insignifiant qui, dit-on, n'était « pas un méchant homme, mais un homme faible ». Il avait été épouvanté en assistant à l'insurrection d'une partie des troupes de la garnison, à l'annonce de la capitulation de Paris. Les trois mille à quatre mille mutins, d'origine toscane, italienne ou corse — qui n'étaient autres que des déserteurs de la Grande Armée — avaient piétiné le drapeau tricolore aux cris de *Vive l'Angleterre !* — et même, à Marciana, avaient brûlé l'effigie de Napoléon. Non sans mal, en armant des Elbois et avec quatre cents Français du 35e de ligne demeurés fidèles, les généraux Dalesme et Duval étaient parvenus à vaincre les révoltés, et à s'en débarrasser en les envoyant sur le continent.

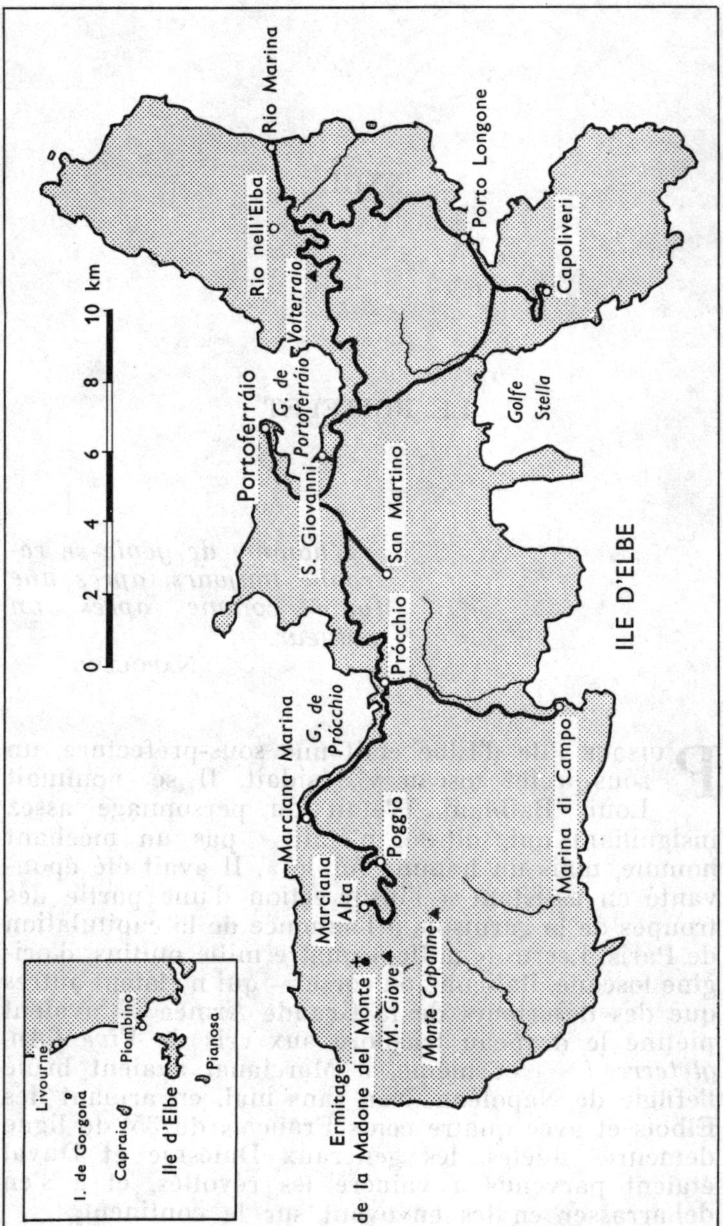
ILE D'ELBE
0 2 4 6 8 10 km
Rio Marina
Rio nell'Elba
Porto Longone
Capoliveri
Volterraio
G. de Portoferràio
Portoferràio
S. Giovanni
San Martino
Golfe Stella
Prócchio
G. de Prócchio
Marciana Marina
Poggio
Marciana Alta
Marina di Campo
Monte Capanne
M. Giove
Ermitage de la Madone del Monte
Livourne
I. de Gorgona
Capraia
Ile d'Elbe
Piombino
Pianosa

Cependant la mentalité des habitants n'était guère favorable à Napoléon, aussi les officiers, le sous-préfet et le maire Traditi avaient-ils jugé préférable de garder secrète la nouvelle apportée de Paris par un officier d'état-major : Napoléon, après son abdication, avait reçu l'île d'Elbe en toute souveraineté. Au vrai, la chose paraissait si incroyable ! Au maître déchu, à défaut de la royauté de la Corse ou d'une résidence forcée dans quelque château, seul un départ vers les Etats-Unis aurait peut-être pu convenir, mais lui demander de venir jouer au souverain sur cette île de deux cent vingt-cinq kilomètres carrés, peuplée de douze mille habitants. avait l'air d'une mauvaise plaisanterie. Les autorités se contentèrent d'arborer le drapeau blanc. L'île demeurait sous-préfecture française mais, par ce geste, devenait royale. Cependant, les Elbois se considéraient comme étant toujours en guerre avec l'Europe. C'est pourquoi, le soir du 3 mai 1814, en voyant s'approcher l'*Undaunted*, les batteries des forts d'*Isola Elba* reçurent l'ordre de se tenir prêtes à tirer sur le vaisseau ennemi. Mais la frégate hissa le pavillon parlementaire et, à voilure réduite, se dirigea vers l'entrée de la rade.

Napoléon avait emporté de la bibliothèque de Fontainebleau un petit livre : *Notice sur l'île d'Elbe*, et il ne fut pas trop surpris en ne voyant, du pont de l'*Undaunted*, que deux forts qui encadraient, au sommet de la colline, les toits de deux ou trois masures. Pour découvrir Porto-Ferrajo, qui, en contrebas, s'étage en croissant entre ces deux forts, il faut en effet pénétrer dans le petit golfe. Tournant curieusement le dos à la mer, Porto-Ferrajo est construit sur une presqu'île. En 1814, un fossé coupait même l'isthme, et la capitale était entourée d'eau salée.

Pour pénétrer dans le port, l'*Undaunted* dut d'abord s'engager dans le goulet et s'avancer vers le fond de la baie, puis elle dépassa la Linguella — où se dresse la *Torre di Martello* ou *di Passanante* (1), une

(1) Du nom de l'auteur de l'attentat contre le roi Umberto, qui y fut enfermé de longues années.

grosse tour ronde et trapue qui servait de prison du temps de Cosme de Médicis — et enfin, avant de jeter l'ancre, la frégate opéra un demi-tour complet et se trouva alors dans un petit lac s'étendant devant la ville.

Napoléon reste à bord, tandis que Bertrand, Drouot et Campbell prennent place dans une chaloupe et sont accueillis sur le quai par le général Dalesme à qui ils remettent cette lettre de l'Empereur : « Général, j'ai sacrifié mes droits aux intérêts de la patrie, et *je me suis réservé* la souveraineté et propriété de l'île d'Elbe, ce qui a été consenti par toutes les puissances. Veuillez faire connaître le nouvel état des choses aux habitants, et *le choix* que j'ai fait de leur île pour mon séjour, en considération de la douceur de leurs mœurs et de leur climat. Dites-leur qu'ils seront l'objet constant de mes plus vifs intérêts... »

Le choix ! Napoléon pensait ainsi donner le change, et chacun — les généraux, le sous-préfet et le maire Pietro Traditi — de jouer le jeu et de préparer pour le lendemain l'entrée de l'Empereur — car Napoléon, « roi de l'île d'Elbe », n'en gardait pas moins son titre impérial.

Il fallait d'abord amener du haut des deux forts, le *Falcone* et le *Stella* — le Faucon et l'Etoile — le pavillon blanc de Louis XVIII et hisser à sa place le nouvel emblème. Napoléon, qui pensait à tout, avait songé à ce dernier durant la traversée et l'avait fait exécuter à bord même de la frégate. Il savait que l'écu des Médicis, anciens souverains de l'île, se composait d'une bande de gueules sur fond d'argent. Aussi avait-il simplement ajouté à ces couleurs trois abeilles d'or « semées » sur la bande transversale.

Comment annoncer la grande nouvelle aux Elbois ? Le sous-préfet établit ce texte au style ampoulé, que l'on décide de faire placarder à l'aube dans la ville : « Aux habitants de Porto-Ferrajo. Le plus heureux événement qui pût jamais illustrer l'histoire de l'île d'Elbe s'est réalisé en ce jour ! Notre auguste souverain l'Empereur Napoléon, est arrivé parmi nous.

Nos vœux sont accomplis : *la félicité de l'île d'Elbe est assurée...* Unissons-nous autour de sa personne sacrée, rivalisons de zèle et de fidélité pour le servir. Ce sera la plus douce satisfaction pour son cœur paternel. Et ainsi nous nous rendrons dignes de la faveur que la Providence a bien voulu nous accorder. »

Puis les autorités, formant députation, prennent place dans la chaloupe pour se présenter à leur souverain. Parmi elles, se trouve le fils d'un aubergiste espagnol installé à Cette, André Pons, dit de l'Hérault, car il avait failli représenter ce département à la Convention. Ardent républicain, il avait, sous la Révolution, — mode de l'époque — abandonné son prénom pour choisir ceux de Marat-Lepeletier. Pons avait connu Bonaparte au siège de Toulon, lui avait même fait apprécier à Bandol une savoureuse bouillabaisse, mais n'en était pas moins demeuré un farouche jacobin. Il ne pensa assurément pas cesser de l'être en acceptant d'entrer dans l'administration de l'Ordre de la Légion d'honneur, qui lui avait offert de diriger les mines de fer de l'île d'Elbe. C'est en cette qualité qu'il se joignit à la députation chargée de « complimenter » l'ex-maître de l'Europe et de le féliciter d'être devenu souverain d'un îlot méditerranéen :

« Le vainqueur de tant de nations, le Roi de tant de rois, exilé sur un misérable rocher ! Et la France veuve de son héros !.... écrira Pons, en cette langue dont il possédait le secret avec quelques-uns de ses contemporains. Que de réflexions tristes je fis ! Que d'émotions pénibles j'éprouvai ! J'étais dans une agitation extraordinaire quand nous montâmes à bord de la frégate anglaise sur laquelle Napoléon était... Nous lui fûmes présentés par le général Bertrand. Oh ! comme je voudrais pouvoir rendre l'impression que sa vue fit sur moi ! Respect, attendrissement, peine, plaisir, crainte, espérance, tous les sentiments me maîtrisaient à la fois. Mon âme était tout entière dans mes yeux et mes regards dévoraient le moindre de ses mouvements ! Sa figure était calme et presque riante ; il portait l'uniforme des chasseurs de la

Garde ; ses bras étaient croisés derrière le dos, et il tenait un petit chapeau rond à la main. »

Mais le lendemain après-midi, pour débarquer, l'Empereur abandonne cette coiffure de marin pour se couvrir de son chapeau légendaire. Le matin, le drapeau elbois avait été hissé sur les forts, tandis que, pour saluer Napoléon, tonnaient les batteries du *Stella* et du *Falcone* ainsi que les canons de l'*Undaunted.* Toute cette artillerie se remet en branle lorsque l'Empereur quitte la frégate. Les marins anglais présentent les armes, sabre au clair et poussent les *hourrah* réglementaires.

Devant lui, alors que la chaloupe avec ses vingt-quatre rameurs s'approche du débarcadère, l'Empereur voit le quai où la foule, en habits clairs — cette foule si semblable à celle de son enfance — s'est rassemblée et crie : *Evviva il Imperatore !* dans le vacarme des cloches qui sonnent et des roulements des tambours du 35e régiment de ligne.

La chaloupe s'arrête.

Le maire, Pietro Traditi, s'avance portant sur un plat d'argent les clefs de la Porte de la Mer. En réalité, ce sont celles de la cave de sa maison qui ont été rapidement dorées pour la circonstance, car les clefs authentiques ont été égarées (1). La « Porte de la Mer » est un arc de triomphe percé d'une haute porte aux vantaux de bois cloutés, et élevé au XVIIe siècle par le grand-duc Ferdinand II. Cette arche est le seul passage qui permette d'entrer dans la ville, le port étant, en effet, ceinturé par le *Granguardia* — le Grand Rempart — sur lequel on a construit des maisons (2). Les fenêtres sont pavoisées et les mouchoirs claquent au vent.

Napoléon a lancé au maire la phrase traditionnelle :

— Reprenez ces clefs, Monsieur le Maire, elles ne peuvent être en meilleures mains.

Les soldats du 35e et les gardes nationaux font la

(1) Ces clefs se trouvent maintenant à la maison des Mulini.

(2) Aujourd'hui, les maisons, annexant sans façon les fortifications de Cosme de Médicis, sont descendues, si j'ose dire, jusqu'au quai, en perçant le *Grand Rempart* de fenêtres et de portes.

haie. L'Empereur s'apprête à se diriger vers la Porte de la Mer lorsque le vicaire général, le Corse Arrighi — il se prétend, comme tant de Corses, cousin de Napoléon — fait un geste de la main. Effaré, l'Empereur voit alors venir vers lui un dais en papier doré orné d'abeilles en carton scintillantes au soleil que portent quatre gaillards en habits de fête. Il n'ose refuser cet honneur, réservé habituellement au Saint-Sacrement, et va se placer sous l'étrange baldaquin. Les autorités, pêle-mêle avec les officiers de l'Empereur et les commissaires alliés, suivent le dais. Au son des tambours scandant la marche, la procession — vrai cortège de carnaval — passe sous la Porte de la Mer et entre dans la nouvelle capitale de l'Empereur. Quelques pas séparent l'arc de triomphe de l'église paroissiale — Mgr Arrighi l'appelle pompeusement le *Duomo* — qui ouvre ses trois portes sur la place d'Armes. La simplicité de l'édifice dont seuls les soubassements sont en marbre bleu pâle et blanc, étonne dans ce pays où plus de clinquant accompagne habituellement la religion. Les voûtes de l'église sont en bois peint et les solives apparentes. Devant l'autel, un prie-Dieu attend l'Empereur afin qu'il puisse se recueillir tandis que l'on va chanter un *Te Deum*. Un *Te Deum*, comme après Austerlitz ou au lendemain de la naissance du roi de Rome !

La cérémonie terminée, Napoléon reprend place sous son baldaquin, et se met en route pour la mairie, qui se trouve à quelques pas, dans un renfoncement, de l'autre côté de la place d'Armes, appelée place Hutré. L'*Imperatore* pénètre dans le bâtiment au son d'un piètre orchestre de chambre. Il donne audience, dans le « grand salon », aux personnalités elboises, avant de gagner les appartements qui lui ont été hâtivement préparés — appartements qu'avaient occupés en 1803 le commandant Hugo et ses trois enfants, parmi lesquels le petit Victor qui, un jour, pourra écrire :

Je visitai cette île, en noirs débris féconde,
Plus tard premier degré d'une chute profonde.

Et pendant que l'Empereur cherche en vain le sommeil — la rue est bruyante, les odeurs infectes flottent dans l'air puisque l'on jetait alors *tout* par la fenêtre... — les officiers alliés, pour que la « chute profonde » soit officielle, établissent la « prise de possession » de l'île d'Elbe par *S.M. l'empereur Napoléon.* « En foi de quoi, ajoutent-ils, nous, commissaires des puissances alliées, avons signé le présent procès-verbal avec le général Drouot, gouverneur de l'île, et le général Dalesme, commandant supérieur... »

***

Tandis que Pons s'inclinait devant lui, Napoléon lui avait annoncé, pour le lendemain, sa visite aux mines de Rio Marina, situées sur la côte orientale de l'île, à vingt kilomètres de Porto-Ferrajo. Aussi, dès le matin du 5 mai, l'Empereur, accompagné de Dalesme, de Campbell et de quelques officiers, quitte Porto-Ferrajo par la Porte de Terre. De la route qui longe le fond du petit golfe, le paysage est admirable. Porto-Ferrajo, toute scintillante au soleil — ses maisons blanches et roses aux volets verts étagées en demi-cercle — protégée par les deux forts de pierre grise, semble une conque surgie de la mer. Avant d'arriver à Porto-Longone — aujourd'hui Porto-Azurro — l'Empereur manifeste l'envie d'aller visiter le village de Capoliveri — le sommet de la liberté — construit en nid d'aigle sur une colline de cent soixante-cinq mètres d'altitude et plantée de vignes. Les habitants sont fiers et ils se refuseront un jour à payer l'impôt exigé par Napoléon. Il faudra envoyer deux compagnies pour amener les Capoliverains à une meilleure compréhension de leur devoir...

Pour le moment, dès le lendemain de son arrivée, l'Empereur éprouvera assurément, dans ce petit village, sa première déception. A cet endroit, il peut se rendre compte à la fois de la pauvreté — la culture y est nulle — et de la petitesse de son royaume. De Capoliveri, le panorama sur les trois mers lui permet de contempler, dans trois directions différentes, aussi bien les golfes de Porto-Ferrajo et de la Stella, que la baie de Porto-Longone. L'horizon est fermé à l'ouest par la Corse et l'île de la Pianosa. On peut même deviner, plus loin — et si le temps est clair — l'île de Monte-Cristo. A vol d'oiseau, l'île d'Elbe a ici moins d'une lieue de large. Dix minutes plus tard, Napoléon atteint le charmant petit port de Porto-Longone. La route quitte de nouveau la mer, monte vers la montagne pour redescendre sur Rio Marina, le village dont les roches de cristaux d'oxyde de fer scintillent sous le soleil.

Le déjeuner chez Pons se passe mal. L'ancien jacobin, plus troublé que mal intentionné, appelle à plusieurs reprises l'Empereur : *Monsieur* ou *Monsieur le Comte*. Des lis en pots ont été mis par inadvertance devant la maison ; Napoléon croit voir dans ce manque de tact involontaire une manifestation de fidélité à Louis XVIII. Pons soupçonné de royalisme, lui qui ne pensait qu'à la république ! Le malheureux, s'imaginant après cette bévue qu'il allait être remplacé, offre assez maladroitement sa démission. L'Empereur refuse. Un peu plus tard, Napoléon enverra à Pons son trésorier Peyrusse pour lui réclamer deux cent mille francs qu'il possède en caisse.

— Mes deux cent mille francs appartiennent à la Légion d'honneur, répondra-t-il, en refusant.

L'affaire se prolonge durant plusieurs jours et les deux hommes échangent un dialogue épique :

— Vous me verserez la somme, Monsieur Pons !

— Non, Sire, je ne la verserai pas !

— Monsieur, je suis toujours empereur !

— Et moi, je suis toujours Français !

Finalement — après une démission de nouveau offerte et de nouveau refusée — Pons dut s'incliner. « L'Empereur triompha sans réserve, rapportera-t-il dans ses *Souvenirs* pour expliquer sa capitulation ; il ne m'avait pas vaincu. »

Pour s'en retourner, Napoléon emprunte une autre route afin de passer par la vieille forteresse étrusque : le Volterraio, qui domine le golfe de Porto-Ferrajo du haut de ses quatre cents mètres. De là, comme la veille à bord de l'*Undaunted* — et comme tout à l'heure lorsqu'il regagnera Porto-Ferrajo par bateau — l'attention de l'Empereur est attirée par un ensemble de constructions qui dominent la ville entre les deux forts et dont la vue donne à la fois sur la mer et sur le golfe. Il s'agit de bâtiments construits jadis sur Jean-Gaston de Médicis pour servir de Palais de Justice et de prison, mais vite déchus de leur destination première, ils avaient été transformés en logement pour le jardinier. Deux moulins — d'où le nom de *Mulini* — y tournaient au vent du large. Quelques années avant l'arrivée de l'Empereur, ils avaient été démolis et les commandants français — ceux de l'artillerie et du génie — s'étaient installés aux « Mulini » après les avoir agrandis. Napoléon décide d'établir à cet emplacement — le plus beau de Porto-Ferrajo — son « palais ». Il fait remanier le rez-de-chaussée, en réunissant les deux pavillons qui existent déjà et en ordonnant d'élever un étage.

Lorsqu'on pénètre aujourd'hui dans cette maison dont l'aspect extérieur est plutôt riant, avec ses murs roses et ses volets verts, on est envahi par un navrant sentiment de tristesse. Les appartements sont carrelés de rouge et blanchis à la colle. L'exiguïté du bâtiment n'a pas permis la construction d'un couloir et les pièces, adossées entre elles, ouvrent soit sur la ville, soit sur le jardin et la mer. Seuls, les deux salons du rez-de-chaussée et du premier étage viennent rompre la monotonie de ce plan.

L'Empereur s'est réservé pour son « intérieur », selon son expression, quatre petites chambres. Côté jardin : son cabinet de travail et un petit salon ; côté ville : une bibliothèque et sa chambre à coucher. Pour obtenir le grand salon du premier étage — celui que viendra habiter Pauline — il faudra la surface de ces quatre pièces.

Ce Salon, en dépit de ses nobles proportions, ne suffisait point à la *courette* elboise ; aussi, en retour d'angle, l'Empereur fera-t-il transformer l'ancien entrepôt des farines en une longue *salle de bal* donnant sur le jardin par sept portes-fenêtres. Elle sert aujourd'hui de salle de congrès, et l'on devine encore sur ses murs les peintures en trompe-l'œil exécutées à l'époque.

Pour meubler son palais, Napoléon va tout bonnement piller sa famille. Il envoie un voilier à Piombino. Là se trouve le palais qu'Elisa — grande-duchesse de Toscane et princesse de Piombino — a été contrainte d'abandonner, en dépit du pacte qui la lie à Murat. Le palais est occupé par le général autrichien Starhemberg, qui pousse des cris en voyant les fourriers du roi d'*Isola Elba* emporter les meubles, les rideaux, et même les planchers de sa demeure — et ne lui laissant, en échange, qu'un simple reçu. Napoléon hérite ainsi du lourd et disgracieux lit doré d'Elisa, un lit sculpté — torchères aux angles, ciel de lit soutenu par des cygnes et surmonté d'une lyre — dans lequel la *Bacciocha* — ainsi que l'appelaient ses sujets toscans — avait passé des heures quelque peu légères...

— J'ai puni ma sœur et volé l'Autriche qui lui a succédé, déclara l'Empereur en riant.

Avec la même absence de scrupule, il déleste son beau-frère Borghèse de quelques biens au passage. La tempête ayant obligé le navire qui emportait vers Rome les malles du mari-figurant de Pauline, de relâcher à Porto-Longone, Napoléon donne l'ordre de réquisitionner la cargaison. Ses sœurs et ses beaux-frères ne lui doivent-ils pas tout ? Et puis cela ne sort point de la famille !

Voici les Mulini bien pourvus. Aujourd'hui, après cent avatars, on est parvenu à rassembler une faible partie de cet ameublement disparate auquel on a joint quelques objets et meubles datant manifestement de Louis-Philippe ou du Second Empire... On n'en a pas moins l'impression de visiter une villa destinée à être louée meublée et dans laquelle les propriétaires n'ont laissé que le strict nécessaire.

Le jardinet, joliment dessiné, nous émeut et nous charme. La mer, qui vient battre à une trentaine de mètres plus bas les rochers, ce vaste horizon bordé dans le lointain par la côte italienne, les deux forts qui de leur masse grise encadrent le paysage, font oublier la mélancolie qui se dégage du « palais ». On imagine le proscrit, chassé la nuit de sa chambre par la chaleur, sortant dans son jardin ainsi que le rapporte Marchand : « Le calme de ces délicieuses nuits n'était interrompu que par la vague qui se brisait à deux cents pieds au-dessous de la terrasse sur laquelle il se promenait, et par le *Qui vive ?* de la sentinelle, ou par l'Empereur s'il se mettait à chanter, ce qui lui arrivait quelquefois en pensant à autre chose ; car il était rarement dans l'air et répétait un quart d'heure les mêmes paroles. C'était : *Si le roi m'avait donné Paris, sa grande ville.* Il en changeait la fin et substituait à : *J'aime mieux ma mie... Rendez-moi Paris.* C'était aussi : *Oui, c'en est fait, je me marie.* Ou bien : *Voilà le jour, Colette ne vient pas.* Ou encore : *Marat, du peuple le vengeur.* Comme je l'ai dit, poursuit Marchand, sa pensée était à tout autre chose qu'à ce qu'il chantait. Son verbe était haut et ses éclats de rire s'entendaient de très loin. Lorsqu'il chantait ainsi, il s'inquiétait fort peu d'être entendu. Il semblait presser la nuit de se passer et attendre le jour avec impatience. Aussitôt qu'il paraissait, il s'habillait, montait à cheval, suivi de Noverraz ou de Saint-Denis, il dirigeait sa promenade du côté du port, prenait en passant le général Drouot, allait chez le grand maréchal ou bien assistait à l'exercice de sa Garde.

« Lorsque la chaleur commençait à se faire sentir, il rentrait chez lui et déjeunait, quelquefois seul ou avec le général Drouot et le général Bertrand. Les mets les plus simples étaient ceux qu'il préférait ; les lentilles, les haricots blancs, les verts, qu'il aimait beaucoup, mais qu'il craignait de manger par la crainte d'y trouver des fils, qui, disait-il, lui faisaient l'effet de cheveux, et dont la seule pensée lui soulevait le cœur... »

Il affecte d'apprécier les vins de l'île et baptise le vin rouge *Côte de Rio* et le vin blanc *Monte-Jiove.* « Ces noms pompeux ne les rendaient pas meilleurs », nous dit le trésorier Peyrusse...

Le simulacre d'étiquette qui règne aux Mulini est aussi la marque caractéristique de la chute du titan. On devait avoir l'impression d'un cruel pastiche des résidences impériales. Le dimanche, il y a le lever « comme aux Tuileries ». Le visiteur ne peut être admis que « sur les présentations du grand-maréchal ou d'un chambellan ». Ces derniers, vêtus de pourpre et d'argent, au nombre de quatre, ont été recrutés sur place : les maires de Porto-Ferrajo et de Porto-Longone — Traditi et Gualandi — le procureur près le tribunal — Ventini Vincent — et le ministre des Domaines, le docteur Lapi. Car il y a des ministres pour gouverner l'île ! Outre l'ancien sous-préfet qui reçoit le portefeuille de la Justice, Bertrand, Drouot et le trésorier Peyrusse se partagent les autres ministères. Les sept officiers d'ordonnance sont tous Elbois, ils portent l'habit vert, veste et culotte passepoilée de rouge, abeilles sur les retroussis, épaulettes et aiguillettes d'argent. Deux médecins, un aumônier et un pharmacien sont également attachés à la Maison. Trois préfets du palais — des Français — gouvernent soixante-cinq domestiques, en tête desquels se trouvent les fidèles : Marchand, Saint-Denis, Noverraz, Gentilini, Cipriani, Pierron et Archambauld qui, tous, suivront l'Empereur à Sainte-Hélène.

Dans les écuries : dix chevaux de selle, quarante-huit chevaux de trait, vingt-sept voitures : berlines, calèches, landaus, chariots, fourgons. Lorsque l'Empereur sort, les postillons doivent avoir « un chapeau rond avec un galon d'or, un frac vert avec des boutons d'or, une veste rouge galonnée ». Huit piqueurs sonnant du cor précèdent la voiture, encadrée d'officiers et suivie de l'escorte. Napoléon exige également qu'il y ait « tous les jours de service » pour suivre sa voiture « cinq hommes à cheval avec leurs carabines et leurs pistolets chargés ».

Car l'Empereur possède des troupes. L'arrivée des grognards de Fontainebleau a été pour lui une grande joie.

— Maintenant que vous êtes là, leur a-t-il dit, tout est oublié !...

A ces six cent sept hommes de la Garde, commandés

par Cambronne — sont *mot* ne l'a pas encore rendu célèbre — viendront se joindre quarante-trois canonniers, cent dix-huit chevaux légers et lanciers polonais, un bataillon assez médiocre de quatre cents hommes enrôlés à Elbe et en Corse, enfin une dizaine de sous-officiers de la gendarmerie d'élite. En tout, douze ou treize cents hommes. La « marine » se compose, outre deux ou trois petits bâtiments tels que l'*Abeille* ou la *Mouche*, ayant huit hommes d'équipage — d'un chebeck : l'*Etoile*, comptant seize hommes à son bord. Napoléon a reçu aussi de Louis XVIII un véritable navire. Le traité de Fontainebleau a prévu une corvette, mais le roi se contente d'envoyer le brick l'*Inconstant*, armé de dix canons, et dont l'équipage commandé par le lieutenant Taillade est de soixante-quatre hommes.

De même que les officiers, les fonctionnaires et les domestiques maintiennent les apparences d'une cour illusoire, Napoléon continue de jouer au chef d'Etat. Cependant ses ordres ne concernent plus ses armées ou ses escadres, mais une poignée d'hommes. Cette activité lui est nécessaire. Il n'empêche, comme l'a dit Léon Pélissier, qu'il a créé à Isola Elba une machine de Marly là où suffisait un porteur d'eau. On a le cœur serré en parcourant le registre où sont consignées ses décisions. Les ordres de cet homme qui a mené le monde sont réduits à des préoccupations de maîtresse de maison :

Ordres concernant ses domestiques.

22 juin : « Dans les grandes chaleurs, les postillons auront pour faire le service une veste et une culotte de nankin. »

14 juillet : « J'approuve qu'on fasse une retenue sur les gens de la maison qui vont à l'hôpital pour des maladies vénériennes. »

23 juillet : « Ma lingerie est dans un état déplorable. »

3 octobre : « Faites ôter l'épaulette au Suisse ; elle va mal. »

Son « armée » :

24 juin : « Il sera accordé, des magasins, à chaque homme de la Garde, et sans retenue, une once de riz par jour, comme préservatif de maladies pendant les chaleurs. »

9 août : « J'ai déjà donné l'ordre d'envoyer à l'île de la Pianosa un grenadier de la Garde ; envoyez-y également les grenadiers Renaud, André, Badano, Carpentier, et le lancier Sobolowski, ce qui fait six hommes. »

Presque chaque jour, il lance des ordres afin d'équilibrer son maigre budget, tant que Louis XVIII ne lui versera pas la rente annuelle de deux millions prévue par le traité de Paris.

22 juin : « Il ne sera donné au petit cheval corse qu'une demi-ration. »

28 octobre : « Les dépenses pour la pharmacie doivent être payées par la guerre... »

9 décembre : « Les brebis qui pâturent à l'île de la Pianosa devront payer un paoli par tête, pour trois mois. »

Il y a encore les ordres concernant les travaux effectués aux résidences de l'*Imperatore* :

2 juillet : « Faites faire l'épreuve de ce qu'un petit chariot du pays, attelé d'un mulet, pourrait porter de briques ou de chaux. »

3 juillet : « Vous ferez donner, sur les frais de la bâtisse de Saint-Martin, demi-boisseau d'avoine en gratification aux chevaux qui seront employés au transport des matériaux... On devra préparer d'avance les tringles pour rideaux. »

20 août : « On fera autour de la maison de Corsi des palis pour empêcher que la basse-cour ne s'échappe dans les vignes... »

11 septembre : « Les chevaux qui sont ici (à Longone) n'ont ni mangeoires, ni râteliers. »

15 octobre. Au grand maréchal Bertrand : « Grondez le jardinier de ce qu'il a employé trois jardiniers pendant le mois, pour un jardin grand comme la main. »

6 novembre. Au grand maréchal Bertrand : « Pour arranger le talus en gazon et différents transports, trente francs ; pour couper le gazon, cinq francs ; pour arracher des arbustes, six francs. »

Il se consacre tout de même à une activité plus effective : transformer l'île. En un peu plus de dix mois, la physionomie d'Elbe a été si radicalement changée que la marque impériale s'y devine encore aujourd'hui : routes, ponts, irrigation, hygiène, voirie, mise en valeur de la maigre culture à laquelle il ajoute celle des oliviers et des mûriers. Tout ici est son œuvre. Sans cesse, il arpente son domaine. Le colonel Campbell le voit un jour se promener à pied sous un soleil ardent depuis cinq heures du matin jusqu'à trois heures de l'après-midi, puis après avoir inspecté sa « flotte », il fait trois heures de cheval « pour se *défatiguer* », explique-t-il à l'Anglais, stupéfait.

On a dit avec raison que ce bourdonnement inlassable du roitelet cachait une intense activité secrète. Napoléon a-t-il, dès son arrivée, préparé son évasion et son retour ? Bien que le vol de l'Aigle, au mois de mars 1815, paraisse n'avoir pu se produire sans quelques accords, sans quelques promesses aussi, et même, sans quelques compromissions, il ne semble pas qu'il y ait eu un véritable complot. Si Louis XVIII avait payé la pension prévue par le traité, si Marie-Louise, tenant son fils par la main, était venue rejoindre le proscrit, Napoléon aurait peut-être accepté son exil...

L'Empereur tient à être exactement renseigné sur les événements. Et pour cela, il emploie autant, sinon plus, d'espions que les Alliés n'en ont engagé pour surveiller leur ancien vainqueur. Non seulement sa « flotte », sous n'importe quels prétextes, se rend à Livourne ou à Gênes, mais en se penchant, après Guy Godlewski, sur les comptes de la cassette impériale, on demeure stupéfait. Alors que l'Empereur fait à Porto-Ferrajo des économies sordides, contrôle le blanchissage, l'éclairage des cuisines, loue les pâtures de l'île voisine de la Pianosa, solde des vieux fers, fait même jeûner ses chevaux, au même moment il note :

Bons de l'Empereur.

23 juin :

Bon de Sa Majesté	*payé à M. Lapi*	56 000
30 septembre :	*payé au porteur*	61 000
10 octobre :	*ordre Pisani*	3 000
15 octobre :	*ordre Lapi*	4 000
9 novembre :	*ordre Marchand*	6 000
23 novembre :	*ordre Rathery*	6 000
		136 000

Cent trente-six mille francs, soit une cinquantaine de millions d'anciens francs. N'est-ce point pour récompenser des services exceptionnels que Napoléon a versé des sommes aussi considérables ? — surtout au mystérieux « porteur » et au chambellan Lapi, « l'âme des coteries », nous dit Pons qui ne l'aimait guère.

Puisque cette activité devait rester secrète pour les contemporains, il n'est pas surprenant qu'elle le soit demeurée pour la postérité — et libre à chacun de rêver sur les soixante et un mille francs-or « payés au porteur ».

Napoléon possède une autre source de revenus : la bourse de sa mère, venue rejoindre son fils, munie d'un passeport au nom de « Mme veuve Bonaparte ». Elle pleure dans les bras de l'Empereur en débarquant à Porto-Ferrajo. Napoléon l'installe à deux pas des Mulini, dans une humble maison de la via Ferrandini, une venelle en pente — elles le sont presque toutes à Porto-Ferrajo — pavée de granit rose : la *casa* du chambellan Ventini. On y a fait des travaux. Dans le salon — il existe toujours — les peintures en trompe-l'œil imitent une tente soutenue par des fanions. Napoléon sait sa mère fort riche. Elle a économisé toute sa vie. Aussi, son installation ayant déclenché un surcroît de dépenses, l'Empereur ordonne au Grand Maréchal :

« Je vois avec peine qu'on travaille toujours à la maison Ventini, ce qui est d'autant plus désagréable qu'elle ne m'appartient pas. Il est convenable que les mémoires de dépenses ordonnées par Madame lui soient présentés pour qu'elle les paye : c'est le seul moyen pour qu'elle ne commande plus rien. »

Ainsi fut fait.

A la fin de la journée, la Madre vient passer la soirée chez son fils et jouer avec lui au whist. Napoléon triche selon son habitude et Letizia proteste :

— Madame, vous pouvez perdre, lui dit-il en riant, moi je suis pauvre, je dois gagner.

Le passage de Pauline à « l'île du Repos » va lui permettre de se lancer dans une nouvelle et bien utile dépense. Il se trouve à Rio Marina, chez Pons — ou plutôt chez lui, car il s'était attribué sans façon la maison de campagne du directeur des Mines — lorsqu'on vient lui annoncer l'arrivée d'une frégate napolitaine, la *Letizia*. La chère Pauline est à bord, en route pour Naples. Aussitôt, l'Empereur saute à cheval pour accueillir sa sœur. Paoletta ne séjourne à Porto-Ferrajo que deux ou trois nuits — elle devait revenir s'installer définitivement dans l'île le premier novembre — mais est consternée par l'inconfort des Mulini, et par la chaleur de plomb qui y règne. Il faut que l'Empereur, durant les mois d'été, puisse quitter la ville ! Napoléon, au hasard de ses promenades, a remarqué plusieurs petites maisons — un vrai hameau — joliment situées à flanc de coteau, au milieu des vignes, dans le val de San Martino, à une lieue et demie de Porto-Ferrajo. De là on a une admirable vue sur le port, la ville et la forteresse de Volterraio. Malheureusement, le propriétaire — un lieutenant du 35e de ligne, nommé Manganaro — demande cent quatre-vingt mille francs pour céder sa propriété. Pauline, émue, ouvre alors son coffre à bijoux et Napoléon peut acheter le domaine de San Martino.

Des neuf maisonnettes entourant la demeure principale, l'Empereur ordonne de faire une salle de billard, des chambres pour y loger les officiers, les domestiques et un détachement de la Garde. On devra aussi aménager une écurie pouvant abriter huit chevaux.

Sous le Second Empire, le prince Demidoff, époux séparé de la princesse Mathilde — fille de Jérôme — poussé par l'admiration qu'il porte à son ex-oncle par alliance, construisit juste *au-dessous* de la maison de l'Empereur, et semblant la supporter de son toit en terrasse, un abominable musée de près de soixante-dix mètres de façade, qui supprima la plus grande partie du jardin de Napoléon. Cependant la maison d'été du proscrit — ocre rouge et jaune aux volets café au lait — subsiste. Contrairement aux Mulini aucune tristesse n'émane d'elle. L'Empereur possédait là, au premier étage — au rez-de-chaussée du côté de la montagne — un délicieux appartement privé de trois pièces — antichambre, cabinet de travail, chambre à coucher. Celle-ci est ornée de peintures bleues et roses représentant en trompe-l'œil — comme toujours — des draperies agrémentées de feuilles de vigne et de bouquets de fleurs. Le plafond est décoré d'abeilles et de légions d'honneur. Dans le bureau, une trappe permet de descendre vers la salle de bains située au rez-de-chaussée — côté jardin. Au-dessus de la baignoire, Napoléon a fait peindre une jeune femme nue qui donne l'impression de s'être échappée d'une maison close de Pompéi. Elle représente, paraît-il, la vérité se regardant dans un miroir.

Ici aussi, on a pensé à l'apparat. Pour le grand salon pavé de marbre, une décoration évidemment en trompe-l'œil, œuvre du sieur Ravelli, rappelle assez médiocrement le Nil, le désert, les chameaux, les colonnes de Thèbes et les hiéroglyphes. Au centre, à la demande de Napoléon a été agencé « un bassin octogone avec un petit jeu d'eau, selon l'usage d'Egypte ». Le plafond de la salle du Conseil imite le ciel. Deux colombes tenant chacune dans leur bec le bout d'un ruban, « dont le nœud se resserre au fur et à mesure qu'elles s'éloignent », représentent symboliquement Napoléon et Marie-Louise séparés par les circonstances...

Joséphine revenue à Malmaison — et plus perspicace alors que Napoléon — sentait-elle que celle qui l'avait remplacée dans le lit conjugal ne partirait point pour l'île d'Elbe ? Il faut du moins le supposer lorsqu'on lit cette lettre qu'elle aurait adressée à son ex-mari : « Si j'apprends que, contre toute apparence, je suis la seule qui veuille remplir son devoir, rien ne me retiendra, et j'irai au seul lieu où puisse être désormais pour moi le bonheur, puisque je pourrai vous consoler lorsque vous êtes isolé et malheureux. Dites un mot et je pars. » Mais cette lettre est-elle authentique ? Au mois de mai 1814, la « trahison » de Marie-Louise à laquelle ces lignes semblent faire allusion — l'oubli du « devoir » — se trouvait encore loin de la pensée de la molle archiduchesse — nous le savons par ses lettres. Après quelques semaines passées près de son père, elle avait bien l'intention de partir pour l'île d'Elbe : « Je suis contente que tu t'y trouves bien et que tu songes à faire bâtir une jolie maison de campagne, lui écrivait-elle. Je te demande de m'y réserver un petit logement, car tu sais que je compte toujours bien venir te voir le plus tôt que je pourrai, et je fais des vœux pour que cela soit bientôt. » Et Napoléon préparait « le petit logement » demandé et destiné à sa femme. En ce mois de mai 1814 il n'avait encore rien à lui reprocher.

Par contre — et nous le savons par une note marginale de la main de Marchand — l'Empereur avait été peiné en apprenant que Joséphine avait reçu le tsar à Malmaison. Ignorant alors l'insistance mise par Alexandre pour être admis près de l'ex-impératrice, oubliant qu'il avait lui-même autrefois accueilli à sa table les souverains qu'il avait vaincus, il trouvait qu'il eût été plus convenable de « s'associer à son adversité ».

Il n'en fut pas moins bouleversé en apprenant, un matin de juin, la mort de « l'incomparable Joséphine ». Il s'enferma dans sa chambre et ne voulut voir Bertrand que quelques instants. On l'entendit murmurer :

— Ah ! elle est bien heureuse maintenant.

Et il caressa sa chaîne de montre faite avec des cheveux de sa chère créole...

L'Empereur dans le jardin des Mulini à Porto-Ferrajo.

(B. N. Photo Josse-Lalance)

XXIV

« AH ! QUE MON ILE EST PETITE !... »

Dans la position où je suis, je ne trouve de noblesse que dans la canaille que j'ai négligée, et de canaille que dans la noblesse que j'ai faite.

NAPOLÉON.

Le 25 août, l'Empereur installe sa mère pour quelques jours dans l'une de ses résidences occasionnelles : la modeste petite maison située à la sortie du bourg de Marciana-Alta, appartenant au sieur Cerbona Vadi, adjoint au maire. C'est aujourd'hui une humble *trattoria,* dont les fenêtres ont une vue magnifique sur Marciana Marina et le golfe de Procchio. En s'y rendant, le 21 août, afin de précéder Mme Letizia, Napoléon s'était arrêté à la sortie du village de Poggio — à mi-chemin entre le port de Marciana et le bourg de Marciana-Alta. Là, dans un repli de terrain, coule une fontaine d'eau pétillante. Il en avait bu et s'en était trouvé si bien qu'il avait commandé d'en remplir plusieurs barriques pour ses différents « palais » (1).

(1) Depuis 1814 toute l'île d'Elbe boit *l'Acqua minerale antiurica Fonte Napoleone.*

Ce déplacement, cette invitation lancée à sa mère pour qu'elle vienne le rejoindre, dissimule un véritable petit complot : l'Empereur cherche un endroit discret où il pourra cacher sa proche rencontre avec Marie Walewska. Son « épouse polonaise » se prépare, en effet, à quitter Florence pour Naples, afin d'aller prier Murat de veiller sur le majorat de son fils. De là, si l'Empereur le désire, elle pourrait s'embarquer pour l'île d'Elbe. Le colonel Laczinski — le frère de Marie — envoyé en ambassadeur à Porto-Ferrajo revient bientôt porteur de la réponse de Napoléon :

« Marie, j'ai reçu votre lettre, j'ai parlé à votre frère. Allez à Naples arranger vos affaires ; en allant ou en revenant, je vous verrai avec l'intérêt que vous m'avez toujours inspiré, et le petit dont on me dit tant de bien que j'en ai une véritable joie et me fais fort de l'embrasser. Adieu, Marie, cent tendres choses. Napoléon. »

On prend le soin cependant de prévenir la comtesse Walewska qu'elle devra s'entourer de toute la discrétion possible pour débarquer à isola Elba. Il fallait éviter soigneusement que le bruit de l'escapade de Mme Walewska ne parvienne aux oreilles de l'impératrice Marie-Louise ! N'attendait-on pas d'un jour à l'autre à l'île d'Elbe l'arrivée de l'épouse légitime et celle du roi de Rome ? Voici pourquoi l'Empereur était parti pour Marciana-Alta. Est-ce là qu'il aura la joie, à défaut du petit roi, d'embrasser le jeune Alexandre ?

La maison située tout au bout du village, sur le chemin de Zanca, ne lui paraît point encore assez à l'abri des vues. C'est pour cette raison qu'on le voit, ce même 21 août, quitter Marciana, suivre la via del Fosso, puis l'actuelle place de la Vittoria et gravir à pied, ou à dos de mulet — on ne sait... — les durs degrés pavés, hérissés plutôt de pierres, qui, en une quarantaine de minutes, permettent de gagner le lieu du pèlerinage le plus ancien de l'île : la Madona del Monte, à six cent vingt-sept mètres d'altitude. Ce jour-là, il n'est point vêtu de son célèbre uniforme, mais du costume de garde national elbois — habit bleu à revers blancs.

A sa gauche, montant à l'assaut de la haute masse aride du mont Giove — le mont Jupiter — il voit des châtaigniers et des petits acacias qui laissent très vite la place à des pins rabougris et à des lentisques. A sa droite, des vignes dévalent vers la mer, dont le rivage est à une demi-lieue à vol d'oiseau. Quatorze reposoirs jalonnent ce chemin de croix. Bientôt il n'y a même plus un arbrisseau : rien que des ajoncs et des buissons de romarins, de thym et de menthe qui poussent entre les pierres couvertes de lichens.

Derrière l'Empereur, viennent quelques hommes ; ses deux valets de chambre : Marchand — la fidélité faite homme — et le pseudo-mamelouk Ali, qui se nomme en réalité Saint-Denis et est né à Versailles. Peinant également sous le soleil, dans son uniforme bleu ciel à aiguillettes d'argent, vient l'officier d'ordonnance Bernotti, engagé à l'île d'Elbe, puis le capitaine Paoli, un Corse qui commande la gendarmerie de l'île. Il se sent pataud dans son rôle, si nouveau pour lui, d'homme de cour :

— Quelle heure est-il, Paoli ? lui avait demandé l'Empereur.

Il avait répondu :

— L'heure qui plaît le mieux à Votre Majesté.

Il y a encore le capitaine Mellini, un Elbois qui, avant d'accourir près de l'exilé, gardait la pyramide élevée à Marengo.

Que l'Empereur est tombé bas ! Entouré par des Paoli, des Bernotti, des Mellini, au lieu des Talleyrand, des Caulaincourt ou des Ségur... !

Il a terriblement grossi et si, ce jour-là, il a gravi le chemin à pied, la montée sur les dalles rocheuses, coupées de marches plus hautes au fur et à mesure que l'on approche du but, a dû lui paraître atroce. Enfin, à mi-pente, couronnant un petit bois de châtaigniers dont les fruits, en cette fin de mois d'août, sont d'un vert presque jaune et prêts à éclater, voici l'ermitage.

Précédé d'une croix de fer, un enclos bordé par un muret entoure quatre gros et vieux châtaigniers, aux troncs noueux, et dont les feuillages épais ombragent la petite église. Le sommet du campanile est crénelé en cette forme palmée si fréquente en Italie, qui permettait aux archers de tirer tout en demeurant protégés. De l'autre côté, face à l'entrée du sanctuaire, en demi-cercle, un mur orné de colonnes doriques sert de cadre à trois masques d'où s'échappe une eau claire et pure. A droite, séparé de la chapelle par un chemin, le *Romitorio*, une maison basse, tout en longueur, qui existe toujours. Le rez-de-chaussée, étant donné la dénivellation de la montagne, devient, du côté de l'abîme, un premier étage. C'est là, dans les cinq misérables pièces servant habituellement de cellules à des moines, que l'Empereur recevra Marie.

Afin de tout préparer, il envoie cet ordre au Grand-Maréchal, demeuré à Porto-Ferrajo : « J'ai apporté mes trois lits de fer. J'ordonne qu'on en descende un à Marciana pour Madame Mère. Elle sera bien dans la maison de l'adjoint... elle aura une chambre pour elle et trois pour son personnel. Il y a dans cette maison les gros meubles nécessaires. Je ferai ajouter une commode. Je crois qu'il y a assez d'objets de cuisine, de bougies et de lumières. Envoyez trois rideaux pour sa chambre. Les tringles y sont. Envoyez-nous des feux, des pelles et des pincettes. Je crois que c'est avec raison qu'on dit qu'il faut faire du feu le soir. »

Deux lits demeuraient à l'Ermitage... Un pour lui, l'autre pour Marie. Mais en attendant sa chère Polonaise, il écrit — le 28 août — à Marie-Louise : « Je suis ici, dans un ermitage à six cents toises au-dessus de la mer, ayant le coup d'œil de toute la Méditerranée, au milieu d'une forêt de châtaigniers... Ce séjour est très agréable. Ma santé est fort bonne, je passe une partie de la journée à chasser. »

Il s'en va rêver aussi, assis sur un rocher — *l'Affaciatoio* — qui, à cinq minutes de l'Ermitage, surplombe la mer. De là, il voit d'abord une partie de son royaume. « L'Ile du Repos », avait-il dit en arrivant ici, une île qui lui avait alors semblé grande, comme elle le paraît à ceux qui en font aujourd'hui le tour. Il y a tant de criques, de caps, de golfes, de pointes, d'îlots — cent quarante-sept kilomètres de côtes — qu'Elbe fait d'abord illusion ! Et puis, on comprend l'exclamation de l'Empereur :

— Ah ! que mon île est petite !

Après les Tuileries, les Mulini de Porto-Ferrajo ! Après Fontainebleau, Rambouillet et Trianon : la maison paysanne de San Martino et maintenant le *Romitorio* de la Madonna del Monte !

Mais ce n'est pas cette île devenue sa prison qu'il regarde s'étaler à ses pieds, du haut de ce rocher. C'est le rivage et les montagnes de la Corse qu'il contemple durant de longues heures. Cette Corse où il est né, cette Corse que, petit « capitaine instruit », il avait définitivement quittée à la veille du siège de Toulon, pour conquérir le monde ! Les Buonaparte étaient alors traqués par les Paolistes. Sa famille, fugitive, l'accompagnait. Ses sœurs installées à La Valette allaient devoir laver leur linge à la fontaine publique du bourg, alors que *Napoleone,* ayant tellement tardé à rejoindre son corps, était alors considéré comme un émigré ou un déserteur.

Il y avait de cela vingt-deux ans !

Toute l'épopée n'avait duré que vingt-deux années ! En vingt-deux ans il était devenu le plus grand homme de guerre de tous les temps, il avait construit une France de cent trente départements, il était chez lui de Brest à Varsovie et de Hambourg à la pointe de la botte italienne, il avait été couronné par le Pape, il avait donné à la France et à l'Europe leur structure, leurs lois et leur code, il avait créé des royaumes, fondé des Etats !...

En vingt-deux années !

Et maintenant, il ne peut recevoir ouvertement une femme pour laquelle il n'éprouve plus que des sentiments d'affectueuse tendresse.

Le jeudi premier septembre, de la terrasse de la maison de Cerbona Vadi, il voit approcher le voilier qui porte Marie, son frère, sa sœur et le petit Alexandre. Le brick jette l'ancre à neuf heures du soir devant le hameau de San Giovanni, au fond du golfe, juste en face de Porto-Ferrajo dont les lumières scintillent dans la nuit. Le grand maréchal Bertrand et le capitaine Bernotti sont là, avec une voiture attelée de quatre chevaux. On part au grand trot. Soudain, près de Marciana-Marina, l'équipage s'arrête. Trois cavaliers attendent avec des torches :

— L'Empereur !

Le roi de l'île d'Elbe baise les mains de Marie et embrasse Alexandre, puis l'on repart. A Marciana Alta, sans s'arrêter chez Madame Mère, on poursuit l'ascension à pied. Tantôt Napoléon, tantôt l'un des officiers porte le petit Alexandre dans ses bras, et il est une heure du matin lorsqu'on arrive à l'Ermitage. Un souper les attend... un souper au cours duquel on entend le petit Alexandre déclarer :

— Laisse-moi manger, papa empereur !

Marie reproche à son amant de l'avoir oubliée à Fontainebleau, dans son antichambre...

— J'avais tant de choses là, s'excuse-t-il en passant la main sur son front.

Deux chambres de moines ont été aménagées dans l'Ermitage pour Marie et sa sœur. Napoléon leur laisse ces deux petites cellules monacales et va passer la nuit sous une tente montée en contre-bas du *Romitorio,* sous les châtaigniers. Il vient à peine de s'y retirer lorsque, vers deux heures et demie du matin, un violent coup de tonnerre éclate. Napoléon se lève prestement et, en robe de chambre, va rejoindre Marie. Sait-il que sa belle Polonaise a peur de l'orage ? Et veut-il la rassurer ?...

Le matin, Marie admire l'extraordinaire paysage, ce bois de châtaigniers et ces éboulis de rochers qui descendent vers la mer, cet horizon s'étendant de l'île de Capraja au continent. Peut-être aussi Napoléon l'a-t-il entraînée au-dessus même de l'Ermitage, vers le sommet du mont Giove d'où l'on voit presque tout son royaume. L'horizon, vers la haute mer, est borné par l'île de la Pianosa — l'île plate la bien-nommée — située à treize kilomètres, et qu'il est allé occuper alors que le traité de Fontainebleau ne l'autorisait point à le faire. Mainmise qui avait agité les chancelleries, autant qu'autrefois l'occupation par « l'Ogre corse » de quelque royaume... (1)

Cependant, à Porto-Ferrajo, la nouvelle s'est répandue comme une traînée de poudre de l'arrivée auprès de l'Empereur d'une dame blonde, accompagnée d'un petit garçon tout aussi blond, et personne ne doute plus que l'Impératrice soit enfin venue rejoindre son époux à l'île d'Elbe ! Le médecin de l'Empereur — le docteur Foureau de Beauregard — revêt son plus bel habit, monte à cheval et galope vers Marciana Alta. Puis il grimpe jusqu'à la Madona-del-Monte. La première personne qu'il aperçoit sous les châtaigniers est Napoléon, assis sur une chaise devant sa tente et tenant sur ses genoux le petit Alexandre avec qui il semble avoir une conversation fort animée.

— Eh bien ! Foureau, s'exclame l'Empereur en apercevant son médecin qui s'avance vers lui, comment le trouvez-vous ?

— Mais, Sire, je trouve le roi bien grandi !

Assurément — le valet de chambre de l'Empereur le remarquera — les deux demi-frères se ressemblent ; ils ont tous deux le front de l'Empereur et une tête un peu forte pour leur corps...

Napoléon éclate de rire :

— Que feras-tu quand tu seras grand ? demande-t-il à l'enfant.

— Je ferai la guerre comme Napoléon.

— Tu aimes donc l'Empereur ?

— Oui...

— Et pourquoi l'aimes-tu ?

— Parce que c'est mon papa et que maman m'a dit de l'aimer.

Foureau écoute avec attendrissement.

— Ne parlez à personne de l'Impératrice et de l'enfant, recommande Napoléon en le congédiant, ils n'iront pas à Porto-Ferrajo cette fois-ci ; ils ne font que passer et reviendront plus tard.

La bévue du médecin fait comprendre à l'Empereur

(1) La Pianosa est aujourd'hui la colonie pénitentiaire agricole de la république italienne.

qu'il ne pourra pas longtemps faire croire à cette fable. Foureau a, en effet, deviné la vérité. Marie-Louise, qui se trouve actuellement, en France, aux eaux d'Aix, risque d'apprendre la présence de Marie et du petit bâtard près de Napoléon, et saisira aussitôt ce prétexte pour ne pas venir le retrouver. Aussi, au cours d'une promenade, demande-t-il à son « épouse polonaise » de quitter l'île. Marie s'incline. Elle partira le lendemain soir, le samedi 3 septembre. Soulagé, l'Empereur invite à déjeuner quelques officiers polonais qui sont à la tête de la poignée de chevau-légers et de lanciers venus rejoindre le proscrit. Le repas est servi sous la tente. Un des convives a apporté une flûte et joue une mazurka. Sous les ombrages, Napoléon enlace Marie dont une écharpe d'hermine couvre les épaules, et danse... Tous les soucis sont oubliés. Le soir, il exige que le petit Alexandre prenne place à table.

— Il est bien trop turbulent, déclare Marie.

— Cela importe peu, répond l'Empereur, j'ai été très diable et très volontaire lorsque j'étais petit. Je donnais des coups à Joseph et je le forçais encore à faire mes devoirs. Si j'étais puni par du pain sec, j'allais l'échanger contre le pain de châtaignes de nos bergers, ou j'allais chez ma nourrice qui me donnait des *poulpettes* que j'aime beaucoup !

— Je crois, Sire, remarque Marie, que si on en offrait à Votre Majesté, elle les trouverait moins bonnes !

— Pas du tout, j'en mangerais avec plaisir !

Mais l'enfant devient vite insupportable.

— Tu ne crains donc pas le fouet ? lui demande Napoléon. Eh bien, je t'engage à le craindre, je ne l'ai reçu qu'une fois et je me le suis toujours rappelé...

Il raconte alors à son fils l'histoire de la mémorable fessée administrée par Mme Letizia au petit Napoleone à Ajaccio, parce qu'il s'était moqué de sa grand-mère, Mme Fesch, en imitant sa claudication.

— Eh bien, que dis-tu de cela ?

— Mais je ne me moque pas de maman, répond l'enfant.

L'Empereur l'embrasse en s'exclamant :

— C'est bien répondu !

Tandis que tombe la nuit, ils se promènent de nouveau parmi les fleurs qui forment un tapis multicolore sous les hauts châtaigniers. Que de changements depuis Finckenstein et Schœnbrunn ! Que l'on est loin ici du faste des Tuileries ! Les deux amants évoquèrent-ils la gloire passée, le destin de la Pologne ou les espérances de l'avenir ? Leurs cœurs eux-mêmes avaient changé, leur amour de naguère n'était plus désormais que le tendre attachement de deux vieux amis...

Le lendemain soir, Napoléon accompagne Mme Walewska jusqu'à Marciana-Alta. C'est déjà la séparation. Marie offre à l'exilé de lui laisser ses bijoux :

— Vous avez besoin d'argent.

Napoléon refuse... Après un dernier au revoir, la comtesse descend maintenant vers Poggio et Marciana-Marina où le brick est venu jeter l'ancre. L'Empereur, une immense détresse lui serrant le cœur, la regarde s'éloigner. Le ciel s'est couvert de gros nuages aux reflets plombés, le vent souffle, une lourde et oppressante chaleur pèse sur l'île. Et, soudain, l'orage éclate, des trombes d'eau s'abattent. Napoléon envoie aussitôt un officier à Marie : il interdit l'embarquement. Mais Bernotti, qui accompagne la comtesse, en voyant la mer se creuser dangereusement, a déjà donné l'ordre au brick de mouiller de l'autre côté de l'île, dans l'anse plus abritée de Porto-Longone. Dès qu'il apprend ce changement d'itinéraire, Napoléon saute à cheval et, sous la rafale, galope vers Porto-Longone. Il longe la mer, traverse Procchio, gravit le mont qui domine la plage de la Biodola, descend vers Bivio Boni, passe près de l'endroit où la comtesse Walewska a débarqué deux jours auparavant. Après une incroyable chevauchée de trente-quatre kilomètres, il atteint, trempé, le petit port, alors que le jour va se lever... pour apprendre que Marie, obéissant à sa volonté, a quitté l'île. En dépit du danger, le brick, tandis que les lames déferlaient sur le pont, est parvenu à gagner la haute mer.

En attendant d'avoir des nouvelles, Napoléon reste à Porto-Longone où s'est embarquée Mme Walewska. Il va s'installer chez le dévoué colonel Germanovski — Polonais, lui aussi... — et gouverneur de la forteresse de San Giacomo qui a été construite par Philippe III d'Espagne, sur le modèle de la citadelle d'Anvers. C'est aujourd'hui un pénitencier. L'on ne peut visiter les six petites pièces que Napoléon habita parfois, sans penser qu'en songeant à ce logement il avait dicté un jour, sans sourire, cet ordre extravagant : « Mon intention est de nommer le maire de Porto-Longone commandant de mon palais dans cette ville. Il fera les fonctions de commandant, de concierge, de conservateur du garde-meuble et de surveillant des jardins. »

C'est là, une semaine plus tard, que l'Empereur sera tranquillisé : Marie et son fils sont arrivés sains et saufs sur le continent.

***

Tout ce complot, toutes ces précautions prises pour dissimuler la venue de Mme Walewska étaient bien inutiles : le soir où Marie arrivait à la Madona-del-Monte, Marie-Louise avait donné, depuis la veille, sa « parole d'honneur » à son père de ne pas rejoindre son mari !

Lui comptait toujours sur sa venue. La commande du plafond de la salle du Conseil de San Martino en est la preuve. Cependant, avant son départ pour l'île d'Elbe, Napoléon avait témoigné peu d'enthousiasme pour associer sa femme à son infortune.

— N'insistez pas pour qu'elle me rejoigne, avait-il dit à Caulaincourt ; je l'aime mieux à Florence qu'à l'île d'Elbe si elle y apportait un visage contrarié. Je n'ai plus de trône, il n'y a plus d'illusions. César peut se contenter d'être un citoyen ! il peut en coûter à sa jeune épouse de ne plus être la femme de César ! A l'âge de l'Impératrice, il faut encore des hochets. Si elle ne met pas elle-même sa gloire dans le dévouement qu'elle me montrera, mieux vaut ne pas la presser.

En découvrant la simplicité de sa résidence — pour ne pas dire sa misère — Napoléon s'est senti peut-être encore plus gêné à la pensée que « la femme de César » puisse venir s'installer aux Mulini. Aussi s'était-il seulement contenté de lui écrire : « Je suis arrivé à l'île d'Elbe qui est très jolie. Les logements sont médiocres ; je vais en faire arranger en peu de semaines. Je n'ai pas de nouvelles de toi. C'est ma peine de tous les jours. Ma santé est bonne. Adieu, mon amie, tu es loin de moi, mais mon idée est avec ma Louise. Un tendre baiser à mon fils. »

Partie pour Vienne, Marie-Louise n'en conserve pas moins l'intention d'aller rejoindre l'Empereur dans son « île du Repos » : « Je me console avec l'idée que tu penses quelquefois à moi, lui écrit-elle, mais ne devrais-je pas désirer [que tu puisses] m'oublier ; tu n'aurais pas d'inquiétudes tandis que moi, tourmentée, t'aimant plus tendrement que jamais, je passe des journées entières à me désespérer de ne pas te voir... »

Toutefois, Marie-Louise ayant projeté d'aller prendre les eaux à Aix-les-Bains « chez Louis XVIII », Napoléon s'inquiète et s'insurge : « Je pense que tu dois le plus tôt possible venir en Toscane, où il y a des eaux aussi bonnes et de même nature que celles d'Aix en Savoie. Cela aura tous les avantages. Je recevrai plus souvent de tes nouvelles, tu seras plus près de Parme, tu pourras avoir ton fils avec toi et tu ne donneras d'inquiétude à personne... »

Mais Napoléon ne demande toujours pas à sa femme de s'embarquer pour Porto-Ferrajo. Il va la livrer ainsi lui-même — sans le savoir — au général Neipperg qui doit accompagner aux eaux « la duchesse de Colorno », autrement dit l'ex-impératrice, et a reçu de Metternich des ordres précis : « Le comte de Neipperg tâchera de détourner la duchesse de Colorno, avec tout le tact nécessaire, de toute idée d'un voyage à l'île d'Elbe, voyage qui remplirait de chagrin le cœur paternel de Sa Majesté qui formule les souhaits les plus tendres pour le bien-être de sa fille bien-aimée... Au pis-aller, si toutes les représentations étaient vaines, le général suivra la duchesse de Colorno à l'île d'Elbe. »

Neipperg agit avec le tact demandé, et Marie-Louise ne s'aperçoit nullement du but poursuivi adroitement par le bel officier. Il est borgne, mais le bandeau noir qu'il porte sur l'œil lui donne un petit genre corsaire qui plaît aux dames... : « Je suis très contente du général Neuperg (*sic*) que mon père a mis près de moi, écrit-elle à son mari, il parle de toi d'une manière convenable et tel que mon cœur peut le désirer, car j'ai besoin de causer de toi dans cette cruelle absence ; quand pourrais-je enfin te revoir, t'embrasser, je le désire bien... »

Napoléon semble maintenant le désirer, lui aussi, et ne plus considérer comme un obstacle la médiocrité des Mulini ou de ses autres « palais ». Il envoie à Aix le colonel Laczinski, porteur d'une lettre dans laquelle, cette fois, il prie Marie-Louise de venir le rejoindre. L'ex-impératrice — elle est encore sincère — paraît toujours vouloir partir pour Porto-Ferrajo, mais l'empereur d'Autriche lui ordonne de regagner Vienne directement : « Que tu n'ailles pas, lui écrit-il, avant la fin du Congrès, à Parme ou dans les villes de là-bas, car cela peut nuire à ton fils sans être vraiment utile. Tu sais que je ne te veux que du bien et que je ne t'écris pas cela pour rien. Ta présence dans notre voisinage pendant le Congrès peut devenir plus nécessaire que tu ne le penses. »

Poussée, en outre, par Neipperg, entourée, dit-elle, de « contre-police autrichienne, russe et française », la malheureuse remet à Laczinski une lettre destinée à l'Empereur et dans laquelle elle dépeint sa situation de prisonnière. On l'empêche de s'embarquer pour l'île d'Elbe : « Malgré cela, fie-toi à mon désir d'y aller, il me fera affronter tous les obstacles, et certainement à moins que l'on n'emploie la force, je serai bientôt avec toi, mais je ne sais à quoi l'on se portera. Je suis bien malheureuse de ne pas être déjà avec toi à ton heureuse île, cela serait le paradis pour moi ; fie-toi à moi, je t'écrirai franchement, si c'était moi qui m'opposerais à y aller, tu me connais assez pour cela, et je te prie de ne pas croire ce que l'on pourrait te dire là-dessus. Je tâcherai de partir le plus tôt possible, en attendant, je ne laisse pas reposer un moment ton officier... »

Et Laczinski repart.

Neipperg, alors, attaque. Sans doute n'est-il pas encore devenu l'amant de Marie-Louise, mais exerce-t-il sur elle assez d'influence pour empêcher toute fugue. Napoléon, qui ne se doute encore de rien, envoie à Aix un second messager : le capitaine Hurault, époux d'une des lectrices de l'ex-impératrice, qui remet à Marie-Louise une nouvelle lettre : « Ton logement est prêt et je t'attends dans le mois de septembre pour faire la vendange. Personne n'a le droit de s'opposer à ton voyage. Je t'ai écrit là-dessus. Viens donc. Je t'attends avec impatience. »

Nous connaissons les réactions de Marie-Louise par le rapport que Neipperg adresse à Vienne : « Cet écrit fit la plus profonde impression sur l'Impératrice et affecta immédiatement sa santé. Cette nouvelle preuve d'une conduite sans les moindres égards (*sic*) confirme à elle seule l'Augustissime Princesse dans son aversion (*sic*) contre un voyage auprès de Son mari. Ce voyage ne se fera jamais sans l'autorisation de Votre Majesté, car il semble lui inspirer bien plus la peur que le désir d'être réunie à son mari... »

Neipperg est parvenu à ses fins et « l'Augustissime Princesse » écrit le 31 août à son père : « J'ai reçu, il y a trois jours, un officier de l'Empereur avec une lettre dans laquelle il me dit de venir sans attendre, toute seule à l'île d'Elbe où il m'attend en se consumant d'amour... Soyez assuré, très cher papa, que maintenant j'ai moins envie que jamais d'entreprendre ce voyage et je vous donne ma parole d'honneur de ne vouloir jamais l'entreprendre sans vous en demander la permission. »

Quelques jours plus tard, sur le chemin du retour vers l'Autriche — exactement le 27 septembre, à l'auberge du *Soleil d'Or,* au Righi — l'amoureuse Marie-Louise, après avoir renvoyé le domestique désigné pour dormir au travers de la porte de sa chambre, se donnait à Neipperg. A son arrivée à Vienne, elle écrira à sa mauvaise conseillère, Mme de Montebello, en employant un ton désinvolte inhabituel chez elle : « Figurez-vous que dans les derniers jours de mon séjour à Aix, l'Empereur m'a envoyé message sur message pour m'engager à venir le rejoindre, à faire une escapade avec M. Hurault tout seul, et m'a fait dire de laisser mon fils à Vienne, qu'il y était et que lui n'en avait pas besoin ; j'ai trouvé cela un peu fort et je lui ai répondu franchement que je ne pouvais venir à présent... Je n'irai pas pour le moment dans l'isle d'Elbe et je n'irai jamais (car vous savez mieux que personne que je n'en ai pas envie), mais l'Empereur est vraiment d'une inconséquence, d'une légèreté... »

C'est fini. Marie-Louise est redevenue autrichienne et ne sera plus jamais à Napoléon.

⁂

Le 1er janvier 1815, le valet de chambre Marchand entre dans la chambre de l'Empereur aux Mulini :

— Que me donnes-tu pour mes étrennes ?

— Je ne peux que former le vœu de voir Votre Majesté réunie à l'Impératrice et au roi de Rome.

Napoléon le regarde, les yeux humides, et se lève en soupirant :

— Pauvre enfant !

Au commissaire Campbell, il se plaint d'une voix émue :

— Mon fils m'est enlevé comme jadis les enfants des vaincus pour orner le trophée des vainqueurs. On ne peut citer dans les temps modernes pareille barbarie.

Cependant, pour le 1er janvier, Marie-Louise écrit sa dernière lettre à l'Empereur : « J'espère que cette année sera plus heureuse pour toi, tu seras au moins tranquille dans ton isle et tu y vivras heureux de longues années pour le bonheur de tous ceux qui t'aiment et te sont attachés comme moi. Ton fils t'embrasse et me charge de te souhaiter la bonne nouvelle année et te dire qu'il t'aime de tout son cœur ; il parle bien souvent de toi et grandit et se fortifie d'une manière étonnante. Il a été un peu malade cet hiver, j'ai tout de suite consulté Frank qui m'a rassurée en disant que ce n'était que des accès de fièvre éphémère ; effectivement, il a tout de suite été bien. Il commence à savoir passablement l'italien, et il apprend aussi l'allemand ; mon père le traite avec bien de la bonté et de la tendresse. Il a l'air de l'aimer tendrement, il joue beaucoup avec lui... »

Que d'événements en une année ! Depuis bientôt douze mois, elle n'a pas vu son mari et leur vie conjugale semble déjà estompée par le temps...

***

Pauline est venue — définitivement cette fois — rejoindre son frère. La « petite païenne » est arrivée avec sa calèche, un monceau de robes transparentes, et s'est installée au premier étage des Mulini, dans l'appartement préparé pour Marie-Louise. Toujours aussi paresseuse, elle se fait descendre sur un carré de velours garni de poignées, de son étage au rez-de-chaussée, pour bavarder avec son frère. Elle se prétend « toujours souffrante », ...ce qui ne l'empêche pas de danser « comme une femme qui jouit d'une très bonne santé », nous affirme le *mamelouk* Ali. Elle reprend ses habitudes et, ainsi que le disait Mme de Staël, « ajoute une page et une image à l'histoire galante des dieux ». Aux Mulini, comme à San Martino, on retrouve sa statue par Canova. Elle est nue — totalement — et dans une position bien joliment instable.

— Cela ne vous a point gênée de poser en si simple appareil ? lui demanda un jour quelqu'un.

— Pourquoi ? Il y avait du feu, répondit-elle en riant.

La « petite païenne » est toujours la complaisance même — cela l'amusait — et, ainsi qu'autrefois aux Tuileries ou à Fontainebleau, elle facilite les aventures de son frère en choisissant trois dames de compagnie jolies et souriantes : Mmes Colombani, Bellina et Lise Le Bel. La première était sage, les deux autres ne l'étaient point... et l'Empereur aime toujours les amours d'antichambre. Il les trouve commodes et sans complication. La jeune Lise Le Bel — « charmante personne », nous dit Marchand, « qui ajoutait à sa beauté en la faisant adroitement valoir », renchérit Pons de son côté — avait été « distinguée » — l'expression est encore du valet de chambre — à Saint-Cloud. Mais la présence trop ostensible du beau-père, l'adjudant-commandant Le Bel, avait, un soir, à Longone, gêné l'Empereur. Le mari de la jolie Espagnole Bellina, le Polonais chef d'escadron Stupiski — sut plus adroitement et silencieusement fermer les yeux. Le charme inexprimable de la jeune femme — cette fois, c'est encore Pons qui parle — sut d'autant plus sûrement se déployer « qu'aucune Castillane n'avait jamais mieux dansé le fandango : danse enivrante qui se prête si bien au développement de toutes les grâces ». Ces « grâces », Napoléon les paya quatre mille francs-or à son retour aux Tuileries et, écrit le naïf Marchand : « A quelques jours de là, cette dame reçut une invitation à dîner et put offrir elle-même ses remerciements à Sa Majesté (1). »

Pauline, « dont les charmes étaient dans tout leur éclat », donne au *palais* « un air de galanterie et d'enjouement ». Les réceptions en avaient bien besoin... Du moins s'il faut en croire Campbell qui décrit, avec ironie, un *cercle de dames* elboises interrogées par l'Empereur comme il le faisait aux Tuileries. Napoléon s'arrêtait devant chacune d'elles, « se faisant dire son nom, et lui demandant si elle était mariée ou demoiselle, combien elle avait d'enfants, ce qu'était son mari ou son père... »

Maintenant, dans la salle nouvellement construite, retentissent les accords de l'orchestre de la Garde. On danse, on donne des représentations théâtrales, on se déguise même... Pour les bals masqués du Carnaval de 1815 Napoléon dicte : « Les invitations devront

(1) Elle tentera, toujours avec son mari, de partir avec l'Empereur pour Sainte-Hélène et, ne pouvant y parvenir, se fera une raison en créant, à Lima, un pensionnat de fort bonne réputation, destiné aux jeunes filles de la capitale péruvienne.

s'étendre sur toute l'île sans cependant qu'il y ait plus de deux cents personnes... Il y aura des rafraîchissements sans glace, vu la difficulté de s'en procurer. Il y aura un buffet qui sera servi à minuit. Il ne faudrait pas que tout cela coutât plus de mille francs. »

Si Napoléon ne s'y ruine pas, il n'en est pas de même des femmes des notabilités de l'île qui n'osent se présenter aux réceptions du « palais » deux fois avec la même robe. « Tout cela, nous rapporte Pons, conduisait à la catastrophe. »

Napoléon semble — extérieurement — résigné à n'être plus que le roi de l'île d'Elbe. Il ordonne des plantations d'arbres le long des routes : « On ne devra planter que des mûriers qui sont utiles dans un pays où il n'y a pas de pâturages, et qui pourront, par la suite, être d'un bon produit pour la nourriture des vers à soie. »

S'il joue la comédie, il la joue superbement ! « Il a quatre résidences dans diverses localités de l'île, rapporte Campbell, et son unique occupation consiste à y faire des changements et des améliorations. »

Est-ce pour mieux berner l'Anglais que l'Empereur affiche parfois un étrange « état d'inactivité » en demeurant à se reposer de longues heures dans sa chambre ? Et Campbell de conclure : « Je commence à croire qu'il est tout à fait résigné à sa retraite et qu'il se trouve passablement heureux. »

Le départ de l'île d'Elbe. L'Empereur qui a pris place dans son canot arrive à la coupée de l'Inconstant, tandis qu'une longue clameur s'élève du port. On se rend parfaitement compte ici de la configuration de Porto-Ferrajo qui tourne le dos à la mer. On voit également les deux forts, tandis que les Mulini sont en partie cachés par les vergues de l'Inconstant.

(Gravure de Outhwaite d'après Sandoz — Photo Roger-Viollet)

XXV

L'ÉVASION

Les calculs sont bons lorsqu'on a le choix des moyens. Lorsqu'on ne l'a pas, il est des hardiesses qui enlèvent le succès.

NAPOLÉON.

Si le colonel Campbell, chargé officieusement de la surveillance de Napoléon à l'île d'Elbe, n'avait pas été amoureux à en perdre la tête, assurément l'impérial exilé ne serait point parvenu à quitter son carré de choux de Porto-Ferrajo. Sans doute plusieurs générations de marchands d'estampes n'auraient-ils point fait fortune en vendant le légendaire vol de l'Aigle de clocher en clocher, « jusqu'aux tours de Notre-Dame », mais le traité de 1815 n'aurait pas arraché à la France les territoires qui lui avaient été laissés en 1814, et — surtout — le flot de sang de Waterloo n'aurait point coulé...

Le colonel Campbell possédait un œil sec et perçant. Son oreille était toujours tendue et son sourire factice. Il ne parlait « que pour faire parler ». « Son ensemble, nous dit Pons de l'Hérault, était la perfection du type britannique. » Cette perfection, on le sait, s'arrête aux portes de l'amour : un Anglais amoureux perd calme, flegme et maîtrise de soi !

Tel était le cas du colonel dont le cœur — s'il faut en croire Hyde de Neuville — battait à se rompre pour sa maîtresse, la jolie, et très mondaine, comtesse Miniaci, qui parlait indifféremment l'italien, l'anglais et le français. Cette ravissante personne ne venait point retrouver son amant à l'île d'Elbe, elle préférait le rencontrer à Florence, à Livourne ou à Lucques.

De ce fait, durant les neuf mois et vingt-deux jours de l'exil de l'Empereur, son surveillant Campbell fit de nombreuses fugues sur le continent. Durant huit à quinze jours par mois, il s'absentait ainsi de l'île d'Elbe pour aller rejoindre sa belle comtesse... C'est ce qu'il appelait dans son *journal,* des voyages « pour sa santé et son amusement ».

C'est ainsi que le 14 février 1815, à bord de sa frégate — *la Partridge* — il fit voile vers Livourne... et ses amours. Lorsqu'il revint, le mardi 28 février, à midi, à Porto-Ferrajo, Napoléon s'était envolé depuis le soir du dimanche 26, vers le golfe Juan.

***

Il est bien certain — Guy Godlewski l'a fort justement remarqué — « que la seule présence à Porto-Ferrajo de la frégate dont le colonel Campbell se servait comme bateau de plaisance eût suffi à tenir en respect toute la flottille napoléonienne réunie »... et aurait empêché Napoléon de gagner la France.

Il n'avait nullement été prévu par les Alliés de placer près de l'Empereur déchu une manière de geôlier. Napoléon régnait sur son île comme un prince indépendant. A la fin du mois de mai 1814, les commissaires prussien, autrichien et russe, qui, depuis Fontainebleau, avaient accompagné Napoléon jusqu'à sa nouvelle royauté, étaient venus prendre congé de lui. C'est seulement alors que Campbell proposa à l'Empereur de rester à l'île d'Elbe. Napoléon s'empressa d'accepter. Campbell ferait ainsi figure d'ambassadeur accrédité, prouvant par sa seule présence la souveraineté de l'Empereur et pourrait, au surplus, être utile pour reprendre éventuellement le dialogue avec les Alliés.

On devine la chaude approbation du ministre des Affaires étrangères britannique, lord Castlereagh. C'était inespéré ! Non seulement un officier anglais espionnerait ouvertement le dangereux proscrit, à la faveur des contingences quotidiennes, mais encore une frégate britannique — celle de Campbell — aurait désormais Porto-Ferrajo comme port d'attache.

Campbell n'avait d'ailleurs pas compris grand-chose au génie de l'Empereur.

— Les talents de Napoléon, dira-t-il avec suffisance à lord Holland abasourdi, ne me paraissaient pas supérieurs à ceux qu'on demanderait à un sous-préfet !

Le colonel avait cru sans sourciller cette confidence que Napoléon lui avait faite au mois de septembre 1814, alors que l'Anglais revenait d'une randonnée amoureuse à Lucques :

— Je n'existe plus pour le monde. Je vous l'ai dit et je le répète, je suis un homme mort. Je ne m'occupe plus que de ma famille et de ma retraite, de ma maison, de mes vaches et de mes mulets !

Assurément, les soucis du colonel auraient été bien apaisés s'il avait pu, comme nous, se pencher sur les ordres que le proscrit lançait alors. Durant les derniers mois de sa royauté elboise, l'empereur dirige toujours l'économie de l'île avec la même minutie qu'il mettait à gouverner le vaste empire. En ce début de l'année 1815, de multiples activités l'agitent : il interdit aux chèvres l'accès de l'île de la Pianosa, met en soumission, la veille de son départ, les vieux fers de ses chevaux. Tout en préparant les bals du Carnaval, le 14 février, il organise la vente de sa biscotterie et, le 22, il décide que « le même individu » cumulerait désormais les fonctions de contrôleur et de garde-magasin de ses salines.

Comment un homme si absorbé par ses chèvres, son sel et ses biscuits pouvait-il songer à envahir l'Europe !

Cependant l'optimisme du colonel Campbell allait se trouver quelque peu ébranlé lors de son arrivée à Livourne le 17 février où, comme d'habitude, avant de mettre le cap sur Florence et ses amours, il rencontra le consul de France, le chevalier Mariotti, antibonapartiste ardent — sentiment inattendu chez un Corse, nommé de surcroît par l'Empereur l'un des premiers officiers de la Légion d'honneur...

Dès le mois de septembre 1814, Mariotti avait proposé à Talleyrand de devenir l'âme d'un complot destiné à enlever Napoléon, lors d'un de ses voyages à la Pianosa, pour le transférer — captif — dans la prison du Masque de Fer à l'île Sainte-Marguerite... Mariotti entretenait dans l'île un informateur fort adroit, un marchand d'huile — on ne le connaît que sous ce vocable — qui se montrait infiniment moins crédule que le colonel, son « collègue » en espionnage. Il rapportait ce fait précis : Napoléon aurait fait à quelques grognards des allusions inquiétantes à un changement :

— Patientez ! Nous passerons ce peu de jours d'hiver le moins mal que nous pourrons. Puis nous songerons à passer le printemps d'une autre façon.

D'après le marchand d'huile, l'Empereur envisageait de débarquer en Italie et de tendre la main à Murat demeuré sur son trône. Campbell avait aussitôt transmis l'information à son ministre, en ajoutant : « Je n'en persiste pas moins dans mon opinion que si Napoléon reçoit la rente stipulée dans les traités, il restera ici parfaitement tranquille, à moins d'un événement extraordinaire en Italie ou en France. »

Sur ce point, Campbell voyait juste : si le roi de France s'obstinait toujours à ne pas vouloir payer au roi de l'île d'Elbe la rente annuelle de deux millions prévue par le Traité de Paris, la faim pourrait faire sortir le loup du bois.

Le colonel n'ignorait pas non plus que Napoléon avait appris qu'il avait été question au Congrès de Vienne de l'enlever et de le déporter loin de l'Europe. En effet, Talleyrand, à peine arrivé à Vienne, avait écrit à Louis XVIII : « On montre une intention assez arrêtée d'éloigner Bonaparte de l'île d'Elbe. Personne n'a encore d'idée fixe sur le lieu où on pourrait le mettre. J'ai proposé une des Açores. C'est à cinq cents lieues d'aucune terre. » Le roi trouva l'idée « excellente » : « Il est plus que temps, avait-il affirmé, que les puissances s'entendent pour arracher la dernière racine du mal. »

Au mois de novembre, les Açores sont estimées encore trop près et, pour la première fois, le nom de Sainte-Hélène est lâché. C'est le roi de Bavière — devenu roi par le bon plaisir de Napoléon — qui l'annonce à un membre de la délégation genevoise, en ajoutant même :

— Au moment où je vous parle la chose doit être faite, et pour mon compte, j'en suis bien charmé, car je n'étais pas tranquille tant que je savais ce diable d'homme si près du continent.

L'Empereur, apparemment, n'était au courant de rien, mettant en application sa maxime :

— On déjoue beaucoup de choses en feignant de ne pas les voir.

Mais rien ne lui échappait. Nous l'avons vu, l'Empereur possédait des observateurs. Il est certain que Cipriani, « maître Jacques employé à l'office et à la police », selon l'expression d'Henry Houssaye, fit plusieurs voyages sur le continent et alla même à Vienne. Par lui et par ses « collègues », l'Empereur connaissait tout ce qui se tramait. Il n'avait, d'ailleurs, nullement besoin d'avoir à Vienne un informateur, il lui suffisait d'ouvrir le *Journal des Débats* en date du 19 novembre, qui affirmait : « On dit qu'on a arrêté en Italie quelques agents ou émissaires de Bonaparte et qu'en conséquence il sera transféré à l'île Sainte-Hélène. »

— Je ne pense pas, s'exclama l'Empereur, que l'Europe veuille s'armer contre moi ; je ne conseillerais pas toutefois qu'on vienne m'attaquer ici, ils pourraient payer cher leur entreprise. J'ai des vivres pour six mois, une bonne artillerie et des braves pour me défendre. On m'a garanti la souveraineté de l'île d'Elbe ; je suis chez moi, et je ne conseille à personne de venir m'y troubler.

Le 10 février, le Congrès, dans une séance secrète,

franchit le dernier pas : la déportation est décidée. Campbell, en dépit de la résignation témoignée par son « prisonnier », sentit le danger. Ces projets de rapt pouvaient forcer l'Empereur à passer à l'attaque. Aussi, dès son arrivée sur le continent, parla-t-il de ses craintes au sous-secrétaire d'Etat britannique Cooke qui revenait du Congrès de Vienne.

— Dites à Bonaparte, répondit Cooke en haussant les épaules, qu'il est complètement oublié, comme s'il n'avait jamais existé.

Tranquillisé, le naïf Campbell — alors qu'au même moment la décision de Napoléon était prise — traçait ces lignes dans son *journal :* « J'étais réellement très inquiet de la position de Napoléon et de ses inconsistances apparentes. Mais après la remarque de M. Cooke je commençai à penser qu'en l'observant de trop près, ainsi que la situation de l'île d'Elbe, je m'étais laissé aller à exagérer les conséquences de ce que j'avais vu, en croyant probable qu'il se préparait à aller rejoindre Murat, pour prévenir la tentative de s'emparer de sa personne. »

⁂

« Je défie qui que ce puisse être, écrira Pons, passionné ou non passionné, juste ou injuste, de pouvoir prouver que dans les six ou sept premiers mois de son séjour parmi les Elbois, l'Empereur ait fait la moindre chose qui ait pu faire croire qu'il formait le plan qu'il a ensuite si noblement exécuté. C'est à la fatale nouvelle agitée au Congrès de Vienne pour faire aller Sa Majesté à Sainte-Hélène qu'il faut, non pas uniquement, mais particulièrement, attribuer l'illustre expédition qui nous avait reconduits dans notre belle et malheureuse patrie. »

Assurément, la crainte de se voir enlever et déporter comme un convict aux antipodes devait être une des raisons qui allaient pousser l'Empereur à reconquérir son trône avec une poignée d'hommes — et à risquer, en somme, le tout pour le tout. Mais il y avait d'autres motifs. D'abord la lecture des journaux anglais et français — tel, surtout, le fameux *Nain*

Jaune — qui avait permis au proscrit de se rendre compte du mécontentement qui régnait en France, et des multiples fautes, balourdises et injustices commises chaque jour, bien davantage par l'entourage et la famille de Louis XVIII que par le roi lui-même.

Sans cesse, le comte d'Artois ne venait-il pas se plaindre auprès de son frère « que l'on n'avançait pas » à *débonapartiser* la France ? Le roi essayait d'*endiguer* cette réaction. Il avait promis d'amnistier jusqu'aux violettes symboliques de l'Empire et il désirait tenir parole. Et il répondit à *Monsieur* qui revenait à la charge :

— Si vous insistez, je mets son buste sur ma cheminée !

On n'en couvrait pas moins d'or et de places ceux qui réclamaient parce qu'ils avaient « tout fait » depuis vingt ans ; d'autres, parce qu'ils n'avaient « rien fait ». Ne vit-on pas un pétitionnaire, simple élève de la marine en 1789, qui avait émigré et n'était plus monté depuis vingt-cinq ans sur un bateau, briguer le grade de contre-amiral qu'il aurait pu avoir *s'il* était resté au service ?

— Vous pouvez parfaitement admettre toute la logique de ce monsieur, avait déclaré Malouet le ministre de la Marine, et même les conséquences qu'il en a tirées, mais en ajoutant qu'il a oublié seulement un fait essentiel : c'est qu'il a été tué à la bataille de Trafalgar !

Napoléon n'avait pas à craindre qu'on l'oubliât. Chaque bévue commise par le gouvernement qui lui avait succédé lui apportait de nouveaux partisans, ou réchauffait les enthousiasmes. Le roi de l'île d'Elbe en avait la preuve lorsqu'il prenait connaissance de certaines lettres adressées à ses grognards par leurs familles, telle celle-ci, venue d'une habitante de Verdun à son fils et qui le fit rire de bon cœur :

« Je t'aimons ben plus depuis que je te savons auprès de not'fidèle Empereur... Je te croyons bien qu'on vient des quatre coins du monde pour le voir, car ici on est venu des quatre coins de la ville pour lire ta lettre, et qu'un chacun disiont que t'es un homme d'honneur. Les Bourbons ne sont pas au bout et nous n'aimons pas ces messieurs... Je n'avons rien à t'apprendre sinon que je prions Dieu et que je faisons aussi prier ta sœur pour l'Empereur et Roi. »

Lorsqu'on obligeait les soldats de Louis XVIII à crier *Vive le Roi !* ils ajoutaient à voix basse *de Rome !* « On plaignait le triste sort de Napoléon, nous dit Thibaudeau, on s'attendrissait, on pleurait sur lui... » Le bras étendu, « le cœur ému », les Anciens chantaient le *Vieux Drapeau* :

Quand secouerons-nous la poussière
Qui ternit tes nobles couleurs ?

Ces battements de cœur de tout un peuple, Napoléon les savourait.

***

Henry Houssaye, dans son magistral ouvrage — et bien des historiens à sa suite — ont fait grand cas de la visite à Porto-Ferrajo de Fleury de Chaboulon. D'après eux, « l'intrépide sous-préfet » serait arrivé à l'île d'Elbe le 12 ou le 13 février, aurait peint avec tant de noirceur la situation en France, décrit avec tant de chaleur les sentiments des Français attendant leur sauveur, que Napoléon se serait déterminé à partir.

Il semble bien que Fleury de Chaboulon soit apparu seulement à Porto-Ferrajo — déguisé en marin — lorsque Napoléon avait déjà élaboré ses plans pour quitter son île (1). Quoi qu'il en soit, Fleury de Chaboulon est en quelque sorte un voleur de gloire. Lorsque parurent ses *Mémoires,* l'Empereur se trouvait à Sainte-Hélène. Or, il existe un exemplaire de ces deux volumes annoté de la main même de l'exilé. Selon le sous-préfet, Napoléon lui aurait avoué :

— Ce que vous m'avez dit a changé mes résolutions.

« *Voilà une tête bien organisée* ! écrivit ironiquement l'Empereur en marge. *Une conversation comme*

(1) Le docteur Guy Godlewski l'a démontré dans son étude sur Napoléon à l'île d'Elbe.

il a pu en avoir cent, change ses dispositions ! »

— Sans vous, aurait encore poursuivi Napoléon, j'aurais ignoré que l'heure de mon retour était sonnée... Sans vous, on m'aurait laissé ici remuer la terre de mon jardin.

« *Quelle platitude, quelle puérile naïveté !* », note encore le proscrit.

Fleury aurait d'ailleurs confié à la reine Hortense que, lors de son voyage à l'île d'Elbe, « l'Empereur lui avait fait beaucoup de questions sur la situation en France, qu'il ne doutait pas que l'état dans lequel il l'avait dépeinte ne lui eût donné l'idée de ce prompt débarquement sans que toutefois l'Empereur lui en eût dit un mot... »

Napoléon n'avait nullement besoin de la visite du sous-préfet pour décider, profitant de l'absence du colonel Campbell, de cingler vers les côtes de France. Il n'était point nécessaire de lui dicter sa conduite : il envoie le chevalier Colonna auprès de Murat afin de lui faire part de ses intentions et le prier de se porter sur les frontières autrichiennes, sans toutefois les franchir (1).

Le chevalier était parti pour Naples retrouver Marie Walewska et se trouvait porteur de cette lettre datée du 17 février 1815 (2) :

« Mon Cher Murat, je vous remercie de ce que vous avez fait pour la Comtesse de Walewska ; je vous la recommande et surtout son fils qui m'est bien cher. Colonna vous dira bien des choses grandes et importantes ; je compte sur vous et surtout sur la plus grande célérité. Le temps presse. Mes compliments à la Reine et à vos enfants. Tout à vous. »

La trahison de 1814 était bien oubliée...

*
**

Mais existait-il en France un « complot bonapartiste » souhaitant remettre Napoléon sur le trône ?

(1) Les frégates napolitaines ne mettront d'ailleurs le cap sur Porto-Ferrajo que le 3 mars, et Murat, en traversant la frontière autrichienne, contrairement aux ordres de l'Empereur, causera sa propre perte et précipitera celle de son beau-frère.

(2) Archives Walewski.

On a affirmé à l'époque que l'ex-secrétaire d'Etat de Napoléon : Maret — le duc de Bassano — se trouvait à la tête d'un véritable mouvement. Il suffit de parcourir ses lettres pour se convaincre du peu de fondement de cette accusation. « Je ne manque aucune occasion, écrira-t-il à son ami Sémonville en parlant de ses fils, de leur faire prendre des impressions convenables au gouvernement sous lequel ils doivent vivre et de combattre d'avance des souvenirs qui ne leur seraient bons à rien. » Pour lui le cri de *Vive l'Empereur* est « séditieux ».

Le retour de la Monarchie avait fait fuir les frères et sœurs de l'Empereur comme une volée de moineaux. Seule, Hortense était restée à Paris, en essayant d'obtenir les faveurs du pouvoir royal. Il y avait aussi les maréchaux qui ne pensaient qu'à jouir de la fortune ou des places données par le nouveau régime, et tremblaient à la pensée de devoir remettre leurs bottes — ce qui se produirait infailliblement si Napoléon remontait sur le trône. Quant à ceux qui se précipiteront dans les bras de l'Empereur dès son arrivée, tel La Bédoyère à Grenoble, ce fut la seule apparition audacieuse de leur dieu qui, provoquant leur émotion, les déterminera à se joindre à lui — et nullement une adhésion à une quelconque conspiration !

L'euphorie de Louis XVIII est totale. Il n'ignore sans doute pas qu'il existe çà et là dans le royaume une sourde « fermentation », selon son expression, mais — il l'écrit à Talleyrand : « Je ne m'inquiète pas... je ne crains rien, et un peu plus tôt ou un peu plus tard, je verrai se dissiper les nuages dont j'avais prévu la formation. » Un même bandeau couvre les yeux de son entourage. « On parle de *son armée*, écrivait Beugnot, ministre de la police de Louis XVIII, comme si l'on débarquait en France avec sept ou huit cents hommes, dont la plupart déserteurs dès qu'ils le peuvent ! » Son successeur, André de Bellevue, — en dépit de son nom — montra le même aveuglement. Voulant faire des économies, il supprima même les agents secrets que Beugnot avait envoyés à l'île d'Elbe...

⁂

Cependant, à l'île d'Elbe, au fil des jours, se formaient les nuages que Louis XVIII espérait voir se dissiper.

Le 6 février 1815, l'Empereur confie à Pons de l'Hérault :

— On me reproche de sacrifier le bonheur et la gloire de la France pour rester tranquille à l'île d'Elbe. Les maux de notre pays me déchirent l'âme, j'en ai perdu le repos. Les vœux de l'armée me rappellent. L'immense majorité de la nation me désire. Ceux qui m'avaient accusé se taisent et rougissent. Les Bourbons ont commencé par se faire mépriser et finissent par se faire haïr. Que pensez-vous de cela, Pons ?

— Sire, je pense que ce serait une grande félicité pour la France que le retour de Votre Majesté sur le trône des Français, si cela pouvait se faire sans verser du sang ; mais je crois aussi que Votre Majesté ne doit pas s'exposer à perdre la gloire immense qu'Elle s'est acquise en descendant volontairement du trône pour assurer la paix de la patrie. Le retour de Votre Majesté en France pourrait occasionner une guerre civile et peut-être une guerre étrangère.

— Ni l'une ni l'autre, affirme Napoléon.

Puis il change de conversation.

Le 16 février, personne ne se doute de rien. La frégate de Campbell n'a pas encore disparu à l'horizon que Napoléon donne l'ordre à Drouot de radouber le brick l'*Inconstant* — le seul navire de quelque importance qu'il possède — et de le « faire peindre comme un navire anglais ». Afin que Drouot lui-même ne puisse rien soupçonner, Napoléon précise :

— Le brick sera approvisionné pour cent vingt hommes pendant trois mois.

Trois mois ? Alors qu'il fallait trois jours pour gagner la France ! Napoléon envisageait-il de gagner les Etats-Unis ?

Le 18 février, l'Empereur demande à Pons de l'Hérault qui a deviné ses intentions :

— Avez-vous des bâtiments prêts ?

— Oui, Sire.

— Pour quand ?

— Pour le 20.

— C'est bien. Je compte sur vous. Je vous sais gré du silence que vous avez gardé.

C'est vraisemblablement ce jour-là que Napoléon annonça la nouvelle à Drouot :

— Je suis regretté et demandé par toute la France. Dans peu de jours, je quitterai l'île pour obéir au vœu de la nation.

Le 20 février, l'Empereur ordonne à Drouot de faire passer dans la Garde seize hommes du bataillon corse : « On leur donnera des bonnets à poil s'il y en a ; s'il n'y en a pas, on mettra quelque marque distinctive sur leurs shakos. »

Le 21 février, s'effectuent les premiers préparatifs qui vont donner l'éveil au marchand d'huile : on charge, de nuit, sur l'*Inconstant* et le chebec l'*Etoile,* de l'artillerie, des fusils et des caisses de cartouches.

Le 22 février, Napoléon signe cette pièce adressée au général Drouot : « Donnez l'ordre que les trois premières compagnies du bataillon de chasseurs qui sont à Porto-Ferrajo soient entièrement habillées avec des habits verts. » Ce même jour, les chevaux des lanciers polonais, qui se trouvent à la Pianosa, sont embarqués pour la grande île.

Napoléon entre dans la chambre de son trésorier Peyrusse qui bavardait avec l'intendant Balbiani :

— Eh bien, *Peyrousse,* qu'est-ce qu'on dit de nouveau ? Que vous disait l'intendant ?

— Sire, au moment où Votre Majesté m'a fait l'honneur de venir chez moi, nous causions, avec Balbiani, des bruits qui circulaient dans la ville, que Votre Majesté irait rejoindre le roi de Naples.

— Eh bien, vous êtes deux nigauds...

Puis Napoléon les interroge ; les questions pleuvent !

— Avez-vous beaucoup d'argent ? Combien pèse

un million en or ? Combien pèsent cent mille francs ? Combien pèse une malle de livres ?

« Je rassemblai mes esprits, contera Peyrusse, étonné de toutes ces demandes qui n'avaient entre elles aucun rapport, pour satisfaire à toutes ces questions. »

— Eh bien, monsieur le trésorier, reprend l'Empereur, prenez des malles, mettez-y de l'or, et par-dessus des livres de ma bibliothèque, que Marchand vous livrera ; renvoyez tout votre monde ; faites vous-même vos emballages.

Le 23 février, on charge des vivres sur l'*Inconstant* et l'*Etoile*. « Pendant ces derniers jours, rapportera Marchand, la grande carte de France fut déployée sur le tapis du salon, l'Empereur à genoux y traçait la route qu'il se proposait de tenir. »

Le 24 février, le soleil levant éclaire la *Partridge*, revenue mouiller devant Porto-Ferrajo. Campbell est-il à bord ? Non, il file encore le parfait amour à Florence ! Faudra-t-il, cependant, aborder la frégate et désarmer l'équipage ? Fort heureusement, le capitaine Adype, commandant le navire, est simplement venu présenter à l'Empereur six touristes britanniques. Napoléon les reçoit et, l'exhibition terminée, la *Partridge* remet à la voile et cingle vers Livourne. Aussitôt l'embargo est mis sur tous les bâtiments. Même les pêcheurs ne peuvent lever l'ancre. Les troupes passent des revues d'inspection.

Le 23 février, certains commencent à pressentir que le départ est proche. Mais est-ce vers Naples, vers la Corse ou vers la France que l'Empereur va se diriger ? « Les militaires, écrit le marchand d'huile, font la roue sous leur uniforme et appellent les combats dans l'espérance d'en sortir au moins maréchaux. » La majorité pense que Napoléon veut rejoindre Murat. Lui, laisse dire et demeure enfermé dans son petit bureau des Mulini pour rédiger les proclamations destinées au peuple français, à l'Armée et à la Garde. Après le dîner, il entraîne Mme Letizia au jardin des Mulini :

— Ma mère, il faut que je vous le dise, mais je

vous défends de répéter mes paroles à qui que ce soit, pas même à Pauline : je pars la nuit prochaine.

— Pour aller où ?

— A Paris. Quel est là-dessus votre avis ?

— Si vous devez mourir, mon fils, aurait répondu la Madre, le Ciel qui n'a pas voulu que ce soit dans un repos indigne de vous, ne voudra pas, j'espère, que ce soit par le poison, mais l'épée à la main.

Le soir en se mettant au lit, il donne l'ordre à Marchand de préparer deux uniformes :

— Un de chasseur et un de grenadier, des chemises et rien d'autre.

« J'eus soin, ajoute le fidèle valet de chambre, de tenir avec moi, comme il me l'avait recommandé, une cocarde tricolore pour la lui remettre au moment où il me la demanderait. »

Le dimanche 26 février, « le matin du départ, le lever de l'Empereur eut lieu comme à l'ordinaire, racontera Marchand, le docteur Foureau entra comme il était d'usage, au moment où Sa Majesté allait faire sa barbe. »

— Eh bien, Foureau, votre porte-manteau est-il fait ? Nous allons en France.

Le docteur sourit et répondit :

— Je ne demanderais pas mieux, mais je ne vois rien qui m'autorise à y croire !

— Comment ! Puisque je vous le dis, c'est que ça est ! Tenez-vous prêt néanmoins pour ce soir.

« Saint-Denis qui tenait la glace dans laquelle l'Empereur faisait sa barbe, souriait en me regardant, reprend Marchand, pensant que c'était une mystification que l'Empereur faisait à son médecin. Grand fut l'étonnement de l'un et de l'autre lorsque l'Empereur habillé et parti dans son jardin, je leur dis que rien n'était plus vrai que ce que venait de leur dire l'Empereur... »

Cambronne donne ses ordres à *l'armée :* la soupe sera servie à quatre heures et l'embarquement aura lieu dans l'heure suivante.

Cette fois, la nouvelle court la petite ville. Ce n'est qu'un cri : « L'Empereur part ! » Et la foule se porte vers les Mulini... Il fait un temps magnifique. Tout Porto-Ferrajo est dans la rue et se précipite également vers le port pour contempler la maigre flottille impériale. L'*Inconstant*, l'espéronade *Caroline*, les chebecs l'*Etoile* et *Saint-Joseph* pourront-ils transporter le millier d'hommes qui constitue l'armée impériale (1) ?

Fort heureusement, il y a là un polacre — le *Saint-Esprit* — de cent quatre-vingt-dix tonneaux. On le réquisitionne ! Peyrusse estime que la cargaison ne vaut pas les deux mille cinq cents francs demandés par le capitaine. Napoléon saute dans un canot, se fait conduire à bord du *Saint-Esprit* et lance à Peyrusse :

— *Peyrousse*, vous n'êtes qu'un paperassier. Payez au capitaine tout ce qu'il vous demandera.

Les soldats descendent maintenant de leurs casernes de San Francisco, du Falcone et de l'Etoile. Tandis que l'embarquement commence et que le port présente le spectacle d'une intense activité, l'Empereur reçoit les notables Elbois au « palais » et leur annonce la nomination du docteur Lapi au grade de général et à la fonction de gouverneur. Puis il ajoute :

— Je vous confie la défense de la place... Je ne puis vous donner une plus grande preuve de confiance que de laisser ma mère et ma sœur à votre garde.

Puis il demande à Pons de partir avec lui. L'ancien Jacobin accepte, les larmes aux yeux. Napoléon demeure ensuite quelques instants seul avec sa mère et sa sœur. Marchand — qui se tient dans la pièce voisine — voit soudain la porte s'ouvrir. Pauline lui remet en sanglotant son collier de diamants :

— Tenez, l'Empereur m'envoie vous remettre ce collier, il peut en avoir besoin.

Et elle lui tend sa main à baiser.

A la nuit, il est sept heures du soir, l'Empereur — il a revêtu son costume légendaire — monte dans sa voiture qui, à travers la foule, descend au pas vers

(1) En théorie, Napoléon avait à l'île d'Elbe 1 219 officiers et soldats. Mais ses « forces » devaient être réduites à un bon millier d'hommes à la suite de quelques désertions et de mises en congé.

le tunnel que l'Empereur a fait aménager en contre-bas des Mulini afin de gagner plus commodément la ville. L'équipage prend la via del Carmine, se dirige vers la porte de Terre, mais ne la franchit pas car les chevaux tournent brusquement à gauche pour descendre la pente en direction de la place du Grand Rempart et du port. La petite cour, ayant Bertrand et Drouot à sa tête, suit à pied. La ville est tout illuminée par des lampions et des verres de couleur. Arrivé sur la place, devant la Porte de Mer, l'Empereur sort de sa voiture, calme d'un geste les cris de *Evviva Napoleone,* et lance d'une voix qui s'entend au loin :

— Elbois, je rends hommage à votre conduite. Tandis qu'il était à l'ordre du jour de m'abreuver d'amertume, vous m'avez entouré de votre amour et de votre dévouement. Je vous en témoigne ma gratitude. Elbois ! je ne sais pas être ingrat : comptez sur ma reconnaissance. Votre souvenir me sera toujours cher. Adieu, Elbois !... Je vous aime, vous êtes les braves de la Toscane !...

La foule entoure maintenant l'Empereur. Tous parlent en même temps :

— Sire, c'est un tel qui vous dit adieu, je donnerais ma vie pour Votre Majesté.

— Sire, je vous salue : je n'ai pas pu venir moi-même, je vous ai donné mon fils.

— Sire, que Votre Majesté fasse un bon voyage,

— Sire, soyez heureux, comptez sur les Elbois.

— Sire, nos vœux vous accompagnent, donnez-nous bientôt de vos nouvelles.

Non sans peine, il s'arrache aux bras qui l'agrippent de toute part, traverse la Porte, franchit les quelques mètres qui le séparent de l'embarcadère et prend place sur l'espéronade la *Caroline* qui, à force de rames, le conduit jusqu'à l'*Inconstant.*

Le brick tire aussitôt un coup de canon. C'est le signal du départ. Lorsque la brise du sud-est se lèvera, l'Empereur donnera l'ordre aux différents bâtiments de mettre le cap — isolément — sur le golfe Jouan, en passant le plus loin possible des côtes et d'Italie et de Corse.

Le 27 février, à la hauteur de l'île de Capraja, on aperçoit à l'est, très au loin, la *Partridge* qui, Campbell à son bord, regagne Porto-Ferrajo. Le colonel a écourté sa fugue amoureuse à la suite des dernières dépêches du marchand d'huile, envoyées à Livourne. Assurément, il se passe « quelque chose d'insolite » à *isola Elba*... Mais la frégate anglaise avait, elle aussi, été arrêtée dans sa marche par la même absence de vent et la brise du sud-est l'oblige maintenant à tirer des bordées. Le soleil, encore bas sur l'horizon, empêche les Anglais d'apercevoir la flottille qui porte Napoléon et son destin.

Pour alléger le brick, on sacrifie les deux canots en remorque. Dans l'après-midi, nouvelle rencontre. On devine, à bâbord, les deux frégates de Louis XVIII — la *Fleur de Lys* et la *Melpomène* — qui, elles aussi, ont pour mission de surveiller l'île d'Elbe et son souverain. Cependant, la croisière française ne peut rien distinguer. Toujours le soleil, mais cette fois le soleil à son déclin...

On approche de Gorgone — un îlot caillouteux — lorsqu'on voit arriver, droit sur l'*Inconstant*, un autre bâtiment français : le *Zéphir*. L'Empereur ordonne aussitôt aux grenadiers — près de cinq cents ont pris place à bord — de se coucher sur le pont et d'enlever leur célèbre bonnet d'ourson. A portée de voix, le lieutenant Taillade, qui connaît le capitaine Andrieux, commandant le *Zéphir*, crie, en répétant les paroles que lui souffle l'Empereur caché derrière la dunette :

— Où allez-vous ?

— A Livourne. Et vous ?

— A Gênes. Avez-vous des commissions ?

— Non. Et comment se porte le grand homme ?

— A merveille !

Au lever du jour, le 28 février, un vaisseau de soixante-quatorze canons passe à l'horizon, mais ne fait même pas attention au brick.

— C'est une journée d'Austerlitz ! s'exclame Napoléon.

A midi, il voit se profiler à l'horizon le cap d'Antibes...

Exactement à la même heure, Campbell — après que la frégate anglaise, faute de vent, est demeurée plusieurs heures en panne devant l'île d'Elbe — gagne le port à la rame. Dès qu'il franchit la passe, le colonel est frappé de stupeur : l'*Inconstant* a disparu. Un peu plus tard, consterné, anéanti, il constate que la garde nationale elboise a remplacé aux postes habituels, près de la Porte de Mer et à l'entrée de la Darse, les grenadiers de la Garde.

Après avoir vainement interrogé la générale Bertrand et soumis la princesse Pauline à un véritable interrogatoire, Campbell reprend la mer pour se lancer à la poursuite de Napoléon. Il ne sait qu'une chose : la flottille se dirigeait vers les côtes de France ou de Piémont.

Ayant perdu du temps à tourner autour de l'île de Capraja — avec le vain espoir de surprendre l'évadé caché dans quelque crique — il arrivera à Antibes le dimanche 5 mars. Ce jour-là, l'Empereur atteignait déjà Sisteron, et le colonel retrouvera seulement Napoléon — de loin — à Waterloo...

La carence de Campbell parut si ahurissante que certains accusèrent le *Foreign Office* d'avoir donné l'ordre de laisser échapper son soi-disant prisonnier, afin de pouvoir, soit faire la guerre aux Bourbons — le marchand d'huile l'écrira dans l'un de ses rapports — soit vaincre une fois pour toutes Napoléon et l'expédier à Sainte-Hélène. Comme l'a dit Henry Houssaye, c'est bien là l'idée « la plus chimérique » qui ait pu « hanter des imaginations troublées ».

D'autres « imaginations » en délire ont affirmé que l'Autriche se trouvait d'accord en 1815 pour laisser Napoléon reprendre son trône. Ici, l'Empereur lui-même est le responsable de la naissance de cette légende. Afin d'apaiser les scrupules du malheureux Ney, venu le rejoindre à Auxerre, il lui fera croire que son beau-père n'avait en vue que l'intérêt de sa fille et de son petit-fils — et cet intérêt n'était-il pas de les replacer sur le trône de France ? Entre Parme et Paris pouvait-on hésiter ?

Aux Tuileries, Napoléon lui-même avouera sa supercherie en confiant à Davout :

— Je vais vous parler à cœur ouvert, vous dire tout. J'ai laissé et je dois laisser croire que j'agis de concert avec mon beau-père l'empereur d'Autriche. On annonce de tous côtés que l'Impératrice est en route avec le roi de Rome, qu'elle va arriver d'un moment à l'autre. La vérité est qu'il n'en est rien, que je suis seul en face de l'Europe.

L'Europe fut la première surprise par l'envol de l'Aigle. Les Alliés avaient bel et bien laissé échapper le prisonnier placé sous la sauvegarde de Campbell. Mais ils n'avaient point compté avec le charme de la ravissante comtesse Miniaci, qui est, assurément, la cause du fâcheux égarement du colonel amoureux. Depuis Cléopâtre — et même sans doute auparavant — combien de trop beaux yeux sont à l'origine des grands bouleversements de l'Histoire !...

La rencontre de Laffrey, le mardi 7 mars 1815 : « Soldats du 5e de ligne, reconnaissez-moi ! S'il en est un qui veuille tuer son général, son empereur, il le peut : me voilà ! » Le même soir, l'Empereur entrait à Grenoble.

XXVI

LE VOL DE L'AIGLE

Avec de l'audace, on peut tout entreprendre, on ne peut pas tout faire.

NAPOLÉON.

Le mercredi premier mars 1815, le soleil levant fait sortir de la nuit les silhouettes du cap d'Antibes et des îles de Lérins. La flotille impériale pénètre dans le golfe Jouan. Napoléon, la cocarde tricolore au chapeau, apparaît sur le pont de l'*Inconstant*. « L'exaltation fut telle, raconte Marchand, que l'Empereur, qui voulait parler, ne put placer un mot. Il serait difficile, en effet, de peindre la joie, l'enthousiasme, l'attendrissement qui se manifestèrent sur le brick ; les vivats, les battements de mains, les trépignements de pieds se firent entendre si fortement que toutes les batteries du brick jouaient à la fois. C'était le délire... » Les soldats jettent leurs cocardes blanches et rouges aux couleurs elboises et les couleurs françaises, saluées par les acclamations, montent à la corne d'artimon du navire.

La veille, Napoléon, en les datant de « *Golfe Jouan, premier mars* », a dicté « avec feu » les proclamations au Peuple français et à l'Armée. « Electrisé » — le mot est de son valet de chambre — scandant les phrases qui ont résonné dans la petite cabine du navire, il a lancé :

« ...Français ! dans mon exil j'ai entendu vos plaintes et vos vœux ; vous réclamez ce gouvernement de votre choix qui, seul, est légitime ; vous accusiez mon long sommeil ; vous me reprochiez de sacrifier à mon repos les grands intérêts de la patrie. J'ai traversé les mers au milieu des périls de toute espèce ; j'arrive parmi vous reprendre mes droits qui sont les vôtres... »

Puis :

« Soldats ! dans mon exil j'ai entendu votre voix ! Je suis arrivé à travers tous les obstacles et tous les périls ! Votre général appelé au trône par le choix du peuple, et élevé sur le pavois, vous est rendu, venez le joindre !...

« Soldats, venez vous ranger sous les drapeaux de votre chef ; son existence ne se compose que de la vôtre ; ses droits ne sont que ceux du peuple et les vôtres ; son intérêt, son honneur, sa gloire, ne sont autres que votre intérêt, votre honneur et votre gloire. La victoire marchera au pas de charge ; l'aigle avec les couleurs nationales, volera de clocher en clocher jusqu'aux tours de Notre-Dame ; alors vous pourrez montrer avec honneur vos cicatrices ; alors vous pourrez vous vanter de ce que vous aurez fait : vous serez les libérateurs de la patrie... »

Paroles qui vont créer la légende de l'Aigle et faire oublier à quel point l'équipée devait être néfaste pour la France.

Le brick s'est approché de la côte, l'Empereur donne l'ordre à Lamouret, le plus ancien capitaine de la Garde, de débarquer avec une vingtaine de grenadiers, et d'occuper la batterie de la Gabelle placée non loin de l'actuelle petite gare du golfe Jouan, près de la route qui va d'Antibes à Cannes, sur le territoire de Vallauris. La batterie est vite désarmée.

C'est alors que de sa propre initiative, ayant formé le projet de rallier la garnison d'Antibes, le capitaine arrive devant la Porte Royale et demande à entrer dans le fort. Déjà Bertrand, un capitaine à la suite, vêtu d'habits bourgeois, était venu porter les proclamations impériales et s'était fait arrêter par le commandant d'armes, le colonel Cunéo d'Ornano. Le détachement de Lamouret connaîtra bientôt le même sort... Les soldats du 87e, sans enthousiasme d'ailleurs, obéissent à leurs chefs. Cependant la petite garnison ne se porte nullement vers le golfe Juan et va laisser l'Empereur mener paisiblement ses projets.

Napoléon regrette presque cette passivité.

— J'aurais préféré que l'on se battît un peu, dira-t-il plus tard, qu'il y eût cinquante hommes de la Garde tués et deux cents royalistes. Cela aurait permis des mesures énergiques.

Il est une heure de l'après-midi lorsque l'*Inconstant*, l'espéronade, la polacre et les deux chebecs jettent l'ancre, et, aussitôt, « l'armée » quitte les navires. Tout à fait au fond de la baie, où se trouve aujourd'hui le port de Golfe-Juan, une stèle, ornée d'une disgracieuse mosaïque, marque l'emplacement où Napoléon met le pied sur le sol de France. Il monte à cheval — l'animal a été embarqué à Porto-Ferrajo — et par l'actuelle avenue de la Gare — « *Ici commence la route Napoléon* », précise une inscription — l'Empereur vient se placer non loin du carrefour du chemin de Vallauris et de la route d'Antibes — notre Nationale n° 7.

Au fur et à mesure qu'elles débarquent, les troupes passent devant lui (1). A cinq heures tous ont quitté les navires. L'Empereur appelle Cambronne et l'envoie vers Cannes avec une quarantaine de grenadiers et de chasseurs. Ordre de réquisitionner des vivres et — en les payant — de se procurer des chevaux et des mulets.

— Cambronne, ajoute-t-il, je vous confie l'avant-garde de ma plus belle campagne. Vous ne tirerez

(1) Une colonne surmontée d'un buste, non de Napoléon, mais de Bonaparte, a été érigée à cet endroit.

pas un seul coup de fusil. Songez que je veux reprendre ma couronne sans verser une goutte de sang.

Le général trouve Cannes en effervescence. Les coups de canon de la flottille saluant le débarquement de l'Empereur ont été pris pour un bombardement de corsaires algériens — et les habitants se sont barricadés. Les bonnets à poil des grenadiers ont calmé l'agitation, mais la foule n'en a pas moins entouré les Elbois « avec plus d'anxiété que de sympathie ». Certains pensent déjà au spectre de la guerre qui ne manque pas de se profiler derrière l'Empereur...

Le premier contact de Cambronne avec le maire de Cannes est assez décevant. « Vieillard d'un aspect respectable », royaliste convaincu « qui aurait mieux aimé voir le bey d'Alger lui-même qu'un général de Bonaparte », il déclare au commandant de l'avant-garde que Vallauris où l'Empereur a débarqué, ne dépend pas de sa municipalité et qu'il ne se portera pas au-devant de Napoléon.

Pendant ce temps, enveloppé dans son vieux manteau bleu de Marengo, assis dans son fauteuil de campagne, l'Empereur s'est installé dans les dunes, qui existaient alors près de la chapelle de *Notre-Dame du Bon-Voyage,* où les grognards ont allumé le feu de leur bivouac (1). En attendant son dîner, il bavarde avec les passants. A défaut du maire de Cannes, celui d'une commune voisine — on ne sait laquelle — s'approche de Napoléon :

— Nous commencions à devenir heureux et tranquilles, vous allez tout troubler.

« Je ne saurais exprimer combien ce propos me remua, ni le mal qu'il me fit... », avouera Napoléon.

Quelques instants plus tard, l'Empereur s'entretient avec le prince de Monaco — duc de Valentinois — ancien premier écuyer de l'Impératrice Joséphine, dont Cambronne a cru devoir interrompre le voyage vers sa principauté. Il garde le chapeau à la main tandis que Napoléon l'interroge sur ses sentiments. Le futur Honoré V lui dépeint « tout le péril d'une

(1) Une rue du Cannes moderne perpétue aujourd'hui le souvenir du *Bivouac-Napoléon,* tandis qu'une église a été construite à l'emplacement de la petite chapelle des dunes.

semblable expédition ». Avant de le laisser repartir, l'Empereur lui demande en riant :

— Venez-vous avec nous, Monaco ?

— Mais, sire, je vais chez moi.

— Et moi aussi !

Pour cela, il faut quitter la grand-route d'Aix à Nice et s'engager à droite, juste en face de la Chapelle, sur le chemin de la montagne. C'est, en effet, par les Alpes que l'on gagnera Grenoble et Lyon (1). L'Empereur a pris cette décision voici déjà plusieurs jours. Il garde présente à la mémoire l'atroce traversée de la Provence royaliste à la fin du mois d'avril 1814, ces insultes, ces injures, cette grêle de pierres lancées contre sa berline, son exécution en effigie à laquelle il a été obligé d'assister...

En attendant l'heure du départ, Napoléon s'assied dans son fauteuil pliant et, les jambes allongées sur une chaise sous un couvre-pied, s'assoupit durant quelques instants...

Les Elbois — il est alors un peu plus de cinq heures du matin — se dirigent maintenant vers Grasse. Cambronne, toujours en avant-garde, n'a pas de chance : le maire de Grasse — le marquis de Gourdon — est, lui aussi, un ardent royaliste.

— Au nom de quel souverain faites-vous des réquisitions ? demande-t-il.

— Au nom de l'empereur Napoléon.

— Nous avons notre souverain et nous l'aimons.

— Monsieur le maire, reprend Cambronne, je ne viens pas pour faire de la politique avec vous, mais pour vous demander des rations parce que ma colonne sera ici dans un instant.

Le maire s'exécute. Mais l'Empereur, apprenant à Mouans l'agitation qui règne dans Grasse, préfère ne pas y pénétrer. Il contourne le bourg, et fait halte sur le haut plateau de Roccavignon, aujourd'hui le *plateau Napoléon*. Le grand chêne sous lequel il mange un poulet rôti ombrage toujours cette manière de terrasse d'où l'on découvre un admirable pano-

(1) Depuis 1931, la *Nationale 85*, qui déploie ses méandres dans une magnifique région, porte officiellement le nom de *Route Napoléon*.

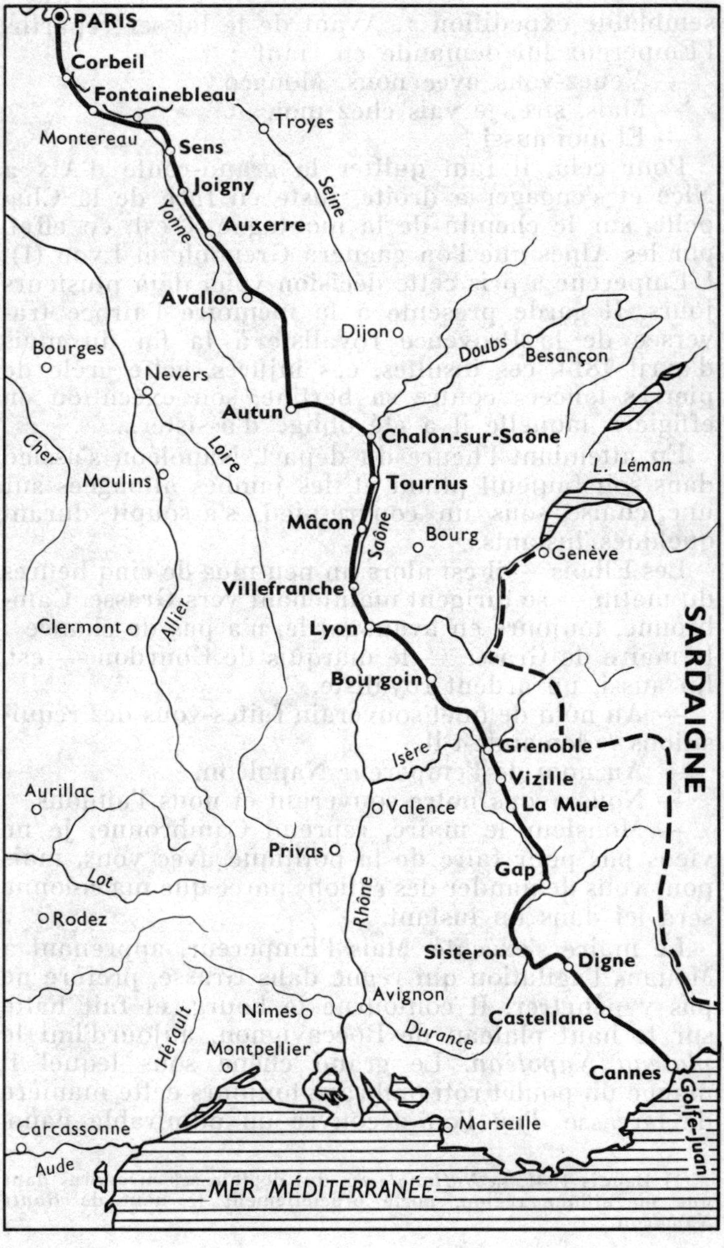
PARIS
Corbeil
Fontainebleau
Troyes
Montereau
Sens
Joigny
Seine
Yonne
Auxerre
Avallon
Dijon
Doubs
Besançon
Bourges
Nevers
Autun
Chalon-sur-Saône
Cher
Loire
L. Léman
Moulins
Tournus
Mâcon
Saône
Bourg
Genève
Villefranche
SARDAIGNE
Allier
Clermont
Lyon
Bourgoin
Isère
Grenoble
Vizille
Aurillac
Valence
La Mure
Privas
Gap
Lot
Rodez
Rhône
Sisteron
Digne
Avignon
Nîmes
Castellane
Durance
Hérault
Montpellier
Cannes
Golfe-Juan
Marseille
Carcassonne
Aude
MER MÉDITERRANÉE

rama, de Nice au Mont-Vinaigre. L'Empereur, ce matin-là, aurait vu, très au loin derrière le cap d'Antibes, les sommets des montagnes de Corse, éclairées par le soleil matinal, et semblant « flotter dans l'air ».

Tandis que l'on met en perce quelques tonneaux de vin pour la troupe, quelqu'un lui apporte des violettes, ces violettes qui étaient devenues le signe de ralliement des Bonapartistes durant la Première Restauration. Une légende prétendait, en effet, que l'Empereur avait promis de revenir « à l'époque des violettes... »

Il n'y a point de chemin entre Grasse et Digne, où l'on trouvera la route de Grenoble. Il faut donc abandonner « l'artillerie » — quatre pièces — et, en colonne par un, suivre des sentiers de montagne couverts de neige. Les lanciers — démontés — portent leurs selles et leurs brides sur les épaules. Par un froid intense, l'Empereur s'avance dans la neige, soutenu par le colonel Raoul. Marchand suit avec le jeune Ventini, l'officier d'ordonnance. Les bagages sont loin derrière eux. Après une halte, à Saint-Vallier-de-Thiey, sous un ormeau, l'Empereur gravit la dure montée qui le conduit à Escragnolles, au cœur d'un cirque rocheux d'une sauvage beauté. Le curé du bourg — l'abbé Chirio — lui apporte deux œufs et prononce quelques paroles en termes si choisis que Napoléon s'exclame :

— C'est une mitre qui convient à ce curé !

Et l'on continue à monter vers le col de Valferrière. La nuit est tombée depuis longtemps lorsque Napoléon, titubant de fatigue, arrive au hameau de Séranon dont les quelques maisons s'étagent dans une magnifique vallée entourée de montagnes rocheuses. Il a beaucoup de peine à retirer ses bottes mouillées, et s'installe devant un grand feu, assis dans un fauteuil qui a été conservé depuis lors... Enfin arrive le mulet portant, sous la surveillance de Saint-Denis et de Noverraz, le « coucher ». Vivement, au petit château de Brondet, appartenant au maire de Cannes, Marchand, avec ses deux camarades, monte le lit de l'Empereur qui s'étend tout habillé et s'endort durant trois heures.

Il faut gagner de vitesse Masséna — fidèle à Louis XVIII — et arriver à Sisteron avant la garnison de Marseille, mais c'est seulement ce même 3 mars que la nouvelle du débarquement atteindra Marseille. Aussi, dès l'aube de ce vendredi, les Elbois reprennent les sentiers qui, de hautes vallées en crêtes, de cols en gorges, de cluses en escarpements, vont les conduire à Digne où l'horizon s'élargira. Voici d'abord Castellane, blotti dans un creux et dominé par son écrasant rocher coiffé de sa vieille chapelle. Cambronne s'est fait précéder par ce billet destiné aux « autorités » locales : « Monsieur, je vous prie de donner des ordres pour fournir de suite cinq mille rations de pain, cinq mille de viande, cinq mille de vin, quarante charrettes à quatre colliers ou deux cents mulets de bât. S.M. sera à dix heures à Castellane. Baron Cambronne, général de brigade, major de la garde impériale. »

Surpris — on l'eût été à moins — le sous-préfet — M. Francourt — et le maire s'exécutent cependant sur-le-champ. L'Empereur déjeune à la sous-préfecture, un humble petit bâtiment, situé au numéro 34 de l'étroite rue Nationale et qui est devenu le *Foyer Sainte-Dévote,* maison familiale de vacances destinée aux familles nécessiteuses de la principauté de Monaco...

La route — toujours des chemins rocailleux — se poursuit malaisée, escarpée, ardue. L'héroïque phalange grimpe jusqu'au col des Lèques — à 1150 mètres d'altitude — et après le défilé rocheux de Taulanne, descend vers la vallée d'Asse de Moriez. Napoléon passe la nuit à Barrême, chez le juge de paix Tartanson. Il est vanné ayant dû effectuer cette pénible étape de quarante-six kilomètres sous une neige épaisse...

Le samedi 4 mars, l'Empereur atteint enfin Digne, tout au début de l'après-midi et va s'attabler à l'*Auberge du Petit-Paris,* cours des Arès, que borde l'actuelle place de la Libération. La foule s'amasse, curieuse et peu enthousiaste. Tandis que l'on trouve un imprimeur qui accepte de composer et de tirer la proclamation de la « Garde Impériale à l'Armée », l'Empereur prononce une courte harangue saluée par quelques applaudissements.

Et les Elbois s'engagent enfin sur une véritable route.

Seuls Cambronne et son avant-garde pourront, à une heure du matin, atteindre le pont de Sisteron, la porte du Dauphiné, tandis que l'Empereur passe la nuit au château du marquis de Malijaï, qui dresse encore ses deux tourelles pointues, non loin du confluent de la Bléone et de la Durance. Ici aussi, on conservera le fauteuil où il s'est assoupi, près d'un feu de bois (1). Le dimanche 5 mars, après avoir déjeuné d'un canard aux olives servi à l'*hôtel du Poisson d'Or* de Volonne, l'Empereur marche vers l'extraordinaire village de Sisteron, tapi au pied de sa célèbre forteresse. Le maire — Joseph Laurent de Gombert — qui a refusé d'obtempérer aux ordres de Cambronne se porte au-devant de l'Empereur, la décoration du lys bien en évidence sur la poitrine.

— Otez cela pendant que je suis ici, lui conseille Napoléon, mes soldats pourraient vous insulter.

On a préparé pour l'Empereur une chambre à la pauvre *auberge du Bras d'Or,* au numéro 20 de la sombre rue de la Saunerie. La pièce — elle existe toujours — est au premier étage, côté ville, mais au quatrième étage, côté vallée. De son unique fenêtre, on découvre une admirable vue sur la Durance et les grands pans de roche du défilé. C'est là que, tout en se restaurant, Napoléon engage la conversation avec le sous-préfet :

— Quelle impression fera mon retour en France ?

— La surprise est le sentiment qui prime tous les autres.

— Mais, aura-t-on plaisir à me voir sur le trône ?

— Je crois que oui, si l'on ne craignait pas de voir revenir avec vous la conscription et tous les fléaux.

— Je sais, reconnaît l'Empereur, qu'il a été fait bien des sottises. Mais je viens tout réparer. Mon peuple sera heureux.

Les habitants crient : « *Vive l'Empereur !* », tandis

(1) Le château, en piteux état, sert aujourd'hui de logement à des ouvriers d'une importante usine.

que la colonne — il est alors deux heures de l'après-midi — poursuit son chemin vers Grenoble. Les Elbois sont maintenant précédés par un drapeau tricolore improvisé avec quelques morceaux d'étoffe et surmonté d'un aigle provenant « de quelque flèche de lit ou de quelque tringle de fenêtre »...

⁂

Grâce à sa marche précipitée, Napoléon est parvenu à distancer les troupes que Masséna a lancées à la poursuite de son ancien chef. Dès qu'il a reçu la nouvelle du débarquement du roi de l'île d'Elbe, le maréchal a expédié un courrier vers Lyon où s'arrête encore le télégraphe. Aussi est-ce seulement ce 5 mars, à l'heure même où Napoléon déjeune au *Bras d'Or* de Sisteron, que Chappe remet, à Paris, au baron de Vitrolles, secrétaire d'Etat, la dépêche arrivée de Lyon. Selon l'usage, Chappe doit ignorer ce que contiennent les dépêches destinées au roi. Cependant, l'agitation du directeur du télégraphe est telle que l'on doit supposer qu'il connaît cette fois le contenu du message. Le baron part aussitôt pour les Tuileries et tend la dépêche au roi. Les doigts goutteux de Louis XVIII ont du mal à ouvrir l'enveloppe. Il la déchire maladroitement et déplie la feuille. Longuement, il garde les yeux attachés sur le papier ; puis il jette le feuillet sur la table et demande avec calme :

— Vous ne savez pas ce que c'est ?

— Non, Sire, je l'ignore.

D'une voix « qui ne décèle aucune altération », Louis XVIII déclare :

— C'est Bonaparte qui a débarqué sur les côtes de Provence.

Puis, d'un ton détaché, il congédie Vitrolles :

— Il faut porter cette dépêche au ministre de la Guerre, il verra ce qu'il aura à faire.

Le ministre de la Guerre est alors le maréchal Soult, duc de Dalmatie par la grâce de Napoléon. En 1814, il a été le dernier maréchal à combattre l'ennemi. Pour faire oublier cette page de gloire, l'ancien soldat de Hoche qui, en juillet 1793, avait décidé d'opposer « un rempart impénétrable » contre « l'insurrection des émigrés », a été l'instigateur, en novembre 1814, d'un monument expiatoire à Quiberon ! Tant de flagornerie lui a valu, le 3 décembre, le portefeuille de la Guerre et, en cette qualité, on a pu le voir, le 21 janvier 1815, suivre pieusement la procession conduisant à Saint-Denis les restes de Louis XVI... Aujourd'hui, celui qui, à Austerlitz, avait « mené la bataille » va devoir combattre l'homme à qui il doit tout. Comment réagira le ministre-maréchal en apprenant la nouvelle ?

Vitrolles s'est jeté dans sa voiture et roule vers la rue Saint-Dominique aussi vite que le lui permet la foule des promeneurs dominicaux. Soudain, il aperçoit Soult, qui longe le parapet du pont Royal. Le maréchal est à pied, suivi d'un de ses gens portant son portefeuille. Vitrolles fait arrêter sa voiture, Soult s'approche. Le secrétaire d'Etat éloigne les valets de pied, « et, là, nous dit-il, au milieu du monde qui passe autour de nous, de ma place dans la voiture, je tiens la dépêche ouverte devant les yeux du maréchal, resté debout auprès de la portière ».

Le visage de Soult marque simplement de la surprise et de l'incrédulité. Cependant, une heure plus tard, il envoie une dépêche à Lyon afin d'y faire venir quelques batteries de la garnison de Grenoble, que Napoléon allait occuper quarante-huit heures plus tard... et où il sera tout aise de n'avoir pas à essuyer le feu des canons déplacés par le ministre.

Abattre un arbre, faire sauter un pont, couper une route, ne viennent pas à l'esprit de Soult. Il ne fait rien pour retarder d'au moins quelques heures la marche d'un homme « à qui les populations ne s'opposent pas, mais qu'elles ne suivent pas non plus ». Le maréchal veut-il favoriser les visées de son ancien maître ? Pas le moins du monde ! Il traite *Buonaparte* plus bas que terre et, avec sincérité, ne parle que de le pourfendre ! Pour lui, comme pour le *Moniteur*, ce débarquement est « un acte de démence dont quelques gardes champêtres suffiront à faire justice ».

Le baron de Vitrolles, seul, voit le danger. Il compte

beaucoup sur « Monsieur ». Il est persuadé que le futur Charles X « par sa bonne grâce et son éloquence chevaleresque », pourra entraîner les régiments. Il se rend au pavillon de Marsan où il apprend que le comte d'Artois est à vêpres.

« A vêpres, se dit Vitrolles en attendant dans la salle de service, à vêpres ! Comment est-on à vêpres en de telles circonstances ? Jacques II perdit son royaume pour une messe ; ceux-ci perdront-ils le leur pour des vêpres ? »

Une seule explication peut justifier ce comportement inattendu : Louis XVIII se méfie de son frère et ne l'a pas prévenu. En effet, un quart d'heure plus tard, lorsque Vitrolles entre dans son cabinet, Monsieur semble tout ignorer.

— Eh bien, demande-t-il avec un ton guilleret, m'apportez-vous des nouvelles de nos voyageurs ?

Les « voyageurs » étaient le duc et la duchesse d'Angoulême — Madame Royale et son époux — qui se trouvaient en voyage officiel à Bordeaux. Visiblement — Vitrolles le pense — le frère du roi n'a pas lu la dépêche de Masséna ; aussi le secrétaire d'Etat, contrairement à l'étiquette, ose-t-il poser une question :

— Monsieur n'a pas vu le roi depuis la messe ?

— Mais si, je l'ai vu...

Puis, comme s'il s'agissait là d'un événement sans importance, il ajoute nonchalamment :

— A propos, et la nouvelle du débarquement, qu'en dites-vous ?

Non sans peine, Vitrolles dissimule sa stupéfaction, et tente de secouer l'indifférence du comte d'Artois ; il lui expose la gravité de la situation.

— Les troupes ne seront fidèles que si les princes se mettent à leur tête... C'est vous, Monseigneur, qui pouvez le mieux assurer la fidélité de l'armée et réveiller ce qu'il y a de zèle et d'amour pour la cause royale dans les populations...

En silence, le frère de Louis XVIII fait les cent pas dans son cabinet. Vitrolles le suit : « Je ne pouvais constater qu'il m'écoutait, racontera-t-il, qu'à l'allure de ses pas qui se précipitaient à mesure que mes paroles devenaient plus pressantes, tellement qu'à la fin, sans nous en douter, nous étions presque au pas de course. »

Le silence et la galopade se prolongent, Vitrolles recommence ses exhortations. Finalement, le futur Charles X, sans s'arrêter, lance avec impatience :

— Eh bien, je pense que vous avez raison et qu'il faut graisser nos bottes.

— Non, Monseigneur, insiste le ministre essoufflé, il faut partir sans que vos bottes soient graissées.

Le soir même, le comte d'Artois prend la route de Lyon, afin, selon le texte de l'ordonnance royale, de « courir sus à Bonaparte, traître et rebelle, pour s'être introduit à main armée dans le département du Var ». Il sera suivi, quelques heures plus tard, par le duc d'Orléans, le futur roi Louis-Philippe.

Dès le lendemain, la presse s'en donne à cœur joie. Le *Journal des Débats* stigmatise « cet homme tout couvert du sang des générations » et il ajoute : « Dieu permettra que le lâche guerrier de Fontainebleau meure de la mort des traîtres. » Dans les jours suivants les anciens compagnons de l'Empereur se mettront au diapason... en attendant d'aller se jeter dans les bras de Napoléon ! Pour Jourdan, qui sera gouverneur de Besançon durant les Cent-Jours, « Buonaparte est un ennemi public ». Pour le général Quiot, qui, lui aussi, demeurera en place entre les deux Restaurations, l'ex-empereur « est un être altéré de sang ». Le général Pacthod, comte de l'Empire, estime de son côté, son ancien maître « odieux à tout être doué de raison ». Il est vrai que l'exemple leur est donné par le ministre de la guerre : « Buonaparte, écrit Soult, nous méprise assez pour croire que nous pourrons abandonner un souverain légitime et bien-aimé pour partager le sort d'un homme qui n'est plus qu'un aventurier... Rallions-nous autour de la bannière des lys, à la voix de ce père du peuple... Il met à votre tête ce prince — le comte d'Artois — modèle des chevaliers français, dont l'heureux retour dans notre patrie a déjà chassé l'usurpateur ! »

Cette diatribe n'empêchera pas Mgr le duc de Dalmatie, spécialiste en revirements, de piétiner, trois semaines plus tard, « la bannière des lys » et d'accepter de l'*aventurier* la charge de major général et le titre de pair de France.

*
**

Le lundi 6 mars, vers deux heures de l'après-midi, l'Empereur quitte le médiocre *hôtel Marchand* (1) de Gap par la route qui grimpe en lacets vers le col Bayard, à plus de 1200 mètres d'altitude. Napoléon se restaure aux Baraques de Saint-Bonnet — le logis est demeuré une hostellerie — et refuse l'aide des paysans des environs — c'est jour de marché — qui veulent s'embrigader dans son « armée ». Il passe la nuit au village de montagne de Corps, dont les maisons sont pour la plupart précédées d'un perron qui, l'hiver, disparaît sous la neige. Dans sa chambre du premier étage de l'auberge Dumas, aujourd'hui l'*hôtel du Palais,* dont les deux fenêtres ouvrent sur la route, l'Empereur est réveillé, le mardi 7 mars au matin, par un message de Cambronne qui, toujours à l'avant-garde, lui annonce que le moment tant redouté est proche. Les Elbois vont affronter les troupes du général Marchand qui défend pour Louis XVIII la place de Grenoble et a reçu l'ordre d'arrêter la marche des « brigands de Buonaparte », selon l'expression du préfet Fournier. L'émotion vous étreint lorsqu'on pénètre aujourd'hui dans cette pitoyable chambre *numéro un* de l'*hôtel du Palais* (2). C'est là entre ces quatre murs, sous ce plafond bas, dans ce décor presque misérable, que l'Empereur a appris que son sort allait maintenant se jouer... Tout à l'heure, les soldats du roi vont-ils oser tirer sur lui ?...

A minuit, Laborde, l'adjudant-major de l'avant-garde de Cambronne, a rencontré un adjudant-major du 5e de ligne venu de Grenoble. Tous deux ont la même mission : préparer le logement.

— Je vois que nous portons une cocarde différente,

(1) C'est aujourd'hui une pâtisserie à l'enseigne de *La halte de l'Empereur,* 17 et 19 rue de France.

(2) La propriétaire — Mme Conte — louant toujours la chambre, a dû remplacer dernièrement, par un badigeon de peinture, le papier de l'époque devenu trop vétuste.

lui dit Laborde. Mais, répondez-moi avec la franchise d'un soldat. Sommes-nous amis ou ennemis ?

— Deux vieux compagnons d'armes seront toujours amis, réplique l'officier en tendant la main à Laborde.

— Alors, faisons le logement ensemble.

Mais l'officier du 5e s'est hâté d'aller prévenir son chef, le commandant Delessart qui, avec son bataillon, occupe la hauteur de la Pontine, non loin de La Mure. Delessart rassemble tout son monde. Il s'est fait également suivre d'une compagnie du génie et se replie vers Laffrey, un bourg situé, au cœur d'un merveilleux paysage, à trois lieues de La Mure et qui, ce jour-là, va entrer dans l'Histoire.

Placé au-devant du village, au bord du dernier des trois lacs de Laffrey, Delessart distingue bientôt, au loin, la calèche découverte de l'Empereur et devine la célèbre redingote grise. Napoléon semble inquiet. Le commandant le voit descendre de sa voiture, s'avancer sur le promontoire qui domine le lac, et regarder à la lunette « l'ennemi » qui occupe la prairie. Au galop un officier — le colonel Raoul — quitte l'état-major de l'Empereur, et se porte vers le commandant.

— L'Empereur va marcher vers vous, lui annonce-t-il. Si vous faites feu, le premier coup de fusil sera pour lui. Vous en répondrez devant la France...

Delessart l'interrompt :

— Je suis déterminé à faire mon devoir, et si vous ne vous retirez sur-le-champ, je vous fais arrêter.

— Mais, enfin, tirerez-vous ?

— Je ferai mon devoir.

Un nouvel émissaire — le commissionnaire des guerres Vauthier, — survient, s'arrête sur le front du bataillon et prévient le chef des *cocardes blanches* « que l'Empereur le rend responsable envers la France et la postérité des ordres qu'il donnera ».

Les soldats du 5e de ligne écoutent, impassibles. Soudain, les lanciers polonais s'avancent vers eux... Les lignards de Delessart voient, derrière les cavaliers, les bonnets d'ourson et les longues capotes bleues de la Garde. Un frémissement passe dans les rangs et le commandant hurle :

— Bataillon ! demi-tour à droite. Marche !

Talonnés par les lanciers, les soldats de Louis XVIII, pâles, les mâchoires serrées, obéissent et marchent en bon ordre. Delessart se penche vers le jeune capitaine Randon, le futur maréchal de France alors aide de camp et neveu du général Marchand.

— Comment engager le combat avec des hommes qui tremblent de tous leurs membres et qui sont pâles comme la mort !

Les lances des Polonais se trouvent si proches du dos des voltigeurs que le commandant crie :

— Halte ! Faire face !

Le bataillon obtempère, tandis que les lanciers qui ont reçu l'ordre de ne point charger, reviennent vers l'Empereur.

C'est alors la scène célèbre.

— Colonel Mallet, ordonne Napoléon, faites mettre l'arme au bras et déployer le drapeau.

Puis, tandis que la petite musique des Elbois joue la *Marseillaise*, l'Empereur s'avance. Derrière lui marchent Drouot, Cambronne et Bertrand.

— Le voilà ! Feu ! hurle Randon.

Les fusils tremblent, mais pas un homme n'ose épauler. L'Empereur s'est arrêté et lance d'une voix forte :

— Soldats du 5e, je suis votre empereur. Reconnaissez-moi.

Il fait encore deux ou trois pas, entrouvre sa redingote grise et crie :

— S'il est parmi vous un soldat qui veuille tuer son empereur, me voilà !

Un immense cri de *Vive l'Empereur !* lui répond. Les rangs sont aussitôt rompus, a conté Houssaye, « les shakos sont agités à la pointe des baïonnettes, les soldats se précipitent vers leur Empereur, l'entourent, l'acclament, s'agenouillent à ses pieds, touchent en idolâtres ses bottes, son épée et les pans de sa redingote. Grâce au tumulte, le capitaine Randon, que son ordre de faire feu a désigné à la colère des troupes, éperonne son cheval et s'enfuit. Le commandant Delessart, humilié, désespéré, et cependant profondément ému, remet en fondant en larmes son épée à l'Empereur qui l'embrasse pour le consoler. »

Un vieux soldat s'approche alors de Napoléon et fait sonner la baguette dans son fusil :

— Voyez si nous avions envie de vous tuer.

En un instant, les cocardes tricolores que les soldats ont gardées dans leurs sacs depuis l'année précédente prennent la place des cocardes blanches qui, après le départ du bataillon, jonchent le sol, marquant l'emplacement — baptisé la *Prairie de la Rencontre* — où s'est jouée la scène célèbre à jamais (1).

***

Le général Marchand, toujours fidèle à Louis XVIII, a expédié l'ordre aux 7e et 11e de ligne, qui se trouvent à Chambéry, de rallier Grenoble. Les deux colonels ont obéi. Le commandant du 7e s'appelle La Bédoyère. Ancien aide de camp de Lannes, il était l'un des plus brillants officiers de l'armée impériale et l'on devine à quels sentiments il se trouve en proie ce mardi 7 mars 1815. Après avoir passé en revue les deux régiments, le général Marchand les a placés sur les remparts, face à la route de La Mure. Que feront les soldats lorsqu'ils auront le « Petit Tondu » au bout de leur ligne de mire ? C'est alors que La Bédoyère — et ce geste le fera condamner à mort — tire son épée et s'exclame :

— A moi, soldats du 7e. A moi ! mes braves camarades. Je vais vous montrer notre chemin. En avant ! Qui m'aime me suive !

Aux cris de *Vive l'Empereur !* — qui seront repris bientôt par la plus grande partie de la garnison — le 7e de ligne s'ébranle. Les faubourgs franchis, La Bédoyère tire de sa poche l'ancien aigle du régiment et le place en haut d'une branche de saule qui devient la hampe du nouveau drapeau... Une heure plus tard — entre Grenoble et Vizille — l'Empereur embrasse l'aigle et le colonel qui apporte ainsi un renfort de dix-huit cents hommes à Napoléon.

(1) Une statue équestre de Napoléon, entourée d'une petite grille, se dresse aujourd'hui à l'extrémité du grand lac de Laffrey.

Vers neuf heures du soir, le général Marchand, dont la fenêtre domine les remparts, voit « l'Usurpateur » suivi de sa petite armée et entouré de deux mille paysans brandissant fourches et pétoires, et portant des torches « de paille allumée ». Le colonel Roussille qui commande la porte de Bonne, à l'injonction qui lui est faite « au nom de l'Empereur », par le colonel Raoul, refuse d'ouvrir la porte. Le général Marchand harangue alors ses hommes. Il commande à deux mille fantassins et à une puissante artillerie. Pas un lignard n'obéit au commandement de charger les armes. Et les artilleurs ? Marchand se tourne vers l'un de leurs officiers, le royaliste Saint-Genis :

— Si les hommes ne veulent point tirer, les officiers ne tireront-ils pas ?

— Mon général, répond le lieutenant, nous serions hachés sur les pièces. Nos canonniers nous ont prévenus.

On entend une cantinière chanter :

Bon ! Bon !
Napoléon
Va rentrer dans sa maison !

Et une autre :

Nous avons des pommes
Pour le roi de Rome !

Cependant, irrité par la résistance qui lui est opposée, l'Empereur s'avance vers la porte, suivi de La Bédoyère, et interpelle le colonel Roussille.

— Je vous donne l'ordre d'ouvrir.

— Je ne reçois d'ordres que du général.

— Je le destitue.

— Je connais mon devoir, je n'obéirai qu'au général.

Fou de colère, La Bédoyère, s'adressant aux soldats de Roussille, s'écrie :

— Arrachez-lui ses épaulettes !

Quelques instants plus tard, les charrons du faubourg Saint-Joseph enfoncent les portes aux cris de

Vive l'Empereur ! tandis que le général Marchand et seulement deux à trois cents hommes s'enfuient au grand galop par la porte Saint-Laurent.

Plus tard, à Sainte-Hélène, Napoléon approuvera l'attitude loyaliste du commandant de la place de Grenoble :

— Marchand s'est bien conduit, dira-t-il ; je n'ai pu l'employer (durant les Cent-Jours) à cause de la politique.

On demeure surpris en constatant que le même sentiment lui fit garder bien peu de reconnaissance envers celui qui, en accourant vers lui avant Grenoble, avait doublé les effectifs de son « armée ».

— La Bédoyère a agi comme un homme sans honneur, déclara-t-il encore ; il a trahi puisqu'il avait juré fidélité au roi !

Cette fois, la même « politique » l'obligera, arrivé à Paris, à nommer général le jeune colonel du 7e de ligne et, en ce soir, du 7 mars, La Bédoyère est le sauveur !

A l'hôtel des *Trois Dauphins* (1) où Napoléon est descendu, on lui apporte à défaut des clefs, les vantaux de la porte de Bonne.

Le lendemain, il passe en revue ses forces et, en défilant devant lui, les hommes montrant leurs cocardes, crient : « C'est celle d'Austerlitz !... C'est celle de Friedland !... Je l'avais à Marengo ! »

Et l'Empereur pourra s'exclamer :

— Jusqu'à Grenoble, j'étais aventurier ; à Grenoble, j'étais prince.

***

Ce même jour, à six heures du matin, un courrier porteur d'une dépêche urgente arrive chez le prince de Metternich. Le ministre s'est couché vers trois heures du matin, après une conférence fort tardive des représentants des cinq puissances, qui se trouvent toujours réunis à Vienne pour le fameux Congrès. Le valet de chambre, voyant sur l'enveloppe

(1) Il s'élève près de la place Grenette, à l'angle de la rue Montorge et de la petite rue Bressieux, et porte le nom d'*Hôtel Napoléon*.

tracés ces mots : « *Du Consulat général impérial et royal à Gênes* », croit devoir réveiller son maître et lui remet la dépêche. « J'essayai de me rendormir, racontera le chancelier, mais après ce réveil il me fut impossible de retrouver le sommeil. Vers sept heures trente, je me décidai à ouvrir l'enveloppe. Elle ne contenait que les six lignes suivantes : « Le commissaire anglais Campbell vient d'entrer dans le port pour s'informer si personne n'avait vu Napoléon à Gênes, après sa disparition de l'île d'Elbe. La réponse étant négative, la frégate anglaise a repris la mer sans tarder. »

Metternich saute de son lit, s'habille en hâte et, à huit heures du matin, se fait annoncer près de l'empereur François.

— Napoléon paraît avoir envie de courir de grands risques, constate l'empereur, c'est son affaire. La nôtre est de donner au monde cette tranquillité qu'il a troublée pendant tant d'années. Allez tout de suite trouver l'empereur de Russie et le roi de Prusse ; dites-leur que je suis prêt à donner l'ordre à mes armées de prendre une fois de plus la route de la France. Je ne doute point que ces deux souverains ne se joignent à ma marche.

« A huit heures quinze, raconte Metternich, j'étais chez l'empereur Alexandre qui tint le même langage que l'empereur François. A huit heures trente, le roi Frédéric-Guillaume III me donna la même assurance. A neuf heures, j'étais rentré chez moi. J'avais déjà convoqué le feldmarschall prince Schwarzenberg. A dix heures, les ministres des Quatre Puissances se réunissaient dans mon bureau... »

On vit arriver Talleyrand en clopinant, un Talleyrand empesé, inaccessible, enflé d'insolence, préparant déjà en lui-même la « mise hors la loi du brigand ». Pour l'instant, enveloppé dans son flegme, il était presque le seul à prendre la nouvelle avec calme. Son collègue Alexis de Noailles ne parlait pas, il hurlait :

— Maintenant qu'il s'est échappé, il faut le pendre !

Ce à quoi le roi de Prusse répondit avec sagesse :

— Avant de le pendre, il faut le prendre et ce ne sera guère facile !

***

Alors que le jeudi 9 mars Napoléon va passer la nuit à Bourgoin — à l'ancien hôtel *César et du Parc* — le comte d'Artois n'a pu rassembler à Lyon que trois régiments et mille cinq cents gardes nationaux. Les trente mille hommes promis par Soult n'ont pas encore rejoint...

— Cette affaire-ci ne saurait être longue, déclare le duc d'Orléans. Il me semble qu'il ne nous reste d'autre chose à faire que d'emmener les troupes et de nous replier.

C'est le parti le plus sage. Monsieur donne des ordres en conséquence, lorsque survient le maréchal Macdonald, duc de Tarente. Un peu d'espoir anime la poignée de royalistes. Celui qui fut le héros de Wagram promet au comte d'Artois de parler « leur langue » aux troupes.

Le lendemain — 10 mars — une pluie diluvienne n'empêche pas le maréchal de tenir sa promesse. Place Bellecour, devant les régiments rangés en carré, il achève son discours par ces mots :

— La seule garantie que je vous demande est de crier *Vive le Roi !*

Pas une seule voix ne répond à la sienne. On n'entend que la pluie qui crépite. Le futur Charles X survient. Ses ambitions sont plus modestes. Un *seul* cri prononcé par un *seul* homme suffirait à son bonheur. Il s'approche d'un vieux dragon, « lui parle avec bonté, le loue de son courage dont il porte la preuve sur sa poitrine... » puis il lui propose de crier avec lui *Vive le Roi !* « Les yeux fixes, la bouche béante », le dragon reste « immobile et impassible ». Macdonald, le colonel du 13e Dragon, les officiers « crient, l'exhortent, le pressent »... mais sans succès. L'homme reste « inébranlable ».

La scène prend un aspect franchement ridicule. « Rouge de colère », Artois rentre à l'Archevêché. La foule ne le salue même pas. Les Lyonnais sont bien massés le long du Rhône, mais c'est pour attendre

Napoléon qui, dit-on, est déjà aux portes de la ville. Il est onze heures du matin. Le frère du roi n'a plus qu'à partir et suivre l'exemple de son cousin Orléans qui, depuis deux bonnes heures déjà, a repris la route de Paris. Tandis que Monsieur monte en berline, Macdonald essaye de défendre Lyon. Il envoie tout d'abord quelques dragons en reconnaissance...

Bientôt les cavaliers reviennent.

— Qu'ont-ils vu ? demande Macdonald à son aide de camp.

— L'avant-garde de Napoléon.

— Est-elle éloignée ?

— Elle va entrer dans le faubourg de la Guillotière.

— Que s'est-il passé ?

— Les deux reconnaissances ont bu ensemble !

C'est seulement après avoir vu lui-même les shakos du 4e Hussards, avant-garde de l'empereur, que Macdonald saute à cheval. Après une longue et folle course, poursuivi par les hussards impériaux, il réussira à rattraper la voiture du frère du roi. Il était temps ! Le maréchal se trouvait *entamé*, selon son expression, par le galop un peu trop sec de son coursier : il ne pouvait plus tenir en selle !

⁂

Napoléon s'est installé à Lyon à l'Archevêché, dans les appartements que lui a laissés le comte d'Artois et, durant trois jours, reprend sa vie de souverain. Il reçoit les corps constitués, prépare des décrets et écrit à sa femme : « Mon avant-garde est à Chalon-sur-Saône, je pars cette nuit pour la rejoindre. Les peuples courent en foule au-devant de moi ; des régiments entiers quittent tout pour me rejoindre... Je serai, quand tu recevras cette lettre, à Paris... Viens me rejoindre avec mon fils. J'espère t'embrasser avant la fin du mois. »

Ces lignes ne sont pas remises à l'Impératrice, mais portées au Congrès où les ministres alliés essayent « d'interpréter une griffe que personne ne pouvait lire ». Chacun déchiffre un mot... et bientôt tous les ministres ont devant les yeux la tragique certitude de voir l'Empereur installé à Paris ! Quelques jours auparavant, Talleyrand a pu faire approuver par ses collègues un texte effrayant qu'on ne peut lire sans éprouver un sentiment de malaise. L'évasion de Bonaparte s'y trouvait peinte comme « un attentat contre l'ordre social ». La déclaration précisait : « En revenant en France avec des projets de trouble et de bouleversement, il s'est privé lui-même de la protection des lois et a manifesté à la face de l'univers, qu'il ne saurait y avoir avec lui ni paix ni trêve... »

Pour terminer, on mettait l'évadé criminel hors la loi : « Les Puissances déclarent en conséquence que Napoléon Bonaparte s'est placé hors des relations civiles et sociales et que, comme ennemi et perturbateur du repos du monde, il s'est livré à la vindicte publique. »

Perfide, Talleyrand se frotte les mains en voyant l'empereur d'Autriche s'avilir, au point de signer calmement ce document qui n'était rien d'autre qu'une gifle infamante administrée au mari de sa fille, au père de son petit-fils !

— Il fallait lui faire mettre sa signature au bas d'une sentence de mort civile, expliquera le prince, et non d'une déclaration de guerre. On peut toujours traiter avec un ennemi ; on ne se remarie pas avec un condamné.

***

Le lundi 13, l'Empereur quitte Lyon pour l'*hôtel Sauvage* de Macon.

A Paris, le roi n'a désormais plus d'espoir qu'en Ney. Depuis le 10 mars, le maréchal barre la route de Paris, répétant sans cesse qu'il ramènera Bonaparte dans une cage de fer.

— Il vaudrait mieux le ramener mort dans un tombereau, suggère le sous-préfet de Poligny qui est partisan des méthodes expéditives.

— Non, répond Ney, vous ne connaissez pas Paris. Il faut que les Parisiens le voient.

Le 11 mars, on apporte au prince de la Moskowa la proclamation écrite par l'Empereur en vue du golfe Jouan. Après avoir poussé un soupir, on l'entend s'exclamer :

— On n'écrit plus comme ça !... Le Roi devrait écrire ainsi. C'est de cette manière qu'on parle aux soldats et qu'on les émeut !

Puis, marchant de long en large dans son bureau, il répète à haute voix : « La victoire marchera au pas de charge. L'Aigle avec les couleurs nationales volera de clocher en clocher jusqu'aux tours de Notre-Dame ! »

Cependant Ney, après avoir poussé un lourd soupir, demeure résolu à combattre. Il n'a pourtant sous ses ordres que six mille hommes peu sûrs, échelonnés de Besançon à Bourg, tandis que l'Empereur a maintenant auprès de lui quatorze mille soldats ! Le maréchal va bientôt recevoir le billet que lui a adressé Napoléon : « Venez me reprendre à Chalon, je vous recevrai comme au lendemain de la Moskowa. » Puis il apprendra que, partout, claquent les drapeaux tricolores. On vient enfin lui dire — ce qui est alors faux — que Louis XVIII s'apprête à quitter Paris ; on lui révèle — ce qui est inexact — que l'Angleterre se trouve dans le complot et que Metternich — ce qui peut alors paraître plausible — a été mis au courant avant le départ de l'île d'Elbe et qu'il a fermé les yeux pour ennuyer le tsar... Alors que, jusqu'à présent, le sang français n'a pas coulé, Ney, en combattant son ancien chef, va-t-il déclencher une guerre civile ? Il n'ignore pas les sentiments de ses soldats. Désespéré, il déclare :

— Que voulez-vous, je ne puis arrêter l'eau de la mer avec la main !

Les affronts subis durant ces derniers mois remontent en foule à son esprit :

— Je ne veux plus être humilié, je ne veux plus que ma femme revienne chez moi les larmes aux yeux des humiliations qu'elle a reçues dans la journée. Le roi ne veut pas de nous, c'est évident !...

Le 14 mars — ce soir-là l'Empereur couchera à Châlon-sur-Saône, à l'*hôtel du Parc* — le maréchal réunit ses troupes. Il regarde ses hommes mornes et pâles... Ney va perdre la tête.

— J'étais dans la tempête, avouera-t-il plus tard devant le tribunal royal qui l'enverra face à un peloton d'exécution.

Ses soldats le voient tirer son épée du fourreau, la lever bien haut :

— Officiers, sous-officiers et soldats, crie-t-il, la cause des Bourbons est à jamais perdue !...

Un grand cri de *Vive l'Empereur !* couvre sa voix. Une clameur de délivrance jaillit des poitrines et c'est aussitôt une embrassade générale. Le maréchal parcourt les rangs « comme un homme en délire », embrassant « jusqu'aux fifres et aux tambours ».

Deux jours plus tard, la nouvelle connue à Paris, un placard est accroché à la grille de la colonne Vendôme : « *Napoléon à Louis XVIII. Mon bon frère, il est inutile de m'envoyer encore des soldats. J'en ai assez !* »

La belle sérénité du roi — pour ne pas dire son inconscience — commence à être atteinte. L'ordonnance que le souverain a signée afin d'appeler les gardes nationaux aux armes — on espérait réunir trois millions d'hommes ! — n'a donné aucun résultat. Il en est de même pour le rappel sous les drapeaux des cent mille militaires en congé. Dans le Cher, six hommes seulement se présentent ! Le gouvernement est un peu plus heureux avec les volontaires... Les femmes ont déclaré « qu'elles ne recevraient plus dans leurs salons les jeunes gens qui ne se seraient pas engagés ».

— Et continueront-elles à les recevoir dans leur chambre ? demanda quelqu'un.

De très jeunes gens royalistes ont, les premiers, répondu à l'appel.

— Ce sont des marmots incapables de tenir un fusil, constate avec découragement le gouverneur de Vincennes.

On tombe d'un excès dans l'autre et l'on crée « *La Compagnie des Gardes du roi* », composée d'officiers de vaisseau en retraite qui ont, à leur tête, « une douzaine de vieux amiraux couverts de blessures, échappés au désastre de Quiberon » ! Et, un matin, en arrivant aux Tuileries, Macdonald rencontre « une cinquantaine de vieillards armés de fusils et de hallebardes, la plupart en uniforme d'officier général, marchant deux par deux et venant offrir leurs services ».

Le mercredi 15, Napoléon passe la nuit à Autun. Tandis qu'il dort à l'hôtel de *Saint-Louis et de la Poste,* rue de l'Arbalète — sa chambre est demeurée intacte —, aux Tuileries, les projets les plus extravagants sont agités. Chaque soir, Marmont va trouver le roi. Son abandon de 1814 le hante ; aussi veut-il combattre l'Empereur par tous les moyens. Selon lui, une seule solution : transformer le château en redoute.

— Il faut disposer le palais de manière à exiger qu'une batterie de pièces de gros calibre soit nécessaire pour le démolir.

On mettrait Louis XVIII et son fauteuil au cœur de cette forteresse et l'on s'y enfermerait avec deux mois de vivres et trois mille hommes de la Maison du roi, des soldats d'opérette peut-être, mais qui seraient « excellents pour cet objet », affirmait le maréchal. Quant aux autres membres de la famille royale, le duc de Raguse les expédiait, cavalièrement, chacun dans une direction différente. Et si le roi recevait sur la tête un projectile tiré par « une pièce de gros calibre » ? Marmont envisageait le cas avec entrain :

— Sire, votre frère, vos neveux, vos cousins sont dehors... Vous mort, vos droits et vos titres passent à un autre !

Louis XVIII préfère garder ses droits pour lui ! Va-t-il suivre le plan délirant élaboré par Blacas ? D'après le favori, le roi, à l'approche du « tigre » devrait monter en calèche découverte, en compagnie de son premier gentilhomme de la Chambre. Derrière la voiture, les pairs et les députés suivraient à cheval..., tant bien que mal, car certains n'avaient pas fait d'équitation depuis le règne de Louis XVI ! « Tout ce cortège se serait avancé au-devant de l'Empereur pour lui demander ce qu'il venait faire. Embarrassé de répondre, M. de Buonaparte se serait retiré. »

Vitrolles, très pince-sans-rire, propose de faire précéder la procession par l'archevêque de Paris portant le Saint-Sacrement, « comme saint Martin allant au-devant du roi des Wisigoths ».

— Par quelle barrière comptez-vous sortir ? demande le secrétaire d'Etat.

— La barrière d'Italie ou celle de Fontainebleau.

« Je les assurai qu'ils n'y rencontreraient point l'Empereur ; qu'il ne gênerait point leur pompeuse promenade par sa présence ; qu'il entrerait par la barrière du Trône, qu'il irait tranquillement s'installer aux Tuileries, et que le roi et les deux Chambres coucheraient probablement cette nuit-là à la belle étoile. »

Vitrolles suggère alors un départ pour la Vendée où l'on résisterait... Mais Louis XVIII, qui ne possède plus les jambes pour « chouanner », se rallie à un projet plus paisible : une séance royale à la Chambre. On sait — alors que l'Empereur atteint Avallon — ce que fut, le jeudi 16 mars, le discours du roi. Aux proclamations de l'Empereur, claquantes comme un drapeau, le vieux roi répond par des paroles pleines de bon sens et de vérité :

— Je ne crains rien pour moi, mais je crains pour la France. Celui qui vient allumer les torches de la guerre civile y apporte aussi le fléau de la guerre étrangère ; il veut mettre notre patrie sous son poing de fer... Il vient enfin détruire cette charte constitutionnelle que je vous ai donnée, cette charte, mon plus beau titre de gloire aux yeux de la postérité, cette charte que tous les Français chérissent et que je jure ici de maintenir !

C'est du délire. Les cris de *Vive le roi !... Mourir pour le roi !... Le roi, à la vie, à la mort !...* se font entendre durant plusieurs minutes. L'enthousiasme est à son comble, lorsque le futur Charles X se jette dans les bras de son frère ; il redouble au moment où le futur Louis-Philippe jure, lui aussi, « de vivre et de mourir fidèle à son roi ».

Et, en se séparant, les députés répètent tous le mot de Louis XVIII :

— Quoi qu'il arrive, je ne quitterai pas mon fauteuil. La victime sera plus grande que le bourreau !

Il est certain que, même sans transformer les Tuileries en citadelle, la présence de Louis XVIII à Paris eût passablement embarrassé l'Empereur...

Le roi n'en avait pas moins pris la décision de fuir lorsque Napoléon arriverait..., mais il ne permettait pas qu'on lui en parlât. Le duc d'Orléans qui avait osé le suggérer s'était fait rabrouer de verte manière.

— Il ne faut pas seulement faire cette supposition-là !

Le 17, il envoie son neveu Berry prendre le commandement de l'armée royale, qui compte encore vingt mille hommes échelonnés entre Montereau et Villejuif, et dont les différents corps ont, bien entendu, à leur tête d'anciens colonels et généraux de Napoléon. On essaye de maintenir la mentalité et dans le *Moniteur* du 18 on peut lire : « Le gouvernement ne veut rien exagérer ni taire. Il a mis constamment au rang de ses devoirs de dire constamment la vérité... » et l'article s'achève par la nouvelle « que les troupes royales avaient occupé Grenoble et Lyon » ! Cependant personne n'est dupe.

— On nous appelle à Paris pour le roi, disent les lanciers, mais nous y allons pour l'Empereur.

Dans les cantonnements, on crie : *Vive le père la Violette !* ... et les fantassins du 65e de ligne, s'ils ne crient pas, portent des bouquets de fleurs « subversives » ! Le 18, Clarke croit habile d'offrir « aux grenadiers et chasseurs de France » — l'ancienne vieille garde de l'Empereur — le grade de sous-lieutenant dans l'armée royale. Les grognards, qui sont déjà en route pour rejoindre leur « petit caporal », refusent. Ils préfèrent demeurer simples soldats de Napoléon, plutôt que devenir officiers du roi !

On ne peut réellement compter que sur la troupe dorée de la Maison militaire de Louis XVIII, soldats d'antichambre baptisés gardes du corps, chevau-légers, gendarmes des chasses ou mousquetaires...

***

Le samedi 18 mars, à Auxerre, chez le préfet Ganot, Ney tend à Napoléon sa « justification », qui commence par ces mots : « Je suis votre prisonnier plutôt que votre partisan si vous continuez à gouverner tyranniquement. »

— Le brave Ney est fou, s'exclame l'Empereur en déchirant le factum.

— Votre Majesté, soupire le maréchal, a sans doute entendu dire que j'avais promis de La ramener dans une cage de fer ?

— Je ne le crois nullement.

— Et cependant, sire, c'est vrai !

L'Empereur eut du mal à réprimer et à dissimuler « un mouvement d'indignation » (1).

Ce même soir, le 6e lanciers, qui occupe, en avant-poste, le pont de Montereau, fait un demi-tour sur place... et se déclare l'avant-garde de l'Empereur. La nouvelle en est aussitôt portée au roi. Le lendemain matin — le dimanche des Rameaux — un courrier annonce que Napoléon a quitté Auxerre et qu'il a aussitôt poursuivi sa marche sur Paris. Ce soir, il peut arriver à Fontainebleau !

— Je vois que tout est fini sur ce point, soupire Louis XVIII. Ne nous engageons pas dans une résistance inutile. Je suis résolu à partir !

On décide que le roi quittera Paris seul avec une escorte de gardes du corps. Berry et Marmont prendront la route de Beauvais avec la Maison militaire... et les diamants de la couronne.

Le dimanche 19 mars, alors que Napoléon couche à Pont-sur-Yonne, les voitures royales viennent, à onze heures et demie du soir, se ranger dans la cour des Tuileries.

Il pleut.

La berline de Louis XVIII se place devant le vestibule du pavillon de Flore. Aussitôt, gardes du corps et gardes nationaux sortent du poste et, sans armes, remplissent l'escalier et l'antichambre, se mêlant aux courtisans et aux officiers de service. Tous les regards

(1) « Ney a eu ce qu'il méritait, dira cruellement l'Empereur à Sainte-Hélène, en apprenant la condamnation à mort du prince de la Moskowa par la cour des Pairs. Je le regrette comme un homme précieux sur le champ de bataille, mais il était trop immoral et trop bête pour réussir ! »

sont fixés sur la porte de l'appartement du roi..., celui que Louis XVI puis Napoléon avaient occupé autrefois.

Un lourd silence règne. On n'entend, dans la cour, que les hennissements et les pas des chevaux de l'escorte.

La porte s'ouvre.

Un huissier paraît, portant deux flambeaux..., puis, le roi, soutenu par Blacas et le duc de Duras, premier gentilhomme de la Chambre. « Comme par un mouvement spontané, a écrit un témoin, nous tombâmes tous à genoux en pleurant, les uns saisissent ses mains, les autres, ses habits ; nous nous traînions sur les marches de l'escalier pour le considérer, le toucher de plus près. Ce ne sont que gémissements et sanglots »... et, au loin, les cris de *Vive le roi*, poussés par ceux qui ne peuvent approcher.

— Mes enfants, murmure le vieux souverain, en grâce, épargnez-moi, j'ai besoin de force. Je vous reverrai bientôt...

Les pleurs redoublent, Louis XVIII commence à perdre son calme.

— Je l'avais prévu, murmure-t-il à Blacas, je ne voulais pas les voir. On aurait dû m'épargner cette émotion !

Non sans peine, traversant toute une foule de fidèles, le roi, toujours soutenu par ses deux compagnons, arrive près de sa voiture et s'assied dans le fond de sa berline. Il fait un dernier geste d'adieu. Entouré de gardes du corps, la voiture prend le chemin de la barrière Saint-Martin — la route de Varennes... Quelques voitures de service suivent. Tout le personnel royal quitte le palais... et pour quelques heures un silence impressionnant tombe sur le château désert. Dans la précipitation du départ on a oublié d'emporter les pantoufles de Louis XVIII.

— Ce sont mes pantoufles que je regrette davantage, confiera le roi à Macdonald avant de se diriger vers Gand ; vous saurez un jour, mon cher maréchal, ce que c'est que la perte de pantoufles qui ont pris la forme du pied.

***

Le lendemain matin — le fameux lundi 20 mars 1815 — les Parisiens viennent regarder la longue façade grise du château. Le drapeau blanc a été enlevé. Alors que Napoléon arrive à Fontainebleau, « la foule erre de côté et d'autre, a raconté un témoin, on s'aborde avec défiance, on ose à peine se parler à voix basse ». Soudain, venant du quai, apparaît un cavalier portant un drapeau tricolore.

Avant-coureur de l'arrivée de l'Empereur, prévue pour le soir même, c'est le général Exelmans qui accourt de Fontainebleau. Une minute plus tard, on voit à travers la brume, les trois couleurs flotter au balcon de la Salle des Maréchaux. Les gardes nationaux de faction autour du château, qui, dès le matin, avaient déjà enlevé leurs cocardes blanches, sortent maintenant de leur sac leurs cocardes tricolores. Peu à peu les officiers et les anciens domestiques de Napoléon réintègrent le château, comme si leur maître revenait de l'une de ses résidences. Uniformes impériaux et livrées vertes apparaissent. Les huissiers reprennent leur service aux portes et font observer l'étiquette impériale. On se félicite, on s'embrasse et les dames, en robes de cour, se jettent sur le tapis, décousent fébrilement les fleurs de lys dont ils sont ornés, pour qu'apparaissent les chères abeilles napoléoniennes. De même, sur les boulevards, les marchands décrochent, pour les repeindre, leurs enseignes : les violettes et les aigles succèdent aux couronnes royales. Certains boutiquiers précautionneux s'étaient contentés, en 1814, d'exposer aux regards l'envers de leurs panonceaux où figuraient les nouveaux emblèmes... tout en gardant, du côté de l'avers, la faune impériale. Cette fois, ils n'ont plus qu'à retourner leurs enseignes !

Dans la cour du Carrousel, les Parisiens crient : *Vive l'Empereur !* En dépit du temps couvert et brumeux, on organise des rondes dans le jardin et, au fur et à mesure que les courriers annoncent l'approche de l'Empereur, l'enthousiasme se transforme en délire.

La Vallette a envoyé un courrier à Napoléon pour l'avertir que la voie se trouve libre. L'Empereur a aussitôt quitté Fontainebleau en chaise de poste. A neuf heures du soir il entre dans la cour des Tuileries. Ce sont non seulement des cris de *Vive l'Empereur*, mais de véritables rugissements de joie qui accueillent Napoléon, littéralement arraché de sa voiture. Des phrases entrecoupées de sanglots parcourent la foule électrisée. C'est au milieu d'un torrent humain déchaîné que l'Empereur est porté de bras en bras jusqu'au premier étage.

« L'explosion fut irrésistible. Je crus assister à la résurrection du Christ », nous raconte le baron Thiébault. « Il y avait à peine trois heures que, soldat des Bourbons, poursuit-il, j'avais encore mes canons braqués contre lui ; mais maintenant, il me semblait que j'étais redevenu français... »

On l'accompagne, dans cette cohue inouïe, vers ses appartements.

— Au nom de Dieu ! crie Caulaincourt à La Valette, placez-vous devant lui !

La Valette monte à reculons, précédant l'Empereur, et répétant sans cesse :

— C'est vous ! C'est vous ! C'est vous !

Lui se laisse porter, les yeux mi-clos, ivre de bonheur...

Le retour de Napoléon aux Tuileries. « C'étaient des phrases entrecoupées, a raconté le colonel Planat de la Faye, des sanglots... A la descente de voiture, l'Empereur fut saisi par plusieurs officiers qui le portèrent dans leurs bras, au travers de mille cris, jusqu'au haut de l'escalier. »

(Photo Josse-Lalance)

XXVII

CENT JOURS

Je sentais la Fortune m'abandonner. Je n'avais plus en moi le sentiment du succès définitif... Ne pas oser, c'est ne rien faire au bon moment, et on n'ose jamais sans être convaincu de la bonne fortune.

NAPOLÉON.

Le lendemain matin, en regardant par les fenêtres de sa chambre, l'Empereur voit à l'entrée de la grande allée, au cœur du jardin encore hivernal, un seul marronnier tout en fleur. Paris semble ainsi avoir préparé un gigantesque bouquet destiné au héros.

Dans le jardin où flotte un léger brouillard, la foule acclame l'Empereur.

— Bah ! soupire Napoléon, déjà dégrisé, le temps des compliments et des flatteries est passé ! Ils m'ont laissé arriver comme ils ont laissé partir les autres !

Il recevait alors la reine Hortense et lui reprochait, non sans raison, d'avoir sollicité Louis XVIII pour obtenir le titre de duchesse de Saint-Leu, que le roi d'ailleurs s'était empressé de lui accorder.

— Vous auriez dû savoir, s'exclame Napoléon, que quand on a partagé les prospérités d'une famille, il faut savoir en subir les adversités.

— Ne devais-je pas songer à l'avenir de mes enfants ?

— Vos enfants ! Ils sont aussi mes neveux, l'avez-vous oublié ? De quel droit les avez-vous fait déchoir du rang où je les avais placés ? Fils de roi, aujourd'hui ducs de Saint-Leu, quelle misère ! Vous n'avez donc pas lu le code ? Vous ignorez que la loi défend de changer l'état des mineurs et de faire en leur nom aucune renonciation ?

— Ah ! Sire, je me suis bien méprise. Je croyais remplir un devoir en les sauvant de la terre étrangère.

— Vous avez eu tort !

Hortense pleure. A cet instant, la foule qui continuait à s'amasser devant les Tuileries pousse des cris d'enthousiasme en voyant l'ombre de Napoléon qui se profile derrière une fenêtre. Une immense clameur monte :

— Vive l'Empereur !

Napoléon saisit aussitôt Hortense par un bras, ouvre la fenêtre et, la soutenant, l'entraîne sur le balcon. Elle sanglote toujours... Les acclamations redoublent.

Et le lendemain on pouvait lire dans le *Moniteur :* « Hier, S.M. l'Empereur était dans son cabinet avec la reine Hortense et les princes ses neveux. Les acclamations du peuple dont la foule était immense au-dessous des fenêtres de Sa Majesté l'ayant appelée sur le balcon, la reine Hortense fut tellement émue des preuves d'attachement du peuple de Paris qu'elle fondit en larmes et offrit ainsi à la foule attendrie le spectacle touchant de son visage baigné de pleurs que faisait couler l'amour du peuple pour son auguste père. »

C'est ainsi que l'on écrit l'Histoire.

Quelques instants plus tard, l'Empereur passe sa première revue. Un Anglais — Hobhouse — le trouve pâle et « pas bien gras. Mais, ajoute-t-il, son ventre est si saillant que l'on voit son linge passer au-dessous du gilet. Il tient généralement ses mains jointes devant ou par-derrière, mais quelquefois il les sépare pour se frotter le nez, prendre quelques prises de tabac et regarder sa montre. Poussant souvent des soupirs et avalant sa salive, il paraît souffrir quelques douleurs dans la poitrine... »

Les musiques jouent des airs souvent interdits, à Paris, au temps de la dictature napoléonienne :

Veillons au salut de l'Empire
Veillons au maintien de nos droits.
Si le despotisme conspire,
Conjurons la perte des rois.

L'Empereur prend maintenant la parole :

— Soldats je suis venu avec six cents hommes en France, parce que je comptais sur l'amour du peuple et sur les souvenirs des vieux soldats. Je n'ai pas été trompé dans mon attente.

Le soir, la foule, saoûle de cris et d'acclamations, rentra chez elle — et il se mit à pleuvoir...

***

Les anciens fidèles se présentent aux Tuileries — certains avec quelque retard.

— Vous voilà ! monsieur le général Rapp, lance l'Empereur à son ancien compagnon d'armes. Vous vous êtes bien fait désirer. D'où venez-vous ?

— D'Ecouen, Sire, où j'ai laissé mes troupes à la disposition du ministre de la Guerre.

— Vouliez-vous réellement vous battre contre moi ?

— Oui, Sire, répond Rapp paisiblement.

— Diable !

— La résolution était obligée.

— F... ! s'exclame Napoléon. Je savais bien que vous étiez devant moi. Si l'on se fût battu, j'aurais été vous chercher sur le champ de bataille. Je vous aurais fait voir la tête de Méduse. Auriez-vous osé tirer sur moi ?

— Sans doute. Mon devoir...

— C'est trop fort ! Mais les soldats ne vous auraient pas obéi. Ils m'avaient conservé plus d'affection. Si d'ailleurs vous aviez tiré un seul coup, vos paysans d'Alsace vous auraient lapidé.

— Vous conviendrez, Sire, explique alors Rapp posément, que la position était pénible. Vous abdiquez, vous partez, vous nous engagez à servir le roi, vous revenez... Toute la puissance des souvenirs ne peut nous faire illusion.

— Comment cela ? Que voulez-vous dire ?

De nouveau il soutient l'impossible fable :

— Croyez-vous que je sois revenu sans alliance, sans accord ?... D'ailleurs, mon système est changé. Plus de guerres, plus de conquêtes. Je veux régner en paix, et faire le bonheur de mes sujets.

— Vous le dites. Mais vos antichambres sont déjà pleines de ces complaisants qui ont toujours flatté votre penchant pour les armes.

— Bah ! Bah ! L'expérience... Alliez-vous souvent aux Tuileries ?

— Quelquefois, Sire.

— Comment vous traitaient ces gens-là ?

— Je n'ai pas à m'en plaindre.

— Le roi paraît vous avoir bien reçu à votre retour de Russie.

— Parfaitement, Sire.

— Sans doute. Cajolé d'abord, mis ensuite à la porte. Voilà ce qui vous attendait tous ! Car, enfin, vous n'étiez pas leurs hommes. Vous ne pouviez leur convenir. Il faut d'autres titres, d'autres droits pour leur plaire.

Rapp essaye encore de donner à l'Empereur des arguments :

— Le roi a débarrassé la France des Alliés.

— C'est bien, reconnaît Napoléon, mais à quel prix ! Et ses engagements, les a-t-il tenus ? C'est l'insolence des nobles et des prêtres qui m'a fait quitter l'île d'Elbe. J'aurais pu revenir avec trois millions de paysans qui accouraient pour se plaindre et m'offrir leurs services. Mais j'étais sûr de ne pas trouver de résistance devant Paris. Les Bourbons sont bien heureux que je sois revenu. Sans moi, ils auraient fini par une Révolution épouvantable. Avez-vous vu le pamphlet de Chateaubriand qui ne m'accorde pas même du courage sur le champ de bataille ? Ne m'avez-vous pas vu quelquefois au feu ? Suis-je un lâche ?

— J'ai partagé l'indignation qu'ont ressentie tous les honnêtes gens d'une accusation aussi injuste qu'elle est ignoble.

— Avez-vous vu quelquefois le duc d'Orléans ?

— Je ne l'ai vu qu'une fois.

— C'est celui-là qui a de l'esprit de conduite et du tact ! Les autres sont mal entourés, mal conseillés. Ils ne m'aiment pas. Ils vont être plus furieux que jamais. Il y a de quoi. Je suis arrivé sans coup férir. C'est maintenant qu'ils vont crier à l'ambitieux. C'est là l'éternel reproche ; ils ne savent dire autre chose.

— Ils ne sont pas les seuls qui vous accusent d'ambition.

— Comment... Suis-je ambitieux, moi ? Est-on gros comme moi quand on a de l'ambition ?

Il n'a pas toujours le courage de plaisanter. Certaines volte-face lui ont fait mal. Particulièrement celle de Marmont à qui Louis XVIII avait demandé :

— Vous avez été blessé en Espagne et vous avez pensé perdre un bras ?

— Oui, sire, avait répondu le maréchal ; mais je l'ai retrouvé pour le service de Votre Majesté...

***

Il est indispensable tout d'abord de trouver de l'argent ! Les caisses impériales vont se remplir d'une manière bien inattendue : grâce à l'Angleterre et à la Hollande.

— Au retour de l'île d'Elbe, racontera l'Empereur à Las Cases, des maisons de Londres et d'Amsterdam m'ont ouvert secrètement un crédit de quatre-vingts à cent millions, au simple taux de huit pour cent.

Pour un banquier, le coffre-fort passe avant le patriotisme ! L'Empereur ne s'en trouve pas moins « seul en face de l'Europe », ainsi qu'il le reconnaît au cours d'une conversation avec Davout. Telle est, en effet, sa « situation » — une situation tragique. Il le sait, les Alliés ne s'inclineront pas devant l'éblouissant vol de l'Aigle — même si Napoléon acceptait les frontières imposées à la France l'année précédente. Sans se faire beaucoup d'illusions, il essaye d'abord d'apitoyer l'empereur François en faisant vibrer la fibre grand-paternelle. Tout ce qu'il va tenter pour consolider et affermir son trône, tous ses efforts tendent à pouvoir remettre un jour son héritage, écrit-il à François, « à l'enfant que Votre Majesté a entouré de ses bontés paternelles ». Pour atteindre ce « but sacré », il lui faut la paix. Puis il poursuit en affirmant connaître trop bien les « principes » de son « cher frère et cher beau-père » pour ne pas douter qu'il sera « empressé de concourir à accélérer l'instant de la réunion d'une femme avec son mari et d'un fils avec son père ». Et Napoléon terminait sa lettre en parlant à François « de cette réunion désirée qui ne tardait pas moins à l'impatience de cette vertueuse princesse. »

Mais la « vertueuse princesse » s'était précipitée toute apeurée dans les bras de son amant Neipperg en reniant officiellement l'homme qu'elle prétendait adorer quelques mois plus tôt. Marie-Louise proclamait qu'elle était « fâchée contre la personne », qui, en quittant l'île d'Elbe, avait exposé le sort de son fils. Elle déclarait à l'empereur François qu'elle ne connaîtrait désormais d'autre volonté que la sienne. Après avoir trahi le père, elle acceptait de livrer l'enfant à la police autrichienne. Le « prince François-Charles » devait être transféré d'urgence à Schœnbrunn où la surveillance serait infiniment plus aisée qu'à la Hofburg dont une partie des bâtiments étaient presque mitoyens avec tout un quartier de la ville. Le baron Hager, président de la police, n'en tremblait pas moins que l'Aiglon ne s'échappât de sa cage et faisait adresser à tous les postes de douane et à tous les bureaux de la vaste mosaïque autrichienne le signalement du

« petit de Mme l'Archiduchesse ». Nous savons ainsi que l'enfant était grand pour son âge, que son visage était très doux, ses joues pleines, ses yeux bleus, son petit nez « retroussé avec des narines bien ouvertes », la bouche petite, les lèvres légèrement avancées « coupées par une fossette » et de longs cheveux blonds dorés tombant en grosses boucles sur les épaules...

Napoléon, lui, ne pouvait que rêver devant les portraits de son cher petit roi, tandis que l'on chantonnait cruellement à Paris :

Ah ! dis donc, Napoléon,
A n'revient pas ta Marie-Louise !

Malgré tout, il espérait...

Un jour Napoléon apprit la tragique vérité en obligeant La Valette à lire devant lui une lettre dont ce dernier ignorait le contenu et qui lui avait été envoyée de Vienne par Méneval. Le secrétaire de l'Empereur écrivait au maître des Postes « qu'il ne fallait pas compter sur l'impératrice ; qu'elle ne cachait pas sa haine pour l'Empereur et qu'elle était disposée à approuver toutes les mesures qu'on allait prendre contre lui... » Méneval précisait, en outre, qu'il ne pouvait retenir son indignation : « L'impératrice, livrée à Neipperg, ne prenait même plus le soin de cacher son goût bizarre pour cet homme qui était autant maître de son esprit que de sa personne... »

C'était fini. Plus jamais il ne la reverrait...

***

L'Empereur avait également envoyé une circulaire aux souverains de Russie, de Prusse et d'Angleterre en tentant de leur expliquer que la Restauration, cette « dynastie que la force avait rendue au peuple » n'était plus faite pour la nation française. Il le soutenait : « Les Bourbons n'ont voulu s'associer ni à ses sentiments ni à ses mœurs ; la France a dû se séparer d'eux. Sa voix appelait un libérateur. » Ce « Libérateur » ne pouvait être que Napoléon : « Assez de gloire a illustré tour à tour les drapeaux des diverses nations, poursuivait-il ; les vicissitudes du sort ont assez fait succéder de grands revers aux grands succès, une plus belle arène est aujourd'hui ouverte aux souverains, et je suis le premier à y descendre. »

— Ni paix, ni trêves, plus de réconciliation avec cet homme, répondit le tsar.

Napoléon avait encore fait savoir à Londres qu'il était « disposé à recevoir du gouvernement anglais toute proposition qui assurerait une paix solide et durable ». Il misait en effet sur la Grande-Bretagne, et il est bien certain que, dans ce concert où la haine des pays longtemps en servitude se donnait libre cours, c'est de l'Angleterre que viendront les paroles les plus sages. Le gouvernement britannique n'avait pas daigné répondre aux avances du revenant de l'île d'Elbe, le *Times* avait traité Napoléon de « Corse sanguinaire » et fustigé « ses compagnons de scélératesse » qui avaient osé « appeler ce brigand, ce monstre chargé de tant de crimes et d'horreurs ». Par contre, l'opposition déclarait aux Communes :

— Bonaparte a été reçu, en France, comme un libérateur. Les Bourbons ont perdu leur trône par leurs propres fautes. Ce serait une mesure monstrueuse de faire la guerre à une nation pour lui imposer un gouvernement dont elle ne veut pas !

Pour le *Morning Chronicle,* il n'était « d'aucune importance qu'un Bonaparte ou un Bourbon soit sur le trône de France ». Et le journal se permettait de poser ces questions à lord Castlereagh : « Le traité de Fontainebleau a-t-il été fidèlement exécuté par les Alliés ? A-t-on payé à Bonaparte et à sa famille une part quelconque de la pension qui leur avait été garantie ? N'a-t-on pas eu le projet de le déporter ?... Les patriotes anglais pensent que c'est moins contre Bonaparte que contre l'esprit de liberté que s'unissent les potentats du continent. »

Prise de position que Napoléon n'ignorait point et qui, assurément, devait influencer l'Empereur trois mois plus tard lorsqu'il décida de venir s'asseoir « au foyer du peuple britannique ».

Semblant faire écho au *Times,* l'opinion royaliste

française se déchaîne. Dès le 24 mars, Napoléon a aboli la censure, mais les journaux n'en ont pas moins dû accueillir en leur sein des « rédacteurs-censeurs » désignés par le gouvernement. Ces contrôleurs plus ou moins officiels caviarderont d'ailleurs les écrits antigouvernementaux avec mesure. Cette demi-liberté fera éclore, dès l'arrivée à Paris de « l'évadé de l'île d'Elbe », une profusion de libelles, de pamphlets et même de gazettes clandestines qui reprendront sous des formes différentes cette déclaration du *Journal du Lys*, que l'on se passait sous le manteau : « Le monstre qui nous gouverne n'a pour lui que la canaille... Bonaparte est rentré à la tête d'une troupe de misérables... Il est poursuivi par la haine et le mépris de tous les Français... »

Il fallait s'y attendre : l'Ouest royaliste entre bientôt en insurrection et des troubles assez graves se succéderont jusqu'à la fin des Cent-Jours. Fouché, revenu au ministère de la Police, ne fera rien pour découvrir les coupables. L'insurrection servait trop bien ses desseins ! Il jouait la carte, sinon de la défaite impériale, du moins celle de la faillite napoléonienne. Si une seconde Restauration s'avérait difficile, le duc d'Otrante était en train de préparer une solution de rechange : il s'était mis, en effet, en contact avec Metternich qui — l'affaire est assez obscure — dans le cas où Napoléon abdiquerait avant que ne tonne le premier coup de canon, aurait envisagé une régence de Marie-Louise. Fouché, ayant appris par Réal que l'Empereur était au courant de ses ténébreuses machinations, prit les devants et, au beau milieu d'une conversation, joua la comédie de l'homme absorbé. Se frappant le front, il s'écria :

— Ah ! Sire, j'avais oublié de vous dire que j'avais reçu un billet de M. de Metternich. J'ai tant de choses plus importantes qui me préoccupent ! Puis son employé ne m'avait pas remis la poudre pour faire reparaître l'écriture, et je croyais à une mystification. Enfin, je vous l'apporte.

L'Empereur explosa :

— Vous êtes un traître, Fouché, je devrais vous faire pendre !

— Sire, répliqua paisiblement le ministre, je ne suis pas de l'avis de Votre Majesté.

« Nul homme plus que Fouché, dira Guizot, ne m'a plus complètement donné l'idée d'une indifférence hardie, ironique, cynique, d'un sang-froid imperturbable dans un besoin immodéré de mouvement et d'importance, et d'un parti pris de tout faire pour réussir... »

On ne saurait mieux dire. Et, M. le duc d'Otrante n'a pour l'instant qu'une idée en tête : nuire le plus possible à Napoléon.

— Cet homme, dira-t-il, est revenu de l'île d'Elbe plus fou qu'il n'était parti. Son affaire est réglée, il n'en a pas pour quatre mois !

Il ne se trompait guère que d'un mois... sous-estimant peut-être la valeur de ses intrigues ! Il propose d'abord à l'Empereur — qui se rallie à ce point de vue — d'arrêter l'insurrection de l'Ouest en palabrant avec les principaux meneurs. En réalité l'ex-régicide, devenu royaliste par intérêt, a son idée sur la question. Il l'explique sans ambages au comte Malartic, chef d'état-major de « l'armée du Maine » :

— Cette insurrection prématurée est nuisible à la cause même qu'elle veut servir, car elle va autoriser Bonaparte à prendre des mesures violentes. On ravagera l'Ouest, on armera la canaille, on mettra à la disposition de l'Empereur des forces qui, après avoir réduit les Vendéens, lui serviront à prolonger la résistance contre l'étranger. Comprenez bien que le rétablissement de la monarchie ne dépend pas d'une guerre dans l'Ouest. C'est dans le Nord que le sort de la France va se décider !

Mais les royalistes forment un Etat dans l'Etat et n'ont cette fois aucune raison de se laisser assimiler. Puisque l'Empereur a sans cesse depuis son retour le mot « liberté » aux lèvres, les partisans de Louis XVIII — même les petites filles ! — se transforment en agents provocateurs. La future comtesse Dasch, alors pensionnaire d'un couvent, se posait avec ses petites camarades « en martyres et en combattantes ». « On voulut nous faire quitter nos cocardes blanches, racontera-t-elle ; nous déclarâmes que nous ne les quitterions pas. Nous en avions toutes d'immenses sur nos chapeaux ; elles étaient en papier. La mienne raffinait encore ; c'était une grande feuille entière... Dès que nous apercevions un uniforme, nous nous mettions à crier *Vive le Roi !* et à chanter *Vive Henri IV !...* »

Les grandes personnes sont plus cruelles et, en attendant de poignarder l'Usurpateur, on l'attaque de toutes les manières. Un placard « séditieux » est affiché à Fontainebleau : « Napoléon, par la grâce du diable et les constitutions de l'enfer, empereur des Français, avons décrété et décrétons ce qui suit : *Art. Ier*. Il me sera fourni trois cent mille victimes par an. *Art. II.* Selon les circonstances, je ferai monter ce nombre jusqu'à trois millions. *Art. III.* Toutes ces victimes seront conduites en poste à la boucherie. »

Il est certain que cette ironie sanglante porte plus que les injures ! Par ailleurs les royalistes ne l'ignorent point : c'est le fils de la Révolution qui a débarqué au golfe Jouan, et l'exécration des partisans de Louis XVIII s'acharne contre M. de Buonaparte ! L'Empereur se croit revenu vingt années en arrière et il le constate amèrement :

— Je retrouve la haine des prêtres et de la noblesse aussi universelle et aussi violente qu'au commencement de la Révolution.

Aussi, Napoléon n'a-t-il pas le choix. Il lui faut jouer la carte qui lui est en quelque sorte imposée et il suffit, pour s'en convaincre, de relire les textes de ses premières proclamations :

— Je viens pour délivrer la France des émigrés... Je suis issu de la Révolution... Je suis venu pour tirer les Français de l'esclavage où les prêtres et les nobles voulaient les plonger... Qu'ils prennent garde ! Je les lanternerai...

Il avait besoin, selon l'expression de Guizot, « que par des noms propres, le drapeau de la Révolution flottât sur l'Empire ». C'est pourquoi il fait appel à Carnot « républicain sincère et honnête homme » et lui offre le portefeuille de l'Intérieur. Décision plus heureuse que celle qui lui avait fait introduire Fouché dans le ministère...

Dès le 11 avril, le *Journal de l'Empire* invite « les bons citoyens à faire un noble usage de leurs loisirs en faisant parvenir la vérité à ceux qui environnent le monarque ». Les réponses sont significatives : « Pas de faiblesse ! elle nous a perdus l'an dernier. Qu'on agisse comme le Comité de salut public... Il ne faut pas se borner à comprimer les nobles, il faut les opprimer. Il faut confisquer leurs biens et partager entre les paysans et les ouvriers qui seront, de cette façon, intéressés au maintien des confiscations... Ne craignez pas les jacobins. Votre Majesté a besoin de la massue populaire pour écraser les conspirateurs. »

Mais Napoléon ne tient nullement à se laisser entraîner sur une pente fâcheuse.

— Je ne voulais pas être un roi de la jacquerie, expliquera-t-il. Une révolution est le plus grand des fléaux. Tous les avantages qu'elle procure ne sauraient égaler le trouble dont elle remplit la vie de ceux qui en sont les auteurs.

Il veut uniquement créer un empire libéral. Dès la fin du mois de mars, le *Moniteur* publie des adresses officielles significatives sur son état d'esprit : « L'Empereur, affirme le Conseil d'Etat, a pris l'engagement de garantir les principes libéraux, la liberté individuelle, la liberté de la presse, et l'abolition de la censure, le vote des contributions et des lois par les représentants de la nation, la responsabilité des ministres et de tous les agents du pouvoir... »

« C'était une niaiserie, dira Mme de Staël. Du moment qu'on reprenait Bonaparte, il fallait lui déférer la dictature. Autrement, la terreur qu'il inspirait, la puissance qui résultait de cette terreur n'existaient plus. C'était un ours muselé qu'on entendait murmurer encore, mais que ses conducteurs faisaient danser à leur façon. »

«L'ours» reconnaîtra lui-même, plus tard, avoir fait une faute en ne s'emparant pas de *tout* le pouvoir. En criant : *A bas les prêtres ! A bas les nobles !* le peuple lui offrait cette dictature. Il n'osa pas la saisir : les souvenirs de sa jeunesse l'effrayaient.

Il ménage même les royalistes en dépit des insultes dont ceux-ci ne cessent de l'abreuver. Sur quatre-vingt-sept préfets royaux, soixante et un seulement sont révoqués. Les maires demeurés en place sont, pour la plupart, des partisans de Louis XVIII qui ont été choisis « dans le clan des anciens nobles ». De nouvelles élections sont donc prévues pour le mois de mai — mais les deux tiers des « mauvais maires » seront réélus...

L'attitude de certains libéraux ou royalistes à tendances démocratiques, qui pensaient à leur attitude au moment du débarquement de l'Empereur au golfe Jouan, pouvaient leur faire craindre de justes représailles. Parmi ces opposants, quelqu'un se sentait particulièrement mal à l'aise : c'était Benjamin Constant. Deux jours avant l'arrivée de l'*Usurpateur,* il avait éprouvé le besoin d'écrire un article violent, dans le *Journal des Débats,* contre *cet homme teint de sang et plus odieux qu'Attila.* « *S'il* triomphe et qu'*il* me prenne écrivait-il, ce 18 mars, dans son *Journal intime,* je péris... Si le Corse est battu, ma situation ici sera améliorée... *Si !* Il y a vingt à parier le contraire. » Et, le lendemain, il avait constaté en deux lignes : « L'article a paru bien mal à propos. Débâcle complète ; on ne pense même plus à se battre. »

L'auteur d'*Adolphe* s'était enfui de Paris, avait « couru la poste toute la nuit », selon l'expression que l'on trouve dans son *Journal* à quatre reprises... puis il avait regagné la capitale, redoutant à chaque instant d'être appréhendé par les gendarmes. Une convocation lui parvient, en effet... Mais elle émane des Tuileries. Pour donner le coup de barre à gauche, Napoléon s'adresse à Benjamin Constant et lui confie la rédaction de la nouvelle Constitution ! L'Empereur lui explique comment il conçoit les choses :

— La nation s'est reposée douze ans de toute agitation politique, et depuis une année, elle se repose de la guerre. Ce double repos lui a rendu un besoin d'activité. Elle veut, ou croit vouloir, une tribune et des assemblées... Je ne hais point la liberté. Je l'ai écartée lorsqu'elle obstruait ma voie ; mais je la comprends et j'ai été nourri dans ses pensées...

Benjamin Constant a l'audace de rédiger son travail sans parler de l'Empire.

— Ce n'est pas là ce que j'entends, s'exclame Napoléon. Vous m'ôtez mon passé, je veux le conserver. Que faites-vous donc de mes onze ans de règne ? J'y ai quelque droit, je pense. Il faut que la nouvelle constitution se rattache à l'ancienne. Elle aura la sanction de la gloire.

Le texte de l'*Acte additionnel* — la Charte de Louis XVIII remaniée à la sauce libérale — est soumis à l'Empereur qui blémit de colère lorsqu'on lui propose — vrai joug constitutionnel — la suppression de la confiscation des biens :

— On me pousse, s'écrie-t-il, dans une voie qui n'est pas la mienne ! On m'affaiblit, on m'enchaîne. La France me cherche et ne me trouve plus. L'opinion était excellente, elle est exécrable. La France se demande ce qu'est devenu le vieux bras de l'Empereur, ce bras dont elle a besoin pour dompter l'Europe. Que me parle-t-on de bonté, de justice abstraite, de lois naturelles ! La première loi, c'est la nécessité ; la première justice, c'est le salut public. On veut que des hommes que j'ai comblés de biens s'en servent pour conspirer contre moi à l'étranger. Cela ne peut pas être, cela ne sera pas. Quand la paix sera faite, nous verrons. A chaque jour, sa peine, à chaque circonstance, sa loi, à chacun sa nature. La mienne n'est pas d'être un ange. Je le répète, il faut qu'on retrouve, il faut qu'on revoie le vieux bras de l'Empereur.

Devant ce bras levé — et menaçant — Benjamin Constant s'incline. On passe sous silence la question dans le texte définitif qui prévoit désormais un empereur flanqué de deux chambres — la Chambre des Pairs et la Chambre des Représentants — aux prérogatives copiées sur celles octroyées par Louis XVIII. La presse sera libre, la censure supprimée, la dynastie impériale légitime, et, enfin, la *Benjamine* — ainsi qu'on appellera la nouvelle constitution — abroge à jamais la dîme et les anciens privilèges.

Napoléon a perdu son étoile. La *Benjamine* est critiquée. Les libéraux estiment que l'Empereur n'a pas été assez loin dans le sens de leurs désirs. N'a-t-il pas gardé pour lui le droit de nommer les pairs et les magistrats ? Ne possède-t-il pas également celui de proposer les lois ? La confiance, surtout, ne règne pas. On se méfie à juste titre ! Napoléon, qui a gouverné sans contrainte durant près de quinze années, n'admettra jamais d'être brimé.

— Eh bien, constate Napoléon à Benjamin Constant, la Constitution ne réussit pas.

— Sire, c'est qu'on n'y croit guère. Faites-y croire en l'exécutant.

— Sans qu'elle soit acceptée ! Ils diront que je me moque du peuple.

— Quand le peuple verra qu'il est libre, qu'il a des représentants, que vous déposez la dictature, il sentira bien que ce n'est pas se moquer de lui.

— Au fond, reprend l'Empereur après avoir réfléchi, il y a là un avantage. En me voyant agir ainsi, on me croira plus sûr de ma force. C'est bon à prouver.

Lors du plébiscite de l'Acte additionnel et de la « réintronisation » de Napoléon, les abstentionnistes sont plus nombreux que les votants ! Il semble que les chiffres exacts soient ceux donnés par Fleury de Chaboulon : un million cinq cent trente-deux mille cinq cent vingt-sept votes affirmatifs contre quatre mille huit cent deux négatifs — sur plus de cinq millions d'électeurs, c'est-à-dire de « citoyens actifs ».

Napoléon doit se résigner, à la fin du mois d'avril, à convoquer les Chambres. La nouvelle assemblée des représentants est élue le mois suivant. Elle compte, sur six cent vingt-neuf membres, quatre-vingts bonapartistes, trente ou quarante jacobins et cinq cents libéraux. Sa première séance a lieu le 3 juin. A la grande fureur de l'Empereur, Lanjuinais — celui qui, en avril 1814, a signé la proposition de déchéance — est élu président. Napoléon souhaitait que l'on nommât à cette place son frère Lucien, — le « républicain » Lucien — qui vient de se rallier à son malheureux aîné, alors que du temps de la puissance de l'Empereur il vivait à Rome, loin du « tyran ».

— On a voulu m'offenser en choisissant un ennemi ! s'exclame Napoléon.

Mais, de nouveau, le dictateur montre le bout de l'oreille :

— S'il en est ainsi, je dissoudrai cette Assemblée, j'en appellerai à la France qui ne connaît que moi, qui, pour sa défense, n'a confiance qu'en moi et qui ne tient pas le moindre compte de ces inconnus qui, à eux tous, ne peuvent rien pour elle. Ces hommes qui ne veulent pas des Bourbons, qui seraient désolés pour leurs places, pour leurs biens, pour leurs opinions, de les voir revenir, ne savent pas même s'unir à moi, qui peux, seul, les garantir contre tout ce qu'ils craignent ; car c'est à coups de canon maintenant, qu'on peut défendre la Révolution, et lequel d'entre eux est capable d'en tirer un ?

C'est, en effet, à coups de canon que tout va se régler.

***

A Vienne, dès la fin du mois de mars, les Alliés ont signé un traité d'alliance « ayant pour but le maintien de la paix », autrement dit le retour à l'état de guerre... Les parties contractantes s'engagent à garder chacune cent cinquante mille hommes en campagne « tant que Bonaparte ne serait pas mis absolument hors de possibilité d'exciter des troubles, de renouveler des tentatives pour s'emparer du pouvoir suprême en France et de menacer la sûreté de l'Europe ».

L'armée de Waterloo sera bientôt prête à entrer en campagne.

Au même moment, Napoléon prend les mesures militaires qui vont lui permettre de réunir une armée. Les forces royales ne comptaient que quatre-vingt-cinq mille hommes... Il étudie chaque jour les moyens à mettre en œuvre pour pallier à cette situation. Pour commencer, il fait une commande de trois cent mille fusils, puis il appelle sous les armes les conscrits de 1815, mais le Conseil d'Etat — les temps ont bien changé ! — déclare que le décret est illégal, « les levées appartenant au pouvoir législatif ». Napoléon hausse les épaules et décide alors de considérer les appelés de 1815 comme s'ils étaient les « Marie-

Louise » de 1814, mis en congé lors de la Restauration.

Quinze jours plus tard, il passe en revue quinze mille fédérés des faubourgs Saint-Antoine et Saint-Marceau destinés à aider éventuellement à la défense de la capitale. Un ouvrier harangue l'Empereur :

— Sire, nous avons reçu les Bourbons avec froideur parce que nous n'aimons pas les rois imposés par l'ennemi. Nous vous avons accueilli avec enthousiasme parce que vous êtes l'homme de la Nation, le défenseur de la Patrie et que vous conservez les droits du peuple... La plupart d'entre nous ont fait, sous vos ordres, la guerre de la liberté et celle de la gloire. La Patrie doit remettre avec confiance des armes à ceux qui ont versé leur sang pour elle. Donnez-nous, Sire, des armes en son nom. Nous jurons entre vos mains de ne combattre que pour sa cause et la vôtre. *Vive la Liberté ! Vive la Nation ! Vive l'Empereur !*

Napoléon lui répond :

— Soldats fédérés, je suis revenu parce que je comptais sur le peuple et sur l'armée. Vous avez justifié ma confiance. J'accepte votre offre. Je vous donnerai des armes... J'ai confiance en vous. Vive la Nation !

Mais l'Empereur se gardera bien de leur donner des fusils : cette armée sent par trop la République !... L'Empereur a davantage confiance en la Garde nationale, bien que sa concentration ait été catastrophique. A Alençon, sur deux mille soixante appelés, cent sept hommes seulement ont pris le chemin de la caserne !

Le 16 avril, l'Empereur fait défiler devant lui la Garde nationale de Paris. Certaines légions sont assez froides, d'autres crient *Vive l'Empereur*. Mais la chaleur d'antan n'y est plus.

C'est au sein de son armée qu'il va trouver la consolation. Ses anciens compagnons — surtout les plus humbles — vont lui redonner confiance en son étoile, Sans doute, dans le Midi et dans l'Ouest compte-t-on de nombreuses et inévitables désertions parmi les conscrits et les rappelés, mais ailleurs le résultat est si réconfortant qu'il inquiète les Alliés. « Pour donner une juste idée de l'enthousiasme de l'armée, écrit un espion anglais à Wellington, je n'ai besoin que de tirer un parallèle entre les époques de 92 et la présente armée. Encore la balance sera en faveur de Bonaparte, car aujourd'hui ce n'est plus de l'enthousiasme, c'est de la frénésie... La lutte sera sanglante et contestée à outrance. »

Chaque jour, l'Empereur inspecte les troupes qui se concentrent à Paris. C'est ainsi qu'il retrouve un matin le capitaine Dupin, de l'ancien 4e de ligne, devenu depuis 1814 le *Régiment de Monsieur N° 4*. En passant ce dernier en revue, Napoléon s'aperçoit qu'il manque à l'unité un commandant. Il fait appeler le plus ancien capitaine.

— Ah ! c'est le capitaine Dupin, s'exclame l'Empereur en reconnaissant le soldat de Boulogne et de Wagram, un de mes anciens braves, je vous fais chef de bataillon.

Nous pouvons assister à la scène en lisant le texte inédit du « brave Dupin » :

« Tous les officiers qui étaient présents m'entourèrent pour me complimenter et m'embrasser ; le comte Lobau, aide de camp de l'Empereur, lui dit :

— Sire, il est beau de donner de l'avancement à un militaire qui paraît si bien le mériter !

— J'en étais sûr, dit l'Empereur, il y a longtemps que je le connais, c'est un de mes plus braves soldats.

« Quand le comte Lobau me demanda mes nom et prénom, je les lui dis, en ajoutant :

— Mon général, écrivez bien Dupin, car il y a longtemps qu'on me promet ce grade.

— Je le sais, dit l'Empereur, et vous serez colonel à la fin de la campagne.

— Si j'en reviens !

« Aussitôt après, Montigny se présente à l'Empereur et lui dit :

— Sire, je vous demande la faveur de remplacer M. le commandant Dupin dans le grade de capitaine.

« L'Empereur lui demanda alors ce qu'il avait fait pour l'obtenir.

— Sire, lui répond Montigny, ce matin j'ai sauvé l'honneur du régiment... »

Et Montigny raconte que le major Darcine, faisant fonction de colonel commandant les deux bataillons du 4ᵉ, avait non seulement envoyé l'Aigle du régiment à Louis XVIII, mais qu'il avait encore fait disparaître le drapeau. Darcine avait été arrêté par Montigny, ficelé, jeté dans une carriole pour être conduit à Paris, lorsque le major avait révélé que l'on trouverait le drapeau caché dans la paillasse de son lit. On l'avait alors détaché « en lui disant d'aller se faire pendre ailleurs ».

— Eh bien, décida l'Empereur, vous êtes capitaine. Destituez-moi ce Darcine !

« Alors, raconte Dupin, je m'avançai et me permis de représenter à l'Empereur que Darcine avait pu s'oublier un instant, mais que c'était un brave jeune homme et un bon militaire qui était arrivé au régiment après la bataille d'Eylau, sortant des vélites de sa Garde et qui avait toujours servi avec honneur depuis son arrivée au Corps.

— Eh bien, dit l'Empereur, qu'il reste à la suite... »

Grâce au texte de Dupin, suivons encore Napoléon dans l'une de ses dernières revues : « Dessoglio, capitaine de grenadiers, se présenta à l'Empereur et lui dit :

— Sire, je vous demande la croix d'officier !

— Qu'avez-vous fait pour mériter cette faveur ?

— Sire, je suis Italien, j'ai toujours servi avec honneur et veux mourir sous vos aigles.

— Lobau, dit l'Empereur, donnez-lui la croix !

« Il fit encore quelques promotions, nous adressa encore quelques paroles flatteuses ; comme il finissait notre revue, un aide de camp vint lui annoncer la reddition de la place de Lille. Après lui avoir fait le rapport, l'Empereur lui pinça la joue et lui dit :

— J'en étais sûr, partout où il me restera de mes braves, ils me resteront toujours fidèles.

L'aide de camp le prie de lui accorder une grâce...

— Laquelle ? dit l'Empereur.

— Sire, c'est de baiser votre main.

« Alors l'Empereur ouvrit ses bras et lui dit :

— Venez sur mon cœur comme je voudrais tenir tous mes braves !

« Au même instant, l'aide de camp se jeta dans ses bras comme pour l'embrasser et tous ceux qui étaient présents à cette scène, officiers et soldats, se jetèrent sur l'Empereur pour baiser ses vêtements ; il y en a qui se trouvaient fort heureux d'embrasser le bout de son épée ; cette scène dura plus de deux minutes et l'Empereur ne cessait de crier :

— Ah ! mes enfants, ne m'étouffez pas !

« Cette crainte, seule, mit fin à ce moment d'enthousiasme... »

Il ne se montre détendu et confiant qu'auprès de ses soldats. Au Conseil, il semble « méditatif, contraint et préoccupé », nous dit Regnault. Il parle peu et ne jette dans la conversation que « quelques mots parasites »...

***

La dernière fête impériale est une veillée d'armes. L'assemblée dite du Champ de Mai se réunit au Champ de Mars, le 1er juin. Toutes les autorités, les dignitaires, la famille impériale prennent place dans les tribunes. Les porte-aigles, la Garde, la garnison, les légions de la Garde nationale — en tout quarante-cinq mille hommes — couvrent la plaine. Deux cent mille Parisiens assistent à la cérémonie où le nouvel Empire essaye de retrouver son faste. « Je vis passer l'escouade impériale en grand habit de gala, plumets au vent, chapeaux retroussés, petits manteaux à l'espagnole, pantalon de satin blanc, souliers à bouffettes et le reste », nous dit le duc de Broglie, futur ministre de Louis-Philippe. Napoléon avait, en effet, eu le tort de revêtir, avec ses frères, la tenue du Sacre. On attendait le petit Caporal du Vol de l'Aigle et on ne vit qu'une « chienlit ». « Une mascarade, dit encore le duc de Broglie, qui m'inspira autant d'indignation que de mépris. » Ce ne sont pas seulement les royalistes qui furent choqués, le faste impérial « offusqua » aussi les regards des « vieux patriotes qu'il avait abusés » et dont il fallait éviter de réveiller les souvenirs. ainsi que l'a fort justement expliqué Fleury de Chaboulon.

Pendant la messe, remarqua un témoin anglais — Hobhouse — Napoléon « s'occupa moins de prières que de regarder l'assemblée avec sa lorgnette ». Le service terminé, les délégués des collèges électoraux viennent lire leur adresse :

— Nous ne voulons point du chef que veulent pour nous nos ennemis, et nous voulons celui dont ils ne veulent pas. Ils osent vous proscrire, Sire, vous qui maître tant de fois de leurs capitales, les avez raffermis généreusement sur leurs trônes ébranlés !... Cette haine de nos ennemis ajoute à notre amour pour vous... Si l'on ne nous laisse que le choix entre la guerre et la honte, la France entière se lèvera pour la guerre. Nous nous serrerons autour du trône où siège le chef et le père du peuple et de l'armée. Tout Français est soldat. La victoire suivra vos aigles.

Le grand chambellan fait placer devant l'Empereur une petite table dorée où se trouve posée la Constition. Napoléon la signe, puis sa voix s'élève :

— Français, ma volonté est celle du peuple, mes droits sont les siens : mon honneur, ma gloire, mon bonheur ne peuvent être autres que l'honneur, la gloire et le bonheur de la France !

L'archevêque de Bourges, premier aumônier, présente à genoux l'Evangile, sur lequel l'Empereur jure d'observer la Constitution. Après le *Te Deum*, Napoléon se débarrasse de son manteau impérial et saute rapidement de son trône. Les tambours battent et la cérémonie de la distribution des Aigles commence.

— Je vous confie l'Aigle impériale aux couleurs nationales, crie l'Empereur. Vous jurez de périr, s'il le faut, pour la défendre contre les ennemis de la patrie et du trône ?

— Nous le jurons !

— Vous jurez de ne jamais reconnaître d'autre signe de ralliement ?

— Nous le jurons !

— Vous, soldats de la Garde nationale de Paris,

vous jurez de ne jamais souffrir que l'Etranger souille de nouveau la capitale de la Grande Nation ? C'est à votre bravoure que je la confierai.

— Nous le jurons.

— Et vous, soldats de la Garde impériale, vous jurez de vous surpasser vous-mêmes dans la campagne qui va s'ouvrir, et de mourir tous plutôt que de souffrir que les étrangers viennent dicter des lois à la Patrie ?

— Nous le jurons !

Puis Napoléon demande encore d'une voix forte :

— Jurez de défendre vos aigles ! Le jurez-vous ?

« Mais les serments étaient sans énergie, nous dit le capitaine Coignet ; l'enthousiasme était faible ; ce n'étaient pas les cris d'Austerlitz ni de Wagram ; l'Empereur s'en aperçut... »

Quelques jours plus tard, en rongeant son frein, Napoléon subira la lecture des adresses parlementaires. Il s'agit, en réalité, de véritables « remontrances » de la part des représentants.

— Aidez-moi à sauver la patrie, répond-il avec noblesse. La crise où nous sommes engagés est forte. N'imitons pas l'exemple du Bas-Empire, qui, pressé de tous côtés par les Barbares, se rendit la risée de la postérité en s'occupant de discussions subtiles au moment où le bélier brisait les portes de la ville.

Les députés — Fleury de Chaboulon le remarque — furent vexés d'être comparés à des Byzantins...

***

Le 9 juin, à Vienne, les plénipotentiaires alliés signent l'acte final de leurs travaux qui, écrira Louis Madelin, « mettait le sceau à la plus extraordinaire des œuvres d'oppression et d'iniquité collective que le monde eût connues ». En ce qui concerne la France, tout le monde se met bien d'accord avec Ferdinand VII d'Espagne, qui avait écrit aux Puissances : « Il ne s'agit pas aujourd'hui de maintenir le traité de Paris, il s'agit de le refaire. »

En face de l'armée napoléonienne va se dresser un

demi-million de combattants, chiffre qui pourra être doublé si la première vague ne devait pas suffire à engloutir l'*Usurpateur*...

Les Alliés font alors grand cas de leurs armements « modernes », supérieurs à ceux de Napoléon. Les troupes napoléoniennes étaient en effet encore armées du fusil « Gribeauval ». Charger un fusil de modèle 1777 équivalait à une lente — et presque dangereuse — expérience de laboratoire. Pour tirer, il fallait prendre une cartouche, la déchirer avec les dents, mettre la poudre dans l'arme par le canon, la tasser, avec une baguette, pousser le papier ayant contenu la poudre et devenu *la bourre*, ensuite glisser la balle, ouvrir le bassinet, placer un peu de poudre, s'assurer que la pierre se trouvait bien aiguisée, viser... sans point de mire, presser la détente, produire ainsi une étincelle allumant la poudre du bassinet qui, par la « lumière » communiquait, par temps sec, le feu à la poudre mise à l'intérieur du fusil. L'opération permettait toutes les trente secondes d'envoyer une balle de vingt-cinq grammes à deux cent trente mètres. Une fois sur quatre, la balle ne partait pas, tous les douze coups il fallait retailler le silex et, tous les trente, nettoyer l'arme.

A la veille de la campagne de Russie, on proposa à Napoléon la cartouche libre, toujours enveloppée de papier, mais se chargeant d'un seul coup. S'il avait accepté, il lui eût fallu changer l'équipement de quatre cent mille hommes et emporter trois fois plus de munitions — par conséquent tripler son charroi — car ses soldats allaient tirer cinq ou six fois par minute ! Grâce à sa « rapidité de manœuvre » Napoléon avait jusqu'alors réussi à vaincre. Pour lui, mieux valaient les inconvénients du fusil Gribeauval que de retarder son entrée en campagne par l'apport d'un nouveau matériel et ralentir ensuite les mouvements de son armée par la longueur de son train d'équipage.

La même raison lui fit refuser l'obus à balles inventé par le major Shrapnel. L'armée française possédait alors « la boîte à mitraille » lancée par canon. Il y en avait deux modèles : chargée l'une de quarante-deux biscaïens, l'autre, destinée aux distances plus courtes, bourrée de soixante à cent balles plus petites. Certes, la boîte à mitraille s'avérait moins efficace que le projectile de Shrapnel, mais les dégâts produits n'en étaient pas moins assez considérables.

Plutôt que de l'adopter, Napoléon préféra rendre son artillerie plus mobile en remplaçant les charretiers civils qui disparaissaient dès qu'ils entendaient siffier les premières balles, par des soldats montés — le train d'artillerie — qui amenaient le canon au combat.

Ici, l'historien anglais Forester exulte : Wellington s'est servi de l'engin de Shrapnel en Espagne et il a été vainqueur. En fait, c'est l'absence de l'Empereur bien plus que l'efficacité de l'engin qui lui a assuré la victoire. Wellington n'a trouvé devant lui que des maréchaux qui suivaient encore la formule impériale du 14 février 1806 :

— Tenez-vous-en strictement aux ordres que je vous donne ; exécutez ponctuellement mes instructions. Moi seul sais ce que je dois faire !

Ce ne sont que des exécutants ! Livrés à eux-mêmes, le « cerveau de l'armée » à Vienne ou à Moscou, ils s'étaient montrés incapables de concevoir un plan de bataille. Tout au plus avaient-ils pu contraindre Wellington à faire une guerre défensive. Le général anglais — d'ailleurs plus tacticien que stratège — fut donc voué, en Espagne, aux batailles « de position ». Pour vaincre, il dut avant tout perfectionner son matériel, d'autant plus que ses soldats — il l'avouera lui-même — « n'étaient que de l'écume de la terre recrutés pour boire », et fournis par des marchands, au prix de quinze à vingt guinées par tête.

Pour Napoléon, plus stratège que tacticien, « à la guerre, un homme est tout »... Cette définition prépondérante l'emporte sur les avantages d'une nouvelle boîte à mitraille !

*
**

Au lieu d'attendre l'avalanche qui se prépare à dévaler vers la France, Napoléon décide de prendre les devants et d'attaquer l'ennemi. Déjà l'armée française se trouve massée devant la frontière belge. Le dimanche 11 juin, Napoléon assiste à la dernière messe des Tuileries. Thiébaut est frappé par le changement qui s'est opéré en lui : « son regard, jadis si formidable, à force d'être scrutateur, avait perdu la puissance et même la fixité... sa bouche contractée ne gardait rien de son ancienne magie ; sa tête elle-même n'avait plus ce port qui caractérisait le dominateur du monde... Tout semblait dénaturé, décomposé en lui ; la pâleur ordinaire de sa peau était remplacée par un teint verdâtre, fortement prononcé... »

Le soir, après le dîner de famille, il prend mélancoliquement sur ses genoux le petit Louis, le fils d'Hortense, qu'on appelait *Oui-oui* — et qui sera un jour l'empereur Napoléon III.

Ses yeux croisent ceux de Fanny Bertrand :

— Eh bien, Madame Bertrand, pourvu que nous ne regrettions pas l'île d'Elbe !

Est-ce ce soir-là que Decrès le vit assoupi dans son fauteuil ? Soudain il se réveilla et, ne remarquant pas la présence du ministre, s'exclama, se parlant à lui-même :

— Et puis cela ira comme cela pourra !

XXVIII

LA MORNE PLAINE

> *Quand on n'a jamais eu de revers, on doit les avoir grands comme la fortune.*
>
> NAPOLÉON.

— L'EMPEREUR va passer !

A Villers-Cotterets, ce lundi 11 juin, le jeune Alexandre Dumas se précipite au relais où la foule s'est amassée : « Je vis accourir comme une trombe trois voitures qui brûlaient le pavé, conduites par des chevaux en sueur et par des postillons en grande tenue poudrés et enrubannés. »

La voiture impériale s'arrête. Napoléon lève sa tête « pâle et maladive » et demande :

— Où sommes-nous ?

— A Villers-Cotterets, Sire, dit une voix.

— A combien de lieues de Paris ?

— A vingt lieues, sire.

— A combien de lieues de Soissons ?

— A six lieues, sire.

— Faites vite !

Et il retombe dans son « assoupissement »...

Le 14 juin, à Avesnes, l'Empereur harangue ses soldats, lançant pour un ultime appel ces mots qui, une fois de plus, vont galvaniser l'armée :

— Soldats ! C'est aujourd'hui l'anniversaire de Marengo et de Friedland qui décidèrent deux fois du destin de l'Europe. Alors, comme après Austerlitz, comme après Wagram, nous fûmes trop généreux. Nous crûmes aux protestations et aux serments des princes que nous laissâmes sur le trône. Aujourd'hui cependant, coalisés entre eux, ils en veulent à l'indépendance et aux droits les plus sacrés de la France. Ils ont commencé la plus injuste des agressions : marchons donc à leur rencontre !... Soldats ! nous avons des marches forcées à faire, des batailles à livrer, des périls à courir ; mais, avec de la constance, la victoire sera à nous. Les droits, l'honneur et le bonheur de la patrie seront reconquis ; pour tout Français qui a du cœur, le moment est arrivé de vaincre ou de périr !

***

Le torrent d'hommes roule vers la frontière. « Jamais armée ne s'était mise en marche avec plus de certitude de vaincre. Que nous importait le nombre des ennemis ? écrira le lieutenant Martin. Nous comptions dans nos rangs les soldats vieillis dans la victoire, que le sort avait fait prisonniers pendant quelques années et qui n'en étaient devenus que plus redoutables. Mille outrages à venger mêlaient de la colère à leur bravoure naturelle. Ces figures, hâlées par le soleil d'Espagne ou les glaces de la Russie, s'illuminaient à la pensée d'une bataille. »

De l'autre côté de la frontière, l'ennemi ne soupçonne encore rien. Blücher, qui se trouve à pied d'œuvre avec son armée forte de cent vingt mille hommes, a écrit, la veille, à sa femme : « *Nous entrerons bientôt en France. Nous pourrions bien rester encore ici une année ; car Bonaparte ne nous attaquera pas.* »

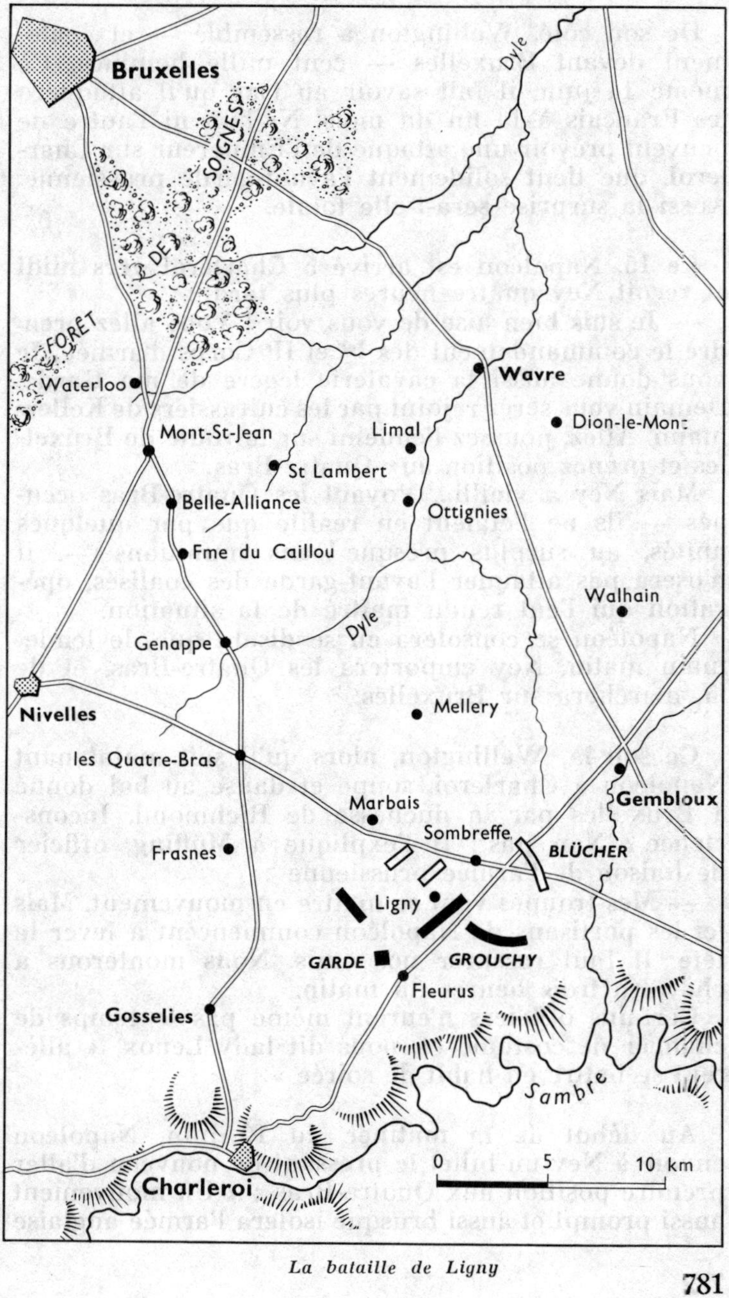

La bataille de Ligny

De son côté, Wellington a rassemblé — et également devant Bruxelles — cent mille hommes. Ce même 14 juin, il fait savoir au tsar qu'il attaquera les Français à la fin du mois. Ni l'un ni l'autre ne peuvent prévoir une attaque de l'Empereur sur Charleroi, que tient solidement l'avant-garde prussienne. Aussi la surprise sera-t-elle totale.

Le 15, Napoléon est arrivé à Charleroi vers midi et reçoit Ney quatre heures plus tard :

— Je suis bien aise de vous voir ! Vous allez prendre le commandement des Ier et IIe Corps d'armée. Je vous donne aussi la cavalerie légère de ma Garde. Demain vous serez rejoint par les cuirassiers de Kellermann. Allez, poussez l'ennemi sur la route de Bruxelles et prenez position aux Quatre-Bras.

Mais Ney a vieilli... Voyant les Quatre-Bras occupés — ils ne l'étaient en réalité que par quelques unités, au surplus presque sans munitions —, il n'osera pas attaquer l'avant-garde des coalisés, opération qui l'eût rendu maître de la situation.

Napoléon se consolera en se disant que, le lendemain matin, Ney emportera les Quatre-Bras, et de là, marchera sur Bruxelles.

Ce soir-là, Wellington, alors qu'il sait maintenant Napoléon à Charleroi, soupe et danse au bal donné à Bruxelles par la duchesse de Richmond. Inconscience ? Non pas ! Il l'explique à Müfling, officier de liaison de l'armée prussienne :

— Mes troupes vont se mettre en mouvement. Mais ici les partisans de Napoléon commencent à lever la tête. Il faut rassurer nos amis. Nous monterons à cheval à trois heures du matin.

Certains officiers n'eurent même pas le temps de changer de costume et, nous dit lady Lenox, « allèrent se battre en habit de soirée ».

Au début de la matinée du 16 juin, Napoléon envoie à Ney un billet le pressant de nouveau d'aller prendre position aux Quatre-Bras : « Un mouvement aussi prompt et aussi brusque isolera l'armée anglaise de Mons, d'Ostende, et je désire que vos dispositions soient bien faites pour qu'au premier ordre, vos huit divisions puissent marcher rapidement et sans obstacle sur Bruxelles... »

Ney se met en route mollement..., si mollement que Wellington, plus prompt que le maréchal, fait sérieusement occuper les Quatre-Bras par le prince d'Orange.

Pendant ce temps, Napoléon s'apprête à attaquer violemment les Prussiens à Ligny, et va se placer à deux pas d'un moulin à vent en briques, à la « pointe de Fleurus ». Non loin de l'Empereur se trouve un groupe d'officiers d'ordonnance qui rient aux éclats à la suite d'une plaisanterie lancée par l'un d'eux, en voyant quelques Français et Prussiens en venir aux mains. L'Empereur, « impatienté, importuné par tant de gaieté », se retourne et interpelle le perturbateur :

— Monsieur ! On ne doit ni rire ni plaisanter quand tant de braves gens s'égorgent sous nos yeux.

Quelques instants plus tard, l'Empereur entre dans le moulin et appelle auprès de lui le général Gérard.

— Gérard, lui dit-il, ton Bourmont dont tu me répondais est passé à l'ennemi !

Le comte général de Bourmont était assurément royaliste, non comme l'a peint Georges Cadoudal, un royaliste de Paris « à collet vert et à cadenettes et que le moindre coup de fusil fait cacher sous le lit des femmes », mais un chouan, combattant courageux, à la fois au fait de la guerre et de la politique. Bien que regrettant Louis XVIII, il n'en avait pas moins demandé au général Gérard de lui donner le commandement d'une division.

— Ce qui est blanc, avait fait remarquer Napoléon à Gérard, est toujours blanc ; mais puisque tu es sûr de lui, je te l'accorde.

Et — ce 15 juin 1815 — Bourmont venait d'abandonner sa division ! Il avait écrit une lettre à Gérard en lui affirmant qu'il éprouvait un profond chagrin à l'idée de la « contrariété » que lui causerait son départ. Puis, il s'était présenté aux avant-postes prussiens avec cinq officiers de son état-major, la cocarde blanche piquée au chapeau. En le voyant, Blücher

— et c'est le pendant du mot de Napoléon — s'exclama :

— Qu'importe la cocarde ! J.F... sera toujours J.F... !

S'il faut en croire un général prussien, Bourmont aurait révélé au colonel von Schutter, commandant les avant-postes, que « le jour même » une attaque française devait être « dirigée contre Charleroi ».

Entraînant maintenant Gérard en haut du moulin, l'Empereur lui montre le clocher de Ligny :

— Il faut te porter sur ce clocher et pousser les Prussiens à outrance, je te ferai soutenir, Grouchy a mes ordres.

Et la bataille — la bataille de Ligny et de Fleurus — commence. Il est environ trois heures. Des deux côtés, on s'égorge avec un maximum de haine. Chacun se bat, comme s'il réglait un compte personnel, sans merci, impitoyablement. « Ce n'était pas une bataille, rapportera Coignet, c'était une boucherie, la charge battait de tous côtés ; ce n'était qu'un cri : « En avant ! »

— Ah ! s'exclame l'Empereur, si j'avais quatre lieutenants comme Gérard, les Prussiens seraient perdus...

A trois heures — une demi-heure avant le début de la bataille — Soult qui a succédé à Berthier a envoyé à Ney ce message : « Je vous ai écrit, il y a une heure, que l'Empereur devait attaquer dans la position qu'il a prise entre les villages de Saint-Amand et de Brye. En ce moment, l'engagement est très prononcé. Sa Majesté me charge de vous dire que vous devez manœuvrer sur le champ de bataille de manière à envelopper la droite de l'ennemi et à tomber à bras raccourcis sur ses derrières. Cette armée est perdue si vous agissez vigoureusement. Le sort de la France est entre vos mains. »

Mais Ney, « frappé de paralysie », se refuse à « manœuvrer sur le champ de bataille »... Il faudra que Napoléon lui-même prenne la tête de la Vieille Garde, pour que Ligny soit emporté. Blücher, renversé sous son cheval, n'échappe à la capture que par miracle. Pour se remettre de son accident, il trempe ses jambes dans de l'eau-de-vie — et en boit, en passant, une bonne rasade... A la suite de ce traitement énergique, il peut bientôt remonter à cheval, mais les Prussiens doivent précipitamment se replier. Leurs uniformes en lambeaux, ils sont méconnaissables : « La forte chaleur, la poudre, la sueur et la boue s'étaient mélangées pour former une croûte épaisse qui les faisait ressembler à des mulâtres. »

Ils ont reçu « une sacrée bonne fessée », dira Wellington. Pas si bonne puisque la carence de Ney a empêché Napoléon d'achever les vaincus. Le maréchal s'est borné à contenir les Anglais aux Quatre-Bras, c'est tout...

Quant à l'Empereur, il décide de passer la nuit à Fleurus. « La faute que j'ai faite, dira-t-il plus tard, c'est d'avoir couché à Fleurus... La bataille contre Waterloo aurait eu lieu vingt-quatre heures plus tôt. Wellington et Blücher ne se seraient pas rejoints... »

Il devait cent fois refaire la bataille...

***

Le samedi 17 juin, en se réveillant à Fleurus, au château du baron de Zualart, — le château de la Paix, près du moulin Naveau — Napoléon prend la décision de se rendre lui-même aux Quatre-Bras. Les Prussiens ne sont-ils pas en déroute ? Durant au moins trois jours, ils ne pourront participer à aucun combat ! Du moins, l'Empereur le pense-t-il... Aussi, après être passé devant les bivouacs de Ligny et de Saint-Amand — il est onze heures du matin — ordonne-t-il à Grouchy :

— Pendant que je vais marcher aux Anglais, vous allez vous mettre à la poursuite des Prussiens. Vous avez sous vos ordres les corps de Gérard et de Vandamme, la division Teste, les corps de cavalerie Pajol, Exelmans et Milhaud, en tout trente-trois mille hommes.

Les trente-trois mille hommes qui manqueront le lendemain à Napoléon pour faire de Waterloo une victoire française.

En arrivant, vers une heure et demie, devant les Quatre-Bras, — la grosse ferme à l'angle de l'un des « bras » existe toujours — Napoléon apprend par une vivandière anglaise, faite prisonnière, que Wellington, ayant eu connaissance de la défaite du « vieux » — c'est Blücher que le général anglais a surnommé ainsi — a rétrogradé pour permettre aux Prussiens de le rejoindre... L'Anglais s'en est allé aussitôt prendre position vers le mont Saint-Jean. Napoléon le fait poursuivre et la cavalerie française talonne l'arrière-garde anglaise commandée par le général Uxbridge, qui s'époumonne :

— Plus vite ! plus vite ! Pour l'amour de Dieu ! Galopez ou vous êtes tous pris !

Sur sa jument blanche *Désirée,* l'Empereur galope lui aussi sous une averse intense. Sa redingote grise est trempée. Le soir venu, la pluie — une pluie torrentielle, intarissable, effroyable — redouble de violence et se met à tomber en rafales. Le ciel semble vouloir noyer la folie des hommes. Les soldats et les chevaux s'enfoncent dans la boue jusqu'aux jambes. Les adversaires s'arrêtent. La poursuite se termine au pied d'une faible colline baptisée *mont,* ou *plateau.* C'est le mont Saint-Jean, bornant une « morne plaine », en avant de la forêt de Soignes, à deux kilomètres d'un village nommé Waterloo où Wellington installe ce soir-là son quartier général, et qui, demain, entrera dans l'Histoire. Quant aux uniformes rouges, ils s'établissent à la fois sur le plateau et sur les positions qui le précèdent — et que l'on peut toujours voir aujourd'hui : le château, la ferme et le verger d'Hougoumont, non loin de la chaussée de Nivelles, devant la gauche française, puis la ferme de la Haye Sainte au centre du dispositif, enfin la ferme de Papelotte, face à la droite française.

A travers le brouillard qui commence à descendre en rideau épais, les canons anglais, prélude à la bataille, crachent leurs boulets dans un jaillissement de boue. Au crépuscule, à peine séché, Napoléon, pataugeant dans ce marécage, fait une reconnaissance jusqu'au pied du mont Saint-Jean. Bertrand et le jeune lieutenant Gudin l'accompagnent :

— Mon cher, dit l'Empereur en riant à Gudin, tu n'avais jamais assisté à pareille fête. Ton début est rude, mais ton éducation se fera plus vite !

La victoire lui paraît certaine : demain, il forcera le centre anglais et, selon sa tactique, se rabattra ensuite sur les ailes. Napoléon revient maintenant à la ferme toute blanche du Gros-Caillou — ou du Caillou — qui se dresse toujours au bord de la grand-route. C'est là que l'Empereur a installé son quartier général. Il se penche sur ses cartes, se met à table durant quelques instants. En dépit de la pluie et du vent, l'Empereur effectue sous la nuit noire deux autres reconnaissances. A une heure du matin, le 18 juin, il tient un conseil de guerre avant de partir pour une troisième reconnaissance vers les avant-postes.

Pendant ce temps, dans la nuit noire, un officier galope vers Grouchy pour lui porter l'ordre de rejoindre au plus vite avec son corps, le gros de l'armée impériale...

Quelles sont les forces de Wellington ?

Il n'a sous la main que dix-sept mille hommes placés sur sa droite — dans la crainte d'être tourné — et soixante-sept mille sur le plateau du mont Saint-Jean, bien installés et échelonnés, soit, en tout, quatre-vingt-quatre mille combattants et deux cent soixante-six canons. En face de lui : soixante-quatorze mille Français. Mais ceux-ci et leurs deux cent quarante bouches à feu sont commandés par Napoléon... Aussi Wellington compte-t-il surtout sur les quatre-vingt-huit mille hommes de Blücher qui, toujours talonnés par Grouchy, se replient vers Wavre.

Le Prussien l'a promis à l'Anglais :

— Je ne viendrai pas seulement avec deux corps mais avec toute mon armée.

Et, sûr de son fait, il a précisé :

— Je vous prie de dire au duc de Wellington que,

tout malade que je suis, je me mettrai à la tête de mes troupes pour tomber sur l'aile droite ennemie dès que Napoléon aura engagé le combat.

Le « vieux » a du mérite, car le corps encore tout moulu de sa chute de la veille, il s'est fait attacher à son cheval ! Il ne pourra se porter vers l'aile droite de l'Empereur avec toute son armée, car il lui faudra bien laisser le corps de Thielmann devant Wavre pour retenir Grouchy, ce corps de Thielmann que le malheureux maréchal va prendre, en ce dramatique dimanche, pour toute l'armée prussienne...

« Tout se dirige vers Wavre », écrira Grouchy à l'Empereur. Il est tout content de battre quatre-vingt-huit mille hommes en retraite avec les trente-trois mille soldats que lui a confiés Napoléon.

« Vers Wavre et *vers Bruxelles* » où, certainement — le maréchal en demeure persuadé — il retrouvera Wellington. C'est également à Bruxelles que Grouchy pense rejoindre l'Empereur qui aura repoussé devant lui l'armée anglaise...

Napoléon dort encore en cette aube du 18 juin, dans sa chambre au rez-de-chaussée du Caillou. Il a trouvé le terrain détrempé et la brume encore épaisse. Et puis, il faut attendre Grouchy. Il lui a envoyé un officier en lui ordonnant :

— Amenez-le et ne le quittez que lorsque son corps d'armée débouchera sur notre ligne de bataille.

A six heures, l'Empereur est debout. Certains affirment qu'il aurait prolongé encore sa nuit durant deux ou trois heures. Quoi qu'il en soit, l'Empereur est optimiste.

— L'armée ennemie est supérieure à la nôtre, dit-il à ses officiers tout en déjeunant, nous n'en avons pas moins quatre-vingt-dix chances pour nous, et pas dix contre !

Il a cessé de pleuvoir, et peu à peu le soleil éclaire les lignes des combattants. A dix ou onze heures, l'Empereur quitte la ferme du Gros-Caillou et se dirige, conduit par son guide, le Flamand de Coster, vers la ferme de la Belle-Alliance, un cabaret toujours situé sur la même grand-route de Charleroi, à près de trois kilomètres plus au nord, et qui se trouve face au mont Saint-Jean. Napoléon choisit l'emplacement où il se tiendra : une éminence plus près de la ferme de Rossomme — elle n'existe plus — que de la Belle-Alliance, un peu à gauche de la grand-route et à la hauteur de la ferme de son guide de Coster. De là, il dominera le célèbre vallon, et aura juste en face de lui le plateau ennemi. Ne nous trompons point : à Waterloo, comme à Wagram, ces mots d'*éminence,* de *plateau,* de *vallon* et de *mont,* sont on ne peut plus relatifs. Nous ne sommes pas à Austerlitz ! Le poète, une fois de plus a raison : Waterloo est bien une morne plaine, et les *pentes,* des ondulations de terrain, seront, tout à l'heure, franchies au grand galop...

Les deux armées se regardent : le sort de l'Europe — c'est alors le Monde — va se jouer.

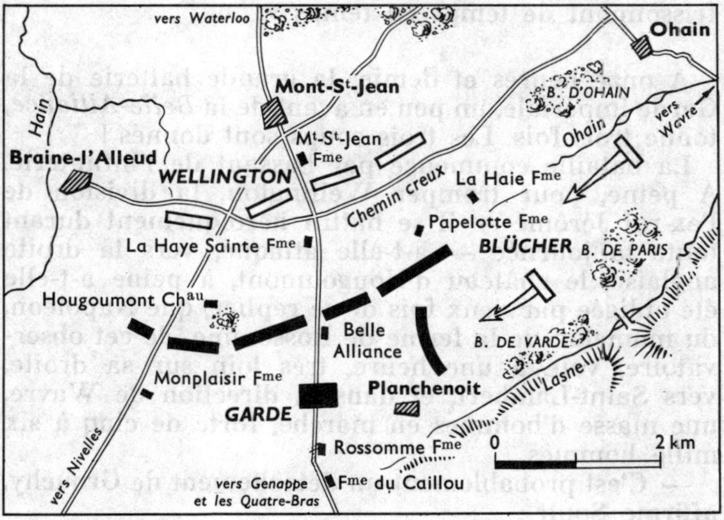

« C'était un spectacle de toute magnificence, rapportera le lieutenant Martin. Les baïonnettes, les casques, les cuirasses étincelaient ; les drapeaux, les guidons, les banderoles des lanciers, sous le souffle du vent, faisaient ondoyer les trois couleurs ; les tambours battaient, les clairons sonnaient, toutes les musiques des régiments entonnaient l'air : « *Veillons au salut de l'Empire* » ; car, en cet instant même, Napoléon passait la dernière revue de son armée en bataille. Jamais il ne put entendre crier : « *Vive l'Empereur !* » avec plus d'enthousiasme, jamais dévouement plus absolu ne se peignit sur les traits, dans les gestes et dans la voix de ses soldats ; c'était comme un délire... Et ce qui rendait cette scène plus solennelle et plus émouvante, c'est qu'en face de nous, à mille pas peut-être, on voyait distinctement la ligne rouge sombre de l'armée anglaise. »

Les soldats de Wellington s'apprêtent eux aussi. Mais, écrit l'un d'eux, « être hérissé de bouts de paille et avoir passé la nuit sous une pluie battante, enfoncés dans l'eau boueuse jusqu'au ventre, produit une drôle d'impression au moment du lever. » Les officiers attendent les ordres ; ils ont allumé leur cigare « en frissonnant de temps en temps ».

A onze heures et demie, la grande batterie de la Garde impériale, un peu en avant de la *Belle-Alliance*, tonne trois fois. Les trois coups sont donnés !

La bataille commence par l'assaut de l'infanterie. A peine, pour tromper Wellington, la division de l'ex-roi Jérôme — il se battra héroïquement durant toute la journée — a-t-elle attaqué, vers la droite anglaise, le château d'Hougoumont, à peine a-t-elle été obligée par deux fois de se replier, que Napoléon, du mamelon de la ferme de Rossomme, de cet observatoire, voit, à une heure, très loin sur sa droite, vers Saint-Lambert, et dans la direction de Wavre, une masse d'hommes en marche, forte de cinq à six mille hommes.

— C'est probablement un détachement de Grouchy, affirme Soult .

L'état-major n'est pas d'accord. Le temps est toujours brumeux et certains affirment « que ce sont des arbres », d'autres « des colonnes en position ». Mais quelques instants plus tard, une estafette prussienne qui s'est fait prendre met tout le monde d'accord :

— Les troupes signalées sont l'avant-garde du

général de Bülow. Toute notre armée a passé la nuit à Wavre. Nous n'avons pas vu de Français et nous soupçonnons qu'ils ont marché sur Plancenoit.

Napoléon se tranquillise. Si vraiment Grouchy se dirige vers Plancenoit — un peu en arrière de sa droite — il arrivera à temps pour tomber sur l'arrière-garde prussienne. Blücher, pris entre deux armées, sera étouffé. Il n'en faut pas moins parer au plus pressé. Aussi l'Empereur détache-t-il dix mille hommes — le corps Lobau — qui se portent aussitôt au-devant de Bulow, tandis qu'une nouvelle estafette, française cette fois, part au galop pour demander à Grouchy de se rapprocher de l'Empereur et de le rejoindre au plus vite pour écraser l'avant-garde de Bülow.

Et Soult de constater :

— Si Grouchy répare l'horrible faute qu'il a commise en s'amusant à Gembloux, et marche avec rapidité, la victoire sera plus décisive, car le corps de Bulow sera entièrement détruit.

Il est déjà une heure et demie.

Quel est le plan de bataille de l'Empereur ? Nous le savons par une note dictée ce matin-là et destinée à Soult :

« Une fois que toute l'armée sera rangée en bataille, à peu près à une heure après-midi, au moment où l'Empereur en donnera l'ordre au maréchal Ney, l'attaque commencera pour s'emparer du village de Mont-Saint-Jean, où est l'intersection des routes (de Nivelles et de Charleroi). A cet effet, les batteries de 12 du 2ᵉ corps et du 6ᵉ se réuniront à celle du 1ᵉʳ corps. Ces 24 bouches à feu tireront sur les troupes de Mont Saint-Jean, et le comte d'Erlon commencera l'attaque en portant en avant sa division de gauche et en la soutenant, suivant les circonstances, par les autres divisions du 1ᵉʳ corps. Le 2ᵉ corps s'avancera pour garder la hauteur du comte d'Erlon. Les compagnies de sapeurs du 1ᵉʳ corps seront prêtes pour se barricader sur-le-champ à Mont Saint-Jean. »

Suivant à la lettre le début de cet ordre, l'artillerie impériale ouvre le feu sur Mont Saint-Jean. Puis l'infanterie de Drouet d'Erlon part à l'assaut et réussit à prendre pied sur le chemin d'Ohain et à atteindre la crête couverte de seigle et de blé. Anglais et Ecossais, à l'abri derrière les murs de la ferme de la Haye-Sainte, parviennent, par leur tir précis, à briser l'élan des impériaux. Voyant la ligne française hésiter, Wellington lance contre elle les dragons écossais — Drouet d'Erlon ayant commis l'erreur de ne pas protéger ses flancs — et les fameux Ecossais gris pénètrent sans difficulté dans les rangs français. Les bataillons refluent en déroute. Les cavaliers foncent, arrivent devant les batteries, sabrent les canonniers, renversent les pièces, dispersent les attelages, puis, poursuivant « leur course effrénée », traversent toute la ligne de bataille française et ne s'arrêtent que devant la grosse cavalerie impériale — les *gros talons*.

Il faut que Napoléon intervienne pour briser la percée ennemie.

Tout est à recommencer. Et on a perdu quatre mille hommes...

***

Pendant ce temps, à Walhain, au nord de Gembloux, Grouchy — il achève de manger un plat de fraises sous le kiosque vert du notaire Hollërt — a entendu la canonnade marquant le début de la bataille... Mais il n'en a pas moins poursuivi son déjeuner paisiblement, en attendant de reprendre sa marche sur Wavre.

Ce matin du 18, de Gembloux, à 10 heures, il avait d'ailleurs écrit à Napoléon : « Ce soir, je vais être massé à Wavre et me trouver ainsi entre Wellington, que je présume en retraite devant Votre Majesté, et l'armée prussienne. J'ai besoin d'instructions ultérieures sur ce que Votre Majesté désire que je fasse. Le pays entre Wavre et la plaine de la Chyse est difficile, coupé et en partie marécageux. J'arriverai facilement à Bruxelles avant tout ce qui sera arrêté à la Chyse... Daignez, Sire, me transmettre vos ordres ; je puis les recevoir avant de commencer mon mouvement de demain. »

Vers deux heures, pourtant, le général Gérard déclare à Grouchy :

— M. le Maréchal, il faut marcher au canon.

— Il faut marcher à l'Empereur ! répète un autre officier.

Grouchy, vexé — il l'avouera lui-même —, explique à ses divisionnaires :

— L'Empereur m'a annoncé hier que son intention était d'attaquer l'armée anglaise, si Wellington acceptait la bataille. Donc, je ne suis nullement surpris de l'engagement qui a lieu en ce moment. Si l'Empereur avait voulu que j'y prisse part il ne m'aurait pas éloigné de lui au moment même où il se portait contre les Anglais. D'ailleurs, en prenant de mauvais chemins de traverse, détrempés par la pluie d'hier et de ce matin, je n'arriverais pas en temps utile sur le lieu du combat.

C'est seulement vers trois heures et demie ou quatre heures de l'après-midi que Grouchy reçoit une lettre de Soult écrite à dix heures du matin de la ferme du Gros-Caillou et portée par le commandant Zenowicz — le Polonais s'étant quelque peu égaré. Le billet — il faut le supposer — n'était certainement pas un appel au secours puisque l'ayant lu, Grouchy déclara « qu'il se félicitait d'avoir si bien rempli les instructions de l'Empereur en marchant sur Wavre au lieu d'écouter les conseils du général Gérard ».

Cependant la dépêche parlait aussi « de lier les communications avec le gros de l'armée ».

Quant au premier messager, parti dans la nuit du samedi au dimanche, on n'en avait plus entendu parler. Aussi, lorsqu'un peu plus tard, l'angoisse le serrant à la gorge, Napoléon demandera à Soult combien d'officiers il avait envoyés pour porter à Grouchy, le 17 au soir, l'ordre formel de venir le rejoindre :

— J'en ai envoyé un, répond le nouveau major-général.

— Ah ! s'écrie l'Empereur. Ah ! Monsieur ! Berthier en aurait envoyé cent !

Cependant Grouchy, l'esprit toujours obnubilé par les ordres de l'Empereur lui enjoignant de poursuivre Blücher, veut se rendre à Wavre ! Et n'en démord pas... Comme l'a fort bien dit le commandant

Lachouque, la guerre d'inspiration était interdite à un lieutenant de l'Empereur.

Soult, rappelons-le, avait envoyé une dépêche, le 18 juin, à une heure et demie de l'après-midi, dépêche qui atteindra Grouchy à cinq heures devant Wavre. Cette fois, le texte est précis : « En ce moment, la bataille est engagée sur la ligne de Waterloo en avant de la forêt de Soignes. Ainsi manœuvrez pour rejoindre notre droite. Nous croyons apercevoir le corps de Bülow sur les hauteurs de Saint-Lambert. Ainsi ne perdez pas un instant pour vous rapprocher de nous et nous joindre et écraser Bülow que vous prendrez en flagrant délit. »

Que le maréchal ait lu — comme certains l'ont dit — la bataille est *gagnée* pour la bataille est *engagée,* peu importe ! La suite de l'ordre n'en demeurait pas moins nette et précise : sans perdre un instant Grouchy devait rejoindre l'Empereur. Mais il était cinq heures et, même s'il avait enfin compris et avait obéi à ce nouvel ordre, Grouchy serait arrivé trop tard devant le Mont Saint-Jean...

***

Drame affreux : la bataille est en train « d'échapper » à l'Empereur. Les charges — furieuses et légendaires — de Ney, vont commencer. L'Empereur a donné son accord pour laisser le maréchal « balayer » le plateau, et lui a envoyé les cuirassiers de Michaud en renfort. Celui-ci, passant avec ses lourds cavaliers devant son camarade Lefebvre-Desnouettes placé à la tête de la cavalerie légère de la Garde, lui crie :

— Je vais attaquer, soutiens-moi !

Lefebvre-Desnouettes s'imagine que la charge est générale et s'ébranle à la suite des cuirassiers. Ainsi que l'a si clairement expliqué Louis Madelin — il faut toujours en revenir à lui — toute cette masse allait combattre « sans ordres précis, sans plan, sans direction, Ney usurpant, en quelque sorte, ce commandement que, Murat écarté, Grouchy s'était naguère vu attribuer. Le maréchal, enchanté de voir arriver deux fois plus de chevaux qu'il n'en attendait, put, lui aussi, croire que Napoléon entendait qu'il enlevât à l'esbroufe tout le Mont Saint-Jean et, à la tête de cette considérable cavalerie, il s'élança droit sur la ligne anglaise stupéfaite. »

Certains officiers — tel l'aide de camp Kennedy — s'étonnèrent que l'on tentât, contrairement à l'usage, une attaque de cavalerie contre une infanterie « encore non ébranlée » par les décharges de l'artillerie. Abrités par un repli de terrain derrière lequel les soldats de Wellington s'étaient mis à plat ventre, les « habits rouges » avaient assurément peu souffert de la canonnade,

Ney fonce cependant avec ses cavaliers habillés et casqués d'acier. Les sabres et les lances jettent des éclairs dans la poussière soulevée par des milliers de sabots : un bruit de tonnerre roule, s'avance et couvre les sonneries des trompettes. C'est admirable, mais nullement décisif. Les tirailleurs anglais de la première ligne sont balayés par la vague de fer et de chevaux, mais ceux du deuxième rang résistent et cinq mille dragons, hussards et lanciers ennemis réussissent à « reconduire » Ney jusqu'au bas de la côte.

Napoléon — il s'est maintenant avancé à la hauteur de la Belle-Alliance — se rend compte de l'immense erreur du prince de la Moskowa qui, ce jour-là, semble si exalté que certains ont pu parler de folie.

— C'est un mouvement prématuré qui pourra avoir des résultats funestes pour cette journée !

Et quelques minutes plus tard, on entend encore l'Empereur soupirer :

— Le malheureux, c'est la seconde fois depuis avant-hier qu'il compromet le sort de la France !

Tandis que les roquettes — les fusées à la Congreve inventées par le major britannique Whyniates — rayent le ciel, effrayent les combattants et font cabrer les chevaux, la bataille n'est maintenant plus qu'une suite de charges furieuses et insensées. Dix fois, sous le chaud soleil, les lourdes masses de chevaux, de cuirasses et de sabres levés se lancent sur les Anglais en un galop éperdu et, malgré la précision de la fusillade ennemie, parviennent jusque sur les rangées de baïonnettes hérissées qui ouvrent les poitrails et désarçonnent les hommes. Dix fois les cuirassiers viennent se reformer autour d'un petit bois, chaque fois un peu moins nombreux et, de nouveau, leurs chevaux, haletants, l'écume à la bouche, croupes bondissantes, crinières frémissantes, vont s'abattre sur les lignes anglaises et tentent d'y percer la fameuse brèche. Les trompettes s'époumonnent, les hennissements de douleur se mêlent à la clameur des hommes et au crépitement des armes à feu. Chaque fois, la charge héroïque de ces centaures drapés de fer est rejetée vers la plaine. « J'étais ému plus que je ne puis l'exprimer, dira le colonel Trefcon, et malgré les dangers que je courais moi-même, j'avais les larmes aux yeux et je leur criai mon admiration ! Les carabiniers surtout me frappèrent. Je vis leurs cuirasses dorées et leurs casques briller sous le soleil, ils passèrent à côté de moi et je ne les revis plus ! »

On entend Ney crier encore une fois à Drouet d'Erlon :

— Tiens bon, mon ami, car toi et moi, si nous ne mourons ici, nous serons pendus par les émigrés !

Pendant ce temps, la Garde est parvenue à s'emparer de Plancenoit. Là, c'est au tour des ennemis à fuir « comme frappés d'épouvante ». Ils jettent armes et bagages pour rejoindre plus vite la gauche anglaise. De la cinquième division britannique forte de quatre mille hommes, il ne reste plus que cinq cents combattants.

— Je n'y puis rien, déclare paisiblement Wellington, il faut qu'ils gardent leur position comme moi jusqu'au dernier homme. Dieu veuille que la nuit ou Blücher arrive !

C'est Blücher qui arrivera le premier au rendez-vous.

Les Français occupent les coteaux au-delà de Plancenoit. Cependant, les fuyards anglais répandent un « instant la terreur qui les anime » dans les rangs des Prussiens de Bülow. Toute la gauche ennemie vacille, mais l'Empereur ne peut envoyer des renforts pour exploiter ce succès — et sa besogne faite, la Garde rejoint Napoléon. Dès son arrivée, l'Empereur se met à sa tête et se dirige à son tour vers le plateau.

À cet instant, du côté de la ferme de Papelotte, les Prussiens — le gros de Blücher, cette fois, fort de trente mille hommes — débouchent sur le champ de bataille. Ils vont bientôt l'envahir. Napoléon envoie une partie de ses forces dans leur direction. Il en détache encore pour les confier à Ney qui prétend qu'avec l'infanterie « il enlèverait tout ». Mais les décharges des tireurs anglais couchent dans les seigles et les blés, comme un gigantesque coup de faux, la première vague française. La seconde ligne oscille, et un grand cri traverse le champ de bataille comme une traînée de poudre :

— Nous sommes trahis !

Napoléon s'est placé près de la Haye-Sainte, à quelques pas en arrière de deux batteries d'artillerie de la Garde où la mitraille ennemie décime les canonniers, mais les survivants n'en poursuivent pas moins leur feu nourri.

Les Prussiens de Blücher, bien que fatigués par leur marche harassante, repoussent les Français et obligent l'Empereur à revenir vers la Belle-Alliance, tandis que la cavalerie anglaise charge avec autant de fougue que Ney — mais avec plus d'efficacité. Les fantassins, taillés en pièces, se trouvent entremêlés avec les dragons de Wellington. Les rescapés se jettent le ventre dans les « grains ». Les cavaliers ennemis s'arrêtent et sondent dans le dos des Français avec leurs lances ou leurs sabres « comme des médecins tâtent le pouls, pour voir si l'on est mort ».

Un autre cri encore jamais entendu court maintenant de bouche en bouche :

— La Garde recule !

Les huit bataillons de la Vieille Garde qui se sont formés pour se porter en avant vers le plateau du Mont Saint-Jean, et qui sont parvenus au fond du vallon, effectuent, en effet, un changement de front afin de faire face aux Prussiens qui sans relâche dévalent de la gauche anglaise. Une seule solution : se former en carré et battre en retraite.

Partout d'Hougoumont à Plancenoit, l'armée française est culbutée, écrasée, enfoncée. Partout elle plie, lâche pied, et fuit. C'est la fin...

Un dernier cri parcourt la « morne plaine », le plus terrible celui-ci :

— Sauve qui peut !

— Venez voir, mes amis, comment meurt un maréchal de France ! hurle Ney, essayant de rallier — mais en vain — quelques pelotons pour se lancer dans une ultime charge : celle de la mort.

La nuit descend sur le champ de bataille. L'Empereur a trouvé refuge au centre de l'un des carrés du 1er régiment des grenadiers de la Garde. Napoléon est entré dans l'Histoire en frappant les trois coups de Toulon, Vendémiaire et Arcole. Sortir de l'Histoire l'épée à la main, frappé par une balle ennemie, quelle belle fin pour sa légende ! Il cherche la mort, mais celle-ci ne veut pas de lui ! C'est protégé par un triple rang de baïonnettes qu'il recule vers la France.

L'ennemi ne parvient pas à entamer les carrés de la Garde. Cambronne, au milieu du 2e bataillon du 1er chasseurs, lance sa phrase immortelle :

— La Garde meurt et ne se rend pas !

Cria-t-il encore « autre chose » ? La légende l'affirmera toujours... En dépit de Cambronne lui-même qui déclarera ne se souvenir de rien et qui, peut-être, pour prouver qu'une bonne fois pour toutes, il avait dit à l'ennemi ce qu'il avait sur le cœur, épousera une Anglaise...

Et c'est la retraite de Waterloo.

Cent cinquante musiciens précèdent la Garde tout en jouant — pour la dernière fois — les airs triomphants du Carrousel. Les bonnets à poil suivent en bon ordre alors que les boulets et la mitraille anglaise continuent à pleuvoir. Derrière eux, autour d'eux, devant eux, c'est la panique et la débandade vers la France, tandis que la cavalerie ennemie sabre les traînards. La route est si encombrée par le flot des vaincus que l'Empereur, tel un automate, s'avance à travers champs ...

La cohue traverse Genappe. Il faut lire le récit que fera plus tard, la rage au cœur, le capitaine Coignet : « Les soldats de tous les corps et de toutes les armes, marchant sans ordre, confondus, se heurtaient, s'écrasaient dans les rues de cette petite ville, fuyant devant la cavalerie prussienne qui faisait un « hourra » derrière eux. C'était à qui arriverait le plus vite de l'autre côté du pont jeté sur la Dyle. Tout se trouvait renversé. Il était près de minuit. Au milieu de ce tumulte aucune voix ne pouvait se faire entendre... Rien ne pouvait les calmer... Ils n'écoutaient personne, les cavaliers brûlaient la cervelle de leurs chevaux, des fantassins se la brûlaient pour ne pas rester au pouvoir de l'ennemi ; tous étaient pêle-mêle. Je me voyais pour la seconde fois dans une déroute pareille à celle de Moscou. »

Dans la nuit, en arrière des Quatre-Bras, près de quelques grenadiers qui ont allumé un feu, l'Empereur s'est arrêté et, impuissant, assiste à l'atroce débâcle. Un témoin le voit, « debout, immobile, les bras croisés sur sa poitrine, et regardant vers Waterloo ! » Soudain une idée lui traverse l'esprit : il faudrait essayer de placer quelques troupes aux Quatre-Bras :

— Il est déjà tard, dit-il au colonel de Baudus, si, en arrivant, l'ennemi voit cette position occupée, il est probable qu'il arrêtera là sa poursuite.

« Je repartis au galop, écrira le colonel de Baudus ; mais en approchant des maisons, je fus accueilli à coups de fusils. Je revins en prévenir l'Empereur, et je l'engageai à se retirer, car il n'était plus couvert par personne. Quelques larmes s'échappèrent de ses yeux. »

C'est avec ces larmes de l'Empereur que se terminent à la fois la bataille et l'épopée.

***

Dans la nuit du 20 au 21 juin la berline impériale s'arrête à la maison de poste de Villers-Cotterets. Le jeune Alexandre Dumas est accouru avec les badauds. De nouveau, l'Empereur quitte sa somnolence et demande :

— Où sommes-nous ?

— A Villers-Cotterets, sire.

— A combien de lieues de Soissons ?

— A six lieues, sire.

— A combien de lieues de Paris ?

— A vingt lieues, sire.

— Faites vite !

Et, comme il y a huit jours, il retombe dans son « assoupissement »...

L'Empire maintenant va mourir — et ce sera bien la fin, cette fois.

L'atroce saignée de Waterloo, imputable aux fumées de l'orgueil qui ont enivré Napoléon, est une page de l'histoire de France que le fol héroïsme de Ney ou le panache rabelaisien de Cambronne ne parviennent pas à faire oublier. La France est sortie des Cent-Jours affaiblie, mutilée, ruinée. Rarement entreprise fut plus néfaste pour notre pays. Il est vrai qu'aujourd'hui nombreux sont ceux qui se refusent à regarder ce tragique résultat. Certains ne veulent se souvenir que de cette liberté trop tardive que l'Empereur a été obligé d'accorder aux Français... Pour d'autres, seule compte la prestigieuse aventure et ses péripéties fabuleuses qui ont forgé la légende que Sainte-Hélène achèvera.

Malmaison à l'époque heureuse — Tous se découvrent : Joséphine monte en voiture. En cette fin du mois de juin, le souvenir de sa première femme accompagne dans ses dernières rêveries celui qui ne sera bientôt plus qu'un proscrit.

(B. N. Estampes — Photo Josse-Lalance)

XXIX

LA FIN DE L'EMPIRE

On ne répare pas les trônes.

NAPOLÉON.

LE mercredi 21 juin 1815, à sept heures du matin, par un temps couvert et nuageux, la chaise de poste de Napoléon contourne au grand galop l'enceinte de Paris et approche de la barrière du Roule — notre actuelle place des Ternes. L'Empereur se hâte de gagner l'Elysée. Il a abandonné les vaincus de Waterloo — débris de régiments se serrant autour de leurs aigles dont pas un n'est tombé aux mains de l'ennemi. Tandis que la voiture descend bruyamment le faubourg Saint-Honoré, l'Empereur réfléchit. Peut-être pourrait-on encore lutter avec les rescapés de Waterloo, le corps intact de Grouchy et cent soixante mille hommes issus de la nouvelle conscription ?

Mais, pour cela, il faudrait décider les députés à l'aider. Certes, il peut revenir à la dictature et dissoudre cette assemblée de bavards... « Régner par la hache », il le dira plus tard :

— A mon retour de Waterloo, j'étais d'avis de faire couper le cou à Fouché... et je me repens de ne pas l'avoir fait ! J'aurais dû aller aux Chambres tout en arrivant. Je les aurais remuées et entraînées, mon éloquence les aurait enthousiasmées. J'aurais fait couper la tête à Lanjuinais, à La Fayette, à une douzaine d'autres.

Mais il n'en a ni le courage, ni le goût. Il sait bien — il l'a dit tout à l'heure à Laon — qu'en mettant la main dans le sang, il devrait l'y enfoncer jusqu'au coude ! Faire un coup d'Etat, violer la légalité, le paralyse. Brumaire l'a prouvé.

Sa respiration est oppressée et après avoir poussé un lourd soupir, il explique à Caulaincourt :

— L'armée a fait des prodiges, une terreur panique l'a saisie, tout a été perdu... Je n'en puis plus... Il me faut deux heures de repos pour être à mes affaires.

Et portant sa main à son cœur, il précise :

— J'étouffe là...

Il demande un bain bouillant et s'y plonge longuement — durant une heure — tandis que s'assemble le Conseil.

Fouché est là, tissant sa toile d'intrigues... Tout à l'heure, avant de se rendre à l'Elysée, le digne pendant en ignominie de M. de Talleyrand a eu une conversation avec le général de Lafayette et l'a minutieusement chapitré et alarmé : il fallait sans tarder faire peur à la Chambre qui allait se réunir ce même matin, en agitant devant elle le fantôme de la dissolution. Mieux valait, n'est-il pas vrai, renverser le maître plutôt que de le laisser dévorer la représentation nationale ? Le champion de la liberté avait là un beau rôle à jouer ! Mais celui que Fouché traite de vieil imbécile parviendra-t-il à affoler ses collègues ?

— En connaissez-vous un plus niais ? demande-t-il à Molé.

Quoi qu'il en soit, Fouché n'a guère le choix.

— Tout est foutu, dit-il ce matin-là à Thibaudeau,

si on laisse faire Napoléon, il nous exposerait à être partagés et décimés comme des moutons.

Le « niais » jouerait peut-être fort bien son rôle de marionnette tricolore...

Dès le début du conseil, le problème est posé par Carnot qui conseille à Napoléon de se faire offrir les pleins pouvoirs par la Chambre.

— J'ai besoin, pour sauver la patrie, approuve l'Empereur, d'une dictature temporaire. Je pourrais la saisir, mais il serait utile et plus national qu'elle me fût déférée par les Chambres.

Le ministre d'Etat Regnault de Saint-Jean d'Angély hoche la tête tristement. Il aime Napoléon, et il est en supplice de devoir lui déclarer :

— Je doute que les représentants consentent à seconder les vues de l'Empereur ; ils paraissent croire que ce n'est plus lui qui peut sauver la patrie. Je crains qu'un grand sacrifice ne soit nécessaire.

Il y a un silence.

— Parlez nettement, Regnault, dit Napoléon. C'est mon abdication qu'ils veulent ?

— Je le crains, Sire, et quelque pénible que cela soit pour moi, il est de mon devoir d'éclairer Votre Majesté. J'ajouterai même qu'il serait possible, si l'Empereur ne se déterminait point à offrir son abdication de son propre mouvement, que la Chambre osât la demander.

Lucien bondit. L'Empereur devait se passer de la Chambre, se déclarer dictateur, mettre tout le territoire en état de siège.

Les yeux de Napoléon brillent.

— La présence de l'ennemi sur le sol de la patrie rendra, j'espère, aux députés le sentiment de leurs devoirs. La Nation les a nommés, non pour me renverser, mais pour me soutenir... Je ne les crains point. Quoi qu'ils fassent, je serai toujours l'idole du peuple et de l'armée. Si je disais un mot, ils seraient tous assommés... Me repousser quand je débarquais à Cannes, je l'aurais compris, mais maintenant je fais partie de ce que l'ennemi attaque, je fais donc partie de ce que la France doit défendre. En me livrant, elle se livre elle-même, elle se reconnaît vaincue, elle encourage l'audace du vainqueur. Ce n'est pas la liberté qui me dépose, c'est la peur !

Il continue à parler, énumérant ses forces, traçant à grands traits la défense du territoire. Tout peut encore être sauvé. Mais s'il abdique, il n'y aura plus d'armées !

Les ministres se taisent, subjugués d'abord, conquis ensuite. Seul Fouché sent des gouttes de sueur perler à son front.

— En vérité, dira-t-il, ce diable m'a fait peur ce matin. En l'écoutant, je croyais qu'on allait recommencer.

Soudain, la porte s'ouvre. Un émissaire de la Chambre apporte des nouvelles : Lafayette a sorti son grand répertoire en lançant avec un joli mouvement du menton ces mots éternels : « Vieux amis de la liberté... étendard tricolore de 89... liberté... égalité... ordre public... esprit de faction... Cause sacrée... » Bref la Chambre a voté une proposition commençant par ces deux articles :

Article Premier. — *La Chambre des représentants déclare que l'indépendance de la Nation est menacée.*

Art. 2. — *La Chambre se déclare en permanence. Toute tentative pour la dissoudre est un crime de haute trahison : quiconque se rendrait coupable de cette tentative serait traître à la Patrie et jugé comme tel.*

Allons, La Fayette n'a pas trop mal travaillé ! Fouché dissimule sa joie derrière un visage qui demeure impassible. C'est un masque de cire.

Napoléon, selon son habitude, fait les cent pas dans la pièce. Ses yeux jettent des éclairs. Il va falloir envoyer à ces factieux une compagnie de grenadiers, comme à Saint-Cloud le soir du 19 Brumaire ! C'est alors que l'on entend s'élever la voix du maréchal Davout, le ministre de la Guerre :

— Le moment d'agir est passé. La résolution des représentants est inconstitutionnelle, mais c'est un fait consommé. Il ne faut pas se flatter, dans les circonstances actuelles, de refaire un 18 Brumaire. Pour moi, je me refuserais d'en être l'instrument !

Tous, oppressés, regardent le maître.

— Je vois, dit-il doucement, que Regnault ne m'avait pas trompé. J'abdiquerai s'il le faut !

L'échéance est-elle vraiment venue ? Toute la journée, Lucien et les ministres, à la tribune des deux Chambres, essayent de la reculer. Les heures s'écoulent en palabres entre l'Elysée, le Palais-Bourbon et le Luxembourg où siège la Chambre des Pairs.

La cour de l'Elysée s'est remplie de cavaliers exténués. Les chevaux sont couverts de sang et de poussière. Tout respire « la honte et la douleur », nous dit un passant...

Lorsque Lavalette entre chez l'Empereur, il voit Napoléon venir à lui « avec un rire épileptique effrayant ».

— Ah ! mon Dieu, dit-il en levant les yeux au ciel.

« Il fit deux ou trois fois le tour de la chambre », puis il reprit son sang-froid.

Le soir, il commença à pleuvoir...

— Il faut en finir aujourd'hui, déclare Fouché le lendemain matin.

Les députés, à nouveau réunis, semblent autant de matamores. Ils ont osé attaquer ouvertement le maître qui n'a donné l'ordre à aucune baïonnette d'intervenir. On peut donc aller plus loin.

— Je ne pense pas, se permet de dire l'un d'eux à l'ouverture de la séance, que la Chambre puisse offrir des négociations aux puissances alliées, car elles ont déclaré qu'elles ne traiteraient jamais tant que Napoléon régnerait. Il n'y a donc qu'un parti à prendre, c'est d'engager l'Empereur à abdiquer.

Des applaudissements d'abord timides puis plus assurés se font entendre.

— Dites à votre frère, lance Lafayette à Lucien,

de nous envoyer son abdication, sans quoi nous lui enverrons sa déchéance.

Devant l'Elysée, dès l'aube, une foule considérable hurle : Vive l'Empereur ! Comme le remarque fort justement Louis Madelin, « ce sera bien la seule fois qu'on verra dans ce siècle, une foule s'ameuter autour du palais d'un souverain, non pour l'en expulser, mais pour l'y maintenir ». Mais pouvait-elle lutter contre l'ultimatum apporté par Regnault ? La Chambre donnait une heure à Napoléon pour abdiquer !

Une heure !

Le lion blessé veut d'abord sortir ses griffes : il expulsera ces Jacobins ! Ces cerveaux brûlés !

— En abdiquant, déclare Regnault, Votre Majesté sauve le trône de son fils que la déchéance ferait crouler.

— Mon fils ! Mon fils ! riposte-t-il, quelle chimère ! Mais ce n'est pas en faveur de mon fils, mais des Bourbons, que j'abdique. Ceux-là, du moins, ne sont pas prisonniers à Vienne.

Il est midi et demi lorsque l'Empereur ordonne :

— Prince Lucien, écrivez : « *Français, en commençant la guerre pour soutenir l'indépendance nationale, je comptais sur la réunion de tous les efforts, de toutes les volontés, et le concours de toutes les autorités nationales ; j'étais fondé à espérer le succès, et j'avais bravé les déclarations des puissances contre moi. Les circonstances me paraissent changées. Je m'offre en sacrifice à la haine des ennemis de la France. Puissent-ils être sincères dans leurs déclarations et n'en avoir réellement voulu qu'à ma personne...* »

Pour la seconde fois, le rêve de 1811 est à terre. L'Empereur ne croit plus en rien... même pas au règne possible de son fils. Et il faut que Carnot et Lucien insistent pour qu'il ajoute à son abdication ces deux lignes : « *Ma vie politique est terminée et je proclame mon fils sous le nom de Napoléon II, empereur des Français.* »

La rente qui, la veille, à l'annonce de Waterloo, était montée de cinquante-trois à cinquante-cinq francs, atteint bientôt cinquante-neuf francs soixante... Cependant la Chambre se fait tirer l'oreille pour proclamer Napoléon II. Le vaincu doit préciser à la délégation venue le remercier d'avoir accompli son sacrifice :

— Je n'ai abdiqué qu'en faveur de mon fils. Si les Chambres ne le proclament pas, mon abdication sera nulle. D'après la marche que l'on prend, on ramènera les Bourbons. Vous verserez bientôt des larmes de sang.

A la Chambre des Pairs, il est près de neuf heures du soir lorsque Lucien monte à la tribune :

— Il s'agit ici d'éviter la guerre civile ; de savoir si la France est une nation indépendante, une nation libre : l'Empereur est mort ! Vive l'Empereur ! l'Empereur a abdiqué ! Vive l'Empereur ! Il ne peut y avoir d'intervalle entre l'Empereur qui meurt ou qui abdique, et son successeur. Telle est la maxime sur laquelle repose une monarchie constitutionnelle. Toute interruption est anarchie. Je demande qu'en conformité avec l'Acte constitutionnel, la Chambre des Pairs, par un mouvement spontané et unanime, déclare devant le peuple français et les étrangers qu'elle reconnaît Napoléon II comme empereur des Français. J'en donne le premier exemple et je lui jure fidélité.

— Si j'ai bien entendu, questionne Pontécoulant, on veut nous faire adopter une proposition sans délibération ?... Je déclare fermement que je ne reconnaîtrai jamais pour roi un enfant, pour mon souverain celui qui ne résiderait pas en France. On irait bientôt retrouver je ne sais quel sénatus-consulte ; on nous dirait que l'Empereur doit être considéré comme étranger ou captif, que la régente est étrangère, et l'on nous donnerait un autre régent qui nous amènerait la guerre civile.

La Bédoyère qui, rappelons-le, avait offert son régiment à l'Empereur aux portes de Grenoble, bondit à la tribune :

— Qui s'oppose à cette résolution ? Des individus constants à adorer le pouvoir et qui savent abandonner un monarque avec autant d'habileté qu'ils en montraient à le flatter. Je les ai vus, autour du trône, aux pieds du souverain heureux. Ils s'en éloignent quand il est dans le malheur ! Ils repoussent aussi Napoléon II parce qu'ils sont pressés de recevoir la loi des étrangers à qui déjà ils donnent le titre d'alliés, d'amis peut-être !

On ne peut aller plus avant ce soir-là... Le tumulte est effroyable — les pairs se déchaînent comme de jeunes députés — et le jeune général est arraché à la tribune.

Le 23 juin, c'est par haine pour les Bourbons que les représentants vont accepter de proclamer empereur le « prince de Parme ». Un certain Dufermon a posé nettement la question :

— Avons-nous, oui ou non, un empereur des Français ? Nous devons nous rallier aux Constitutions. Napoléon II est donc notre souverain ! Quand on verra que nous nous prononçons en faveur du chef désigné par nos Constitutions, on ne pourra pas dire que nous attendons Louis XVIII !

Un grand cri de *Vive l'Empereur !* salue le nom du roi de Gand. Tout plutôt que voir les Bourbons apparaître pour la deuxième fois dans les fourgons de l'ennemi ! Fouché trouve que l'on va un peu vite. Il pousse Manuel à la tribune qui — et c'est là une nuance — propose à la Chambre de « passer à l'ordre du jour motivé sur ce que Napoléon II est devenu empereur des Français par le fait de l'abdication de Napoléon Ier et par la force des constitutions de l'Empire ».

Aux cris de *Vive Napoléon II,* l'ordre du jour prévoyant la création d'une « commission de gouvernement » est proclamé à l'unanimité, tandis que l'on se met aussitôt à frapper toute une série de monnaies — de cinq centimes à cinq francs — au nom de *Napoléon II, empereur des Français.* Cependant le nouveau souverain ne se trouve pas réellement proclamé mais reconnu *existant de fait.* Bien plus, ce n'est pas une régence qui va provisoirement régner, mais une commission de gouvernement. Comment imaginer, en effet, que Marie-Louise puisse accepter la régence ! Lorsqu'elle apprendra la nouvelle de

Waterloo, elle sera « hors d'elle de joie », annoncera l'impératrice Maria-Ludovica à son mari. « Je la vis encore hier soir, à Schœnbrunn, après le théâtre, précisera-t-elle. Elle me dit qu'il fallait qu'elle se regarde dans la glace pour voir une figure gaie, car son entourage (français) était naturellement consterné. »

L'avènement du nouvel empereur ne fit pas grand effet sur les Français. « Nulle cérémonie, nul apparat pour l'annoncer, nous raconte Labretonnière ; le pauvre petit roi de Rome vit sa royauté passer à la Chambre avec la même solennité qu'un amendement sur les tabacs ou la potasse. »

Et une nouvelle nuit tombe sur Paris. Il faut prendre une décision : Napoléon doit quitter l'Elysée. Mais où peut-il se rendre ? Il demande à Hortense si elle peut le recevoir le lendemain à Malmaison.

L'heure de Fouché va sonner. Dès le second jour du « règne » du petit empereur, le duc d'Otrante, devenu président de la commission de gouvernement, fait libérer le baron de Vitrolles, ancien ministre de Louis XVIII, et lui expose ses projets :

— Vous allez trouver le roi, vous lui direz que nous travaillons pour son service, et lors même que nous n'irions pas tout droit, nous finirons bien par arriver à lui. Dans ce moment, il nous faut traverser Napoléon II, mais enfin nous irons à lui.

Il serait vite écœurant de suivre pas à pas le répugnant personnage dans le travail de sape qui va permettre à ce régicide, à l'ancien mitrailleur de Lyon, d'offrir le trône de Napoléon II au frère de Louis XVI. La Chambre, tremblant de peur devant le retour éventuel des lys, acclame chaque jour le nouvel empereur. Aussi Fouché occupe-t-il les députés en leur demandant de préparer une constitution.

Le dimanche 25 juin, il a plu le matin, mais des éclaircies sont venues et par les fenêtres de l'Elysée, Napoléon voit quelques milliers de Parisiens qui emplissent la rue du Faubourg Saint-Honoré. Des cris montent :

— Vive l'Empereur ! Ne nous abandonnez pas !

Napoléon a décidé de gagner Malmaison et d'y attendre les passeports qui lui permettront de se rendre en Amérique. Craignant que la foule ne s'oppose à son départ, il fait sortir son carrosse par la grande entrée, tandis qu'il traverse à pied le jardin. A la porte donnant sur les Champs-Elysées, attend la voiture du grand-maréchal Bertrand. Le soleil est éclatant. Napoléon remonte, pour la dernière fois, les Champs-Elysées. Il passe devant l'Arc de Triomphe inachevé et auquel travaillent des ouvriers, puis la berline descend le grand chemin conduisant à Neuilly.

***

Malmaison est tout en fleurs. Le lendemain, Napoléon reçoit la visite de la comtesse Walewska et du petit Alexandre. Longuement elle pleure dans ses bras et lui propose de le suivre vers l'exil... Il lui promet de l'appeler auprès de lui si les événements le permettent... Mais — et elle le sait bien — les événements obligeront l'Empereur à tisser sa légende, à se peindre en martyr pour la postérité, à forger ainsi le trône de l'Aiglon — et non à finir bourgeoisement sa vie au côté de l'une de ses maîtresses — fût-elle la douce Marie...

Il accueille maintenant son banquier Laffitte :

— Tenez, lui dit-il, voici huit cent mille francs. Je vous enverrai cette nuit dans un fourgon trois millions en or, je vais mettre de plus dans votre calèche mon médailler. Vous me garderez ça.

« Je m'approchai de son bureau, a conté Laffitte, je m'assis sur son fauteuil, je pris du papier et j'allais écrire lorsque, me retenant le bras, il me dit :

— Qu'allez-vous faire ?

— Vous donner une reconnaissance, Sire.

— Je n'en ai pas besoin.

— Je puis mourir, je dois garder le secret : cette somme n'étant pas inscrite sur mes livres, il vous faut un titre.

— Et si je suis arrêté en route, je puis vous compromettre.

— Quand je rends un service, Sire, je ne calcule pas le danger.

— N'importe, je dois le calculer pour vous. Je n'en veux pas.

« Une somme aussi considérable, poursuit le banquier, confiée sans titre ! Les débris de sa fortune, le pain de son exil ! Je n'ai pas reçu de témoignage de confiance aussi glorieux, ni qui m'ait tant touché (1). »

Le lendemain, l'Empereur envoie chercher la reine Hortense. Elle le trouve dans le jardin éblouissant de soleil. A son côté un homme que la fille de Joséphine ne connaît pas. Un jeune enfant qui paraît avoir neuf ou dix ans se tient auprès d'eux. Il s'agit du petit comte Léon, le fils de Mlle Denuelle.

— Hortense, interroge l'Empereur en entraînant sa belle-fille à l'écart, regardez cet enfant, à qui ressemble-t-il ?

— C'est votre fils, Sire, c'est le portrait du roi de Rome.

— Vous le trouvez ? Il faut donc que ce soit. Moi, qui ne croyais pas avoir le cœur tendre, cette vue m'a ému. Vous paraissez instruite de sa naissance. D'où la connaissez-vous ?

— Sire, le public en a beaucoup parlé, et cette ressemblance me prouve qu'il ne s'est pas trompé.

— J'avoue que j'ai longtemps douté qu'il fût mon fils. Cependant je le faisais élever dans une pension

(1) Napoléon ayant pris la route de Sainte-Hélène, Louis XVIII revenu aux Tuileries, le baron Louis, ministre des Finances, demanda à Laffitte de déclarer sous serment « s'il avait oui ou non des fonds à Napoléon ». Le banquier demanda audience au Roi. « Sire, lui dit-il, le 19 mars, peu d'heures avant l'entrée de Napoléon dans Paris, j'ai reçu de Votre Majesté un dépôt de sept millions que l'indiscrétion de ses courtisans a fait connaître à Napoléon ; mais lui-même a pris soin de me rassurer en me prescrivant de faire passer cet argent en Angleterre et de prouver ainsi que j'étais digne de la confiance dont le Roi m'avait honoré. » « Je savais tout cela, répondit Louis XVIII. Le baron Louis a eu tort. Soyez sans inquiétude et faites pour l'argent qui vous a été remis ce que vous avez fait pour le mien. » Ainsi, grâce à Laffitte, Louis XVIII et Napoléon purent faire échange de quelques amabilités...

de Paris ; l'homme qui s'en était chargé m'a écrit pour connaître mes intentions sur son sort ; j'ai désiré le voir et, comme vous, sa ressemblance avec mon fils m'a frappé.

— Qu'allez-vous en faire ? Sire, je m'en chargerais avec plaisir, mais ne pensez-vous pas que ce serait donner sujet à la méchanceté de s'exercer contre moi ?

— Oui, vous avez raison. Il m'eût été agréable de le savoir auprès de vous, mais on ne manquerait pas de dire qu'il est votre fils. Lorsque je serai établi en Amérique, je le ferai venir.

« Je m'approchai de cet enfant beau comme un ange, a raconté Hortense. Je lui demandai s'il était content dans sa pension et à quoi il s'amusait ; il me répondit que, depuis quelque temps, lui et ses camarades jouaient à se battre et qu'ils faisaient deux partis : l'un appelé les Bonapartistes et l'autre les Bourbonistes. Je voulus savoir de quel parti il était :

— De celui du roi, me dit-il.

« Et quand je lui en demandai le motif, il me répondit :

— Parce que j'aime le roi et que je n'aime pas l'Empereur...

— Quelle est la raison qui vous fait ne pas aimer l'Empereur ?

— Je n'ai aucune raison, si ce n'est que je suis du parti du Roi.

L'enfant parti, Napoléon confie à Hortense :

— Cette vue m'a ému : il ressemble à mon fils. Je ne me croyais pas susceptible de l'impression qu'il m'a fait éprouver.

Il regarde le délicieux jardin, éblouissant de soleil, ce paysage de rêve qui lui rappelle les heures claires du Consulat. Se souvient-il qu'il avait joué aux barres sur ces pelouses ? Le souvenir de sa chère créole l'obsède.

— Cette pauvre Joséphine, dit-il à Hortense. Je ne puis m'accoutumer à habiter ce lieu sans elle ! Il me semble toujours la voir sortir d'une allée et la voir cueillir ces plantes qu'elle aimait tant !

Pauvre Joséphine ! Au reste, elle serait bien malheureuse à présent. Nous n'avons jamais eu qu'un sujet de querelle : c'était pour ses dettes et je l'ai assez grondée. C'était bien la personne la plus remplie de grâce que j'aie jamais vue. Elle était femme dans toute la force du terme, mobile, vive et le cœur le meilleur. Faites-moi faire un autre portrait d'elle ; je voudrais qu'il fût en médaillon.

Hortense le lui promet.

***

Le matin du jeudi 29 juin, le général Béker placé près de Napoléon par le gouvernement provisoire a totalement oublié qu'il est en quelque sorte le geôlier de l'Empereur vaincu. Il roule vers Paris, portant au gouvernement provisoire une proposition du « général Bonaparte ». Dans leur hâte d'occuper Paris, les Prussiens se sont avancés imprudemment. Leurs avant-postes sont déjà établis sur la Basse-Seine. Ils se sont mis ainsi dans une position à être « taillés en pièces », et Napoléon, penché sur la carte, a aussitôt vu la faute. On l'entend murmurer :

— La France ne doit pas être soumise par une poignée de Prussiens !

Rapidement, il est allé revêtir son uniforme de la Garde. Botté, éperonné, il a appelé Béker :

— Qu'on me fasse général, déclare-t-il l'œil brillant, je commanderai l'armée. Partez pour Paris, une voiture vous attend. Expliquez au gouvernement provisoire que mon intention n'est pas de reprendre le pouvoir. Je veux battre l'ennemi, l'écraser, le forcer par la victoire à donner un cours favorable aux négociations... ensuite, je partirai.

Béker, subjugué, conquis, s'est jeté dans la voiture. Lui aussi espère l'impossible ! Les débris de la Garde et des corps Drouet d'Erlon, Reille et Lobau n'ont-ils pas rejoint les vingt mille hommes du général Grouchy ? Vandamme ne ramène-t-il pas de Belgique le gros de la cavalerie ? Le plus difficile sera peut-être de vaincre la résistance de Davout, ministre de la Guerre. La veille, le prince d'Eckmühl, le héros d'Aboukir, d'Austerlitz et de Wagram, n'a-t-il pas osé crier à Flahaut :

— Votre Bonaparte ne veut point partir ? Mais il faudra bien qu'il nous débarrasse de lui ! Sa présence nous gêne ! Qu'il parte sur-le-champ, sans quoi nous serons obligés de le faire arrêter !... Je l'arrêterai moi-même !

Au pont de Neuilly, le général doit abandonner sa chaise de poste. Les Prussiens sont à quelques lieues et une barricade barre le pont. C'est à pied que Béker atteint, non sans mal, l'autre rive. Il parvient à découvrir un cabriolet vétuste dont le cocher consent à le conduire aux Tuileries. Tel est l'équipage du dernier ambassadeur de l'empereur Napoléon !

La commission est réunie. Il y a là Fouché, Carnot, Caulaincourt, Quinette et Grenier. En réalité, il n'y a que Fouché ; tous se tiennent cois, même Carnot.

— Est-ce qu'il se moque de nous ? s'exclame le duc d'Otrante en apprenant quelle est la mission de Béker.

Caulaincourt, dont l'émotion se lit sur le visage, baisse la tête. Carnot, pour cacher son trouble, fait les cent pas. Tous sentent que Fouché a raison. Le cauchemar de la guerre va-t-il recommencer ? La France va-t-elle subir une nouvelle saignée ?

— Ne sait-on pas comment il tiendrait ses promesses si ses propositions étaient acceptables ?

L'ancien ministre de l'Empereur interpelle Béker avec violence :

— Pourquoi vous êtes-vous chargé d'une pareille mission, lorsque vous deviez presser l'Empereur de hâter son départ ?

Pourtant, trois jours auparavant, Fouché avait déclaré :

— Le plus pressé est d'empêcher le départ de Napoléon !

Quel otage ne tenait-il pas ainsi entre ses mains ! Et il avait tout fait pour entraver les projets de l'Empereur, lui refusant d'abord un passeport — le mettant ainsi, sur la route, à la merci d'un maire de village — subordonnant ensuite le départ des frégates de Rochefort à la demande qu'il avait adressée aux

Anglais afin d'obtenir un sauf-conduit pour « Napoléon Bonaparte ».

Un sauf-conduit !

Alors que les puissances alliées n'ont qu'un but : « arrêter le perturbateur du monde » ! Blücher veut même faire exécuter Napoléon devant ses troupes. Il a déjà donné l'ordre au major de Colomb de se porter vers Malmaison avec ses hussards pour s'emparer de l'Empereur déchu.

Fouché ne l'ignore pas. Il le sait si bien que les plénipotentiaires français envoyés par le gouvernement provisoire à Wellington pour signer un armistice ont reçu la mission secrète d'offrir de livrer Napoléon à l'Angleterre ! Quelle monnaie d'échange !

Mais, à la réflexion, M. le duc d'Otrante a changé d'avis. Aujourd'hui, il ne veut plus que l'opération se fasse aux portes de Paris. A Rochefort, ou dans la rade de l'île d'Aix, l'arrestation sera tellement plus facile et plus discrète ! Le passeport a été remis à Béker et les frégates ont reçu l'ordre de lever l'ancre dès que l'Empereur et sa suite seront arrivés à bord. Inutile d'attendre même les sauf-conduits... car Fouché compte bien prévenir l'escadre anglaise qui n'aura plus ensuite qu'à cueillir le fugitif.

— Dites à l'Empereur, ajoute le chef du gouvernement provisoire, tandis que Béker s'apprête à retrouver son cabriolet, dites à l'Empereur que ses offres ne peuvent être acceptées, qu'il est de la plus grande urgence qu'il parte immédiatement pour Rochefort où il se trouvera plus en sûreté que dans les environs de Paris.

Caulaincourt et Carnot n'ont même pas osé ouvrir la bouche !

En revenant à Malmaison, Béker trouve le petit château transformé en véritable quartier général. La cour bourdonne d'officiers prêts à monter à cheval et à donner des ordres. Avec effroi, le général se souvient d'une phrase que Fouché a lancée tout à l'heure en le traitant de sot :

— Il a filé aussitôt votre départ ! Il est déjà en train de haranguer ses soldats et de les passer en revue !

Fouché aurait-il eu raison ? L'Empereur va-t-il passer outre ? Non ! Dès que Napoléon apprend la réponse du gouvernement, il s'incline :

— Ces gens-là ne connaissent pas l'état des esprits ! Ils se repentiront d'avoir refusé mon offre.

Cependant, durant une seconde, il se raccroche à un espoir :

— Leur avez-vous vraiment rapporté mes paroles et mon serment ?

Pitoyable, Béker murmure :

— Oui, Sire !

— Bien, alors, je n'ai plus qu'à partir. Donnez les ordres. Quand ils seront exécutés, venez me prévenir !

A pas lents il quitte la bibliothèque et, par le petit escalier dérobé, remonte dans sa chambre. Là, il enlève son uniforme, dépose son épée, revêt un frac de couleur brune, et, un chapeau rond à la main, il se dirige vers la chambre de Joséphine. Il désire y être seul. Dans la chambre en rotonde, devant le lit où veillent deux cygnes aux ailes reployées, il rêve...

— Elle était pleine de grâce pour se mettre au lit, pour s'habiller, confiera-t-il plus tard à Gourgaud. J'aurais voulu qu'un Albane la vît alors pour la dessiner... C'est la femme que j'ai le plus aimée.

Ses yeux sont gonflés de larmes lorsqu'il sort de la pièce.

Il retourne dans la bibliothèque. La reine Hortense le force à accepter une ceinture où elle a cousu un collier de gros diamants. Madame Mère est là aussi. Letizia ne reverra plus son Napoléone. Elle le sent... et pleure.

— Adieu, mon fils !

— Adieu, ma mère !

Les officiers de la « garnison » de Malmaison entrent dans la pièce.

— Nous voyons bien, balbutie l'un d'eux, que nous n'aurons pas le bonheur de mourir à votre service !

Les voitures impériales sont rangées dans la cour. Une suite imposante d'officiers, de domestiques, de bagages, rejoindra Napoléon à Rochefort. Lui, va voyager incognito avec Béker, le duc de Rovigo et le grand-maréchal Bertrand. Personne ne remarque une calèche jaune, sans armoiries, attelée de quatre chevaux de poste que le mamelouk Ali est allé placer sur la petite route de la Celle-Saint-Cloud...

Un peu après cinq heures, suivi de ses compagnons, il s'engage sur le pont-levis, flanqué de deux obélisques, et se dirige vers la grille. Une dernière fois, il se retourne et regarde la façade du château...

— Que c'est beau la Malmaison !...

Mais attendre davantage devenait imprudent ! Les Prussiens sont là... On entend le canon qui se rapproche et les ponts que l'on fait sauter pour retarder la marche de l'ennemi. Peut-être à cet instant, l'Empereur se souvient-il de sa récente conversation avec Fleury de Chaboulon :

— Votre Majesté n'est point faite pour se sauver !

— Où voyez-vous que je me sauve ?

— Qu'il serait beau de voir Napoléon le Grand, après avoir déposé cette couronne placée sur sa tête, après vingt années de gloire, venir s'offrir en sacrifice pour racheter l'indépendance de la patrie.

Se rendre à l'ennemi ? Oui, peut-être...

— Ce dénouement serait fort beau !

Mais il n'avait pas accepté ; cependant l'idée restait là, tenace, obsédante...

Brusquement, il s'arrache à ses souvenirs et se jette dans la calèche où, selon le passeport délivré par Fouché, il doit jouer le rôle du secrétaire de Béker !

Et ce sont les premiers tours de roue sur la route de Sainte-Hélène...

Tandis que les chevaux montent au pas la première côte, Napoléon remarque que le courrier Amaudru porte un couteau de chasse à tête d'aigle. Ce signe pourrait le faire reconnaître ! L'arme est déposée dans la voiture... Amaudru a obéi avec une mauvaise humeur évidente. Arrivé en haut de la côte, il part au galop, non pour préparer les relais, mais pour fuir... Il déserte. On ne le reverra plus.

Dans la voiture, le silence règne. Pas un mot n'est échangé jusqu'à Rambouillet. Il fait nuit noire lorsque les voyageurs s'arrêtent devant le perron du château. Richard, le concierge, se dépêche d'ouvrir les appartements.

Après un souper improvisé, les officiers croient que l'Empereur va donner l'ordre d'atteler, mais il décide de se mettre au lit. Espère-t-il un appel du gouvernement provisoire ? La nuit est mauvaise. Ali entend son maître se retourner sans cesse et chercher un sommeil qui le fuit. Au matin, il revêt un frac bleu. Napoléon et ses compagnons montent en calèche. Les postillons évitent la rue où, en dépit de l'heure matinale, une centaine d'habitants s'est massée. A vive allure, l'équipage rejoint le chemin de Chartres par le parc. Tandis qu'ils roulent sur la grand-route, Béker offre de temps en temps à l'Empereur une pincée de tabac. Sur le couvercle en ivoire de la tabatière est gravé le profil de Marie-Louise. Napoléon prend la boîte entre ses mains, la regarde, puis la rend à son compagnon en soupirant, sans proférer une parole.

A Vendôme, la maîtresse de poste se présente à la portière.

— Vous venez de Paris ? Est-il vrai qu'il est arrivé un malheur à l'Empereur ?

Mais, soudain, elle change de couleur ; elle a reconnu Napoléon sous son déguisement. Les larmes lui viennent aux yeux, et, c'est en sanglotant et sans ajouter un mot, qu'elle regagne la maison. Désormais, pendant les relais, l'Empereur, se renfonçant dans le fond de la voiture, la main écrasant sa joue, fera semblant d'être assoupi profondément.

Durant toute la journée, la course se poursuit sans histoire. Il fait chaud et l'Empereur fait acheter par Ali plusieurs livres de cerises qu'il mange tout au long de l'étape. On approche de Tours à la fin de la nuit. Napoléon craint que Fouché ne l'ait fait devancer par quelque émissaire... Il appelle le préfet, le comte de Miramon, et l'interroge en faisant les cent pas sur la route. Le fonctionnaire ne sait rien et, un quart d'heure plus tard, la calèche repart.

Poitiers est traversé sans incident, mais — ce samedi 1er juillet — la chaleur est telle que l'Empereur se repose durant deux heures au relais situé à la sortie de la ville. A Saint-Maixent, les habitants s'amassent autour de la voiture arrêtée devant l'hôtel de la Poste. Un officier de la Garde nationale s'approche et demande les passeports.

Le document est curieusement établi. Il n'est question que d'un général, de son secrétaire et d'un domestique. Or, avec Ali qui est sur le siège, les voyageurs sont au nombre de cinq... et pas un n'est en uniforme ! Le rassemblement grossit et l'inquiétude étreint les voyageurs.

L'officier est parti pour l'hôtel de ville avec le passeport... et ne revient pas ! Béker remarque dans la foule un lieutenant de gendarmerie, l'appelle, se nomme, et lui révèle qu'il est chargé « d'une mission d'Etat » qui ne doit souffrir aucun retard. A son tour, le lieutenant prend le chemin de l'hôtel de ville.

Dix minutes plus tard, le passeport est rendu au général, et l'équipage s'élance sur la route de Niort. Personne n'a reconnu l'Empereur dans ce gros homme en frac bleu qui, le chapeau enfoncé jusqu'aux oreilles, dort dans le fond de la calèche.

Niort est atteint à dix heures du soir. Il y a trente-huit heures qu'on roule ! L'Empereur fait arrêter les postillons devant l'auberge de la *Boule d'Or*, place de la Brèche, à l'angle de l'avenue de Paris, et se met au lit.

A son réveil — ce dimanche 2 juillet — il regarde par la fenêtre des cavaliers qui soignent leurs chevaux. L'un d'eux lève la tête et reconnaît Napoléon. La nouvelle court la ville comme une traînée de poudre. Le préfet accourt et supplie l'Empereur d'aller s'installer à la préfecture. Napoléon accepte. Les voitures de la suite, parties de Paris et de Malmaison, atteignent Niort. L'Empereur est maintenant entouré d'une véritable cour : des généraux, des officiers, des chambellans ; il y a même deux femmes : la comtesse de Montholon et la comtesse Bertrand. Vingt berlines surchargées de domestiques et bourrées de bagages rejoignent à leur tour le proscrit. Voici même le roi Joseph qui est parvenu à se munir de passeports français et américain.

Au début de l'après-midi on remet à l'Empereur une lettre du préfet maritime de Rochefort — le capitaine de vaisseau baron de Bonnefoux — la rade est, paraît-il, étroitement bloquée par une escadre anglaise.

« Il me paraîtrait, précise le capitaine, extrêmement dangereux pour la sûreté de nos frégates et celle de leur chargement de chercher à forcer le passage.

Cette « escadre » qui garde le pertuis d'Antioche, le pertuis Breton et celui de Maumusson, ne se compose, en réalité, que d'un vaisseau, le *Bellerophon,* et d'un ou deux petits bâtiments du type corvette ou sloop. Mais l'Empereur croit le préfet maritime sur parole et pense de nouveau à sa chimère. Il demande à Béker d'envoyer un courrier à Fouché lui faisant savoir l'impossibilité de quitter la rade de Rochefort.

« Si la croisière anglaise empêche les frégates de sortir, dicte Napoléon, vous pouvez disposer de l'Empereur comme général, uniquement occupé du désir d'être utile à la patrie. »

Il se refuse à admettre que tout est consommé. Fouché ne pense pas à défendre Paris : il attend Louis XVIII qui a quitté Cambrai depuis l'avant-veille et se rapproche majestueusement de la capitale.

Autour de l'Empereur, on agite des projets. Le général Lallemand propose à Napoléon de se mettre à la tête du 2e Hussards qui ne demande pas mieux et d'aller rejoindre, en Vendée, les troupes du général Lamarque. Ce nouveau « retour de l'île d'Elbe » est impossible. Napoléon le sait bien... Ce serait finir en aventurier ! Ne vaudrait-il pas mieux demander asile à l'Angleterre ? Se livrer en tendant les mains aurait « de la grandeur ».

Une fois de plus, il pense à sa légende. Ce n'est pas en se rendant en Amérique « cultiver des terres, vivre du produit de ses champs, finir par où l'homme a commencé », qu'il préparera le trône de son fils et sa propre transfiguration ! Le *Bellerophon* semble véritablement l'attirer... et, le lendemain, il partira pour Rochefort.

Lorsque sa voiture s'ébranle — le lundi 3 à quatre heures du matin — la foule crie :

— Restez avec nous ! Restez ici ! Vive l'Empereur !

Escorté jusqu'à la première poste par un peloton du 2e Hussards, acclamé sur toute la route par les Charentais, le proscrit traverse Mauzé, Surgères, Muron, Saint-Louis et arrive à huit heures du matin à la préfecture maritime où l'accueille le baron de Bonnefoux. L'Empereur est conduit vers le bel appartement qu'il avait déjà occupé, avec Joséphine, en 1808. La fenêtre ouvre sur le jardin surplombant l'Arsenal. M. de Bonnefoux lui annonce que les frégates sont prêtes à mettre à la voile. Elles ont été abondamment pourvues de vivres. Fouché a ordonné de faire les choses convenablement. L'une est la *Saâle,* l'autre la *Méduse* qui, un an plus tard — le 2 juillet 1816 — ira s'échouer sur le banc d'Arguin, premier acte du drame le plus atroce de l'histoire maritime...

Dès l'arrivée de l'Empereur, un conseil s'ouvre. Essayer de percer le blocus est déconseillé par le préfet. Pourquoi ne pas rallier plutôt la corvette la *Bayadère* qui stationne devant Royan ? Son commandant, le capitaine Baudin, aussitôt alerté, fait répondre qu'il se fait fort de mener l'Empereur jusqu'en Amérique. Mais Napoléon, sans toutefois repousser ce projet, ne parvient pas à se décider... Comme il serait plus digne de se rendre à bord du vaisseau anglais, plutôt que de fuir tel un malfaiteur sur une coquille de noix !

Pour la même raison, il refuse la proposition du lieutenant Besson, commandant une petite goélette — un sloop — qui propose de cacher l'Empereur dans le fond d'une barrique « bien matelassée et garnie de tubes à air » ...Partir seul avec un valet de chambre — et en cet équipage ! — alors qu'il pourrait se présenter aux Anglais suivi d'une quinzaine d'officiers en grand uniforme et de soixante domestiques... sans parler d'une vaisselle somptueuse et de ses innombrables bagages.

Durant quatre journées, tandis que la foule ne se

lasse pas de crier « Vive l'Empereur ! », le conseil discute. Mais l'Empereur est toujours hésitant.

Béker reçoit enfin la réponse de sa lettre de Niort à Fouché : « Napoléon doit s'embarquer sans délai... Vous devez employer tous les moyens de force qui seraient nécessaires... Quant au service qu'il offre, nos devoirs envers la France et nos engagements avec les puissances étrangères ne nous permettent pas de les accepter et vous ne devez plus nous en entretenir. »

Fouché, qui voit déjà l'Empereur revenir au galop après avoir rallié l'armée de la Loire, n'a qu'une pensée : maintenir Napoléon quasi prisonnier sur la *Saâle* ou la *Méduse*, en l'empêchant à la fois de débarquer et de mettre à la voile. Il n'y aurait plus alors qu'à le livrer aux Anglais !

— Que pensez-vous de tout ceci, général Béker ? demande Napoléon.

— Prendre une prompte détermination ! Il faut s'attendre que le gouvernement envoie des agents à votre poursuite.

— Mais, général, quoi qu'il arrive, vous seriez incapable de me livrer ?

— En me sacrifiant, Sire, je ne vous sauverais pas. Le même peuple qui se presse tous les soirs sous vos fenêtres, proférerait demain des cris d'un autre genre si la scène venait à changer. Votre sûreté serait compromise et les commandants des frégates, recevant les ordres des ministres du roi Louis XVIII, méconnaîtraient les miens et rendraient votre salut impossible.

— Eh bien puisqu'il en est ainsi, donnez l'ordre de préparer les embarcations pour l'île d'Aix !

Béker voit juste. Louis XVIII n'ignore pas que, le 20 mars précédent, Napoléon a enjoint de l'arrêter, ainsi que son frère, sur la route de Lille. Aujourd'hui, le roi n'hésiterait pas non plus à envoyer une compagnie de gardes du corps « courir sus à M. de Bonaparte, traître à son roi... ». Car Louis XVIII vient de rentrer « chez lui ». En ce même après-midi du 8 juillet, Paris, pavoisé de blanc, « pleure de joie » en acclamant « notre père de Gand » — selon le mauvais calembour lancé par Fouché. Le comte d'Artois et le duc de Berry chevauchent à la portière royale. L'enthousiasme est indescriptible... aussi indescriptible que le soir du 20 mars, lors du retour de l'Empereur ! Et sans ironie, le *Moniteur* écrira le lendemain : « Les étrangers, témoins de ce beau spectacle, ont reconnu le caractère français sous ses traits véritables. »

Le futur Charles X, en pénétrant aux Tuileries, a serré la main de Fouché qui a voté autrefois la mort de son frère Louis XVI.

— Monsieur le duc, vous me voyez heureux, très satisfait. L'entrée a été admirable et nous vous en avons toute l'obligation.

A Rochefort, les vingt berlines impériales surchargées de domestiques et de bagages sont arrivées à la Préfecture et l'Empereur décide d'aller s'embarquer à Fouras. Déjà la *Saâle* et la *Méduse* ont reçu les provisions nécessaires à une longue traversée : six barils de bœuf en daube, vingt-quatre jambons, soixante-quinze dizaines d'œufs et jusqu'à cent bouteilles de cognac.

Le cortège s'organise et les voitures traversent la ville tandis que la foule crie *Vive l'Empereur !* Les stores de la berline impériale demeurent fermés... car Napoléon a décidé de quitter la Préfecture sans être vu et a pris place, quelques instants plus tard, dans une calèche qui s'est rangée devant la terrasse de l'hôtel. C'est par le jardin, la rue des Fonderies et le quai des Vivres que le proscrit va rejoindre ses compagnons qui l'attendent à la sortie du faubourg. Bientôt, après avoir traversé la marécageuse plaine d'Aunis, les voitures atteignent Fouras, à l'embouchure de la Charente. La population du village s'est massée sur la grève de la Noue. « Nous pleurions comme des filles », a raconté un témoin.

Sur le dos du marin Beau, Napoléon est porté jusqu'à la chaloupe envoyée au-devant de lui par la *Saâle*. Le bateau s'éloigne tandis que des « Vive l'Empereur ! » couvrent le bruit de la mer. Il vente, d'ailleurs, assez fort et les lames sont dures. Il faut une heure et demie pour atteindre la frégate à l'ancre dans la baie de La Noue — dans la fosse d'Enet — devant l'île d'Aix.

Tout l'équipage de la *Saâle* est monté dans les vergues et acclame Napoléon, tandis que les officiers — le capitaine Philibert à leur tête — saluent de l'épée nue. L'Empereur décide de coucher à bord. Il passe une mauvaise nuit dans la chambre du conseil qui a été séparée en deux par une toile afin de ménager une place pour Béker. A l'aube du 9 juillet, l'Empereur va visiter l'île d'Aix.

Aujourd'hui, ce petit morceau de terre, relativement élevée au-dessus de l'océan, ne compte même pas une centaine d'habitants. En 1815, c'est une vraie place forte où tient garnison le 14ᵉ régiment de marine. L'Empereur le passe en revue et inspecte les ouvrages défensifs dont l'île est hérissée. La population l'acclame en criant :

— A l'armée de la Loire !

Une heure après son retour à bord, le préfet Bonnefoux apporte des dépêches du gouvernement provisoire, écrites la veille de l'entrée de Louis XVIII à Paris. Fouché autorise, sans doute, l'Empereur à embarquer sur un aviso — si le fugitif estime pouvoir passer ainsi plus facilement à travers les mailles du filet ennemi — mais avant tout il lui interdit de remettre le pied sur le continent et lui conseille de se rendre « immédiatement » à bord de la croisière anglaise.

Fouché connaît bien son ancien maître !

Napoléon n'a retenu que les derniers mots de la dépêche de Fouché. Aussi, dès le lendemain — 10 juillet — Savary et Las Cases, autrefois conseiller d'Etat, aujourd'hui chambellan, se rendent en plénipotentiaires à bord du *Bellerophon*.

Le capitaine anglais Maitland — un homme maigre et pâle — va les jouer de main de maître. Il fait semblant d'être dans l'ignorance la plus totale des événements. C'est tout juste s'il ne déclare pas faire une croisière d'agrément ! Waterloo ? C'est la première fois qu'il entend ce nom ! L'Empereur a abdiqué ? Il est à l'île d'Aix ? Il demande si ses sauf-conduits sont arrivés ?

— J'ignore tout, affirme-t-il. Je voudrais être à même de vous satisfaire. Je vais rendre compte à mon amiral qui est dans la baie de Quiberon...

Or, Maitland est au courant de tout.

Depuis le 7 juillet, Maitland sait par l'amiral Hotham que Napoléon se dirige vers Rochefort pour essayer de s'embarquer pour l'Amérique ; il est prévenu que le gouvernement anglais a refusé d'accorder au vaincu de Waterloo le sauf-conduit qu'il a demandé. Bien plus, il a reçu des ordres précis : « faire tous ses efforts pour empêcher Bonaparte de s'échapper ».

Fouché a bien travaillé !

Pendant le déjeuner — car il traite fort bien les deux envoyés de *Boney,* ainsi que l'on appelle Napoléon à Londres — arrive une corvette, le *Falmouth,* qui apporte des dépêches. Le capitaine les lit, puis, souriant, déclare :

— Il n'y a pas un mot de ce que vous êtes venus m'apprendre. Je vois même qu'au moment du départ de ce bâtiment, on ignorait en Angleterre tout ce que vous m'avez fait connaître.

Or, le texte de la dépêche, que venait de lire sans sourciller Maitland, est tout autre ! « Il vous est enjoint, ordonnait l'amiral, de faire les plus strictes recherches sur tout bâtiment que vous rencontrerez. Si vous êtes assez heureux pour prendre Buonaparte, vous devez le transférer sur le vaisseau que vous commandez, l'y tenir sous bonne garde, et revenir avec toute la diligence possible au port d'Angleterre le plus voisin. »

Ainsi que le lui précise Hotham, dans une autre dépêche, le capitaine pouvait employer « tous les moyens d'intercepter le fugitif, de la captivité duquel paraît dépendre le repos de l'Europe ».

Tous les moyens !

Aussi, de plus en plus courtois, Maitland déclare-t-il à Rovigo et à Las Cases :

— L'Empereur fait fort bien de demander des passeports pour éviter des désagréments qui se renouvelleraient en mer...

Puis, le cœur battant certainement à grands coups, il ajoute :

— Mais quelle répugnance aurait-il à venir en Angleterre ? De cette manière, il trancherait toutes les difficultés ?

La conversation va maintenant ressembler à un bavardage de table d'hôte.

— L'Empereur aime les climats doux.

— C'est une erreur de croire que le climat d'Angleterre est mauvais et humide, s'exclame Maitland ; il y a des comtés où il est aussi doux qu'en France... Tel celui du Kent, par exemple ! Quant aux agréments de la vie sociale, ils sont incomparablement supérieurs à tout ce que l'Empereur pourrait trouver en Amérique.

Les deux plénipotentiaires reviennent à bord de la *Saâle* et rapportent à l'Empereur le récit de l'entrevue. Les équipages sont vite mis au courant et la nouvelle court les deux navires : Napoléon envisage de se livrer à l'ennemi ! Le capitaine de la *Méduse* propose un plan : sa frégate pourrait se sacrifier en allant attaquer le *Bellerophon*. Pendant ce temps, la *Saâle,* ayant l'Empereur à son bord, franchirait la passe. Mais Napoléon refuse, et pour bien montrer qu'il abandonne l'idée de forcer le blocus, il va s'installer à terre, dans la nouvelle maison construite en 1808, pour le commandant de l'île, absent depuis quelques jours. Sa chambre, au premier étage — elle n'a guère changé depuis 1815 — donne sur la rade des Basques où s'est avancé le *Bellerophon.* L'Empereur se couche aussitôt dans le lit de noyer à rideaux blancs. Au centre de la pièce trône un guéridon d'acajou entouré de fauteuils recouverts de damas bleu.

Au réveil un nouveau projet lui est soumis. Deux chasse-marée se trouvent dans le port de l'île. Six aspirants de marine proposent à l'Empereur d'équiper les deux bâtiments, de l'y recevoir avec trois ou quatre personnes et, de nuit, de passer à la barbe du vaisseau anglais, en gagnant la haute mer par le nord de l'île de Ré. Là, on arraisonnerait le premier bateau marchand que l'on rencontrerait et on l'obligerait — à prix d'or ou par la force — à mettre le cap sur l'Amérique.

Le plan est séduisant et l'Empereur ne peut faire autrement que de l'accepter. Il donne l'ordre de charger ses bagages sur l'un des chasse-marée. Mais, on le sent, il a donné son consentement presque malgré lui... Au premier prétexte, il renoncera à fuir pour se livrer à « l'honneur anglais ». Gourgaud — le plus intelligent de ses compagnons — le pousse d'ailleurs dans cette voie :

— Vous feriez mieux de vous rendre en Angleterre. Ce noble parti est celui qui vous convient le mieux. Vous ne pouvez pas jouer le rôle d'un aventurier. L'Histoire vous reprochera un jour d'avoir abdiqué par peur, puisque vous ne faites pas le sacrifice en entier... Un joueur se tue. Un grand homme brave l'adversité.

— Hier, répond l'Empereur après un silence, j'ai eu l'idée de me rendre à la croisière anglaise et de m'écrier en arrivant : « Comme Thémistocle, ne voulant pas prendre part au déchirement de ma patrie, je viens vous demander asile. »

Au même moment, un petit oiseau entre par la fenêtre.

— C'est signe de bonheur ! s'écrie Gourgaud.

L'officier prend l'oiseau dans sa main, mais Napoléon s'exclame :

— Il y a assez de malheureux, rendez-lui la liberté.

Gourgaud obéit et l'Empereur poursuit :

— Voyons les augures.

L'oiseau prend son vol, et Gourgaud s'écrie :

— Sire, il se dirige vers la croisière anglaise !

Le 12 juillet, le roi Joseph arrive de Rochefort. Il est parvenu à trouver un brick dont il a acheté la cargaison et qui accepte de le conduire aux Etats-Unis. Il vient proposer à Napoléon de prendre sa place. Puisqu'il ressemble à l'Empereur — à Saintes on vient, en effet, de le prendre pour Napoléon — il demeurerait à l'île d'Aix jouant au malade, refusant de quitter sa chambre, tandis que son frère voguerait vers l'Amérique.

Le lendemain, Joseph recevra cette réponse :

— Dites au roi Joseph que j'ai bien réfléchi sur sa proposition. Je ne puis l'accepter. Ce serait une fuite. Mon frère peut le faire ; il n'est pas dans ma position. Moi je ne le puis pas... Dites-lui de partir sur-le-champ. Il arrivera à bon port.

Joseph atteindra, en effet, New York, sain et sauf. Son brick ne sera nullement arraisonné. Voici un motif de rêverie pour ceux qui aiment à « refaire l'Histoire ».

Le matin du 13 juillet, le général Béker entre dans la chambre de l'Empereur. Les chasse-marée sont prêts à mettre à la voile.

— Sire, tout est prêt. Le capitaine attend Votre Majesté.

Napoléon ne répond rien... Le général se retire. Dans la maison, les « pleurs et les gémissements » de ceux qui ne peuvent embarquer avec le proscrit montent jusqu'à la chambre de Napoléon. L'attente se prolonge. Finalement, le grand-maréchal se présente à l'Empereur afin de presser le départ... Napoléon l'écoute, puis déclare gravement :

— Il y a toujours danger à se confier à ses ennemis, mieux vaut risquer de s'en remettre à leur honneur que d'être en leur main prisonnier de droit. Dites que je renonce à m'embarquer.

Et une nouvelle journée s'écoule...

Le 14 juillet, Las Cases et le général Lallemand retournent à quatre heures du matin à bord du *Bellerophon*. Maitland — imperturbable — leur affirme n'avoir reçu aucune réponse de lord Hotham. Il attend à chaque minute l'arrivée d'une corvette, puis il précise :

— Si l'Empereur veut dès cet instant s'embarquer pour l'Angleterre, j'ai autorité pour le recevoir et l'y conduire. D'après mon opinion privée, il n'y a nul doute que Napoléon ne trouve en Angleterre tous les égards et les traitements auxquels il peut prétendre. Dans mon pays, le Prince et les ministres n'exercent pas l'autorité arbitraire du continent : le peuple anglais a une générosité de sentiment et une libéralité d'opinion supérieures à la souveraineté même.

Las Cases répond qu'il va faire part à l'Empereur de l'offre du capitaine anglais et ajoute :

— Je crois assez connaître l'empereur Napoléon pour penser qu'il ne serait pas éloigné de se rendre de confiance en Angleterre même, pour y trouver des facilités de continuer sa route vers les Etats-Unis.

Toute sa vie, Maitland affirmera n'avoir fait aucune promesse aux deux envoyés de l'Empereur. Il l'expliquera à lord Keith : « Je puis assurer à Votre Seigneurie que je n'ai fait ni accepté aucune condition concernant l'accueil que le général Bonaparte devait recevoir et que même il ne fut pas alors définitivement réglé qu'il viendrait à bord du *Bellerophon.* Dans le courant de la conversation, M. Las Cases me demanda si je pensais que Bonaparte serait bien reçu en Angleterre. Je lui fis la seule réponse que je pouvais faire dans ma situation, savoir, que je ne connaissais pas du tout quelle était l'intention du gouvernement anglais ; mais que je n'avais aucune raison de supposer qu'il ne serait pas bien reçu. »

Ce même jour, vers deux heures, l'Empereur fait appeler une dernière fois ses fidèles :

— Dois-je essayer cette nuit de me rendre à bord de *La Bayadère,* ou de traverser la croisière anglaise, soit avec le sloop du lieutenant Besson, soit avec la chaloupe des aspirants ? Ne dois-je pas plutôt me résoudre à demander l'hospitalité à l'Angleterre ?

Montholon affirmera — plus tard — avoir déclaré à l'Empereur qu'il était « mille fois préférable de courir les chances qu'offrait la réponse du capitaine Baudin, qui disait-il se chargeait de conduire l'Empereur au bout du monde ».

— En effet, aurait-il précisé, si on ne réussit pas à franchir la croisière et à gagner la terre d'Amérique, aller en Angleterre sera un pis-aller auquel on pourra toujours revenir.

Selon Montholon, c'était se bercer d'illusions que de

confondre les intentions du ministère anglais avec celles de la nation anglaise :

— La saine et froide raison commande de repousser ces illusions, et de se rappeler que la politique du cabinet de Saint-James a été, depuis dix ans, une politique pleine de haine pour la personne de Votre Majesté. Des ministres, qui ont soudoyé les conspirations incessantes du parti royaliste, ne peuvent recevoir l'Empereur en Angleterre autrement que comme un trophée de Waterloo.

Mais l'Empereur ne l'écoute même pas : il a maintenant pris sa décision.

En sortant du Conseil, Las Cases et Gourgaud reçoivent l'ordre de se rendre auprès du capitaine Maitland pour faire connaître au commandant du *Bellerophon* la détermination de leur maître. Le général devra lui demander de pouvoir prendre place sur un bâtiment léger afin de porter sans tarder à Londres la lettre suivante adressée au Prince-Régent et que l'Empereur avait préparée depuis la veille :

« Rochefort, 13 juillet, Altesse Royale, en butte aux factions qui divisent mon pays et à l'inimitié des plus grandes puissances de l'Europe, j'ai consommé ma carrière politique, et je viens, comme Thémistocle, m'asseoir au foyer du peuple britannique ; je me mets sous la protection de ses lois, que je réclame de Votre Altesse Royale comme celle du plus puissant, du plus constant et du plus généreux de mes ennemis. »

— Comment trouvez-vous ce texte, demande-t-il à Gourgaud ?

— Sire, cela me fait venir les larmes aux yeux.

Puis l'Empereur dicte à Bertrand une lettre destinée à Maitland : « Si je dois aller en Angleterre, je désirerais être logé dans une maison de campagne, à dix ou douze lieues de Londres, où je souhaiterais arriver le plus incognito possible. »

Le pauvre homme...

Le même jour, le préfet Bonnefoux reçoit le nouveau préfet de la Charente-Inférieure. Celui-ci est porteur d'une lettre du comte de Jaucourt, ministre de la Justice de S.M. Louis XVIII. Il était ordonné au commandant de la *Saâle* de « remettre Napoléon Buonaparte au commandant anglais, aussitôt qu'il le réclamera ». Le texte de la dépêche précisait, en outre, que cette sommation ne serait pas faite au nom seul de S.M. Britannique : « elle le sera au nom du Roi, votre légitime souverain... Si vous étiez assez coupable ou assez aveugle pour résister à ce qui vous est prescrit, vous vous établiriez en rébellion ouverte. »

Louis XVIII s'offrait le luxe de livrer lui-même Napoléon à l'Angleterre !

Bonnefoux, épouvanté de devoir exécuter un tel ordre, s'arrange pour ne quitter Rochefort qu'à dix heures du soir et n'arrive devant la *Saâle* qu'à une heure du matin. On lui apprend que l'Empereur doit, dès l'aube du lendemain, se rendre à bord du *Bellerophon.* Le préfet Bonnefoux va-t-il arrêter Napoléon et le conduire lui-même jusqu'au vaisseau anglais ? Il préfère ne pas prêter la main à une telle ignominie et feint d'être arrivé trop tard pour exécuter les ordres du gouvernement royal.

***

Le soleil du samedi 15 juillet 1815 va bientôt se lever...

Napoléon revêt l'uniforme vert, à collet et parements écarlates, de colonel des chasseurs à cheval de la Garde Impériale, choisit parmi ses ordres la Grand-croix de la Légion d'honneur, puis celle de la couronne de fer et se coiffe de son légendaire bicorne. Suivi de ses officiers, en tenue comme aux Tuileries, il monte à bord de l'*Epervier,* un brick de guerre qui doit le conduire vers le *Bellerophon* où Maitland l'attend... Tandis que le petit bâtiment se couvre de voiles, Béker s'avance :

— Sire, Votre Majesté désire-t-elle que je la suive jusqu'au *Bellerophon,* conformément aux ordres du Gouvernement ?

— N'en faites rien, général, on ne manquerait pas de dire que vous m'avez livré aux Anglais ! Comme c'est de mon propre mouvement que je me rends à bord de leur escadre, je ne veux pas laisser peser sur la France le soupçon d'un tel affront ! Embrassez-moi ! Adieu...

Les sanglots étouffent Béker qui répond à travers ses larmes :

— Adieu, Sire, soyez plus heureux que nous !

Mmes Bertrand et de Montholon se trouvent à ses côtés. Il passe sa main sur la manche de son uniforme :

— Est-ce vert ou bleu ?

— Vert, sire.

Il a toujours mal distingué les couleurs et a craint un moment ne pas avoir revêtu son habit de colonel de la Garde. La nuit commence à pâlir. On lui apporte un peu de café dans une petite tasse de son nécessaire. En tournant la cuiller, il répand quelques gouttes du liquide brûlant sur le cuivre du cabestan... taches qui seront désormais respectées par l'équipage.

L'*Epervier*, où claque un drapeau tricolore, s'éloigne lentement. Napoléon, la lorgnette d'Austerlitz aux yeux, regarde, au large, se profiler le *Bellerophon*, éclairé par le soleil levant... Déjà une chaloupe quitte les flancs du vaisseau anglais et fait force rames vers le brick.

Il est six heures du matin.

Napoléon ne retrouvera la terre que dans trois mois et deux jours... et ce sera celle d'une autre île, cette « petite isle » dont il avait écrit le nom, il y avait vingt-sept ans, à Auxonne, sur son cahier de cours de lieutenant d'artillerie, en haut d'une page demeurée blanche...

Un extraordinaire dessin exécuté d'après nature par un Anglais sur le pont, tandis que le Northumberland *voguait vers Sainte-Hélène. Presque chaque soir, Napoléon s'assoit près du passavant, sur un des **derniers** canons de bâbord ; il demeure là, immobile, regardant la mer. Le canon, appelé « le canon de l'Empereur » sera toujours poli avec soin par les matelots.*

(Bibliothèque Marmottan, Paris — Photographie Giraudon)

XXX

LA DÉPORTATION

Le véritable héroïsme consiste à être supérieur aux maux de la vie.

NAPOLÉON.

SUR le *Bellerophon,* la garde anglaise forme la haie devant la dunette — mais a reçu l'ordre de ne pas présenter les armes au « prisonnier ». Si Napoléon s'étonnait, Maitland avait trouvé une réponse toute prête : « Il n'est pas d'usage à bord des vaisseaux de guerre anglais de rendre les honneurs avant que le pavillon ne soit arboré, ce qui a lieu à huit heures du matin, ni après le coucher du soleil. »

Le capitaine se tient sur le pont, essayant avec sa lunette de distinguer la silhouette légendaire de l'Empereur. Il le devine, assis à l'arrière du canot anglais commandé par le lieutenant Mott, qui s'est porté à la rencontre de l'*Epervier*. Le long cri de *Vive l'Empereur !* poussé par les marins du brick est arrivé jusqu'au capitaine du *Bellerophon*. Il est si peu certain que ce gros homme en uniforme soit « Boney », qu'il interroge fébrilement le lieutenant Mott qui, le premier, est monté sur le pont :

— Vous le tenez ?

Au même instant Bertrand suit l'officier, salue et annonce :

— L'Empereur est dans le canot.

On n'entend que le bruit du vent dans la mâture. Maitland s'avance pour descendre à la rencontre de son prisonnier, mais voici déjà Napoléon qui se découvre et déclare d'une voix forte :

— Je viens me mettre sous la protection de votre prince et de vos lois.

L'émotion fait battre les cœurs, tandis que l'Empereur, pensant toujours à l'Histoire et à sa légende, poursuit :

— Le sort des armes m'amène chez mon plus cruel ennemi, mais je compte sur sa loyauté.

Peut-être en doute-t-il déjà et éprouve-t-il le besoin de se répéter ? Maitland le conduit dans sa propre cabine qu'il a mise à la disposition de son hôte.

— Voilà une belle chambre, admire l'Empereur.

— Telle qu'elle est, Monsieur, elle est à votre service pour tout le temps que vous demeurerez sur le vaisseau que je commande.

L'Empereur aperçoit un portrait suspendu à la cloison :

— Quelle est cette jeune personne ? demande-t-il.

— Ma femme, répond le capitaine.

— Ah ! elle est très jeune et très jolie.

La conversation s'est déroulée en français. Maitland a du mal à comprendre son hôte. « Il parlait sa langue avec une volubilité qui, au premier abord, rendait difficile de le suivre, dira-t-il ; et je fus plusieurs jours avant de pouvoir m'accoutumer à sa manière de parler. » Avant de passer à table pour le déjeuner, l'Empereur tient à visiter le *Bellerophon*, en posant selon son habitude de multiples questions au capitaine. Le *breakfast*, servi à neuf heures, le déroute : café, thé, viandes froides, fromages. « Lorsque j'eus appris, dira Maitland, qu'il était accoutumé à avoir un déjeuner chaud, j'ordonnai aussitôt de laisser son maître d'hôtel donner les ordres nécessaires pour qu'il fût toujours servi de la manière qu'il avait accoutumé de l'être. »

Mais Napoléon proteste :

— Il faut maintenant que j'apprenne à me conformer aux coutumes anglaises, puisque je passerai probablement le reste de ma vie en Angleterre.

Maitland s'incline sans approuver...

A neuf heures, on annonce que le *Superbe* — vaisseau de soixante-douze canons — portant la marque de l'amiral sir Henry Hotham, vient de jeter l'ancre. Maitland est soucieux — on l'eût été à moins. Il avait assurément joué la comédie aux envoyés du vaincu de Waterloo. Les ordres reçus lui disaient de se placer devant Rochefort « dans le but d'empêcher Bonaparte de s'échapper ». Or, il s'était quelque peu aventuré en affirmant que Napoléon trouverait en Angleterre « tous les égards et les traitements auxquels il pouvait prétendre ».

— Je compte avoir bien fait, explique Maitland à son chef et que le gouvernement approuvera ma conduite, parce que j'ai considéré qu'il était d'une grande importance d'empêcher la fuite de Bonaparte en Amérique et d'obtenir possession de sa personne.

— S'emparer de lui à quelques conditions que ce fût aurait été de la plus grande inconséquence, répond sir Henry Hotham au capitaine ; mais comme vous n'avez stipulé aucune condition, il ne saurait y avoir de doute que vous obteniez l'approbation du gouvernement de Sa Majesté.

L'amiral vient dîner le soir sur le *Bellerophon*, en invitant l'Empereur et sa suite à prendre, le lendemain, leur repas à bord du *Superbe*.

Sur le navire amiral, Napoléon se considère comme à bord d'un vaisseau allié de la France. Ainsi que jadis, à Tilsit, pour le tsar, il fait remonter et démonter son petit lit de camp pour sir Henry. On le voit ordonner la manœuvre de la garde et — bien entendu — lorsqu'il passe à table — une table dressée avec sa propre vaisselle — Napoléon entre le premier dans la salle à manger et d'un geste désigne à l'amiral la place qui se trouve à sa droite. Derrière lui se tiennent ses domestiques de la même manière qu'aux Tuileries. Il se comporte, ainsi que le rapporte Maitland, éberlué, tel un « royal personnage ». Comment aurait-il pu agir autrement alors qu'il avait été reçu, comme un souverain, à bord du *Superbe ?* L'état-major se tenait en grande tenue et au garde-à-vous, tandis qu'une musique se faisait entendre et que l'équipage, en uniforme des jours de fête, garnissait vergues et gréements. Sans doute — sauf Maitland — l'appelle-t-on *Monsieur,* mais n'est-ce pas là la traduction de *sir,* qui ne s'emploie que lorsqu'on s'adresse à un supérieur ?

L'Empereur est encore entouré d'une manière de cour : une quinzaine d'officiers — parmi lesquels les généraux Savary, Lallemand, Montholon, Gourgaud — le grand-maréchal Bertrand, Mmes Bertrand et de Montholon. Enfin une soixantaine de domestiques l'ont suivi et vont être répartis à bord du *Bellerophon* et du vieux *Myrmidon* — un vétéran d'Aboukir qui reçoit l'ordre de naviguer de conserve avec le vaisseau commandé par Maitland.

Le 20 juillet, les deux bâtiments rencontrent le *Swiftsure,* en route pour venir prêter main-forte à Maitland. Le commandant — Webley — se rend à bord du *Bellerophon.*

— Vous savez, s'exclame Maitland, le sourire aux lèvres, je l'ai eu (1).

— Vous l'avez eu ? Qui donc ?

— Eh quoi, Buonaparte. L'homme qui depuis vingt ans met l'Europe entière sens dessus dessous.

Webley regarde Maitland, les yeux émerveillés :

— Vous en avez de la chance !

*
**

Tandis que le *Bellerophon* vogue lentement vers l'Angleterre — il mettra plus d'une semaine pour atteindre *Tor Bay* — le gouvernement britannique, la presse, les juristes discutent. Que va-t-on faire de

(1) I have got him.

celui que le *Times,* le *Morning Post* ou le *Courrier* appellent l'*Ogre corse ?* Les feuilles conservatrices se déchaînent. Celui qui est venu loyalement « s'asseoir au foyer du peuple britannique » est traité de « vaurien sanguinaire », et de « fripon à diadème ». Pour certains, ce « fléau de l'humanité » doit être pendu haut et court. Les plus paisibles parlent de l'enfermer dans une cage de fer et le *Sun* affirme déjà que l'incarcération aura lieu dans la forteresse de Sharness. En face de la presse tory, les journaux libéraux — entre autres le *Morning Chronicle* — ne veulent voir dans l'impérial proscrit qu'un « hôte non invité » de l'Angleterre. Pour ceux-ci, il fallait traiter le vaincu avec mansuétude — c'est-à-dire avec grandeur, comme l'a fort bien expliqué le docteur Ganière.

La fameuse lettre adressée à S.A.R. le Prince-Régent ne devait nullement pousser celui qui remplaçait George III, le pauvre roi fol, à s'occuper du sort de Napoléon. C'est là affaire de gouvernement — et d'un gouvernement dont, selon la constitution anglaise, il ne devait point se mêler. C'était au chef de celui-ci, lord Liverpool, à prendre la décision qui convenait. Aux yeux du premier ministre de S.M. britannique, Napoléon se présentait comme un pestiféré « dont l'existence était le plus grand opprobre de l'histoire moderne ». Il fallait avant tout empêcher « cet homme sans loi ni patrie », d'avoir la possibilité de tenter un second retour de l'île d'Elbe. La solution préconisée par Blücher — le peloton d'exécution — n'aurait pas eu l'approbation du grand seigneur qu'était le duc de Wellington. Alors, que faire de ce « belligérant indépendant » ? Lord Liverpool le précisait :

— La solution la plus facile serait de le livrer au roi de France qui le jugerait en rebelle, mais dans ce cas il doit être jugé de telle manière qu'il n'ait aucune chance de s'échapper.

Louis XVIII avait, on s'en souvient, déclaré « Napoléon Bonaparte traître et rebelle pour s'être introduit à main armée dans le département du Var ». Que ne serait-il pas obligé de faire, maintenant que le revenant de l'île d'Elbe, toujours à main armée, s'était introduit jusqu'aux Tuileries ? Mais le procès, puis l'exécution, ou même l'emprisonnement, de l'Empereur aurait assurément déclenché en France une guerre civile, qui pouvait sérieusement ébranler le trône à peine raffermi de l'ex-comte de Provence.

Etait-ce souhaitable ?

Par ailleurs, devant l'Histoire, il semblait difficile de livrer aux Bourbons celui qui considérait l'Angleterre comme « le plus généreux de ses ennemis ». Point d'autre solution donc que de garder cet individu — *this fellow* — et de le bien garder ! Napoléon ne dira-t-il pas à Sainte-Hélène :

— En allant aux Etats-Unis, je pouvais en revenir deux ou trois mois plus tard.

Le mieux parut au cabinet de Saint-James de reprendre le projet déjà agité au Congrès de Vienne : enfermer le perturbateur, non en Angleterre entre quatre murs — décision qui eût paru n'être point digne de vrais gentlemen — mais dans une île où « s'érigerait un jour son tombeau ». Là, il serait traité avec humanité et pourrait garder auprès de lui quelques-uns de ses officiers et de ses domestiques. Rapidement, pour différentes raisons, furent écartées les îles Maurice, Sainte-Lucie ou de la Trinité. Sainte-Hélène, perdue au milieu de l'Atlantique sud, parut vite le lieu idéal — pour les geôliers s'entend. L'île n'appartenait pas à la Couronne, mais à la Compagnie des Indes. Ce détail n'avait d'ailleurs guère d'importance. On indemniserait la Compagnie ! Une seule chose comptait : cet ancien volcan se présentait comme une forteresse à l'échelle d'un titan. Ses falaises tombaient d'une hauteur vertigineuse dans la mer, et, lorsque l'on quittait le seul port de l'île pour entrer dans l'unique « ville », on semblait pénétrer dans un château fort. Le perturbateur était revenu de l'île d'Elbe, il ne reviendrait pas de Sainte-Hélène ! Cet îlot que Napoléon, le 30 septembre 1804, avait d'ailleurs pensé faire occuper par une croisière française, en précisant : « il faut pour cet objet 1 200 à 1 500 hommes ». Etonnant retour des choses : cet *objet* deviendrait sa prison !

Le gouvernement britannique affirmait, en outre

— et avec sincérité — que le climat y était excellent. Ces messieurs ne semblaient pas avoir été prévenus qu'il y avait dans l'île *plusieurs climats* selon l'endroit où l'on fixait sa résidence, ou même selon les saisons — des saisons d'ailleurs *inversées.*

Cependant, pour l'instant, l'Empereur ignore encore tout des décisions qui viennent d'être prises... Certes, avant son évasion de l'île d'Elbe, avait-il déjà été question de sa déportation à Sainte-Hélène, mais Napoléon pensait que sa reddition loyale remettait tout en question.

***

Le matin du lundi 24 juillet, la rade de Tor bay se couvre d'embarcations qui se pressent autour du *Bellerophon.* Les curieux essayent d'apercevoir la célèbre silhouette. A leur intention, les marins de Maitland tracent à la craie, sur une ardoise, des inscriptions : *Il déjeune... Il est dans sa cabine... Il écrit avec ses officiers.* Lorsque Napoléon monte sur le pont — il le fit ce jour-là à plusieurs reprises — et qu'il soulève son chapeau, ce ne sont point des cris de haine qui montent vers lui, mais des hourrah. Cet accueil le tranquillise un peu car il avait lu, avec malaise — l'expression est de Maitland — les journaux que le capitaine lui avait fait parvenir. Le nom de Sainte-Hélène se trouvait déjà inscrit dans l'une des gazettes, mais Napoléon affecta de considérer « la chose comme un simple bruit de journal » reproduisant, peut-être, une information vieille de plusieurs mois... Il n'en fut pas de même de la suite du proscrit qui s'agita comme une fourmilière brusquement mise au jour. Le retour de Gourgaud à bord — il n'était point parvenu à remettre sa lettre au Prince-Régent — et l'annonce du départ pour la rade de Plymouth, le surlendemain même de l'arrivée, ne furent pas pour apporter des éléments de détente. Pourquoi s'éloignait-on ainsi de Londres ? Peut-être le château qui serait assigné comme résidence au proscrit se trouvait-il en Cornouailles ? Dès que le *Bellerophon* eut jeté l'ancre au large de Plymouth, le même manège se reproduisit. Comme devant Torbay, les curieux venus des environs se sont entassés dans les embarcations pour essayer d'approcher du vaisseau de Maitland. Mais cette fois, deux frégates — le *Liffey* et l'*Eurotas* — montent la garde de part et d'autre du *Bellerophon,* et leurs canots ont reçu l'ordre de ne jamais cesser leur ronde, de jour comme de nuit. L'amiral lord Keith, commandant en chef la flotte de la Manche, se trouve à bord de son vaisseau le *Tonnant*. Aussitôt après avoir jeté l'ancre — le jeudi 27 juillet — Maitland est allé lui annoncer que « le Général » serait heureux de le recevoir.

— J'irai le voir avec plaisir, répond l'amiral, mais, pour vous dire la vérité, je n'ai pas encore reçu d'instructions relativement à la manière dont il doit être traité et, jusqu'à ce que je les reçoive, je ne saurais aller lui rendre visite.

Lorsque Maitland vient rapporter cette réponse à son prisonnier, Napoléon s'exclame :

— Je suis extrêmement impatient de voir l'amiral, et, en conséquence, je le prie de ne pas tenir à l'étiquette (1) : je serai satisfait d'être traité comme un simple particulier, jusqu'à ce que le gouvernement anglais ait décidé comment on doit me considérer.

Autre chose gêne le proscrit : la présence des deux frégates qui flanquent le *Bellerophon :*

— Je suis peiné que l'on ait cru devoir placer deux bâtiments de garde autour du *Bellerophon.*

Maitland balbutie que c'est là une mesure prise pour assurer sa protection.

— Comme si je n'étais pas parfaitement en sûreté à bord d'un vaisseau de ligne !

Puis il ajoute :

— Les canots des bâtiments de garde ont tiré des coups de feu pendant toute la soirée pour écarter les embarcations du *Bellerophon,* cela me trouble et me peine ; je vous serais obligé de l'empêcher si c'est en votre pouvoir.

Ce même soir, lord Keith annonce à Maitland :

(1) *Stand upon ceremony.*

— Je ne trouve plus aucune difficulté à aller le voir, ayant reçu des instructions complètes sur la manière dont il doit être traité : on doit le considérer comme un général en chef et lui rendre tous les honneurs dus à ce rang, mais rien de plus. Vous pouvez donc lui dire que j'irai le voir demain matin.

Lord Keith n'ignore pas, ce matin du vendredi 28 juillet, que le gouvernement a décidé de déporter son prisonnier à Sainte-Hélène, aussi écoute-t-il, visiblement ennuyé, le long discours que lui inflige Napoléon. Celui-ci se montre de plus en plus inquiété par les précisions publiées dans la presse britannique et par les bruits rapportés par la petite cour dont l'anxiété, selon Las Cases, est « difficile à dépeindre ».

— Je me suis livré moi-même aux Anglais, explique l'Empereur à l'amiral. Je n'aurais pas voulu agir ainsi avec aucune autre Puissance alliée. En me livrant à l'une d'elles, j'aurais été sujet aux caprices et à la volonté d'un individu : en me soumettant à l'Angleterre, je me place moi-même à la merci de la Nation.

Lord Keith est stupéfait. Comment le proscrit peut-il se leurrer de la sorte ? L'amiral a beau l'appeler avec intention « général », Napoléon ne semble même pas s'apercevoir de ce manque d'égards et ne se rend absolument pas compte que, pour les Anglais, il n'est nullement un souverain vaincu mais un criminel de guerre. Pour le notifier au condamné, lord Keith attend l'arrivée de sir Henry Bunburry, secrétaire d'Etat à la Guerre. Tous deux annonçent enfin à l'Empereur leur visite pour le surlendemain, lundi 31 juillet.

Et la longue attente commence. Le samedi, il pleut toute la journée. Ensuite, jamais dimanche anglais ne parut plus long et plus pesant que celui du 30 juillet. Napoléon passe sa journée à se promener de long en large, à lire ou à sommeiller sur un sopha. Autour du vaisseau, la foule des embarcations continue à être aussi dense. Certains arborent en l'honneur du prisonnier un œillet rouge à la boutonnière. Des femmes lancent des bouquets dans la direction de l'Empereur dont on aperçoit l'ombre derrière les fenêtres de la poupe.

Enfin le jour du lundi 31 juillet se lève. A dix heures trente, le canot dans lequel se trouvent sir Henry Bunburry et lord Keith, tous deux en grand uniforme — le secrétaire d'Etat est également lieutenant général — approche du *Bellerophon.* Maitland accueille les deux hommes à la coupée et, sans plus tarder, les conduit vers Napoléon qui les attend en compagnie de Bertrand. Bunburry salue, digne et froid. Keith éprouve le besoin de prononcer quelques paroles de regret : il se trouve dans l'obligation de remplir une mission pénible. Le sous-secrétaire d'Etat tend alors à l'Empereur la communication que le gouvernement britannique l'a chargé de faire au « général Buonaparte ». Le « prisonnier » ne comprend pas : le document est rédigé en anglais. Lord Keith et Bertrand s'emploient à le mettre en français et ces paroles hachées par la traduction résonnent dans l'étroite cabine :

« Il serait peu compatible avec nos devoirs envers notre pays et les alliés de Sa Majesté si le général Buonaparte conservait le moyen ou l'occasion de troubler de nouveau la paix de l'Europe ; c'est pourquoi il devient absolument nécessaire qu'il soit restreint dans sa liberté personnelle, autant que peut l'exiger ce premier et important objet. L'île de Sainte-Hélène a été choisie pour sa future résidence ; son climat est sain et sa situation locale permettra qu'on l'y traite avec plus d'indulgence qu'on ne le pourrait faire ailleurs, vu les précautions indispensables qu'on serait obligé d'employer pour s'assurer de sa personne. »

Parvenant, non sans mal, à se maîtriser, l'Empereur, frémissant, les dents serrées, les sourcils froncés, les yeux flamboyants, attend la suite du factum.

« On permet au général Buonaparte de choisir parmi les personnes qui l'ont accompagné en Angleterre, à l'exception des généraux Savary et Lallemand, trois officiers, lesquels, avec son chirurgien, auront la permission de l'accompagner à Sainte-Hélène, et ne pourront point quitter l'île sans la sanction du gouvernement britannique. »

L'exaspération monte. Ecoute-t-il encore les dernières paroles des deux Anglais précisant les modalités de la déportation ?

« Le contre-amiral sir George Cockburn, qui est nommé commandant en chef du cap de Bonne-Espérance et des mers adjacentes, conduira le général Buonaparte et sa suite à Sainte-Hélène et recevra des instructions détaillées touchant l'exécution du service. Sir George Cockburn sera probablement prêt à partir dans peu de jours ; c'est pourquoi il est désirable que le général Buonaparte fasse, sans délai, le choix des personnes qui doivent l'accompagner. »

Le choix ? Pour l'instant, la colère bouleverse les traits de l'Empereur qui prend le papier et le pose sur la table. Il suffoque presque et gronde :

— Je suis venu volontairement m'asseoir au foyer de votre nation réclamer l'hospitalité. Je ne suis même pas prisonnier de guerre et, si je l'étais, vous seriez tenus de me traiter conformément au droit des nations. Mais, je suis arrivé dans ce pays comme passager à bord d'un de vos bâtiments de guerre, à la suite de négociations préliminaires avec le commandant. S'il m'avait informé que je serais prisonnier, je ne serais pas venu ... C'était donc un piège qu'on m'a tendu. En me présentant à bord d'un navire de guerre britannique, je me remettais à l'hospitalité du peuple anglais, tout comme si j'étais entré dans une de vos cités.

Lord Keith et Henry Bunburry demeurent de marbre. Il n'est nullement question de commencer une discussion : ils ne sont pas venus pour recevoir les protestations du « général », mais pour lui communiquer les intentions de leur gouvernement. C'est là tout !

— A Sainte-Hélène, reprend l'Empereur, je ne vivrais pas trois mois. Avec mes habitudes, ma constitution, ce serait la mort immédiate. J'ai l'habitude de parcourir vingt lieues à cheval tous les jours : sur ce roc minuscule, au bout du monde, que pourrais-je faire ? Le climat y est trop ardent pour moi.

Non, je n'irai pas à Sainte-Hélène. Botany Bay (1) serait préférable à Sainte-Hélène. Si votre Gouvernement a l'intention de me mettre à mort, il peut tout aussi bien me tuer ici. Inutile de m'expédier à Sainte-Hélène ! J'aime mieux la mort... Et quel bénéfice retirerez-vous de ma mort ? Je ne saurai vous nuire : j'ai cessé d'être souverain. Je suis un simple particulier. Et puis, le temps, les circonstances se sont modifiés. Quel danger pourrait résulter du fait que je mènerais, au cœur de l'Angleterre, une existence privée, surveillée, soumise à toutes les restrictions que le gouvernement jugerait nécessaires ?... Si vous me tuez maintenant, ce sera pour le Prince-Régent, pour votre gouvernement, pour la nation une honte éternelle. Une lâcheté sans exemple ! J'ai donné au Prince-Régent l'occasion d'écrire la plus belle page de son histoire ! Moi, son ennemi, je me mets à sa merci ! J'ai été le plus grand ennemi de votre pays ! Vingt ans, je lui ai fait la guerre, et je vous fais le plus grand honneur, je vous offre la preuve la plus éclatante de ma confiance en me plaçant de mon plein gré entre les mains de mes plus constants, de mes plus vieux ennemis !

Impassibles, flegmatiques, lord Keith et Henry Bunburry se refusent à répondre. Ils saluent et se retirent. Aussi est-ce devant Maitland, seul, que Napoléon poursuit, donnant libre cours à sa fureur. Il éclate littéralement :

— A Sainte-Hélène ! L'idée seule m'en fait horreur. Etre relégué pour la vie dans une île entre les tropiques, à une distance immense de tout continent, privé de toute communication avec le monde, et de tout ce qu'il renferme de cher à mon cœur !... C'est pis que la cage de fer de Tamerlan ! Je préférerais qu'on me livrât aux Bourbons. Entre autres insultes — mais ceci n'est qu'une bagatelle, une chose très secondaire — ils m'appellent général !

La rage le fait déraisonner :

— Ils n'ont pas le droit de m'appeler général, ils

(1) Bagne britannique situé près de Sidney, en Australie.

peuvent aussi bien m'appeler primat, car j'étais chef de l'Eglise aussi bien que de l'armée. S'ils ne me reconnaissent pas comme empereur, ils doivent me reconnaître comme premier consul. Ils m'ont envoyé des ambassadeurs à ce titre, et votre roi, dans ses lettres, me qualifiait de frère. Si l'on m'eût renfermé à la tour de Londres ou dans une des forteresses de l'Angleterre — quoique ce ne fût pas là ce que j'avais espéré de la générosité du peuple anglais — j'aurais eu beaucoup moins de raisons de me plaindre, mais m'exiler dans une île entre les tropiques ! Autant aurait valu signer tout de suite mon arrêt de mort, car il est impossible qu'un homme de mon tempérament et de mes habitudes puisse vivre longtemps dans un pareil climat.

Brusquement, la tempête s'apaise, le flux de paroles s'arrête. Avec une étonnante maîtrise de soi, l'Empereur, après ce premier bouillonnement de fureur, parvient à retrouver son calme. Un peu plus tard, « je me rendis dans sa cabine, racontera Marchand. En entrant je trouvai les rideaux des fenêtres hermétiquement fermés ; ils étaient en soie de couleur rouge, ce qui donnait une teinte mystérieuse à la chambre. L'Empereur avait déjà retiré son uniforme, disant qu'il voulait un peu se reposer. Continuant de se déshabiller, il me dit de lui poursuivre la lecture de la *Vie des Hommes illustres.* »

A la stupéfaction des Anglais, Napoléon semble se résigner et se soumettre à sa destinée. Il ne parle même plus de Sainte-Hélène et ne se hâte nullement de donner les noms des trois officiers autorisés à partager son exil. La petite cour paraît, elle aussi, brusquement — et étrangement — rassérénée.

— L'Empereur n'ira pas à Sainte-Hélène, expliquent presque en souriant les compagnons du proscrit à Maitland, médusé.

Le capitaine du *Bellerophon* eût compris ce que signifiaient cette attitude et ces mots énigmatiques s'il avait pu deviner qu'un matelot bon nageur venait d'être soudoyé par les « prisonniers » pour aller porter à Plymouth un message rédigé par l'Empereur, secondé par Las Cases, et destiné à un juriste : sir

Samuel Romilly. Napoléon invoquait les garanties offertes par le *Habeas Corpus Act* de 1679. Napoléon n'ignorait rien, en effet, de ces possibilités qui permettaient à « tout être humain résidant en Grande-Bretagne, et emprisonné sans jugement, de solliciter, ou de faire solliciter par une tierce personne, auprès du chancelier ou auprès de l'un des grands juges d'Angleterre, un *Writ of Habeas Corpus ad judicandum,* sorte de mandat provoquant l'ouverture immédiate de la procédure et, éventuellement, l'élargissement du détenu si sa culpabilité n'était pas suffisamment établie. » Napoléon pensait peut-être à ce *bill* depuis l'île d'Aix, Dans sa lettre au Prince-Régent, l'Empereur n'avait-il pas déclaré se mettre « sous la protection des lois du peuple britannique ».

Sir Samuel, recevant la demande de Napoléon, se mit aussitôt à l'ouvrage. Malheureusement, si j'ose dire, l'Empereur n'était ni un criminel ni un délinquant destiné à passer en jugement devant un tribunal. Bien que détenu à bord d'un vaisseau de guerre britannique, il pouvait difficilement revendiquer un juge pour statuer sur son sort, mais le « déporté » avait la possibilité, par contre, selon le juriste, de se faire délivrer un *sub pœna ad testificandum,* c'est-à-dire une assignation à comparaître comme témoin dans un quelconque procès en cours.

Ainsi fut fait.

Le procès choisi opposait l'amiral sir Alexander Forrester Cochrane et Anthony Mackenrot, qui reprochait à l'amiral de n'avoir pas, en 1806, attaqué au large de l'île de Tortola, dans les Petites Antilles, l'escadre française commandée par Willaumez. Libéral, séduit par l'idée de sir Samuel Romilly, Mackenrot eut l'idée d'assigner « Napoléon Bonaparte » en qualité de témoin dans son procès qui devait seulement commencer le 10 novembre 1815. Jusqu'à l'ouverture des débats, Napoléon devrait donc rester en Angleterre, à la disposition de la Justice, et, d'ici là, les libéraux pouvaient espérer empêcher la déportation du « général ».

Mais pour cela, il fallait tout d'abord, selon la loi, remettre en main propre le *sub pœna* à Napoléon ou, à défaut de celui-ci, à son « gardien » lord Keith qui se serait trouvé dans l'obligation de transmettre l'assignation à son prisonnier. C'est alors que commença une invraisemblable poursuite. Prévenu par lord Liverpool, lord Keith se mit à fuir devant Mackenrot. Il parvint à quitter son domicile en s'échappant par la porte de sa cuisine et partit se réfugier à bord du *Tonnant*, le vaisseau amiral. Mais, tandis que Mackenrot montait à bâbord, lord Keith descendait par l'échelle tribord et réussissait à aller se cacher incognito à bord du *Prometheus.* Demeurait « le témoin ». Pourquoi ne pas le citer *directement* à comparaître ? Mackenrot essaya alors de rejoindre le *Bellerophon* qui, sur l'ordre de l'amiral, s'éloignait de la rade. Il y parviendra presque, devina la silhouette de Napoléon à la poupe du navire, réussira même — s'il faut l'en croire — à faire parvenir à l'Empereur un message, agita son assignation à quelques encablures de Maitland, mais la houle devint si forte que le malheureux, son *sub pœna* toujours à la main, dut rebrousser chemin et regagner le port. Il essayera, mais en vain, le lendemain 5 août, de poursuivre le *Bellerophon* en frétant un cutter mais, le vent s'étant levé, les vaisseaux avaient réussi à s'éloigner de la terre et à fuir...

Napoléon n'a plus désormais qu'à s'incliner. Dans le clan français c'est la consternation. « Notre abattement est extrême », écrit Gourgaud dans son *Journal.* Mme Bertrand « court comme une folle chez l'Empereur... » et on a bien du mal à l'empêcher de se jeter à la mer... Il n'y a maintenant plus d'espoir et, le samedi 5 août, le *Bellerophon* se porte à la rencontre du *Northumberland* désigné pour conduire le prisonnier à Sainte-Hélène. Le temps est exécrable. Le vent souffle. La mer se creuse. Et Napoléon, dans la tempête qui monte, s'adresse au monde et lance à l'Histoire ces paroles immortelles :

« Je proteste solennellement ici, à la face du Ciel et des hommes, contre la violence qui m'est faite, contre la violation de mes droits les plus sacrés, en disposant par la force de ma personne et de ma liberté. Je suis venu librement à bord du *Bellerophon;*

je ne suis point prisonnier ; je suis l'hôte de l'Angleterre. J'y suis venu à l'instigation même du capitaine qui a dit avoir des ordres du gouvernement de me recevoir, et de me conduire en Angleterre avec ma suite, si cela m'était agréable. Je me suis présenté de bonne foi pour venir me mettre sous la protection des lois d'Angleterre. Aussitôt assis à bord du *Bellerophon,* je fus sur le foyer du peuple britannique.

« Si le gouvernement, en donnant des ordres au capitaine du *Bellerophon* de me recevoir ainsi que ma suite, n'a voulu que me tendre une embûche, il a forfait à l'honneur et flétri son pavillon. Si cet acte se consommait, ce serait en vain que les Anglais voudraient parler à l'Europe de leur loyauté, de leurs lois et de leur liberté. La foi britannique se trouvera perdue dans l'hospitalité du *Bellerophon.*

« J'en appelle à l'Histoire ; elle dira qu'un ennemi, qui fit vingt ans la guerre au peuple anglais, vint librement, dans son infortune, chercher un asile sous ses lois. Quelle plus éclatante preuve pouvait-il donner de son estime et de sa confiance ? Mais comment répondit-on en Angleterre à une telle magnanimité ? On feignit de tendre une main hospitalière à cet ennemi, et quand il se fut livré de bonne foi, on l'immola ! »

NAPOLÉON

« A bord du *Bellerophon,* à la mer. »

A la mer ! Cette date immense, s'exclamera Chateaubriand.

***

Qui accompagnerait le proscrit ?

Savary et Lallemand ont été écartés par le gouvernement britannique, car ils figurent l'un et l'autre sur une liste de proscription établie par Louis XVIII. Le duc de Rovigo étant donné son rôle dans l'enlèvement du duc d'Enghien, le second parce que, en 1815, lors du vol de clocher en clocher, il s'était rallié — lui et sa division — à l'échappé de l'île d'Elbe.

Le choix est laborieux. Finalement, se trouvent désignés le grand-maréchal Bertrand, — en dépit des pleurs de Mme Bertrand —, ainsi que les généraux Montholon et Gourgaud. L'Empereur a d'abord choisi Planat de la Faye, mais Gourgaud argue de son grade et le colonel Planat est rayé de la liste. Mmes Bertrand et Montholon ainsi que leurs enfants partiront eux aussi. En surnombre, Napoléon parvient à faire accepter Las Cases en qualité de *secrétaire du Cabinet.* Son fils — Emmanuel — l'accompagnerait. Il y avait, en outre, onze domestiques, à la tête desquels se trouvait placé le fidèle Marchand, premier valet de chambre.

Napoléon avait encore « le droit » de désigner un médecin. Pierre Maingault, qui a suivi l'Empereur depuis Malmaison, refuse de partir pour Sainte-Hélène. Lorsqu'il s'était porté volontaire pour accompagner Napoléon, il avait été question des Etats-Unis... on lui parle maintenant de Sainte-Hélène et il n'est plus d'accord ! On a beau insister — et employer tous les arguments possibles — Maingault refuse. Aussi l'Empereur demande-t-il à l'Irlandais O'Meara, chirurgien du *Bellorophon,* s'il veut bien l'accompagner. Après avoir consulté ses chefs, celui-ci accepte. Lord Keith est enchanté de voir dans l'entourage du proscrit un officier britannique, et espère bien que O'Meara n'alléguera pas le secret professionnel pour rejeter les demandes de ses chefs.

Le dimanche 6 août au matin, un grand vaisseau de soixante-quatorze canons, le *Northumberland,* jette l'ancre non loin du *Bellerophon.* D'autres navires, deux transports de troupes, une frégate, cinq bricks et deux gabares, feront également partie de l'interminable voyage. Lord Keith se rend à bord du *Bellerophon.* Il vient présenter l'amiral Cockburn — le geôlier — à son prisonnier. Napoléon les attend sur le pont :

— *How do you do*, général Buonaparte ? demande l'amiral.

L'Empereur sursaute : il ne parviendra jamais à rayer de sa vie quinze années de gloire ! Cockburn vient lire au « général » les prescriptions de son gouvernement. Aussitôt courroucé, déjà cabré, le déporté écoute les décisions prises à son égard et qui sont autant de gifles : on va sans tarder procéder à l'inventaire de ses bagages et à la confiscation de ses armes. A Sainte-Hélène, le prisonnier ne pourra se promener que dans une enceinte limitée ; s'il désire la franchir un officier britannique devra l'accompagner. La correspondance du « général » et des personnes de sa suite devra être soumise au contrôle de la censure. On évoque même les décisions qui seront prises en cas de décès et les ministres de S.M. britannique s'engageaient à respecter les dispositions testamentaires du vaincu...

Napoléon bondit, indigné :

— Je ne m'attendais pas à cela ! Je ne conçois pas qu'on puisse faire d'objection raisonnable contre ma résidence paisible en Angleterre pour le reste de ma vie.

Et, exaspéré, il ressasse une fois de plus l'argument qui, sans répit, se présente à son esprit :

— Vous m'avez envoyé des ambassadeurs comme à un potentat ! Vous m'avez reconnu comme Premier Consul !

Placide, Cockburn se contente de répondre par une autre question — et en la posant, il croit témoigner de grands égards :

— A quelle heure demain matin, général, dois-je venir et pourrai-je vous recevoir à bord du *Northumberland ?*

La colère de l'Empereur tombe. Impuissant, vaincu, résigné, il murmure sourdement :

— A dix heures.

Le lendemain lundi 7 août — dans le ciel courent de lourds nuages sombres — se déroule le pénible inventaire des innombrables caisses et bagages chargés à l'île d'Aix. Napoléon parvient à dissimuler la plus grande partie de sa fortune en la confiant à ses compagnons. Les Anglais saisissent simplement cinq mille cinq cents napoléons et en rendent quinze cents à l'Empereur pour les appointements de ses domestiques.

⁂

Les opérations terminées, lord Keith s'incline devant « le général ».

— L'Angleterre vous demande votre épée.

Napoléon porte la main à la garde de son arme, et lance un regard si terrible, que les Anglais n'osent insister et se retirent penauds...

C'est seulement à onze heures que l'amiral Cockburn et lord Keith arrivent à bord du *Bellerophon* pour venir chercher leur prisonnier. Ils sont en retard et Napoléon s'offre le luxe de les faire attendre. Cockburn s'impatiente. Lord Keith le calme :

— Des hommes de bien plus grande importance que vous et moi l'ont attendu davantage. Laissons-le prendre son temps !

Enfin Napoléon paraît, accablé. « Il avait passé sans soin ses habits, raconte l'aspirant Home, du *Bellerophon*. Il n'était pas rasé. Son visage était blême, hagard, sa démarche manquait de fermeté. Ses paupières baissées, ses traits révélaient la plus profonde tristesse... Pour un simple mortel, le spectacle était à fendre l'âme. Le pont avait toute l'apparence d'une place d'exécution. Seuls le bourreau, sa hache et son billot manquaient. » On voit le condamné s'approcher de Maitland et soulever son chapeau :

— La postérité ne pourra en rien vous accuser de ce qui se passe. Vous avez été trompé comme moi.

Tête nue, il s'avance ensuite devant l'équipage rassemblé, puis, toujours profondément abattu, se dirige vers le petit groupe d'officiers français à la tête desquels se trouvent Savary et Lallemand. Tous laissent couler leurs larmes.

— Vous observerez, Milord, murmure Las Cases à lord Keith, qu'ici ceux qui pleurent sont ceux qui restent.

Au moment de quitter le bord, Napoléon se tourne une dernière fois vers les officiers du *Bellerophon* qui se tiennent sur le gaillard d'arrière, agite mélancoliquement la main en signe d'adieu, saisit les tire-veilles de la coupée et descend l'échelle pour s'asseoir dans la chaloupe du *Northumberland*, entre lord Keith et l'amiral Cockburn.

Bertrand monte le premier sur le *Northumberland* et tente encore une fois de lutter en lançant d'une voix forte :

— L'Empereur !

Mais, cette fois, on ne rend aucun honneur au déporté — et c'est pour lord Keith que les tambours battent et que la garde présente les armes. Amer, Napoléon soulève son chapeau et déclare à Cockburn :

— Monsieur, je suis à vos ordres.

Les consignes sont formelles : le prisonnier doit désormais être traité « comme un général en disponibilité ». La haine semble avoir fait perdre, cette année-là, le sens de l'humour aux Britanniques... Dans le salon, l'amiral présente ses officiers au prisonnier, parmi lesquels le commandant du navire — le capitaine Ross — et le colonel Bingham, dont le régiment — le 53e d'infanterie — a été embarqué pour assumer à Sainte-Hélène la garde du vaincu. Le salon de belles proportions paraît à l'Empereur tout désigné pour devenir son cabinet de travail durant la longue traversée. Mais Cockburn refuse : le « carré » appartient en commun à tous les officiers. Le « général Bonaparte » n'a qu'à se contenter de sa chambre de douze mètres carrés. L'amiral prétendra plus tard que son prisonnier s'inclina « avec soumission et bonne humeur ». En réalité, Napoléon lui joue par orgueil la comédie ; son accablement est total.

Déjà, dans la petite pièce réservée à son maître, Marchand installe le fameux lit aux rideaux verts. C'est là, entre deux promenades sur le pont, qu'il va, durant plus de deux mois, vivre, lire, commencer à dicter ses *Mémoires* à Las Cases.

Les repas seront cependant présidés par l'Empereur, Cockburn n'osa pas s'y opposer, mais il sera très choqué lorsqu'il verra Napoléon, fatigué par la longueur du service, quitter la salle à manger immédiatement après le café, et planter là les convives masculins qui, selon l'habitude anglaise aiment bavarder à table même, tout en faisant passer, de main en main, le traditionnel flacon de porto.

Le premier soir, l'amiral sursaute.

— Je suppose, déclare-t-il, que le général n'a pas lu lord Chesterfield.

C'est l'auteur d'un traité de politesse fort prisé en Angleterre.

— N'oubliez pas, monsieur l'Amiral, riposte Bertrand, que vous avez affaire à celui qui a été le maître du monde, et que les rois briguaient l'honneur d'être admis à sa table.

— Cela est vrai, avoue Cockburn.

L'Empereur ne parviendra pas à amadouer l'Amiral, mais se fera aimer par ses matelots. Cockburn fut stupéfait lorsque son prisonnier invita à *sa* table le *bosco* de l'équipage.

*
**

Dix-sept jours après le départ, en plein océan, le *Northumberland* croisa un navire napolitain. L'Empereur mit ses mains en porte-voix et cria en italien :

— D'où venez-vous ?

— De Madère, répondit le capitaine.

— Où allez-vous ?

— A Naples.

— Eh bien, faites savoir à Rome que le 22 août vous avez rencontré en mer Napoléon, proscrit et déporté à Sainte-Hélène.

Le dernier portrait de Napoléon dont une reproduction a été remisée aujourd'hui dans un couloir de Plantation-house, *demeure des gouverneurs de Sainte-Hélène...*

(Photo Collection Viollet)

XXXI

« LA PETITE ISLE »

> « ...*A souffert sous Hudson Lowe*... »
>
> (Henri HEINE.)

AUX archives du château de Jamestown, on peut toujours lire ces mots sur le *Record Book* : « Dimanche 15, est arrivé le navire de S.M. *Northumberland* venant d'Angleterre, sous le pavillon du contre-amiral sir George Cockburn, et ayant à son bord le général Napoléon Buonaparte et certains individus comme prisonniers d'Etat... »

Ce dimanche 15 octobre 1815, du pont du *Northumberland,* l'œil vissé à sa lorgnette, le « prisonnier d'Etat » regarde cette écrasante muraille brune et rouge qui, d'une effroyable hauteur de trois cents à huit cents mètres, tombe d'une masse dans la mer... dans cette mer qui, il y a des millénaires et des millénaires, l'a vomi de ses entrailles.

C'est ainsi que certains Anciens devaient s'imaginer l'arrivée aux enfers après avoir traversé le Styx ! Et ce gigantesque rocher, découvert en 1502, le jour de la fête d'Hélène, mère de Constantin, se trouve à deux mille neuf cents kilomètres de la côte brésilienne et à dix-neuf cents kilomètres du rivage africain ! Le plus impressionnant récif volcanique du monde est là, sous ses yeux. Et cette forteresse sera sa prison, puis, un jour, son tombeau ! Il a fallu soixante-douze jours pour atteindre cet antre cyclopéen long, à vol d'oiseau, de seize kilomètres cinq cents sur onze de large. Soixante-douze jours au cours desquels les déportés ont essuyé d'effroyables tempêtes, des pluies torrentielles — ou un calme plat désespérant durant vingt mortelles journées pendant lesquelles le *Northumberland* demeurant sur place, semblait flotter sur une mare. Soixante-douze jours pour arriver à cet endroit du monde « le plus isolé, le plus inabordable, le plus difficile à attaquer, le plus pauvre, le plus insocial », ainsi que l'écrira quelques mois plus tard, pastichant Mme de Sévigné, le marquis de Montchenu, envoyé par Louis XVIII pour surveiller le perturbateur de l'Europe et contrôler ses geôliers.

Aujourd'hui encore, après plusieurs journées de mer, lorsqu'on atteint cette monstruosité de la nature, l'épouvante vous saisit en pensant que c'est là qu'est venu s'achever la chute d'un empire. Il faut — comme l'a d'ailleurs fait l'Empereur — découvrir l'île à l'aube, noyée dans le crachin, lorsque peu à peu son haut profil sort de la mer et se confond encore avec le ciel brumeux où courent de lourds nuages plombés. Le pic de *Diane*, son frère jumeau l'*Actéon*, le *Barn* et le *Flagstaff* (1) sont coiffés de nuées grises. De sombres nuages découragés demeurent comme accrochés à leurs flancs déchiquetés. Tout ruisselle d'eau (2).

J'ai regardé, à mon tour, accablé, cette image qui dépasse en désolation ce que j'avais imaginé. Lorsque le ciel se dégage et que l'on peut — comme je l'ai réalisé en hélicoptère — partir vers le large et découvrir l'île par l'est, ainsi que le faisaient autrefois les

(1) Le *Barn* a 671 mètres, le *Flagstaff* 692 et le pic de *Diane* 823 mètres.

(2) C'est à bord du porte-hélicoptère *Jeanne d'Arc* que j'ai pu me rendre à Sainte-Hélène. En arrivant en vue de l'île, un timonier corse s'exclama : « Mon Dieu, ils *me* l'ont fait périr par l'humidité ! »

navigateurs, Sainte-Hélène devient la « forteresse pyramidale » décrite par les *Instructions nautiques* et prend, selon les heures, un aspect farouche et même terrifiant. Le soleil et les ombres d'un bleu d'encre soulignent impitoyablement les découpes puissamment dentelées et les effroyables éboulis de rochers. La montagne semble sucée jusqu'à l'os par la pluie... On devine, vers le sud, le tracé acéré du cratère de l'ancien et colossal volcan dont la moitié s'est effondrée dans l'océan. Quelques morceaux, en un chaos cyclopéen — tel le pic de Lothe — le *Lot's Wife* — et les oreilles d'âne — *The Asse's ears* — se dressent au-dessus des vallées ou, encore, émergent de la mer. Les récifs tout voisins de *White Bird*, de *Robert Rock* et de *Speery*, sont là pour en témoigner. Parfois en janvier et en février — pendant la plus grande partie de l'été austral — la tempête s'élève, le vent souffle en rafales et les rouleaux de l'Océan se brisent avec un fracas assourdissant. L'impression est de nos jours encore plus désolante. Sainte-Hélène n'est plus « l'Auberge de l'Océan », importante escale entre l'Europe et l'Asie. Autrefois douze cents navires s'y arrêtaient chaque année pour se ravitailler et il n'était pas rare de voir plusieurs dizaines de vaisseaux ancrés *à la fois* dans la rade. A notre époque, maintenant que le service régulier a été supprimé, on ne compte plus que deux ou trois bateaux *par mois*, qui viennent apporter le ravitaillement indispensable pour faire vivre une population sous-alimentée. Les indigènes ne mangent de la viande que de temps en temps et, faute de combustible — Sainte-Hélène a été fâcheusement déboisée — font cuire leurs aliments et chauffer leur thé avec de la bouse de vache séchée... Les habitants descendent des anciens esclaves — malgaches, malais, hindous et chinois — et, de ces accouplements est née une race aux traits épatés, aux yeux bridés et à la peau tirant vers le rouge.

Sainte-Hélène a été tuée, d'abord, par l'ouverture du canal de Suez, ensuite, par les vastes chambres frigorifiques des navires qui leur permettent une grande autonomie. Un cargo se rendant du Cap à Londres mettra cinq jours de plus s'il lui prend l'étrange fantaisie d'aller jeter l'ancre devant Jamestown. Pas un avion ne se déroute même pour aller survoler ce caillou sans aéroport et perdu hors de toutes routes maritimes ou aériennes.

L'Empereur regarde toujours.

Entre deux gigantesques pans de lave ocre-rouge, couronnés d'une herbe pauvre et jaunâtre, dans une faille étroite, il devine une manière de village. Un clocher, des toits goudronnés, quelques touffes de palmes, enfin, une bâtisse sinistre baptisée château : c'est Jamestown, la capitale du rocher. Et partout — il les voit dans sa lunette — partout, trouant le roc, crénelant les crêtes, surplombant le vide, tapies dans les anfractuosités, rasant la mer, des gueules de canon.

A quelques pas, « les individus » mentionnés par le *Record Book*, les compagnons de l'Empereur, anéantis, épouvantés, la gorge serrée par l'angoisse, guettent le visage de leur maître. Mais, inaccessible, dédaigneux, il ne souffle mot et descend vers sa cabine. Il ne confiera pas non plus ses impressions à Las Cases, venu comme chaque matin travailler avec lui. Peut-être est-il gêné de voir que son orgueil et son désir de bien terminer sa légende ont entraîné ses fidèles vers une telle résidence.

A midi, après être resté en panne depuis la veille, le vaisseau approche encore de l'île. Napoléon se trouve alors avec Gourgaud. Par le hublot, il jette un coup d'œil vers la roche gigantesque remplissant maintenant tout l'horizon.

— Ce n'est pas un joli séjour ! s'exclama-t-il. J'aurais mieux fait de rester en Egypte, je serais à présent empereur de tout l'Orient.

Il n'existe aucun port, aucune jetée, simplement un misérable débarcadère qui subsiste toujours : quelques marches glissantes taillées dans le roc et qui conduisent à un quai bordé de figuiers. Napoléon devra suivre ce quai jusqu'à la porte percée dans le rempart, une poterne qui n'est plus aujourd'hui utilisée et qui permettait, comme l'entrée principale, de pénétrer dans le bourg en traversant l'enceinte crénelée. Cette « capitale » ne possède que deux ou trois « rues » bordées de maisons *style colonial,* dont certaines ont conservé de nos jours un certain charme désuet.

Ce dimanche, l'Empereur demeurera encore captif dans sa prison de planches. Il en sera de même le lendemain, lundi, tandis que l'amiral Cockburn et le gouverneur de l'île — le colonel Wilks — arpentent le rocher à la recherche d'une résidence « pour le général et sa famille ». L'amiral revient enfin à bord annonçant, presque joyeux, qu'il a trouvé sur les hauteurs « une fort jolie habitation » et que, en attendant qu'elle soit aménagée, tout le monde logerait chez le sieur William Porteous, lequel tient une sorte de maison meublée située dans Jamestown même, en bordure du jardin public (1).

*
**

Dans l'île, depuis l'arrivée du *Northumberland,* règne l'effervescence. On ignore l'opinion des douze cent dix-huit esclaves noirs et des quatre cents Hindous, Malais et Chinois — ces derniers, dont les noms semblent imprononçables, sont désignés par des numéros —, mais une grande partie des trois mille Blancs demeurant dans l'île, aussi excités que peuvent l'être des Britanniques, encombre le quai et l'unique rue de Jamestown.

Depuis le 10 octobre, date où l'*Icarus* avait jeté l'ancre devant l'île, la tension est montée d'autant plus que le brick a apporté la nouvelle de la victoire de Waterloo, ainsi que l'extraordinaire et imminente arrivée de Napoléon ! Tous regardent l'escadre qui, maintenant presque complète, entoure le *Northumberland.* La présence dans le port de celui qui a été le maître de l'Europe est le sujet de toutes les conversations. La plus exaltée est peut-être une ravissante petite fille de quatorze ans — qui en paraît d'ailleurs dix-huit. Blonde, espiègle, ensorceleuse, elle a un regard bleu de chat... un regard qui, le soir

(1) La maison Porteous a été détruite en 1917 par un incendie. A son emplacement, se trouve actuellement un cinéma : *The Paramount.*

du 17 octobre, semble quelque peu inquiet. Durant longtemps, elle s'était imaginé Napoléon comme « un grand ogre, un géant avec un œil rouge, flamboyant, au milieu du front et de longues dents en saillie ». De sa mâchoire, le monstre se plaisait à déchiqueter les petites filles espiègles, celles surtout qui n'apprenaient pas leurs leçons. « En grandissant, dira-t-elle, mes idées s'étaient modifiées, sans doute, mais ma terreur, quoique plus raisonnable, subsistait. Dans mon esprit, le nom de Bonaparte s'associait à toutes les scélératesses et à toutes les horreurs... tant de crimes affreux, que, bien qu'ayant fini par le regarder comme un être humain, je le considérais toujours comme le pire des hommes. »

Elle se nomme Betsy et est la fille de William Balcombe, surintendant des ventes publiques pour la Compagnie des Indes Orientales et chargé du ravitaillement des bateaux venant jeter l'ancre à Sainte-Hélène. Toute la famille Balcombe décide d'aller assister au débarquement du prisonnier et quitte sa demeure des Briars pour se rendre sur le quai, au pied du rempart. « Il faisait presque nuit, racontera Betsy quand, ayant gagné le port, nous vîmes un canot du *Northumberland* accoster au rivage. Un personnage en sortit qu'on nous dit être Napoléon. L'obscurité empêchait de bien distinguer ses traits. Il passa, avec l'amiral Cockburn et le général Bertrand, entre les soldats qui faisaient la haie. Son manteau me permit seulement d'apercevoir l'éclat furtif d'une étoile de diamants. La foule devint si gênante qu'on dut l'ouvrir devant l'Empereur, puis l'empêcher de s'engouffrer derrière lui sous la poterne de la ville. Napoléon fut fort mécontent de ces marques de curiosité, d'autant plus que l'accueil du populaire resta froid, quoique respectueux. Je l'entendis dire, plus tard, qu'il avait été révolté de se voir suivre et regarder « comme une bête féroce ». En rentrant aux Briars, nous ne parlâmes que de lui et il hanta nos rêves. »

Pendant ce temps, l'Empereur et ses compagnons ont été conduits à deux cents mètres du rempart,

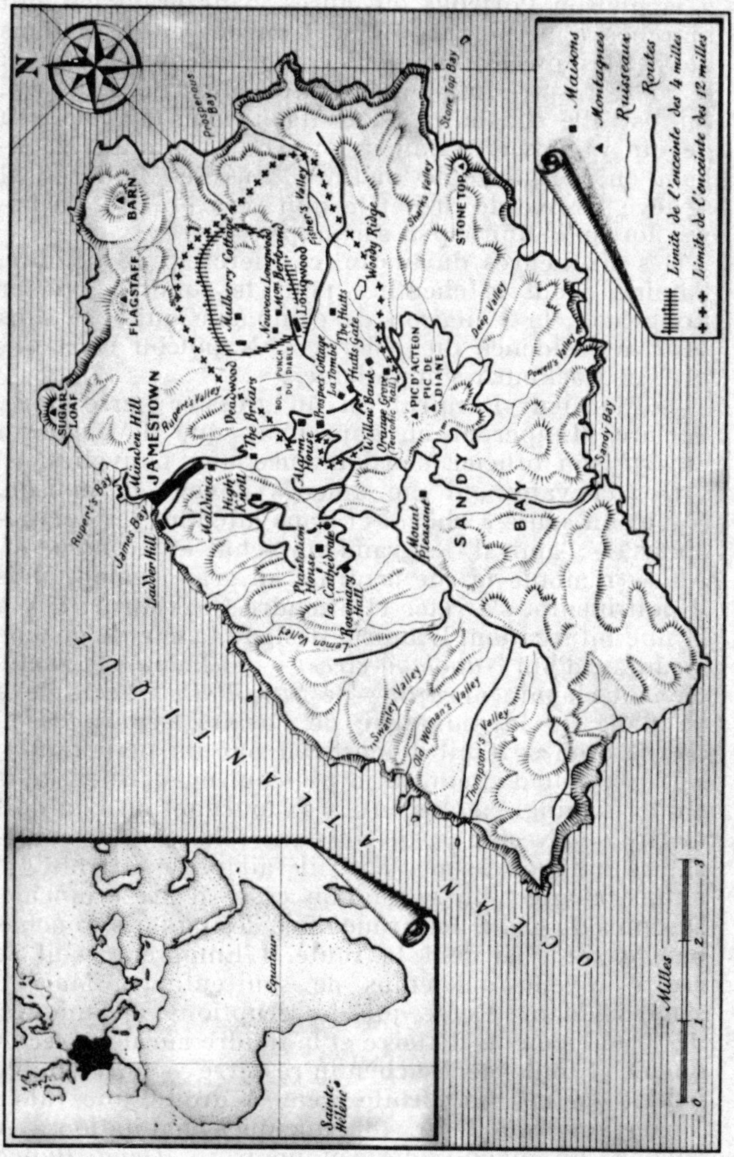
N
Maisons
Montagnes
Ruisseaux
Routes
Limite de l'enceinte des 4 milles
Limite de l'enceinte des 12 milles
Prosperous Bay
Stone Top Bay
BARN
FLAGSTAFF
SUGAR LOAF
STONE TOP
Sharks Valley
Fisher's Valley
Woody Ridge
Longwood
Mulberry Cottage
Nouveau Longwood
Mon Bertrand
The Hutts
Hutts Gate
Deep Valley
Powell's Valley
PIC D'ACTEON
PIC DE DIANE
Willow Bank
Orange Grove
Teutonic Hall
Prospect Cottage
La Tombe
PUNCH DU DIABLE
BOL À PUNCH
The Briars
Deadwood
Rupert's Valley
Münden Hill
JAMESTOWN
Rupert's Bay
James Bay
Ladder Hill
Maldivia
High Knoll
Alarm House
Plantation House
La Cathédrale
Rosemary Hall
Mount Pleasant
SANDY BAY
Sandy Bay
Lemon Valley
Swanley Valley
Old Woman's Valley
Thompson's Valley
OCEAN ATLANTIQUE
Milles
0
1
2
3
Equateur
Sainte-Hélène

à la maison Porteous où, après avoir gravi les huit marches d'un perron, ils se trouvent entassés dans de petites pièces. On devine leur découragement : le cadre respire une lamentable médiocrité. L'amiral, lui, est allé s'installer au château, mais n'a pas cru devoir y convier l'Empereur. Toute la nuit, Napoléon entend la foule piétiner sous ses fenêtres, il se lève, essaye de lire et la nuit sera prête à s'achever lorsqu'il finira par s'assoupir.

Dès six heures du matin, ce mercredi 18 octobre, l'amiral vient le chercher pour le conduire visiter Longwood, la « maison de campagne qui sera plus tard la résidence du général ». Napoléon n'est pas prêt et Cockburn s'impatiente...

— Monsieur l'Amiral est un grossier personnage, déclare l'Empereur en apprenant que l'Anglais a envoyé son officier d'ordonnance aux nouvelles.

Des chevaux ont été amenés devant la maison. Napoléon saute à cheval et, sans attendre ses compagnons — l'amiral, le grand-maréchal et le *mameluk* Ali — remonte la rue centrale au grand galop. Mais il doit bientôt s'arrêter et attendre Cockburn : il y a là une bifurcation. L'amiral désigne la rue de gauche — aujourd'hui *Napoleon street* — et bientôt la ruelle devient chemin abrupt — le *Side Path* — et s'élève au flanc de la montagne de basalte, séparé de la crevasse où se tapit Jamestown par un petit muret. Enfin, avant d'atteindre le plateau, un dernier tournant en épingle à cheveux, « le tournant où l'on doit mettre son veston », dit-on dans l'île, car la température baisse brusquement ; il fait presque frais. La nature change. La végétation cesse d'être tropicale. Des pins du Chili, des araucarias, des tamaris, couchés par le vent, bordent la route. L'Empereur peut se croire revenu au temps de son enfance. Mais il s'agit ici d'une Corse que des éruptions volcaniques, des tremblements de terre et la foudre auraient déchiquetée et soulevée. Le chemin resserré — un véritable isthme — suit une étroite crête. A droite, une vallée verdoyante où l'on voit quelques habitations. A gauche, un gigantesque entonnoir — *Devil Punch Bowl — le Bol à Punch du Diable,* le bien nommé !

Des roches noires descendent en un monstrueux éboulis, en une multitude de ravines plantées de pins, jusqu'au fond du gouffre et jusqu'à la mer. Derrière eux, haute sur le ciel, la chaîne de montagnes où se détachent les pics coniques de Diane et d'Actéon. L'Amiral annonce :

— Longwood !

Le long bois ! Mais le bois n'est plus qu'un boqueteau sans ombre et les gommiers ont aujourd'hui totalement disparu. Napoléon a ainsi parcouru plus de huit kilomètres depuis qu'il a quitté Jamestown. Les cavaliers abandonnent la route et passent entre deux pavillons qui flanquent l'entrée d'une allée de mûriers. Enfin de l'ombre ! A l'extrémité du chemin, à six cents mètres, s'étire la maison d'habitation : une ancienne ferme à la façade basse, aux murs ocre rose, aux volets verts et recouverte de papier goudronné que l'ardoise a remplacé.

Lorsqu'on arrive à notre époque à Longwood — et surtout si le soleil veut bien honorer le pèlerinage — la première impression est favorable, la surprise agréable : la maison est entourée de flexibles agapenthes bleus et blancs, d'immortelles, de vrais massifs de géraniums et de bégonias, le jardin est planté d'arbres, pour la plupart des conifères, aujourd'hui si touffus qu'ils cachent le Barn, gigantesque table de granit, et le pic aigu et rocheux du Flagstaff. On ne voit même plus la mer, haute sur l'horizon et que l'on découvrait jusqu'à cinquante milles.

Du temps de l'Empereur la désolation régnait ici en maîtresse incontestée, cependant la première réaction en découvrant sa « prison » n'est pas mauvaise. Napoléon ne se rend pas compte que ce plateau aride doit être souvent éventé. Il ne se doute pas davantage qu'entre Jamestown et Longwood on note fréquemment des différences de quatorze degrés de température, tandis que le climat de l'ouest et celui du sud de l'île est comparable au climat des Canaries ! Ce matin-là, il fait un clair soleil et les habitants de Longwood — le lieutenant-gouverneur Skelton et sa femme qui y résident pendant la belle saison — accueillent leurs hôtes avec infiniment de gentillesse. Napoléon visite la demeure — cinq petites pièces et de nombreuses dépendances où vivront un jour, entassés, ses officiers et ses domestiques. Il écoute l'amiral lui parler des travaux et des agrandissements qu'il a envisagés.

Pourtant, l'Empereur s'étonne : pourquoi ne lui donne-t-on pas comme résidence *Plantation-House,* un château d'une vingtaine de pièces — le *Castle* en comptera même trente après l'installation d'Hudson Lowe. La demeure possède une belle réception luxueusement meublée — elle l'est toujours — et entourée d'un beau et grand parc de quatre-vingt-dix hectares. C'est là que séjourne le gouverneur et il parut inconvenant à l'amiral — comme plus tard à Hudson Lowe — que le prisonnier puisse être mieux logé que le geôlier. Par ailleurs — mais Napoléon l'ignore encore — toute la région au sud-est de l'île, autour de la Montagne Bleue est tantôt d'une sauvage beauté, tantôt si verdoyante et vallonnée qu'elle rappelle les contreforts du Jura. Mais — et cela seul compte pour les Anglais — Longwood, plateau aride ceinturé de ravins, situé non loin du camp, peut être facilement surveillé. On réalise encore mieux ces défenses naturelles lorsqu'on peut, comme je l'ai fait, survoler Longwood en hélicoptère. Le domaine est une manière de presqu'île. De la maison du « général » aucune évasion ne serait possible. Et cela seul comptait ! Placer Napoléon ailleurs qu'à Longwood ne fut — et ne sera jamais — envisagé sérieusement par les Anglais.

En descendant vers Jamestown, Napoléon remarque, à sa gauche, à mi-pente de la montagne, non loin d'une cascade, une charmante maison au toit rouge, blottie au milieu de cyprès, de palmiers bananiers, de grenadiers et de lauriers. Le jardin semble rempli de fleurs. Cockburn, interrogé, renseigne son prisonnier : ce sont les *Briars* — les Eglantiers — demeure de William Balcombe et de sa famille. L'Empereur souhaite pouvoir visiter la propriété et les cavaliers s'engagent dans l'allée de figuiers et d'eucalyptus qui conduit à la maison. La petite Betsy les regarde s'avancer, le cœur battant. « J'ai encore présente à la mémoire, avec une netteté extraordinaire, écrira-t-elle plus tard, l'impression de terreur, mêlée d'admiration, que j'éprouvai en contemplant celui qu'on m'avait tant appris à redouter... Napoléon faisait un effet imposant et noble ; on ne soupçonnait pas, à le voir ainsi, la médiocrité de sa stature. »

Les présentations faites, Napoléon admire le jardin joliment fleuri. En face de l'habitation, un court chemin en lacets rocailleux, bordé de géraniums, conduit à un petit pavillon coiffant une légère éminence. Son double toit lui donne l'apparence d'un kiosque chinois. C'est la salle de jeu des enfants. Lorsqu'il pleut, la famille l'utilise pour prendre le thé. Au lieu de regagner la bruyante *maison Porteous,* pourquoi, en attendant que Longwood soit prêt à le recevoir, ne pas s'installer dans cette maisonnette ? Bien vite sont balayées les objections de Mrs Balcombe : le logement n'a qu'une pièce principale (1) surmontée d'une soupente ! Napoléon, en campagne, a connu bien pire ! L'amiral s'incline. Tandis que Bertrand regagne Jamestown, Napoléon interroge la jolie petite Betsy qui parle couramment le français :

— Quelle est la capitale de la Russie ?

— Aujourd'hui Saint-Pétersbourg, autrefois Moscou.

A ce dernier nom, Napoléon se lève brusquement et fixe la fillette « de ses yeux vifs » :

— Qui l'a brûlé ?

« Je restai muette, l'altération soudaine de ses traits et de sa voix venait de me rendre toute ma frayeur ! »

— Je ne sais pas, Monsieur, balbutie-t-elle.

— Mais si, mais si, vous le savez parfaitement, c'est moi qui l'ai brûlé.

— Je crois, Monsieur, que ce sont les Russes qui ont incendié la ville pour en chasser les Français.

(1) Aujourd'hui deux petites ailes ont été accolées à la pièce, devenue récemment territoire français.

Marchand et Ali viennent s'installer aux Briars. Napoléon ne veut avoir près de lui que Las Cases, et désire reprendre dès le lendemain la dictée de ses *Mémoires*. Las Cases, sitôt prévenu, se hâte d'accourir de la ville. « Tout en gravissant les contours du monticule, qui sont très rapides, dira-t-il, je l'aperçus en effet de loin et le contemplai. C'était bien lui, un peu courbé, les mains derrière le dos ; cet uniforme si leste et si simple, ce petit chapeau si renommé ! Il était debout sur le seuil de la porte, sifflant un air de vaudeville. »

Parfois, le soir, Napoléon réunit chez lui tous ses compagnons. Mmes Bertrand et Montholon revêtent leurs robes des Tuileries, les officiers leurs uniformes de grande tenue et les valets leurs livrées galonnées.

Le maître d'hôtel Cipriani annonce :

— Le dîner de Sa Majesté est servi.

— Allons, passons à table, déclare Napoléon en souriant, voici à la fois mon salon, ma salle à manger, ma chambre à coucher et mon cabinet de travail.

Et l'on prenait place autour de la table où brillent les porcelaines et étincelle l'argenterie. Au loin, les filles de la maison regardent, éberluées...

Etrange halte dans l'histoire de la Captivité que ce séjour de sept semaines aux Briars. Sans doute l'Empereur est-il aussi mal logé que possible dans sa guinguette sans volets, cette manière de kiosque haut perché, meublé de son fameux lit de camp, du lavabo en argent, d'une commode, d'une table et de quelques chaises cannées ; sans doute est-il privé de ses bains brûlants qu'il croyait utiles à sa santé ; sans doute, ainsi que le dit Las Cases, « ses compagnons, ses serviteurs sont à deux milles de lui ; ils ne peuvent parvenir auprès de sa personne qu'accompagnés d'un soldat ; ils demeurent privés de leurs armes, sont condamnés à passer la nuit au corps de garde, s'ils reviennent trop tard ou s'il y a quelque méprise de consigne, ce qui arrive presque chaque jour » ; sans doute, encore, est-il gardé à vue par un officier — le capitaine Greatly — et deux sergents du 53e qui installent leur tente dans le jardin ; mais, pour la première fois aussi, depuis longtemps, il n'est plus obligé de tenir son rôle d'empereur — même d'empereur prisonnier comme à bord du *Northumberland*. C'est assurément aux Briars que l'Empereur sera le plus heureux. La petite Betsy est en partie responsable de cet état de fait. Il n'est pas impossible que cette jolie et insupportable *backfisch* ait quelque peu troublé l'Empereur — sans peut-être qu'il s'en soit rendu compte, d'ailleurs... Quoi qu'il en soit, elle se comporte vis-à-vis de lui — elle l'avouera — comme s'il s'agissait d'un camarade. Un jour, elle lui demande, pour faire peur à l'une de ses amies, de se transformer en monstre : « A ma suggestion, il s'ébouriffe les cheveux, fronce les sourcils et s'avance avec des grimaces et des rugissements vers la pauvre petite. On imagine l'épouvante de celle-ci. Elle se mit à pousser de tels cris que sa mère, redoutant une attaque de nerfs, s'empressa de l'emmener. »

Plus cruellement, elle ose montrer un jour à l'Empereur un jouet articulé. « Il représentait, nous dit-elle, Napoléon montant à une échelle. Chaque degré figurait un pays vaincu. L'Empereur arrivait finalement au sommet et s'asseyait au sommet du globe terrestre. Mais, aussitôt, un mécanisme le faisait basculer ; il tombait et se trouvait à Sainte-Hélène. » Une autre fois, elle s'empare de la magnifique épée de l'Empereur. « Une taquinerie qu'il m'avait faite le matin me revint à l'esprit et une idée folle me traversa la tête. Je mis vivement la lame au clair et la dirigeai contre sa poitrine. Il recula, je poussai mes pointes et l'acculai dans un coin de la pièce : « Maintenant je vous engage à dire vos dernières prières, car je vais vous tuer. »

Betsy dépassait les bornes. Qu'aurait-on dit dans l'île si on avait vu le « général Bonaparte » tenu en respect au bout d'une épée brandie par une fillette de quatorze ans ? Mais Napoléon pouvait sourire, s'amuser avec Betsy, il n'en était pas moins prisonnier. Et c'est aux Briars qu'il se rendit compte pour la première fois que Sainte-Hélène était une prison. En prenant ses fonctions son geôlier, l'amiral

Cockburn, a promulgué des consignes sévères : Il est interdit aux habitants de parler au général ou aux personnes de sa suite sans l'autorisation du gouverneur. Des patrouilles sillonneront l'île et arrêteront tout individu ignorant le mot de passe. Sur mer, tous les bateaux devront avoir regagné leurs amarres avant neuf heures du soir Deux bricks tourneront jour et nuit autour de l'île, l'un sous le vent, l'autre au vent. Tout individu signalant au large un navire suspect recevra une gratification d'une piastre, il sera alloué à celui qui dénoncera une entorse au règlement une récompense pouvant atteindre vingt-cinq livres. Les instructions des ministres à l'amiral indiquaient que toutes les lettres des prisonniers devaient être remises *ouvertes* au gouverneur. Ce dernier avait la latitude de joindre, aux éventuelles réclamations formulées par *le général,* « toutes les observations qu'il jugerait convenables ». Si le proscrit tentait de s'échapper, l'amiral — comme plus tard Hudson Lowe — avait l'ordre formel de jeter l'Empereur en prison.

— Ce sont les angoisses de la mort ! s'exclame le vaincu en prenant connaissance du règlement. A l'injustice, à la violence, ils joignent l'outrage et les supplices prolongés ! Si je leur étais si nuisible, que ne se défaisaient-ils de moi ? Quelques balles dans le cœur ou dans la tête eussent suffi ; il y eût eu du moins quelque énergie dans ce crime !... Faites vos plaintes, Messieurs, que l'Europe les connaisse et s'en indigne ! Les miennes seraient au-dessous de ma dignité et de mon caractère.

Et il ajoute cinq mots portant sa marque :

— J'ordonne ou je me tais !

Puis il dicte cette note que Bertrand devra signer : « L'Empereur désire, par le retour du prochain vaisseau, avoir des nouvelles de sa femme et de son fils, et savoir si celui-ci vit encore. Il profite de cette occasion pour réitérer et faire parvenir au gouvernement britannique les protestations qu'il a déjà faites contre les étranges mesures adoptées contre lui : le gouvernement l'a déclaré prisonnier de guerre. L'Empereur n'est point prisonnier de guerre... »

Et, sur ce thème, poursuivant sa promenade d'un mur à l'autre de sa cahute, il dicte deux longues pages. Mais Bertrand ne remet pas la lettre à l'amiral Cockburn. Il a peur d'envenimer les rapports déjà tendus entre le prisonnier et son geôlier... Les journées passent et, un jour, apprenant la liberté prise par le grand-maréchal, Napoléon explose. Pourquoi lui a-t-on désobéi ? Bertrand essaye d'expliquer son point de vue.

— Vous n'êtes qu'un niais, s'exclame le proscrit.

— Votre Majesté a bien tort de ne pas croire mes avis... Votre Majesté aurait bien fait d'y croire.

— Aux Tuileries, vous ne m'auriez pas dit cela ! Tout ce que je faisais alors était bien.

Et il ajoute :

— Au reste, le *Weymouth* apportera bientôt à chacun la permission de partir.

Les officiers protestent.

— Sire, déclare Gourgaud, notre intention, venant à Sainte-Hélène, était de partager le sort de Votre Majesté. Nous ne nous en irons que lorsque l'Empereur nous congédiera.

Bertrand envoie la lettre et Cockburn, par sa réponse, donne raison au grand-maréchal :

« Vous me forcez de vous déclarer officiellement que j'ignore qu'il y ait actuellement un empereur dans cette île, ou que quelque personne possédant ce rang y soit venue avec moi sur le *Northumberland*, ainsi que vous me le rapportez. J'ai mis et je continuerai à mettre tous mes soins à rendre votre situation, à vous et aux autres officiers de distinction qui vous ont accompagné ici, aussi peu désagréable et pénible que les circonstances me le rendront possible. Je puis vous assurer que je regrette sincèrement que mes efforts vers ce but n'aient pas encore été couronnés de succès... »

Cette affaire du « titre » impérial empoisonnera toute l'existence de Napoléon à Sainte-Hélène. Pour un Français, un souverain ayant abdiqué continue à être appelé *Sire* et *Votre Majesté,* et les choses se passeront ainsi pour Charles X, Louis-Philippe et Napoléon III. Il n'en est pas de même en Angleterre.

Nous l'avons vu à notre époque avec Edouard VIII devenu duc de Windsor, et que l'on appelle *Monseigneur* et *Votre Altesse Royale*. Dans le cas présent, si les Anglais avaient reconnu le *Premier Consul général Bonaparte,* ils avaient toujours ignoré l'existence d'un *empereur Napoléon* alors qu'il avait été sacré par le Pape et couronné roi d'Italie — sans parler de ses autres titres qui l'avaient plus ou moins directement fait régner sur les trois quarts de l'Europe. Pour eux, supprimant vingt ans d'Histoire, le proscrit n'était que « le général Buonaparte ». Tout au plus condescendront-ils à supprimer le *u* de son nom...

Tout aurait pu être arrangé si les Anglais avaient accepté la proposition de leur prisonnier : prendre un autre nom, celui de *colonel Duroc* ou de *comte de Lyon* — bien que ce dernier titre ait été porté par des chanoines. Or, changer d'état-civil est un privilège appartenant aux souverains — et c'est pourquoi les gouverneurs refusèrent cette solution. Pour eux, l'*empereur* Napoléon n'existait pas !

Cockburn fait pourtant ce qu'il peut — hors assouplir ses consignes — pour rendre supportable la vie de son prisonnier. Il envoie aux Briars ses trois chevaux venus d'Angleterre à bord du *Northumberland* — mais l'Empereur refuse de les monter puisqu'il doit être suivi dans ses sorties par un officier anglais.

Il se contente de se promener à pied autour des Briars. Un jour qu'il se trouvait avec Mrs Balcombe et la jeune Mrs Stuart, de passage à Sainte-Hélène, l'Empereur croisa des esclaves chargés de lourdes caisses. Mrs Balcombe leur ordonna « fort rudement » de s'écarter.

— Respect au fardeau, Madame, protesta alors le proscrit.

« A ces mots, nous rapporte Las Cases, Mrs Stuart laissa échapper tout bas à sa voisine : « Mon Dieu, que voilà une figure et un caractère bien différent de ce qu'on m'avait dit ! »

Napoléon espère que sa chaîne sera allongée lorsqu'il se trouvera à Longwood. Cependant, Las Cases qui a été voir où en sont les travaux, déclare :

— Sire, ici nous sommes en cage. Là-bas, nous serons parqués.

En effet, les Briars paraîtront un jour à l'Empereur comme une manière d'Eden. Il est vrai aussi que, à Longwood, il lui sera plus facile de tisser avec un art consommé sa légende.

Le dimanche 10 décembre, Cockburn vient chercher son prisonnier : Longwood est prêt à le recevoir. Avant de monter à cheval, l'Empereur donne à Betsy, sa « compagne de jeu », une bonbonnière. « Je fondis

Pour la première fois Longwood a été photographié à vol d'oiseau. Les quatre fenêtres de droite font partie de ce que Napoléon appelait « son intérieur ». Il mourut dans l'autre corps du bâtiment — la jambe du T —, la tête entre les deux fenêtres situées en dessous de la lucarne. On remarque les chemins creusés par ordre de l'Empereur afin qu'il puisse davantage se dissimuler aux yeux de ses geôliers. En haut du cliché, on distingue le réservoir d'où l'eau descend par une rigole vers le petit bassin. Derrière la maison, les communs où s'entassaient les officiers et les domestiques

(Photo Gilles Arrivé. *P. H. Jeanne d'Arc.*)

en larmes, dira-t-elle, et sortis précipitamment de la pièce. J'allai me poster à une fenêtre, mais je n'eus pas le courage de m'y tenir, au moment du départ de l'Empereur. Mon cœur était trop gros. Je me jetai sur mon lit, et longtemps, longtemps, je continuai de pleurer. »

Il pleut tandis que le petit cortège monte vers le plateau balayé par le vent. Mais le soleil paraît entre deux nuages et accueille l'Empereur au seuil de sa prison — cette prison qu'il ne quittera qu'enfermé dans son cercueil.

Grâce à l'amabilité de notre consul à Sainte-Hélène, Gilbert Martineau, j'ai pu passer la nuit dans la chambre occupée autrefois par Las Cases et apprécier le bain humide où se trouve fréquemment, le matin, plongé le plateau de Longwood. La soirée avait été froide, le vent soufflait en rafales. A l'aube, une brève averse avait précédé un affreux crachin sous lequel, durant deux heures, je suivis l'enceinte où l'Empereur pouvait librement circuler. Vers dix heures, le soleil se levait et, non sans mal, dissipait les nuages. Les sommets des montagnes réapparurent.

Le climat de Longwood n'est pas celui de Jamestown ou de *Plantation-House*. Il pleut ici presque tous les jours. Le sol, surchauffé, transforme la pluie en un brouillard tiède, malsain, qui tombe sur les êtres et les choses comme une épaisse chape grise. On se traîne et on ruisselle. Même l'été — l'hiver en notre hémisphère — si le plateau est dégagé, le soleil est souvent caché par de lourds nuages plombés. Le vent extrêmement fort et fréquent — tantôt froid, tantôt brûlant — ne balaye point la brume : il brasse l'air chargé d'eau, et c'est là tout : l'humidité demeure. Sur le plateau de Longwood, les murs sont d'ailleurs recouverts d'un champignon blanchâtre : le *mildew*.

C'est au sein de cette vapeur, dans ce bâtiment en forme de T, que Napoléon vécut quatre années et cinq mois. Un petit perron de cinq marches conduit à deux pièces construites en équerre au milieu de la façade : l'antichambre et le salon recouvert d'un papier jaune et éclairé de part et d'autre par des fenêtres à guillotine. Pour l'ameublement, « je suis parvenu, écrira Cockburn à Londres, à me procurer d'occasion et au plus bas prix tous les articles indispensables ». Napoléon aura raison lorsqu'il parlera de « six cents francs de meubles ». Deux mappemondes — elles y sont toujours — ornent la pièce. Juste au-dessous de Sainte-Hélène l'endroit a été usé par les coups d'ongles de l'Empereur... Pour l'antichambre, le gouverneur fournit un billard lourd et disgracieux. On l'a retrouvé quelque part dans l'île ainsi que les marques, les boules et le râtelier pour les queues. Napoléon n'y joua presque jamais, se contentant de pousser les boules avec ses mains, mais il utilisera le billard pour étaler ses cartes. Et c'est, sur ce même billard, que, plus tard, l'autopsie de son corps sera faite...

Du salon, on quitte le bâtiment perpendiculaire pour arriver à la salle à manger, tout aussi pauvrement meublée et qui s'ouvre, à gauche sur la bibliothèque et, à droite, sur le cabinet et sur la chambre de l'Empereur. Tendue de nankin blanc-crème avec une bordure de roses rouges, chacune des deux petites pièces reçoit l'un des lits de camp de l'Empereur et, durant ses longues insomnies, le prisonnier aimera aller d'un lit à l'autre. Il s'allongeait aussi sur un canapé qui semble être celui que l'on a placé aujourd'hui devant la porte de la salle de bain. La baignoire en cuivre, emportée en 1840, a longtemps été « égarée » dans les combles des Invalides ; elle a enfin repris le chemin de l'île où elle a retrouvé sa place.

Marchand arrange le mieux possible ce que Napoléon appelle, selon son habitude d'autrefois, « son intérieur ». Il y place un portrait de Marie-Louise tenant le roi de Rome dans ses bras, un autre portrait du petit roi — celui d'Isabey — le nécessaire en vermeil, le lavabo en argent venu de l'Elysée, le réveil-matin du Grand Frédéric, quelques miniatures enfin.

Si ce n'était l'exiguïté des pièces et la médiocrité

de leur agencement — l'Empereur, pour gagner le salon de sa chambre, est obligé de traverser la salle à manger — l'ensemble n'est pas trop pitoyable.

Les deux fenêtres à guillotine donnent au nord — c'est-à-dire en plein soleil austral — et ouvrent sur le petit jardin où l'Empereur est presque chez lui. Durant le jour, il peut s'y promener tout à loisir, aussi bien qu'à l'intérieur de l'enceinte longue de sept kilomètres et close par un petit mur. Face à ce petit mur, à cinquante pas les unes des autres, se tiennent les sentinelles. A la nuit, les soldats quittent leur poste et vont entourer la maison. Au-delà, Napoléon peut encore monter à cheval à sa guise dans une seconde enceinte dite des « douze milles » ; ce n'est qu'un lopin de terre pour celui qui a galopé à travers l'Europe. La présence de patrouilles lui rappelle, à chaque détour du chemin, sa situation de prisonnier. S'il désire se promener dans le reste de l'île — hors les endroits fortifiés — l'Empereur doit en aviser l'officier anglais — Poppleton — qui demeure à Longwood et qui, dans ce cas, est chargé d'accompagner le « général Bonaparte ».

A Longwood, les proscrits vivent entassés. Aux trois généraux, à Mmes Bertrand et de Montholon, à leurs enfants, aux deux Las Cases, au docteur O'Meara, aux douze domestiques, à une dizaine de marins du *Northumberland* transformés en valets, viendra se joindre, le 29 décembre, un officier polonais : Piontkowski, arrivé on ne sait trop comment à Sainte-Hélène. L'Empereur et ses compagnons affirmaient ne l'avoir jamais vu autrefois, les historiens ne le connaissent pas davantage... Hâbleur et quelque peu aventurier, il quittera d'ailleurs l'île l'année suivante.

L'Empereur essaye de lutter en maintenant à Sainte-Hélène les usages des Tuileries. Il essaiera autant qu'il le pourra — et dans cette bicoque entourée de cailloux ce n'est guère facile ! A l'abri derrière cette étiquette il se sent encore empereur. Le soir, le maître d'hotel Cipriani, habit vert bordé d'argent, annonce : « Sa Majesté est servie », et les officiers en grand uniforme, les femmes en robes décolletées se retrouvent autour de la table brillamment éclairée et servie par les valets en tenue comme aux Tuileries. Toute la vaisselle est en argent, les couverts en vermeil, et, au dessert, paraît le célèbre service des « Quartiers Généraux ». On sert un potage, un relevé, deux entrées, un rôti, deux entremets et des sucreries confectionnées par Pierron. On oublie la petitesse et la médiocrité de la salle à manger, on oublie la pluie qui crépite sur les toits goudronnés, on oublie que, dehors, les habits rouges enserrent maintenant la maison, on oublie que cinq cents officiers — un état-major pour trente mille hommes ! — et deux mille cinq cents soldats, les yeux fixés sur cette masure, guettent, épient, espionnent le maître déchu ; on oublie que, partout où pourrait passer un chien, entre la côte et l'intérieur, on a placé une sentinelle ; on oublie que, sans relâche, deux vaisseaux de guerre tournent autour du rocher, on oublie que cinq cents bouches de canon sont tournées vers le large, on oublie que l'île est truffée de signaux optiques pour transmettre la moindre nouvelle concernant les prisonniers ; on oublie que, la nuit, pas un habitant ne peut mettre le nez hors de chez lui sans connaître le fameux mot de passe.

Au salon, les valets servent le café dans des tasses de porcelaine de Sèvres. Et l'on tue difficilement le temps. On joue au reversi et aux échecs, Mme de Montholon se met au piano et chante, ou bien l'Empereur lit — fort mal — une tragédie. Vers dix heures, Napoléon se lève et soupire :

— Encore une journée de passée !

***

Le dimanche 14 avril 1816, la calèche de l'Empereur attelée à six chevaux, les frères Archambault en selle, vient se ranger devant le petit perron de Longwood. Près de leurs chevaux attendent le général Gourgaud et l'officier polonais Piontkowski qui, selon l'usage, et non sans mal, sur les pistes étroites de l'île — des chemins côtoyant sans cesse des précipices — vont galoper chacun à une portière.

Ce dimanche 14 avril — ce jour de Pâques — l'Empereur a commandé d'atteler pour se rendre vers la crête d'où, avec sa lunette, il pourra apercevoir la baie et assister au mouillage du *Phaëton.* A bord de cette frégate se trouve le nouveau gouverneur sir Hudson Lowe. Tout à l'heure, lorsque le colonel Bingham, adjoint à l'amiral Cockburn, était venu annoncer à l'Empereur que le *Phaëton* s'apprêtait à jeter l'ancre, il avait répondu :

— J'en suis fort aise. Je suis las de l'amiral. Il y a quelques sujets sur lesquels je causerai volontiers avec sir Hudson Lowe. Il est militaire et il a servi. Il a été avec Blücher. En outre, il commandait le régiment corse et il connut plusieurs de mes amis.

En effet, après avoir participé à l'occupation de la Corse à l'époque de la Révolution — il aurait même demeuré, dit-on, dans la *casa Bonaparte* — Hudson Lowe, alors capitaine, avait été mis à la tête des volontaires corses, fort peu nombreux d'ailleurs et hostiles à la République française. De nouveau, en 1806, il commanda un régiment corse — aux effectifs plus importants — et occupera Capri jusqu'au jour où il en sera délogé par le général Lamarque. Il sera envoyé ensuite en mission en Suède auprès de Bernadotte et, spécialiste en la matière, il organisera des légions de déserteurs de la Grande Armée : des Russes, des Allemands et des Hollandais combattant sous commandement britannique.

On devine le sourire ironique du ministre en désignant l'ancien commandant des *Corsicans* pour devenir le geôlier de Napoléon !

Aussitôt débarqué, le nouveau gouverneur qui ne doute de rien, décide d'aller voir son prisonnier le soir même. Non sans un malin plaisir, l'amiral Cockburn lui fait remarquer que le Prince-Régent luimême ne pourrait être reçu à Longwood sans avoir préalablement demandé une audience au grand-maréchal Bertrand. Sir Hudson se tourne alors vers l'officier d'ordonnance attaché à Longwood — le capitaine Poppleton — pour lui demander à quelle heure, selon lui, il est plus aisé de voir cet extraordinaire prisonnier. L'officier — veut-il, lui aussi, s'amuser aux dépens du nouveau gouverneur ? — indique neuf heures du matin. Ce qui permettra à l'Empereur, lorsque Bertrand viendra le prévenir, de s'exclamer :

— Je suis étonné que le capitaine Poppleton ait pu dire cela puisqu'il est sans exemple, depuis quatre mois que je suis à Longwood, que j'aie reçu personne à neuf heures.

Les choses s'annoncent mal...

Aussi le lendemain 16 avril, sous la pluie — il fait un temps épouvantable en cet automne austral — lorsque Hudson arrive à Longwood suivi de l'amiral et d'un état-major imposant et demande à Montholon à voir « le général Bonaparte », le mamelouk Ali se tient devant la porte du salon comme s'il voulait en interdire l'entrée. Quelques secondes plus tard, Montholon revient : Sa Majesté est souffrante et n'est pas encore levée. Lowe s'étonne. N'a-t-il pas fait annoncer sa visite ? Il se permet d'insister. Et Montholon de répondre que l'indisposition de l'Empereur rend toute insistance inutile. Il ne reste plus à Hudson Lowe que d'aller témoigner son mécontentement à *Hut's Gate*, demeure, rappelons-le, du grand-maréchal Bertrand, tandis que de l'antichambre, derrière les persiennes closes, le prisonnier essaye de distinguer les traits de son nouveau gardien.

La visite est fixée d'un commun accord au lendemain à quatre heures. Montholon le rapporte à l'Empereur : il a trouvé le nouveau gouverneur « froid et sévère, mais pas méchant ». Bertrand précise que Lowe, son mécontentement calmé, a paru « très fâché d'avoir fait une fausse démarche ». Cependant il n'a pas remis au lendemain le soin, pour ne pas dire le plaisir, de transmettre au grand maréchal les nouvelles instructions de lord Bathurst : officiers et serviteurs devront s'engager par écrit à se soumettre à toutes « les restrictions qu'il est nécessaire d'imposer à Napoléon Bonaparte personnellement ». Ceux qui refuseraient seraient embarqués pour l'Europe, via le Cap.

Aussitôt, toute la maison s'agite.

— Eh bien, vous savez la nouvelle, annonce Napoléon au général Gourgaud ? Il faut aller au Cap ou s'engager à suivre mon sort à perpétuité.

— Il ne manquait plus que cela pour compléter l'horreur de notre situation, s'exclame le jeune officier d'ordonnance. On veut donc nous ôter l'espérance de jamais revoir nos familles !

Et il note dans son *Journal* : « Le dîner est des plus tristes. »

Le lendemain, à quatre heures, a lieu la première entrevue, mais lorsque l'amiral veut suivre sir Hudson à qui Noverraz a ouvert la porte du salon, le valet de pied lui referme cette porte au nez et affirme avec assurance qu'il n'a reçu l'ordre que d'introduire le nouveau gouverneur. On devine la fureur de Cockburn.

« Je trouvai Bonaparte debout, son chapeau à la main, a raconté Hudson Lowe. Comme il ne m'adressa pas la parole lorsque j'entrai et qu'il paraissait attendre que je lui parlasse, je rompis le silence en disant :

— Je suis venu, Monsieur, pour vous présenter mes devoirs.

— Vous parlez français, Monsieur, à ce que je vois, répondit Napoléon. Mais vous parlez aussi italien. Vous avez commandé un régiment corse.

— Oui, Monsieur.

— Aimez-vous les Corses ? Ils portent des poignards ! Ne sont-ils pas méchants ?

— Ils ne portent pas de stylets. Ils ont perdu cette habitude à notre service. Ils se conduisaient toujours très bien. J'étais fort content d'eux.

L'Empereur sourcille à peine... Lowe ayant servi en Egypte — toujours à la tête des *Corsican Rangers* — la conversation s'engage sur ce nouveau terrain.

— Menou était un homme faible, remarque Napoléon. Si Kléber eût été là, vous eussiez tous été faits prisonniers.

Puis le ton devient plus familier. Hudson Lowe ne s'est-il pas marié avant de quitter l'Angleterre ?

— Ah ! vous avez votre femme ? Vous êtes un homme heureux !

Près de Lady Lowe, le gouverneur connaît-il le bonheur ? Elle aime un peu trop la boisson, paraît-il, prend du plaisir à jouer à la souveraine, refuse de se promener sans avoir un officier caracolant à sa portière. Elle est l'auteur d'un toast dont elle n'est pas peu fière :

Dieu sauve le Roi
Dieu sauve la Reine
Dieu damne le Voisin.

Le Voisin, c'est Napoléon.

Le prisonnier reprend :

— L'île de Sainte-Hélène vous plaît-elle ?

— Je n'y suis pas depuis assez longtemps, répond sir Hudson avec prudence, pour me former une opinion à cet égard.

Assurément, Lowe qui a vécu dans les îles méditerranéennes ne peut trouver Sainte-Hélène un plaisant séjour.

Une dernière question :

— Depuis combien d'années êtes-vous au service ?

— Vingt-huit.

— Je suis donc un peu plus vieux soldat que vous.

Lowe risque un compliment :

— L'Histoire parlera de nos services d'une manière bien différente.

« Il sourit, mais ne dit rien », rapportera encore sir Hudson.

Le gouverneur parti, en apprenant l'affront fait à l'amiral, Napoléon se frotte les mains.

— Ah ! mon bon Noverraz, s'exclame-t-il, tu as donc eu une fois de l'esprit... Au demeurant l'amiral y a gagné sans doute, je n'eusse pas manqué de l'apostropher en présence de tous ses compatriotes : je lui eusse reproché de m'avoir débarqué à Sainte-Hélène comme un galérien de Botany-Bay ; je lui eusse dit que pour un véritable homme d'honneur, je devais être plus vénérable sur un roc que sur mon trône au milieu de mes armées.

Napoléon a défendu à son entourage de signer la déclaration exigée par lord Bathurst et dicte ce nouveau texte : « Nous soussignés, voulant continuer de rester au service de l'*empereur Napoléon,* consentons, quelque affreux que soit le séjour de Sainte-Hélène, à y rester, en nous soumettant aux restrictions, quoique injustes et arbitraires, qu'on a imposées à sa Majesté et aux personnes de son service. »

Tous acceptent de signer, mais le conflit — le premier — nait entre le prisonnier et son geôlier. Hudson Lowe, à l'instar de l'amiral, refuse que la déclaration contienne une quelconque qualification impériale. Les Français — non sans soupirs et protestations, non sans avoir essayé de négocier avec le gouverneur — signent enfin un texte préparé par ce dernier, dans laquelle le prisonnier est nommé *Napoléon Bonaparte.* Second conflit : Hudson Lowe, étonné du dévouement témoigné unanimement par la suite de l'Empereur, veut interroger lui-même les domestiques afin de savoir si aucun d'eux n'a signé sous la contrainte. Il demeure persuadé que Montholon — chef de la maison — les a influencés. Il doit se rendre à l'évidence et, en sortant de Longwood, après s'être livré à cette besogne de bas policier, il déclare :

— Je suis content à présent, je puis mander à mon gouvernement que tous ont signé de plein gré et de leur bonne volonté.

Sur ces entrefaites arrive enfin à Longwood la Convention signée entre les puissances alliées « sur les mesures les plus propres à rendre impossible toute entreprise » de la part de « Napoléon Bonaparte contre le repos de l'Europe ». Le vaincu de Waterloo y est déclaré prisonnier des puissances, dont la garde est « spécialement confiée au souverain britannique », mais l'Autriche, la Russie et même la France devront envoyer chacun un commissaire dans l'île.

— On dit que les souverains ont disposé de ma personne par un traité, s'exclame Napoléon. De quel droit ? Je suis leur égal et j'ai souvent été leur maître ! Je ne suis point leur prisonnier !

Du temps où ils rampaient devant lui, ils lui avaient envoyé des lettres adulatrices et d'une rare platitude.

— Vous les publierez, dira-t-il à O'Meara, pour couvrir de honte ces souverains et pour manifester à la face du monde entier l'hommage abject que m'ont rendu ces vassaux quand ils me demandaient des faveurs et qu'ils me suppliaient pour leurs trônes (1).

C'est auprès de Lowe que Napoléon proteste, et le gouverneur incline la tête en signe d'approbation. Lui aussi estime que « le général Bonaparte » est le prisonnier de *la seule* Angleterre.

Depuis huit jours, le mauvais temps et la lassitude ont empêché Napoléon de sortir. Pour cette seconde entrevue, l'Empereur reçoit son visiteur en robe de chambre, étendu sur le canapé de sa chambre à coucher :

— J'ai été chercher un asile dans un pays auquel on croyait des lois toutes-puissantes, chez un peuple dont pendant vingt ans j'avais été le plus grand ennemi. Vous autres, qu'avez-vous fait ?...

Il a quitté sa chaise longue et, selon son habitude, arpente la petite pièce. Le vent souffle en bourrasque et fait trembler la maison ; la pluie fouette les carreaux des deux fenêtres à guillotine.

— On m'a placé dans la partie de l'île la plus malsaine, toujours du vent, des brouillards. Le climat n'est pas le nôtre, ce n'est ni notre soleil, ni nos saisons. Tout ici respire un ennui mortel ! La position est désagréable, insalubre ; il n'y a point d'eau ; ce coin de l'île est désert, il a repoussé ses habitants !

Hudson Lowe fait timidement remarquer que son gouvernement fait tous ses efforts pour adoucir la situation « du général ».

— Ces efforts se réduisent à bien peu de chose, s'écrie le prisonnier : j'ai prié qu'on m'abonnât au *Morning Chronicle* et au *Statesman* pour lire *la question* sous les expressions les moins désagréables ; on n'en a rien fait. J'ai demandé des livres, ma seule consolation ; neuf mois se sont écoulés, je ne les ai point reçus. J'ai demandé des nouvelles de mon fils, de ma femme, on est demeuré sans me répondre.

(1) Napoléon avait confié cette correspondance à Joseph Bonaparte, mais une partie des lettres — l'Empereur l'ignorait — avait été volée. Ferdinand VII parvint à en acheter trente et une. Alexandre, lui aussi, moyennant 275 000 F s'en procurera tout un lot. Aussi le prince Napoléon et Jean Hanoteau ne purent, en 1939, publier qu'un recueil tronqué.

Le gouverneur ne sachant que dire, l'Empereur en vient à parler de son habitation misérable. L'agencement des petites pièces, se commandant l'une l'autre, est lamentablement conçu ! Assurément, Longwood n'est pas autre chose qu'une résidence provisoire !... Lowe essaye, mais en vain, d'interrompre le débit.

— Vous et moi sommes soldats, Monsieur, reprend Napoléon ; nous apprécions ces choses ce qu'elles valent. Vous avez été dans ma ville natale, dans ma maison peut-être. Sans être la dernière de l'île, sans que j'aie à en rougir, vous avez vu toutefois le peu qu'elle était. Eh bien, pour avoir possédé un trône et distribué des couronnes, je n'ai point oublié ma condition première : mon canapé, mon lit de campagne que voilà, me suffisent !

Peu perspicace, ne comprenant pas grand-chose à la personnalité de l'homme qu'on lui a donné à garder, sir Hudson saisit mal les raisons qui poussent son prisonnier à se « débonder » de la sorte :

— Est-ce que dans mon ignorance, j'ai commis vis-à-vis de vous, Monsieur, quelque faute ?

— Non, Monsieur, reconnaît l'Empereur, nous ne nous plaignons de rien depuis votre arrivée !

Une seule chose a révolté le déporté : l'inspection des domestiques, cette manière de se mettre entre son valet de chambre et lui ! Inconscient, Lowe s'incline et prend congé.

— Quelle ignoble et sinistre figure que celle de ce gouverneur ! s'exclame le prisonnier lorsque le geôlier eut quitté Longwood. Dans ma vie, je ne rencontrerai jamais rien de pareil !

Durant cette seconde entrevue, Hudson Lowe a été un lourdaud maladroit, mais ne s'est pas départi de sa correction, cependant Napoléon l'accuse d'être capable de l'empoisonner :

— C'est à ne pas boire sa tasse de café si on avait laissé un tel homme un instant auprès.

Dix jours plus tard éclate une nouvelle scène. Le gouverneur vient communiquer à son prisonnier les instructions de son gouvernement : le « général » doit être vu chaque jour par un officier anglais, le

« général » ne peut sortir des limites sans être accompagné... et Napoléon explose :

— Depuis un mois que vous êtes ici, vous m'avez ôté toute confiance en vous. En apprenant votre arrivée, je me félicitais de me trouver vis-à-vis d'un général de terre qui, ayant été mêlé aux grandes affaires du continent, saurait n'employer vis à-vis de moi que les mesures dictées par les convenances. Je me suis grossièrement trompé. Vous m'offrez, dites-vous, tout l'intérieur de l'île pour me promener, mais vous savez bien que l'obligation d'être accompagné par un de vos officiers fait de votre offre une dérision. Quand des soldats ont reçu le baptême du feu, ils sont tous les mêmes à mes yeux, quelle que soit la couleur de leur uniforme, et ce n'est point l'habit rouge de vos officiers qui me serait importun ; mais c'est que je ne puis reconnaître par aucun de mes actes que je suis votre prisonnier.

Hudson Lowe — et ceci plaide en sa faveur — avait transmis à ses chefs la « répugnance » de l'Empereur à être accompagné par un officier anglais lorsqu'il voulait franchir les limites qui lui avaient été assignées. Mais lord Bathurst avait répondu : « Non seulement le général Bonaparte doit être constamment accompagné par un officier anglais lorsqu'il dépasse ses limites, mais cet officier doit avoir l'ordre d'empêcher, autant que possible, toutes les relations que le général Bonaparte paraît disposé à entretenir avec les habitants. »

Assurément Lowe fut loin d'être l'affreux bourreau peint par la légende napoléonienne. A travers les récits des témoins on se rend compte que les torts viennent souvent de Longwood. Pour l'Histoire, Napoléon doit être persécuté. On l'entendra dire un jour :

— Jésus-Christ ne serait pas Dieu jusqu'à présent sans sa couronne d'épines ; c'est son martyre qui a parlé à l'imagination des peuples. Si, au lieu d'être ici, j'étais en Amérique comme Joseph, on ne penserait plus à moi et ma cause serait perdue. Voilà les hommes !

« Selon moi, avoue Gourgaud avec franchise, Hudson Lowe, par ses mauvais procédés, aura rendu un grand service à l'Empereur, car, avec tout autre, on n'aurait pas eu de sujets de plaintes. »

Ainsi que le dira de son côté Montholon :

— Un ange du ciel n'aurait pu nous plaire s'il eût été gouverneur de Sainte-Hélène.

Et Hudson Lowe — il s'en faut — n'était pas un ange ! Sa maladresse laisse pantois. C'est ainsi que quelques jours plus tard il ose, avec une inconscience désarmante, inviter à dîner « le général Bonaparte », à *Plantation house, pour rencontrer lady Loudoun-Moïra,* venant des Indes et de passage dans l'île.

— Point de réponse, s'exclame Napoléon. C'est trop sot !

— Cela m'avait paru tout naturel, expliquera Lowe. J'outrepassais là mes consignes puisque le général Bonaparte aurait pu ainsi avoir l'impression d'être libre en acceptant une invitation à dîner.

Le gouverneur ayant reçu des matériaux pour construire une nouvelle maison destinée à l'Empereur, Lowe reprend le chemin de Longwood et pénètre dans le salon. Il trouve l'Empereur seul, debout, le bras appuyé sur la cheminée de pierre noire, et son chapeau sous le bras. Napoléon demeure silencieux, attendant que le gouverneur lui adresse la parole. Enfin, après un lourd silence, sir Hudson se lance :

— Monsieur, vous avez probablement su par les journaux anglais, et peut-être aussi appris par d'autres voies, l'intention du gouvernement britannique d'envoyer ici, pour être employés à votre usage, les matériaux nécessaires à la construction d'une maison, avec un mobilier convenable. Ces articles sont maintenant pour la plupart arrivés. Avant de prendre à cet égard aucune disposition, j'ai voulu savoir si vous aviez à me communiquer quelques idées particulières là-dessus.

L'Empereur ne bouge pas et ne fait aucune réponse. Voyant que ce silence se prolonge, Lowe poursuit :

— J'ai pensé, Monsieur, que peut-être l'addition de deux ou trois salons et quelques autres améliorations à votre maison actuelle effectueraient les changements à votre convenance, en moins de temps que la construction d'un nouveau bâtiment.

Il est certain que l'amélioration de l'actuelle demeure de l'Empereur aurait privé le déporté de l'un de ses sujets de plaintes. Aussi, se gardant bien de répondre à la proposition de son geôlier, il parle d'autre chose, mais « avec tant de rapidité, tant d'emportement et de passion », qu'il est difficile à Hudson Lowe de rapporter à son ministre le long discours prononcé par « le général », autrement que par ces quelques phrases :

— De quelle manière me traitez-vous ? C'était une insulte de m'inviter à dîner et de m'appeler le général Bonaparte. Je ne suis pas le général Bonaparte... Je suis l'empereur Napoléon. Est-ce que vous êtes venu ici pour être mon bourreau... mon geôlier ?

« Tandis qu'il parlait ainsi, rapporte sir Hudson, il faisait aller son bras en avant et en arrière ; sa personne restait immobile ; ses yeux et sa physionomie avaient une expression qu'on peut supposer à une personne qui a l'intention de vous intimider ou de vous irriter. Je le laissai continuer, non sans faire un effort sur moi-même, jusqu'à ce qu'il fût presque hors d'haleine. »

Profitant d'une seconde de répit, le gouverneur parvient à glisser quelques mots :

— Monsieur, je ne suis pas venu ici pour être insulté, mais pour traiter d'une affaire qui vous regarde plus que moi. Si vous n'êtes pas disposé d'en parler, je vais m'en aller.

— Je n'ai pas voulu vous insulter, Monsieur, mais de quelle manière m'avez-vous traité ? Est-ce la manière d'un militaire ?

Lowe répond qu'il est militaire « à la façon de son pays ». Si « le général » estime avoir à se plaindre de lui, qu'il l'écrive ! Il enverra sa protestation en Angleterre ! Mieux, il la fera imprimer dans les gazettes ! Napoléon ne sachant que répliquer, se voit obligé d'en venir au but de la visite d'Hudson Lowe : la nouvelle maison.

— Doit-elle être construite dans l'endroit qui me plaira, ou dans celui que vous fixerez ?

Il est probable que si le prisonnier avait indiqué les vallées presque riantes situées à l'ouest de Jamestown — du côté de la Montagne Bleue, par exemple, Lowe n'aurait pu accepter : « la sûreté du Général » l'en eût empêché. Il n'en répond pas moins :

— Je suis venu, Monsieur, exprès pour vous l'annoncer. Il ne me sera pas difficile de répondre à votre seconde question. S'il y a quelque terrain particulier sur lequel vous préféreriez qu'on élevât cette maison, je l'examinerai, et je l'y ferai élever si je n'y vois pas d'objection ; je vous en ferai part. C'était pour combiner cette affaire, en quelque sorte de concert avec vous, que je suis venu aujourd'hui.

— Dans ce cas, vous auriez mieux fait d'en parler au grand-maréchal et de décider cela avec lui.

— Je préfère, Monsieur, que ce soit avec vous. Je vois qu'il arrive tant de mésintelligences, lorsque je recours à l'intermédiaire d'autres personnes...

Ici aussi Lowe a raison. La susceptibilité de la suite de l'Empereur est encore plus grande que celle de leur maître. Selon son habitude, Napoléon, ne trouvant aucun motif pour se plaindre dans la proposition énoncée par le gouverneur, va changer brusquement de sujet. « Il ne me fit point de réponse précise, raconte encore Lowe, il se promena dans le salon pendant un moment, puis, se préparant visiblement à dire quelque chose qu'il pensait devoir me frapper extraordinairement de surprise ou d'effroi, il reprit :

— Voulez-vous que je vous dise la vérité, Monsieur ?

Et devant le silence de sir Hudson, Napoléon précise :

— Oui, Monsieur, voulez-vous que je vous dise la vérité ? Je crois que vous avez les ordres de me tuer !... Oui, de me tuer ; oui, Monsieur, vous avez les ordres de faire tout, tout !

— Vous avez observé, Monsieur, dans la dernière entrevue que j'ai eue avec vous, que vous aviez mal calculé l'esprit du peuple anglais ; vous calculez aussi mal à présent l'esprit d'un militaire anglais.

Lowe, après avoir quitté l'Empereur, fulmine devant Bertrand :

— C'est un homme avec qui il est impossible de traiter aucune affaire. Il a commandé, il veut que les choses se fassent toujours comme il veut et précisément comme il l'entend. Il a fait une Espagne imaginaire, une Angleterre imaginaire. Il veut faire une Sainte-Hélène imaginaire.

De son côté, sa colère tombée, Napoléon constate :

— C'est un homme désagréable en tout. Même dans les choses où il veut être obligeant. Il m'a envoyé deux douzaines de paires de bas de soie. Sûrement c'était une attention. Mais tout est offert de si mauvaise grâce que s'il venait m'annoncer qu'il a ordre de me conduire à Toulon pour me faire remonter sur le trône, il aurait le talent de rendre cela désagréable au premier moment.

Une nouvelle scène éclate le 16 juillet entre les deux hommes :

— Tous les jours des vexations inutiles ! lance Napoléon en accueillant le gouverneur. M. de Las Cases envoie un soulier à M. Balcombe pour qu'on lui fasse faire en Angleterre une paire de bottes. Vous avez fait renvoyer le soulier en disant qu'il fallait vous l'envoyer directement. Je ne comprends pas qu'il faille vous envoyer de vieilles savates, comme s'il ne suffit pas qu'on vous en informe.

— On a méchamment interprété mes intentions.

— Votre conduite sera un objet de reproche pour votre nation et votre gouvernement... Voulez-vous que je vous dise notre opinion sur votre compte ? C'est que vous êtes capable de tout et de nous donner la ciguë. Le grand-maréchal pouvait donner des passes. Aujourd'hui, il ne peut plus. Ainsi je ne puis inviter personne à dîner, et si j'avais une maîtresse, je ne pourrais la faire venir.

— Vous n'en avez pas.

— Mais je puis en avoir.

— Oh ! je rendrai compte de cela au gouvernement.

— Mais il ne s'agit pas de cela. Le gouvernement n'a pas envoyé ici un caporal. L'Angleterre a envoyé un lieutenant-général, et c'est à lui à savoir se conduire. Vous êtes un homme qui avez ici une vengeance à exercer sur nous.

Et, de nouveau, Napoléon énumère tout ce qu'il reproche à son geôlier, puis il conclut — et, cette fois, le reproche est juste et bien imagé :

— Vous nous mettez des épingles dans le dos !

Il y avait à Sainte-Hélène — latent — un autre drame : celui des dépenses — et ce drame va porter le conflit au paroxysme. A Longwood le coulage est extravagant. Les domestiques se croient toujours aux Tuileries et revendent une partie des denrées. Aussi le gouverneur ordonne-t-il que désormais il ne sera plus livré *journellement* — pour dix maîtres et vingt domestiques — que soixante-quinze livres de bœuf et de mouton, sept poulets, et, en outre, par mois, vingt-deux rôtis, neuf jambons, neuf langues salées, quarante-cinq livres de lard, sans parler des légumes, des produits d'épicerie et de laiterie. Enfin, chaque mois, on apportera à Longwood deux cent dix bouteilles de vin de Bordeaux, vingt-six de vin de Champagne, vingt-trois de vin de Madère, soixante de vin de Graves, onze de vin de Constance. Les domestiques recevront une bouteille de vin plus ordinaire par jour. Ce n'est tout de même pas un régime de misère ! Mais les prisonniers crient famine !

Par ailleurs, le gouverneur ayant demandé qu'on veuille bien lui rendre les bouteilles vides — le vin vient du Cap et l'approvisionnement n'est guère aisé — les domestiques s'empressent de les casser. Et le monceau de verres brisés, placé ostensiblement devant les communs de Longwood, perce le cœur du Gouverneur jusqu'à l'âme... Lowe essaye d'économiser en prenant des mesures que les captifs vont exploiter savamment et qui donneront bientôt à Napoléon l'occasion d'ordonner la vente spectaculaire de son argenterie pour, affirme-t-il, « subvenir à ses besoins ».

Le gaspillage fait l'objet d'une discussion violente entre Bertrand et le gouverneur, si violente que le grand-maréchal déclare ne plus vouloir entamer ce sujet avec sir Hudson. Deux jours plus tard, le dimanche 18 août, l'Anglais se précipite à Longwood pour se plaindre. La scène — capitale pour l'histoire de la Captivité — va se dérouler dans le jardin qui n'a pas encore pris l'aspect que nous lui voyons aujourd'hui : une allée circulaire entourait simplement un parterre, un chemin permettant de tourner en rond, tout en bavardant. L'amiral Malcolm, qui commande les forces maritimes de l'île, est présent :

— Eh bien, explique l'Empereur, le grand-maréchal Bertrand ne veut pas avoir de rapports avec vous, c'est tout simple. Il a été grand officier de la Couronne, il a commandé des armées, il s'est battu à la tête de son corps d'armée contre l'armée où vous étiez vous-même à la suite de l'état-major comme colonel. Vous lui écrivez, vous lui parlez, non pas comme à un caporal de braves troupes régulières, mais comme aux caporaux des soldats corses que vous commandiez, qui étaient tous des déserteurs et des traîtres à leur pays. Il s'en est offensé et il ne veut plus avoir de relations avec vous. Personne au reste ne veut vous voir. Chacun vous fuit. Il n'y a pas un de ces messieurs qui, s'il avait le choix de passer quatre jours au pain et à l'eau sans sortir de sa chambre, ne préférerait cela à avoir un entretien avec vous.

Lowe essaye de ramener le problème à des dimensions moins vastes et reparle des dépenses ménagères, mais Napoléon est lancé :

— Vous me connaissez bien peu. Mon corps est aux méchants, mais mon âme est indépendante. Elle est aussi fière ici que si j'étais à la tête de six cent mille hommes et que si j'étais sur mon trône, faisant des rois et distribuant des couronnes. Vous me parlez toujours de vos instructions. Il n'y en a point qui vous obligent à faire ce que vous faites. Et d'ailleurs, ce n'est pas une excuse. J'ai gouverné et je sais qu'il y a des missions et des instructions qu'on ne donne qu'à des hommes déshonorés.

— Vous me flétrissez aux yeux de l'Europe, formule sir Hudson. Je ne mérite pas cela. J'ai des instructions qui me...

— Mais le bourreau aussi a ses instructions, interrompt le prisonnier. Il les exécute, c'est tout simple. Du moins, on n'exige pas qu'on vive avec lui. Vous avez vos instructions, exécutez-les et laissez-moi tranquille. Si vous ne voulez pas nous donner à manger, ne le faites pas. Tant que nous serons voisins du 53e, il ne nous laissera pas mourir de faim.

— Tout cela heureusement glisse sur moi.

— Sans doute, le bourreau rit du cri de ses victimes !

Telle est la scène racontée par Bertrand, qui y assista — de loin — et l'écrivit d'après le récit que lui fit l'Empereur. Aussi me paraît-il juste de donner la parole à Hudson Lowe. Selon lui, le drame débute par un long silence, si prolongé « que je crus, écrit-il à lord Bathurst, qu'il avait résolu de ne point parler du tout. » Enfin « d'une voix irritée », l'Empereur commence à parler, tout en affectant d'ignorer la présence du gouverneur et en s'adressant uniquement à l'amiral :

— Il y a deux sortes de gens que les gouvernements emploient... Ceux qu'ils estiment et ceux qu'ils méprisent. *Il* est de ces derniers. La place qu'on *lui* a donnée est celle d'un bourreau.

— Je comprends parfaitement cette sorte de tactique, constate Lowe... Tâcher de flétrir un homme par l'infamie, quand on ne peut pas l'attaquer avec d'autres armes. Je suis parfaitement indifférent à tout cela. Je n'ai pas recherché mon emploi actuel, mais lorsqu'il m'a été offert, j'ai regardé comme un devoir sacré de l'accepter.

— Ainsi, si l'on vous donnait l'ordre de m'assassiner, vous l'exécuteriez ?

— Non, Monsieur.

« Il continua ensuite de s'adresser à l'amiral, poursuit Lowe, et lui dit que j'avais rendu sa situation quarante fois pire qu'elle n'était avant mon arrivée... Il dit que je n'avais pas de sensibilité. Que les soldats du 53e quand ils passaient près de lui le regardaient avec compassion et pleuraient. Puis, continuant, il dit à l'amiral :

— *Il* a retenu un livre qui m'avait été envoyé par un membre du Parlement, et puis *il* s'en est vanté.

— Comment ? Je m'en suis vanté !

— Oui Monsieur, vous vous en êtes vanté au gouverneur de l'île de Bourbon. Il me l'a dit. »

Le ton de la scène va encore monter.

— Mon corps est en votre pouvoir, répète une nouvelle fois l'Empereur, mais mon âme est libre. Vous me traitez comme un convict de Botany-Bay... l'Europe le saura.

Et, de nouveau, le gouverneur se défend :

— Je serai bien aise que toutes les choses relatives à ma conduite soient publiées non seulement dans les journaux anglais mais dans tous ceux du continent.

« Il se plaignit de ce que nous l'appelions « général », reprend Lowe, et dit qu'il était « empereur ». Que lorsque l'Angleterre et l'Europe n'existeraient plus et qu'on ne connaîtrait plus le nom de lord Bathurst, il serait toujours « l'Empereur ». Il m'a dit qu'il faisait tout ce qu'il pouvait pour m'éviter, et que, deux fois, il avait prétendu être dans le bain, afin de ne point me voir. »

Les trois hommes continuent à tourner autour du parterre.

— Vous voulez de l'argent, poursuit Napoléon. Je n'en ai pas, si ce n'est entre les mains de mes amis. Mais je ne puis pas envoyer de lettres. Vous n'avez jamais commandé d'armées. Vous n'étiez rien de plus que le scribe d'un état-major. Je m'étais imaginé que je serais bien chez les Anglais, mais vous n'êtes pas un Anglais.

Lowe, s'il l'osait, hausserait les épaules. Il se contente de dire :

— Vous me faites sourire, Monsieur.

— Comment !... Je vous fais sourire, Monsieur ? Je dis ce que je pense.

— Oui, Monsieur. Vous me forcez de sourire. La fausse opinion que vous avez conçue de mon caractère, et la rudesse de vos manières excitent ma pitié. Je vous souhaite le bonjour...

Sir Hudson se retourne brusquement sans saluer son prisonnier. L'amiral enlève son chapeau, s'incline et va rejoindre Lowe qui, tout en attendant son cheval, lance en regardant Bertrand :

— Le général Bonaparte m'a traité d'une manière très offensante. Je l'ai quitté assez brusquement en lui disant : « Monsieur, vous êtes malhonnête ! »

L'Empereur convint avoir fort maltraité le gouverneur.

— Je ne dois plus recevoir cet officier, conclut-il : il fait que je m'emporte, c'est au-dessous de ma dignité. Il m'échappe vis-à-vis de lui des paroles qui eussent été impardonnables aux Tuileries. Si elles peuvent avoir une excuse ici, c'est de me trouver entre ses mains et sous son pouvoir.

⁂

Comment juger le geôlier de Napoléon ? Coléreux, facilement irritable, orgueilleux, pédant, tatillon, affolé par ses responsabilités, sir Hudson Lowe fut surtout un maladroit. De l'avis même des Anglais, « il n'était pas un gentleman ! » — et c'est tout dire.

« C'est un esprit étroit, précisera M. de Balmain, le commissaire russe à Sainte-Hélène, un homme que la responsabilité dont il est chargé étouffe, fait trembler, qui s'alarme de la moindre chose, s'alambique la cervelle avec des riens, et fait avec peine, en s'agitant beaucoup, ce qu'un autre eût fait sans presque remuer. »

« On a peine à concevoir, renchérit son collègue autrichien — M. de Stürmer — comment les ministres anglais ont pu s'infatuer d'un tel homme. S'il ne fallait qu'un simple geôlier, rien n'était plus aisé à trouver. Mais si la nation britannique attache quelque prix au jugement de l'Histoire, on ne pouvait faire de plus mauvais choix. »

Assurément, Lowe « manquait d'éducation et de jugement », ainsi que l'a remarqué Wellington qui ajoutait encore : « C'était un imbécile ». Peut-être fallait-il être quelque peu borné, avoir au surplus tout du sous-ordre respectueux du règlement et friand de paperasserie, pour n'avoir pas le courage de dire à son chef, lord Bathurst, ministre de la Guerre et des

Colonies, que ses consignes étaient difficilement applicables.

Désormais, il ne se passera pas une semaine sans que le geôlier martyrise son prisonnier : les limites où Napoléon pouvait se promener sans être suivi d'un Anglais seront réduites d'un tiers ; l'officier d'ordonnance britannique devra s'assurer de la présence du « général » deux fois par jour. Lord Bathurst l'exigeait « formellement ». Il ne se passera pas non plus de semaine sans que le prisonnier fasse tout pour être martyrisé.

— L'oppression et l'insulte ajoutent à ma renommée. C'est à l'Angleterre que je devrai le rayonnement de ma gloire.

Le proscrit tiendra parole. Plus jamais il ne recevra sir Hudson Lowe. Lorsque le Gouverneur se présentera à Longwood, le proscrit le suivra des yeux, l'œil fixé à sa lunette d'Austerlitz, à travers les trous pratiqués dans les deux volets de l'antichambre qui se font face — ces trous qui existent toujours et que l'on ne peut voir sans émotion...

Le soir où le gouverneur reverra l'Empereur, Napoléon sera étendu sur son lit de mort, ce petit lit de fer qui l'avait suivi durant toutes ses campagnes... et ce soir-là on entendra le gouverneur murmurer :

— Hé bien, Messieurs, c'était le plus grand ennemi de l'Angleterre et le mien aussi ; mais je lui pardonne tout. A la mort d'un si grand homme on ne doit éprouver qu'une profonde douleur et de profonds regrets.

En prononçant ces paroles, sir Hudson croyait assurément faire preuve de grandeur d'âme. Wellington avait raison : le geôlier de l'Empereur fut surtout un imbécile.

Plan du bâtiment que Napoléon occupait à Ste Hélène, dressé par le jeune Lascasas en 1818 ou 1819 pour l'envoyer à sa mère qui était alors à Paris.

* Tente où Napoléon déjeunait dans la belle saison et où il dictait les campagnes d'Italie à Lascasas fils.
Cette tente fut élevée par les soins de l'amiral Malcolm qui voulut procurer de l'ombre à l'Empereur.

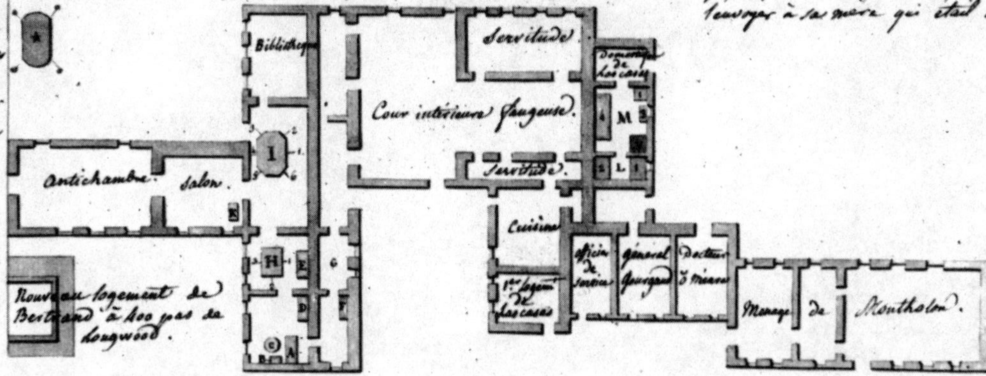

Légende.

A. Canapé où l'Empereur était assis pendant une grande partie du jour.

B. ~~Chambre étaient deux portraits~~ suspendus ~~le portrait~~ du Roi de Rome et celui de l'Impératrice dont l'un brodé par Marie Louise, il s'y trouvait aussi un petit buste en marbre du Roi de Rome.

C. Petit guéridon où déjeunait Napoléon et où il prenait ses leçons d'Anglais.

D et E. – Lits de campagne.

F. Baignoire.

G. Couloir où se tenait le valet de chambre.

H. Cabinet de travail de Napoléon. (1.) sa place (2) celle de Lascasas père (3) celle du fils à qui il dictait les campagnes d'Italie.

I. Salle à manger. (1) place de Napoléon – (2) de Lascasas. (3) de son fils. (4) de Montholon (5) de Gourgaud (6) de Mde de Montholon.

K. Table où il jouait aux échecs.

L. Chambre de Lascasas (1 et 2) lits.

M. Bureau (1, 2, et 3.) tables. (4) canapé.

XXXII

LES ABANDONS

L'homme n'a point d'amis :
c'est son bonheur qui en a.

NAPOLÉON.

L'*Angleterre prit l'Aigle et l'Autriche l'Aiglon.* A Vienne, le petit prisonnier de la politique continue à penser à son père. Nous le savons par les archives récemment découvertes de Marie-Louise (1), celui qui n'était plus qu'un prince sans nom interrogeait sans cesse ses précepteurs sur son père :

— Il y avait un empereur en France, j'en suis sûr ; quel était cet empereur ?

— Mon prince, c'était votre cher papa, qui a perdu sa couronne et son empire à cause de son malheureux penchant pour la guerre.

Il semble que l'on entende sa voix implorante demander :

(1) Voir *L'Aigon, Napoléon II,* du même auteur. (Note de l'éditeur).

— Est-ce que mon cher papa, ayant fait tant de mal, est un criminel ?

Inlassablement, l'enfant cherche à reconstruire ce passé dont quelques souvenirs dorés demeurent noyés dans son esprit :

— Pourquoi m'a-t-on appelé autrefois le roi de Rome ?

— C'était au temps où la domination de votre père s'étendait jusque-là.

Il se lance :

— Où se trouve mon père ?

— Je ne peux vous le dire.

— Les dames françaises m'ont dit un jour qu'il avait été en Angleterre et qu'il s'en était échappé.

— C'est une erreur, d'ailleurs vous savez bien, Altesse, que souvent vous comprenez mal le français.

— Oui, certainement.

— Je puis vous assurer sur l'honneur que votre père n'a pas été en Angleterre.

— Je crois aussi avoir entendu dire qu'il est dans la misère.

— Dans la misère ?

— Oui.

— Comment cela serait-il possible et même vraisemblable ?

— En effet, ce n'est pas possible.

Il semble délivré d'un grand poids. Devant lui, on a prononcé le nom de Sainte-Hélène, or la misère se dit : *Elend* en allemand...

L'Empereur s'imagine que son fils l'a oublié. Un jour que Gourgaud lui a apporté — un 15 août — un bouquet pour son anniversaire « de la part du roi de Rome », il hausse les épaules :

— Bah ! le roi de Rome ne pense pas plus à moi qu'à...

S'il avait su ! S'il avait appris la lutte menée par son petit roi de cinq ans. Mais il paraît ne pas avoir connu l'abandon de Marie-Louise partie pour Parme, et ne revenant à Vienne que pour de brefs séjours tous les deux ou trois ans, entre deux naissances de bâtard ou entre deux fausses couches. Le proscrit ignore aussi le renvoi de tous les Français qui entouraient son fils.

— Quelle éducation lui donnera-t-on ? dit-il à Las Cases. De quels principes nourrira-t-on son enfance ? Et s'il allait avoir la tête faible ! S'il allait tenir « des légitimes » ! Si on allait lui inspirer l'horreur de son père !

Il est profondément affecté.

— Mais parlons plutôt d'autre chose...

« Et il n'a parlé de rien... », conclut Las Cases.

Sans doute, au début de l'exil, Napoléon — le *commediante* — construisant sa légende avec un art consommé, jouait-il quelque peu au père malheureux à qui on a arraché son fils. Il n'a pas de nouvelles de lui ! On se refuse à lui en donner ! Un commissaire autrichien est envoyé dans l'île et n'apporte aucun message du grand-père pour le père de l'enfant ! Le beau thème pour attendrir l'opinion venait s'ajouter à toutes les « ignominies » dont on l'accablait ! Cependant il ne tarde pas à réellement souffrir. La pensée de ne plus revoir son fils, le manque total de nouvelles, lui font venir les larmes aux yeux. Il s'attarde de longues heures devant le dessin, dont il avait rédigé lui-même l'inscription pendant la campagne de 1814 : « *Je prie Dieu pour mon père et pour la France !* » Il est bouleversé en regardant le petit canon de bronze, jouet de l'enfant retrouvé à Paris et qu'il a emporté dans ses bagages. Avec quelle émotion il accueille la mèche de cheveux que *Chanchan* — la mère de Marchand — lui a fait parvenir. Ces cheveux avaient été apportés par un jeune botaniste viennois chargé d'herboriser à Sainte-Hélène. Il se nommait Welle et était arrivé dans l'île avec le commissaire autrichien Stürmer. Les cheveux se trouvaient placés dans une lettre adressée à son fils par l'ancienne berceuse du roi de Rome, avec ces mots : « Je t'envoie de mes cheveux. Ta mère, Marchand. » Mme Marchand était brune et il n'y avait aucune hésitation possible : la boucle était blonde et soyeuse. Assurément, c'étaient là des cheveux du roi de Rome. Hudson Lowe, ayant tout découvert, avait renvoyé Welle en Europe.

— J'ai appris, confia l'Empereur à O'Meara, le 28 février 1817, que le botaniste est sur le point de partir sans que je l'aie vu. Dans les contrées les plus barbares, on ne refuserait pas même à un prisonnier condamné à mort la consolation de converser avec une personne qui aurait vu depuis peu sa femme et son enfant... Les anthropophages des mers du Sud n'en feraient pas autant : avant de dévorer leurs victimes, ils leur permettent de se voir et de converser ensemble...

Combien de fois la pensée du proscrit ne se tournait-elle pas vers le prisonnier de Metternich ! Ali l'entendra répéter à plusieurs reprises les vers d'Andromaque :

Je passais jusqu'aux lieux où l'on garde mon fils.
Puisqu'une fois le jour vous souffrez que je voie
Le seul bien qui me reste et d'Hector et de Troie,
J'allais, Seigneur, pleurer un moment avec lui.
Je ne l'ai point encore embrassé aujourd'hui.

« Il accentuait chaque mot du dernier vers avec un certain sentiment de tristesse. »

Le sort d'Astyanax le hante. Il repousse les projets de fuite que l'on vient lui proposer. Il doit demeurer sur son rocher... et y mourir :

— Il vaut mieux pour mon fils que je sois ici. S'il vit, mon martyre lui vaudra une couronne !... Si je meurs sur la croix — et s'il est encore en vie — il parviendra au trône.

Avec une prescience extraordinaire, il annonce à ses compagnons :

— Le roi de Rome sera l'homme des peuples, il sera celui de l'Italie ; aussi la politique autrichienne le tuera.

Metternich supprimera, en effet, le roi de Rome — remords vivant de sa politique — non en lui donnant du poison, mais en l'empêchant de quitter les marécages viennois du Danube, pour aller guérir ses poumons à l'air pur des Alpes ou — thérapeutique de l'époque — au chaud soleil de Naples. Au lendemain de l'insurrection de 1831, la présence du fils de Napoléon dans la péninsule italienne — même étendu sur une chaise longue — aurait mis le feu aux poudres. Et le chancelier laissera mourir son otage, en cachant à Marie-Louise, craignant qu'elle n'accoure à Vienne, la gravité de l'état de santé de son fils. Il approuvera son médecin — un accoucheur ! — qui soignera l'Aiglon pour une maladie de foie dont il n'était, d'ailleurs, pas plus atteint que le prisonnier de Sainte-Hélène...

⁂

Hors celui qui est maintenant devenu le duc de Reichstadt, hors les miséreux grognards en demi-solde qui se réunissent pour parler de leur idole, personne ne pense plus à Napoléon. Pas un seul grand serviteur de l'Empire dont il a fait la fortune n'essaye d'adresser le moindre mot au proscrit. Quant aux membres du clan — à l'exception de la chère Pauline — ils ne songent plus qu'à se faire oublier et à être tolérés par les nouveaux maîtres de l'Europe, ou bien à vivre, comme le roi Joseph, au Nouveau Monde, dans un exil doré...

Lui rêve souvent à sa grandeur passée et à ce qu'il est devenu aujourd'hui... Il a des insomnies et ne parvient plus à se rendormir : les souvenirs l'assaillent et l'accablent. Ses compagnons le voient un soir feuilleter rêveusement l'*Almanach impérial,* regarder les noms des dames du palais et parcourir la liste des membres de l'Institut, celle des rois vassaux et celle des préfets.

— C'était un bel empire, soupire-t-il avec émotion. J'avais quatre-vingt-trois millions d'êtres humains à gouverner, plus que la moitié de la population de l'Europe entière !

Et ne lui reste plus, aujourd'hui, qu'à se pencher sur le problème d'une vache mise à l'écurie, ne donnant qu'une pauvre bouteille de lait par jour et rompant, sans cesse, ses liens pour aller vagabonder dans le jardin... Un jour, il aperçoit les langes de la petite Montholon étalés sur l'herbe pour les faire sécher.

— Ah ! c'est trop bourgeois, trop petite ville, s'exclame-t-il.

Et il préfère regagner sa maison...

Il sait parfaitement tout ce qu'il a apporté au monde. Et ses compagnons l'entendent alors, d'une voix presque d'outre-tombe, prononcer sa défense :

— On aura beau retrancher, supprimer, mutiler, il sera difficile de me faire disparaître tout à fait. Un historien français sera obligé d'aborder l'Empire, et, s'il a du cœur, il faudra bien qu'il me restitue quelque chose, qu'il me fasse ma part, et sa tâche sera aisée, car les faits parlent, ils brillent comme le soleil... J'ai refermé le gouffre de l'anarchie et débrouillé le chaos... J'ai excité toutes les émulations, récompensé tous les mérites et reculé les limites de la gloire... Sur quoi pourrait-on m'attaquer, qu'un historien ne puisse me défendre ?... Mon despotisme ? Mais il démontrera que la dictature était de toute nécessité. M'accusera-t-on d'avoir trop aimé la guerre ? Il montrera que j'ai toujours été attaqué. D'avoir voulu la monarchie universelle ? Il fera voir qu'elle ne fut que l'œuvre fortuite des circonstances, que ce furent nos ennemis eux-mêmes qui m'y conduisirent pas à pas...

Souvent il a des accès de colère. Ce n'est là ni orgueil ni cruauté comme veulent le faire croire ses gardiens, mais la rage de voir à quel point il est tombé — et combien, souvent, on lui « manque », selon son expression. Il tyrannise son entourage. Lorsqu'il ne dort pas, il appelle en pleine nuit l'un de ses malheureux officiers — et ceux-ci doivent se présenter en uniforme, comme aux Tuileries — pour dicter une éternelle protestation adressée au monde ou une tout aussi éternelle explication de la bataille de Waterloo.

Mme de Montholon et Mme Bertrand ont bien du mal à donner un air de jeunesse à leurs toilettes emportées de Paris. Les deux jeunes femmes entendent le proscrit leur dire :

— Vous êtes mal coiffée. C'est de la Chine, cette robe-là ? Elle n'est pas belle !

Il se rend compte qu'il a été injuste et essaye de rattraper ses maladresses :

— A la bonne heure, dit-il à Mme Bertrand en la voyant entrer dans la salle à manger, voilà un buste de salon !

« La Montholon est toute rouge », note Gourgaud.

— Vous ne composez plus qu'une poignée au bout du monde, avait déclaré l'Empereur à ses compagnons, le matin du lundi premier janvier 1816 : votre consolation doit être au moins de vous y aimer.

Ils ne s'aimaient guère, en effet, et se jalousaient âprement. Dans cette série de logements où ils vivent entassés, les hommes ont des querelles de préséances ou de fonctions et les deux femmes se traitent mutuellement de « catins » ! Tous se réjouissent alors de la demi-disgrâce du grand-maréchal. Mme Bertrand — née Fanny Dillon, apparentée à Joséphine — préférait demeurer chez elle, plutôt que de se rendre au dîner de l'Empereur. D'origine irlandaise, elle semblait plus heureuse d'aller voir l'amiral Cockburn et trouvait plus distrayant de bavarder avec le geôlier qu'avec le prisonnier !

— Je sais que je suis tombé, s'exclame Napoléon, ulcéré, mais l'apprendre de l'un des miens !... J'ai toujours été habitué à ce que les personnes vivant près de moi se montrent très heureuses d'y être. Je veux vivre en famille et ne saurais le faire comme un simple particulier. Me manquer d'attentions à Longwood m'est infiniment plus sensible qu'à Paris. Je mangerai désormais chez moi, servi par un seul nègre.

Autour de lui ses compagnons ne pensent bientôt plus qu'à abandonner cet affreux rocher. Le chambellan Las Cases — pourtant le mieux traité — quittera l'île le premier. Avec lui, l'Empereur possédait un auditeur attentif, prêt à tout accepter comme parole d'évangile. C'est en compagnie de l'ancien conseiller d'Etat que Napoléon bavardait le plus fréquemment, — il le traitait de « petit Talleyrand » — et les autres compagnons, jaloux de cette intimité toute récente, témoignaient à Las Cases une nette hostilité. Le général Gourgaud semble le plus acharné et, dans son

Journal, il ne ménage guère celui qu'il appelle « le Jésuite ». Le comte de Las Cases — marquis sous l'Ancien Régime — fut-il l'arriviste et l'intrigant peint par les compagnons de l'Empereur ? Ce n'est pas impossible. Est-il exact que l'auteur du *Mémorial* ne pensait qu'à rassembler le plus rapidement possible la masse de matériaux qui devait lui permettre d'écrire son ouvrage... et de regagner l'Europe dès la première occasion afin de le faire publier ? Assurément !

Cette occasion, il la fait naître, assez sottement d'ailleurs, en remettant à un domestique renvoyé un message clandestin destiné à Lucien Bonaparte. Hudson Lowe l'apprend et vient lui-même « enlever » Las Cases de Longwood. Cependant, le gouverneur sachant combien Napoléon a besoin de celui qui lui sert de secrétaire, serait prêt à passer l'éponge et à permettre au prisonnier de rejoindre l'Empereur, mais Las Cases refuse de regagner Longwood. On est donc en droit de supposer qu'il a machiné toute l'affaire afin de pouvoir s'enfuir de Sainte-Hélène sans avoir l'air d'abandonner l'Empereur. A moins que l'incident du domestique n'ait été qu'un hasard heureux dont Las Cases se serait servi pour quitter l'île...

L'Empereur est peiné et éprouve le besoin d'écrire à Las Cases une lettre d'adieux trop affectueuse aux yeux de Gourgaud : le jeune général affirme que l'ex-conseiller d'Etat de Louis XVIII n'est pas un martyr.

— Ce n'est pas une grande merveille, s'exclame-t-il, que d'avoir passé beaucoup de nuits près de Votre Majesté ; bien d'autres en ont passé de plus dures pour l'Empereur. Las Cases n'est venu ici que pour faire un livre !

Napoléon boude. Gourgaud en fait autant et, quelques jours plus tard, après le dîner, l'Empereur soupire :

— Quelle heure est-il ?

— Dix heures.

— Comme les nuits sont longues !

— Et les journées, Sire ! marmonne Gourgaud à mi-voix.

La tristesse de son ancien officier d'ordonnance le peine. Apprenant que l'on joue une pièce à Jamestown, il lui conseille de s'y rendre :

— Il faut vous amuser. Vous êtes triste comme un bonnet de nuit. Cette tragédie que l'on donne aujourd'hui est superbe... Cela me fait de la peine de vous voir triste.

Mais Gaspard Gourgaud est un écorché vif. Le moindre mot de Napoléon déclenche une scène.

— Vous n'êtes qu'un enfant, lui dit-il un jour.

« J'ai bientôt trente-quatre ans, écrit le général dans son *Journal,* et, depuis quelque temps, Sa Majesté semble prendre plaisir à me dire des choses les plus dures. M'appeler enfant, c'est me dire que je suis une bête. Où sont donc les actions d'enfant que j'ai commises ? »

— Ai-je donc compromis ou fait humilier Votre Majesté, demande-t-il, presque en larmoyant, à l'Empereur ? J'ai dix-huit ans de service, treize campagnes, trois blessures, et il m'est bien dur après tout ce que j'ai fait uniquement par attachement, d'être ainsi traité, de n'être qu'un souffre-douleur !

« Enfin, avoue-t-il, je suis en colère. L'Empereur cherche à me calmer, je me tais ; et nous passons au salon. Sa Majesté veut jouer aux échecs, mais elle pose les pièces tout de travers ; Elle me parle avec douceur :

— Je sais bien que vous avez commandé des batteries, des troupes, mais vous êtes encore bien jeune.

« Je ne réponds que par un silence triste. L'Empereur me fait jouer avec lui aux échecs... A dix heures, coucher ».

Personne n'en veut au jeune et brillant artilleur, sorti à dix-huit ans de Polytechnique, nommé seulement général de brigade après Waterloo... mais il se croit haï. Très orgueilleux, il désire être aimé, mais les captifs s'aiment tous trop eux-mêmes pour avoir le goût et les loisirs de s'occuper de l'irritable officier d'ordonnance. Quant à l'Empereur, il aime Gourgaud avec tyrannie — et les sentiments que lui porte le jeune général l'agacent :

— Je ne suis pas sa femme, s'exclame un jour l'exilé, je ne peux tout de même pas coucher avec lui !

Napoléon lui rend souvent la vie assez dure. Il est même cruel pour lui :

— Vous êtes fou de tant aimer votre mère, lui explique-t-il. Est-ce que vous croyez que je n'aime pas la mienne ? Mais il faut être raisonnable. A chacun son tour. Quel âge a-t-elle ?

— Soixante-sept ans, sire.

— Parbleu, vous ne la reverrez plus ; elle mourra avant que vous retourniez en France.

« Je pleure », écrit Gourgaud dans son *Journal*.

A la moindre attention de l'Empereur pour Montholon ou pour Bertrand, Gourgaud se renfrogne. Pour le consoler, Napoléon a beau l'appeler *Gorgo, Gorgotto,* lui pincer l'oreille ou les joues, le malheureux ressasse sa peine, sa rancœur, ses éternels motifs de jalousie...

— Vous avez cru en venant ici, lui explique le proscrit, être mon camarade, je ne le suis de personne. Personne ne peut prendre d'empire sur moi. Vous voudriez être le centre de tout ici, comme le soleil au milieu des planètes. C'est moi qui dois être le centre. Vous m'avez causé tous mes soucis depuis que nous sommes ici ; si j'avais su, je n'aurais amené que des domestiques ; je puis fort bien vivre tout seul et puis quand on est par trop las de la vie, un coup de poignard est vite donné. Si vous êtes mal, plutôt que de chercher querelle à M. de Montholon, vous pouvez nous quitter.

Il précise d'ailleurs quelques jours plus tard :

— Certainement, j'aimerais mieux vous voir vous en aller qu'eux...

Gourgaud jalouse à un point extrême les Montholon, et prétend que Napoléon « verse du miel sur eux » et « du vinaigre sur lui ». Son collègue n'est qu'un chambellan, c'est-à-dire un soldat d'antichambre ! Montholon a pourtant servi à l'état-major de Berthier et a commandé le département de la Loire en 1814, mais Gourgaud n'en hausse pas moins les épaules. Lui qui est entré le premier au Kremlin, et qui rappelle — un peu trop souvent au gré de Napoléon qui refuse de s'en souvenir — avoir sauvé l'Empereur le soir de la bataille de Brienne en tuant un Cosaque qui s'élançait sur lui.

— Que Votre Majesté fasse habiller M. de Montholon en rouge et si, moi, je conserve mes fonctions d'officier d'ordonnance, je n'en serai point jaloux. Dans l'armée, moi, général d'artillerie, je n'aurais jamais obéi à M. de Montholon.

L'Empereur, excédé, finira par lui dire :

— Détestez-vous si vous voulez dans l'âme, mais que je n'en voie rien et que personne ne s'en aperçoive ; l'essentiel est de m'égayer.

L'attitude de Mme de Montholon énerve Gourgaud au paroxysme. D'après lui, la blonde Albine au regard bleu fait à l'Empereur « yeux doux, pieds en avant, robe pincée à la taille ; enfin, ajoute-t-il, elle cherche à faire la belle, et ce n'est pas facile... elle ouvre son fichu et laisse voir sa peau ridée. » « Sa Majesté fait accueil à la Montholon, écrit-il un autre jour, et lui pince les... » Le jeune général est, en effet, persuadé que « la Montholon », comme il l'appelle, a des bontés pour l'Empereur et que le mari, complaisant par admiration et par intérêt, ferme les yeux.

— Bah ! les femmes, lui a pourtant dit Napoléon, quand on n'y pense pas, on n'en a pas besoin !

« Comment fait Sa Majesté ? écrit Gourgaud qui appelle parfois une négresse de Jamestown ; les nuits sont longues. » Le jeune général prend un malin plaisir à annoncer au comte de Montholon que sa femme se trouve chez l'Empereur à sept heures et demie du matin et que, précise-t-il perfidement : « Sa Majesté la reçoit en déshabillé !... » La séduisante et svelte Albine, avant d'épouser son amant Montholon, a mené une existence quelque peu agitée. C'est une coquette adroite. Un portrait peint dix années auparavant, il est vrai, nous la montre bien séduisante. A-t-elle été la maîtresse du jeune lieutenant anglais Jackson de l'état-major de Lowe ? On ne sait, mais on l'affirme dans l'île. Que fut-elle au juste pour Napoléon ? Faute de preuves, l'historien se doit, en cette matière, d'être prudent... Albine racontait qu'on lui avait prédit « qu'elle serait reine sans l'être », et, à propos de Mme de Montholon, l'Empereur déclara un jour :

— Ici, il faudrait faire sa société d'une perruche si on n'avait pas autre chose.

Et il s'exclame même :

— Et quand je coucherais avec elle, quel mal y aurait-il ?

— Aucun, Sire, répond Gourgaud, mais je n'ai jamais rien dit à Votre Majesté de cela. Je ne suppose pas que Votre Majesté ait un goût aussi dépravé.

Ce jour-là, d'ailleurs, la scène entre l'Empereur et son officier d'ordonnance est atroce. Gourgaud veut se battre avec Montholon.

— Je vous défends de menacer Montholon, je me battrais pour lui, si vous-même... je vous donnerai ma malédiction !

— Sire, je ne puis me laisser maltraiter sans m'en prendre à l'auteur... c'est le droit naturel... je suis plus malheureux que les esclaves, il y a des lois pour eux, et pour moi il n'y a que celles du caprice. Je n'ai jamais fait de bassesse et n'en ferai jamais.

— Voyons, si vous vous battez, il vous tuera !

— Eh bien, Sire, j'ai toujours eu pour principe qu'il vaut mieux mourir avec honneur que de vivre avec honte.

Napoléon, agacé, se laisse emporter et injurie presque Gourgaud qui, étouffé par le chagrin, soupire :

— Votre Majesté a tort de tant me maltraiter.

Alors on voit l'Empereur profondément malheureux. Et l'on devine presque le son de la voix du proscrit dans le texte rapporté par Gourgaud : « Sa Majesté me demande ce que je veux... Passer avant Montholon ?... Qu'Elle dîne toujours avec nous ?... La voir deux fois par jour ? Aigri, je répète qu'un assassin, un brigand ne doit rien demander. Sa Majesté me fait les excuses les plus basses.

— Je vous prie d'oublier mes expressions... »

Gourgaud s'en ira pourtant et, arrivé à Londres, pour se faire bien voir des Anglais, commettra sur

Longwood et ses habitants, des indiscrétions regrettables...

Ce fut ensuite le tour d'O'Meara de quitter Sainte-Hélène. Il refusait de rapporter à Hudson Lowe les potins de Longwood. Il n'en avait pas toujours été ainsi d'ailleurs, mais le gouverneur était parvenu à se faire détester par le médecin qui refusait maintenant d'espionner les prisonniers... Le conflit entre les deux hommes deviendra aigu ; le gouverneur ira jusqu'à interdire à l'Irlandais de quitter Longwood pour Jamestown, attitude qui conduira le médecin de l'Empereur à se décider à abandonner son malade et à regagner l'Europe.

C'était à la fin de l'année 1817. Napoléon commençait alors à être atteint du terrible mal qui devait l'emporter. « Deux ans d'inaction, écrivait O'Meara dans son dernier rapport, un climat meurtrier, des appartements mal aérés, bas, un traitement inouï, l'isolement, l'abandon, tout ce qui froisse l'âme, agissaient de concert. Est-il surprenant que le désordre se soit mis dans les fonctions hépatiques ?... »

— Le crime se consommera plus vite, prédit Napoléon à O'Meara venu prendre congé, j'ai vécu trop longtemps pour eux. Votre ministère est bien hardi ; quand le pape était en France, je me serais plutôt coupé le bras que de lui enlever son médecin.

Le prisonnier estimait que Lowe n'avait pas le droit de lui imposer un praticien de son choix qui, selon lui, deviendrait une manière d'espion placé à son chevet par le gouverneur. Aussi, durant les six mois qui vont suivre, Napoléon demeura sans autres soins que ceux appliqués par ses fidèles en suivant les prescriptions d'O'Meara.

Au cours de l'été 1818, Montholon écrivait à Marie-Louise : « L'Empereur Napoléon se meurt dans les tourments de la plus affreuse et de la plus longue agonie. Oui, Madame, celui que les lois divines et humaines unissent à vous par les liens les plus sacrés, celui que vous avez vu recevoir les hommages de presque tous les souverains d'Europe, celui sur le sort duquel je vous ai vue répandre tant de larmes lorsqu'il s'éloignait de vous, périt de la mort la plus cruelle, captif sur ce rocher au milieu des mers, à deux mille lieues de ses plus chères affections, seul, sans amis, sans parents, sans nouvelles de sa femme, de son fils, sans aucune consolation. » Il suppliait Marie-Louise d'intervenir. Elle ne répondra même pas !

Au mois de janvier 1819, l'Empereur est si peu bien — les évanouissements succèdent aux évanouissements, il se plaint d'une violente douleur au côté droit — qu'il accepte de se faire examiner par un ami d'O'Meara, médecin à bord du *Conqueror*, le docteur Stokoë. Celui-ci diagnostique une hépatite chronique.

— Combien de temps peut-on vivre avec une maladie de cette sorte ? questionne-t-il.

— Mon Dieu ! il y a des gens qui atteignent avec cela un âge fort avancé.

— Oui, mais les chances sont-elles les mêmes dans un climat tropical ?

— Non.

— Quel est le danger à craindre ?

— Que l'hépatite devienne aiguë.

Stokoë répète le mot à Hudson Lowe. Ce mot qui, répandu en Europe, aurait prouvé l'indéniable climat insalubre du plateau de Longwood avait le don de mettre le gouverneur en transes. Aussi mène-t-il la vie dure à Stokoë et celui-ci préfère, lui aussi, demander son rapatriement.

Le gouverneur, après avoir traité le médecin de « grand coupable », le fera passer en cour martiale, en l'accusant d'avoir, entre autres griefs, employé pour parler du « Général » le mot : *le patient*, et d'avoir rédigé « des bulletins alarmants de santé ». Le malheureux sera mis à la retraite avec une pension de cent livres... Voilà ce qu'il pouvait en coûter à un médecin assez hardi pour oser affirmer que le prisonnier de Longwood était atteint d'hépatite.

Et l'Empereur — durant sept nouveaux mois demeura sans médecin...

***

Au début du mois de mars 1819, Napoléon apprend que les souverains et les ministres réunis en congrès à Aix-la-Chapelle, ont décidé de maintenir à Sainte-Hélène jusqu'à sa mort le prisonnier de l'Europe — ce « pouvoir de la Révolution, concentré dans un individu ». Voici le vaincu, ainsi que l'a demandé la Russie, « mis hors la loi des nations » ! Jusqu'alors Napoléon avait espéré pouvoir un jour quitter sa prison. Désormais le rocher sera son tombeau ! Et il n'a pas encore cinquante ans ! La désillusion est totale, atroce ; il s'enferme chez lui et refuse de sortir. Il se sent, ce soir-là, bien bas... Ses insomnies deviennent interminables — et lorsqu'il sort, tout en sueur, d'un bref sommeil lourd et épais, c'est pour retrouver la médiocrité de sa *courette* et, toujours, le plateau où soufflent les permanents alizés...

Le 2 avril 1819, il recevra pour la dernière fois un visiteur. Il s'agit d'un cousin de lord Liverpool — Ricketts — revenant des Indes. Napoléon, malade ce jour-là, le reçut couché. « Il ressemblait, écrira Ricketts, au tableau qui le représente penché sur le cabestan du *Northumberland* et à un portrait français où un lancier couronne son front. Son teint ne me parut pas plus blême que d'ordinaire, pas de cernure particulière aux yeux, aucune marque indiquant qu'il souffrît d'une maladie de foie ou d'une autre grave affection. »

Durant quatre longues heures, il parle :

— Dites à lord Liverpool que je désire quitter cette île qui est néfaste aux personnes atteintes de mon mal. Je souffre depuis longtemps, Sainte-Hélène est malsaine ; les troupes de la garnison éprouvent une forte mortalité. Qu'on me place quelque part, en Europe, que vos ministres m'assignent une résidence dans n'importe quel comté ; ils ne s'en repentiront pas. Je suis un soldat, je tiendrai ma parole. Votre gouvernement a dépensé déjà pour me garder un million de livres et ce n'est pas pour cesser. C'est folie de gaspiller tant d'argent. Me laisser vivre à l'aise en Europe serait d'une meilleure politique que de me tenir confiné entre ces murs sous les tropiques. Sans doute lord Liverpool n'a-t-il pas la moindre idée de la façon dont Hudson Lowe me persécute. Ce gouverneur a institué une police qui rappelle la Sicile. Il m'a enlevé mon médecin O'Meara, qui n'entrait pas dans ses vues, et il m'empêche d'avoir un autre médecin, quoiqu'il me sache au lit. Il a fait porter au comte Bertrand une lettre où il déclare que si je ne me montre pas à l'officier d'ordonnance, on pénétrera de force dans mon appartement. Dites qu'à raison de cette mesure, je vis dans ces misérables pièces enfermé au verrou. On n'entrera ici qu'en passant sur mon cadavre. On ne meurt qu'une fois, d'un coup de baïonnette ou autrement, qu'importe ? Si l'on veut m'assassiner, qu'on ne tarde pas. Je ne prendrai pas l'exercice indispensable à ma santé tant que sir Hudson Lowe demeurera ici, car je ne veux ni être exposé à des affronts, ni faire expulser de l'île des personnes à qui j'aurais pu dire par hasard quelques paroles. Les mesures prises contre mon évasion sont inutiles et odieuses. Pour comble de folie on me bâtit maintenant une maison qui coûtera des sommes immenses et que je n'occuperai jamais. J'en déteste l'emplacement qui est sans arbres et fait face au camp. Je n'y pourrais mettre le nez à la fenêtre sans voir des habits rouges. J'y aurais les oreilles battues de tous les roulements de tambours, j'y entendrais jusqu'au qui-vive des sentinelles. Y a-t-il rien de plus injurieux pour un soldat prisonnier ? Que lord Liverpool traite directement avec moi. Si Pitt vivait, il me traiterait autrement. Votre nation est généreuse, elle finira par s'indigner...

Mais Hudson Lowe entre en jeu dès que Ricketts a quitté Longwood. Il le détrompe, le convainc que le « général » lui a joué la comédie, et le gouverneur pourra écrire à lord Bathurst : « M. Ricketts... a percé toutes les manœuvres par lesquelles on avait voulu lui en imposer. »

Après Las Cases, Gourgaud, O'Meara, Stokoë, c'est au tour de Mme de Montholon de prendre la détermination de quitter l'île. Elle a mis au monde la petite Napoléone (1) et ses couches l'ont fatiguée. Elle doit en outre s'occuper de ses deux enfants laissés en France. Montholon devait accompagner sa femme. Grâce à de mirifiques promesses testamentaires, Napoléon parviendra à le persuader de demeurer encore deux ans près de lui.

Le 1er juillet 1819, Mme de Montholon et ses enfants sanglotent en quittant Longwood pour toujours. L'Empereur qui a pour Albine reconnaissance et affection — on ne sait toujours pas jusqu'où les choses sont allées... — voit s'éloigner le petit groupe de l'humble maison de bois, et il pleure « peut-être pour la première fois de sa vie », écrira Montholon à sa femme. En se mettant au bain, le proscrit déclare à Marchand :

— Montholon sent bien qu'il ne peut pas me quitter avant deux ans. Vous retournerez en Europe, vous retrouverez vos familles. Montholon retrouvera sa femme et ses enfants, toi, ta mère. Je serai mort, abandonné dans cette solitude...

Le malheureux veut ensuite rendre visite à Mme Bertrand, assez souffrante, ce soir-là. En sortant, il voit les sentinelles qui s'approchent déjà de la demeure. Il renonce à sortir, rentre chez lui et manque de tomber : deux rats viennent de lui passer entre les jambes...

***

De nouveau, l'Empereur se sent moins bien. Pour la première fois, il écrit son testament et refuse de quitter sa chambre. Angoissé par la crainte d'une évasion, Hudson Lowe accourt à Longwood et exige que l'officier d'ordonnance — c'est alors le capitaine Nicholls — posté dans les communs de la demeure de l'Empereur, puisse remplir sa mission : il doit s'assurer de la présence du prisonnier. Un jour il se hisse jusqu'à la fenêtre de la petite pièce où

(1) Née en 1817, dernier témoin de la captivité, Napoléone vivra jusqu'en 1907. Etait-elle la fille de l'Empereur ? Certains de ses arrières-petits-enfants, qui préfèrent descendre de Napoléon plutôt que de Tristan de Montholon, l'affirment — bien entendu sans preuve.

Napoléon prend son bain et — il l'écrira dans son rapport — voit l'Empereur « *in naturalibus* ». Cela ne suffit pas à sir Hudson qui rôde autour de la maison, envoye un officier frapper aux portes, convoque les domestiques, demande à parler à Montholon ou à Bertrand — et finalement donne l'ordre à Nicholls de voir le « général », même par la force. Napoléon fait alors mettre des barres derrière les volets de ses fenêtres, et placer des fusils et des pistolets près de son lit. « Il jurait, nous dit Ali, d'étendre sur le seuil de la porte celui qui serait assez hardi pour franchir cette limite. Il ajoutait qu'on ne pénétrerait dans son intérieur que lorsque lui, Napoléon, ne serait plus qu'un cadavre. »

Un voile noir va continuer à former un écran entre Longwood et le reste du monde. C'est maintenant presque la solitude. L'Empereur ne reçoit plus d'étrangers. Montholon a laissé partir Albine avec un sentiment voisin de l'épouvante. Il déclare à Lowe « qu'il ne prolongera pas son séjour dans l'île plus de six mois après le départ de sa femme. » Mme de Montholon a d'ailleurs reçu la mission de trouver un remplaçant. Les Bertrand, eux aussi, ne pensent qu'à la relève...

On attendait cependant d'Europe l'arrivée d'un médecin, d'un prêtre, de deux domestiques... Et ici se place un nouveau drame.

Le 22 mars 1818, le grand-maréchal Bertrand écrivait de Sainte-Hélène au cardinal Fesch qui vivait, à Rome, auprès de Madame Mère : « Nous avons senti, et nous sentons tous les jours le besoin d'un ministre de notre religion. Vous êtes notre évêque. Nous désirons que vous nous en envoyiez un français ou italien. Veuillez, dans ce cas, faire choix d'un homme instruit, ayant moins de quarante ans, et surtout d'un caractère doux et qui ne soit pas entêté des principes antigallicans. »

D'autre part, le maître d'hôtel et le cuisinier étaient alors malades. « Il serait donc nécessaire, ajoutait Bertrand, que vous, ou le prince Eugène, ou l'Impératrice, envoyassiez un maître d'hôtel et un cuisinier français ou italien, de ceux qui ont été au service de l'Empereur ou qui le seraient des membres de la famille. » Enfin Bertrand demandait que l'on se mît à la recherche d'un médecin français « d'une réputation faite ».

Si le maître d'hôtel et le rôtisseur sont désignés sans difficulté, Madame Mère et Fesch arrêtent leur choix sur un abbé corse, le cacochyme Buonavita, prêt à descendre au tombeau, — il quittera d'ailleurs Sainte-Hélène avant la fin de la tragédie — et un pauvre prêtre, Vignali, d'une ignorance effarante, « une sorte de pâtre ». Comme médecin, ils écartent la candidature du docteur Foureau de Beauregard — ancien premier médecin de l'Empereur — et choisissent Antommarchi, un simple préparateur de dissections à l'amphithéâtre de Florence.

— Jusqu'à présent, avouait lui-même cet étrange praticien, je ne me suis occupé que de cadavres.

« Je tiens de source sûre, annonçait sir John Webb à lord Burgess, ministre d'Angleterre à Florence, qu'il possède plus de talent pour l'intrigue que de connaissances médicales, ces dernières se bornant à la seule anatomie qu'il a étudiée sous la direction de M. Mascagni. »

Les autres membres de la famille poussent des cris. Pourquoi envoyer à Sainte-Hélène ces trois incapables ? Parce que Madame Mère et le cardinal Fesch sont persuadés que Napoléon a quitté sa prison ! Ils en sont convaincus car ils tiennent l'extraordinaire nouvelle d'une voyante autrichienne, une visionnaire qui soutient qu'elle voit quotidiennement la Madone...

On croit rêver en lisant cette lettre datée du 31 juillet 1819, et adressée par le prélat à Las Cases : « D'après toutes nos lettres, vous avez dû comprendre l'assurance que nous avons de la délivrance et des époques de la manifestation, quoique les gazettes et les Anglais veulent toujours insinuer qu'il est toujours à Sainte-Hélène, nous avons lieu de croire qu'il n'y est plus et, bien que nous ne sachions ni le lieu où il se trouve, ni le temps où il se rendra visible, nous avons des preuves suffisantes pour persister dans nos croyances et pour espérer même que, dans peu de temps, nous l'apprendrons d'une manière humainement certaine. »

Et il ajoute : « Il n'y a pas de doute que le geôlier de Sainte-Hélène oblige le comte Bertrand à vous écrire comme si Napoléon était encore dans ses fers ! »

Napoléon ignorait le drame qui se jouait à Rome. En recevant, après quatre années de captivité, ce *premier* secours de sa famille, il fut profondément attristé. Voilà tout ce qu'ils avaient trouvé : un médecin borné et deux pauvres prêtres ! Il ne comprit pas pour quelle raison il était ainsi abandonné — abandonné au point de ne pas plus pouvoir parler avec Buonavita et Vignali du « grand problème », et de se faire soigner par cet âne bâté d'Antommarchi qui, presque jusqu'aux derniers jours de Napoléon, affirmera que le prisonnier de Sainte-Hélène n'était atteint que « d'une maladie politique »...

Une seule consolation : il se jette avidement sur les deux caisses de livres convoyées par les nouveaux venus. Quelle déception ! « La moitié, nous dit Ali, n'étaient que des vieux bouquins que les prêtres avaient achetés. » Seuls, les ornements sacerdotaux étaient beaux. Aussi, Napoléon demande-t-il que désormais, chaque dimanche, la messe soit dite dans le salon transformé en chapelle.

— J'espère, déclare l'Empereur en souriant, que le Saint-Père ne nous fera aucun reproche, nous voilà redevenus chrétiens. S'il voyait notre chapelle, il nous accorderait des indulgences.

Buonavita a également apporté avec lui un portrait du roi de Rome. Lorsque Marchand le tire de sa caisse, le prisonnier sourit. Ses yeux deviennent humides.

— Pauvre enfant ! murmure-t-il. Quelle destinée !

Il tend la miniature à Marchand :

— Tiens, mets-le sur mon bureau, que je le voie chaque jour.

Il semble de nouveau aller mieux en cette fin de l'année 1819 et décide de se livrer à des travaux de jardinage. Il prendra ainsi de l'exercice et, en même temps, pourra creuser les chemins encadrant les parterres, élever des arbrisseaux et des murs de gazon qui lui permettront d'échapper le plus possible à « toute observation extérieure », selon l'expression d'Hudson Lowe. Levé dès cinq heures ou cinq heures et demie, déguisé en colon — veste et pantalon de nankin, chapeau de paille — il attend avec impatience que le lever du soleil chasse les habits rouges du jardin. Il envoie alors un valet de chambre s'assurer que la voie est libre et sonner la cloche pour appeler tout le monde au travail. Mais il faut donner la parole à Ali, qui a tracé assurément le tableau le plus vivant de la captivité : « Lorsque je n'étais pas de service, il m'appelait en jetant quelques petites mottes de terre dans les vitres de la fenêtre de ma chambre qui donnait sur le bosquet :

— Ali ! Ali ! tu dors !

« Et, en chantant :

— Tu dormiras plus à ton aise quand tu seras rentré chez toi.

« Il continuait l'ariette. Au même moment, j'ouvrais la fenêtre.

— Allons donc, paresseux, criait-il... ne vois-tu pas le soleil ?

« Une autre fois, il disait plus simplement :

— Ali ! Ali ! Oh ! Oh ! Allah ! il fait jour.

« Marchand avait son tour, mais moins souvent, parce que le côté où il logeait était moins fréquenté par l'Empereur. »

La fenêtre de sa chambre se trouvait dans le pignon de l'aile où demeurait Napoléon.

— Marchand, Mam-zelle Marchand, disait-il en l'appelant, il fait jour, levez-vous.

« Quand Marchand était arrivé, il le regardait en riant et lui disait :

— Avez-vous assez dormi cette nuit ? Votre sommeil a-t-il été interrompu ? Vous allez être malade toute la journée de vous être levé si matin.

« Et, prenant le ton ordinaire :

— Allons, prends cette pioche, cette bêche, fais-moi un trou pour mettre tel arbre.

« Pendant que Marchand faisait le trou, l'Empereur allait plus loin, et voyant un arbre nouvellement planté :

— Marchand, apporte ici un peu d'eau, arrose-moi cet arbre.

« Et un moment après :

— Va me chercher mon pied, ma toise.

« A un autre, près duquel il arrivait :

— Va dire à Archambault qu'il apporte du fumier, et aux Chinois qu'ils coupent du gazon ; on n'en a plus...

« Puis, passant à moi qui tenais une pelle pour charger de terre une brouette :

— Comment, tu n'as pas encore fini d'ôter cette terre ?

— Non, Sire, cependant, je ne me suis pas amusé.

— A propos, coquin, as-tu fait le chapitre que je t'ai donné hier ?

— Non, Sire.

— Tu as mieux aimé dormir, n'est-ce pas ?

— Mais, Sire, Votre Majesté ne me l'a donné qu'hier soir.

— Tâche de le finir aujourd'hui, j'en ai un autre à te donner.

« L'Empereur passant à Pierron qui plaçait un gazon :

— Comment, tu n'as pas encore terminé ce mur ?... As-tu assez de gazon pour le finir ?

— Oui, Sire.

« Puis, revenant de mon côté :

— Quelle heure était-il lorsque je t'ai éveillé cette nuit ?

— Sire, il était deux heures.

— Ah !

« Et peu après, il me demandait :

— Montholon est-il éveillé ?

— Je n'en sais rien, Sire.

— Va voir. Surtout, ne le réveille pas, laisse-le dormir.

« Se dirigeant ensuite vers Noverraz qui piochait :

— Allons, ferme ! (en appuyant sur le mot). Ah ! paresseux ! qu'est-ce que tu as fait depuis ce matin ?

— Hier, Votre Majesté m'avait dit de faire goudronner la baignoire ; n'ayant trouvé personne de bonne volonté, j'ai fait moi-même la besogne...

— Sire, voilà Monsieur de Montholon.

— Ah ! bonjour, Montholon.

« M. de Montholon s'inclinant respectueusement :

— Comment se porte Votre Majesté ?

— Assez bien. Est-ce qu'on vous a dérangé ?

— Non Sire, j'étais hors du lit quand on est venu chez moi.

— Votre Excellence a-t-elle quelque chose à m'apprendre ? On dit qu'il y a un bâtiment en vue.

— Je ne sais pas, Sire ; je n'ai encore vu personne.

— Prenez ma lunette, allez voir si on l'aperçoit.

« M. de Montholon revenait quelques instants après et rendait compte à l'Empereur de ce qu'il avait vu. Enfin la conversation s'engageait entre eux. L'Empereur allait çà et là en se promenant et revenait de temps à autre voir ses travailleurs. C'est ainsi qu'il attendait l'heure de son déjeuner. Lorsqu'il sentait la faim, il demandait l'heure et, si on lui répondait qu'il était assez près de dix heures, il ordonnait qu'on le servît. C'était assez ordinairement dans sa chambre qu'on le servait. Alors l'Empereur laissait ses travailleurs et allait se mettre à table. Ceux qui devaient le servir quittaient leurs outils, allaient se laver la figure et les mains et se rendaient auprès de lui. M. de Montholon, comme je l'ai dit ailleurs, mangeait avec l'Empereur, et, si le grand-maréchal se trouvait là, il était invité.

« Le déjeuner fini, l'Empereur retournait vers ses travailleurs avec lesquels il restait jusqu'à midi — ou seulement jusqu'à onze heures si le soleil était par trop ardent — et, en les quittant, il leur disait :

— Allez déjeuner. C'est assez pour aujourd'hui : il fait trop chaud.

« L'Empereur, rentré chez lui, où il était suivi de l'un de ses valets de chambre, se débarrassait de sa robe de chambre, ou de sa veste, de son pantalon et se mettait dans son lit. S'il restait habillé, il se mettait sur son canapé ou à son bureau. Si, s'étant couché, il ne se sentait point l'envie de dormir, il faisait appeler Marchand, pour que celui-ci lui fît la lecture ».

Ne voit-on pas la scène ?...

Au milieu de l'un des parterres, au pied de deux orangers, Napoléon fait placer un petit bassin de bois et un maigre jet d'eau. Parfois, le soir, il s'exclamait :

— Allons faire jouer les eaux !

Ali tournait le robinet et, le bassin rempli, l'eau coulait dans les rigoles — elles sont toujours là... — où l'Empereur la regardait descendre et arriver jusqu'à lui. Il riait... mais le jeu s'arrêtait vite lorsqu'il n'y avait plus d'eau dans le réservoir. Alors il soupirait, rentrait chez lui, se souvenant peut-être des grandes eaux de Fontainebleau ou de Saint-Cloud...

Et puis — presque brusquement — la fatigue retombait sur ses épaules, l'obligeant à regagner sa maison en soupirant :

— L'air me fait mal...

Lowe essayait — maladroitement — d'être aimable. Il envoyait à Longwood des graines, des plantes, des meubles de jardin et mandait que si « le général Buonaparte désirait telles plantes du Cap ou de quelque colonie anglaise, on s'empresserait de les lui envoyer ». Les limites où le prisonnier pouvait se promener sans gardien furent agrandies. L'Empereur avait désormais la possibilité de faire ses promenades dans près d'un quart de l'île. Avec l'espoir que Napoléon reprendrait ses randonnées, le gouverneur achetait quatre chevaux au Cap. La vieille calèche avait fort souffert par les mauvais chemins : il envoie à Longwood le phaéton de son adjoint Reade, afin que, chaque jour « le général » puisse se faire conduire vers un bois de gommiers, sa promenade favorite. Napoléon est d'ailleurs presque contrarié par les attentions du gouverneur ; il aime mieux rester brouillé avec le personnage, ainsi qu'il l'avoue à Bertrand...

⁂

Le matin du 4 octobre 1820, Napoléon part à cheval avec Bertrand et Montholon. Archambault et trois domestiques suivent avec des provisions. Ils s'engagent sur la route longue de cinq kilomètres que Lowe a fait construire pour rejoindre *Plantation* à Longwood, mais ils l'abandonnent à mi-parcours. L'Empereur a, en effet, décidé d'aller déjeuner de l'autre côté du pic de Diane, à *Mount Pleasant*, chez un ancien haut fonctionnaire devenu planteur : sir William Doveton, dont les descendants habitent toujours à Sainte-Hélène. De là, on découvre tout le sud de l'île. Partout, dans les taillis et les pâturages, des massifs d'arums, de fleurs du Cap, de mimosas, d'immortelles, de daturas, de *jupes de demoiselles*. Les chemins sont bordés de piquets taillés dans du bois qui, quelques semaines plus tard, prendra racines, branches et feuilles, et se transformera en arbres tortueux. Le paysage où se dresse le pic de Lothe et qui est borné du côté de la mer par les aiguilles acérées des *Oreilles d'âne* — l'ancien cratère — est grandiose et d'une sauvage beauté. Ce dantesque éboulis de couleur brun-rouge et violacée rappelle les Canadas de Ténériffe.

Dominant ce cirque, adossé à des croupes boisées d'araucarias, dont les silhouettes semblent échappées de quelque estampe japonaise, voici *Mount-Pleasant*. On dresse la table sous un grand cèdre entouré de fleurs d'hibiscus et de camélias blancs. Sir William est invité par l'Empereur à partager le repas : pâté froid, dinde froide, fricassée de poulet, jambon et porc. On prend le café au salon avec Mrs. Greentree, fille de sir William. Il est plus de neuf heures du matin : c'est l'heure du *breakfast* anglais, aussi le planteur est-il tout surpris de voir ce que Napoléon mange à cette heure matinale. On sert même du champagne.

Au retour, le phaéton l'attend à *Hut's Gate*. Il s'assoupit, tandis que la voiture le ramène vers Longwood. Ce fut la dernière promenade de l'Empereur hors de l'enceinte.

Quelques jours plus tard, Lowe se trouve brusquement devant son prisonnier qui, à demi étendu dans le phaéton, fait une courte promenade à l'intérieur des limites. « Dès qu'ils m'aperçurent, racontera-t-il, ils ordonnèrent de prendre une autre route, mais cela ne put se faire assez vite pour empêcher de bien voir le profil du général Bonaparte, à environ trente pas de distance. Il portait un chapeau rond et un surtout vert étroitement boutonné sur la poitrine. Je le trouvai beaucoup plus pâle que la dernière fois que je l'avais vu, mais il n'avait pas maigri. J'aurais été pourtant porté à croire à un relâchement des fibres et à l'incapacité, pour le moment, de tout exercice actif. Un teint d'une pâleur morbide caractérise en général sa physionomie, et toute indisposition ajoute naturellement à cette pâleur ».

C'est déjà la pâleur de la mort... Six mois après cette rencontre, l'Empereur ne sera plus qu'un agonisant.

Il ne parvient pas à oublier Albine. Le départ de Mme de Montholon continue à le bouleverser et à assombrir ses pensées.

— Votre femme semait des fleurs sur ma tombe, explique-t-il à Montholon, depuis son départ il n'y croît plus que des ronces.

Des ronces ! Il pense, en prononçant ce mot à Fanny... Mme Bertrand ne vient plus à Longwood et refuse d'accompagner le prisonnier dans ses promenades. Depuis le départ de la comtesse de Montholon, le charme indéniable de la femme du grand-maréchal a agi sur l'exilé. Il se mit à aimer son « buste de salon »... L'élégante Fanny est grande, mince, blonde aux yeux noirs. « Cette dame, nous dit Marchand un peu naïvement, avait beaucoup de charme dans la conversation : elle avait une taille élégante, un pied charmant... » Seul le nez fâcheusement proéminent gâte un peu le visage. Napoléon lui fait comprendre qu'une place est à prendre.

— Elle est si sotte qu'elle ne vient pas me voir, constate l'Empereur ; et pourtant je pourrais lui donner un médaillon de diamants.

Mais Fanny se drape dans sa dignité : il ne peut être question de tromper le grand-maréchal !

Cependant, Antommarchi est reçu quotidiennement chez les Bertrand — ils sont maintenant installés, sur le plateau même, dans une maison toute voisine, un peu en contrebas de Longwood — et Napoléon est d'abord jaloux de cette intimité.

Ulcéré et meurtri, il en veut au médecin, et s'exclame :

— Je ne lui pardonnerai jamais d'avoir soigné une femme qui n'a pas voulu être ma maîtresse et de l'avoir encouragée à cela.

Puis l'exilé décide d'utiliser les relations existant entre le docteur et Fanny. On croit rêver : il demande à Antommarchi d'intervenir en sa faveur auprès de la cruelle :

— Je voulais, avoue-t-il au mari, qu'Antommarchi me servit de Mercure et qu'il déterminât Mme Bertrand à être ma maîtresse !

Et cette phrase se trouve dans le *Journal* même tenu par le grand-maréchal ! Ce jour-là, encore au mari, Napoléon déclare :

— Vous auriez dû prostituer votre femme. Vous vous deviez de la décider.

« Au reste, ajoute Bertrand avec humour et en parlant de lui à la troisième personne, il y avait cet avantage avec le grand-maréchal qu'il approuvait toujours l'Empereur et ne se plaignait jamais ! »

L'attitude de Fanny le rend furieux — et profondément injuste :

— Mme Bertrand est une catin, une femme perdue qui couche avec tous les officiers anglais passant près de la maison, qui va dans les fossés... la dernière des femmes !

Et c'est toujours dans le sein du mari qu'il épanche sa haine — du mari qui note soigneusement ces affreuses paroles dans son *Journal.* On comprend que le grand-maréchal ne désire lui aussi qu'une chose : quitter l'île. Mais Napoléon ne veut pas le laisser partir — sauf dans le cas d'une relève. Marchand voit un jour sur le bureau de son maître une liste de noms tracés au crayon : Caulaincourt, Rovigo, Ségur, Montesquiou, Daru, Drouot, Turenne, Arnaud, Denon. Le proscrit se refuse à envisager de n'avoir plus auprès de lui et en face des Anglais, un ancien grand-officier de la Couronne — ce que Montholon n'était pas. D'ailleurs, ce dernier, lui aussi, ne pense plus qu'à rejoindre sa femme. Déjà, le 31 octobre 1819, il écrit à Albine : « Si tu n'as pas encore envoyé quelqu'un pour me remplacer, ne perds pas un moment, peu importe qui, pourvu que ce soit un de ses anciens officiers, généraux ou amis. Je crois qu'il te sera facile d'en trouver : tant de ces malheureux compagnons de sa gloire sont errants aujourd'hui qu'il me paraît ridicule qu'il ne s'en trouve pas un grand nombre heureux de venir chercher ici un repos honorable pendant quelques années. »

Un an plus tard — le 6 novembre 1820 — l'Empereur lui-même estime que Montholon doit regagner l'Europe :

— Je suis trop malheureux pour que mes amis exigent que par ma volonté j'ajoute de nouveaux regrets à mon affreuse position. Je conçois votre désir de rejoindre votre femme et vos enfants. De toutes les privations que j'éprouve, la plus pénible pour moi, la seule à laquelle je ne m'accoutumerai jamais, c'est d'être séparé de ma femme et de mon fils. Mme de Montholon sait mieux que personne quelle espèce d'homme peut vous remplacer. Ma famille ne m'envoie que des brutes ; je désire qu'elle ne s'en mêle pas. Il est impossible de faire de plus mauvais choix que les cinq personnes qu'elle m'a envoyées.

Mais les grands-officiers auxquels pensait l'Empereur accepteront-ils de tout quitter pour aller s'enterrer vivants sur ce rocher ? Le 19 janvier 1821, Montholon écrit à Albine : « Bertrand et sa femme parlent hautement de leur départ en mars prochain, et sans attendre de remplacement. La belle Fanny ne veut pour rien au monde consentir à voir s'écouler un de ses printemps de plus sur notre triste rocher ; elle veut terminer gaiement en Europe le peu de beaux jours qui lui restent. Son mari regrettera Sainte-Hélène ; il le prévoit, et eût voulu n'en point partir, mais il est en cela, comme en beaucoup de choses, entièrement dominé par sa femme ».

Seul le silence répond à l'Empereur. Aussi le voit-on ordonner à Montholon de déclarer à Hudson Lowe « qu'il s'en remettait entièrement au choix qui serait fait par le roi Louis XVIII et ses ministres et recevrait avec plaisir toute personne qui aurait été employée dans sa maison civile ou militaire ou au Conseil d'Etat... »

Il en était là ! Demander à Louis XVIII de choisir ses compagnons de captivité ! Il le dira un jour à Marchand, en soupirant :

— Nous serons bientôt seuls tous les deux...

Marchand, le 5 mai, a dessiné l'Empereur sur son lit de mort.
(Bibliothèque Marmottan, Paris — Photo Giraudon)

Image d'Epinal nous montrant, groupés autour du lit de mort de Napoléon : le lieutenant-général comte Bertrand, le général comte Montholon, Mme la comtesse Bertrand, Marchand, le Dr Antommarchi, l'abbé Vignali, Napoléon Bertrand, Hortense Bertrand, Henri Bertrand, Arthur Bertrand, né à Sainte-Hélène, Saint-Denis, Archambault, Pierron, Coursot, Noverraz, Chandellier, le docteur anglais Arnott, le capitaine Crokatt, Mme Saint-Denis, Mme Noverraz.

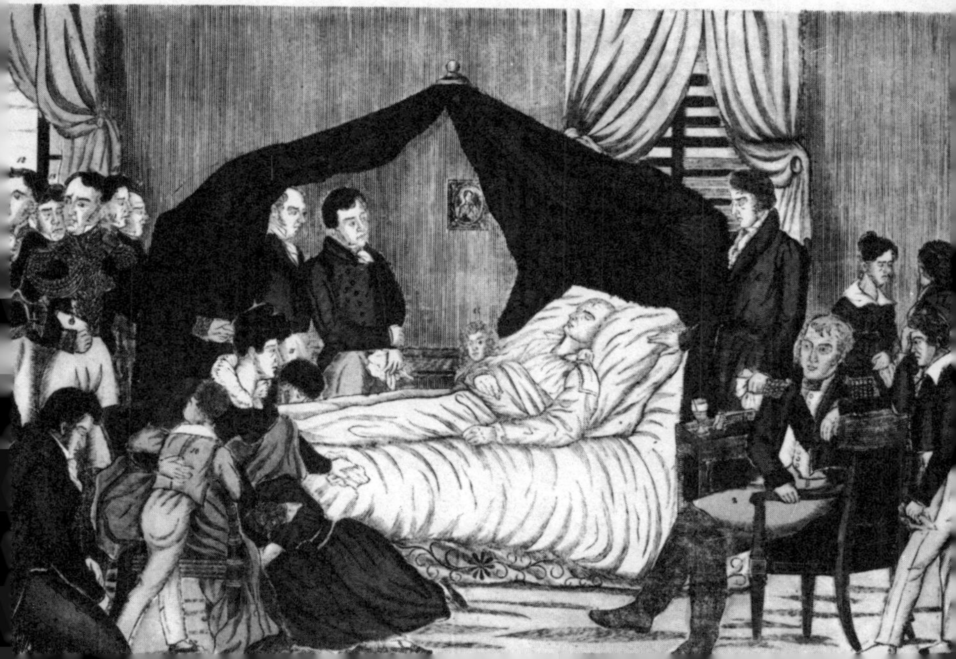

XXXIII

LA DELIVRANCE

Je crains de ne pas être assez heureux pour être frappé en plein fouet par un boulet sur un champ de bataille ; je mourrai dans mon lit...

NAPOLÉON.

L'ÉTAT de santé de l'Empereur s'aggravait de jour en jour, et les deux généraux étaient désormais rivés à leur chaîne. Le 5 décembre 1820, Montholon écrivait à sa femme : « La maladie de l'Empereur a pris une mauvaise tournure ; à son affection chronique s'est jointe une maladie de langueur bien caractérisée ; sa faiblesse est devenue telle qu'il ne peut faire aucune fonction vitale sans éprouver une fatigue extrême, et souvent perdre connaissance... »

Ce n'est maintenant plus seulement une immense fatigue : il souffre affreusement :

— Je ne sais ce que j'ai à l'estomac ; la douleur que je ressens est comme celle que ferait un couteau qu'on y aurait enfoncé et qu'on se plairait à remuer.

En ce début de l'été austral, il sort encore le matin

en robe de chambre et s'asseoit pesamment dans le jardin sur son fauteuil pliant ou sur les marches du petit perron entouré d'un croisillon de guinguette.

— Ah ! moi, soupire-t-il, pauvre moi !

Parfois aussi, il récite — désespéré — ces vers de Voltaire :

Mais à revoir Paris je ne puis plus prétendre.
Vous voyez qu'au tombeau je suis prêt à descendre.
Je vais au roi des rois demander aujourd'hui
Le prix de tous les maux que j'ai soufferts pour lui !

« Ma vie, écrit Montholon, se passe avec lui, depuis qu'il est tout à fait tombé ; il veut que je sois toujours là ; il ne veut prendre d'autres remèdes que ceux que je lui donne ou lui conseille, son médecin en perd la tête ; seul je trouve grâce auprès de lui. »

Le 1er janvier 1821 — sa dernière année — Marchand entre dans la chambre.

— Eh bien, lui dit le malade lorsque ses persiennes furent ouvertes, que me donnes-tu pour étrennes ?

— Sire, l'espoir de voir Votre Majesté se rétablir bientôt et de quitter un climat si contraire à sa santé.

— Ce ne sera pas long, mon fils, ma fin approche, je ne puis aller loin.

Quitter sa couche de soldat est maintenant pour lui un terrible effort :

— Le lit est devenu pour moi un lieu de délices. Je ne l'échangerais pas pour tous les trésors du monde. Quel changement ! Combien je suis déchu !... Il faut que je fasse un effort lorsque je veux soulever mes paupières... Mes forces, mes facultés m'abandonnent... Je végète, je ne vis plus.

Le 26 janvier, l'officier d'ordonnance de Lowe l'aperçoit sortant en phaéton : son visage est devenu « blanc comme une feuille de papier ». Lorsqu'il descend lourdement et avec peine de la voiture, aidé par Montholon, il semble « faible, chancelant... et bien cassé ».

Afin de lutter contre l'atonie, il fait confectionner dans le parloir une bascule — un tape-cul —

Montholon se met à un bout — avec un sac de plomb — et l'Empereur se place à califourchon sur l'autre branche. Telles seront en compagnie de son dernier officier, ses dernières chevauchées.

Bientôt, il perd l'appétit, « excepté quelques très minces lèches de pain trempées dans du jus de gigot, quelques petites cuillerées de gelée de viande et quelques rouelles de pommes de terre frites. Pour boisson, il ne prend qu'un demi-verre de vin mêlé à autant d'eau. Une goutte de café termine le repas. » Puis il s'étend sur son canapé où il reste environ une heure avant de se mettre au lit. Sa faiblesse, dès le début du mois de mars 1821, devient extrême. Montholon écrit encore à Albine — le 5 mars : « C'est aujourd'hui un cadavre qu'un souffle de vie anime, au physique et au moral ; ce maudit Sainte-Hélène l'aura tué. »

Le 16 mars, l'effort pour se lever est insurmontable :

— En quel état suis-je tombé ! J'étais si actif et alerte ! A peine si je puis à présent soulever ma paupière ; mais je ne suis plus Napoléon !

Son teint est maintenant « jaune à faire peur ». Sa tête retombe sur sa poitrine. Prostré dans une demi-torpeur, son sommeil n'est plus qu'une rêverie, un long accablement plutôt. « Il est au dernier degré de la faiblesse, annonce Montholon à Albine, plongé dans un abattement, un affaiblissement dont rien ne le tire. »

Napoléon sait maintenant que tout est fini :

— Si je finissais ma carrière à présent, ce serait un bonheur ; j'ai désiré par moments mourir ; je ne le crains pas ; ce serait pour moi un bonheur de mourir dans quinze jours. Qu'ai-je à espérer ? Peut-être une fin plus malheureuse.

Il n'a aucune confiance en Antommarchi qui le soigne avec ignorance et manque de cœur. Le malade refuse même, durant deux jours, de le voir. Il s'oppose également à la visite du Dr Arnott, arrivé à Sainte-Hélène en 1819 avec le 20e Régiment. Le 30 mars, Lowe insiste d'autant plus pour que l'on reçoive Arnott, que l'officier d'ordonnance n'est point parvenu à entrevoir « le général » depuis douze jours.

— L'Empereur est malade, lui explique Montholon, il ne peut sortir, on ne peut donc le voir. Est-ce que vous enfonceriez ses portes ?

— Oui, si cela est nécessaire, on enfoncera ses portes, on entrera par la force.

— Mais cela serait le tuer.

— N'importe, je le ferai.

— Vous en êtes responsable.

— J'en suis responsable aux yeux des Cours. Je ne suis pas seulement l'agent du gouvernement anglais, mais le représentant des Puissances.

Bertrand demande de nouveau à l'Empereur de se laisser examiner par Arnott. Napoléon hausse les épaules :

— Votre médecin anglais ira rendre compte à ce bourreau de l'état où je me trouve. C'est vraiment lui faire trop de plaisir que de lui faire connaître mon agonie. Ensuite, que ne me fera-t-il pas dire si je consens à le voir ?...

Enfin, il s'incline :

— C'est plus pour la satisfaction des personnes qui m'entourent que pour la mienne propre, je n'attends rien de ses lumières.

En réalité, on le saura par l'autopsie, « la surface interne de l'estomac, dans presque toute son étendue, n'était qu'une masse d'affections cancéreuses ou de portions squirreuses prêtes à se cancériser : ceci était surtout remarquable près du pylore ». Le foie, sans hypertrophie, était un peu plus gros qu'à l'ordinaire, mais, précise encore le texte des médecins, « la surface convexe du lobe gauche du foie adhérait au diaphragme. A l'exception des adhérences causées par la maladie de l'estomac, aucune altération morbide n'était apparente au foie. »

Au lendemain de la mort de l'Empereur, Montholon l'écrira : « L'ouverture de son corps a prouvé qu'il était mort de la même maladie que son père, un ulcère squirreux de l'estomac près du pylore. Les sept huitièmes de l'estomac étaient ulcérés. Il est probable que, depuis quatre ou cinq ans l'ulcère avait commencé... ». Contrairement à ce qu'a affirmé Octave Aubry — le docteur Ganière est formel sur ce point — un climat humide n'est nullement néfaste pour le développement d'un cancer. Sans doute, ces nuages chargés d'eau qui stagnent sur le plateau de Longwood et se transforment en un triste crachin peuvent-ils engendrer des rhumatismes et des « affections catarrhales », comme l'on disait alors, mais ne peuvent être à la base d'une maladie de foie ou d'une ulcération de l'estomac (1).

⁂

La situation s'aggrave maintenant de jour en jour. Le 7 avril, Bertrand propose pour la deuxième fois à l'Empereur de le veiller durant la nuit. Marchand et Ali sont exténués :

— Sire, le zèle et l'affection tiennent lieu de bien des choses... J'ai passé tant de nuits près de vous comme aide de camp, je peux bien en passer quelques-unes comme valet de chambre. De quelque manière que je vous sois utile, peu m'importe, il me suffira d'avoir été bon à quelque chose. J'ai une femme et quatre enfants, ma femme peut m'envoyer chercher.

— Cela n'est pas nécessaire, répond Napoléon : il y a Coursot, Pierron et Antommarchi qui ne veillent pas. Mon malheur est d'avoir un valet de chambre malade.

Le surlendemain, il appelle Antommarchi à six

(1) Selon Gilbert Martineau qui vit à Sainte-Hélène depuis plusieurs années, Napoléon, comme on le dit dans nos campagnes, s'était fait *trop de mauvais sang* : « Ce ne sera qu'en 1944, écrit-il, que les expériences célèbres de Wolf et Wolff, en Angleterre, montreront les effets exercés par le système nerveux sur le fonctionnement de l'estomac. Leurs travaux ont permis de définir les conditions psychologiques pouvant donner naissance à des troubles digestifs : pendant la période d'anxiété, de lutte, de vive contrariété, la muqueuse gastrique change d'aspect et s'engorge. Cette découverte démontre donc avec clarté que la dyspepsie nerveuse peut aisément s'établir là où règnent les soucis, l'irritation, l'hostilité et autres troubles moraux, et que des changements organiques secondaires, et notamment l'ulcère, peuvent alors apparaître, ulcère qui sous la seule influence d'une constante tension nerveuse ira s'aggravant jusqu'à l'hémorragie et la perforation. »

heures du matin. Le médecin n'est pas chez lui. L'Empereur s'échauffe et la colère éclate :

— Il devrait être chez lui à six heures du matin. Il passe tout son temps chez Mme Bertrand.

Devant le grand-maréchal, Marchand et Antommarchi, enfin accouru, il répète son accusation :

— Eh bien, qu'il passe tout son temps avec ses catins... Mais débarrassez-moi de cet homme-là qui est bête, ignorant, fat, sans honneur. Je désire que vous fassiez appeler Arnott pour me soigner à l'avenir. Concertez-vous avec Montholon. Je ne veux plus d'Antommarchi... J'ai fait mon testament : je lui lègue vingt francs pour acheter une corde pour se pendre. C'est un homme sans honneur.

Antommarchi quitte la pièce. En présence des deux valets de chambre, Napoléon déclare encore une fois à Bertrand :

— Vous favorisez une chose déshonorante pour vous : le docteur est l'amant de votre femme... Mme Bertrand a perdu Antommarchi comme elle a perdu Gourgaud.

La semaine suivante — le 14 avril — le grand-maréchal n'en apporte pas moins au mourant des fleurs cueillies dans le jardin et lui propose de nouveau les soins de sa femme :

—— C'est une excellente garde-malade ; elle garderait Votre Majesté de jour et de nuit. Rien ne lui coûterait... elle a pris la plus grande part à sa maladie.

Napoléon refuse :

— Elle a trop de présomption, cela l'éreinterait. Elle a manqué à son rôle depuis six ans ; elle aurait du dîner avec moi, du moins faire ma partie, le soir.

— Eh bien, proteste Bertrand, elle a voulu réparer cela ; elle le veut encore.

Mais l'Empereur rejette la proposition.

Le lendemain 15 avril, le grand-maréchal lui ouvre son cœur et lui parle de « ses chagrins » :

— Je suis navré de douleur que l'Empereur me traite avec rigueur.

— Mais non. Je ne sais ce que vous voulez dire.

Expliquez-vous. Je suis malade, dans mon lit, je parle peu. Vous n'avez à vous plaindre de rien.

— Votre Majesté m'a ôté toute sa confiance. J'ai perdu presque sans regret le haut rang, la fortune et les honneurs où vous m'avez élevé. Mais ce nouveau malheur m'accable. J'ai quitté les honneurs comme un habit d'emprunt, mais je croyais avoir quelque droit à votre estime et à votre amitié. Je ne puis les perdre sans éprouver une vive peine. Il n'y a pas longtemps Votre Majesté disait que ma conduite avait été parfaite. Puis voici que vous êtes blanc et noir pour moi. Comment en si peu de temps ai-je pu perdre votre bonne grâce ?

— Mais je ne sais ce que vous voulez dire. Je vous traite très bien. Je n'ai rien contre vous. Marchand est celui dont les soins me sont les plus agréables parce que ce sont ceux auxquels je suis accoutumé. C'est vous rendre toute ma pensée.

— Ma pauvre femme, si le climat ne suffit pas pour la tuer, mourra de chagrin. Vous avez pardonné à tant d'ennemis. Ne pardonnerez-vous pas à d'anciens amis ? Elle a des torts sans doute, mais ne les a-t-elle pas cruellement expiés ? N'est-elle pas très malheureuse ? N'a-t-elle pas été exposée aux calomnies même les plus atroces ?

— Mais je n'ai rien à reprocher à Mme Bertrand. C'est une excellente femme. Je n'ai pas l'habitude de la voir.

On croit entendre la voix du grand-maréchal implorer :

— Elle vous aurait soigné avec tant d'affection. Elle vous est sincèrement attachée, bien plus que vous ne le pensez. Voyez-la demain, ne fût-ce qu'un instant.

— Mais quand je vous ai dit que les soins de Marchand m'étaient les plus agréables, parce que j'y étais le plus accoutumé, je vous ai fait comprendre toute ma pensée. Il en serait de même avec ma mère si elle ne m'eût pas soigné habituellement. Cependant je verrai Mme Bertrand avant de mourir.

— Nous n'en sommes pas là ! Nous vous conserverons. Vous m'avez dit quelquefois que vous étiez un père, pardonnez-nous comme à vos enfants. Ne sommes-nous pas vos amis ?

« Le grand-maréchal, écrit Bertrand en parlant toujours de lui-même, n'a pu retenir ses larmes. Il est resté encore une demi-heure avec l'Empereur qui n'a plus rien dit. »

Ce jour-là, Napoléon va livrer sa dernière bataille. Cet homme rongé par le cancer, ce prisonnier dont le corps est sans relâche secoué par des vomissements, cet agonisant qui ne se nourrit plus que de gelée de viande et demande d'une pauvre voix à Arnott « si l'on meurt de faiblesse et combien de temps l'on peut vivre en mangeant aussi peu qu'il le fait », ce mourant va dicter d'abord, écrire ensuite, en s'appliquant, afin de rendre lisible son effroyable écriture, un texte que l'on ne peut lire sans éprouver une intense émotion :

« Ce jourd'hui, 15 avril 1821, à Longwood, île de Sainte-Hélène.

« Ceci est mon testament ou acte de ma dernière volonté.

« Je meurs dans la religion apostolique et romaine, dans le sein de laquelle je suis né, il y a plus de cinquante ans.

« Je désire que mes cendres reposent sur les bords de la Seine, au milieu de ce peuple français que j'ai tant aimé. »

Il n'ignore pas que Marie-Louise l'a oublié — il ne se doute d'ailleurs pas à quel point ! — et il trace ces mots :

« J'ai toujours eu à me louer de ma très chère épouse Marie-Louise ; je lui conserve jusqu'au dernier moment les plus tendres sentiments ; je la prie de veiller pour garantir mon fils des embûches qui environnent encore son enfance.

« Je recommande à mon fils de ne jamais oublier qu'il est né prince français, et de ne jamais se prêter à être un instrument entre les mains des triumvirs qui oppriment les peuples de l'Europe. Il ne doit jamais combattre, ni nuire en aucune manière à la France ; il doit adopter ma devise : *Tout pour le peuple français.*

« Je meurs prématurément, assassiné par l'oligarchie anglaise et son sicaire ; le peuple anglais ne tardera pas à me venger.

« Les deux issues si malheureuses des invasions de la France, lorsqu'elle avait encore tant de ressources, sont dues aux trahisons de Marmont, Augereau, Talleyrand et La Fayette. Je leur pardonne ; puisse la postérité française leur pardonner comme moi... »

C'est à son fils qu'il lègue tous les lambeaux de sa gloire, et sur lesquels il a si souvent posé ses yeux de prisonnier :

« Mes armes ; savoir : mon épée, celle que je portais à Austerlitz, mon poignard, mon glaive, mon couteau de chasse, mes deux paires de pistolets de Versailles. Mon nécessaire d'or, celui qui m'a servi le matin d'Ulm, d'Austerlitz, d'Iéna, d'Eylau, de Friedland, de l'île de Lobau, de la Moskowa et de Montmirail... »

Dans la pauvre petite maison de bois, tandis que le vent souffle, c'est toute l'épopée qui renaît :

« Ma lunette de guerre, celle de France, mes ordres, mes lits de camp, mes uniformes, le grand collier de la Légion d'honneur, mes éperons, le glaive de Consul, le collier de la Toison d'or, mes trois flacons d'argent où l'on mettait mon eau-de-vie que portaient mes chasseurs en campagne, le réveille-matin de Frédéric II que j'ai pris à Potsdam, le sabre de Sobieski. »

Voici le dernier trophée : « quatre boîtes trouvées sur la table de Louis XVIII, aux Tuileries, le 20 mars 1815... »

Et toutes les dix lignes reviennent en leitmotiv ces neuf mots — cet alexandrin : *les remettre à mon fils lorsqu'il aura seize ans.*

Avec son admirable prescience, Napoléon a deviné

qu'à l'âge de seize ans, celui que l'on avait affublé du titre de duc de Reichstadt — et de tout un lot de noms de seigneuries tchèques, imprononçables même pour un Autrichien — pourrait alors recueillir son éblouissant héritage. Certes Metternich veillait : les exécuteurs testamentaires n'auront pas l'autorisation de remettre au fils de l'Aigle les reliques de Sainte-Hélène. Le petit prisonnier de la Hofburg avait dû cesser de lutter ; il était devenu un prince autrichien, pensant et écrivant en allemand, appelant dans ses devoirs, son père *M. de Buonaparte* et les Français *l'ennemi.* A la veille de ses seize ans, la lecture du testament de Napoléon trouvé dans les *Mémoires* de Montholon, qui avaient paru en 1825, sera pour lui comme un voile qui se déchire...

Montholon recevra deux millions de francs-or, « comme une preuve, écrit Napoléon, de ma satisfaction des soins filiaux qu'il m'a rendus depuis six ans, et pour l'indemniser des pertes que son séjour lui a occasionnées ». Il y avait peut-être aussi Albine... Bertrand n'aura que le quart de cette somme et Marchand le cinquième. Aucun domestique ne sera oublié. Aucun de ceux non plus qui lui ont rendu service ou qu'il a aimés au cours de sa prodigieuse existence : Drouot, Cambronne, Réal, Méneval, Marbot, Bignon, La Valette, Planat. S'ils ne sont plus leurs enfants hériteront, tels les descendants de La Bédoyère, de Bessières, de Mouton-Duvernet, de Gérard, de Travot, ou de Lallemand.

Il se souvient des plus humbles :

« Vingt-cinq mille francs à Hébert, dernièrement concierge à Rambouillet, et qui était de ma chambre en Egypte. Vingt mille francs à Lavigné, qui était dernièrement concierge de mes écuries, et qui était mon piqueur en Egypte. Vingt mille francs à Jeannet-Dervieux, qui était piqueur des écuries, et me servait en Egypte. Deux cent mille francs seront distribués en aumône aux habitants de Brienne-le-Château qui ont le plus souffert ».

Son enfance, sa jeunesse resurgissent :

« Nous léguons au fils, ou petit-fils du baron du Teil,

lieutenant-général d'artillerie, ancien seigneur de Saint-André, qui a commandé l'école d'Auxonne avant la Révolution, la somme de cent mille francs comme souvenir de reconnaissance pour les soins que ce brave général a pris de nous, lorsque nous étions lieutenant et capitaine sous ses ordres. Idem, au fils ou petit-fils du général Dugommier, qui a commandé en chef l'armée de Toulon, la somme de cent mille francs ; nous avons, sous ses ordres, dirigé le siège, et commandé l'artillerie ; c'est un témoignage de souvenir pour les marques d'estime, d'affection et d'amitié que nous a données ce brave et intrépide général. Idem. Nous léguons cent mille francs au fils ou au petit-fils du député à la Convention, Gasparin, représentant du peuple à l'armée de Toulon, pour avoir protégé et sanctionné de son autorité le plan que nous avons donné, qui a valu la prise de cette ville, et qui était contraire à celui envoyé par le Comité de salut public. Gasparin nous a mis par sa protection à l'abri des persécutions de l'ignorance des états-majors qui commandaient l'armée avant l'arrivée de mon ami Dugommier. Idem. Nous léguons cent mille francs à la veuve, fils ou petit-fils de notre aide de camp Muiron, tué à nos côtés à Arcole nous couvrant de son corps. »

Secoué par des vomissements, il soupire, en voyant entrer Arnott dans sa chambre :

— J'ai trop écrit, docteur, je n'en puis plus.

— Une dictée, sans doute ?

— Non, entièrement de ma main. J'écris très mal, très vite et on ne peut me lire. Vous autres, Anglais, vous écrivez mieux que nous. J'ai méprisé cela dans ma jeunesse ; je m'en suis repenti depuis. Au reste, j'avais la tête trop vive pour que ma plume pût suivre mes pensées. Dans mon beau temps, je pouvais dicter à quatre secrétaires et leur donner beaucoup de travail. Mais vous m'avez assassiné.

C'est le 20 avril que, pour la dernière fois, il s'adresse, par-dessus la tête d'Arnott, au gouvernement britannique :

— Je suis venu m'asseoir au foyer du peuple britannique, demandant une loyale hospitalité, et contre tout ce qu'il y a de droits sur la terre, on m'a répondu par des fers ; j'eusse reçu certainement un autre accueil d'Alexandre, de l'empereur François, du roi de Prusse même ; ces princes eussent été plus généreux. Mais il appartenait à l'Angleterre d'entraîner les rois et de donner au monde le spectale inouï de quatre grandes puissances s'acharnant sur un seul homme. C'est votre ministère qui a choisi cet affreux rocher où se consomme en quelques années la vie des Européens, pour y achever la mienne par un assassinat. Comment m'a-t-on traité depuis que je suis ici ? Il n'y a pas d'indignité dont on ne se soit fait joie de m'abreuver ! Les plus simples communications de famille m'ont été refusées ; on n'a laissé arriver jusqu'à moi aucune nouvelle de ma femme et de mon fils ; pour demeure, on m'a donné l'endroit le moins fait pour être habité, celui où le climat meurtrier du tropique se fait le plus sentir ; il m'a fallu me renfermer entre quatre cloisons dans un air malsain, moi qui parcourais à cheval toute l'Europe. Voilà, docteur, l'hospitalité que j'ai reçue de votre gouvernement ; je suis assassiné longuement, en détail, avec préméditation, et l'infâme Hudson Lowe est l'exécuteur des hautes œuvres de vos ministres. Vous finirez comme la superbe république de Venise et moi, mourant sur cet affreux rocher, je lègue l'opprobre de ma mort à la maison régnante d'Angleterre.

Il a parlé pour la postérité...

Le lendemain, il demande à l'abbé Vignali :

— Savez-vous ce que c'est qu'une chambre ardente ?

— Oui, Sire.

— En avez-vous desservi ?

— Aucune, Sire.

— Eh bien, vous desservirez la mienne, lorsque je serai à l'agonie ; vous ferez dresser un autel dans la pièce voisine, vous exposerez le Saint-Sacrement et vous direz les prières des agonisants ; je suis né dans la religion catholique, je veux remplir les devoirs qu'elle impose et recevoir les secours qu'elle administre.

Au chevet du petit lit de fer, Antommarchi fait l'esprit fort et sourit.

— Vos sottises me fatiguent, Monsieur, s'écrie Napoléon, je puis bien pardonner votre légèreté et votre manque de savoir-vivre, mais un manque de cœur, jamais ; retirez-vous !

Le médecin sorti, il ajoute en regardant l'abbé :

— Quand je serai mort, on me placera dans la chambre ardente, vous célébrerez la messe et vous ne cesserez que lorsqu'on me portera en terre.

Le 24 et le 25 avril, il écrit encore ses codicilles au testament. Outre l'argent qu'il a emporté avec lui, il a également déposé chez Laffite trois millions cent quarante-neuf mille francs. Mais cela ne suffit pas pour assurer les legs... (1) Alors il évalue les économies qu'il a faites sur les listes civiles de France et d'Italie, il estime la valeur des meubles de la Couronne et les châteaux qu'il a acquittés de sa bourse. Il se souvient de créances irrécupérables : « Laeken a été acheté des deniers du domaine extraordinaire, mais les meubles ont été payés par les deniers du domaine privé. Cela forme un article de huit cent mille francs qui doivent être réclamés au roi des Pays-Bas. »

Il pense encore à de vieilles sommes bien oubliées : « J'avais à Venise cinq millions de vif-argent qui ont été, je crois, en grande partie, dérobés aux Autrichiens ; les réclamer et en poursuivre la rentrée ».

Il achève par ces lignes : « Je ne serais pas fâché que le petit Léon entrât dans la magistrature si cela était de son goût. Je désire qu'Alexandre Walewski soit attiré au service de France dans l'armée. »

Alors qu'il va mourir, c'est le visage des trois femmes qui lui ont donné un fils qui se présente à son esprit — même celui de la pauvre Eléonore Denuelle qui compta si peu pour lui ! Quant à Marie Walewska, elle avait épousé le général d'Ornano et avait déjà

(1) Ils ne seront payés que sous le règne de Napoléon III.

quitté ce monde. Elle était morte le 12 décembre 1817 dans son petit hôtel de la rue de la Victoire.

Le 27 avril, il est transporté dans le salon où l'on pourra plus facilement le soigner. L'un des petits lits de campagne est monté en face de la cheminée noire, entre les deux fenêtres à guillotine.

Est-ce la fin ? Pas encore. Dans la nuit du 28 au 29 avril, il appelle Marchand pour un dernier codicille. Le fidèle valet de chambre ne peut mettre la main sur une feuille de papier, il prend une carte à jouer, un crayon, et, dans l'obscurité, trace ces mots : « Je lègue à mon fils ma maison d'habitation d'Ajaccio et ses dépendances, deux maisons aux environs des salines avec jardins, tous mes biens dans le territoire d'Ajaccio pouvant lui donner cinquante mille livres de rente... Je lègue à mon fils... »

Il s'arrête, soupirant :

— Je suis bien fatigué, nous continuerons demain.

La nuit est atroce. On ne cesse de lui appliquer des vésicatoires et — ce 29 avril — on lui pose un emplâtre sur le ventre. Son cerveau s'embrume. Bertrand lui apporte des oranges du Cap qu'un schooner a débarquées la veille. Il demande :

— Ce bateau a-t-il porté des limons ?

— Non.

— Des amandes ?

— Non.

— Des grenades ?

— Non.

— Du raisin ?

— Non.

— Du vin ?

— Non, pas en bouteilles, mais en pièces.

— Il n'a donc rien rapporté ?

— Des bestiaux.

— Combien de bœufs ?

— Quarante.

— Combien de moutons ?

— Deux cents.

— Combien de chèvres ?

— Point.

— Combien de poules ?
— Point.
— Il n'a donc rien apporté ? A-t-il porté des noix ?
— Non.
— Les noix viennent, je crois, dans les pays froids, les amandes dans les pays chauds. Les limons sont-ils bons ici ?
— Oui.
— Et les grenades ?
— Je n'en ai pas vu de bonnes.
— A-t-on porté des limons, des grenades, des amandes ?

Trois fois il pose la même question, mais il n'entend souvent pas les réponses : l'Empereur est devenu sourd... Bertrand est là, devant lui, planté dans ses hautes bottes dévernies. Vingt fois le mourant implore d'une pauvre voix :
— Je voudrais du café.
— Non, Sire.
— Les médecins m'en permettent-ils une cuillerée ?
— Non, Sire, pas dans ce moment, l'estomac est trop irrité.

Il a vomi huit à neuf fois dans la journée. « Que d'idées sur un si grand changement ! écrit Bertrand. Les larmes m'en sont venues aux yeux en regardant cet homme si terrible, qui commandait si fièrement, d'une manière si absolue, supplier pour une cuillerée de café, solliciter la permission, obéissant comme un enfant, redemandant la permission et ne l'obtenant pas, revenant et toujours sans succès, toujours sans humeur. Dans d'autres moments de sa maladie, il envoyait paître ses médecins et leurs conseils et faisait ce qu'il voulait. Il avait à présent la docilité d'un enfant. Voilà le grand Napoléon : misérable, humble... »

Et d'une pauvre voix, il reprend :
— Puis-je avoir du café ?
— Non, Sire.

Le 30 avril, il se réveille en sursaut en criant :
— Ah ! la mort ! La mort !

Le lendemain, il consent, enfin, à recevoir Mme Bertrand. Elle s'assied au pied du lit.

— Eh bien, Madame, vous avez été malade aussi. Vous voilà bien maintenant. Votre maladie était connue, la mienne ne l'est pas et je succombe.

Il n'a plus que quatre jours à vivre.

Le mardi 1er mai 1821, « il pose la grande question, note Bertrand, il paraît dire qu'il n'y a rien *après* ». La nuit suivante, hagard, ne semblant reconnaître personne il veut se lever.

— Il faut attendre le jour, lui dit Montholon.

Cela ne l'empêche pas, avec une force extraordinaire, de sortir du lit. Sa peau est brûlante. Montholon et Vignali essayent de le retenir.

— Ne me brutalisez donc pas !

Et il retombe sur son lit. Ali accourt ainsi que le docteur Antommarchi. On recouche le mourant non sans peine. « On a cru qu'il voulait passer. » Le matin, l'Empereur est de nouveau comme un enfant doux et calme. Arnott lui fait prendre un peu de vin avec du sucre. Après chaque gorgée, il répète :

— Good... very good.

« On l'a changé de gilet de flanelle, note Bertrand. On a pansé le vésicatoire du ventre. Il a manqué se trouver mal. Très faible, les yeux mourants, il regarde Marchand avec un regard qui inspire la pitié et avec l'air de dire : *Vous avez de la cruauté de me tourmenter*. Toute la journée, il n'a plus eu la force de rien refuser ; il a pris tout ce qu'on lui a présenté, a fait ce qu'on a voulu, sans rien dire. Il n'a parlé que par des regards (sauf) en deux circonstances. Le hoquet devenait fréquent, on lui a fait avaler une cuillerée d'éther qui l'a calmé et lui a procuré quelques minutes de sommeil ; la deuxième fois, il a dit : « Coquin de Marchand ! » A onze heures et demie on a changé son drap de dessus ; il a dit au grand-maréchal qui, fort trempé, lui avait pris la main : « Vous avez bien chaud. » Une autre fois : « Mon ami, chassez les mouches. »

Une consultation, à la demande du gouverneur, réunit plusieurs médecins. Ils préconisent de laver les reins du malade avec de l'eau de Cologne...

— Quel résultat de la science ! trouve encore la force de s'exclamer l'Empereur, brusquement sorti de l'inconscience, lorsqu'on lui fait part de la décision prise par les praticiens. Quelle consultation ! Laver les reins avec de l'eau de Cologne ? Bon ! Quant au reste, je n'en veux pas.

Le reste ? Il s'agissait de calomel que l'on parvint à lui donner sans qu'il sans aperçoive — ou plutôt, lorsqu'il s'en aperçoit il est trop tard et il se contente de soupirer :

— Ah ! toi aussi, Marchand, tu me trompes !

L'effet — une évacuation « qui ressemblait à la poix ou au goudron » — est considérable. Il faut de nouveau changer les draps — pour la dernière fois. Ali le soutient. Napoléon lui donne un coup de poing dans le flanc en geignant :

— Ah ! coquin, tu me fais mal.

Ce soir-là, l'agonisant appelle l'abbé Vignali. Lorsqu'il sort de la chambre, l'abbé annonce à Marchand :

— L'Empereur vient d'être administré, l'état de son estomac ne permet pas un autre sacrement.

« Je rentrai chez l'Empereur que je trouvai les yeux fermés, a raconté Marchand, le bras étendu sur le bord de son lit ; je mis un genou en terre et j'approchai mes lèvres de sa main sans que ses yeux s'ouvrissent. Je prévins Saint-Denis qui en fit autant, sans que l'Empereur les ouvrît davantage. Je continuai à rester seul debout devant le lit de l'Empereur comprimant mes sanglots mais laissant couler mes larmes. »

L'Empereur sort cependant de sa léthargie pour demander d'une voix sourde à Marchand :

— Comment s'appelle mon fils ?

— Napoléon.

Le vendredi 4 mai — veille de sa mort — il fait un temps affreux. La pluie tombe sans discontinuer, le vent menace de tout détruire. Le saule sous lequel l'Empereur aimait tant s'asseoir est déraciné. Durant toute la journée, le mourant, de plus en plus affaibli, demeure prostré, semblant privé de tout sentiment. Dès qu'il boit un peu d'eau sucrée, il la rejette.

Vers deux heures du matin Montholon croit entendre ces mots sortir des lèvres de l'agonisant :

— France, armée, tête de l'armée, Joséphine...

Selon d'autres, il aurait également murmuré :

— Mon fils.

Le jour du samedi 5 mai se lève. Il fait beau. On hisse le signal annonçant à *Plantation House :* « le général Bonaparte est en danger imminent ». Hudson Lowe accourt. Il veut attendre à Longwood le dénouement. A son arrivée, il apprend que son prisonnier a perdu toute conscience. Le soleil entre à flots dans le salon. L'Empereur ne fait pas un mouvement et ne chasse même plus d'un geste machinal les mouches qui l'ont tant importuné ces derniers temps. Peu à peu tous les Français ont envahi la pièce pour voir mourir Napoléon. Le visage livide, les yeux voilés, à demi ouverts, il fixe le pied du lit. Sa main droite inerte et moite pend le long du drap. Ce n'est plus qu'un moribond dont les râles sont entrecoupés par les sourds et sifflants gémissements de l'agonie. A sept heures et demie, il s'évanouit, mais la vie revient. A huit heures, à son œil gauche, perle une larme qui coule doucement sur sa joue.

Bertrand l'essuie.

Durant toute la journée, les derniers fidèles, auxquels se sont joints Arnott, les enfants de Bertrand, et les femmes de Noverraz, d'Ali et d'Archambault — en tout seize personnes — ne quittent pas des yeux le visage de cire, émacié maintenant, et dont les traits vont peu à peu ressembler à ceux du général Bonaparte. Le silence n'est troublé que par le tic-tac de la pendule.

A la fin de l'après-midi, la respiration devient courte et difficile. Napoléon s'abandonne maintenant lentement, très lentement, et glisse vers la mort. Au moment où le soleil s'enfonce dans la mer, la respiration s'arrête. Antommarchi touche la veine jugulaire et incline la tête. Quelqu'un se lève et arrête la pendule.

Il est cinq heures quarante-neuf minutes.

Laissant couler leurs larmes, ils vont, un à un, baiser la main du mort.

Lowe, son état-major et l'inutile Montchenu — les autres commissaires ont quitté l'île — se sont inclinés, talons joints, devant le corps placé entre les deux fenêtres du salon, à l'endroit même où il est mort.

— Le reconnaissez-vous ? demande à mi-voix le gouverneur au marquis.

— Oui, je le reconnais.

L'autopsie terminée, le moule en plâtre du visage pris tant bien que mal, le corps, revêtu de l'uniforme légendaire de colonel des chasseurs à cheval, l'épée au côté, un crucifix sur la poitrine, est étendu sur l'un des deux lits de camp. Le visage est d'une surprenante beauté. « Dans la mort, dira l'Anglais Shortt, sa figure était la plus splendide que j'aie pu contempler ; elle semblait avoir été formée pour conquérir. » Les habitants de l'île, les officiers et les soldats de la garnison défilent toute la journée. Plusieurs s'agenouillent et, avec le pouce, font le signe de la croix sur le front de l'Empereur. Un sous-officier s'approche tenant par la main un enfant, et murmure :

— Viens, viens voir le grand homme : le grand Napoléon.

A Vienne, à l'annonce de la mort de Napoléon, la rente monte de deux thalers. Le prisonnier de l'Angleterre, le petit caporal cloué par le cancer sur son lit de fer, faisait encore trembler le monde...

Sous le dôme d'or des Invalides.

◄ *L'admirable tombeau dû au talent de Visconti ne sera prêt que vingt années après le retour des cendres. Les cinq cercueils seront placés dans le rouge sarcophage de porphyre de Carélie que le tsar Nicolas n'avait pas, comme on l'a dit, offert à la France, mais que Napoléon III paya 200 000 francs à la Russie. Napoléon a la tête placée du côté de la place Vauban. A l'intérieur du dernier cercueil se trouve toujours la petite boîte ronde en argent — ancienne boîte à éponge de l'Empereur — contenant le cœur.*

(Ph. René Jacques).

XXXIV

LES CENDRES

La mort est un sommeil sans rêves.

NAPOLÉON.

ALORS que la mort rôdait déjà sur le plateau de Longwood, après avoir achevé son testament, Napoléon appela Montholon pour lui dicter une lettre et ce que le général écrivit sur l'ordre du mourant est certainement parmi les centaines de milliers d'écrits du grand empereur le texte le plus extraordinaire.

— Montholon, écrivez. Voici la lettre que vous enverrez à Hudson Lowe lorsque j'aurai rendu le dernier soupir :

« Monsieur le Gouverneur, l'Empereur Napoléon est mort le... (vous mettrez la date, Montholon...) à la suite d'une longue et pénible maladie. J'ai l'honneur de vous en faire part. Il m'a autorisé à vous communiquer, si vous le désirez, ses dernières volontés. Je vous prie de me faire savoir quelles sont les dispositions prescrites par votre gouvernement pour le transport de son corps en Europe, ainsi que celles relatives aux personnes de sa suite. »

L'Empereur mort, Montholon qui a été nommé par Napoléon premier exécuteur testamentaire, prend le pas sur le grand-maréchal et remplit le blanc laissé dans le texte de la lettre, puis il fait porter le document au gouverneur et lui communique le désir de l'Empereur d'être enterré en France.

Le gouverneur lui répond que la question a déjà été tranchée dès le mois de septembre 1817 par le gouvernement britannique et confirmée par lord Bathurst en 1820 : le corps du « général Bonaparte » ne doit point quitter l'île. Le choix du lieu de l'inhumation est laissé aux soins de ses exécuteurs testamentaires. Bertrand demande alors la parole pour rappeler que, lorsqu'il demeurait encore à *Hut's Gate,* l'Empereur était descendu un jour avec lui vers la vallée que l'on baptisera plus tard *Geranium Valley,* un repli de terrain qui faisait partie du vaste « Bol à punch du diable ».

Par un sentier abrupt, entre les pins, les deux hommes étaient parvenus jusqu'à un petit vallon d'où l'on découvrait, au loin et en contrebas, la mer. Trois saules pleureurs ombrageaient le lieu où tout était calme et silence. Une source coulait d'une anfractuosité du rocher et venait remplir un petit bassin au seuil de pierre. Le prisonnier s'était penché, avait bu un peu d'eau et l'avait trouvée si bonne que, depuis, chaque matin, le piqueur Archambault muni de deux bouteilles d'argent allait en chercher pour l'usage personnel de l'Empereur. En quittant le vallon, Napoléon avait dit à son compagnon : « Bertrand, si, après ma mort, mon corps reste entre les mains de mes ennemis, vous le déposerez ici. »

Il n'y a donc point à hésiter. C'est là que Napoléon ira reposer.

— Je pense que vous ne voulez pas mettre d'inscription sur la pierre tombale, avait encore déclaré Lowe, parce qu'il faudrait mettre des titres que je ne puis permettre.

— Non, nous voulons seulement mettre *Napoléon né en 1769, mort en 1821.*

— Je ne puis pas permettre que l'on mette *Napo-*

léon seulement ; il faut mettre *Napoléon Bonaparte.*
Bertrand et Montholon refusent — et la lourde dalle qui scellera le tombeau va demeurer sans nom.

Le jeudi 10 mai, le lourd cercueil posé sur l'ancienne voiture de l'Empereur transformée en corbillard, tirée par quatre chevaux, prend le chemin de la vallée. Toute la garnison fait la haie ; les forts et les navires tirent des salves ; les musiques militaires jouent au passage du cortège funèbre. L'abbé Vignali se trouve en tête du défilé avec le petit Henri Bertrand qui fait office d'enfant de chœur. Le drap mortuaire est tenu par les trois exécuteurs testamentaires : Bertrand, Montholon, Marchand et par le jeune Napoléon Bertrand. Puis viennent douze grenadiers sans armes, qui porteront le cercueil lorsque le chemin se détachera de la route et ne permettra plus à la voiture de poursuivre la descente. Marchent ensuite le cheval de l'Empereur tenu par Archambault, puis tous les domestiques de Longwood, enfin une voiture où ont pris place Mme Bertrand, sa fille et son plus jeune fils. Lowe suit le cercueil de son prisonnier avec ses officiers et Montchenu, qui maintenant représente également l'Autriche et qui n'est venu en somme à Sainte-Hélène que pour assister à l'enterrement de « l'Usurpateur » puisque jamais l'Empereur ne voulut le recevoir.

Les prières dites, on descend le cercueil dans la fosse, puis la lourde dalle pivote et les ultimes fidèles ont brusquement l'impression d'une écrasante solitude...

Un poste de douze soldats anglais demeurera là durant dix-neuf années. Parmi les géraniums plantés par Mme Bertrand, une sentinelle dans son uniforme rouge veillera sur le corps demeuré prisonnier de son implacable ennemi.

Mais les pensées et la légende napoléonienne ne demeureront pas, elles, prisonnières dans la vallée des Géraniums. Elle vont prendre leur vol et continuer, comme du vivant de l'Empereur, à faire vaciller les trônes.

***

Le 5 mai 1821, un inconnu se présenta au palais Rinuccini. Reçu par Madame Mère, il tira un crucifix de sa poche et s'écria :

— Altesse, baisez le rédempteur et le sauveur de votre fils ; vous le reverrez encore après de longues années, ce fils, objet de vos profonds regrets, ce fils dont le nom retentit dans les cités comme dans les hameaux... Mais avant ce jour misérable, il se passera bien des changements de gouvernement en France, il y aura des guerres civiles, des flots de sang seront répandus, l'Europe sera toute en feu... Mais Napoléon le Grand reviendra pour haranguer la France, et toutes les contrées de l'Europe se ressentiront de son influence. Voilà la grande œuvre que Napoléon le Grand est destiné, par le Roi des Rois, à accomplir.

L'homme avait sans doute été envoyé par la voyante autrichienne. Sentant que Letizia lui échappait, elle lui avait adressé un complice... « Cette singulière visite, racontera un témoin, semblait avoir ramené l'espérance dans l'âme de Madame au point qu'elle fit faire pour les gens de sa maison une livrée neuve... »

Le 5 mai 1821 ! Ce jour-là à Sainte-Hélène, Napoléon rendait le dernier soupir ! Le 22 juillet, la Madre sortait de son mauvais rêve pour tomber dans une bien cruelle réalité : elle apprend la mort de son fils. On la vit se dresser toute droite, marcher vers le buste de l'Empereur, l'étreindre puis, sans un mot, tomber sur le dallage, évanouie. Elle écrivit alors cette lettre émouvante à lord Londonderry :

« La mère de l'empereur Napoléon vient réclamer de ses ennemis les cendres de son fils. Elle vous prie de vouloir bien présenter sa réclamation au cabinet de S.M. britannique, et à S.M. elle-même... Même dans les temps les plus reculés, chez les nations les plus barbares, la haine ne s'étendait pas au-delà du tombeau... La raison d'Etat et tout ce que l'on appelle politique n'ont point de prise sur des restes inanimés ; d'ailleurs, quel serait, en les retenant, le but du gouvernement anglais ?... Mon fils n'a plus besoin d'honneurs ; son nom suffit à sa gloire, mais j'ai besoin d'embrasser au moins ses restes. C'est loin des clameurs et du bruit que mes mains lui ont préparé, dans une humble chapelle, une tombe ! J'ai donné Napoléon à la France et au monde. Au nom de la justice et de l'humanité, je vous conjure de ne pas repousser ma prière... »

La lettre demeura sans réponse.

L'ex-impératrice fera célébrer un service funèbre, *pro consorte ducis nostrae !* Prince-consort de Parme ! Napoléon était ainsi mieux enterré. Le proscrit lui avait légué son cœur... que Marie-Louise se hâta de refuser. « Mon unique désir est que son cœur reste dans sa tombe, écrivait-elle à son père. Les malveillants en prendraient prétexte pour faire pèlerinage à Parme, ce qui me serait très pénible... » La seconde femme de l'Empereur n'acceptera que la première empreinte du masque mortuaire que vint lui apporter Antommarchi. Elle le donnera d'ailleurs un jour aux enfants de son intendant qui, le traînant au bout d'une ficelle, en feront un jouet...

Dans la demande qu'elle avait adressé au gouvernement britannique, Letizia avait parlé des *cendres* de son fils. Ce mot fut si souvent repris que bien des gens s'imaginèrent — et s'imaginent encore — que les Anglais avaient fait incinérer leur ennemi.

Peu après leur arrivée à Londres, Montholon et Bertrand, remplissant « le devoir religieux que nous imposent les dernières volontés de Napoléon » précisèrent-ils, réclamaient aux aussi, — en rappelant la requête de Mme Letizia, — les cendres de l'Empereur au roi d'Angleterre : « Vos ministres, Sire, connaissent son désir de reposer au milieu du peuple français qu'il a tant aimé. Ses dispositions testamentaires ont été communiquées au gouverneur de Sainte-Hélène. Mais cet officier, sans égard pour nos réclamations, l'a fait inhumer dans cette terre d'exil... »

Cette fois Montholon reçut une réponse verbale,

selon laquelle « le gouvernement anglais ne se regardait que comme dépositaire des cendres de l'Empereur et les rendrait à la France, dès que le gouvernement français lui en témoignerait le désir ».

On devine quelle fut la réponse des successifs ministères français de la Restauration, en recevant la requête des exécuteurs testamentaires de l'Empereur, bien que ceux-ci, avec prudence, abandonnant « les rives de la Seine », n'aient plus parlé dans leur supplique que d'un « même marbre » qui, à Ajaccio, pourrait recouvrir Charles Bonaparte et son fils.

Lorsque Louis-Philippe monta sur le trône, la légende prit un nouvel essor. Le grand public se gorgea littéralement de gloire napoléonienne. Il avait été tant privé, que, dès le lendemain des *Trois Glorieuses,* il se débonda, et les pièces napoléoniennes connurent un succès considérable. Le 31 août 1830, le Cirque Olympique représenta le *Passage du Mont Saint-Bernard,* le 9 octobre, les Nouveautés donnèrent *Bonaparte à l'école de Brienne ou le Petit Caporal.* En attendant la première de *Napoléon Bonaparte,* drame d'Alexandre Dumas, la Porte Saint-Martin fit jouer *Napoléon ou Schœnbrunn et Sainte-Hélène.* Cent cinquante anciens grognards avaient été engagés comme figurants pour le tableau de la revue de la Garde à Schœnbrunn. Avant le lever du rideau, Gobert, qui incarnait l'Empereur, s'approcha de l'un des vétérans.

— Eh bien, mon brave, reconnais-tu ton Empereur ?

— Oh ! oui, Sire, c'est bien vous ! s'exclama l'ancien, les larmes dans la voix.

— Ma preuve est faite, conclut Gobert ; on peut frapper les trois coups.

Lorsque, le rideau levé, la scène montra la Garde passée en revue par l'Empereur-Gobert, tandis que les tambours battaient aux champs. Ce fut du délire. Un immense cri de *Vive l'Empereur* ! fit trembler les lustres.

Dans une loge, Mlle George pleurait...

⁂

Un jour de 1833, on annonça à Madame Mère la visite de son fils, l'ex-roi Jérôme. Il pénétra sans bruit dans la chambre où sa mère semblait dormir. Il s'approcha du lit et demanda à voix basse :

— Ma mère, m'entendez-vous ?

Letizia inclina la tête.

— Eh bien, ma mère, je viens de recevoir des nouvelles de Paris annonçant que les Chambres ont rendu un décret de restitution de la statue de l'Empereur à la colonne Vendôme !

Letizia demeura un moment sans voix. L'émotion était trop forte. Jérôme, se méprenant sur ce silence, répéta :

— La statue de l'Empereur va être replacée sur la colonne Vendôme !

Elle pressa alors la main de l'ancien roi de Westphalie dans les siennes et murmura doucement :

— La statue de l'Empereur, la statue de l'Empereur sur la colonne...

Quelques instants plus tard, ses enfants qui se trouvaient à Rome la virent entrer dans le salon du palais. Des larmes coulaient de ses yeux morts et ils l'entendirent annoncer d'une voix brisée :

— L'Empereur est de nouveau à Paris !

Déjà, à cette époque, les journaux de l'opposition et de nombreuses pétitions formulèrent le vœu de voir revenir la dépouille mortelle de Napoléon. A la Chambre des députés, le général Lamarque, après avoir affirmé que « la mort n'avait pu glacer les cendres » de l'Empereur, s'exclamait :

— Escorté des pleurs de ses vieux compagnons d'armes, qu'il revienne dans un cercueil Celui qui, au milieu des acclamations de la France, revint si souvent sur un char de triomphe !

Les députés passèrent à l'ordre du jour... Cependant, si les mesures contres les bonapartistes redoublaient de sévérité, Louis-Philippe s'annexait, en même temps, la gloire impériale. Le roi bourgeois se glissait dans la peau du lion. Il s'entourait des anciens serviteurs de l'Empereur et le décret rétablissant la statue de Napoléon au sommet de la colonne Vendôme allait être mis à exécution. On achèvera aussi l'arc de triomphe de l'Etoile.

Rien de tel que de donner le pouvoir à un opposant pour le voir devenir plus gouvernemental que son prédécesseur. Tel fut le cas de Thiers, président du Conseil de 1840. Ainsi que l'a fort bien expliqué Jean Lucas-Dubreton, Thiers, dans l'opposition, avait combattu pour l'inévitable réforme parlementaire, chef du gouvernement il n'en voulait plus, « mais il était trop intelligent pour ne point sentir que l'opinion avait besoin d'un objet auquel accorder une valeur d'intérêt et si possible de passion... » Cet objet il allait le trouver tout naturellement dans « l'arsenal napoléonien » qui n'avait point de secret pour lui. Il n'était pas bonapartiste, mais n'en disait pas moins :

— Je suis un des Français de ce temps les plus attachés à la mémoire de Napoléon.

Il était impossible de frapper un plus grand coup pour passionner l'opinion qu'en ramenant en France le corps de Napoléon. Thiers en parla d'abord à Louis-Philippe qui commença par faire la grimace, puis le roi-citoyen vit les avantages de l'opération : sa popularité pourrait en être augmentée. Il donna son accord. Aussitôt Thiers écrivit à Guizot, alors ambassadeur de France à Londres : « L'Angleterre ne peut pas dire au monde qu'elle veuille retenir un cadavre. Quand on a exécuté un condamné, on rend son corps à sa famille. Et je demande pardon au ciel de comparer le plus grand des hommes à un condamné à mort sur l'échafaud ; mais je veux exprimer à quel point je sens l'indignité qu'il y aurait à ne pas nous rendre les restes de l'illustre prisonnier. »

L'Angleterre — en l'occurrence lord Palmerston — se montra digne par intérêt... Comprenant mal les raisons qui poussaient le roi des Français, le ministre britannique vit dans cette flambée napoléonienne allumée par le retour du corps de Napoléon un moyen d'affaiblir la « monarchie citoyenne » et répondit —

patelin : « Le gouvernement de Sa Majesté a la confiance que, si de pareils sentiments existent encore quelque part, ils seront ensevelis dans le tombeau où seront déposés les restes de Napoléon. »

⁂

A Paris, le 12 mai 1840, les députés sont en train, en somnolant, de s'enliser dans une discussion sur les sucres, lorsque le ministre de l'Intérieur, M. de Rémusat, monte à la tribune.

— Messieurs, déclare-t-il, le Roi a ordonné à S.A.R. Monseigneur le prince de Joinville de se rendre avec sa frégate à l'île de Sainte-Hélène pour y recueillir les restes mortels de l'empereur Napoléon.

La Chambre qui n'a pas été prévenue reste tout d'abord interdite, muette d'étonnement et de surprise, puis éclate en applaudissements.

— Désormais, poursuit M. de Rémusat, la France, et la France seule, possédera tout ce qui reste de Napoléon. Son tombeau, comme sa mémoire, n'appartiendra à personne qu'à son pays. La monarchie de 1830 est, en effet, l'unique et légitime héritière de tous les souverains dont la France s'enorgueillit. Il lui appartenait sans doute, à cette monarchie qui, la première, a rallié toutes les forces et concilié tous les vœux de la Révolution française, d'élever et d'honorer sans crainte la statue et la tombe d'un héros populaire.

Tandis que le plus grand nombre des représentants se laisse aller à l'enthousiasme en acclamant cette « idée grande et poétiquement belle » et attend avec impatience « l'apothéose », — « le sublime épilogue de la sublime épopée » —, d'autres réagissent selon leur tempérament ou leurs opinions.

Pour Sainte Beuve, « ces os de Napoléon qu'on nous rend, ne sont qu'une manière d'osselets ». Pour la *Gazette de France* — feuille légitimiste — voir Louis-Philippe tenir « entre ses mains l'urne funéraire de Napoléon » lui paraît, à elle aussi, une jonglerie pénible. Il est vrai, reconnaît-elle, que « le corps d'un ennemi mort sent toujours bon ». Puis ce journal de l'opposition demande : « Quoi ! vous allez glorifier, diviniser Napoléon. Mais vous oubliez que c'est son propre Sénat qui, en 1814, l'a condamné et en quels termes ! »

C'est Lamartine, partisan comme il le disait alors de « la révolution du mépris », qui, descendant du « plafond » où il siégeait, sut en grand poète, exprimer avec le plus d'âme les sentiments des royalistes devant « l'opération » conçue par les ministres du roi. A l'en croire les cendres de Napoléon n'étaient peut-être pas « assez froides pour qu'on y touchât ». Les Anciens ne laissaient-ils pas s'écouler quelque temps entre « la mort des héros et le jugement de la postérité » ? Contrairement à ce que pensaient les ministres, le trône se trouverait rapetissé « devant un pareil tombeau ». Lamartine fit ensuite un « aveu pénible » à la Chambre : Quoique admirateur de Napoléon, il ne se prosternait pas devant sa mémoire.

« Je ne crois pas, poursuivait-il, qu'il soit bon de déifier ainsi sans cesse la guerre, de surexciter ces bouillonnements déjà trop impétueux du sang français, qu'on nous représente comme impatient de couler après une trêve de vingt-cinq ans : comme si la paix qui est le bonheur et la gloire du monde, pouvait être la honte des nations !... »

***

Où allait-on enterrer l'Empereur ? Certains membres de l'Assemblée préconisaient la colonne Vendôme dont « le bronze glorieux » aurait ainsi été « animé par l'ombre du Grand Empereur ». D'autres parlaient de Saint-Denis. Napoléon n'avait-il pas déjà pensé à créer une sépulture impériale dans la basilique des rois ? La majorité penchait pour l'église des Invalides.

— Mais, déclara Lamartine à ses collègues de la Chambre, soit que vous choisissiez Saint-Denis, le Panthéon ou les Invalides, souvenez-vous d'inscrire sur ce monument, où il doit être à la fois soldat, consul, législateur, empereur, souvenez-vous d'y porter la seule inscription qui réponde à la fois à votre enthousiasme et à votre prudence, la seule inscription qui soit faite pour cet homme unique et pour l'époque difficile où vous vivez : *A Napoléon seul.*

Le Gouvernement choisit avec raison et bon goût les Invalides, mais, par son éloquence, Lamartine fit rejeter les conclusions de la Commission qui souhaitait voir une véritable escadre partir pour Sainte-Hélène et demandait un crédit de deux millions. Finalement les subsides furent ceux demandés par le ministère : un million de francs-or, et, à la *Belle Poule,* la frégate du prince de Joinville, on se contenta d'adjoindre la corvette *La Favorite.* Une mission partira avec le fils du roi. A sa tête on placera le jeune comte Philippe de Rohan-Chabot, un diplomate de carrière ami de l'Angleterre et n'ayant aucune attache avec l'Empire. Cette satisfaction donnée aux royalistes, il faudra bien laisser les autres places aux survivants du drame de Sainte-Hélène. Montholon se trouvait alors en Angleterre près du futur Napoléon III et préparait avec lui la malheureuse équipée de Boulogne dont l'épilogue se jouera au fort de Ham. Las Cases, l'auteur du *Mémorial,* dont la publication en 1822 avait été le départ de la légende napoléonienne, était devenu aveugle et infirme. Il se fera remplacer par son fils Emmanuel, maintenant député et conseiller d'Etat. A la tête du petit groupe des survivants se trouvait le grand-maréchal Bertrand qui emmènerait avec lui son fils Arthur, né à Sainte-Hélène, et que Mme Bertrand avait présenté à l'Empereur, au lendemain de sa naissance « comme le premier Français entré dans l'île sans la permission d'Hudson Lowe ».

Le dévoué Marchand et l'insupportable Gourgaud, maintenant général de division et commandant l'artillerie de la place de Paris, participaient eux aussi à l'expédition destinée à ramener le corps du proscrit, ainsi que quatre domestiques : Ali, autrement dit Saint-Denis, le maître d'hôtel Pierron, le valet de pied Noverraz, et, enfin, le cocher et piqueur Archambault. On devine l'émotion de ces « Robinsons de la Gloire » — l'expression est d'Octave Aubry — apprenant qu'ils allaient repartir pour aller chercher « leur empereur ». Un aumônier — l'abbé Coquereau — se joindra encore au petit groupe de fidèles, ainsi que deux enfants de chœur et le sieur Leroux, plombier, dont la présence serait indispensable pour l'ouverture et la fermeture du cerceuil.

***

Le 7 juillet, la *Belle Poule,* suivie de *La Favorite,* appareille de Toulon pour Sainte-Hélène. La frégate emmenait dans ses flancs un cercueil en ébène qu'un ex-officier fanatique de la Grande Armée, devenu fabricant de meubles, avait façonné et poli avec amour. Durant le long voyage de trois mois, les officiers du bord, les matelots, ne cessent d'interroger les anciens compagnons de Sainte-Hélène. Peu à peu, ils sont envoûtés par la légende — même le prince de Joinville s'y laisse prendre — et l'émotion finit par s'emparer de tous les passagers. Gourgaud, éternel querelleur, après avoir eu plusieurs altercations avec Emmanuel — comme autrefois avec son père — puis après quelques démêlés à propos de préséance avec l'aide de camp du prince de Joinville, finit par se calmer.

L'expédition fait relâche à Cadix, puis à Madère, et à Santa-Cruz-de-Ténériffe où le prince entraîne ses compagnons vers las Canadas, cet extraordinaire cirque volcanique couleur bleu de Prusse, anneau chaotique à l'aspect lunaire qui entoure le sommet du fameux Teide. Le volcan éteint, toujours recouvert d'une neige immaculée, domine de sa masse triangulaire l'archipel des Canaries dont, en contre-bas et au loin, les îles, vues de ce haut belvédère, semblent flotter entre deux eaux dans une brume bleutée et irréelle. C'est assurément l'un des plus beaux paysages du monde.

Après une dernière escale — le 28 août — dans la rade de Bahia, au Brésil, les deux navires mettent le cap sur Sainte-Hélène. Au fur et à mesure qu'ils approchent de l'île, les anciens compagnons de l'Empereur assaillis par le souvenir qui les hante depuis dix-neuf années, sentent leur cœur prêt à éclater.

Au soir du jeudi 7 octobre les hautes et sinistres murailles de basalte, toutes crevassées de vallées étroites, apparaissent, se dressant comme une vaste tour au-dessus de l'Océan.

Lorsque la *Belle Poule* s'avance vers l'île, Emmanuel de Las Cases pousse un cri : la montagne de *Barnes-Point,* à l'est du plateau de Deadwood, semble dessiner le profil de l'Empereur ! Du moins telle fut leur impression que j'ai mal retrouvée en dépit de mes vols en *rase-vagues,* autour du Barn.

Saluée par deux vaisseaux — un anglais et un français, *l'Oreste* — qui se trouvent à l'ancre, la frégate du prince de Joinville mouille devant Jamestown, tapi entre ses deux murs de lave.

Le lendemain — 9 octobre — le prince et ses compagnons montent à *Plantation House* rendre visite au vieux gouverneur britannique lord-général Middlemore. Souffrant, appuyé sur l'épaule de son fils, il annonce gravement à ses visiteurs :

— Messieurs, jeudi 15 octobre, les restes mortels de l'empereur Napoléon seront remis entre vos mains.

Les « pèlerins » remontent à cheval, gagnent la route de *Hut's Gate,* l'ancienne demeure de Bertrand et, abandonnant leurs chevaux, descendent entre les araucarias le vaste cirque de rochers noirs formant le *Bol à punch.* Bientôt — on devine leurs sentiments — ils arrivent à la tombe, dont la lourde dalle a été entourée d'une grille provenant de la vaste clôture en fer, forgée en Angleterre, et qui devait servir à enclore « la prison » de l'Empereur. « Ma cage », disait le proscrit en passant les mains sur ces fers de lance. Les géraniums de Mme Bertrand se sont développés, des myosotis, des pensées ont poussé. Un vieux sergent monte la garde. Joinville se découvre, l'abbé s'agenouille imité par les anciens serviteurs — et le silence n'est plus troublé que par le bruit de la source de l'Empereur dont le murmure est toujours là et anime la solitude.

Après avoir cueilli quelques fleurs et des feuilles du vieux saule, ils retournent vers *Hut's Gate* et, laissant la route qui monte vers le pic de Diane, prennent à gauche le chemin qui, contournant les bords du *Bol à punch,* conduit au plateau aride de Longwood. Ils atteignent, enfin, les deux petits pavillons où se tenait autrefois le corps de garde. Ils s'avancent, le cœur battant. Et bientôt se présente l'affreuse réalité : le jardin de l'Empereur a disparu, des moutons y paissent mais les immortelles dorées semées par le Proscrit se sont reproduites et couvrent, comme aujourd'hui, le plateau. Les bâtiments ont été transformés en ferme, les murs sont lézardés, presque en ruines, il n'y a plus de vitres aux fenêtres. Le petit groupe entre, la gorge serrée : les planchers, recouverts de fumier, sont pourris. Les Français pénètrent dans le salon où l'Empereur a rendu le dernier soupir. Il n'y a plus de cheminée, plus de portes, on a converti la pièce en moulin et pour l'installer, il a fallu défoncer le plafond... Emmanuel Las Cases s'enfuit craignant d'éclater en sanglots. Les deux fameuses petites pièces — le cabinet et la chambre de l'Empereur — ont été transformées en écurie. Des planches obstruent les croisées. Une mangeoire occupe la place de la table de travail de Napoléon et de son petit lit de fer qui, derrière les rideaux verts, abritait ses rêveries... Les Français ne peuvent retenir leur indignation et leurs larmes. Gênés, les officiers anglais détournent les yeux.

Le Conseil de l'île était responsable de ce déplorable état de choses et le gouverneur Walker en 1823 avait, en effet, estimé que les bâtiments devaient être mis à la disposition du fermier de Longwood. « Ils ne pouvaient être appliqués à une plus utile et nécessaire utilisation », avait-il écrit dans son rapport, avec inconscience... du moins on veut l'espérer.

***

Le soir du mercredi 14 octobre, la mission quitte l'escadre. Il fait un temps merveilleux. Le prince de Joinville ne se joindra pas à ses compagnons. Il trouve

La tombe où Napoléon reposa durant dix-neuf ans a été photographiée vue d'un hélicoptère de la Jeanne d'Arc.

(Ph. Gilles Arrivé)

plus digne d'attendre le cercueil de l'Empereur sur le quai, à la tête de son état-major.

Il est passé minuit, il pleut et un vent froid s'est levé lorsque la délégation entourée de torches et de lanternes, ayant à sa tête Philippe de Rohan-Chabot et le général Bertrand, atteint la vallée du Tombeau. Les travaux commencent et se prolongeront jusqu'à neuf heures et demie du matin. Enfin, la terre enlevée, les dalles retirées, le caveau ouvert, la bière apparaît dans son lit de pierre. Protégé par d'importants travaux de maçonnerie — les Anglais craignaient que l'on ne veuille venir enlever le cadavre de leur prisonnier — le lourd cercueil d'acajou paraît intact et semble avoir été inhumé la veille. « Les bricoles, précise Rohan-Chabot, qui avaient servi à le descendre étaient restées à côté du sarcophage, et une personne étrangère aux travaux, qui serait survenue dans ce moment, eût pensé sans doute qu'elles venaient d'être déposées dans le tombeau par nos ouvriers mêmes. »

L'abbé Coquereau lit les prières pour la levée du corps, puis douze soldats à l'aide de cordages dégagent la lourde bière et, la posant sur leurs épaules, vont la placer sous une tente. La partie inférieure du cercueil d'acajou ayant paru quelque peu endommagée, on installa le cercueil de plomb dans la bière en bois d'ébène amenée de France, ornée d'*N* et d'anneaux.

Le général-lord Middlemore arrive au moment où l'on ouvre les cercueils en plomb, puis celui en bois. Enfin la dernière caisse — en fer blanc, qui avait été doublée intérieurement de satin blanc capitonné — apparaît. C'est le sarcophage qui contient les restes de l'Empereur. Lentement, avec d'infinies précautions, Leroux coupe la soudure. Les survivants de la Captivité, ceux qui, prisonniers volontaires, étaient venus partager sur ce roc aride l'exil de leur maître, ne peuvent dissimuler leur affliction. La feuille de fer blanc est enlevée... et, tout d'abord, les assistants ne comprennent pas : le drap de satin s'est détaché de l'intérieur du couvercle et recouvre le corps comme un linceul. En transparence, ils devinent le cadavre. « Malgré le singulier état de la tombe et des cercueils, a écrit l'un des témoins, à peine pouvions-nous, en nous rappelant les circonstances de l'inhumation, espérer de trouver quelques restes informes, dont les parties les moins périssables du costume eussent seules assuré l'identité. Mais quand, par les mains du docteur Guillard, le drap de satin fut soulevé, un mouvement universel de surprise et d'attendrissement a eu lieu et plusieurs des assistants fondirent en larmes : l'Empereur lui-même était devant nous. Les traits de la figure, bien qu'altérés, étaient parfaitement reconnaissables ; les mains merveilleusement belles... » Les cils et les sourcils n'ont pas disparu, sous les paupières entrouvertes se devinent les yeux. Seul le nez a quelque peu perdu de sa forme, les lèvres laissent apercevoir les dents, la peau a conservé l'aspect de la vie. Les ongles ont poussé, les orteils apparaissent à travers les bottes dont les coutures ont cédé.

« Le costume si connu, si souvent reproduit, avait peu souffert, et les couleurs en étaient facilement distinguées ; les épaulettes, les décorations, le chapeau semblaient entièrement conservés ; la pose elle-même était pleine d'abandon et, sauf les débris de la couverture de satin qui recouvraient, comme d'une gaze très fine, plusieurs parties de l'uniforme, nous aurions pu croire Napoléon étendu encore sur son lit de parade... On remarqua même que la main gauche, que le grand maréchal avait prise pour la baiser une dernière fois au moment où l'on fermait le cercueil, était restée légèrement soulevée. Entre les jambes, auprès du chapeau, on apercevait les deux vases qui renferment le cœur et l'estomac... » Ce dernier avait été, en réalité, placé dans une poivrière d'un service de table de l'Empereur.

Protégé par son sépulcre, Napoléon a conservé dans la mort le visage émacié de Bonaparte. Comme à côté de lui Bertrand, Gourgaud et même Marchand paraissent âgés ! (1)

(1) Je pensais à cette scène, tandis qu'à la fin de 1967, les midships et les équipages de la *Jeanne d'Arc* et du *Victor Schoelcher*, les commandants André Gélinet et André Robinet à leur tête, écoutaient, au garde-à-vous autour de cette tombe — cette tombe vide, recouverte d'une pierre sans nom — retentir la *Marseillaise* et le *God save the Queen*. Après la sonnerie aux

Il y a encore dans le cercueil un vase d'argent aux armes impériales, « un couvert d'argent *dito,* précise le procès-verbal d'ensevelissement, une assiette *dito,* six doubles napoléons d'or de France, quatre napoléons simples d'or, un double-napoléon d'argent, deux doubles-napoléons d'or d'Italie »... On les y laisse. On imbibe le satin de créosote, puis on referme tous les cercueils.

Un poêle de velours violet semé d'abeilles d'or, orné d'aigles d'or, auréolé d'étoiles et marqué d'une croix en moire blanche recouvre le lourd sarcophage qui non sans mal — il pèse 1 200 kilogs — est porté par les soldats à l'uniforme rouge jusqu'au char qui, au son du canon et sous une pluie battante, descend vers Jamestown. Bertrand, Gourgaud, Las Cases et Marchand tiennent chacun un coin du poêle. La milice de Sainte-Hélène ouvre la marche et un détachement du 91e régiment d'infanterie anglaise, avec musique, fifres et tambourins précède le char funèbre escorté par un détachement de l'artillerie royale. En dépit de son état de santé et de son âge, lord Middlemore suit à pied. Une compagnie ferme le cortège. La pluie a cessé et le soleil luit lorsque l'on arrive au port.

morts, on vit *His Excellency the Governor,* sir John Field, — tout de blanc emplumé, comme il se doit —, placer devant la dalle une couronne de lys. Le souvenir de Louis XVIII se trouvait ainsi involontairement associé à notre pélerinage... Après les prières dites par l'Aumônier du porte-hélicoptères, l'abbé Roquais, l'évêque de Sainte-Hélène, tout de rouge vêtu, lança d'une voix forte : « *O Dieu, créateur et sauveur de tous les croyants, accorde à l'âme de ton serviteur Napoléon Bonaparte, sacré empereur des Français, la rémission de ses péchés. Que nos supplications empressées lui obtiennent le pardon qu'il a toujours désiré... Donne-lui, Seigneur, le repos éternel. Et que ta lumière luise à jamais sur lui. Qu'il repose en paix !* ». Empereur des Français !... Alors que les cartographes britanniques — la dernière carte éditée par le *War office* date de 1941 — continuent à désigner la vallée du Tombeau par ces mots qui, dans l'autre monde, doivent faire plaisir à sir Hudson Lowe : *Buonaparte's Tomb !*

La cérémonie achevée, je m'approchais du Bishop : « My lord, avez-vous bien dit tout à l'heure *Napoléon Bonaparte, empereur des Français ?* » Pesant ses mots, l'évêque — le Right Reverend E. Capperme — répondit : « Oui, il a été sacré par le Pape, il fut bien l'Empereur ! »

Pour les Anglais de Sainte-Hélène, peut-être a-t-il fallu l'hommage de « ceux de la *Jeanne-d'Arc* » pour que le prisonnier de sir Hudson Lowe cessât d'être le *général Buonaparte*...

Deux bateaux français de commerce — la *Bonne-Aimée* et l'*Indien* — se trouvent également dans la rade et, comme la *Belle-Poule*, la *Favorite* et l'*Oreste*, ont mis leurs vergues en croix et leurs pavillons en berne. Près du quai où attend le prince, les chaloupes tiennent leurs avirons *mâtés*, c'est-à-dire dressés verticalement. A bord de l'une d'elles se trouve une musique qui joue des airs funèbres. Les artilleries des navires et des forts se répondent. Dès que la chaloupe d'honneur reçoit le lourd sarcophage, le pavillon impérial monte au mât de la *Belle-Poule*. La frégate redresse ses vergues et déploie ses pavois. « Notre deuil, expliquera Rohan-Chabot, avait cessé avec l'exil de Napoléon et la division française se parait de tous ses ornements de fête pour recevoir le cercueil impérial sous le drapeau de la France. »

Joinville prend la barre et la chaloupe s'éloigne du quai vers la *Belle-Poule*. Il est six heures trente du soir lorsque le sarcophage est hissé à bord. La nuit est venue, une étoile — une seule — brille.

Il y avait vingt-cinq ans, jour pour jour, que le *Northumberland*, ayant Napoléon à son bord, avait jeté l'ancre devant l'île.

Le lendemain — vendredi 16 octobre — en présence de 800 marins français alignés, tête nue, sur le port, l'abbé Coquereau célèbre devant le cercueil la messe des morts. A l'élévation, les tambours battent aux champs, les soldats présentent les armes... Puis le sarcophage est descendu dans la chapelle ardente aménagée dans l'entrepont.

Le samedi 17, la *Belle-Poule*, suivie de la *Favorite* et de l'*Oreste*, lève l'ancre. Au cours de la traversée — le 2 novembre — Joinville apprend que l'on craignait de voir se déclencher une guerre entre l'Angleterre et la France. Quel était le *casus belli* ? La signature du traité de Londres qui réglait, sans la France, les questions égyptienne et syrienne.

— Si on m'attaque, aurait déclaré le prince, je ne rendrai pas les cendres de l'Empereur ; je m'ensevelirai avec elles dans la mer.

Il met sa frégate en état de défense.

— Avec le cercueil de Napoléon à notre bord, nous pouvons mourir ; mais être pris, jamais !

Fort heureusement, grâce à Soult et à Guizot qui avaient remplacé Thiers au ministère, les choses se sont arrangées et c'est sans encombre que le lundi 30 novembre, la *Belle-Poule,* battant toujours pavillon impérial et saluée par les canons des remparts, jette l'ancre dans le port de Cherbourg.

Bien des événements se sont déroulés depuis le départ de Toulon. Le prince Louis-Napoléon a tenté avec Montholon de débarquer à Boulogne et de soulever la garnison. Ces premiers pas du Second Empire ont échoué et le futur Napoléon III se trouve enfermé « à perpétuité » au fort de Ham. Mais cette tentative, bien que lamentablement conduite, n'en a pas moins remué l'opinion prise d'une fringale de gloire. S'il avait fallu écouter certains exaltés, le corps de Napoléon devait se rendre de Cherbourg à Paris, de clocher en clocher, en véritable apothéose. Avec prudence, le gouvernement, après avoir fait célébrer une ultime cérémonie à bord de la *Belle-Poule,* ordonne que le cercueil de l'Empereur soit placé sur le vapeur *Normandie.* Celui-ci, à la tête d'une petite flottille se dirige vers le Havre. Puis il remonte la Seine. Au val de la Haye, en aval de Rouen, la *Normandie* laisse la place à la *Dorade N° 3* qui, suivie à son tour d'une petite flottille, suit la Seine jusqu'au pont de Neuilly (1).

Tous les habitants des petites villes entre le Havre et Paris ont envahi les berges et font le signe de croix ou se mettent à genoux au passage de Napoléon. Parfois quelques cris de *Vive l'Empereur* ! fusent, poussés par des « *Anciens* ».

Le 14 décembre, les fils du roi viennent s'incliner devant le cercueil. Le maréchal Soult, qui a oublié qu'il a traité Napoléon en 1815 d'*usurpateur* et d'*aventurier,* se met à genoux devant le cercueil et « l'arrose

(1) De la *Belle-Poule* à la *Dorade N° 3* !... Exception faite de la *Normandie,* seuls les noms des bateaux manquent quelque peu de grandeur.

de ses larmes ». Les survivants de la Grande Armée ont tiré de leur armoire leurs vieux uniformes et, beaucoup traînant la jambe, ont pris le chemin du pont de Neuilly. Par un froid de moins 8°, ils veulent veiller sur le dernier sommeil de l'Empereur. Des feux s'allument. Roulés dans leurs manteaux, tout comme autrefois, les Anciens se croient revenus au temps des bivouacs à l'époque où le Petit Tondu faisait la guerre avec leurs jambes. Ils s'endorment... et derrière leurs paupières closes toute l'épopée passe dans un rêve...

Le long du parcours que doit emprunter le cortège, le mauvais goût de l'époque va maintenant se déchaîner et se livrer à une hideuse orgie d'allégories, de colonnes, de pilastres, de statues, de cariatides, de Renommées, de Génies, d'aigles d'or, de trophées — le tout en carton-pâte, en staff, en toiles peinturlurées.

Paris est défiguré.

Alors qu'un affût de canon eût seul convenu au sarcophage impérial, on préféra construire un char-monument long et haut de dix mètres, large de cinq. Quatorze statues symbolisant les victoires impériales supportaient triomphalement sur un bouclier un cénotaphe voilé de crêpe, semé d'abeilles d'or et ne contenant que du vide. Etant donné son poids, on avait, en effet, trouvé plus prudent de dissimuler le cercueil dans les soubassements du char funèbre tiré par seize chevaux caparaçonnés d'or et tenus par des valets à la livrée impériale.

Le 15 au matin, les étudiants de Paris venus au pont de Neuilly pour manifester entonnent la *Marseillaise* : le ministre n'a pas prévu pour eux de place dans le cortège. L'hymme s'élève :

Nous entrerons dans la carrière
Quand nos aînés n'y seront plus !
Nous y trouverons leur poussière
Et la trace de leurs vertus...

Vingt et un coups de canon donnent le signal du départ. Toutes les troupes de Paris précèdent le cortège ou font la haie, contenant difficilement une foule énorme qui, entre les shakos et les bonnets à poil, regarde l'extraordinaire spectacle. Puis vient le cheval de bataille de l'Empereur portant la selle et le harnachement du Premier Consul — en réalité une monture provenant des écuries royales.

Quatre-vingt-sept sous-officiers à cheval tiennent bien haut les drapeaux sur lesquels sont écrits les noms des quatre-vingt-six départements et de l'Algérie ; chaque lance de drapeau est surmontée d'une aigle aux ailes étendues. Puis, c'est le prince de Joinville, à cheval, en grand uniforme de capitaine de vaisseau. Les quatre cents marins de la frégate la *Belle-Poule* entourent le char funèbre et marchent sur deux files. A droite et à gauche du char, le maréchal Oudinot duc de Reggio, le maréchal Molitor, l'amiral Roussin et le général Bertrand, tenant les quatre coins du poêle impérial. Suivent les anciens aides de camp et les officiers civils et militaires de la maison de l'Empereur.

« Le canon gronde, a raconté Valérie Masuyer, filleule de l'impératrice Joséphine, les cloches sonnent, les drapeaux s'inclinent. Aux coups de midi, par un froid qui rappelle la retraite de Russie, mais sous un soleil qui évoque le souvenir de celui d'Austerlitz, le char s'avance traîné par seize chevaux couverts de velours violet aux armes de l'Empire. Sous ce dôme d'or formé par les emblèmes, les guirlandes, les trophées supportant la couronne faite de gloire et d'épines, l'Empereur caché est cependant visible ! Oui, on le voit pauvre officier, général, consul, vainqueur, vaincu, captif, toujours grand. Par son murmure recueilli, la foule, comme en extase, semble l'acclamer encore, mais doucement, pour ne pas troubler son repos : sa dernière conquête... »

L'Empereur, revêtu du légendaire uniforme de colonel des chasseurs de la Garde, sur son char, entouré de Victoires, passe sous l'Arc de Triomphe de l'Etoile, cette arche à la mesure de sa gloire et qu'il a offerte à Paris. Au son d'une marche funèbre, il descend la plus belle avenue du monde que, d'un coup de plume, traça un jour le jardinier du Roi-Soleil.

A Sainte-Hélène, l'Empereur avait prédit à ses compagnons :

— Vous entendrez encore Paris crier *Vive l'Empereur* !

Et la foule en voyant marcher maintenant derrière le cercueil ces vétérans de gloire les salue du cri qui, autrefois, sur les champs de bataille, faisait trembler l'ennemi, leur annonçant que Napoléon était présent — et qu'il allait les battre :

— Vive l'Empereur !

Grenadiers, chasseurs de la Vieille Garde, dragons de l'Impératrice, dragons de la mort, lanciers rouges, tous passent, bombant le torse, relevant la tête pour cette ultime parade, pour ce défilé de fantômes. Et le cœur de ces revenants bat à se rompre tandis qu'ils accompagnent leur Empereur vers le dôme étincelant d'or qui préservera désormais son sommeil éternel.

Le maréchal Moncey, gouverneur des Invalides, âgé de quatre-vingt-sept ans, s'est fait porter dans son fauteuil jusqu'au pied du catafalque. Depuis huit jours, il suppliait son médecin :

— Docteur, faites-moi vivre encore un peu. Je veux recevoir l'Empereur !

A l'entrée du Dôme, Louis-Philippe s'avance au-devant du cortège. A sa demande, Bertrand place l'épée de Napoléon sur le cercueil et Gourgaud y dépose le chapeau légendaire.

Lorsque fut terminé le long service religieux, on entendit Moncey murmurer :

— A présent, rentrons mourir...

FIN

SOURCES

Je voudrais tout d'abord exprimer ma profonde reconnaissance à M. le comte Roger Walewski, descendant de la comtesse Marie Walewska qui, avec sa famille, a bien voulu, dans l'intérêt de la vérité historique, m'autoriser à utiliser des documents provenant de ses archives. D'abord d'émouvants extraits inédits du *Journal* intime de « l'épouse polonaise » de Napoléon, ensuite une quinzaine de lettres de l'Empereur à Marie. Cette précieuse correspondance avait été mise en vente en 1953, puis retirée de la Salle Drouot à la demande de la famille Walewski à qui ces documents appartenaient. Placés sous séquestre, ils furent ensuite attribués aux héritiers légitimes qui ont bien voulu me permettre de les reproduire. En vue de la vente, quelques fragments de ces lettres furent révélés en 1953, mais, faute de l'autorisation des propriétaires, ils n'ont pu être transcrits par les historiens, et leur texte intégral est publié ici pour la première fois [1].

*
**

J'ai pu enrichir ces deux volumes d'autres documents inédits écrits par des combattants des guerres

1. Cet ouvrage se trouvait sous presse lorsque j'ai appris la mort du comte Roger Walewski et de la comtesse Walewska tués dans un accident d'avion aux Comores. On pouvait difficilement imaginer un homme plus délicieux et plus doué de cœur que Roger Walewski. Sa disparition a été pour tous ceux qui le connaissaient une peine infinie.

napoléoniennes : le capitaine (puis colonel) Dupin dont j'ai fréquemment reproduit les textes colorés et savoureux, le capitaine Perdigan, le Garde d'honneur Lambry, l'adjudant de la Garde impériale Corniquet, souvenirs appartenant aujourd'hui à leurs descendants, respectivement à Mesdames Robert-Axel Egnell et Edmond Hennebert. Messieurs Guy Combarieu, R. Ruffini et de Monzon.

Je leur exprime toute ma reconnaissance.

J'ai pu copier à Moscou trois ou quatre lettres inédites écrites en français par le général Raïevski, le héros de Borodino, concernant la Retraite de Russie et conservées au Musée d'Histoire de la Place Rouge. J'ai également pu utiliser une lettre encore inconnue de Louis-Edmond Rostand, maire d'Orgon en 1814 et qui donne de précieux détails sur le dramatique passage de Napoléon, le lundi 25 avril.

Les Archives de l'Observatoire ont été soigneusement conservées et en faisant photocopier de longues séquences de l'*Etat de l'Air* — observations météorologiques effectuées cinq ou six fois chaque jour — il m'a été aisé d'indiquer le temps qu'il faisait à Paris entre 1784 et 1815.

Outre de nouveaux sondages aux Archives nationales (particulièrement dans la Série *FIC 3*) je me suis servi des documents inédits provenant des Archives nationales ou d'archives étrangères et privées qui m'ont permis d'écrire mes précédents ouvrages : *Le Grand Siècle de Paris ; L'Aiglon, Napoléon deux ; Joséphine* et, enfin, *Les Grandes Heures de Napoléon* (6 vol.). (Cf. les chapitres *Sources* de ces livres.)

La lettre de Denon concernant l'inhumation de Desaix et sur laquelle Napoléon traça quelques lignes (Cf. chapitre I de l'ouvrage) avait été transmise, sur l'ordre de l'Empereur, à Berthier. Le document, conservé à Grosbois, avait été emporté par le maréchal Goering lors de son séjour au château, au cours de la dernière guerre. Mon ami Me Mario Campana, a pu retrouver cette pièce et a bien voulu me l'offrir — ce dont je le remercie très vivement.

SOURCES

⁂

Je l'ai écrit au début du premier tome de cet ouvrage, mon but a été principalement de mettre mes pas dans ceux de l'Empereur, aussi dois-je tout d'abord dire combien j'ai d'obligation vis-à-vis de ceux qui m'ont permis de mener à bien le projet que j'avais formé. D'abord, et avant tout, à l'amiral Georges Cabanier qui, sachant que je voulais me rendre à Sainte-Hélène, m'a convié à prendre place à bord du navire-école porte-hélicoptères *Jeanne d'Arc,* commandé par le capitaine de vaisseau André Gélinet. Celui-ci en mettant à ma disposition photographes et hélicoptère, a grandement facilité ma tâche. Qu'il veuille bien croire, ainsi que ses officiers — particulièrement le commissaire-principal Bertrand, les capitaines de corvette Rouseau et Kervella, le commissaire Gilles, le lieutenant de vaisseau pilote Huissoud — à ma profonde gratitude pour l'aide qu'ils m'ont apportée avec cette gentillesse « marine » qui n'a point d'égale.

A Sainte-Hélène, j'ai été accueilli avec infiniment de courtoisie par notre consul, mon excellent confrère Gilbert Martineau, qui demeure dans la maison même de l'Empereur. L'histoire de la Captivité n'a pas plus de secrets pour lui que pour mon ami le docteur Paul Ganière. Tous deux ont répondu inlassablement à mes questions.

A Martigny, le chanoine Alfred Pellouchaud — il était alors âgé de près de quatre-vingts ans — consentit à être mon guide et à me donner de précieux détails sur le séjour de Bonaparte et sur sa traversée du col. Je devais retrouver cette chaleur d'âme, de fondation chez les Bernardins, à l'hospice où je fus accueilli par l'aumônier, M. Alphonse Berthouzoz, et par les chanoines, comme si j'étais, moi aussi, un voyageur égaré et affamé...

A Ajaccio, le si regretté duc Pozzo di Borgo qui

m'honorait de son amitié, s'est montré pour moi le plus érudit des cicerones, aujourd'hui que la fameuse « vendetta » est éteinte entre les deux familles de la *casa Malerba*...

A Moscou, j'ai été guidé, avec une gentillesse qui m'a vivement touché, par Victor Martinov, de l'agence Novosti, par Lucien Nau, correspondant de *Paris-Match,* et par le général Kolossov, directeur du Panorama de Borodino. J'ai bénéficié d'un tout aussi chaleureux accueil à Vienne et à Wagram de la part du chevalier docteur Albert von Jantsch, du docteur Julius Robert et du docteur Karl Wein, ingénieur agricole dont la vaste propriété s'étend entre Aspern et Essling. J'ai enfin beaucoup d'obligations envers M. Danek, instituteur à Aujzd, près d'Austerlitz, et vis-à-vis de M. Gino Patroni, conservateur des Mulini à l'île d'Elbe.

Pour mon chapitre sur la campagne de Bonaparte en Syrie, ou plutôt en Palestine, je dois remercier M. Ariel-P. Aran, premier secrétaire de l'ambassade d'Israël à Paris, ainsi que M. Jean Ardens qui n'a pas épargné sa peine et a effectué également pour moi des recherches aux Archives.

Il me faut également rendre grâces à ceux qui m'ont aidé chemin faisant : Mme la comtesse de Casteja (née Montebello), Mme Conte, MM. Jean-Paul Ollivier, P.-A. Wimet, Jacques Hillairet, Jean Thiry, Gérard Hubert, Gabriel Girod de l'Ain, Fernand Beaucourt, Robert Christophe, mon cher complice Alain Decaux et Marcel Jullian, à la fois mon éditeur et mon ami.

Je remercie, enfin, particulièrement et très vivement, Mme Renée Madinier, ma précieuse et fidèle collaboratrice, qui a effectué pour moi, avec un infatigable dévouement, de fructueuses recherches.

BIBLIOGRAPHIE

Avant tout et ceci forme la base de toute étude sur l'Empereur :

Correspondance générale de Napoléon, 34 volumes. Imprimerie impériale. 1858-1869.

Correspondance inédite, conservée aux Archives de la Guerre. Picard et Tuetey. 4 vol. 1912.

Lettres inédites de Napoléon. Léonce de Brotonne, 1898.

Dernières lettres inédites de Napoléon. Léonce de Brotonne. 2 vol. 1902.

Lettres inédites. Léon Lecestre. 2 vol. 1897.

Lettres personnelles des Souverains à Napoléon Ier. Prince Napoléon et Jean Hanoteau. 1939.

Ordres et apostilles. Arthur Chuquet. 4 vol. 1911-1912.

Lettres de Napoléon à Joséphine. (L'excellent recueil de Jean Savant.) 1960.

Lettres de Napoléon à Marie-Louise. 1935.

Lettres de Marie-Louise à Napoléon. 1955.

Mémorial. Las Cases. (Remarquablement présenté et annoté par le Pr. Marcel Dunan) 1951.

TEXTES, MÉMOIRES, SOUVENIRS, CHOSES VUES ET CORRESPONDANCES DE :

Abrantès (Laure Junot, duchesse d'), Alexandre Ier (tsar), Ali (Saint-Denis, dit le mamelouk), Andigné (d'), Antommarchi (Dr), Arnault (A.-V.), Aubry (capitaine), Audiffret-Pasquier (duc d'), Augereau (maréchal), Avrillon (Mlle d'), Bagration (général), Balachou (ministre), Balcombe (Betsy), Balmain, Barante (Prosper de), Barbé-Marbois, Barras (vicomte, général Paul de), Barrès (capitaine Auguste), Batardy (Me), Bathurst (lord), Baudot, Baudus (lt-colonel de), Bausset (L.-F.-J. de), Beauchamp (comte de), Beauharnais (Eugène de), Beauharnais (Stéphanie de), Béker (général), Belliard (général), Bennigsen (général), Béranger (Pierre-Jean de), Bernadotte (maréchal), Berthier (maréchal), Bertrand (grand-maréchal), Beugnot (comte), Billon (capitaine), Biot (colonel), Bismarck, Blücher (feld-maréchal), Boigne (comtesse de), Bonaparte (Jérôme), Bonaparte (Joseph), Bonaparte (Louis), Bonaparte (Lucien), Bonneval (général, marquis de), Bosch-Kemper, Bouillé (François de), Boulard (général), Boulay de la Meurthe, Bourgeois (chirurgien René), Bourgogne (sergent), Bourgoing (baron de), Bourmont (Louis, comte de), Bourrienne, Boutourline (colonel), Brandt (capitaine Heirich von), Broglie (Victor duc de), Brun (général), Bugeaud (capitaine, puis maréchal), Bülow, Burgest (lord), Cadet de Gassicourt (chevalier), Cagliani, Cambacérès, Campan (Mme), Campbell (sir Neil), Canova, Caprara (cardinal), Carnot (Lazare), Carteaux (général), Castellane (maréchal de), Castlereagh (lord), Caulaincourt duc de Vicence, Cavallos (colonel de), Champagny (J.-B. de), Chaptal, Charles IV d'Espagne, Charlot (commandant), Chastenay (Mme Victorine de), Chateaubriand (vicomte F.-R. de), Chlapowski (général), Choiseul-Gouffier, Clary (Désirée), Clary et Aldringen (prince de), Cobenzl, Cochelet (Louise), Coignet (capitaine), Coigny (Aimée de), Colbert (général), Compans (général), Consalvi (cardinal), Constant, Constant de Rebecque (Benjamin), Cornet, Costa de Beauregard, Coudreux (commandant), Czartoryski, Damas (Roger de), Danilewski, Daru, Darroch (Duncan), Dash (comtesse), Davidou (Denis), Davout (maréchal), Dean Paul (sir John), Decaen, Decrès (amiral), Dedem de Gelder (général), Denniée (baron), Desbœufs (capitaine) Descombes (Louis), Desgenettes (Dr.), Desmarets, Despreaux, Detroy, Dielsbach (François de), Divow (Mme), Doppet, Doulcet, Dubois-Crancé, Ducrest (Georgette), Dugommier (général), Dumas (Alexandre), Dumas (général Mathieu), Dumerbion (général), Dumonceau (général), Dupuy (commandant), Durand (Mme, veuve du général), Du Teil (général), Duval (général), Duverger (B.-T.), Duvernois (général), Duvilliers du Terrage, Elliott (Mrs.), Enghien (duc d'), Eugène (prince), Eynard (Jean-Gabriel), Fabry, Fabvier (colonel), Fain (baron), Fantin des Odoards (général), Fersen (Axel de), Fezensac (général de), Fiévée,

Fleuret (adjudant), Fleury de Chaboulon (baron), Fontanes (Louis de), Fouché (Joseph), François II d'Autriche, François (capitaine), Frénilly (baron de), Fusil (Louise), Galbois (colonel de), Ganteaume (vice-amiral), Gaudin, Gauville (capitaine de), Gentz, George (Mlle), Gervais (capitaine), Girardin (Stanislas de), Girault (musicien), Girod de l'Ain (général-baron Jean-Marie-Félix), Glinka, Glotz (von der), Goethe, Gohier (Louis-Jérôme), Gonneville (colonel de), Gourgaud (général), Gouvion Saint-Cyr, Grabowski (général), Guizot (François), Grandmaison (Geoffroy de), Griois (général), Grouchy (maréchal Emmanuel de), Hardenberg, Hastings (lieutenant), Haugwitz, Haussonville (comte d'), Hauterive (comte d'), Hautpoul (général Alphonse d'), Hérisson (comte d'), Hobhouse, Hochschild (général de), Hogendorp (général de), Hohenlohe, Home (George), Hortense (reine), Hugo (général), Hugo (Victor), Hulin (général), Hyde de Neuville (baron), Jacquin (F.-J.), Jober (Emmanuel), Jomini, Joséphine (impératrice), Jourdan (maréchal), Kennedy (aide de camp), Kielmannsegge (comtesse de), Kock (Paul de), Koller (feld-maréchal), Kotzebue (Auguste de), Koutouzov (prince-maréchal), Krettly (capitaine), Labaume (commandant), La Bédoyère (général de), La Besnardière (général), Laborde (comte de), La Fayette (général), Laffite (Jacques), La Forest (comte de), Laîné, Lamarque (général), Landrieux (adjudant général), Langeron, Langlois, Lannes (maréchal), La Révellière-Lépeaux, Lariboisière (général), Larrey (baron), Las Cases (Emmanuel, marquis de), La Tour du Pin (marquise de), Laurenti, Lavalette (Antoine, comte de), Lavaux (sergent François), Labretonnière (Emile), Lebrun (Ch.-F.), Lejeune (général baron), Lennox (lady), Le Lieur (Charles), Lenormand (Mlle), Lessard (commandant), Letizia (Mme), *Lettres de grognards*, *Lettres interceptées pendant la campagne de Russie* (L. Hennet et cdt. Martin), Levavasseur (commandant), Levenstern (général), Liechtenstein (prince Jean de), Locré, Louis XVIII, Louise de Prusse (reine), Lowe (Hudson), Lucchesini, Macdonald (maréchal), duc de Tarente, Maistre (Joseph de), Maitland (capitaine), Mallet du Pan, Malouet, Marbot (général), Marcaggi, Marcel (capitaine), Marchand (J.-G. général, comte de),

Marchand (Louis-Joseph), Marco de Saint-Hilaire, Marescot (général), Maret. Maria-Ludovica (impératrice), Marie-Louise (impératrice), Maret, Marmont (maréchal), duc de Raguse, Martin (lieutenant), Masséna (maréchal), Masuyer (Valérie), Mauduit (capitaine de), Maury, Mayol de Luppé, Mazis (Alexandre des), Méjan (conseiller d'Etat), Méneval (Claude, baron de), Mercier (Sébastien), Mérode-Westerloo, Metternich (prince de), Metternich (Mme de), Millet, Miot de Mélito, Molé (comte Mathieu), Molleville (B. de), Mollien (comte), Monnier (lieutenant), Montbel (comte de), Montchenu (général marquis de), Montesquiou (Anatole de), Montet (baronne du), Montgaillard (comte de), Montholon (général de), Moreau (général), Moriolles (comte de), Morris (Gouverneur), Mounier (colonel Edmond), Murat (Joachim) roi de Naples, Nadaillac (marquise de), Narbonne (comte de), Neipperg (comte de), Ney (maréchal), prince de la Moskova, Nicolas-le-Turc, Nodier (Charles), Norvins (J. de), Odeleben (général, baron d'), Ojinski Olerine (Alexis), O'Meara (Dr), Oudinot (maréchal), Ouvrard (G., J.), Pacca (cardinal), Parquin (capitaine), Pasquier (baron puis duc), Paulin (général, baron), Pelet (général), Pellapra (Emilie de), Pelleport (général, vicomte de), Percy (baron), Petit (général), Peyrusse (Guillaume, baron), Pichegru (général), Pichon (L., A.), Pie VII, Pils (grenadier), Planat de La Faye (colonel), Plancy (comte de), Pons (dit de l'Hérault), Pontécoulant, Portalis, Potocka (comtesse), Poumiès de la Siboutie (docteur François), Pradt (abbé de), Putigny (lieutenant, porte-drapeau), Puymaigre (comte A. de), Radet, Raïevsky, Ramache (comte), Rapp (général), Réal (comte Pierre), Redhead York (Henry), Reynault-Warim (J.-B.), Reichardt (J.-F.), Reinhard (Mme), Remacle, Rémusat (Ch. de), Rémusat (Mme de), Reiset (vicomte de), Robinaux (capitaine), Rocca (lieutenant de), Rochechouart (général de), Roederer (comte), Roguet (général), Rohan-Chabot (Philippe de), Romains (Félix de), Roos (médecin), Rostopchine (général, comte), Rousselin, Roussible (colonel), Roustam (mamelouk), Routier, Sacken (général), Saint-Chamans (comte de), Savary (général), duc de Rovigo, Scheltens (sergent), Schouvalov (comte), Schwarzenberg (prince de), Sédillez, Ségur (général, comte de), Sierstorpff, Siméon, Soltyk (chef d'escadron, comte Romain), Soult (maréchal), Staël (Mme de), Stendhal, Stocköe (Dr), Stürmer (baron), Suchet (maréchal), Suckow (comte de), Talleyrand (Charles-Maurice de), prince de Bénevent, Tascher (capitaine de), Ternaux-Compans, Thiais, Thiard, Thibaudeau, Thiébault (général, baron), Tolstoï (comte), Trefcon (colonel), Tremont, Vaublanc, Varner (Antoine), Véron (Dr), Villemain, Villeneuve (amiral), Vitrolles (baron de), Vlijmen, Voronenko (commissaire), Waldburg-Truchsess (comte de), Walewska (Marie Laczynska, comtesse), *Waterloo Letters*, Wellington (duc de), Wurtemberg (Catherine de), Zénovitz, Zurlinden (général).

Bulletins de Police. Rapports de Police.
Bulletins de la Grande Armée.
Procès-verbaux du Corps législatif. 25 vol.
Rapports des agents royalistes.
Rapport des diplomates étrangers.

JOURNAUX ET PÉRIODIQUES

L'*Ami de l'Angleterre*, l'*Ami des Lois*, le *Bien-Informé*, le *Citoyen français*, le *Constitutionnel*, le *Courrier d'Egypte*, le *Courrier français*, la *Décade philosophique*, le *Diplomate*, la *Gazette de France*, le *Journal de l'Empire*, le *Journal de Paris*, le *Journal des Débats*, le *Journal des Hommes libres*, le *Journal des Lys*, le *Journal Officiel*, le *Moniteur*, le *Publiciste*.

Et surtout :
Revue des Etudes Napoléoniennes.
Bulletin de l'Institut Napoléon.

NAPOLÉON

OUVRAGES, ARTICLES ET ÉTUDES

La toute première place est à donner à Louis Madelin dont les seize volumes sur l'*Histoire du Consulat et de l'Empire* forment, pour ainsi dire, la bible de tous ceux qui veulent écrire sur la plus passionnante époque de notre Histoire. Il faut citer ensuite, bien que difficiles à lire pour le profane, les principaux ouvrages de l'admirable fouineur d'archives que fut Frédéric Masson. Ses livres, eux aussi, accompagnent le chercheur dans sa longue randonnée à travers l'histoire napoléonienne : *Napoléon et sa famille* (13 vol.) *Napoléon et les femmes, Napoléon et son fils, Joséphine* (4 vol.), *l'Impératrice Marie-Louise, Napoléon dans sa jeunesse, le Sacre et le Couronnement de Napoléon, Jadis et Aujourd'hui* (6 vol.), *Napoléon chez lui, Autour de Sainte-Hélène,* etc.

Que de reconnaissance l'historien ne doit-il pas aussi à Albert Vandal pour son remarquable *Avènement de Bonaparte,* à G. Lenotre pour ses nombreux ouvrages autour de l'Empereur, et à Henry Houssaye pour la capitale « suite » faisant revivre les années 1814 et 1815 ! Mentionnons encore La Jonquière pour l'*Expédition d'Egypte,* Arthur Chuquet pour la *Jeunesse de Napoléon* et, parmi ceux qui nous ont quittés ces dernières années : Octave Aubry pour ses deux volumes sur *Sainte-Hélène,* Paul Bartel pour la *Jeunesse inédite de Bonaparte,* Jules Bertaut et Bernard Nabonne pour la série de leurs œuvres napoléoniennes, si appréciées du grand public.

A notre époque, il faut d'abord citer avec admiration Jean Thiry pour ses innombrables ouvrages truffés d'inédits provenant souvent d'archives étrangères — ce que n'avait pas toujours pu faire Louis Madelin : *le Coup d'Etat de Brumaire, Le Concordat et le Consulat à vie, le Vol de l'Aigle, la Première Restauration* et toutes ses études sur les batailles et campagnes impériales : *Ulm, Trafalgar, Austerlitz ; Iéna ; Eylau, Friedland, Tilsitt ; Wagram ; la Campagne d'Espagne ; la Campagne de France ; Waterloo.*

Parmi les publications contemporaines je voudrais

encore mentionner, au hasard de la plume, les quatre volumes définitifs du Dr Paul Ganière sur *Sainte-Hélène ;* Le fort bon *Monsieur de Buonaparte* de Georges-Roux ; l'admirable *Itinéraire de Napoléon* de Louis Garros, intitulé « *Quel roman que ma vie !* » ; les ouvrages solidement charpentés et colorés de Bernardine Melchior-Bonnet : *Le Duc d'Enghien ; Savary ; Napoléon et le Pape ;* les deux récents livres parus sur l'île d'Elbe : le vrai reportage effectué sur place par Robert Christophe, et l'étude si intelligente et si complète du docteur Guy Godlewski ; les œuvres aussi vivantes que documentées de Jean Lucas-Dubreton ; les véritables résurrections militaires du commandant Henry Lachouque qui connaît mieux que personne les guerres impériales, ainsi que les recueils de Marcel Dupont et de Théo Fleischmann ; le prestigieux *Napoléon* d'André Maurois ; l'évocateur *Bonaparte en Egypte* de J. Benoist-Méchain, ainsi que celui plus complet encore, mais plus partisan, de Christopher Herold ; la révélation que fut la *Désirée Clary* de Gabriel Girod de l'Ain ; le précieux *Atlas de la Grande Armée* de J.-C. Quennevat ; l'émouvante *Letizia* d'Alain Decaux — n'oublions pas non plus, passionnant comme un véritable roman policier, sa *Conspiration du général Malet* — ; le remarquable *Trafalgar* de René Maine — rappelons aussi l'ouvrage de Michel Bourdet-Pléville sur le même sujet — enfin le travail de bénédictin entrepris par Paul Fleuriot de Langle pour déchiffrer les *Cahiers de Sainte-Hélène* écrits par le grand-maréchal Bertrand selon une sténographie on ne peut plus personnelle...

Enfin, j'ai consulté avec beaucoup de profit les ouvrages de :

Alméras (Henri d'), Alombert et Colin, Arjuzon (d'), Assier (Alexandre), Aubry (Octave), (G.) Augustin-Thierry, Aulard (A.), Baelen (Jean), Bailleul (J.-C.), Bainville (Jacques), Balagny, Barbey (Frédéric), Bernardy (Françoise de), Bertrand (P.), Bessand-Massenet, Biagi (Guido), Bigard, Billard (Dr Max), Bois (Maurice), Bonardi (Pierre), Bonnal, Bouchot (Henri), Bourdon (Jean), Bourgeat (Jacques), Bourguignon (Jean), Bouvier, Bradi (Lorenzo di), Brouwet (*Catalogue de*), Bude (de), Cabanès (Dr), Cahuet, Claretie (Jules), Campana (J.), Campardon, Castelnau (Jacques), Castries (duc de), Chack (Paul), Charles-Roux (François), Chastenet (Jacques), Chatelle (Albert), Clausewitz, Clément (G.), Colin, Coquelle (P.), Coston (baron de), Cugnac (de), Dansette (Adrien), Dard (Emile), Daudet (Ernest), Dehérain, Dejean, Driault (Ed.), Ducasse (André), Duhamel (Jean), Dunan (Marcel), Espitalier, Fabry (G.), Faure (G.) et Deléon, Ferrero (Guglielmo), Firmin-Didot (G.), Fleischmann (Hector), Fontenay (Harold de), Forshufvud (Sten), Foucart (cdt P.) Gabory (Emile), Gachot (Ed.), Galiani, Garçot, Garnier (Jean-Paul), Gaubert (H.), Gautier (Paul), Gavoty (André), Goncourt (E. et J. de), Grandmaison, Grégoire (Louis), Grouard (A.), Grunewald (Constantin de), Guerrini (Maurice) Guyot (Raymond), Hanoteau (Jean), Hastier (Louis), Haussonville (d'), Hauterive (Ernest d'), Hendelsmann (Marcel), Heriot (Angus), Hérissay (Jacques), Holzhausen (P.), Hubert (Emmanuelle), Imbert de Saint-Amand, Iung, Jurien de La Gravière, Kuhn (D.), Lacour-Gayet, Lacroix, La Force (duc de), La Fuye, Lanzac de Laborie, Las Cases (E. de), Latour (F.), Latreille (André), Lechartier, Lefebvre (Georges), Lévy (Arthur), Lhuillier (Fernand), Lomier Dr.,), Lumbroso (Alberto), Malo (Henri), Manceron (Claude), Marion, Marquiset, Martinet (André), Mathieu (cardinal), Mathiez (Albert), Maze-Sencier (Alphonse), Maze-Sencier (J.), Nicolay, Niegolewski (colonel), Ollivier (Albert), Olivier (Daria), Ordioni, Ornano (comte d'), Papillard (Francis), Pariset (G.), Pellet (M.), Petit (A.-N.), Peyre (Robert, Pesme (Gérard), Picard, Pichard, Pichot, Piétri (François), Pigère, Pingaud (A.), Poisson (Georges), Rambaud (Jacques), Reboul, Recouly (Raymond), Reinhardt (Marcel), Rocquain, Romains (Jules), Rousset, Saintine, Savant (Jean), Schilder, Schuermans (Albert), Serval (Pierre) ; Servières (G.), Sieburg (Friedrich), Simiot (Bernard), Simon (Sacha), Sorel (Albert), Soubiran (Dr André), Stirling (Monica), Stenger (S.), Tarlé (E.), Tartary (Madeleine), Thierry (Augustin), Thiers (A.), Tournès, Tuetey (Louis), Ussel (J. d'), Valloton (Henry), Valynseele (Joseph), Villat (Louis), Vivent (Jacques), Welschinger (Henri), Wimet (Pierre-André), Wright (C.), Zivy, Zweig (Stefan), etc.

TABLES

TABLE DES CARTES

TABLE DES CHAPITRES

ACHEVÉ D'IMPRIMER
LE 30 JUILLET 1990
SUR LES PRESSES DE
L'IMPRIMERIE HÉRISSEY
À ÉVREUX (EURE)

N° d'éditeur : 204
N° d'imprimeur : 52189
Dépôt légal : 1er trimestre 1968
ISBN 2-262-00175-8

WAGRAM